개정증보판

한국의 활쏘기

개정증보판  한국의 활쏘기

1판 1쇄 인쇄 | 1999년 7월 11일
2판 1쇄 발행 | 2013년 11월 20일
2판 2쇄 발행 | 2018년 11월 10일

지은이 | 정진명
고　문 | 김학민
펴낸이 | 양기원
펴낸곳 | 학민사

등록번호 | 제10-142호
등록일자 | 1978년 3월 22일

주소　 | 서울시 마포구 토정로 222 한국출판콘텐츠센터 314호(❋ 04091)
전화　 | 02-3143-3326~7
팩스　 | 02-3143-3328

홈페이지 | http://www.hakminsa.co.kr
이메일　 | hakminsa@hakminsa.co.kr

ISBN　978-89-7193-212-4 (03690), Printed in Korea

ⓒ정진명, 2013

· 잘못 만들어진 책은 구입하신 서점에서 바꿔드립니다.
· 저자와 출판사의 허락없이 내용의 일부를 인용하거나 발췌하는 것을 금합니다.
· 책값은 표지 뒷면에 있습니다.

이 도서의 국립중앙도서관 출판사도서목록(CIP)은 e-CIP홈페이지(http://www.no.go.kr/ecip)와
국가자료공동목록시스템(http://nl.go.kr/kolisnet)에서 이용하실 수 있습니다.
(CIP제어번호 : CIP2013019206)

개정증보판

한국의 활쏘기

글·정진명

학민사

序 서 | 초판 추천의 글

장 영 학
(충북궁도협회 전무)

2천년이라는 긴 세월 동안 변치 않고 전해오는 것이 있다면 아마도 그것은 국보가 되고 남을 것이다. 단군 할아버지 적부터 지금까지 똑같은 모습으로 전해오는 우리 활이 바로 그렇다. 그래서 활쏘기 취미로 삼은 사람이면 우리나라에서 태어난 것만으로도 큰 행운을 얻은 것이다.

전통무예라고 하면 가장 먼저 떠오르는 것이 국궁이다. 세계를 향해 마음껏 자랑해도 좋은 것이 바로 이것이다. 그런데 이 좋은 전통을 소개하거나 연구한 글을 찾아보기가 어렵다. 그 유구한 전통에 비해 기록은 이상하리만치 드물다. 아마도 우리 활을 기록으로 정리하는 것이 국궁계의 가장 큰 숙제일 것이다.

그런 점에서 정 선생이 집궁을 한 것은 국궁계 전체를 위해서 큰 다행이라고 할 수 있다. 몇 해 전에『우리 활 이야기』라는 책을 써서 우리 활을 알기 쉽게 소개했는가 하면 충북궁도협회에서 의욕을 가지고 추진한『충북국궁사』도

집필을 하여 우리 활이 흘러온 모습을 정리했다. 이것만으로도 정 선생은 다른 사람이 따라오지 못할 큰 일을 한 셈이다.

그런데 한 걸음 더 나아가 단양공고에 국궁반을 창설하여 한창 자라나는 학생들에게 우리의 아름다운 전통을 배울 수 있는 터전을 열었으니 이 또한 우리 국궁의 장래를 위해서 다행한 일이라고 하지 않을 수 없다.

그리고 이번에 정 선생이 또 한 번 큰 일을 했다. 그 동안 심혈을 기울여 연구한 바를 종합하여, 한량들이 볼 수 있는 전문서를 이렇게 펴낸 것이다. 그러잖아도 이론화 작업이 필요한 국궁계에 이것이야말로 우리가 바라마지 않던 바다.

내가 감히 이 자리에 글을 올릴 처지는 못 되는 줄 알면서, 그 동안 정 선생과 맺은 인연으로 몇 차례 권유를 뿌리치지 못하고 외람되이 붓을 들었다. 모쪼록 강호의 한량들께서도 한 번 읽고 잘못 된 점을 지적하여 이 책이 국궁의 이론화에 한 보탬이 된다면 그 이상 바랄 것이 없다.

아울러 이번에도 어려운 일을 마다 않고 기꺼이 책을 내주신 김학민 사장님께 고맙다는 인사를 드린다.

4332년 4월

 개정증보판을 내며

        초판이 나온 1999년 이후 두 번을 더 찍어서 3쇄까지 나온 것은, 동호인 수 1만 명이 채 안 되는 국궁계의 현실을 생각하면 기적과도 같은 일이다. 결국 이 책의 많은 독자는 활쏘는 사람들이 아니라 우리의 전통을 사랑하는 분들이라는 뜻이다. 삼가 소름 끼치도록 고마운 일이다.

    처음 이 책을 낼 때만 해도 자료가 거의 없었다. 그래서 도서관에도 없는 자료를 찾아야 했고, 짬만 나면 원로 궁사들을 만나러 전국을 떠돌아야 했다. 손이 아닌 발로 쓰다시피 해서 겨우 전통 활쏘기의 얼개를 엮었다. 하지만 자료가 부족한 상태에서 쓴 내용들이 적잖이 허점을 드러내어 언젠가는 다듬어야 한다는 생각이 마음 한 켠에 자리 잡았는데, 이제 14년만에 개정판을 냄으로써 한 시름 덜게 되었으니 천만 다행이다.

    이 책이 개정증보판이라고는 하지만, 그전에 참고했을 분들을 생각해서 크게 고치지 않도록 했다. 쓸데없는 군더더기를 없애고, 부족한 부분을 채우고, 정확하지 않은 내용을 바로잡았다. 특히 가장 많이 손을 댄 부분은 사법 부분인데, 체계만 바꾸었고, 내용은 거의 그대로 두었다.

    처음 이 책을 쓰는 데 큰 도움을 주신 분은 성낙인 선생이었다. 그 분의 정확한 고증이 없었다면 이 책은 세상에 나오기 힘들었을 것이다. 활을 찾아 헤매는 내게 등대와도 같던 그 분이 2011년 겨울에 입산하셨다. 하늘이 무너진 듯 가슴 한 쪽이 허전하던 차에 유족한테서 고인의 활 관련 자료를 넘겨받았다. 대부분 성문영 조선궁술연구회장의 유품이었는데, 근대 국궁사의 중요한 매듭이 된 엄청난 자료들을 대뜸 받고 보니, 이 책으로 어느 정도 마무리 될 것 같던 활 관련 글쓰기가 출발선으로 되돌아왔다는 암담함이 반가움에 앞선다.

성낙인 선생이 아니었다면 애초부터 이 책이 나올 수 없었던 것처럼, 성문영 사두가 아니었다면 오늘날의 전통 활쏘기도 없었을 것이다. 그런 점에서 그 동안 이 책을 통해 보여준 독자들의 사랑과 영예는 마땅히 성씨 가문에 돌아가야 할 것이라고 생각한다. 황학정 성문영 사두와 성낙인 선생의 영전에 이 책을 바친다.

학민사에는 너무나 많은 빚을 졌다. 이 책을 직접 만들고 꾸민 김학민과 양기원 두 분께 특별히 감사드린다.

2013년 여름,
청주 용박골에서 사말 **정 진 명** 삼가 씀.

CONTENTS 차례

개정증보판 한국의 활쏘기 — 세계 최강 한국 궁술의 뿌리

초판 **추천의 글** _____ 4
개정증보판 **서 문** _____ 6

제 01 장 서 론

01 머리말 _____ 14
02 활의 갈래 _____ 18
03 우리 활의 전통과 방향 _____ 24
04 자(尺度)에 관한 문제 _____ 27

제 02 장 활터의 구조

01 활터의 이름 _____ 42
02 설자리(射臺) _____ 45
03 무 겁 _____ 46
04 활방(弓房) _____ 65
05 그밖의 것 _____ 67

제 03 장 활쏘기 장비

01 활 _____ 72
02 화 살 _____ 125
03 전 통 _____ 154
04 궁대, 궁의 _____ 161
05 깍 지 _____ 163
06 팔 찌 _____ 166
07 복 장 _____ 168
08 그밖의 것 _____ 172

제 04 장 활터의 구성원

01 사두, 부사두 _____ 179
02 선생, 교장, 사범 _____ 182
03 총무, 사무, 재무 _____ 184
04 사원, 사말, 접장, 한량, 활량 _____ 186
05 기 타 _____ 192

제 05 장 활터의 예절

01 절차 예절 _____ 198
02 생활 예절 _____ 206
03 기 타 _____ 215

제 06 장 활쏘기의 실제

- 01 궁술 용어 _____ 220
- 02 전통 사법 _____ 225
- 03 애기살〔片箭〕 쏘는 법 _____ 300
- 04 말타고 활쏘기 _____ 309
- 05 궁체 바로잡기 _____ 319

제 07 장 옛날의 활쏘기

- 01 벌터질, 면장질 _____ 329
- 02 활터의 활쏘기 _____ 332
- 03 활 백일장 _____ 340
- 04 편 사 _____ 347
- 05 무과의 활쏘기 _____ 388
- 06 향사의 _____ 410
- 07 궁중의 활쏘기 _____ 413
- 08 『예기禮記』의 활쏘기 _____ 436

제 08 장 우리 활의 이론

- 01 활을 보는 또 다른 눈 _____ 442
- 02 단전호흡 _____ 446
- 03 활과 경락 _____ 452
- 04 불교론 _____ 464
- 05 건강론 _____ 468
- 06 우리 풍속과 활 _____ 475

제 09 장 활터 용어

- 01 몸에 관한 말 _____ 481
- 02 활을 쏠 때 쓰는 말 _____ 486
- 03 활에 관한 말 _____ 490
- 04 화살에 관한 말 _____ 499
- 05 사정에 관한 말 _____ 505
- 06 부속품에 관한 말 _____ 510
- 07 사원에 관한 말 _____ 513
- 08 활 만들 때 쓰는 말 _____ 516
- 09 편사에 관한 말 _____ 519

제 01 장
서 론

/ 머리말
/ 활터의 갈래
/ 우리 활의 전통과 방향
/ 자(尺度)에 관한 문제

01 머리말

활쏘기를 가리키는 말은 여러 가지이다. 우리 겨레는 아득한 시절부터 활을 삶의 중요한 수단으로 누려왔으니, 그런 행위를 가리키는 말도 당연히 우리말로 했을 것이다. 따라서 우리에게 가장 친숙하고 널리 쓰이는 말은 '활쏘기'이다.

우리 민족이 우리의 말을 우리의 글로 적은 것은 500년이 채 안 된다. 훈민정음 창제 이후에야 비로소 우리말을 제대로 적을 수 있게 된 것이다. 그런데 그나마도 지배층에서는 주로 한자를 썼기 때문에 '활쏘기'라는 순수한 우리말은 문자화되기 극히 어려웠다. 대신 '활쏘기'를 한자로 번역한 '궁술'이란 말을 썼다. '術'은 한자 문화권에서 '재주'나 '기술'이라는 뜻으로 쓴다. 따라서 '궁술'은 활을 쏘는 재주를 가리키는 말이 된다. 좀 더 엄밀히 말하면 '활쏘기'보다는 더 좁은 개념이다. 그러나 한자에는 '활쏘기'에 정확히 대응하는 말이 없었기 때문에 그에 가장 가까운 뜻을 지닌 '궁술'이란 말을 쓴 것이다. 1929년에 서울과 경기의 한량들이 온힘을 기울여서 펴낸 우리 활에 관한 책 이름도 『조선의 궁술』이다. 따라서 '궁술'은 우리 활이 문자화될 때 가장 널리 쓰인 말이었다.

그런데 요즘 들어 '활쏘기'나 '궁술'이 차지한 지위를 넘보는 말이 있다. '궁도'라는 말이 그것이다. 이 말은 일본말이다. 일본이 우리나라를 침략하는 과정에서 따라 들어온 말이다. 더욱이 일본 제국주의는 우리나라를 식민지로 삼아서 30년 넘게 지배했고, 그러는 동안 우리 고유의 아름다운 풍속을 천시하는 시각을 우리에게 끊임없이 강요했다. 그래서 참으로 많은 훌륭한 풍속이 사라져갔다. 정치나 역사 분야에서 다룰 그런 내용보다도 아름다운 풍속을 일그러뜨리고 왜곡된 시각을 강요하는 이 같은 탄압이 더욱 악랄한 것이다. 활쏘기도 일제강점기를 거치면서 철저히 퇴보하였다. '궁도'는 우리의 활쏘기 풍속이 퇴보하는 것과 같이 하여 들어온 말다. '궁도'란 말은 이와 같이 일본제국주의의 침략의도를 고스란히 안고 있는 문자이다. 따라서 이것은 우리 겨레의 생리에 맞지 않으므로 반드시 솎아버려야 할 말이다.[1]

'궁도'가 일본제국주의 침략의 의도를 고스란히 담고 있는 말이라는 것을 밝히는 것은 그리 어려운 일이 아니다. 일제 강점기에 전주 천양정에서 주최한 대회는 전선궁술대회(全鮮弓術大會)였다.[2] 이 '궁술대회'란 말은 1960년대 말까지 각종 대회에서 쓰였다.[3] 반면에 일본 측에서 주최한 대회는 어김없이 궁도대회(弓道大會)였다.[4] 그리고 해방직후만 해도 '활쏘기대회'라고 엄연히 썼다. 이때까지만 해도 우리 겨레의 풍속에는 '활쏘기'나 '궁술'이 낯익었다는 증거이다.

그런데 그 뒤, 아무런 반성 없이 일본 제국주의가 쓰던 용어를 그대로 쓰고 있으니[5] 아주 심각한 문제이다. 이것은 '도'란 말을 쓰면 활쏘기 행위가 무슨 깊은 의미를 띨 것이라는 생각 때문일 것으로 보이는데, 우리나라에서 쓰는 '도'는 일본 사람들이 생각하는 '도'와는 아주 딴판으로 다르다.[6] 일본인들이 말하는 '도'는 어떤 기술이 고도로 완숙한 경지에 이르거나 그러기를 지향하는 일체의 것을 말한다.[7] 그래서 칼부림이 고도로 완숙한 경지에 이르거나 그런 경지를 지향하는 행위를 '검도'

---

1) 정진명, 『우리 활 이야기』(개정판), 학민사, 2013 14쪽.; 『충북국궁사』, 충북궁도협회, 1997, 31~32쪽.
2) 박병연, 『전주 천양정사』, 탐진, 1995. 285쪽.
3) 김복만 대담(1998. 4. 15).
4) 해방 전에 일본 측이 주최한 활쏘기 대회를 두 차례 확인했다. 해방 전 연안과 부천에서 활을 만들던 김장환이 대회에 나가서 받아온 상장 둘을 그의 손자인 김홍진의 궁방에서 확인했다. 소화 18년 10월 17일에 연안(延安)의 신사(神祠)를 세운 것을 기념하여 치문 대회와 만주국 건국 10주년 기념으로 연길현에서 주최한 대회이다. 거기에는 '궁도대회'로 되어있다. 만주국은 일본 제국주의가 조선을 식민지로 만든 뒤 중국을 침략하기 위한 교두보로 청조(淸朝)의 마지막 황제인 아신자로 푸이를 국왕으로 내세워 만든 꼭두각시 나라이다.
5) 노사들과 대담을 하는 과정에서 알아본 결과 '궁술'이나 '활쏘기'라는 말 대신 '궁도대회'라는 말을 많이 쓰기 시작한 것은 1970년대 들어와서 생긴 일이다.
6) 『충북국궁사』, 서론.
7) 『우리 활 이야기』(개정판) 12쪽.

라고 하는 식이다. '다도(茶道), 서도(書道), 역도(力道)' 같은 말들이 다 그런 것들이다.

일본인들이 '도' 라는 말을 통해서 나타내고자 하는 가장 가까운 개념을 우리말에서 찾으면 그것은 '예'(藝)이다. 어떤 기술이 남들의 감탄을 자아낼 경지가 되면 그것을 예술이라고 생각한 것이다. '무예, 서예' 같은 말이 다 그런 발상에서 나온 말이다. 그러기에 활쏘기에서도 이 '예' 를 써서 엄연히 '사예'(射藝)라고[8] 하고 '궁예'(弓藝)라고[9] 했다. 물론 활 쏘는 '재주' 에 주안점을 두어서 붙인 궁술(弓術)이란 말을 좋은 뜻으로 높여 쓴 말이다. 어떤 경우에도 우리가 활 쏘는 행위를 '궁도' 라고 쓴 흔적은 찾아볼 수 없다.

우리말에서 '도' 는 우주와 자연, 나아가 인간을 동일하게 지배하는 보이지 않는 궁극의 원리를 가리키는 말이다.[10] 따라서 '도' 는 활이나 칼 같은 '잡기' 에 붙을 성질이 아닌 것이다. 이런 잡기는 그 도가 지닌 극히 작은 부분의 특징을 드러낸 것일 뿐, 그 도를 밝히는 방법은 결코 될 수 없다. 모든 잡기는 도가 삶의 한 부분으로 드러난 양상이지 도를 추구하는 방법이 아니다. 활과 칼은 엄연히 잡기이다.[11] 따라서 우리말의 관습으로 볼 때, '궁도' 란 자가당착이며 형용모순이다. '도' 에 관한 한, 우리에겐 일본과는 다른 용례가 있기 때문에 잡기에 속하는 활에 '도' 자를 붙일 수는 없는 것이다. '궁도' 는 일본식 조어법에서나 있을 수 있는 말이다. 이 점을 전혀

---

8) 중종실록 7년 5월 30일 癸酉, 15년 6월 13일 己巳, 18년 8월 26일 癸亥.
 이 밖에도 실록에는 아주 많이 나오는 말이다.
9) 권용필 풀이, 「황학정기」, 『국궁1번지』 제1호, 황학정, 1994. 20쪽.
10) 『충북국궁사』, 서론
11) 『충북국궁사』, 24쪽, 중종실록 16년 1월 壬子.

고려하지 않는 것이기 때문에 '궁도'란 말은 우리들의 생리에 맞지 않는다.

따라서 '활쏘기'를 굳이 한자로 쓰려면 '궁술'을 쓰든가 '국궁'이란 말을 쓰는 것이 옳다. 경기나 시합에서는 더더욱 그렇다. '궁도대회'라고 하면, 활을 통해 도를 겨룬다는 뜻이 되니, 삼척동자가 들어도 웃을 일이다. 따라서 '궁도대회'라는 어설픈 말을 버리고 해방 후에 쓰던 '활쏘기 대회'를 살려 써야 할 일이다.[12] 정 한자로 쓰려 한다면 '국궁대회'나 '궁술대회'라는 말이 낫다. 국궁대회란 말은 양궁에서 '양궁대회'란 말을 쓰기 때문에 요즘에는 더욱 권장할 만한 말이다. '궁도대회'란 말은 양궁대회와 차별성도 없고 우리 정서와도 맞지 않는, 죽도 밥도 아닌 말이기 때문이다.

'국궁'은 양궁이 들어오면서 생긴 말이다. 양궁은 1966년에 들어왔으니,[13] 이 국궁이란 말도 그 이후에 생긴 것이다. 물론 그 이전에도 쓰일 수 있는 말이지만, 그건 지극히 드문 예외일 테고, 국궁이란 말이 보편화된 것은 양궁이 들어온 이후라고 보아야 한다. '국궁'은 우리말의 관습으로 보나 조어법 상으로나 그 내용으로 보나 아주 적절한 말이다. '국악, 국문학, 국학' 같은 말과 같은 조어법으로 생긴 말이다.[14]

이상을 살펴볼 때 우리가 써야 할 말은 '활쏘기'이며, '궁도'야말로 꼭 솎아내야 할 부끄러운 일제 침략의 유산이다. 굳이 한자를 쓰려 하면 '궁술'이나 '국궁'을 써야 할 것이다.

---

12) 그런 점에서, 충북 단양 대성정에서 주최한 온달문화축제기념대회는 모범을 보여주었다. 1997년 가을에 실시된 대회를 "제1회 온달장군기차지 활쏘기 대회"라고 해서 30년 동안 자취를 감춘 '활쏘기대회'란 말을 되살렸다.
13) KBS-TV, TV조선왕조실록(1997. 4. 17).
14) 『충북국궁사』, 28쪽.

02 활의 갈래

활은 인류가 만들어낸 훌륭한 문화유산이므로, 세계에는 많은 활들이 있다. 이 많은 활들은 각기 그 활을 만든 겨레가 처한 조건과 풍속에서 나온 것이기 때문에 서로 다른 모습과 특징을 지니기 마련이다. 따라서 다양한 활들을 그 특성에 따라 관계를 파악하고 질서를 부여하여 그 과정에서 활의 특성과 원리를 좀 더 정확히 찾아내기 위해서는 이렇게 많은 활들을 종류별로 나누어서 이해할 필요가 있다. 그런데 이에 대한 분류는 잘 행해지지 않은 것 같다. 더욱이 활의 원리에 기준을 두고서 분류를 행한 경우는 더더욱 보기 어렵다.

활을 나눌 때는 기준이 있어야 한다. 그런데 그 기준은 활의 밖에서가 아니라 활의 안에서 찾아야 한다. 즉 활의 원리에 따라서 분류를 행해야 한다. 여기서는 활 본래의 기능과 원리에 따라서 활의 종류를 분류하기로 한다.

01 _ 모스의 분류법

활을 분류할 때 지금 많이 쓰이는 것은 문화인류학자 모스(Morse)의 분류방식이다. 그는 각 대륙에 퍼져있는 여러 가지 활들을 지역에 따라 다섯 가지로 분류했다.[15] 요즘은 이것을 세 가지로 줄여서 분류하는데, '지중해 형, 몽골리안 형, 핀치 형'이 그것이다.[16]

---

15) 편찬위원회, 『양궁30년사』, 대한양궁협회, 1992. 137쪽.
16) 문교부, 『궁도 양궁』, 문교부, 1978. 12~13쪽.

'지중해 형'은 지금 양궁의 원형으로, 주로 지중해 연안에 퍼져 살던 민족들이 썼기 때문에 붙은 이름이다. '몽골리안 형'은 아시아의 초원지대와 터키 지역에서 쓰던 활이다. '핀치 형'은 아프리카나 아마존 강의 원주민들이 쓰는 기다란 활을 말한다.

지역에 따른 분류는 활의 기능에 따른 분류를 겸하고 있다. 지중해 형은 화살을 줌뒤로 걸어서 세(네) 손가락으로 시위를 잡아당기는 방식을 말한다. 몽골리안 형은 화살을 줌앞으로 걸어서 엄지손가락으로 시위를 당기는 방식을 말한다. 핀치 형은 화살을 지중해 형으로 걸되 손끝으로 화살의 꽁지를 잡고 당기는 방식을 말한다.

그런데 이런 분류는 많은 문제점을 안고 있다. 우선 활을 분류하는 기준이 활의 본래 기능에 따라서 이루어지지 않고 활이 퍼져있는 지역의 특성에 따라서 이루어졌다는 점이다. 활을 분류하는 기준이 활 본래의 특성을 고려하지 않은 것이다. 아마도 이런 분류를 활 쏘는 사람들이 아닌 학자들이 했기 때문인 것으로 보인다. 학자는 제3자로서 관찰자일 뿐이다. 관찰자가 범하기 쉬운 잘못은, 관찰 대상의 가장 중요한 속성을 종종 간과하고 별로 중요하지 않은 속성을 중심으로 갈래의 기준을 정한다는 점이다. 이 경우가 바로 그러하다. 따라서 활이 올바른 분류법을 얻으려면 활 바깥의 기준이 아니라 활 안의 원리와 기준으로 분류를 해야 한다. 따라서 여기서는 활을 분류하는 기준을 활의 안에서 찾아서 그것을 기준으로 나누어보려고 한다.

02 _ 화살을 거는 방법에 따른 갈래

활의 모양과 쏘임새를 결정하는 것은 화살을 거는 방법이다. 화살을 거는 방법에 따라서 쏘는 원리도 달라지고 활의 모양도 달라지며 시위를 잡아당기는 뒷손의 방식도 달리진다. 나아가 활의 성격과, 활을 사용하는 사람들의 습성까지도 달리진다. 따라서 활의 갈래를 규정하는 기준은 화살이 활채의 어디에 걸리느냐 하는 것이 가장 중요하다.

화살이 걸리는 방향은 둘이다. 활채를 기준으로 볼 때 하나는 줌의 앞쪽에 화살이 오는 경우이고, 다른 하나는 줌의 뒤쪽으로 오는 경우이다. 모스가 분류한 방법에 따르면 몽골리안 형이 줌의 앞으로 화살이 오는 경우이다. 따라서 줌의 뒤쪽으로 화살이 오는 것은 지중해 형과 핀치 형 둘이다. 그러니까 결국 이 둘은 원리상 별로 다를 게 없다는 것이다. 이 둘이 달라지는 것은 시위를 잡아당기는 뒷손의 형식이다. 그러므로 지중해 형과 몽골리안 형, 그리고 핀치 형으로 나누는 것은 계통과 갈래를 혼동한 결과에서 온 것이다. 따라서 모스의 분류법을 따르려면 활을 크게 몽골리안 형과 비몽골리안 형으로 나눈 다음, 비몽골리안 형 안에서 다시 지중해 형과 핀치 형을 나누어야 한다.

그런데 이렇게 화살이 걸리는 위치에 따라서 분류하는 것은 또 다른 뜻이 있다. 화살이 줌의 앞으로 걸리느냐 뒤로 걸리느냐 하는 것에 따라서 뒷손의 모양도 결정된다는 점이다. 지중해 형이나 핀치 형처럼 화살을 줌의 뒤로 걸면 화살은 줌손 위에 걸려있어서 굳이 떠받치지 않아도 된다. 따라서 뒷손은 그냥 시위를 잡아끄는 작용에 그치고 만다. 뒷손이 화살을 위해서 하는 일은 아무것도 없다. 오로지 시위만을 끌면 살은 저절로 끌려온다. 화살은 앞손과 뒷손 사이의 무중력 공간에 놓인 것이 된다. 따라서 어떤 손가락으로 시위를 잡아끌든 상관없다. 그래서 가장 힘을 많이 쓸 수 있는 방식인 세(네) 손가락으로 잡아끄는 방법을 쓴다.

그러나 화살을 줌앞으로 걸면 사정은 달라진다. 시위를 잡아끌면 살이 활채에 붙어있질 않고 떨어지는 것이다. 이것을 막으려면 화살이 떨어지지 않도록 활채 쪽으로 밀어주는 힘이 필요하다. 뒷손이 바로 그 작용을 해준다. 줌손은 활을 잡고 있으니 그렇게 할 수 없고, 천상 나머지 손인 뒷손이 시위를 당기면서 동시에 화살을 활채 쪽으로 붙여주어야 한다. 그 방법이 바로 엄지손가락으로 시위를 잡아당기는 것이다. 그러면 뒷손을 뒤로 끄는 것과 동시에 깍짓손의 북전은 화살을 활채 쪽으로 밀어주게 된다. 이렇게 되면 비몽골리안 형과는 다르게 화살은 앞손과 뒷손 사이에서 비틀리는 힘을 받는다. 우리 활에서 '빨래 짜듯이 짜라'는 것이 바로 이것이다.

짜지를 않으면 화살은 활채에서 떨어지는 것이다. 따라서 화살에 앞손과 뒷손의 힘이 저절로 실린다.

이렇게 되면 잡아당기는 길이도 달라진다. 비몽골리안 형은 아무리 잡아당겨도 한 쪽 팔 길이에서 자신의 턱까지밖에 당길 수 없다. 그 이상을 당기면 손가락이 펴지면서 시위가 벗겨질 때 몸 쪽으로 벗겨지기 때문에 턱이나 얼굴을 치고 나간다. 따라서 화살의 길이가 짧을 수밖에 없다. 그러나 엄지손가락으로 당기면 벗겨질 때 시위가 몸의 바깥으로 나가기 때문에 얼굴을 치지 않는다. 따라서 몸집이 허락하는 한 얼마든지 많이 당길 수 있다. 따라서 화살의 길이도 더 길다.

활은 살상력의 범위를 확장하려는 의도로 만들어낸 무기이다. 따라서 이것은 멀리 날릴수록, 또 정확성이 높을수록 발달한 것이다. 정확성은 어떻게 정의하느냐에 따라서 달라질 수 있지만, 멀리 날리는 것은 활이 지니는 본래의 기능이다. 따라서 활의 발달 정도도 이 기준으로 가름할 수 있다. 가장 많이 발달한 활은 멀리 쏠 수 있는 방향으로 개발한 것이다. 이런 기준으로 본다면 핀치 형보다는 지중해 형이, 지중해 형보다는 몽골리안 형이 더 발달한 것으로 볼 수 있다. 몽골리안 형은 비몽골리안형에 비해 원리상 더 많이 당길 수 있고, 더 멀리 쏠 수 있도록 고안되었다. 인류가 낳은 활의 가장 발달된 형태는 몽골리안 형에서 찾을 수 있다. 몽골리안형 중에서도 그것을 원리상 가장 잘 살리도록 개발한 것은 우리 활이다.

화살이 걸리는 방향에 따라 분류를 하면 또 한 가지 문제가 동시에 해결된다. 비몽골리안 형처럼 화살을 줌의 뒤쪽으로 걸면 화살에 가해지는 힘이 없기 때문에 쏘는 사람이 움직일 경우 화살이 제멋대로 흔들린다. 이것은 무슨 뜻이냐면 궁사가 움직이는 상태에서는 활을 쉽게 쏠 수 없다는 뜻이다. 궁사가 움직이면 화살이 제멋대로 움직여서 조준이 안 되기 때문이다. 천상 비몽골리안 형의 활을 쓰는 궁사는 멈춰선 상태에서 쏠 수밖에 없음을 뜻한다.

그러나 몽골리안 형은 다르다. 몽골리안 형은 깍짓손이 오늬를 움켜쥐고 살을 안으로 밀기 때문에 화살에 힘이 실린다. 따라서 궁사의 몸이 움직이면 활도 똑같이 따라 움직인다. 활의 움직임과 몸의 움직임이 같기 때문에 쏘는 데는 전혀 지장이 없다. 따라서 이 점에서도 몽골리안형은 비몽골리안형에 비해 진일보한 활임이 증명된다.

궁사의 몸이 움직이는 상태에서 쏠 수 있게 만든 것은 또 다른 이유가 있다. 그것은 말타기이다. 말을 타면서 쏠 수 있도록 고안한 것이 바로 몽골리안 형, 즉 줌앞걸이식 활이다. 줌뒷걸이식은 화살이 따로 놀기 때문에 말을 탄 상태에서는 쏘기 힘들다. 그래서 몽골리안형은 아시아의 초원지대에서 생활하는 유목민의 특성을 강하게 지닌 것이다. 몽고족, 터키족, 한국, 일본, 중국 같은 나라에서 사용한 활이 모두 이런 형태이다. 따라서 엄밀히 말하면 기마족이 쓰는 활이냐 그렇지 않으냐에 따라서 분류하는 것이 모스의 분류법보다 더 정확한 개념이라고 할 수 있다. 따라서 활의 발달순서로 볼 때는 핀치 형에서 출발해서 지중 해형을 거쳐 몽골리안 형으로 나아갔다는 결론을 얻을 수 있다. 화살이 걸리는 방향에 따라서 분류하면 모든 문제가 해결된다. 이것을 정리하면 다음과 같다.

  줌앞걸이식 — 엄지가락식 : 한국, 몽고, 터키, 중국, 일본, 인도
  줌뒷걸이식 ┌ 네손가락식 : 지중해 연안의 겨레
        └ 두손가락식 : 아프리카나 아마존의 원주민들

03 _ 활의 길이에 따른 갈래

활의 갈래를 가르는 것은 앞서 행한 줌앞걸이냐 줌뒷걸이냐로 모두 해결된다. 그런데 이렇게 장을 달리해서 굳이 쓰는 것은 여태까지 그런 분류를 해왔기 때문이다. 이것은 활의 원리보다는 활을 바라보는 시각을 달리하는 데서 온 것이다.

활의 길이에 따라서는 긴활(長弓)과 짧은활(短弓)로 나눌 수 있다. 그런데 활이 짧은 것은 말을 타고서 쏘려는 까닭이요, 활이 긴 것은 말을 탈 필요가 없기 때문이다.

그러니까 활의 길고 짧음에 따라 갈래를 나누는 것도 기실은 줌앞걸이식이냐 줌뒷걸이식이냐의 변형에 지나지 않는다. 말을 타려면 긴 활은 거치적거리기 때문에 쏠 수가 없으니 활을 짧게 만들 수밖에 없는 것이다.[17]

긴 활 : 지중해 연안의 겨레, 일본, 아프리카나 아마존의 원주민
짧은 활 : 한국, 몽고, 터키, 중국

04 _ 활의 재료에 따른 갈래

이것도 줌앞걸이냐 줌뒷걸이냐의 연장이다. 말 위에서 쏘려면 활채의 길이를 짧게 해야 하고 활을 짧게 하려면 나무만 가지고는 안 되니까 짧으면서도 큰 힘을 내게 하려고 동물성 재료를 덧붙이는 것이다. 따라서 탄력을 보강하기 위하여 동물성 재료를 붙이느냐 마느냐에 따라서 '나무활'과 '덧댄활'로 나눌 수 있다. 굳이 한자를 쓰자면 '단순궁'과 '복합궁'이 될 것이다. 그거야 한자문화권으로 번역할 때나 쓸 말이고 우리는 우리말로 나누는 것이 옳다. 또 요새는 화공재료를 쓰는 개량궁이 나와서 이것도 따로 분류해야 할 것으로 보인다.

나무활 : 원주민, 일본
덧댄활 : 한국, 몽고, 터키, 중국, 인도
개량활 : 양궁, 국궁의 개량궁

이밖에도 분류를 하자면 그 기준에 따라서 한정 없이 할 수 있다. 그러나 그것은 그때그때 편한 대로 하면 될 일이다. 굳이 더 자세히 다루지 않아도 된다. 그러나 가장 중요한 것은 활 본래의 기능과 원리에 따라서 분류를 행하는 것이다. 따라서 화살이 걸리는 방향에 따른 분류가 가장 우선 되어야 한다.

---
17) 『고구려문화사』, 논장, 1988. 86쪽.

03 우리 활의 전통과 방향

우리나라 사정의 97%가 새로 생긴 활터이다. 그렇다면 이런 문제가 생긴다. 과연 우리 활의 전통은 어떤 것이며, 어디에 기준을 두고 활터의 풍속을 만들 것인가 하는 점이다. 동일한 것을 놓고서 풍속이 다를 때 어느 것을 기준으로 삼지 않을 수 없는 처지에 놓이는 경우가 있다. 이것은 곧 이 책을 쓰는 관점이자 방향이기도 하다. 나는 그 기준을 해방 전후의 황학정에서 구하고자 한다. 그 이유는 이렇다.

먼저, 황학정은 우리나라에서 가장 오래 된 활터라는 점이다. 물론 이 외에도 여태까지 맥이 끊이지 않고 이어온 사정은 여럿 있지만, 일제강점기와 해방 전후의 어지러운 시대를 거치면서 대한궁도협회가 탄생하기까지 서울 황학정이 수사정의 몫을 맡아서 해온 점은 가장 중요하게 다루어야 할 것이다.

또 황학정은 조선 왕실에서 추진한 궁술 정책의 본산이라는 점이다. 황학정은 고종황제가 쏘던 경희궁 활터의 후신이다. 구한말에 활이 무과에서 폐지되고 전국의 활터가 비로 쓸어버린 듯이 사풍이 사그라질 때 다시 불을 지핀 사람이 고종이었고, 황학정은 그 중심이 되었다.[18] 뒤이어 일제 강점기에 옛 등과정 터인 지금 자리로 옮겨와서도 국궁계의 수장 노릇을 하였고, 현재 가장 큰 활쏘기 단체인 대한궁도협회도 거기서 출범한 '조선궁술연구회'(1928)와 '조선궁도회'(1932)를 거쳐서 오늘에 이르고 있다.

또 한 가지는, 황학정의 사법이 우리나라 정통사법의 유래를 보여준다는 점이

---

18) 『황학정 사계 규정』, 팜플렛, 광무3년.

다. 이것 역시 황학정이 역대 임금들이 쏜 활터라는 점과도 관련이 있다. 우리 역사에서 전무후무한 최고의 명궁을 들라면 말할 것도 없이 조선태조 이성계이다. 이러한 평가의 이면에는 이성계가 왕인 탓도 있겠지만, 그런 점을 감안하더라도, 여기저기 보이는 기록들에서 그가 다른 사람과는 확실히 다른 뛰어난 재주를 지녔음을 확인하는 데는 별 어려움이 없다. 따라서 역대의 왕이나 그들의 측근에 있던 사람들이 그의 사법을 배웠으리라는 것은 지극히 당연한 추측이며, 별다른 변화가 없는 한 황학정에서는 그 사법을 간직하고 있으리라는 점 또한 별 무리 없는 추측일 것이다.

그런데 중요한 것은 이성계의 출신이 함흥이라는 점이다. 함흥은 우리나라의 북쪽 끝이며, 강 건너 여진족과 이웃처럼 지내는 곳이다. 그런데 여진족의 사법과 우리의 사법이 같다는 것을 눈여겨 볼 필요가 있다. 우리의 사법이 북방 유목민족에서 왔다는 증거이다. 이성계가 그의 오른팔인 이지란(李之蘭)을 만나는 장면이 그 사실을 여실히 보여준다.

> 이지란의 본성은 퉁(佟)씨요 이름은 두란(豆蘭)이니, 뒤에 이 이름으로 고쳤다. 여진 금패천호 아란불화(阿蘭不花)의 아들이다.…… 고려 공민왕 때에 투항하여 북청주에 살며 태조를 섬겼다. 지란이 개강(价江) 위에서 활을 쏘는데, 태조께서 한 번 보고는 크게 기이하게 여겨서 신덕왕후 강 씨의 조카딸로 아내를 삼게 하였다.[19]

이 기록을 보면 여진족의 활쏘기와 이태조의 활쏘기가 같았다는 것을 분명히 볼 수 있다. 따라서 황학정의 사법은 북방 유목민의 전통을 그대로 담고 있는 것이며, 이것은 고구려의 전통과 그대로 통한다. 따라서 황학정은 우리 활의 전통을 잘 간직한 것으로 판단해도 전혀 문제가 없다고 보는 것이다.

뒤에서 다시 나오겠지만, 이 기준설정은 아주 중요한 것이다. 풍속이든 사법이든 각 지역마다 다르고, 그래서 서로 다른 풍속이 마주칠 때 어떤 기준을 정하지 않

---
19) 이중화, 『조선의 궁술』, 조선궁술연구회, 1929. 98쪽.

서울 인왕산 기슭 황학정

으면 옳고 그름을 가릴 수 없기 때문이다. 풍속은 사람들이 모여서 사는 모습이니 각기 그 독자성을 존중해야겠지만, 어떤 때는 충돌을 피할 수 없는 경우가 있다. 그때 기준이 필요하다. 어쩔 수 없는 상황이 오면 나는 그 기준을 해방 전후의 황학정에서 찾을 것이다.

자[尺度]에 관한 문제 04

활에 관한 논의를 전개하다 보면 자에 관한 문제가 의외로 심각하다는 것을 알게 된다. 그것은 크기를 정하는 기준이 시대에 따라 계속해서 달라졌기 때문이다. 지금 제도권에서는 거의 모든 분야에서 미터법으로 기준을 정하여 쓴다. 문제는 옛날의 촌법도 시대에 따라 변해왔지만, 촌법을 미터법으로 환산하면서 더욱 상황이 복잡해졌다는 점이다. 그리고 어지러운 사회변동을 거치는 동안 옛날에 쓰던 기준 자들을 구할 수가 없어서 이 분야의 연구를 더욱 어렵게 하고 있다. 따라서 자에 관한 것은 옛날에 쓰인 활과 화살의 크기를 알아내는데 아주 중요한 문제가 된다. 따라서 길이의 기준에 관한 문제를 다루지 않을 수 없다.

01 _ 자의 유래

인간이 만든 모든 것은 필요에 따른다. 어딘가 써야 하기 때문에 물건을 만들어 낸다는 뜻이다. 자도 예외는 아니어서, 자를 만들 수밖에 없는 상황을 살펴보면 어떤 정확성을 추구할 수밖에 없는 상황이다. 또 정확성이란 객관성이란 말로 바꿀 수 있는데, 객관성이란 나만이 아니라 남들도 나와 같이 동감할 수 있는 상황을 말한다. 그러므로 자란 나 혼자만의 필요가 아니라 사회구성원 모두가 필요한 상황에서 나오는 물건이다. 사회구성원들이 필요로 하는 상황이란, 쉽게 생각할 수 있는 것은, 물건을 사고파는 상황이다. 거래는 양쪽이 서로 합의점에 도달해야 성립한다. 이때 누구나 동의할 수 있는 기준이 필요한데, 고대국가가 성립하는 단계에 이르면 이 기준을 제시하는 것은 바로 국가가 된다.

또 국가가 나서서 이러한 일을 하는 것은 세금을 걷는데 일정한 기준을 제시해야 하는 필요성 때문이다. 그래서 여러 가지 필요상 국가가 하는 일 가운데 가장 중요한 것이 그 통치영역 내의 거래에 일정한 기준을 제시하고 동일한 잣대로 세금을 걷는 일이다. 그래서 국가체제 아래서 한 제도로 정착하는 것이 바로 도량형(度量衡)이다.

또 도량형 문제는 단순히 한 국가 안의 문제로 끝나지 않는다. 고대 국가가 성립한 뒤로 국가 간에 힘의 균형과 불균형에 따라서 흥망을 거듭했기 때문에 국가 간에 이루어지는 물자의 교류는 당연히 일정한 기준을 요구하게 되고 그것은 한 문화권 안에서 공통된 자를 쓰는 것으로 나타난다. 즉 고대국가의 조공관계에 따라 중심국가의 기준이 그 주변국가로 퍼져나가는 것이다. 동양의 경우, 대체로 춘추전국시대를 마감하고 통일왕조가 등장하면서 중국의 도량형 제도가 주변국가로 퍼지는 현상을 보였다.

도(度)는 길이를, 량(量)은 부피를, 형(衡)은 무게를 말한다. 그런데 이들의 관계를 잘 살펴보면 서로 떼려야 뗄 수 없는 관계를 맺고 있다. 그 중에서도 가장 밑바탕이 되는 요인은 물론 도(度)인 길이이다. 양은 2차원의 공간을 차지하는 길이를 3차원 공간으로 확산시킨 것이고, 형은 3차원의 공간을 차지하는 물건의 부피가 지구의 인력을 받는 힘의 크기를 말하는 것이기 때문이다. 결국 부피와 무게는 길이에서부터 출발한다는 것을 알 수 있다. 그러므로 가장 밑바탕이 되는 것은 길이(度)이며, 따라서 길이를 재는 자부터 꼼꼼히 따질 필요가 있다.

자는 도구를 만드는 시절까지 소급할 수 있다. 그때의 자는 당연히 도구를 만드는 사람을 기준으로 하였을 것이다. 도끼자루의 길이를 재고 집을 지을 때 쓸 목재의 길이를 재는 그런 상황에서는 그것을 만들고 쓰는 사람의 몸을 기준으로 삼을 것이다. 특히 도구는 손을 놀려서 만들기 때문에 도구를 만드는 손의 길이를 가장 먼저 잣대로 삼았기가 쉽다.

손으로 잣대를 삼을 때 우선 쉽게 떠올릴 수 있는 것은 손바닥을 펼쳤을 때의 길이이다. 작은 것은 손바닥을 펼친 길이를 기준으로 삼는다. 그것이 '뼘'이다. 지금도 자가 없을 때는 손을 펼쳐서 '한 뼘, 두 뼘' 하면서 길이를 대중한다. 따라서 인류가 처음으로 쓴 자는 자신의 몸이었을 것이고 그것도 자신의 손바닥이었을 것이다. '뼘'은 '펴다'의 명사형인 '폄'과 동일한 어원을 지니면서 거의 같은 모습이다. 우리가 흔히 쓰는 '뼘'이란 단위는 손가락을 폈을 때의 길이인 것이다.

이런 기준은 어느 민족이나 다 마찬가지여서 중국의 척(尺)도 결국은 우리나라의 뼘과 같은 손바닥의 길이를 말한다. 그런데 재미있는 것은 엄지손가락을 시작점으로 삼아서 어느 손가락의 끝까지 재느냐에 따라서 길이가 달라진다는 점이다. 손가락 중에서 집게손가락을 뻗으면 집게뼘이 된다. 그런데 장지가락이나 새끼손가락으로 재면 이보다 더 길어진다. 어느 것을 쓰느냐는 한 사회 안의 구성원들이 결정해야 할 일이다. 그 기준을 정해주는 것이 한 사회를 다스리는 우두머리가 해야 할 일이다. 그래서 역대 왕조에서는 사회체제를 정비할 때 반드시 도량형을 개혁했던 것이다.

그런데 재미있는 것은 주나라 때 쓰는 자가 두 가지였다는 점이다. 주나라에는 큰 자(尺)가 있고 작은 자(咫)가 있었다. 큰 자는 미터법으로 환산할 때 길이가 22.5cm였고 작은 자는 18cm였다. 작은 자 18cm는 어른 집게뼘의 길이와 정확히 맞아 떨어진다. 큰 자 22.5cm는 어느 손가락을 쓰든 상관없이 손바닥으로 만들 수 있는 가장 큰 길이이다.

그런데 이렇게 두 가지 자를 쓴 이유가 무엇인가가 문제이다. 생각건대, 그것은 손가락의 길이가 사람마다 다른 것도 있지만, 좀 더 깊이 생각해보면 다른 단위와 비교하는 과정에서 나타난 것이 아닌가 추정된다. 즉 척(尺)의 상위단위는 장(丈)인데, 이 장은 척의 열 배에 해당하는 길이이다. 우리말로는 '길'이다. '한 길, 두 길' 할 때의 '길'이 그것이다. 이 '길'은 '길다'에서 온 말이다. 도구를 만들 때 사람의 몸을 기준으로 삼으면 작은 것은 뼘으로 하면 되지만, 뼘만으로는 해결할 수 없는 더 긴 길이는 다른 기준을 택할 수밖에 없는데, 그 상황에서 쉽게 떠올릴 수 있는 것은 자신의 '키'이다. 그것이 바로 '한 길'인 것이다. 따라서 '길'이란 단위는 뼘으로는 잴 수 없는 기다란 것을 뜻하는 말이고, 그것은 '길다'는 말에서 온 것이다. 그리고 이 '길'은 사람이 자란 크기를 뜻하는 말이다. 그래서 '길'의 기준은 사람의 '키'가 된다. '키'는 '크다'의 명사형이다. 그리고 이것은 '길'과 같은 뿌리에서 나온 말이다.

그런데 긴 단위인 '길'과 짧은 단위인 '뼘'의 관계를 보면 대체로 1:10으로 대응한다. 즉 손뼘 열의 길이가 그 사람의 키와 비례하는 것이다. 이것이 주척의 작은 자인 18cm인 것이다. 그런데 주척의 큰 자인 22.5cm는 이와는 좀 다르다. 이것은 물건의 크기를 재는 방법이 조금 다른 데서 오는 차이이다. 사람이 자기의 키보다 조금 더 큰 것을 잴 때는 그냥 머리 높이까지만 재질 않고 손을 번쩍 들어서 가늠해본다. 그렇게 되면 팔꿈치부터 손끝에 이르는 길이가 자기 본래의 키에 더해지는 것이다. 주척의 큰 자는 이렇게 해서 잰 길이를 열로 나누면서 생긴 결과가 아닌가 추정된다. 따라서 큰 단위인 '길'과 작은 단위인 '뼘'의 관계를 따질 때 '길'을 키로만 하느냐 키에 팔 길이를 더하느냐에 따라서 큰 자와 작은 자가 나뉜 것이다.

02 _ 역대 왕조의 척도 변화

이렇게 해서 신체의 길이에 맞추어 생활의 기본 길이를 정하고 그것을 기준으로 제시한다. 그런데 왕조가 바뀌면서 자의 길이는 대체로 길어지는 경향을 보인다. 역대 중국 왕조의 기본 길이인 척(尺)의 크기를 미터법으로 환산하여 열거하면 다음과

주(周) ┌ 큰자(尺)	22.5 cm	당(唐)	31.1 cm
└ 작은자(咫)	18 cm	송(宋)	30.71 cm
후한(後漢)	23.04 cm	원(元)	30.71 cm
위(魏)	24.12 cm	명(明)	31.1 cm
수(隋)	29.51 cm	청(淸)	32 cm

같다.[20]

이것은 기본단위인 자(尺)의 크기이다. 그 예하 단위는 10진법으로 셈하면 된다. 한 자의 1/10은 치(寸)이고, 치의 1/10은 푼(分)이고, 푼의 1/10은 리(釐)이다.

03 _ 우리나라의 역대 척도 변화

그런데 도량형은 거래와 무역을 할 때 기준이 되는 것이기 때문에 한 나라 안에서만 국한 되지 않고 그 주변 국가로 확대되는 경향을 보인다. 그렇게 되면 국가 간의 합의와 통일이 필요해진다. 중국 중심의 문화권이 이루어진 동양에서는 대체로 중국의 도량형 제도를 따랐다. 이것은 중국이 종주국이 되어 그 주변 국가에서 공물을 바치는 형식으로 무역이 거래되었기 때문이다. 그래서 중국의 도량형 제도는 그 주변국가로 재빨리 퍼져나간다. 우리나라도 그 영향권 안에 들어있어서 역대 중국의 도량형 제도를 따르지 않을 수 없었다.

1) 삼국시대의 자

그런데 우리나라의 경우, 도량형 제도가 완벽하게 정리된 것은 조선 세종 때이다. 따라서 그 이전에는 어떤 자를 썼는가 하는 기록이 남아있지 않다. 다만 유적이나 유물을 통해서 당시에 어떤 자를 썼는가 하는 것을 추정할 수 있다.

현재 전하는 유물을 통해서 확인해보면 삼국시대에 관청에서는 고구려척(高句麗尺)을 쓴 것으로 보인다. 고구려는 동위(東魏)의 자를 썼다. 이것은 신라 때 경주 불국사를 지을 때 썼는데, 다보탑을 실제로 측정한 결과 그 한자의 길이는 미터법으로 35.52cm로 확인되었다.[21] 그리고 백제의 목수들이 지은 일본 사천왕사(四天王寺)를

---

20) 『한한대사전』, 동아출판사, 1993.
21) 경기도 하남의 이성산성에서 고구려의 자가 발굴되었는데, 컴퓨터 실측 결과 35.6cm로 밝혀졌다.(2000년 10월 26일자 한겨레 신문 참조.)

실제로 재어본 결과 35.576cm로 밝혀졌다.[22] 그리고 일본인들이 파괴해버린 평양의 기전(箕田)도 고구려척을 썼는데, 그것은 35.510cm이다.

이밖에도 삼국시대에는 왕망척이나 주척도 사용되었다. 기록으로는, 신라의 문무왕 21년에도 도량형을 정비하였는데, 이때는 주척과 당대척(唐大尺)을 썼을 것으로 추정되며, 고려 문종 7년에도 개혁이 있었는데, 이때도 29.592cm짜리 당대척이 쓰인 것을 추정된다.

2) 세종 때의 척도 정비

뭐니 뭐니 해도 도량형 제도가 가장 완벽하게 정비된 것은 조선조의 세종 때이다. 세종은 거의 모든 분야에 걸쳐서 정비를 하였다. 특히 왕실의 권위를 높이기 위해 각종 의례의 절차와 격식을 정비했는데, 그것이 오례(五禮)의 제정으로 나타난다. 그런데 오례를 제정하려면 표준으로 삼을 자가 필요한데, 그런 필요에 따라서 조례기척을 만든다. 이 과정에서 자에 대한 정비가 행해진 것이다. 그리고 음률을 정비하기 위하여 황종척을 만들었다.

그런데 보통 경작지의 크기를 재는 데 쓰인 것은 주척이었다. 나아가 이 주척은 주례의 기본단위였기 때문에 옛날부터 주나라의 법제를 따른 우리나라에도 널리 쓰였다. 그래서 조선 건국 초에는 가례에 있는 사마광의 석각주척을 기준으로 하였는데, 그것이 오래 되어 오차가 심해지자, 1393년에 오례 제정과 정비를 맡은 허조(許稠)가 진우량의 아들로 조선에 와서 살던 진리(陳理)의 집안에서 가묘의 신주로 쓰이던 주척을 얻고, 또 고려 충목왕 때에 금강산의 종을 주조하는 일로 왔던 원나라 자정원사(資正院使) 김강(金剛)이 소장한 신주척의 정식(定式)인 상아척을 구하고, 의랑 강문주(姜文霔)의 집에서 지본(紙本) 주척을 얻어서 이들을 비교해보니 똑같았다. 그래서 이것을 척제(尺制)로 정하고 가묘신주와 천문을 관측하는데 쓰이는 기구, 그리고 도로

---

22) 박흥수, '도량형제도' 『한국사』 24권, 국사편찬위원회, 1994. 605쪽.

의 리 수와 활터의 보법을 정하고 구리로 자를 주조하여 전국에 나누어 보관하도록 하였다.[23]

그런데 신(新)의 왕망 때 유흠(劉歆)은 기준자를 황종율관에서 구했는데, 이것은 중국의 음악과 도량형이 순임금의 동률(同律) 도량형에서 시작된 것을 근거로 한 것이었다. 그래서 음악을 정비하는 사람들은 음률을 정비하는 기준 음을 황종음으로 잡고, 그 황종음을 내는 데 필요한 길이를 표준자로 사용하였다.[24] 그리하여 세종때 박연(朴堧)은 국악의 기본음을 중국음악과 일치시키기 위해 황종척을 만들었다.

황종척은 국악의 기본음인 황종음을 낼 수 있는 대롱(管)의 길이를 결정하는 데 쓰이는 자였다. 그래서 세종 7년(1425) 황해도 해주에서 나는 기장 가운데 크기가 중간치인 것을 골라서 100알을 나란히 쌓아올리고 그 길이를 황종척 1척으로 정한 것이다. 그러니까 기장 한 알의 길이를 1분으로 하고, 열 알을 쌓아서 1촌으로 삼은 것인데, 9촌을 황종음을 내는 길이로 삼고, 여기에 1촌을 더하여 기장길이 10촌을 황종척 1척으로 삼은 것이었다.[25] 다른 자들은 이 황종척을 기준으로 길이를 정하였다. 그때 정한 관계를 『국조오례의』[26]와 『경국대전』[27]에서는 다음과 같이 설명하고 있다.

> 도(度)의 제도는 10리(釐)를 1분으로 하고, 10분을 1촌으로 하고, 10촌을 1척으로 하고 10척을 1장으로 한다. 주척을 황종척에 견주면 주척 1척의 길이는 황종척으로 6촌 6리이며, 영조척을 황종척에 견주면 영조척 1척의 길이는 황종척으로 8촌 9분 9리이며, 조례기척을 황종척에 견주면 조례기척 1척의 길이는 황종척으로 8촌 2분 3리이며, 포백척을 황종척에 견주면 포백척 1척의 길이는 황종척으로 1척 3촌 4분 8리이다.[28]

---

23) 『조선의 궁술』, 3쪽.
24) 박홍수, 616쪽.
25) 한국정신문화연구원, 『경국대전』, 한우근 외 4인 주석, 조은문화사, 1995. 주석편 751쪽.
26) 『국조오례의』, 「서례‧길례‧도도설(度圖說)」.
27) 『경국대전』, 공전 도량형.
28) 度之制, 十釐爲分, 十分爲寸, 十寸爲尺, 十尺爲丈, 以周尺准黃鐘尺, 則周尺長六寸六釐, 以營造尺准黃鐘尺, 則營造尺長八寸九分九釐, 以造禮器尺准黃鐘尺, 則造禮器尺長八寸二分三釐, 以布帛尺准黃鐘尺, 則布帛尺長一尺三寸四分八釐.

이것을 표로 정리하면 다음과 같이 된다.[29]

	황종척	주척	영조척	조례기척	포백척
황종척	1	1.6501	1.1123	1.2150	0.7418
주척	0.606	1	0.6740	0.7363	0.4495
영조척	0.899	1.4834	1	1.0923	0.6669
조례기척	0.823	1.3580	0.9154	1	0.6105
포백척	1.348	2.2244	1.4994	1.6379	1

그런데 임진왜란을 겪으면서 관리를 소홀하게 하면서 세종 때의 자를 찾아보기 어렵게 되었다. 현재의 미터법으로 이때의 길이를 재려면 세종 때 제정한 자가 남아있어야 하는데, 사정이 그렇지를 못한 것이다. 그래서 그때 만든 유물이나 유적을 찾아서 실제로 잰 다음 그것을 바탕으로 그때의 길이를 역추적하는 방법을 쓰는 수밖에 없다. 그래서 순조가 세종 수표(水標)에서 세종 때의 주척을 실측하여 밝힌 이정주척기(釐正周尺記)와 현재 전하는 인조 갑술양전주척(甲戌量田周尺)의 길이, 그리고 남대문의 누각과 원각사10층석탑에서 얻은 세종 영조척에서 길이를 재어 정리하면 다음 표와 같다.

세종 때의 척도 길이 일람표

	세종 때의 길이		경국대전의 길이	
	황종척 단위	cm	황종척 단위	cm
황종척	1.00000	34.700	1.000	34.700
주척	0.59929	20.795	0.606	21.028
영조척	0.89970	31.220	0.8993	31.195
조례기척	0.82482	28.621	0.823	28.558
포백척	1.34591	46.703	1.348	46.776

---

29) 그런데 어찌된 일인지 박흥수의 논문에 나오는 수치는 내가 계산한 수치와 조금 다르다. 어째서 그런 계산이 나왔는지 알 수 없다.

이상을 보면 활에서 많이 쓰이는 영조척은 1자가 31.220cm임을 알 수 있다.[30] 이것은 명나라의 한 자 길이인 31.1cm와 거의 같은 것이다. 따라서 경국대전과 국조오례의에 나오는 영조척은 세종 때의 길이를 써야 한다. 이것은 실제 유물을 측정한 결과이기 때문에 믿을 만한 것이다. 그렇지 않다면 경국대전의 길이인 31.195cm를 써야 한다. 이에 따라서 과거제도에서 과녁거리를 셈하는 보(步)에 대한 길이도 정리할 수 있다.

그런데 여기서 보법에 익숙지 못한 우리가 종종 혼동하는 것이 있다. 발짝(趾)과 걸음(步)이 그것이다. '발짝'은 한쪽 발을 기준으로 할 때 다른 쪽 발이 땅에 닿는 거리이다. 그런데 '걸음'은 한쪽 발이 허공에 떴다가 땅에 다시 닿을 때의 거리를 말한다. 그러니까 '발짝'은 '걸음'의 반이 된다. 이 개념에 익숙지 못한 우리는 걸음(步)을 발짝으로 오인하는 수가 종종 있다. 걸음은 미터법으로 환산하면 120cm가 되고, 발짝은 그 반이 된다.

1보는 주척으로 6척이다.[31] 세종 때 주척 한 자는 미터법으로 환산하면 20.795cm이므로 1보는 124.77cm가 된다. 따라서 유엽전의 경우 120보란 14972.4cm, 즉 149.724미터가 된다. 세종 때의 유엽전 과녁거리는 현재 사거리인 145미터보다 4.724미터가 더 멀었다는 것을 알 수 있다.[32]

---

30) 『경국대전』 주석편에서는 세종 영조척 한 자의 길이를 31.55cm로 하고 있다. 어느 쪽이 옳은지는 정확치 않으나 여기서는 박흥수의 설을 따른다. 박흥수의 논문이 더 최근에 나온 것이기 때문이다.

31) 임인묵, 『무과총요』, 영인본, 아세아문화사, 1974. 70쪽 規矩.

32) 대한궁도협회 규정인 『한국의 궁도』에서는 과녁거리를 144m로 하고 있다. 이것은 주척 1척을 상용척 0.66척의 길이로 규정한 『조선의 궁술』에 근거한 것이다. 그런데 일본 상용척은 1척에 30.3cm이기 때문에 주척 1척은 19.998cm이다. 1보는 주척 6척이므로 1.19998m이다. 따라서 120보는 143.9976m이다. 여기서 소수 이하를 반올림한 것이 144미터이다.

그런데 같은 협회에서 나온 「활 화살의 부분 명칭」에는 과녁거리를 아무런 설명 없이 145미터라고 규정하고 있다. 짐작컨대 이것은 민간에서 전하는 과녁거리 80칸을 기준으로 산정한 것이다. 그런데 80칸이라고 하는 사람도 있고 81, 82, 83칸이라고 하는 사람도 있어 사람마다 기억이 다 다르다. 또 칸으로 기억하지 않고 옛날에 과녁이 있던 거리를 미터자로 잰 사람들은 165미터로 기억하기도 한다. 그런데 145미터는 현재의 한 칸 길이인 1.818m에다가 80을 곱한 것이다. 역대의 척도 변화를 전혀 고려하지 않은 것이어서, 사실에 접근하는 태도가 너무 간편하고 안이하다고 아니할 수가 없다.

3) 고종 광무개혁 때의 척도

이렇게 해서 세종 때 제정한 도량형이 조선 말기까지 지속되었는데, 고종의 광무개혁 때 변화가 온다. 그런데 이때의 도량형이 문제인 것은 조정이 통치력을 이미 상실한 상태에서 일본의 영향 밑에서 개혁이 진행되었다는 점이다. 그리고 이런 개혁은 조선을 일본에 예속시키기 위한 절차에 지나지 않는 요식행위였다. 이런 폐단은 도량형에도 그대로 드러난다.

광무 6년(1902)에 도량형법을 개정하고자 평식원(平式院)을 설치하고 광무 9년 3월 21일, 법률 제1호로 도량형법을 발표하였다. 이에 따라 그때까지 전해오던 일체의 법이 폐지되었다. 그래서 새 법에 따르면 자는 크게 상용척과 측지척(測地尺) 두 가지가 있는데, 상용척은 일본척과 똑같다. 이 자를 기본 단위로 해서 척의 1/10을 촌으로 하고, 1/100을 분, 1/1000을 리(釐), 1/10000을 호(毫)로 하고, 10척을 장(丈)으로 하였다. 그리고 기준이 되는 척의 길이는 같은 법 제2조에서 밝히기를, 이것의 본자는 백금으로 만든 막대기인데, 그 곁에 새긴 금 사이가 섭씨 0.15도일 때 그 길이의 10/33을 1척으로 한다고 하였다. 바꿔 말하면 상용척 3척 3촌이 1미터(米突)에 해당하는 것이다. 따라서 상용척 1척은 30.30303030……cm가 된다.

그런데 이나마 이 법도 융희 3년 9월 20일에 제정한 법률 제26호로 폐지되고 일본척을 쓰게 되었다.[33] 그리하여 5백 년 동안 유지되던 전통 척도가 무너지고 일본의 자를 그대로 갖다 쓰게 되었던 것이다. 그것이 1척 30.3cm인 자이다.

세종 때 주척 1척의 길이인 20.795cm로 하면 1보는 124.77cm가 되고 120보는 149.724m가 된다. 또 『경국대전』의 길이로 하면 주척 1척은 21.028cm가 되고 1보는 126.168cm가 되어 120보는 151.4016m가 된다. 현재의 과녁거리와는 무려 5m안팎의 차이가 난다. 따라서 굳이 딱 잘라서 과녁거리를 정하려면 145가 아니라 150미터로 하는 것이 옳다. 유엽전은 과거를 치룬 것이니 그 기록에 어김이 있을 수 없기 때문이다. 그리고 실제로 해방 전에 집궁한 분들도 과녁거리가 150미터였다고 말한다.
33) 『조선의 궁술』, 4쪽.

04 _ 각궁에 쓰이는 자

이상의 논의에서 보듯이 광무개혁 때 일본의 자를 그대로 도입한 뒤, 우리나라에서 촌법을 미터법으로 환산할 때는 예외 없이 30.3cm를 적용하고 있다. 그렇다면, 우리의 전통 활인 각궁을 만드는 데 쓰인 자는 어떤 자일 것인가? 먼저 결론부터 말하면 세종 때 쓰던 자이다.

『조선의 궁술』에는 각궁의 제원(諸元)이 자세하게 나와 있다. 물론 촌법으로 그 길이를 나타냈다. 따라서 여기에 쓰인 촌법이 일본 자냐 아니냐를 따지려면 실제로 옛날에 쓰던 각궁의 유품을 재어보면 될 것이다. 이것을 재는 데는 백인궁시공예연구소의 도움을 받았다. 이 연구소는 경기 활을 만들던 김장환의 손자가 운영하는 궁방으로, 200년 전의 것으로 추정되는 각궁을 소장하고 있어서 그것을 실제로 재어보았다.[34] 이렇게 잰 수치를 『조선의 궁술』에 나오는 촌법과 비교하면 그 결과는 다음과 같다.

	촌 법 (척)	미터법(cm)		실 측 (cm)
		31.220	30.3	
활 부린 길이	4.2~4.25	131.124~132.685	127.26~128.775	132
줌의 길이	0.2	6.244	6.06	8
오금넓이	0.11~0.12, 3 또는 0.09, 0.1	3.4342~3.7464, 4.0586 또는 2.8098, 3.12	3.333~3.636, 3.939 또는 2.727, 3.03	3.4
삼삼이 넓이	0.07~0.08	2.1854~2.4976	2.121~2.424	2.8
고자길이	0.35	10.927	10.605	11
고자넓이	위 : 0.06~0.07 아래 : 0.1~0.11	1.8732~2.1854 3.122~3.4342	1.818~2.121 3.03~3.333	2 3.3
양냥고자 길이	0.06~0.07	1.8732~2.1854	1.818~2.121	2

여기서 분명하게 드러나는 것은 '활부린 길이'이다. 워낙 작은 수치에서는 일본 자와 우리자의 차이가 거의 나지 않기 때문이다. 활 전체 길이는 1미터가 넘기 때문에 이 길이를 재면 어떤 자를 썼는지 알 수 있는 것이다. 이것으로 보면 분명히 우리자로 썼음을 알 수 있다.

그런데 더 분명한 자료는 김홍진이 소장하고 있는 궁척이다. 궁척(弓尺)은 활을 만들 때 쓰는 자로, 줌통 한 가운데부터 고자가 시작되는 곳까지 잴 수 있도록 활채 모형으로 만들어놓은 자를 말한다. 이 궁척은 김홍진의 조부인 김장환이 쓰던 것이고, 그 이전 대부터 전수받은 것이기 때문에 일본 자의 영향이 있기 전부터 써온 것이다.

이 궁척의 길이를 재니 54.3cm가 나왔다. 여기에 고자의 길이 11cm를 추가하면 65.3cm이다. 이것이 세코를 제외한 활 반의 길이이다. 따라서 여기에 2를 곱하면 활 전체의 길이가 나온다. 그 길이는 130.6cm이다. 여기에 세코의 길이를 추가하면 134.6cm가 나온다. 1자를 30.3cm로 하는 일본 자를 쓸 경우에는 활부린 길이가 표에서 보듯이 길어야 128.775cm이다. 우리 자를 쓸 때와는 무려 5.8cm가 짧다. 설령 세코의 길이를 뺀다고 해도 1.8cm가 작다. 따라서 활을 만들 때는 일본 자가 아니라 우리 자를 썼음을 알 수 있다.

이것은 『조선의 궁술』을 지은 사람들의 의도를 확인해보아도 알 수 있다. 원래 일본 자가 일본군국주의가 우리나라를 강점하려는 의도에서 제정되고 쓰인 것이기 때문에 보수성이 강한 계층으로 이루어진 활터 사람들이 이를 받아들일 리가 없는 것이다. 그것은 『조선의 궁술』을 지은 사람들의 은밀한 감정을 보아도 알 수 있다. '역대의 선사' 맨 끝부분에 보면 정행렬(鄭行烈)이라는 명궁 얘기가 나온다.

鄭行烈 은京城에世居하며高宗時人이니文이能하고善射하며弓矢를評함이如神하야其

---

34) 1998년 9월 30일에 김홍진 소장의 도움으로 쟀다. 보통 양복점에서 쓰는, 끈에 눈금을 표시한 자로 썼기 때문에, 그 정밀함에는 한계가 있다. 좀 더 정확한 조건을 갖춘 도구로 측정해야 할 것이지만, 현재로는 그것이 어렵기 때문에 다음을 기약하고 여기서는 아쉽지만 이 한계를 전제로 하고 논의를 진행시킨다. 그렇다고 해도 활을 만들 때 어떤 자를 썼는가 하는 것을 알아내는 데는 별 문제가 없다.

評을一經하면聲價가倍高한지라高宗甲子에執弓하야後學을成就함이多하며純宗甲子에年이八十이로되弓力이오히려高强하며正히入射滿六十年에當함으로同射諸人이黃鶴亭에慶宴을設하야祝하니俗이此를執弓回甲이라하다.[35]

여기서 고종갑자년은 1864년이고, 순종갑자는 1924년이다. 그런데 순종갑자인 1924년은 이미 나라가 망하고 일본 연호를 쓰던 시절이다. 그런데도 여기서는 일본 연호를 쓰지 않고 이미 망한 왕조의 마지막 임금묘호를 기준으로 연도를 기록하고 있는 것이다. 이것은 나라는 망했지만, 활쏘는 사람들은 일본의 지배를 인정할 수 없다는 심리가 마음 깊은 곳에 도사리고 있기 때문에 나타난 표현이다. 당시 활쏘던 사람들의 마음이 어디를 지향하고 있었는가를 알려주는 묘한 대목이 아닐 수 없다. 그리고 이 심리는 『조선의 궁술』이란 책이 어떤 상황에서 발간되었는가 하는 것을 알 수 있는 중요한 열쇠이다. 나라는 망했어도 나라의 활만큼은 기록으로 남겨서 보존해야 한다는 의식이 아니면 그 어려운 여건에서 책을 펴낸 일을 설명할 수가 없다.

따라서 당시 활터를 운영하던 사람들의 심리상황이 이러했으니, 활을 만드는 자를 일본자로 쓸 리가 없는 것이다. 실제로 재본 기록으로 보나 『조선의 궁술』에서 확인한 한량들의 심리로 보나 활터에서는 일본 자가 아닌 우리 자를 썼음을 알 수 있다.

해방 전 과녁거리는 150m였다.[36] 이를 거꾸로 계산하면 활터에서 쓴 자의 길이가 나온다. 영조척으로 환산하면 1자는 30.9cm이다. 각 유물이나 연구서마다 아주 미세한 차이는 있으나, 대체로 활터에서 사용한 자는 이것에 가깝다고 할 수 있다.

---

35) 『조선의 궁술』, 118쪽.
36) 성낙인, 고익환, 박경규, 윤준혁. 이 밖에도 많은 구사들이 150미터로 기억한다.

제 02 장

활터의 구조

- 활터의 이름
- 설자리〔射臺〕
- 무겁
- 활방〔弓房〕
- 그밖의 것

01 활터의 이름

활터의 이름이 요즘은 '정(亭)'으로 획일화하였다. 그러나 옛날에는 그렇지 않아서 최소한 네 가지는 확인된다. '터, 정, 당, 대'가 그것이다.

이렇게 다양하던 활터의 이름이 '정'으로 획일화한 이유는 간단하다. 조선시대의 무과가 한말에 이르러 폐지되고 일제강점기와 한국전쟁을 거치면서 전통 있는 정들이 사라졌다가 해방 후에 서서히 생겼기 때문이다. 그 소용돌이 속에서 전통이 끊이지 않고 명맥을 이은 정들은 서울의 황학정과 석호정, 인천의 무덕정, 수원의 연무정, 전주의 천양정 정도이다. 따라서 해방 후에 생긴 활터는 모두 이들을 본떠서 선 것들이다. 그래서 이름도 '정'으로 굳어버린 것이다. 그러나 『조선의 궁술』만 보아도 옛날에는 활터 이름이 아주 다양했다는 것을 알 수 있다.[1] 그도 그럴 것이, 활쏘기는 온 백성이 즐긴 것이어서 동네마다 활터가 있기 마련인데, 활터의 규모와 시설이 같을 수 없고, 따라서 이름도 활터의 규모와 여건에 따라 달라질 수밖에 없었기 때문이다.

01 _ 터

가장 흔한 것이 '터'이다. 과녁만 갖다 놓고서 아무 때고 와서 쏘는 곳을 말한다. 『조선의 궁술』에는 '썩은바위터, 전나무터' 같은 이름들이 보인다. 아마도 대부분의 동네 활터가 이런 모습을 보였을 것이다. 이 '터'라는 이름을 살려 씀직한 때가 있

---

1) 『조선의 궁술』, 55~56쪽.

는데, 그것은 활터 이름을 순우리말로 쓸 때이다. 현재(1998) 확인되는 순 우리말로 된 활터 이름은 '웃개정'과 '살곶이정'이다. 이 경우에는 순우리말 이름이기 때문에 활터를 가리키는 말도 당연히 '웃개터'와 '살곶이터'로 하지만, 전국의 모든 활터가 '정'으로 이름을 붙였기 때문에 '살곶이정, 웃개정'이 되었다. 현재(2013년) '터'라는 이름을 쓰는 활터는 경기도 장호원의 '뚝방터'가 있다. 다양성의 차원에서도 '터'는 되살려 씀직하다.

02 _ 정(亭)

과녁을 갖다놓고 활을 쏘다가, 잠시 쉴 다락(정자)이나 누각을 지으면 그것이 '정'이 된다. 한자말 '亭'은 잠시 쉬면서 주변의 경치를 감상할 수 있도록 사방을 트이도록 기둥만 세워서 지은 집이다. 따라서 큰 돈 들이지 않고 활터의 분위기를 돋울 수 있는 것이 이 정자이다. 그래서 활터에서 가장 많이 택한 방식이고, 이것이 그대로 활터를 대표하는 이름으로 굳었다. 이 정자의 특징은 잠시 쉴 곳이지 머물러 살 수 있는 집이 아니라는 점이다.

03 _ 당(堂)

정자는 잠시 쉬는 곳이지 사람이 머물러 살 수 있는 곳이 아니다. 머물러 살려면 밥을 해먹고 잠을 잘 수 있어야 한다. 활터에 정자만이 아니라, 이렇게 머물러 살 수 있도록 집을 지으면 '당'이 된다. 따라서 요즘에 전국의 활터를 살펴보면 대부분 이런 규모로 짓는다. 살림집을 곁들여 짓는 활터는 정확히 말해 정이 아니라 당이다. 따라서 엄밀히 말하면 무슨무슨 정이 아니라 무슨무슨 당이라고 해야 한다. 그리고 이런 활터의 이름은 『조선의 궁술』에도 보인다. 읍배당(揖拜堂) 같은 이름이 그것이다.[2] 홍해의 권무당도 이에 해당한다. 따라서 굳이 활터의 이름을 '정'으로 묶을 필요는 없을 것으로 보인다.

04 _ 대(臺)

'대'는 '당'보다 규모가 더 큰 경우이다. 堂은 사람이 살 수 있도록 만든 집이지만, 대는 臺라는 한자의 모양에서 보듯이 높이 지은 집이다. 높이 지은 것은 권위를 세우려는 것이다. 권위는 그것을 행사하는 사람과 기관을 전제로 한다. 따라서 대는 당보다 더 규모가 크고, 나아가 관에서 주도하는 행사를 치를 수 있도록 지은 건물이 있는 활터를 말한다. 왜장대(倭將臺), 상선대(上仙臺), 연융대(鍊戎臺), 연무대(鍊武臺) 같은 이름들이 확인된다.[3]

05 _ 궁(宮)

'궁'은 임금이 쏘는 활터이다. 이것은 실제로 그런 용례를 아직 찾을 수 없지만, 예기(禮記)에 사궁(射宮)이 나와서 참고로 적는다. 임금이 대사례를 행하는 장소를 사궁이라고 하는데, 우리나라에서는 조선시대 중종 때와 영조 때 대사례를 행한 것으로 나타난다.[4] 따라서 활터로서는 가장 규모가 크고 격이 높은 활터라고 하겠다.

---

2) 『조선의 궁술』, 55쪽.
3) 『조선의 궁술』, 56쪽.
4) 『중종실록』, 29년 8월 16일 庚戌.

설자리〔射臺〕 02

'설자리'는 한자말로 '사대'라고 하는데, 활을 쏠 때 서는 자리를 말한다. 설 수 있도록 땅을 평평하게 고른다. 요즘은 비가 들이치지 않도록 건물 안에 짓고 바닥을 대개 시멘트로 단장해서 번호까지 매겨놓는다.

설자리

03 무겁

무겁은 과녁이 놓이는 자리를 말한다. 과녁이 놓이는 자리에는 과녁 이외에도 여러 가지 부속물이 딸려있다.

01 _ 과녁의 어원과 유래

'과녁' 이란 말은 한자말 관혁(貫革)이 그대로 굳은 것이다. 순서를 뜻하는 한자말 차제(次第)가 발음하기 좋도록 '차례' 로 변한 것과 같다. 이런 현상은 요즘도 계속되는 중이어서 '스테인레스그릇' 이 '스뎅그릇' 으로 변하는 것에서도 볼 수 있다. 외국어가 들어와서 우리말로 정착하는 과정에서 우리가 쓰기 편한 방향으로 바뀌는 것이다. 편사에서 맞고 안 맞고를 판별하여 소리 지르는 것을 '획창' 이라고 하는데, 이것이 지역에 따라서는 '호청' 이라고도 하고 '호정' 이라고도 한다. 이것은 한자말이 그것을 쓰는 사람이 편한 방향으로 바뀐 것이라고 할 수 있다. 관혁이 '과녁' 으로 변한 것이 이와 똑같은 경우이다.

과녁은 우리말로 '솔' 이라고 한다. 최세진이 지은 『훈몽자회』에[5]

候 솔후 俗呼布堋

으로 나온다. 역시 같은 곳에

---

5) 최세진, 『훈몽자회』, 영인, 단국대학교출판부, 1983. 91쪽.

堋 무겁붕
帿 솔관정
的 솔관적

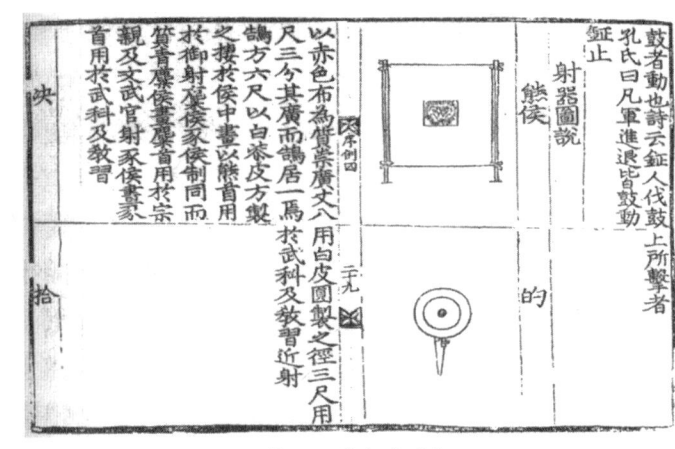

『국조오례의』의 과녁

으로 나온다. 화살로 맞추는 대상을 '솔'이라고 한 것을 알 수 있다. 그런데 우리말의 어원을 보면 '솔'은 '수라상, 정수리, 소리개, 솔개, 수리재, 솔깃' 같은 말에서 보듯이 높은 것을 가리키는 말이다.[6] 이것은 '솔'의 모양에서 나온 말이다. 이 솔을 평지에 세우면 우뚝 선 모습이다. 따라서 평지보다 높이 선 모양 때문에 '솔'이라는 이름이 붙은 것이다.

〈堋〉은 무겁을 나타내는 말이다. 무겁은 화살이 멀리 나가는 것을 막기 위해서 과녁 뒷편에 흙으로 쌓아놓은 것을 가리키는 말이다. 〈무겁〉은 〈묵+업〉의 구조로, 〈업〉은 명사화접미사이고, 〈묵〉은 '묻다'의 어근인 〈묻〉의 변형으로, '무덤' 같은 말에서 보듯이 흙을 나타내는 말이다. 따라서 '솔'의 본래 모습은 흙으로 쌓아올린, 그래서 평지보다 우뚝 솟은 무겁을 가리킨 것임을 알 수 있다. 그러다가 그 흙더미 앞에 베를 대서 정교하게 꾸민 것이 솔인 것이다. 이것이 『훈몽자회』에 나타나는 포붕(布堋)의 모습이다. 여기서 솔과 무겁이 분화되어 솔은 과녁을, 무겁은 화살이 떨어지는 자리를 나타낸 말로 굳은 것으로 보인다.

이런 사정은 중국에서도 마찬가지였던 것 같다. 『설문해자』에서도[7] '후'(侯)를 사람(人)과 언덕(厂) 밑에 살(矢)이 있는 것으로 설명하고 있다. 언덕(厂)이란 다름 아닌

---

6) 『충북국궁사』, 135쪽.
7) 『설문해자주』, 대북；여명문화사업공사, 민국75년. 378쪽. 春饗所射侯也. 張布矢在其下.

무겁(堋)이다.

흙을 쌓아서 표적으로 삼은 이유는 간단하다. 흙에 꽂히면 살촉이 망가지지 않기 때문이다. 그래서 흙을 높이 쌓아놓고서 연습을 하다가 시합을 하면 좀 더 정확성을 기해야 하기 때문에 명중 여부를 가릴 수 있도록 헝겊을 댄 것이 바로 '솔'이다. 그러다가 이 형태가 표적으로 굳으면서 그 안에 동물을 그려 넣은 것이 소포이다.

02 _ 솔포의 유형

'솔포'는 발음하기 편하도록 리을(ㄹ)이 떨어져나가서 '소포'가 된다. '포'는 한자말 포(布)이다. 뒤에 나오는 중포(中布) 때문에 소포(小布)로 오인하기도 하나, 본뜻은 솔포이다. 이것은 '솔'에 헝겊인 베를 대서 과녁으로 삼은 것이다. 『훈몽자회』에서 말하는 〈帿〉가 바로 이것이다. 이것은 베로 되었기 때문에 혼자서 서있지를 못한다. 따라서 옆에 나무로 기둥을 세워야 한다. 그 기둥을 '솔대'라고 하는데, 솔을 세우는 나무대라는 뜻이다. 그리고 이 기둥에 소포를 끈으로 묶는다. 이것을 '벌이줄'이라고 한다. 또 나무기둥이 옆으로 쓰러지지 않도록 양옆과 앞뒤로 끈을 늘여서 땅에 박아놓는데, 이것도 역시 벌이줄이라고 한다. 과녁을 벌이는 줄이라는 뜻이다. 이 솔대의 자취는 제주도에서 찾아볼 수 있다. 제주도 지명에는 솔대왓이라는 곳이 많다. '왓'은 '밭'이 순경음화를 일으키면서 변한 말이다. 솔대를 세운 밭이라는 뜻이다. 왜구의 노략질에 시달린 제주 사람들이 곳곳에서 활쏘기를 연습한 흔적이 땅이름에 남아있는 것이다.

옛날에는 대부분 이 과녁을 썼다. 그것은 설치하기가 편한 점 때문이다. 또 헝겊으로 되어있기 때문에 사냥대상인 짐승의 그림을 그려 넣을 수 있기 때문이기도 한다. 처음에 '솔'을 향해 쏘다가 거기에 그림을 그려 넣은 것은 짐승을 사냥할 목적으로 그랬을 것이다. 그런 버릇이 소포의 한 가운데에다가 갖가지 짐승을 그려 넣는 풍속으로 굳은 것이다.

이런 풍속은 고구려 창건자인 동명성왕의 이야기에서 볼 수 있다. 주몽이 비류국의 왕 송양과 대결하는 장면이 그것이다.

> 사냥을 나온 비류왕 송양이 왕(주몽)의 용모가 비상한 것을 보고 데리고 가서 같이 앉아서 말하기를,
> "나는 바닷가에 치우쳐 살아서 아직 군자를 만나지 못하다가 오늘 우연히 그대를 만났으니 다행한 일이오. 그대는 어떤 사람이며 어디서 오셨소?"
> 하였다. 왕이 대답하기를,
> "과인은 하느님(天帝)의 손자이며 서국(西國)의 왕입니다. 감히 묻습니다만, 그대(君王)는 누구의 후손인지요?"
> 하였다. 송양이 대답하기를,
> "나는 선인(仙人)의 후예인데 여러 대에 걸쳐서 왕 노릇을 하고 있소. 지금 이 지방은 지극히 좁아 두 임금이 나눠가질 수 없습니다. 그대는 나라를 세운 지 얼마 안 되었으니 우리를 섬기는 것이 좋지 않겠습니까?"
> 하였다. 왕이 대답하기를,
> "과인은 하늘을 이은 자손이고, 지금 왕은 신의 자손인데 억지로 왕이라 일컬으니 만약 나에게 복종하지 않으면 반드시 그대를 벌할 것이다."
> 하였다. 송양은 왕이 몇 번이나 하늘의 자손(天孫)이라고 말하기에 속으로 의심을 품고 그의 재주를 시험하여 보려고 하였다. 그래서 말하기를,
> "왕과 더불어 활을 쏘아보고 싶소이다."
> 하고는 사슴을 그린 과녁(畵鹿)을 백보 거리에 두고 쏘는데 살이 사슴의 배꼽을 맞추지 못하였지만 맞춘 것으로 간주하였다. 왕은 사람을 시켜서 옥가락지를 백보 밖에 걸어놓고 쏘았는데 옥가락지가 마치 기왓장 부서지듯이 하여 송양이 크게 놀랐다.[8]

위에서 보듯이 사슴을 그린 과녁을 쓰고 있다. 이것이 솔포의 원형일 것이다.

---

8) 이규보, 『동명왕편』, 박두포 역, 을유문화사, 1982. 73~74쪽.
松讓以王累稱天孫, 內自懷疑, 欲試其才, 乃曰, 願與王射矣. 以畵鹿置百步內, 射之, 其矢不入鹿臍, 猶如倒手. 王使人, 以玉指環, 懸於百步之外, 射之, 破如瓦解. 松讓大驚.

우리말에 정곡(正鵠)이란 말이 있다. 핵심을 건드렸을 때 하는 말 '정곡을 찔렀다' 고 할 때의 정곡이다. 이것이 활쏘기의 유풍이다. 소포는 헝겊으로 만들었으니만큼 화살이 많이 꽂히는 한 가운데 부분은 잘 해지기 마련이다. 그래서 그 부분은 어쩔 수 없이 헝겊이나 가죽 같은 것을 덧대게 된다. 가운데만 기우면 전체를 버리지 않아도 되기 때문이다. 이때 헝겊을 덧대면 정(正)이 되고 가죽을 덧대면 곡(鵠)이 된다. 이 둘을 합쳐서 어떤 것의 가장 중요한 것을 나타내는 말로 정곡이란 말이 쓰인 것이다.

바로 이 정과 곡에다가 짐승의 모양을 그려 넣은 것이 옛날에 가장 흔히 쓰인 소포이다. 계급이 차별화되기 전에는 아무 짐승이나 그려 넣었겠지만, 나중에는 이것이 법제화하면서 신분에 따라 그려 넣는 짐승도 달라진다. 임금은 곰을, 제후는 붉은 순록을, 대부는 범을, 선비는 멧돼지를 그린 소포를 썼다. 또 쏘는 거리도 각기 달라서 임금은 90보, 제후는 70보, 대부와 선비는 50보로 했다.

우리나라의 경우 솔포(侯)의 크기는 가로 세로가 1장(丈) 8척으로 굉장히 컸다. 전체 크기를 가로세로로 삼등분해서 가운데 부분에 곡을 붙였는데, 곡의 크기는 사방 6척(18척을 3으로 나눈 수)이었으며 포의 색과 곡에 그리는 그림은 계층에 따라서 달랐다. 왕은 붉은 색 바탕의 소포에 곰의 머리를 흰 가죽에 그려서 곡으로 붙였고, 종친과 문무관원은 파란 바탕에 사슴의 머리를 그린 곡을 썼으며, 무과나 교습에는 돼지머리를 그린 것을 썼다.[9]

03 _ 무과에서 쓴 과녁

무과에서는 화살의 종류가 다양했던 만큼 과녁도 그에 따라서 여러 가지가 쓰였다.

---

9) 『국조오례의』, 서례 射器圖說 熊候
　以赤色布, 爲質崇, 廣丈八尺, 三分其廣, 而鵠居一焉, 鵠方六尺, 以白柒皮, 方製之, 接於候中, 畵以熊首, 用於御射, 侯豕候制同, 而質靑, 侯畵麋首, 用於宗親, 及文武官射, 豕候畵豕首, 用於武科及敎習.

먼저 애기살(片箭)은 130보(163.8m)에서 쏘았는데, 지우들이 쓰는 영조척으로 가로 8자 3치(258cm), 세로 10자 8치(338cm)였고, 관은 가로 2자 2치, 세로 2자 4치였다.[10]

관혁은 150보(189m)에서 쏘는데 가로가 8자 3치(258m)였고 세로가 10자 8치(338)였다. 관은 전체 크기의 1/3이었다.

유엽전은 120보(151m)에서 쏘는데 가로가 4자 6치(143m)이고 세로가 6자 6치(205m)이다. 관은 전체 크기의 1/3이었다.

기사(騎射)에 쓰인 과녁(的)은 둥근데 흰 가죽으로 만들었다. 지름이 1자(31.1cm)이고 무겁의 높이는 1자5치(46cm)였다.[11] 쏘는 방법은 다음과 같다.[12]

과녁(的)은 빨간 것과 흰것을 각각 10개 설치하는데, 한쪽에 5개씩 양쪽으로 모두 10개를 세운다. 왼쪽에는 붉은것 흰것 붉은것 흰것 붉은것 순으로 세우고, 오른쪽에는 흰것 붉은것 흰것 붉은것 흰것 순으로 세운다. 왼쪽과 오른쪽의 과녁 거리는 35보이며, 흰과녁과 붉은과녁 사이는 5보이다.

우궁은 왼쪽에서 말을 달려나가며 왼쪽의 첫번째 과녁을 쏘고 이어 왕복하면서 오른쪽의 둘째과녁, 왼쪽의 셋째과녁, 오른쪽의 넷째과녁, 왼쪽의 다섯째 과녁을 차례로 쏘는데, 모두 붉은과녁을 쏘게 된다. 좌궁은 그 역순으로 오른쪽에서 말을 출발시킨다. 이런 기사의 체계가 선 것은 세종 15년의 일인데, 말을 몰아 두 번 왕복하면서 5차례 활을 쏘아 맞추게 하였다. 말을 빨리 몰지 않거나 활을 가득 당기지 않은

---

10) 역주 경국대전 번역편 병전 339쪽.
    그런데 영조척을 미터법으로 환산하는 길이가 기록마다 다 다르다. 『한국의 궁도』에서는 29.7로 하고 있고, 『역주 경국대전』에서는 31.3로, 『한한대사전』에서는 30.3으로 하고 있다. 여기서는 일단 명나라의 자인 31.1cm로 따른다. 조선은 명나라의 법제를 따르려고 했고, 그렇다면 앞서 논의한 세종 때의 자 역시 이와 같은 경향을 띠었을 것이기 때문이다. 당시의 자가 남아있지 않은 상태에서 현재의 유물을 가지고 재구성한 길이 역시 31.220cm이고 경국대전의 길이도 31.195cm여서 거의 같다. 이 길이 역시 실측은 다르지만, 당시 사람들이 추구한 길이는 같은 것일 것이므로, 명나라의 길이와 같은 것으로 보는 것이 합당할 것이다. 게다가 해방 전의 과녁거리는 150m였고, 이를 영조척으로 환산하면 1자의 길이는 30.9cm이다.
11) 『경국대전』, 시취 340쪽. 적의 지름이 『국조오례의』에는 3자로 나오고, 『경국대전』에는 1자로 나와서 어느 것이 정확한지 분명치 않다.
    『국조오례의』, 「서례」, 사기도설. 用白皮, 圓製之徑三尺, 用於武科及教習近射.
12) 『경국대전』 시취.

자, 또는 채찍을 떨어뜨린 자는 점수를 주지 않았다.[13]

그런데 북새선은도(北塞宣恩圖)라는 그림에 보면 이와 유사한 장면이 나온다.[14] 말타고 활을 쏘는 사람이 나오는데, 거기에 세운 과녁은 둥근 것이 아니라, 사람 모양의 허수아비를 세우고 배와 가슴 부위에 걸쳐 검은 색으로 과녁표시를 해놓았다. 요즘 소총 사격에 쓰이는 타겟과 아주 흡사하다. 그래서 평상시 전쟁용으로 연습할 때는 이런 식으로 사람모양으로 과녁을 만든 것 같고, 무과 시험이나 교습 같은 정식 행사를 할 때는 정확성을 기하기 위하여 둥근 과녁(的)을 쓴 것으로 보인다.

04 _ 민간에서 쓴 과녁

이상에서 살펴본 것처럼 관에서 쓴 과녁은 관소관혁이라고 해서 주로 소포가 주종을 이루었다. 그런데 민간에서는 중포(中布)라고 해서 소포보다 더 큰 것을 썼다. 가로 10자 세로 14자짜리 '소포'는 원래 '솔포'의 리을(ㄹ)이 떨어져나간 것인데, 민간에서 쓰는 중포 때문에 여기에 작다는 뜻이 덧붙어서 소포(小布)라는 뜻으로도 쓰였다. 이 중포의 한 가운데에다가 소포처럼 여러 가지 짐승을 그려 넣었다.[15]

그런데 '민간연사'가 무엇을 의미하는지 분명치가 않다. 이것은 관에서 주도하는 것과는 다른 것을 의미한다. '연사'(燕射)는 활쏘기 잔치를 뜻한다. 민간에서 백성들이 스스로 크게 잔치를 벌여서 행하는 활쏘기 풍속을 가리키는 것이다. 이 경우, 연(燕)은 제비라는 뜻이 아니라 잔치를 뜻하는 말이다. 잔치를 뜻하는 〈宴〉과 소리가 같기 때문에 대신 빌려 쓴 것이다.

그런데 우리 풍속에서 민간에서 행하는 활쏘기 잔치는 편사와 백일장이다. 여기서 백일장이란 물론 활 백일장을 말한다. 편사는 양반들이 즐긴 활쏘기이다. 이와

---
13) 『역주 경국대전』, 주석편 586~587쪽.
14) 최순우 외 5인, 『월드아트콜렉션 : 동양』, 삼성출판사, 1993. 한국편.
15) 『조선의 궁술』, 36~37쪽.

달리 활 백일장은 단옷날 씨름판이 벌어지듯이 벌이는 서민들의 활쏘기 풍속이다. 따라서 옛 기록에서 '민간연사'라고 하는 것은 현 단계에서 확인할 수 있는 풍속 중에서는 활 백일장뿐이다.

이 활 백일장에서 쓴 과녁은 관소과녁과는 달랐다.[16] 안석홍에 따르면 백일장에 쓰는 과녁은 광목 한 통의 삼분지 일로 만들었다고 한다. 광목 한 통은 40마를 뜻한다.[17] 한 통의 1/3이면 12마라고 한다. 것을 3마와 4마로 잘라서 이어붙이면 1마는 9.144m이므로 전체 크기는 3마(274.32cm)×4마(365.76cm)가 된다. 그런데 『조선의 궁술』에서는 중포의 크기를 10자×14자라고 해서, 이와 비교하면 안석홍이 말한 과녁이 조금 작다. 그런데 천은 너비가 넓은 것이 있고 좁은 것이 있다는 것으로 보아 큰 것으로 하면 10×14와 거의 비슷할 것으로 보인다. 그런데 백일장에 쓰인 과녁이 6×4미터라고 하는 고증도 있어서[18] 문제가 된다. 이것으로 보면 기본 크기는 10×14자였지만, 주최 측에 따라서 크기를 마음대로 정했던 것 같다. 더욱이 시수가 너무 잘 나는 것을 일부러 방해하기 위해서 과녁거리도 수시로 바꾸었다는 것을[19] 보면 이점 더더욱 그렇다. 그런데 활 백일장에서 처음엔 중포로 경기를 하지만 결승에서는 작은 과녁으로 했다는 것이 특이하다. 출입문짝 만했다는 것으로 보아[20] 유엽전의 과녁을 원용한 것으로 보이지만, 활 백일장의 성격상 이것도 특별한 규격이 없는 것으로 보는 것이 더 타당할 듯싶다.

05 _ 지금의 과녁

『조선의 궁술』에는 연습할 때 쓰는 과녁을 유엽전의 표적으로 쓰는 것이 옳다

---

16) 안석홍 대담(1997. 11. 14).
17) 나이 지긋한 할머니들은 여기에 아주 밝다. 1933년생인 우리 어머니한테서 들은 이야기이다.
18) 『국궁1번지』, 황학정, 1997. 17쪽.
19) 안석홍 대담(1997. 11. 114).
20) 『연무궁도』, 98쪽.

고 했다.[21] 유엽전의 과녁 크기는 앞서 살펴본 대로 가로가 4자 6치(137cm)이고 세로가 6자 6치(196cm)이며, 관은 전체 크기의 1/3이다. 그런데 지금 쓰는 과녁은 이보다 더 커서 가로가 6자 6치이고 세로가 8자 8치이다.[22] 1960년대 들어와서 대한궁도협회에서 정한 규격이라는데, 유엽전의 과녁에 준한다고 하면서 어떤 이유에서 더 커졌는지는 전혀 밝히지 못하고 있다.

그런데 더 큰 문제는 과녁 전체의 모양이다. 『조선의 궁술』에 나오는 과녁은 관의 크기는 전체의 1/3이라는 원칙을 지키고 있다. 즉 과녁 한 가운데에 관만이 있는 것이다.[23] 그런데 지금의 과녁을 보면 이 관만이 아니라 관 위에 한일자가 올라 있고, 또 관이 아주 많이 커지면서 그 관 안에 빨간 점이 들어가 있다. 어떤 근거에서 이렇게 변했는지 전혀 알 수 없다.

분명한 것은 해방 전에는 과녁 복판의 빨간 점(紅心)은 없었다는 점이다. 다만 그 모양에 대해서는 관만 있었다고 말하는 이도 있고[24] 검은 일자가 있었다는 이도 있고[25] 일자가 위아래로 다 있었다고 말하는 이도 있어[26] 논의가 일치하지 않는다. 또 가운데 관이 네모가 아니라 둥근 것이었다는 사람도 있다.[27] 어찌 되었거나 여러 사람의 증언이 다 달라서 아주 혼란스러운 양상을 보인다.

이런 의문점을 다소라도 해소해주는 것이 이용달 옹의 증언이다. 그의 증언에 따르면 현재 쓰는 과녁은 1960년대 들어서 대한궁도협회의 주(朱)부회장[28]이 통일시킨 것이라고 한다. 그 전에는 보통 그보다 더 작은 과녁을 썼다고 한다.

---

21) 『조선의 궁술』, 37쪽.
22) 『한국의 궁도』, 68쪽.
23) 이 점은 성낙인 옹의 고증(1997.2.4.)에서도 일치한다. 즉 관만 있었다는 것이다. 그리고 실제로 성낙인의 말대로 『조선의 궁술』에 나오는 과녁 그림을 보면 관이 과녁의 중심에서 밑으로 조금 내려가 있다. 성낙인의 기억이 놀라우리만치 정확하다는 것을 보여주는 사례이다.
24) 성낙인 대담(1997. 2. 5).
25) 안석홍 대담(1997. 11. 11).
26) 권영구 대담(1998. 7. 12).
27) 김복만 대담(1998. 4. 15).
  인천 무덕정의 김명규도 이 관의 모양을 둥근 것이었다고 한다.(1998. 7. 25. 전화통화)

이것은 인천에서 해방 전에 활을 쏜 안석홍의 말에서도 확인된다.[29] 안석홍에 따르면 옛날 과녁은 지금보다 사방이 1자 가량이나 작았다고 한다. 현재의 과녁 높이가 8자 8치이고, 무과에서 쓴 유엽전 과녁의 높이가 6자 6척이었으니, 위 아래로 한 자씩은 줄어든 것이다. 따라서 무과의 과녁 크기와 '사방이 한 자쯤 더 작았다'는 안석홍 옹의 기억은 아주 정확하게 일치한다. 인천은 옛날부터 과거를 시행하던 곳이어서 유엽전의 과녁을 썼을 것으로 짐작된다. 따라서 대한궁도협

현재의 과녁

회에서 1960년대 들어서 현재의 과녁으로 통일하기 전까지 과녁은 유엽전의 과녁을 그대로 썼음을 알 수 있다. 『조선의 궁술』에서 '과녁은 유엽전의 표적을 쓰는 것이 옳다'고[30] 한 것은 바로 이 과녁을 가리킨 것이다. 따라서 지금 쓰는 화살이 유엽전인 만큼 거기에 쓰인 과녁도 원래는 옛날 무과에서 쓰던 유엽전 과녁을 썼는데, 1960년대 들어 대한궁도협회에서 그보다 조금 더 크게 해서 전국의 과녁을 통일시킨 것으로 결론지을 수 있다.[31]

또 현재의 과녁으로 통일되기 전에는 유엽전의 과녁이 쓰였다는 증거가 이밖에 더 있다. 경기도 농촌에서는 활쏘기 풍속이 널리 퍼져있어서 농한기가 되면 과녁을

---

28) 대한체육회에서 낸 『제46회 전국체육대회 프로그램』(1965년)을 보면 궁도 부문 임원 중에 주석천(朱錫天)이라는 이름이 나온다. 전국체전 프로그램을 제50회까지 살펴보아도 주씨 성을 가진 사람은 주석천 이외에는 나오지 않는다. 따라서 이용달 옹이 정확히 이름을 기억하지 못하는 주(朱)씨 성을 가진 부회장이란 이 '주석천' 씨를 가리키는 것 같다. 따라서 이용달 옹이 1960년대 초라고 기억한 것은 중반까지 아울러 포함된 내용으로 보인다. 실제로 1965년도 자료에는 주석천이 사무이사를 맡은 것으로 나오고 1966년도부터 부위원장을 맡은 것으로 나온다. 따라서 이용달 옹은 1960년대 중반을 기억한 것이거나, 아니면 주석천이 부회장이 되기 전에 한 일을 그 뒤 부회장이 된 후의 직책으로 기억한 것으로 보인다.

이보다 앞서 주씨 성을 가진 부회장이 누구인가를 알아보기 위해 대한 궁도협회로 전화를 걸었는데(1998.7.8) 협회에는 자료가 없어서 알 수 없다는 회답을 받았다. 그래서 하는 수 없이 충북체육회의 자료실을 찾아가서 확인했다.

29) 안석홍 대담(1997. 11. 11).
30) 『조선의 궁술』, 37쪽.
31) 이용달 대담(1998. 4. 5).

들고 다니며 쏘았는데, 이때 들고 다닌 과녁이 4×6자였다는 것이다.[32] 유엽전의 과녁 크기와 정확히 일치하진 않지만, 유엽전의 과녁 4.6×6.6과 비교하면 거의 같은 크기이다. 그리고 4×6은 눈대중으로 한 크기이기 때문에 사실 유엽전의 크기와 같은 것이라고 보아야 한다.

또 이런 과녁을 마련하지 못한 곳에서는 스스로 멋대로 정해서 썼다. 그 중 손쉽게 만들 수 있는 것이 포관이다. 그래서 어떤 곳에서는 솔포로 그대로 쓰고 또 어떤 곳에서는 나무만으로 만든 과녁을 쓰고 해서 일관된 규격이 없었다. 그리고 이것은 당시 각종 대회도 지역별로 각자 치러서 협회에서 관여할 수가 없었다는 것과도 관련이 있다.

솔의 모양은 크기가 다 달랐지만 지금 과녁 크기만한 베에다가 부레풀을 몇 차례 발라서 쉽게 뚫어지지 않고 오래 쓸 수 있도록 만들었다. 그래서 위쪽에만 끈을 달아서 걸어놓고 쏘면 화살이 때렸을 때 출렁이면서 뒤로 물러났다가 다시 원위치로 돌아왔기 때문에 화살도 과녁 바로 앞에 떨어졌다. 부레풀은 민어를 쓰기도 했지만, 민어부레가 비쌌기 때문에 조기부레도 썼다고 한다.[33] 그런데 이렇게 하기 전에는 부레풀을 먹이지 않고 그대로 천만 썼다. 그리고 위만 고정시킨 것이 아니라 각목으로 네모난 과녁 틀을 짜서 그 위에 천을 걸었다.[34] 천에 맞으면 화살은 통과하지만 가장자리의 나무에 맞으면 꽂힌다. 따라서 나무에 꽂히면 망치와 노루발로 뽑아야 한다. 소포는 화살이 가장 많이 통과하는 가운뎃부분은 구멍이 뚫리기 때문에 뚫릴 때마다 천을 덧댈 수밖에 없으며 그렇게 덧대는 천을 정(正)이라고 한 것이고, 가죽을 대는 것을 곡(鵠)이라고 한 것이다. 그래서 이 둘을 합쳐서 정곡(正鵠)이란 말이 나온 것이다. 『조선의 궁술』'역대의 선사'에 나오는 다음 일화는 이런 사정을 잘 보여준다.[35]

---

32) 김집, 『궁도입문』, 황학정, 1998. 178쪽.
33) 이용달 대담(1998. 4. 5).
34) 이훈종, 『국학도감』, 일조각, 1970. 35쪽.
35) 『조선의 궁술』, 117쪽.

배익환(裵益煥)은 울산군 사람이니 경상좌도 병영에 속하며 활을 잘 쏘아서 철종조에 병사(兵使)가 갈리매 그 뛰어난 재주를 아껴 조정에 천거하여 경영군관(京營軍官)에 임용했으며 무과에 천거했다. 늘 활을 잘 쏘매 살이 땅에 떨어지는 것이 없어서 솔포를 많이 상하니 같이 쏘는 사람들이 궁시렁거리는지라, 익환이 이에 청하기를, '첫 발부터 다섯 발까지 낱낱이 주워주면 다시는 솔포를 상하게 하지 않겠노라' 하니, 같이 쏘는 사람들이 그 뜻을 잘 알지 못하지만 대답할 뿐이러니, 이때에 익환이 첫발을 쏘아서 곡(鵠)의 아래쪽 정중앙을 맞추고 10발을 청하여 또 쏘매 살이 앞의 살이 뚫어놓은 구멍으로 들어가서 앞서 쏜 살이 꽂힌 곳으로 꽂히니 이러기를 온종일 하여 과녁의 다른 곳을 상하지 않았다.

여기서 쓴 과녁은 나무로 만든 것이 아니라, 헝겊으로 만든 솔포라는 것을 알 수 있다. 따라서 이 같은 솔포가 널리 쓰인 것이며, 그렇지 않은 곳에서는 유엽전의 과녁을 쓴 것으로 볼 수 있다. 이와 같이 다양한 과녁이 주는 혼란을 막고자 대한궁도협회에서 정한 것이 지금의 과녁이다.[36]

다음은 지금의 과녁 모양에 대해서 살펴볼 차례이다. 먼저 내가 많은 사람들을 만나면서 현재의 과녁에 대해서 물어보니 대답하는 사람마다 각양각색으로 달랐다. 그것은 과녁의 모양이 바뀜에 따라서 각 단계마다 생겨난 혼란 때문인 것으로 판단된다. 우선 사람들이 가지고 있는 생각부터 정리하면 다음과 같다.

먼저 현재의 과녁을 동(同)짜 모양을 본딴 것으로 여기는 경우이다. 아주 많은 사람들이 이렇게 생각하고 그 이유를 그럴 듯하게 설명한다. 첫 번째 설명은 제법 오래된 구사들의 설명인데, 양궁과 달리 국궁은 가운데를 맞추나 주변을 맞추나 점수가 '한 가지로 같기' 때문에 한 가지 동짜를 썼다는 것이다. 두 번째 설명은 일제가 국궁을 탄압하자 활 쏘는 사람들이 마음을 '한 가지로 뭉쳐서' 위기를 극복하고 일제를 이겨내자는 뜻으로 한 가지 동짜를 그렸다는 것이다. 두 번째 것은 일제강점기

---

[36] 『국궁1번지』를 보면 일제 강점기의 황학정 삭회 시수기록을 신문에서 보도한 것이 있는데, 시수가 지금보다 저조하다. 과녁이 지금과 달랐기 때문에 당연한 것이다.

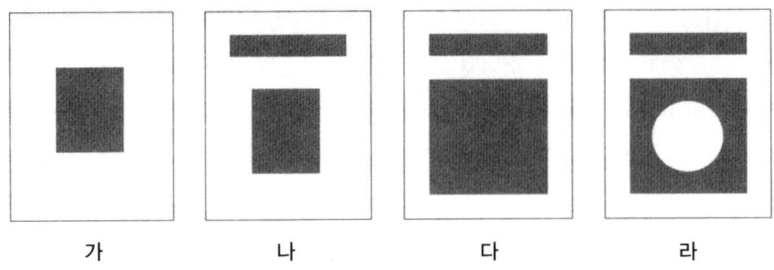

가　　　　나　　　　다　　　　라

에 대한 피해의식에서 나온 것이다.

　다음으로는 가운데의 관을 중심점으로 인식하는 경우이다. 과녁에 아무것도 그려놓지 않으면 조준할 수가 없기 때문에 중심점을 만들어 놓아야 한다는 것이다. 그래서 현재의 홍심과 관을 혼동하는 경우를 종종 볼 수 있다. 그런 의미에서 과녁에는 홍심이 당연히 있어야 한다는 생각을 하고 옛날부터 그랬으려니 하고 여기는 것이다.[37]

　다음으로는 과녁의 가운데에 들어가는 관을 둥근 모양으로 인식하는 경우이다. 여러 가지 정황으로 볼 때 이것은 생각만이 그런 것이 아니라 실제로 그 당시에 관을 둥근 모양으로 그린 것으로 보인다. 이 경우에는 그 둥근 모양을 태극의 모양에서 따온 것으로 인식한다.[38] 따라서 가운뎃점 위의 검은 한일자도 태극의 한 부호로 인식하게 된다. 그것은 그 검은 한일자 모양이 관의 아래에도 있있다는 것으로 더욱 합리화하였다.[39] 이 문제는 바로 밑에서 다시 다룰 것이다.

　이상의 생각들은 단순히 사람들의 '착각'만으로 돌기기는 어렵다. 물론 올바르지 않은 지식이라는 점에서 착각임에는 틀림없지만, 오랜 세월 동안 과녁의 모양이 변하는 과정에서 변화해간 과녁을 인식하는 그 시대의 독특한 세계관을 드러내는 것이라는 점에서 그런 인식들이 함축하고 있는 어떤 '의미'의 집단성과 주술성을 존중

---

37) 김복만 대담(1998. 4. 15).
38) 권영구 대담(1998. 7. 12).
39) 권영구 대담(1998. 7. 12).

해야만 하는 것이다. 따라서 이러한 다양한 인식들이 생겨난 과정을 이치에 맞게 이해하고 풀이하는 과정이 꼭 필요하다.

먼저, 옛날 과녁과 지금 과녁이 가장 다른 점은 홍심이다. 이것은 해방 전에는 없던 것이며,[40] 1960년대 들어와서 대한궁도협회에서 과녁을 통일시킬 때 집어넣은 것이다.[41] 그런데 해방 전부터 활을 쏜 분들도 이 점을 혼동하고 있다는 것이 문제이다.[42] 홍심이 해방 전에도 있었느냐고 물으면 거의가 있었다고 대답한 뒤에 잘 생각해 보라고 하면 그때서야 알쏭달쏭하다는 대답을 하곤 한다.[43] 이 혼동은 과녁 안에는 조준의 기준이 되는 중심점이 있어야 한다는 의식 때문이다. 그 의식의 근원은 물론 관이다.

조선시대 무과에서 쓰던 과녁에는 가운데에 네모난 관이 있었고 그 관이 과녁의 중심점 노릇을 하였다. '가'에서 보는 것이 그것이다. 그런데 지금 과녁의 관('다')을 보면 관이 너무 커져서 마치 바탕처럼 돼버렸다. 그러니까 관이 중심점 노릇을 못하게 된 것이다. 따라서 중심점을 새로 만들어야 하는 상황에 처했는데, 이런 문제점을 해결하느라고 그 사라진 중심점 대신에 관 안에다가 '라'에서 보는 홍심이라는 새로운 중심점을 넣은 것이다. 옛날에는 과녁의 중심점이 검정색이었는데 네모나지 않고 둥글었다고 인식하는 것은[44] 바로 이와 같은 변화 때문이다. 이것은 활을 쏘는 사람의 인식방식 때문이다. 만작을 한 상태에서 촉으로 과녁을 조준하면 촉은 홍심을 정확히 가린다. 홍심의 크기는 만작을 하고 조준했을 때 눈에 보이는 촉의 크기와 꼭 맞는 크기인 것이다. 그런데 촉은 둥글다. 둥글지 않은 촉도 겨누고 나면 둥글게 인식된다. 이렇게 마음의 조준점이 실제사물의 모양과 상관없이 둥글게 인식

---

40) 성낙인 대담(1997. 2. 5).
41) 이용달 대담(1998. 4. 5).
42) 울산의 김복만, 장단의 김병세, 인천의 김현원 등이 다 이렇게 기억한다.
43) 홍심은 해방 직후에 들어간 것으로 확인된다. 지역마다 다르겠지만, 해방 전의 신문사진에는 홍심이 없는 것으로 나타나는데, 해방 후의 신문기사에서는 홍심의 모양이 나타난다. 1959년의 제1회 활쏘기 대회 때 쓰인 황학정의 과녁에는 홍심이 있다. 이것을 1960년대 들어 대한궁도협회에서 공식화한 것으로 보인다.
44) 김복만 대담(1998. 4. 15). 김명규 대담(1998. 7. 25).

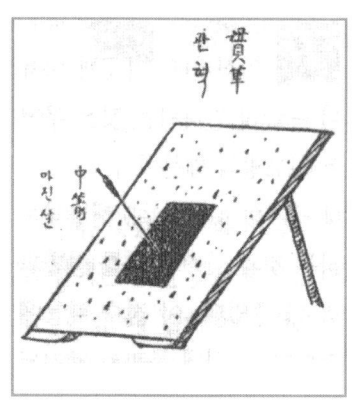

『조선의 궁술』의 과녁

되는 것은 무언가 조준할 중심점을 찾아야 한다는 집중된 사고방식 때문이다.

조선시대 무과의 과녁에서 중앙에 전체 크기의 1/3에 해당하는 크기인 관을 설정한 것은 중심점을 부여하는 것과 함께 점수를 차별화하기 위한 것이다. 즉 관을 맞추면 점수를 더 주었다. 이 점수 때문에 관의 모양은 정확히 네모로 인식되었을 것이다. 그런데 무과가 폐지되고 이런 점수가 의미가 없게 되자 이제 과녁의 관은 중심점으로만 인식되기에 이른 것이다. 이 경우 관이 네모나거나 둥글거나 아무런 상관이 없다. 지방의 과녁에서 이 관을 둥글게 그린 것은 바로 이 같은 변화 때문에 일어난 현상이다. 점수개념이 사라지고 둥근 모양만 남고 나니, 이제 그것에 대한 해석도 달라진다. 당시 사회는 유교가 생활의 기본을 이루는 사회였으므로 이와 관련하여 원과 가장 깊이 있고 친숙한 생각은 태극 모양이다. 당시 사회를 두루 지배한 생각이 활터의 과녁에 반영된 것이 원을 태극으로 인식[45]하는 것이다. 나아가 이런 합리화에 익숙한 사고에서 관 위의 검은 한일자를 괘로 인식하는 단계까지 나아간 것이다.

그렇다면 전체 과녁 크기의 1/3에 해당하던 관이 바탕을 거의 다 덮을 만큼 커진 것은 어찌된 것인가? 그것은 관 위의 검은 한일자 표시 때문이다. 그런데 그 한일자 표시가 차지하는 너비는 관보다 더 길다. 그래서 그 길이에 맞추느라 관의 너비가 넓어지고, 넓이가 넓어짐에 따라서 위아래로도 길어져 정사각형을 이룬 것이다. '나'에서 '다'로 옮겨가는 과정이다. 그것이 홍심을 뺀 현재의 과녁 모양이다. 이렇게 되다 보니 원래의 바탕색인 흰 색은 마치 줄을 그어놓은 것처럼 보인다. 그 흰 줄이 가장자리와 가슴께에 그어져 있기 때문에 과녁 전체의 모양이 마치 한자의 同자

---

45) 권영구 대담(1998. 7. 12).

모양과 비슷하게 되었고, 이 동짜를 두고서 그럴 듯한 해석을 한 것이 앞서 말한 두 해석이다.

이렇게 되면 네모가 커져서 바탕처럼 되었기 때문에 그것이 중심점 노릇을 하기 어렵다. 그래서 중심점이 사라진 곳에다가 빨간 색으로 둥근 모양을 그려 넣었으니, 그것이 홍심이다. '라'의 과녁이 그것이다. 이상이 오늘날의 과녁이 이루어진 과정과 이유이다.

지금의 과녁에서 가장 문제가 되는 것은 관 위에 검은 색으로 그어놓은 한일짜 표시이다. 이제부터는 이것이 어디서 온 것인가를 알아보기로 한다. 먼저 이것에 대한 사람들의 생각과 반응이 각양각색이다. 그래서 사실을 알아보기 전에 그것부터 알아볼 필요가 있다. 이 역시 사실보다 그것을 인식하는 사람들의 의식을 알아볼 수 있는 중요한 문제이기 때문이다.

해방 전에 활을 쏜 성낙인 옹은 아예 이것이 없고 관만 있었다고 하고 『조선의 궁술』에도 실제로 관뿐이다. 그런데 해방 전에 활을 쏜 사람들 중에 많은 사람들은 이것이 있었다고 하고, 실제로 고증이 꼼꼼하기로 이름난 이훈종의 『국학도감』과 『민족생활어사전』에도 이것이 그려져 있다. 그런데 그렇게 말하는 분들한테 그 이름이 무어냐고 물으면 딱히 뭐라고 대답하지 못한다. 대개 '일자표시'라고 하고 하거나 '한일짜'라고 얼버무리고 만다.

이 표시에 관한 믿음 가운데 또 한 가지는, 이 표시가 옛날에 특정벼슬을 한 사람을 배출한 활터에서만 그릴 수 있는 것이라고 하는 것이다. 이 역시 옛날에 활을 쏜 분들이 하는 말이다. 그리고 실제로 이에 근거하여 경상도에는 그 표시를 붉은 색으로 칠해놓고서 이름을 '홍띠'라고 하는 활터가 몇 군데 있다.

또 이것을 '눈썹'이라고 하는 경우도 있는데, 이것은 관의 한 가운데에 둥근 모양이 그려져 있어서 멀리서 보면 그것이 눈동자처럼 보이기 때문에 그 위에 있는 일자표시를 의인화시켜서 눈썹이라고 한 것이다.

이와 같이 과녁 위쪽의 이 표시에 대한 생각과 이름은 각양각색으로 달라서 어

탐라순력도의 부분

느 것이 옳은 것이고 어디까지가 타당한 것인지 좀처럼 알 길이 없다.

이런 의문점을 말끔히 씻어줄 수 있는 자료가 있다. 그것은 숙종 28~29년에 그린 『탐라순력도』(耽羅巡歷圖)라는 그림책이다.[46] 이책은 김형상(金衡祥)이 제주목사로 있을 때 관내를 시찰하면서 제주의 풍속을 그림으로 옮기고 설명을 붙인 것으로, 제주의 화공인 김남길(金南吉)이 그린 것이다.[47] 전체 40폭의 채색그림인데, 보물 제652-6호로 지정되었다. 여기에 활쏘기와 관련된 그림은 모두 8폭인데, 여기에 당시에 사용한 과녁의 모습이 또렷하게 나온다.

앞서 다룬 문제를 해결하는데 가장 분명한 증거를 보여주는 그림은 '제주사회(濟州射會)'라는 그림이다. 제주의 관덕정에서 활을 쏘는 장면인데, 무겁에 유엽전 과녁이 두 개가 놓여있고, 그 과녁 바로 뒤에 그 과녁보다 열 배쯤이나 더 큰 솔포를 쳐 놓았다. 이 유엽전 과녁의 관은 네모난 것으로 『조선의 궁술』에 나오는 과녁과 모양이 똑같다. 그런데 『조선의 궁술』의 과녁과 다른 점은 두 개의 과녁을 구별하기 위하여 관 위쪽에 숫자 표시를 한 점이다. 즉 오른쪽에 있는 과녁의 상단에는 '一'자를 썼고, 왼쪽에 있는 과녁에는 '二'자를 써 놓았다. 과녁이 둘 이상일 때는 그렇게 숫자를 써서 표시한다는 것이 관례였음을 알 수 있다.

그렇다면 과녁이 하나뿐일 경우에는 어떻게 할 것인가 하는 것이 의문이 아닐

---

46) 이형상, 『탐라순력도』, 영인, 제주, 1999.
47) 『국궁1번지』 제6호(황학정, 1999) 24~31쪽.

수 없다. 역시 이 그림책에는 이 의문을 풀어줄 장면이 나온다. '대정강사'(大靜講射)에는 유엽전 과녁이 하나뿐인데 관 위에 아무 표시도 하지 않았고, '명월시사'(明月試射)에도 유엽전 과녁이 하나뿐인데 여기에는 일자 표시가 들어가 있다. 시사는 무과에서 관리를 선발하는 시험이다. 따라서 시험을 치룰 때는 이와 같이 표시를 해서 점수를 분명히 한 것이다. 따라서 일정한 계급 이상의 관리를 배출한 활터에서만 이 표시를 했다는 생각도 전혀 근거 없는 소리는 아니다. 과녁에 숫자표시를 한 것은 무과를 치룰 수 있는 여건이 될 만한 활터일 것이기 때문이다. 따라서 무과를 치룬 활터의 과녁에 '一' 자를 넣은 것이 오랜 세월 동안 입에서 입으로 전해오는 과정에서 앞의 이야기로 정착한 것이다.

그렇다면 왜 전국의 활터에 이 표시가 다 들어가 있는가 하는 것이 문제이다. 그 이유는 간단하다. 옛날에 활을 쏜 것은 무과로 진출하기 위한 것이었다. 따라서 평상시 훈련 때에도 무과 시험과 똑같은 조건에서 훈련을 해야 과거에 응할 때 당황하지 않고 제 시수를 낼 수 있다. 그러므로 과녁 위에 일자 표시를 한 상태로 연습을 했을 것이고, 또 그러다보면 처음엔 관만이 조준점 노릇을 하였겠지만, 나중에는 그 일자표시까지도 조준점으로 작용하여 이제는 빼려야 뺄 수 없는 필수요소가 된 것이다. 그래서 무과가 폐지된 뒤에도 그 일자표시는 관습처럼 과녁에 남은 채 여태까지 전해오는 것이다. 해방 전에 활을 쏜 분들이 이 일자표시가 있었다고 하면서도 그 이름이 뭐냐고 물으면 분명한 대답을 하지 못한 것도 이와 관련이 있다. 처음부터 집어넣은 것이면 이름이 있어야 한다. 사람이 만든 모든 것은 이름이 붙기 때문이다. 그런데 이 한일자 표시는 처음부터 집어넣은 것이 아니라 편의상 넣었던 것이 관례처럼 굳어버린 것이기 때문에 뚜렷한 이름이 없이 애매모호한 상태로 전해온 것이다. 그리고 보면 편의상 그 모양을 본떠서 일짜 표시라고 한 명칭도 나름대로 타당성이 있어서 붙은 것이라고 할 수 있다.

따라서 현재 과녁 위에 들어가 있는 일짜 표시는 과녁을 여러 개 놓을 때 구별하기 위해서 임시로 써넣은 숫자라는 결론을 분명하게 내릴 수 있다. 지금은 홍심

안에 흰 페인트로 숫자를 써넣지만 옛날에는 관 위에 한자로 써넣은 것이다. 이렇게 해서 과녁의 모양에 관한 모든 문제가 해결되었다.

『탐라순력도』의 그림이 보여주는 것 중에서 또 빼놓을 수 없는 것이 하나 더 있다. 예천에서 여러 대에 걸쳐서 활을 만들어온 궁장 권영구와 대담하는 과정에서 무심코 들은 말 가운데 이런 게 있다. 즉 옛날의 과녁은 가운데 관이 둥근 모양이었고 그 위 아래로 괘가 그려져 있었다는 것이다. 이것은 권 접장이 직접 들은 것이 아니고 옛날 활터의 어른들한테서 들은 말이라고 한다. 그런데 놀랍게도 300년 전의 그림인 이 그림책 안에 권 접장이 말한 그 모양 그대로 나온다. 여섯 개 화폭에 그런 과녁이 다 나온다.

그런데 이 과녁들은 유엽전 과녁이 아니라 큰 천으로 만든 솔포이다. 양 옆에 솔대를 세우고 거기에 끈으로 묶어서 펼쳐놓은 커다란 헝겊과녁이다. 과녁 가장자리만 여백으로 남겨놓고 가운데는 크게 그림을 그렸다. 그 그림의 절반 위쪽은 세 줄로 이루어진 소성괘인데, 8괘 중 이괘(離卦)이다. 그리고 이 이괘 밑에는 이괘와 똑같은 너비로 검게 칠하고 그 검정 네모 한 복판에 하얀 동그라미를 넣었다. 이 동그라미는 태극을 상징한다.

이와 비슷한 과녁그림은 김홍도의 북일영도(北一營圖)에서도 볼 수 있다. 거기에는 아수 작은 모양으로 네모난 과녁이 나오는데, 위에서 본 커다란 솔포가 아니라 유엽전 과녁과 크기가 비슷한 과녁이다. 그런데 거기에도 솔포의 그림과 비슷한 모양이 그려져 있다. 과녁 위쪽에 괘가 그려져 있고, 괘 바로 밑에 동그란 표시가 그려져 있다. 이런 과녁 그림을 살펴보면 옛날의 활쏘기에서 쓴 솔포에는 주역의 관념이 들어있음을 알 수 있다. 이것은 성리학을 가장 원숙한 경지까지 이끌고 간 조선시대 사회의 한 특징이라고 할 것이다. 따라서 지금 과녁의 한 복판에 들어있는 홍심은 해방 후에 집어넣은 것이긴 하지만 위와 같은 전통이 무의식중에 작용하여 반영된 것이라고 할 수 있다.

활방(弓房) 04

활방은 활을 얹는 곳이다. 따라서 몇 가지 갖추어야 하는 것이 있다. 이것은 활터에 따로 방을 마련하여 활을 얹을 때 쓰도록 한다. 활방에 갖추어놓은 도구는 다음과 같은 것들이 있다.

01 _ 점화통

각궁은 습기에 약하다. 그래서 보관하려면 습기를 막아야 한다. 그것이 점화통이다. 옛날에는 구들에 불을 피워서 일정한 온도를 유지했다. 그런데 요즘은 열 전구를 많이 쓴다. 합판으로 상자를 만들고 그 안에 열 전구를 켜놓으면 된다. 과열되는 것을 막으려면 온도조절기를 장치한다.

02 _ 화로(火爐)[52]

각궁은 동물성 재료로 만들었기 때문에 얹을 때는 반드시 불을 쬐어서 바로잡아야 한다. 점화통 속에서 있던 것이기 때문이 활의 힘줄이 늘어져서 그냥 얹어서는 제 모양으로 돌아오지 않기 때문이다. 불을 쬐면서 밟을 데는 밟고 펼 데는 펴고 해야 한다. 옛날에는 화로에 숯불을 담아서 썼지만, 요즘은 전기화로를 많이 쓴다.

---

52) 곤로(焜爐)는 일본말이다. 바람을 불어서 불을 일으키는 것을 말한다. 따라서 지금 전기에 꽂아서 쓰는 것은 화로이지 곤로가 아니다.

03 _ 활창애(弓窓)

활창애는 활을 올리거나 틀어진 활을 바로잡을 때 쓰는 기구이다. 활을 만드는 곳에서 쓰는 것인데, 그 쓰임이 요긴하기 때문에 정에서도 대개는 갖추어놓는다.

04 _ 도지개

도지개는 활을 얹을 때 쓰는 기구이다. 활과는 반대 방향으로 뻐드러진 모양인데, 한편을 먼저 묶고 휘인 활을 반대편으로 당겨서 도지개의 홈에 댄 다음 끝에 달린 끈으로 묶어서 고정시키는 것이다. 양쪽을 이렇게 한 다음 시위를 걸면 그냥 올릴 때보다 힘이 덜 든다.

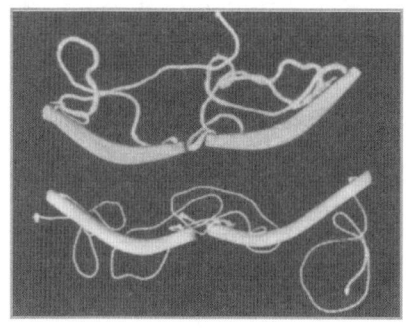

도지개

활창애와 도지개 쓰는 법

05 _ 화살꽂이

개인별로 화살을 꽂아둘 수 있도록 통을 잘라서 세워놓은 것이다.

그밖의 것 | 05

01 _ 활걸이

이것은 활을 걸어놓으려고 만든 것이다. 활을 땅에 놓으면 흙이 묻기 때문에 활을 기대어 세울 수 있도록 나무나 앵글로 짜놓았다. 활의 아랫고자를 받치는 나무를 대고, 윗쪽 정탈목이나 고자 쯤에 나무를 가로질러 활이 기댈 부분을 만든 것이다.

또 대회를 치르려면 많은 한량들이 오기 때문에 평상시 쓰던 활걸이만으로는 모자라는 수가 있다. 그럴 때는 끈을 손잡이 모양으로 묶어서 기둥 사이에 달아놓는다. 그렇게 해놓으면 덩굴에 덩굴손이 주욱 매달린 모양이 된다. 그러면 그 손잡이 끝부분에다가 활의 시위를 걸어놓는다. 손잡이의 끝은 한 번 묶어서 매듭을 만들었기 때문에 활이 떨어지지 않고 매달려있게 된다.

활걸이

02 _ 살놓이, 살고름판

살놓이(矢置臺)는 무겁에서 주워놓은 살을 놓아두는 것이다. 나무로 짜도 되나 요즘은 쇠파이프나 앵글로 많이들 짠다. 살을 얹어놓을 수 있도록 사각형으로 짠다. 위쪽으로는 화살이 딴 곳으로 흘러내리지 않도록 파이프를 조금 높게 세운다.

살고름판은 옛날에 유엽전을 쓸 때 쓰던 것이다. 말 그대로 살을 고르는 판으로 보통 돌을 네모반듯하게 깎아서 갖다놓는다. 유엽전은 과녁에 박히기 때문에 장족을 대고 망치로 두드려서 뽑다보면 촉이 흔들린다. 자칫하면 빠져나간다. 간혹 과녁에 촉만 박혀있는 수도 있다. 그래서 촉이 바뀌지 않도록 하기 위해서 촉을 끼울 때 감은 종이에 색을 칠한다.[53] 이렇게 촉이 흔들리기 때문에 이것을 두드려 박아야 하는데, 살을 돌촉에 탁탁 치는 것이다. 이때 밑에 받치는 돌판이 '살고름판'이다.[54] 살을 고르는 돌판이라는 뜻이다.

03 _ 주살대

'주살'은 '줄살'의 리을(ㄹ)이 떨어져나간 것이다. '활살'이 '화살'로 바뀐 것처럼 발음하기 좋으라고 그리 된 것이다.

주살은 활을 처음 배우는 사람이 궁체를 익히기 위해서 쓰는 것이다. 사대 옆 한가한 곳에 장대를 세우고 줄을 묶어서 그 줄 끝에 화살의 촉을 뚫고 매단다. 그리고 사대에 서기 전에 그 화살을 걸어서 쏘는 연습을 한다. 실로 묶었기 때문에 멀리 날아가지 못하고 되돌아와서 굳이 주우러 갈 필요가 없으니 얼마든지 쏘는 연습을 할 수 있다.

주살질을 하면 과녁을 의식할 필요가 없기 때문에 자신의 자세만을 생각할 수 있다. 그래서 신사가 아니라고 해도 궁체에 이상이 있는 사람은 언제든지 주살질을 하면서 달라진 궁체를 바로잡는다.

---

53) 성낙인 대담(1998. 2. 24).
54) 이훈종, 『민족생활어사전』, 한길사, 1995. 504쪽.
    이 책에는 살구름판으로 나오나 그 기능을 보면 살고름판이 옳다.

04 _ 살가림

이것은 무겁에서 화살이 떨어지는 것을 확인하는 고전을 보호하고, 눈비가 올 때 잠시 피할 수 있도록 하기 위해서 설치한 것이다. 요즘은 못 쓰는 과녁을 갖다놓거나 아니면 간이막사를 갖다놓는다. 옛날 궁중에서 임금이 활을 쏠 때는 가죽을 세 폭 병풍으로 만들어서 세워놓았다.[55]

05 _ 살날이

살날이는 살을 나르기 편하도록 무겁과 사대 옆에 기둥을 세우고 도르레를 달아서 줄을 매어 당기도록 한 장치이다. 화살을 실어서 바퀴를 돌리면 화살을 담은 통이 줄을 따라서 오도록 되어있다. 무겁에서 화살을 주워서 담으면 되기 때문에 일일이 들고 나르지 않아도 되어서 좋은 점이 있다.

---

55) 『국조오례의』, 「서례 · 군례 · 병기도설」 453쪽.
　　侯邊避矢之物, 以革爲之, 高廣各七尺, 形如屛風三疊, 鼓一在東乏, 金一在西乏.

제 03 장 활쏘기 장비

/ 활
/ 화살
/ 전통
/ 궁대, 궁의
/ 깍지
/ 팔찌
/ 복장
/ 그밖의 것

01 활

01 _ 활의 어원과 유래

'활'의 우리말 뜻이 무엇인지는 정확하지 않다. 다만 그와 비슷한 말들이 있어서 그 뜻을 미루어볼 따름이다.

먼저 '활개'라는 말이 있어서 '활'과 연관지어볼 수 있다. 활개는 두 팔이나 다리를 벌렸을 때를 가리키는 말이다. 또 새의 두 날개를 가리키기도 한다. '활개치다'는 새가 날기 위해 날개를 치는 것을 말한다. 특히 이 '활개'는 팔이나 날개를 크게 벌렸을 때 쓰는 이름이다. 나는 모습을 묘사하는 부사어 '훨훨'도 이런 모양을 나타낸 것으로 보인다. 따라서 이 경우 '활개'의 '활'은 두 팔을 쭉 편 상태를 말한다. '개'는 '날개, 접개, 지우개' 같은 말에서 보듯이 명사화접미사이기 때문이다. 활을 쏘는 모양이 바로 그렇다.

'휘영청, 휘청거리다, 휘다' 같은 말들이 '활'과 비슷한데, 이것들은 곧은 것이 휘어지는 것을 나타내는 말들이어서 '활'이 휘어지는 모습에서 생긴 말이 아닌가 한다. 더욱이 '휘다'가 미래형을 취하면 '휠'이 되어서 아주 비슷한 모습을 보여준다. 실제로 경상도 사투리에서는 '휘어'를 '호아'라고 발음하기도 한다.

또 활이 나무를 직접 가리키는 경우도 있다. 옆으로 길게 뻗은 나뭇가지를 땔나무로 이를 때 쓰는 말인 '화라지'가 그런 경우이다. 이것은 '활+아지'의 구조이다. '아지'는 '박아지, 망아지, 송아지' 같은 말에서 보듯이 작은 것을 나타내는 축소사이다. 따라서 '활'은 기다란 나뭇가지를 뜻한다. 또 키가 큰 사람을 '호리호리하다'

고 하는데, 이 경우의 '홀' 도 '홀쭉' 과 같이 가늘고 긴 것을 나타낸다.

활과 같은 어원을 지닌 말로는 '회초리' 와 '홰' 가 있다. 회초리의 경우 초리는 가느다란 끝을 말하는 것이니 회는 나무를 뜻한다. 홰는 '횃불' 과 닭이 우는 것을 나타내는 '홰치다' 같은 말에서 볼 수 있다. 두 경우 다 홰는 가느다란 나무를 뜻한다.

따라서 우리말에서 '활' 은 가늘고 기다란 것을 휘이기 위해서 두 팔을 쭈욱 펴는 것을 가리키는 말이다. 활의 처음 모습이 바로 그 모습이고, 그래서 '활' 이다. 그리고 활은 나무를 직접 가리키기도 한다.

이 '활' 의 모습에 가장 가까운 옛날 기록으로는 삼국지(三國志) 동이전의 한(韓)에

> 활을 호라고 한다.(弓曰弧)[1]

고 나온다. 물론 한자말 호(弧)는 활이라는 뜻이다. 그런데 여기서는 삼한의 말을 적은 것이다. 음을 적더라도 뜻을 고려하여 적는 한자표기의 특성으로 인해 弧라고 적은 것이다. 따라서 '호' 는 순우리말 '활' 을 한자로 적은 것으로 보인다.

02 _ 각궁(角弓)의 어원과 유래

우리의 전통 활을 각궁이라고 한다. 그런데 이 말이 처음 기록에 나타나는 것은 중국 측의 사서이다. 그럴 수밖에 없는 것이, 우리 겨레가 한문을 빌어다가 우리의 생각을 적은 것은 삼국시대 이전인 단군시대로 거슬러 올라가지만 우리가 현재 접할 수 있는 기록이라곤 고려시대에 나온 『삼국사기』와 『삼국유사』뿐이다. 따라서 그 이전의 기록은 우리 겨레가 남긴 기록이 아닌 남의 기록뿐이다. 남의 기록이란 중국의 기록을 말한다.

그런데 중국의 사서라는 것이 중국 중심의 세계관으로 일관하고 있어서 주변의

---

1) 『25사초』, 단국대학교출판부, 1977.

민족을 낮춰보는 데 익숙해져있다.[2] 그래서 그들은 자신을 세계의 중심으로 설정해 놓고서 주변의 민족을 동서남북 네 종류로 갈랐다. 그래서 나온 사고방식이 바로 동이(東夷), 서융(西戎), 남만(南蠻), 북적(北狄)이다. 〈이, 융, 만, 적〉은 모두 오랑캐라고 읽는다. 특이한 것은 夷이다. 戎은 개(戌), 蠻은 벌레(虫), 狄은 이리(豸)여서 모두가 짐승이다. 따라서 이런 말을 구사하는 사람들의 머리에는 '짐승 같은 놈들'이라는 뜻이 숨어있다.

그런데 夷은 설문해자에 〈大+弓〉으로 풀이하고 있어서,[3] 다른 '오랑캐'들과는 격이 다른 것으로 나타난다. 이것은 동방에 사는 사람들의 특징이 고대 중국인들에게는 '활'로 나타난 것임을 나타낸다. 이 같은 인식을 반영하듯이 그들이 동이로 싸잡아 파악한 동방의 여러 겨레를 적은 사서에는 활과 무기에 관한 기록이 아주 많이 나타난다. 이제부터 중국인들의 눈에 비친 동이족의 활을 살펴보기로 한다.

먼저 고대 중국인들이 동이족으로 분류한 겨레의 이름을 들면 다음과 같은데, 이들은 삼국지와 후한서에서 뽑은 이름이다.[4]

부여(夫餘), 고구려(高句麗), 숙신(肅愼), 읍루(挹婁), 예(濊), 한(韓), 말갈(靺鞨), 실위(室韋), 백제(百濟), 신라(新羅)

그런데 이들은 겨레별로 관계없이 흩어져 산 것이 아니라, 일정한 세력관계를 형성하고 있었다. 그것은 중국이 황제를 정점으로 하여 그 밑으로 각 지역을 다스리는 왕의 실세를 인정한 형태와 같은 것이었다. 중국의 관현제는 중앙에서 관리를 파견하는 것이 원칙이었지만, 그렇게 되기 전까지는 큰 세력을 가진 자에게 작은 세력을 가진 자가 복속하는 형태였다. 이 같은 원칙이 이른바 '동이' 지역에도 통하는 것

---

2) 윤내현, 『한국고대사신론』, 일지사, 1989. 246쪽.
3) 『설문해자주』, 498쪽.
    夷, 東方之人也. 從大從弓.
4) 『25사초』

이어서 이들 여러 겨레들은 강력한 권력을 쥔 한 나라에 복속되어있었다. 그때 여러 부족을 통솔한 나라가 바로 '조선' 이다. 단군조선에서 기자조선을 거쳐 위만조선에 이르는 '조선' 이 바로 그것이다. '단군' 은 조선을 다스리는 임금을 가리키는 보통명사이다.[5] 『삼국유사』에 단군의 나이가 1908살이었다고[6] 하는 것은 한 사람의 나이가 아니라, 단군이라는 이름의 임금이 다스린 한 왕조의 나이를 말하는 것이다. 고대국가 형성기에 이 지역에서 가장 큰 세력을 떨친 부족이 조선이고, 이 조선이 고대국가 단계로 진입하면서 그 주변의 부족들을 통치권 안으로 끌어들이면서 이들을 통치하는 종주국으로 선 것이다.

이런 방식은 조선이 망한 뒤에도 마찬가지여서 고구려가 가장 강한 부족으로 부상할 때도 주몽은 단군의 아들이라는 사실을 내세웠다.[7] 이 경우 단군의 아들이란 혈통상의 아들이 아니라, 단군조선이라는 나라의 권위와 정통성을 이어받았다는 뜻이 된다.[8] 따라서 이러한 통치범위 안에 있는 부족들은 일정한 문화권을 형성하기 마련이다. 이런 문화권 안에서는 한 풍속이 생기면 쉽사리 옆 겨레로 퍼져나간다.

활의 경우도 그러하다. 따라서 이들이 쓴 활은 같거나 아주 비슷한 것이었을 것으로 추정된다. 특히 활은 반농반목의 단계에 있던 이들의 생활에 아주 중요한 것이면서, 고대국가로 올라설 당시의 어지러운 상황에서는 나라를 지키는 가장 중요한 수단이기 때문에 기능상의 장점은 생존문제로 직결되어 재빨리 퍼지기 마련이다. 따라서 이들이 쓴 활은 같은 것이라고 보아도 무방하다.

동이족들이 쓴 활에 관한 중국 측 사서의 기록은 대체로 다음과 같이 요약된다.

예　　: 낙랑단궁(樂浪檀弓)
고구려 : 맥궁(貊弓)

---

5) 강길운, 『한국어계통론 下』, 형설출판사, 1992. 270쪽.
6) 일연, 『삼국유사』(이병도 역주), 광조출판사, 1984. 고조선 조.
7) 『삼국유사』, 왕력.
8) 『충북국궁사』, 48쪽.

실위 : 각궁(角弓)

숙신 : 단궁(檀弓)

말갈 : 각궁(角弓)

위의 기록에서 보듯이 삼국지와 구당서에 벌써 '각궁'이란 말이 나온다. 그렇다면 각궁과 다른 활의 관계는 어떤가? 이것을 알아보려면 먼저 다른 활부터 알아볼 필요가 있다.

먼저 낙랑단궁. '樂浪'은 '박달'을 향찰표기로 적은 것이다. 몽고말로 '즐겁다'는 'boxadal'인데 이 음을 한자로 적은 것이다.[9] 따라서 박달은 부족이나 나라의 이름이다. 남은 것은 '단궁'이다. 그런데 '檀'이 '박달나무 단'이어서 대부분의 학자들이 '檀弓'을 박달나무로 만든 활이라고 해석한다.[10] 그러나 '박달'이 나무이름이 아니라 낙랑(樂浪)과 같은 음차라면 전혀 다른 뜻이 된다. 이 경우 '단궁'은 '박달활'이 된다. 따라서 단궁은 박달나무로 만든 활이 아니라, 박달겨레가 쓴 활을 뜻하는 말이 된다. 그리고 이런 해석을 내린 것은 나뿐만이 아니고, 조선 후기의 학자 이익도 단궁을 박달나무로 만들어서 단궁이 아니라, 단군의 나라에서 쓴 활이기 때문이라고 했다.[11] 따라서 숙신이 단궁을 썼다는 기록을 보면 숙신 역시 단군조선을 섬긴 겨레임을 알 수 있다. 따라서 '단'은 단군의 나라를 가리키는 말이기 때문에 '단궁'이란 말만 가지고는 그 활이 어떤 것으로 만든 활이라는 것을 알 수 없다.

또 나무활이라면 산뽕나무나 애끼찌나무(山椴麻子)를 재료로 썼기 때문에 궁간상(弓幹桑)과 궁간목(弓幹木)이라는 이름을 얻을 정도이므로 박달나무로 활을 만들었을 가능성은 별로 없다.[12] 따라서 단궁이란 말이 박달나무로 만들 활이라는 뜻으로 쓰

---

9) 강길운,『고대사의 비교언어학적 연구』, 새문사, 1990. 37쪽.
10)『한국의 궁도』, 17쪽.
11) 안정복 편,『星湖僿說類選』, 영인본, 명문당, 1982. 58쪽 천지편.
猶稱檀君, 則檀是國號, 按通考, 檀弓出樂浪, 檀非造弓之木則以國號名也.
12) 활을 만드는 사람들의 의견을 들으면 박달나무를 활채로 쓸 수 없다고 한다. 이 점은 권영구와 김홍진이 다 같은 의견이다. 다만 권영구의 말을 빌면 물박달나무로 줌을 만들 수는 있다고 한다.

이지는 않은 것으로 보인다.

'맥궁'은 이렇다. '貊'은 고구려 부족을 가리키는 말이다. 따라서 고구려 사람들의 말을 들은 중국인이 한자로 표기한 향찰이다. 따라서 '맥궁'은 고구려 부족이 쓰는 활이라는 뜻이 된다.[13] 여기서 '맥'은 '붉'의 향찰표기이다.[14] 이것은 태양숭배 사상으로 연결된다.

그런데 이 같은 발상으로 보면 '각궁'에서도 전혀 다른 사실을 알아낼 수 있다. 각궁(角弓)은 짐승의 뿔이 들어가기 때문에 붙은 이름으로 알려져 있다. 그리고 이 점은 바꿀 수 없는 명백한 사실이다. 그런데 한자는 뜻글자여서 음을 적을 때도 항상 뜻을 고려한다. 바로 이 점이 각궁을 새롭게 해석하는 이유가 된다. 角은 우리말로 '뿔'이지만, 중세표기로는 '쁠'이었다. 그런데 고대에는 우리말에서 유기음이 발달하지 않았을 것으로 보아[15] 삼국시대에는 '불'이었을 것으로 보인다.[16] 이렇게 되면 각궁은 '불활'이 되어 '뿔로 만든 활'과는 전혀 다른 뜻을 지닌다. '불'은 '맥궁'의 '붉'과 같은 말이다. 따라서 각궁은 뿔로 만든 활이 아니라, '불겨레가 쓰는 활'이 된다. 따라서 각궁은 본래 동방의 박달겨레가 쓰는 활이라는 뜻으로 쓰이다가, 여기에 뿔을 붙인 활이라는 뜻이 나중에 첨가되어, 지금은 본래의 뜻을 잃고, 뿔로 만든 활이라는 뜻으로만 쓰이는 것임을 알 수 있다. 이상의 논의를 정리하면 다음과 같다.

檀弓 : 박달활
貊弓 : 붉활
角弓 : 불활

---

13) 삼국지에는 이들이 소수(小水)라는 곳에 의지하여 살았기 때문에 이들 부족의 일파를 소수맥(小水貊)이라고 한다고 나온다. 小水를 지명으로 해석한 것인데, 이것은 틀린 것으로 보인다. '맥'이 음차이기 때문에 '소수'도 음차로 봐야 한다. '소수'가 음차라면 우리말에서 높다는 뜻을 지닌 '솟'이기 쉽다. 그렇다면 '소수맥'은 '높은 맥'이 된다. '고구려'의 '구려'가 부족명이고 '고'가 수식어라면 '솟'을 번역한 것으로 보인다. 그렇다면 '소수맥'과 '고구려'는 같은 말이라는 뜻이다.
14) 『우리 활 이야기』(개정판), 29쪽.
15) 이기문, 『국어사 개설』, 탑출판사, 1980. 68쪽.
16) 『우리 활 이야기』(개정판), 41쪽.

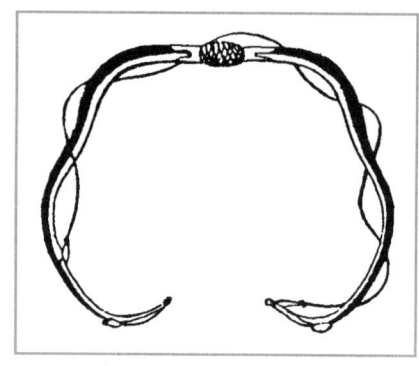

부린활

결국 이들은 모두 동이족이 쓰는 활을 가리키는 말이다. 따라서 고구려에서 쓴 활은 맥궁이면서 각궁인 것이다.

그렇다면 고구려인들이 쓴 각궁은 지금 우리가 쓰는 각궁과 같은 것인가 하는 것이 문제이다. 답부터 하면 '그렇다' 이다. 고구려 고분벽화에 나타나는 그림을 보아도 그렇고,[17] 평양지역에서 출토되는 활의 유품을 보아도 그렇다.[18] 유명한 고구려 고분벽화 수렵도의 무사들이 쓰고 있는 활채에는 위아랫장에 각기 두 군데씩 매듭을 표시해놓았다. 이것은 황소의 뿔이 짧은 까닭에 뿔을 두세 개 이어서 활을 만들었고 뿔을 이은 부분이 소풍이 날까 봐 명주실로 묶어놓은 이음매를 그린 것이다. 이렇게 뿔을 이어서 만들고 활을 '삼각궁'이라고 하는데, 물소뿔을 구하기 힘들었던 한국전쟁 직후까지도 만들어 썼다.[19] 2천 년 전 고구려의 사내들이 쓴 활과 우리가 지금 쓰는 활이 똑같은 것이다.

동이족의 활 풍속이 중국에 끼친 영향도 확인된다. 『열자』(列子)에 명궁 이야기가 나오는데,[20] 거기에 훌륭한 활을 가리키는 말로 연각지궁(燕角之弓)이란 말이 나온다. 언나라에서 나는 뿔로 만든 활이라는 뜻이다. 그런데 연나라는 단군의 통치강역을 차지하고 선 나라여서 단군시대의 활 풍속이 살아서 영향을 끼치고 있음을 엿볼 수 있다.

따라서 각궁의 뜻은 이렇게 정리할 수 있다. 각궁(角弓)은 원래 배달겨레가 쓰는 활을 뜻하는 말이었으나, 재료로 소의 뿔을 쓰게 되면서 뿔로 만든 활을 뜻하는 말로

---

17) 『고구려 고분벽화』, 김기웅 해설, 서문당, 1989. 47쪽.
18) 『고구려문화사』, 86~86쪽.
19) 권영구 대담(1998. 6. 18).
20) 김학주 역해, 『열자』, 명문당, 1977. 173~174쪽.

쓰이게 된 말이다. 그래서 처음엔 단궁(檀弓), 맥궁(貊弓), 각궁(角弓)이 다 같은 뜻으로 쓰이다가 뿔로 만드는 우리활의 특성 때문에 '단궁'과 '맥궁'이란 말이 점차 사라지고 '각궁'으로 단일화되었다가, 다시 뿔로 만든다는 의미만을 지니게 된 말이다.

03 _ 각궁의 특징과 장점

활의 가장 중요한 기능은 화살을 멀리 날리는 것과 정확성이다. 이 점에서 우리의 전통 활인 각궁을 따라갈 활은 이 세상 어디에도 없다. 멀리 쏘기는 세계 멀리 쏘기 대회에서 이미 입증이 된 것이다.[21] 정확성도 마찬가지여서, 국궁은 쏘는 사람의 마음을 중시하는 방향으로 원리가 이루어져있어서 양궁처럼 기계식 정확성을 추구한 것과는 또 다른 세계관을 드러내면서 명중률을 높이는 방향으로 개발되었다. 각궁은 이와 같은 조건을 충족시키는 방향으로 발전되어왔다.

먼저 우리 활은 다른 나라의 활에 비해 부린 상태의 모양이 얹은 상태의 반대방향으로 엄청나게 휘인 것이 특징이다. 부린 상태에서는 그것이 활인지 어떤지를 알아볼 수 없을 정도로 반대편으로 휘었다. 그래서 해궁할 때의 활 모양은 양쪽 고자가 맞붙어서 동그라미 모양을 하고 있다. 이것은 탄력을 가장 많이 내기 위한 모양이다. 아무래도 구부린 물건이 탄력을 많이 내려면 그 반대편으로 많이 휠수록 좋은 조건이다. 그래서 가장 우수한 활이라고 하는 것이다. 같은 계통의 활인 여진족의 활도 이 점에서는 우리 활을 따라가질 못한다.[22]

얹은활을 쏘려고 만작을 하면 활은 완전히 디귿(ㄷ)자 모양으로 휘이기 때문에 탄력을 가장 많이 활용하게 된다. 동그라미 상태에서 그 반대편으로 디귿(ㄷ)자를 그리기 때문에, 사실상 각도로 따지면 360도로 휘는 셈이다. 이렇게 휘이도록 만든 슬기

---

21) 『궁도 양궁』, 20쪽.
22) 홍대용, 『을병연행록』(소재영 외 옮김), 태학사, 1997.
    저자인 홍대용도 활을 쏘았던 모양으로, 이 책은 청나라의 수도인 연경을 다녀온 기행문인데, 곳곳에서 만나는 활을 아주 잘 묘사하고 있다.

앞에서는 감탄이 저절로 나온다.[23]

양궁은 그 발상이 선 상태에서 쏠 수밖에 없는 활이다. 그러나 우리 활은 기마민족이 쓰는 활이어서 움직이는 상태에서도 쏠 수 있다. 따라서 쏘는 원리도 움직임 가운데서 표적을 보는 것으로 이루어진다. 이 원리는 서나 움직이나 마찬가지이다. 서있다고 해도 힘으로 밀고 당기는 상태이기 때문에 기계처럼 고정시킬 수는 없다는 것을 일찍부터 깨달은 것이다. 그래서 움직임 속에서 정확히 조준하여 쏘는 방법으로 개발되었다. 그것은 발시 순간의 동작을 버릇으로 익혀두어서 어떤 상황에서도 똑같은 방식으로 화살이 나가도록 길들이는 것이다. 이렇게 몸으로 먼저 반응하는 것이기 때문에 국궁은 조준기 같은 틀이 필요 없고 오히려 방해가 되기까지 하는 것이다. 또 우리 활이 짧은 것도 말을 탈 때 거치적거리지 않도록 하기 위한 것이다.[24]

각궁의 훌륭한 점 중에 또 한 가지는 활 스스로 충격을 흡수하도록 고안되었다는 점이다. 어떤 운동이든 장비를 가지고 하는 운동은 충격이 생기게 마련이다. 활도 마찬가지이다. 그런데 각궁은 활에서 생기는 힘 가운데 화살이 싣고 나가는 힘 이외의 남는 힘을 스스로 흡수한다. 그것은 각궁이 단순한 나무활이 아니라 안팎으로 쇠심줄과 쇠뿔을 덧대고 그것을 민어부레풀로 붙였기 때문이다. 게다가 한 가운데의 연소는 중간 부분이 V자 모양으로 끊겼다. 그래서 화살을 내보낸 순간 시위가 고자를 때리면 그 충격이 줌통으로 파동 치듯이 밀려들었다가 다시 줌통에서부터 바깥쪽으로 되돌아간다. 그러는 사이에 활 안에서 충격을 완전히 흡수하는 것이다.[25] 따라서 아무리 쏘아도 각궁은 엘보 같은 병에 걸리지 않는다. 그러나 다른 활은 그렇지를 못해서 양궁의 경우에는 충격흡수기까지 달아서 이 점을 보완하려고 한다.

---

23) 이것은 실제로 외국인들의 눈에 신기하게 비치는 모양이다. 1996년도에 충북 단양으로 관광을 온 이탈리아인이 우리의 활쏘기를 구경했는데 한 시간 내내 입을 다물지 못하는 모양을 보았다. 그는 이탈리아 양궁 대표선수를 지냈다고 자신을 소개했다. 그러면서 한국이 양궁 부문에서 세계를 제패하는 이유를 이해한다는 표정을 지었다.
24) 박진욱, 『조선고고학전서』, 과학백과사전종합출판사, 1991. 118쪽.
25) 활의 구조를 보면, 각궁은 대소와 고자목을 연결시키는데, 삼삼이 부분이 그곳이다. 삼삼이 부분이 끊어져있기 때문에 시위가 고자를 때리면서 생긴 충격이 전달되지 않는 것이다.

그래서 활에 이것저것 주렁주렁 매달린 것이다.

04 _ 각궁의 구조와 이름

활을 쏠 수 있도록 시위를 고자에 거는 것을 '활을 얹는다'고 한다. 고자에 시위를 얹어놓는다는 뜻이 될 것이다. 그래서 그렇게 해놓은 활을 '얹은활'(張弓)이라고 한다. 반대로 쏘던 활을 시위를 내려서 두는 것을 '활을 부린다'고 한다. 그래서 그렇게 해놓은 활을 '부린활'(弛弓)이라고 한다. 이렇게 해놓으면 활을 쏘지 않는 사람들은 활이라고 설명을 해주어도 믿지를 못한다. 동그란 것이 반대로 뒤집어져서 활 모양이 나온다는 사실을, 보기 전에는 믿지를 못한다. 그래서 활을 얹어서 보여주면 그 둥근 모양에서 어떻게 활 모양이 나오느냐며 아주 신기해한다.

각궁은 크게 세 도막으로 이루어져있다. 활의 손잡이인 줌통이 달린 가운데 부분과 시위가 걸리는 위쪽과 아래쪽의 고자 부분이다. 가운데 도막은 대나무로 만들고, 양쪽은 산뽕나무로 만든다. 이 둘을 연결시킬 때는 산뽕나무를 뾰족하게 깎고(V자 모양) 대나무의 양쪽을 V자 모양으로 홈을 판다. 그리고는 연결시킨다. 그래서 활의 뼈대를 이루는 이 나무를 연소(聯-)라고 한다.[26] '연'(聯)은 연결시킨다는 뜻이고, '소'는 〈만두소〉처럼 '속'의 기역(ㄱ)이 떨어져나간 것이다. 한자말과 우리말이 결합한 경우이다. 따라서 '연소'는 서로 다른 종류의 나무를 이어서 만든 활채의 속나무를 뜻한다. '속'의 기역 받침이 떨어져나간 경우는 '대소'라는 말에서도 볼 수 있다. 대소는 활채로 쓰는 대나무를 말한다. 이것이 활의 속에 들어가기 때문에 대나무로 된 활채의 속이라는 뜻으로 '대속'이 되었다가 끝받침이 떨어져나가서 '대소'가 된 것이다.

각궁이 디귿(ㄷ)자로 휘었다가 펼쳐지면서 탄력을 낼 때 세 가지가 힘으로 작용

---

26) 『조선의 궁술』, 부록 13쪽.

한다. 첫째는 연소, 즉 나무가 내는 힘이고, 둘째는 안에서 밀어주는 뿔의 힘이며, 셋째는 바깥에서 고무줄처럼 당기는 쇠심줄의 힘이다. 이 세 가지를 한 몸뚱이처럼 붙여주는 것이 민어부레풀이다. 이 동물성 재료 때문에 온도에 따라서 많은 변화가 있다. 그래서 더운 철에 쓰는 활과 추운 철에 쓰는 활이 따로 있다. 이와 같이 계절을 많이 타는 것이 각궁의 가장 큰 단점이기도 한다.

각궁의 한 가운데는 손으로 잡는 부분이다. 이것을 '줌통'이라고 한다. '줌'은 '쥐다'에서 온 말이다. 여기에 명사형 어미 미음(ㅁ)이 붙어서 '줌'이 된 것이다. 그래서 사투리에 따라서는 '좀'이라고 하기도 한다. 이 줌통은 쏘는 사람의 손 크기에 따라서 맞추어야 한다. 즘은 신발창으로 쓰는 고무를 대는데, 옛날에는 문종이를 머리 땋듯 땋아서 풀을 먹여서 감은 다음 마른 뒤

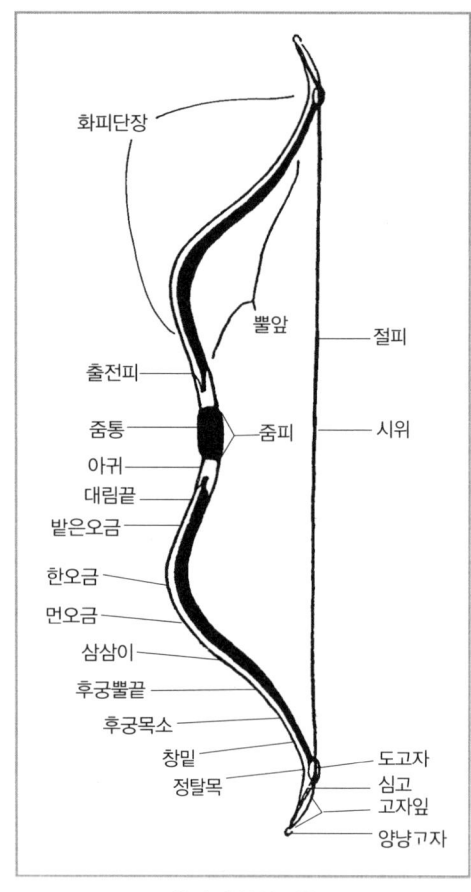

활의 각 부분 명칭

에 칼로 깎아서 손 크기에 맞추었다.

손으로 잡는 부분은 '줌통'이고 그 줌통을 싼 껍질은 '줌피'이다. '피'는 껍데기나 가죽을 뜻하는 피(皮)일 것으로 보인다. 요즘은 줌피로 수세미를 많이 쓴다. 수세미가 꺼끌꺼끌해서 땀이 나도 미끄러지지 않을 뿐더러, 구하기도 쉬워서 흔히 쓴다. 그런데 옛날에는 베를 댔다. 베를 적당한 크기로 자르고 그 폭의 절반을 촘촘히 썰어서 올을 풀어냈다. 그리고 여러 겹을 한 겹씩 조금씩 내어 감으면 된다. 베는 땀을 흡수하고 까끌까끌해서 땀이 나도 미끄러지지 않는다.

손으로 잡는 줌통 부분에는 참나무를 깎아서 특별히 댄다. 그 참나무를 '대림'이라고 한다. 이 대림이 끝나는 부분을 '대림끝'이라고 한다.

줌통 바깥을 '아귀'라고 한다. '아귀'는 본래 '악＋위'로 입을 뜻한다. '아가리' 같은 말에서 그 자취를 볼 수 있다. '손아귀' 하면 손을 모아 쥐었을 때 손가락으로 오그려지는 부분을 말한다. 따라서 줌통 바깥은 손가락이 오그려지면서 닿는 부분이다. 줌통 바로 바깥 부분이다. 이곳에는 심줄로 감아서 화피를 댄다. 옛날에는 벚나무 껍질을 댔지만, 지금은 나일론 끈으로 촘촘히 감아서 대신한다. 이것은 줌통의 탄력을 보강하기 위한 것이다. 대림이 줌통 바깥까지 나왔기 때문이다. 그래서 그 부분이 풀리지 않고 힘을 받도록 심줄이나 나일론 끈으로 묶어두는 것이다. 그리고 위쪽 줌앞으로는 가죽을 잘라댄다. 그것을 출전피(出箭皮)라고 한다. 화살이 나가면서 활의 몸채를 긁고 나가는데 닿지 말라고 가죽을 붙이는 것이다.

대림끝부터는 '오금'이다. '오금'은 '오그라들다, 오글다.' 같은 말에서 보듯이 구부러지는 것을 가리키는 말이다. 발이 접히는 부분도 오금이라고 한다. 활에서도 오금은 구부러지는 부분이다. 그런 만큼 여기서 대부분의 탄력이 나온다. 오금은 셋으로 나뉜다. 밭은오금, 한오금, 먼오금이 그것이다.

'밭은오금'의 '밭은'은 줌통 쪽으로 가깝다는 뜻이다. 이 말은 '밭은기침' 같은 말에 간신히 그 자취가 남아있다. 밭은기침은 짧고 다급하게 연이어 나는 기침을 말한다. 따라서 '밭은오금'은 줌통 쪽으로 가까이 가있는 오금을 말한다. 또 이 화살 감을 고를 때 쓰는 말에도 '밭은삼절'이란 말이 있는데,[27] 이것은 대마디가 사이가 가까운 것을 가리키는 말이다. 역시 좁고 가깝다는 뜻으로 쓰였다. '한오금'의 '한'은 크다는 뜻이다. 한밭을 대전(大田)으로 번역한 것을 보면 알 수 있다. '한숨, 한길' 같은 말에서 그 뜻을 엿볼 수 있다. 따라서 한오금은 가장 크게 휘는 부분을 말한다. 만작을 했을 때 디귿(ㄷ)자로 잘록하게 휘어지는 부분을 말한다. '먼오금'은

---

27) 『우리나라의 궁도』, 183쪽.

오금 중에서 줌통으로부터 가장 바깥에 있는 오금이라는 뜻이다.

이 오금이 끝나는 곳에서 대소(대나무)와 뽕나무가 만난다. 이 두 나무가 만나는 부분을 '삼삼이' 라고 한다. '삼삼이' 의 뜻은 분명치 않으나 '삼삼하다' 는 말이 있어서 그 뜻을 짐작해 볼 수 있다. '삼삼하다' 는 잘 되었다는 뜻으로 쓰이므로 '삼삼이' 는 별 탈 없이 이음매가 잘 된 부분이라는 뜻이다.

그 다음에 '후궁뿔끝' 이 있다. 후궁은 '휘궁' 이라고 하는 것으로[28] 장궁(張弓)과 짝을 이루는 말이다. 장궁은 지금의 각궁으로 줌통에서부터 도고지까지, 그러니까 활 안쪽을 전체 다 뿔로 댄 활을 말한다. 그러나 이 휘궁은 도고지에서 줌통 쪽으로 한 5cm가량 뿔을 대지 않고 대신 뽕나무를 댄 활을 말한다. 말하자면 장궁에 비해 뿔의 길이가 짧은 활을 말한다. 이 활은 살이 덜 나가는 대신 영축이 없어서 어떤 사람은 이 활만을 쓴 사람도 있다고 한다.[29] 장궁은 무소뿔을 대는데 휘궁은 무소뿔을 구하기 힘들던 시절에 짧은 우리나라의 황소 뿔로 이어서 쓰느라고 그리 된 것이다. '후궁뿔끝' 이란 이 휘궁에서 뿔이 끝나는 부분을 가리키는 말이다.

'후궁목소' 는 이 휘궁의 뿔이 끝나는 부분부터 가늘어지는 부분을 말한다. '목' 은 원래 가느다란 곳을 가리키는 말이고, '소' 는 '속' 의 받침이 떨어져나간 말이니까, '목소' 는 연소가 가늘어지는 부분을 말한다. 삼삼이를 지나면서부터 도고자까지 활은 가늘어지기 시작한다. 그 부분을 가리키는 말이다. 황소 뿔로 만든 휘궁은 뿔이 짧기 때문에 이 부분에는 뿔을 대지 않고 대신 뽕나무를 댄다. 그래서 뿔을 대지 않고 뽕나무를 댄 부분을 목소라고 하는 것이다. 뽕나무를 대는 길이는 도고자부터 네 손가락 너비(4指)가 된다.

'창밑' 은 목소 중에서도 특히 얇은 부분을 가리키는 말이다. '창' 은 '신발창, 밑창, 맞창' 같은 말에서 보듯이 얇은 것을 나타내는 말이다. '밑' 은 활의 아랫부분이라는 뜻이다. 따라서 목소 중에서도 가장 얇은 곳이면서 불을 쬐는 쪽을 가리키는

---

28) 성낙인 대담(1997. 2. 5). ; 『조선의 궁술』 43쪽.
29) 성낙인 대담(1997. 2. 5).

말이다. 이 창밑이 너무 살아있으면 활은 뒤집히기 쉽다. 그래서 불을 쬐어서 내려 앉혀야 한다. 이런 필요 때문에 특별히 만들어낸 말이다.

'정탈목'은 도고자 밑쪽의 휘이기 시작하는 부분을 말한다. 정탈목을 지나면서부터 활은 급히 반대방향, 그러니까 화살이 나가는 방향으로 휜다. 이 휘는 곳부터 끝까지가 '고자'이다. '고자'는 '곶+아'의 구성으로, '곶'은 '끝'의 옛말이고, '아'는 접미사이다. 이 '고자'를 옛모습으로 재구성하면 '고ᄌ'가 된다. 아래아(ㆍ)는 그 음가가 약해서 상황에 따라서 다른 모음으로 변하기도 하고 아예 없어지기도 한다. 그래서 조선어맞춤법을 제정할 당시인 1933년에는 이 아래아(ㆍ)를 아예 없어 버렸다. 그 결과 이 아래아(ㆍ)는 'ㅗ, ㅓ, ㅏ, ㅣ, ㅡ, ㅜ' 같은 모음으로 바뀌었다. 이 아래가(ㆍ)의 음가가 불안정하다는 것은 '고자'에서도 드러난다. 어떤 곳에는 '고자'로 나오고, 어떤 곳에는 '고지'로 나온다. 그러니까 '고ᄌ'의 아래아(ㆍ)가 'ㅏ'로, 혹은 'ㅣ'로 변해서 '고지'가 되고, '고자'가 된 것이다.

'곶'은 뾰족한 끝을 말한다. 지금도 곶(串)이란 말로 그 자취가 남아있다. 곶은 뭍에서 바다 쪽으로 불쑥 나간 땅을 가리키는 말이다. 그 모양이 뾰족하기 때문에 붙은 말이다. 장산곶, 연평곶 갑곶 같은 말들에서 볼 수 있다. 강화도를 옛날에는 갑비고차(甲比古次)라고 했는데[30] 이 '고차'가 바로 '고지'의 향찰표기이다. 강화도가 바다 쪽으로 튀어나갔기 때문에 붙은 이름이다. 따라서 활의 '고자'는 활의 끝부분이라는 뜻이다. 고자는 모두 세 부분으로 나눈다.

'도고자'는 고자가 시작되는 부분을 가리킨다. '도'는 '돋다'의 어근 '돋'의 받침이 떨어진 모습이다. 활이 이 부분에서부터 반대방향으로 휘이면서 돌아 올라 도드라졌기 때문이다. 그래서 '돋은 고자'라는 뜻이다. 그런데 여기에 한자말 도(都)가 영향을 끼치면서 우두머리라는 뜻도 덧붙었다. '도'는 '도맡다, 도사공, 도매' 같은 말에서 보듯이 우두머리나 큰 것을 가리키는 말이다. 따라서 '도고자'는 고자의

---

[30] 『신증동국여지승람 II』, 고전국역총서41, 민족문화추진회, 1969. 강화도호부 357쪽.

우두머리로 고자와 활의 몸채를 연결시키는 곳으로 고자가 맨 처음 시작되는 곳을 말한다. 그런데 여기에다가 심고의 매듭이 벗어나지 않도록 동그란 가죽을 댔는데, 이것을 가리키는 말로 바뀌었다. 이 둥근 가죽이 바로 고자가 시작되는 자리에 붙었기 때문이다. 따라서 지금은 그 가죽을 가리키는 말로 굳었지만, 그 어원을 살피면 활의 몸채에서 고자로 이어지는 부분을 가리키는 것이 본뜻이었다.

'고자닢'은 도고자에서 고자의 끝인 양냥고자를 뺀 부분, 그러니까 시위의 심고가 얹히는 부분을 말한다. '닢'인 것은 고자의 모양이 버들잎을 닮았기 때문이다. 그래서 아예 유엽(柳葉)이란 말을 쓰기도 한다. 고자의 몸통 부분에 해당한다.

'양냥고자'는 고자의 맨 끝부분으로 시위를 걸 수 있도록 만든 코를 말한다. '양냥'은 뜻이 분명하지 않다. 그런데 '양냥이뼈'나 '양냥하다'는 말이 있어서 참고가 된다. '양냥이뼈'는 턱뼈를 가리키는 말이다. 이것은 턱뼈가 다른 부분에 비해 뾰족하게 생겼기 때문에 붙은 말이다. '양냥하다'는 키가 크고 홀쭉한 것을 가리키는 말이다. 따라서 '양냥고자'는 고자 중에서 가장 가느다란 부분을 가리키는 말이다.

양냥고자는 아주 가늘기 때문에 부러질 염려가 있다. 그래서 심줄을 감아놓는다. 그리고 가죽으로 싼다. 그 심줄을 '무럭심'이라고 한다. '무럭'은 '물 + 억'의 구조인데, '물'은 '물다'의 어근이고, '억'은 접미사이다. 따라서 '무럭'은 물어놓은 것을 뜻한다. 부러지지 않도록 소힘줄로 단단히 물어놓았다는 뜻이다. 따라서 '무럭심'은 약한 양냥고자가 부러지지 않도록 소의 힘줄로 물어놓은 것을 뜻한다.

그리고 양냥고자 밑으로는 색종이를 입혀서 장식을 한다. 그것을 '칠지단장'(漆紙丹粧), 혹은 '고자단장'이라고 한다. 양냥고자가 부러지지 않도록 무럭심을 감고 가죽으로 싸는데, 그 가죽 밑을 꾸민다. 먼저 청서피(靑鼠皮)로 양냥고자를 싸고, 그 다음부터 황전(黃氈), 홍전(紅氈), 녹전(綠氈), 뇌문(雷紋), 칠지(漆紙) 순으로 꾸민다. 옛날에는 얇은 가죽을 일일이 썰어서 붙였는데, 요즘은 종이로 인쇄되어 나온다. 편하기는 하지만, 그 품격이 옛것을 따르질 못한다.

'뿔앞'은 활을 얹어서 들었을 때 활의 뿔 쪽이 사람 쪽으로 오기 때문에 붙은 말이다.

'화피단장'은 심을 벚나무 껍질로 덮은 부분을 말한다. 이것은 삶는 방법에 따라서 여러가지 빛깔을 낸다. 맹물에 삶으면 노란 색이 되고, 석달 이상 햇볕에 쬐면 흰색이 되며, 잿물에 삶으면 보라색이 된다. 이곳을 화피 대신에 다른 칠을 하면 활 이름도 달라진다. 붉은 칠을 하면 동궁(彤弓)이 되고 검은 칠을 하면 노궁(盧弓)이 된다.[31]

이상을 참고하여 각궁의 크기를 정리하면 다음과 같다.

부린 활의 길이(弛弓)는 네 자 두 치(四尺二寸)에서 네 자 두 치 닷 푼(四尺二寸五分)

얹은 활의 길이(張弓)는 세 자 닷 치(三尺五寸)에서 세 자 여섯 치(三尺六寸)로 이것은 시위의 길이에 따라 작은 차이가 생긴다.

줌허리통의 길이는 네 치(四寸)

줌허리몸피는 한 치 닷 푼(一寸五分)에서 한 치 예닐곱 푼(一寸六,七分)

줌의 길이는 두 치(二寸)

줌몸피는 위쪽이 두 치 닷 푼(二寸五分)이고 아래쪽이 세 치(三寸)에서 세 치 두세 푼(三寸二, 三分)이다. 손의 크기와 힘의 세기에 따라서 차이가 생긴다.

오금넓이는 한 치 한 푼(一寸一分)에서 한 치 두세 푼(一寸二,三分)이다. 활이 강하고 연함에 따라서 아홉 푼(九分)에서 한 치(一寸)까지 되기도 한다.

삼삼이 넓이는 일곱 푼(七分)에서 여덟 푼(八分)

고자길이는 세 치 닷 푼(三尺五分)

고자넓이는 윗쪽이 여섯 푼(六分)에서 일곱 푼(七分)이고, 아래쪽은 한 치(一寸)에서 한 치 한 푼(一寸一分)이 된다. 오금과 삼삼이의 너비에 따라 적당하게 한다.

양냥고자의 길이는 여섯 푼(六分)에서 일곱 푼(七分)

양냥고자 몸피는 뒤쪽의 껍질(裏皮)를 제외하고 몸채만 여섯 푼(六分)에서 일곱 푼(七分)

도고자는 좌우의 너비가 여덟 푼(八分)에서 한 치(一寸)이고, 길이는 여섯 푼(六分)에

---

31) 『국조오례의』, 「서례·군례·사기도설」.
取以幹角, 以膠漆筋絲爲之, 朱漆曰彤弓, 黑漆曰盧弓, 或塗以樺皮.

서 일곱 푼(七分)

줌싸기(樂)는 쓰는 사람에 따라 차이가 있다.

시위는 전체 길이가 세 자 다섯 치(三尺五寸)에서 세 자 다섯 치 닷 푼(三寸五寸五分)이나 양끝에 심고를 제외하면 두 자 여덟 치(兩尺八寸)에서 두 자 아홉 치(兩尺九寸)이다. 심고는 고자에 따라 한두 푼(一二分)의 차이가 있으나 세 치 닷 푼(三寸五分)으로 셈하면 양끝까지 합한 길이가 일곱 치(七寸)가 되어 전체 길이가 세 자 다섯 치(三尺五寸)이다.

시위몸피는 닷 푼(五分)에서 여섯 푼(六分)이다. 삼결실(三甲絲)로 만드는데 센 활(强弓)은 240번 감고, 보통활(中弓)은 210, 약한 활(軟弓)은 180번 감는다.

절피의 길이는 대략 한 치 닷 푼(一寸五分)이지만 사람에 따라 두세 푼의 차이가 있다.

이상으로, 활몸의 길이를 합하면 줌머리에서 오금까지가 다섯 치 닷 푼(五寸五分), 오금에서 삼삼이까지 다섯 치 닷 푼(五寸五分), 도고지 밑에 이르기까지 네 자 닷 푼(四尺五分), 도고자에서 양냥고자까지 네 치 닷 푼(四寸五分)을 합하여 두자(兩尺)가 되니 이는 줌의 한쪽이라, 양쪽을 합하면 네 자(四尺)가 된다. 이에다가 줌의 길이 두 치(二寸)를 합하면 활부린 길이 네 자 두 치(四尺二寸)가 된다.

또 활과 떼려야 뗄 수 없는 것이 있으니, 시위가 그것이다. 시위는 크게 세 부분으로 이루어져 있다. '시위, 심고, 절피'가 그것이다.

시위의 옛말은 '시울'이다.[32] 시울은 '입술'의 '술'에서 보듯이 속을 둥글게 감싼 것을 가리키는 말이다. 따라서 활이 둥글게 되도록 하는 것을 가리키는 말이다. 시위는 활줄을 말한다. 이것은 명주실로 만든다. 명주실은 누에고치에서 뽑은 실로, 비단을 짜는 데 쓰인다. 질기고 신축성이 아주 적어서 탄력을 요구하는 곳에는 모두 이 줄을 썼다. 가야금이나 거문고의 현도 이것으로 한다. 활에 맞는 길이로 양쪽에 못을 두 개 박아놓고 가느다란 명주실을 여러 번 돌려 감는다. 그러면 두툼한 시위가 된다. 그리고 시위는 가느다란 명주실 여러 가닥이 합쳐진 것이기 때문에 활을 부린 상태에서는 흩어진다. 지저분하고 관리하기도 안 좋다. 그래서 밀(蜜)을 발라놓

---

32) 『훈몽자회』 中 군장 91쪽.

는다. 밀은 꿀을 말하는데 여기서는 먹는 꿀이 아니라 꿀을 빼내고 난 벌집 같은 것을 말한다.

'심고'는 시위의 양쪽 끝 부분으로, 고자에 걸리도록 끈으로 올무처럼 만든 고리를 말한다. '심'은 '힘'이다. 본디 우리말에서 히읗(ㅎ)과 시옷(ㅅ)은 넘나듦이 많다. '형님'을 '성님'이라고 하고, '혓바닥'을 사투리로 '셋바닥'이라고 하는 것도 그런 까닭이다. 따라서 '심'은 힘을 뜻하는 말이다. '고'는 '고자'에서 보듯이 끝을 뜻하는 말이다. '곶'의 받침이 떨어진 모습이다. 따라서 '심고'는 힘이 걸리는 끝부분을 가리키는 말이다.

'절피'는 시위의 중간에 감은 실을 말한다. 오늬를 끼우는 부분은 잘 닳기 때문에 가느다란 실로 시위에 덧감아서 시위가 끊어지지 않도록 한 것이 있다. 것이 절피이다. 물론 오늬에 알맞은 굵기로 시위를 동인다.

05 _ 활의 종류

옛날에 활의 종류는 여러 가지였을 것으로 짐작된다. 그리고 『조선의 궁술』에서 확인되는 것만 해도 일곱 가지나 된다. 그러나 어지러운 시대를 거쳐 오면서 모두 사라지고 지금은 연습용으로 쓰이던 각궁만이 전해온다. 기록에 나타난 옛활을 정리하면 다음과 같다.[33]

1) 정량궁(正兩弓)

흔히 큰 활이라고 한다. 중종실록에는 육량궁(六兩弓)이라고 나오는데[34] 이 정량궁을 말한다. 육량전을 정량이라고도 하기 때문에[35] 붙은 말이다. 말 그대로 길이가

---

33) 『조선의 궁술』, 31쪽.
34) 중종 15년 2월13일 壬申.
35) 『조선의 궁술』, 34쪽.

다섯 자 다섯 치(五尺五寸)이다. 요즘 쓰는 각궁이 두 자 네 치인 것을 감안하면 상당히 큰 활이다. 줌의 정중앙으로부터 도고지까지 길이가 두 자 두 푼(兩尺二分), 아귀의 너비가 한 자 네 푼(一尺四分), 오금의 너비가 한 치 닷 푼(一寸五分), 창밑의 너비가 한 치 석 푼(一寸三分), 도고지부터 양냥고자까지 길이가 여섯 치 석 푼(六寸三分), 고자의 너비가 한 치 일곱 푼(一寸七分), 양냥고자의 길이가 한 치(一寸)이다.

그 만드는 법이 각궁과 같되 몸채가 두텁고 크며 강하여 쏘는 사람이 활을 가득 당길(彎開) 때는, 앞으로 뛰어나가면서 그 반동의 힘으로 쏘는 것이 보통이고 서서 쏘는 사람이 드물다. 전시용이고 초시(初試)와 복시(覆試)에 이 활을 쓰며, 무인으로서 등단한 사람들 가운데 이 활을 쏘지 않는 자가 없다.

이상에서 보듯이 무인들이 가장 많이 쓰던 활이다. 이것은 무과에는 물론 주로 실전에 쓰인 것 같다. 이 활은 지금은 사라졌지만 유물은 남아있어서 그 모양을 분명히 볼 수 있다.[36] 그 만든 법이 각궁과 같다고 했기 때문에 충분히 복원할 수 있을 것으로 보인다.

2) 예궁(禮弓)

본래이름은 큰 활(大弓)이다. 길이가 여섯 자(六尺)이며 제도는 각궁과 같으나 여섯 가지 재료(六材)로 합해서 만드니 궁중 연사(宮中燕射)와 반궁대사례(泮宮大射禮)와 향음주례(鄕飮酒禮)에 쓰이므로 예궁이라고 부른다. 활 중에서 가장 큰 것이다. 앞의 정량궁보다도 더 크다. 워낙 크기 때문에 말을 타고는 쓸 수 없는 활이어서 예식에 쓰인다. 따라서 실전용이기보다는 활을 쏘는 사람의 권위를 내세우기 위해서 만든 활임을 알 수 있다. 활이 큰 것은 이러한 것과 관련이 있을 것으로 보인다. 이것도 경복궁에서 나온 유물이 있어서 그 실물을 볼 수 있다.[37]

---

36) 육군사관학교육군박물관, 『한국의 활과 화살』 육군박물관, 1994. 13쪽.
37) 『한국의 활과 화살』, 11쪽.

3) 목궁(木弓)

외자이름(單名)으로 호(弧)이며, 궁간목(弓幹木, 앳기찌)과 궁간상(弓幹桑, 산뽕나무)[38]로 만드니 제도가 극히 단순하여 전쟁과 수렵에 다 쓴다.

궁간상이란 이름이 붙은 산뽕나무는 우리 주변에서 흔히 볼 수 있는 나무이기 때문에 별 문제가 없지만, 궁간목이라는 이름이 붙은 산비마자나무가 과연 어떤 나무를 가리키는 것인가 하는 것이 문제이다. 그런데 이 나무는 활을 만드는데 워낙 흔히 쓰인 나무이기 때문에 궁간목이라는 이름이 붙은 것이고, 그렇다면 이것은 이 나무가 희귀한 것이 아니라 우리주변에서 쉽게 구할 수 있는 나무라는 사실을 뜻한다. 권영구에 따르면, 대나무 중에서 활을 만드는 데 쓰는 1-2년 생은 마디에 흰 가루가 끼는데 이것을 특별히 앳기찌라고 한다.

그런데 여러 대에 걸쳐서 활을 만든 권영구의 말을 참고하면 나무로 만든 활은 두 가지가 있다. 떡갈나무로 만든 활과 광대싸리로 만든 활이 그것이다. 떡갈나무로 만든 활은 특별히 경궁(梗弓)이라고 하는데,[39] 떡갈나무도 종류가 여러 가지여서 열매를 맺을 때 알맹이가 들어있는 것과 그렇지 않은 것이 있는데, 이 중에서 뒤엣것을 써야 한다. 또 굵게 자라는 광대싸리나무로 활채를 만들고 고자목을 뽕나무로 대서 만든 활을 '호궁'(弧弓)이라고 한다.[40] 광대싸리도 지금은 귀하지만 옛날에는 깊은 산 중에서는 얼마든지 구할 수 있는 것이었기 때문에 충분히 쓸 수 있을 것으로 보인다.

이렇게 보면 과연 여기서 말하는 '목궁'이 과연 경궁을 말하는 것이냐 호궁을 말하는 것이냐 하는 것이 문제이다. 물론 본문에는 '호'라고 나오기 때문에 '호궁'일 가능성이 많지만 목궁이라는 더 큰 범주로 보면 경궁도 포함되므로 '애끼찌나무'

---

38) 산뽕나무를 다른 말로 구지뽕이라고도 한다. 이 '구지'가 '고자'와 같은 말이다. 뽕나무가 고자의 재료로 쓰이기 때문에 아예 그 이름이 수식어로 붙어버린 것이다.
39) 권영구 대담(1998. 7. 12).
  경궁이란 말은 『조선의 궁술』에도 나온다.
40) 권영구 대담(1998. 7. 16).

가 과연 어떤 나무인가 하는 것이 열쇠이다. 앞서 보듯이 앳기찌는 대나무를 말하는 것이므로 호궁은 결국 활채를 대나무로 만든 활을 말한다.

민간에서는 대나무로 만든 활을 많이 썼다. 사투리로는 '방통이' 또는 '병테기 활' 이라고도 하는데,[41] 대나무를 불에 쬐어서 그냥 쓰는 활도 있고, 거기에다가 심줄을 대서 탄력을 보강하기도 했다.[42] 아마도 민간에서는 뿔을 구하기 어렵기 때문에 간단히 만들 수 있는 이런 활을 가장 많이 쓰지 않았는가 추정된다. 중종실록에는 고형산이 대나무로 활을 만들어서 임금한테 올린 기사가 나온다.[43] 또 제주목사가 목궁에 말심줄을 댄 활에 관하여 장계를 올린 기록도 보인다.[44] 또 나무로만 만든 활의 유물로는 회나무(回木)으로 만든 것도 발견된다.[45]

4) 철궁(鐵弓)
쇠로 만들며, 전쟁 때 쓴다.[46]

5) 철태궁(鐵胎弓)
그 제도가 각궁과 같다. 다만 활의 몸채(幹)를 쇠로 만들어 전쟁과 수렵에 다 쓴다. 이것도 낡아있는 유물이 확인된다.

6) 동개활(弰)
활과 살을 동개, 즉 건(韃)에 넣어서 등에 지고 말타고 달리며 쏘는데 쓰이니 전쟁용이다. 그 제도가 각궁과 같되 여섯 가지 재료로 만드는 것이 다르다. 가장 작은

---

41) 『한국의 활과 화살』, 18쪽.
42) 김병세 대담(1997. 11. 18).
43) 『중종실록』, 11년 5월 18일 戊戌.
44) 『중종실록』, 16년 3월 10일 壬戌.
45) 『한국의 활과 화살』, 14쪽.
46) 『한국의 활과 화살』, 17쪽.

활이다. '동개'는 '동+개'의 구성으로, '동'은 '동이다, 곁동, 밑동' 같은 말에서 보듯이 둥근 모양이나 덩어리를 나타내는 말이고, 개는 '지우개, 덮개' 같은 말에서 볼 수 있는 접미사이다. 따라서 '동개'는 물건을 담는 둥그스름한 물건을 나타내는 말이다.[47] 한자로는 통개(筒介),[48] 동개(同介)[49]라고 적는다. 이것은 검은 가죽으로 만들어서 접개〔矢箙〕와 함께 찬다.[50] 동개는 쇠가죽으로 만든다. 소의 가죽을 동네우물의 수채에다가 6개월가량 묻어놓으면 털이 다 썩고 기름이 빠져나간다. 그렇게 된 쇠가죽을 꺼내어 활 모양으로 접어서 젖은 상태로 바늘로 꿰맨다. 그래서 말리면 마치 주물에 넣어서 빚은 것처럼 그 모양을 그대로 유지한다. 또 탄력도 있어서 다른 것에 눌렸다가도 금방 제 모습을 되찾는다.[51]

동개활의 크기는 일연마척(一連馬尺)이라고 해서, 말잔등의 너비 만한 크기인데, 보통 각궁의 양쪽 고자가 없는 크기이다.[52]

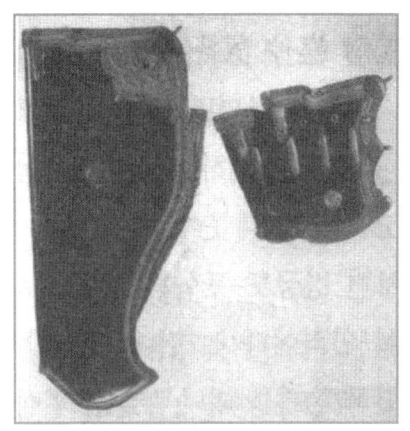

동개와 접개(조선 중기)

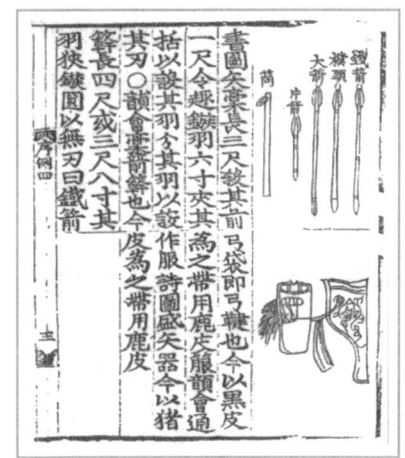

『국조오례의』의 동개

---

47) 동개는, 가야인의 언어인 드라비다어에 뿌리를 둔 말이다. 드라비다어로 '동구'는 매단다는 뜻인데, 우리말의 댕기도 여기서 온 말이다.
48) 『중종실록』, 18년 6월 4일 癸卯.
49) 『중종실록』, 20년 3월 14일 癸酉.
50) 『국조오례의』, 「서례·군례·병기도설」.
　弓袋則弓鞬也. 今以黑皮爲之, 帶用鹿皮箙, 韻會通作服, 時圖盛矢器, 今以猪皮爲之, 帶用鹿皮.
51) 권영구 대담(1998. 7. 12).
52) 권영구 대담(1998. 6. 18).

7) 각궁(角弓)

휘궁(脧弓), 또는 장궁(長弓)이라고 한다. 휘궁은 한자표기로는 '후궁'인데, 해방 전에 활을 쏜 사람들은 예외 없이 '휘궁'이라고 한다.[53] 따라서 원말은 후궁이지만, 관혁이 과녁으로 굳은 것처럼 우리말화하면서 휘궁으로 굳은 것이다. 따라서 표준어는 휘궁으로 써야 한다. 장궁과 휘궁은 뿔의 길이로 결정 난다. 장궁은 뿔이 길어서 도고지까지 뿔을 대는 것이고, 휘궁은 뿔이 짧아서 삼삼이까지만 대고 나머지는 뽕나무를 댄 활이다. 따라서 탄력은 장궁이 좋다. 그러나 휘궁의 장점도 있으니 휘궁은 영축이 적어서 오히려 휘궁만을 쓰는 사람도 있었다고 한다.[54] 무소뿔을 구하기 어렵던 옛날에는 장궁보다는 휘궁이 더 흔했다. 전쟁과 수렵에 쓰이는 것과 연악(讌樂)과 운동에 쓰이는 두 가지가 있다.

왕조실록을 읽다보면 향각궁(鄕角弓)이란 것이 자주 나온다. 이것은 흑각궁과 대비되는 말로, 흑각궁이 수입 무소뿔을 댄 활인 반면 향각궁은 우리나라의 황소 뿔로 만든 것이다. 그래서 향(鄕)짜라는 접두어가 붙은 것이다. 이것은 일종의 휘궁이랄 수 있는데, 뿔이 짧아서 세 개를 이어서 만든다. 그래서 뿔이 세 조각이 들어가기 때문에 삼각궁(三角弓)이라고 한다.[55] 그런데 이 삼각궁은 오래 쏘면 뿔을 이은 부분부터 소풍이 나기 시작한다. 그래서 그것을 막으려고 명주실로 동여 놓는다.[56] 고구려 고분벽화 수렵도에 나오는 무사들이 쓴 활을 보면 받은오금과 삼삼이 부분에 동그란 표시로 해놓았는데, 그것이 바로 무명실로 묶어놓은 매듭이다. 고구려인들이 쓴 활은 삼각궁이라는 것을 확인할 수 있다.

이상은 옛날에 쓰던 우리 활이다. 그런데 1970년대 들어서 양궁재질로 우리 활

---

53) 『조선의 궁술』, 43쪽.
　　성낙인 대담(1997. 2. 5).
54) 성낙인 대담(1997. 2. 5).
55) 권영구 대담(1998. 6. 18).
56) 권영구 대담(1998. 6. 18).

을 만든 것이 나왔다. 그것을 개량궁이라고 한다. 다루기 편하고 값이 싸기 때문에 처음 활을 배우는 사람은 이것으로 집궁을 한다. 그러나 그 깊은 맛은 각궁을 따라갈 수 없다. 그 차이를 메떡과 찰떡의 차이라고 성낙인 옹은 말한다.[57] 아주 적절한 비유다.

06 _ 활의 세기를 나타내는 단위

활의 세기는 지금 영국의 파운드 제도로 나타낸다. 아마도 양궁 제작자들이 개량궁을 만들면서 그 단위를 그대로 옮겨다가 만들던 것이 각궁을 나타내는 단위로 옮겨가서 그대로 시행된 것이 아닌가 추정된다.

기록을 보나 사람들의 얘기를 들으나 각궁의 세기를 나타내는 말은 분명한 개념으로 정리되지 않았던 것으로 보인다. 해방 전에 활을 쏜 사람들과 몇 차례 대담을 하는 과정에서도 이 점을 확인했는데, 그 분들도 역시 활의 세기를 나타내는 말에 대해서는 분명한 개념이 없었다. 다만 서울 지역에서 활을 쏘던 사람들은 활의 세기에 관한 단위를 기억했는데, 그것도 그다지 또렷한 것이 아니었다. 그러나 『조선의 궁술』에 단위를 나타내는 말이 분명히 있기 때문에 분명히 그 용어는 남아있다.

그런데 이렇게 뚜렷한 개념이 서지 않은 것은 옛날에는 활터마다 활을 만드는 사람이 상주하거나 아니면 활을 팔러 오는 사람들이 여러 정을 갖고 오기 때문에 그 중에서 자기 힘에 맞는 것을 골라 쓰므로 굳이 활의 세기를 나타낼 필요가 없어서 그랬을 것으로 보인다. 또 한 가지는 각궁은 어떻게 올리느냐, 혹은, 어떻게 점화를 넣느냐에 따라서 세기가 달라지기 까닭에 한 가지로 그 세기를 정할 수 없다는 큰 문제가 있기 때문이다. 이런 이유로 해서 활의 세기를 딱히 정할 수 없고, 그러다보니 그것을 나타내는 말도 분명하지 않은 것으로 보인다.

---

57) 성낙인 대담(1997. 7. 1).

여기서는 『조선의 궁술』과 성낙인 옹의 말씀에서 확인할 수 있는 것을 바탕으로, 당시에 활의 세기를 어떤 식으로 나타냈으며, 그 힘의 크기는 요즘 쓰는 파운드 제도로 환산할 때 얼마쯤 되는가 하는 것을 알아본다.

연하, 연중, 연상, 중힘, 실중힘, 실궁, 강궁, 막막강궁

이런 용어들이 얼마만한 세기를 나타낸 말인가 하는 것을 알아보는 것은 이런 말을 쓴 사람들이 요즘 개량궁을 어느 정도 강한 것으로 쓰는가 하는 것을 알아보면 서로 비교가 되리라고 본다. 여기서 다루는 내용은 성낙인 옹과 대담하는 과정에서 알아낸 것이다. 따라서 약간의 오차가 있을 수 있음을 미리 얘기하고 논의를 시작한다.

성낙인 옹은 해방 전에 활을 쏠 때 연상급을 썼다고 한다. 그런데 지금은 동선궁에서 나오는 40파운드짜리 활을 쓴다. 그렇다면 '연상'을 40파운드와 비교할 수 있을 것으로 추정된다. 그런데 이런 문제가 있다. 성낙인 옹이 쓰는 개량궁은 초창기에 나온 활이었다.[58] 요즘 나오는 활보다는 뻣뻣하다. 그래서 40파운드보다는 올려 잡아야 한다는 것이다. 또 성낙인 옹이 옛날에 기억하는 연상급의 세기와 지금의 세기를 같은 것으로 판단하고 있다는 점이다. 따라서 한창 나이에 쓰던 세기와 70고령에 쓰는 세기는 차이가 날 수밖에 없다. 따라서 40파운드에서 2, 3파운드는 올려 잡아야 한다고 본다. 그렇다면 연상급은 42파운드나 43파운드로 잡아야 한다는 결론이다. 여기서는 일단 논의의 편의를 위하여 42파운드로 잡아본다.

그 다음엔 강궁에 대한 판단이다. 대담하는 중에 성낙인 옹은 나한테 몇 파운드나 쓰느냐고 물은 적이 있고, 나는 개량궁 51파운드를 쓰고 있다고 대답했는데, 그는 놀라면서 그 정도면 강궁이라고 한다. 따라서 50파운드를 넘어서면 일단은 강궁으로 분류할 수 있다. 그렇다면 42와 50 사이를 2파운드 단위로 끊으면 44, 46, 48이 되는

---

58) 1998년 2월에 서울 황학정에 갔을 때 확인한 것이다.

데, 이것은 중힘, 실중힘, 실궁과 자연스럽게 대비된다.

이렇게 2파운드 단위로 끊는 것은 실제로 활을 당겨보면 1파운드는 육감으로 그 세기를 판별하기는 어렵다. 그래서 최소한 2파운드나 3파운드쯤은 차이가 나야 그 세기를 다르게 느낄 수 있다. 그러나 3파운드 단위를 자르면 45, 48, 51이 되어 강궁과는 너무 차이가 난다. 그래서 2파운드 단위로 자른 것이다. 물론 3파운드 단위로 자르면 세기는 더 달라질 수 있다.

그렇다면 연중과 연하는 40파운드와 38파운드로 대조시킬 수 있다. 이상을 정리하면 다음과 같다.(괄호 안은 3파운드 단위로 나눌 경우이다.)

연 하 : 38 파운드(36)
연 중 : 40 파운드(39)
연 상 : 42 파운드(42)
중 힘 : 44 파운드(45)
실중힘 : 46 파운드(48)
실 궁 : 48 파운드(51)
강 궁 : 50 파운드(54)

그런데 강궁보다 훨씬 더 강해서 그 세기를 일정한 단위로 표시할 수 없는 것은 막막강궁이라고 한다.[59] 이것은 강궁이긴 하되 딱히 어느 정도인지 헤아리기 어려운 경우를 말한다. 그런데 이에 대한 기록이 중중실록에 나와서 참고가 된다.

> 상이 춘당대(春塘臺)에 나아가서 활쏘기를 관람(觀射)하였다. 먼저 경외(京外)의 효건인(驍健人)들을 시험하였는데, 육량전과 편전으로 관혁 시험을 보이고 난 뒤 강궁을 당기게 하였다. 활에는 천 지 현 황 4등급이 있는데 황자궁은 모두 당겼으나 다른 활은 모두 당기지 못하고, 정수팽(鄭壽彭)만이 겨우 현자궁(玄字弓)을 당겼을 뿐이다.[60]

---

59) 『조선의 궁술』, 부록 2쪽.
60) 『중중실록』, 23년 2월 24일 병인.

이 기록을 보면 강궁은 천자궁 지자궁 현자궁 황자궁 순으로 등급을 매겼음을 알 수 있다. 세기를 천자문의 첫 구절인 천(天) 지(地) 현(玄) 황(黃)으로 나타낸 것이다. 그런데 이들이 과연 얼마만한 세기였을까 하는 것은 전혀 짐작할 수 없다. 다만 이들이 당시에 건장한 사람들(驍健人)이었다는 점으로 보면 그 당시 힘이 장사인 사람들이었던 것만은 틀림없다. 그런데 조선시대 어유소(魚有沼)는 힘이 세어 강궁을 쓰기로 이름이 났는데, 그가 쓰는 활의 세기는 100균(鈞)이었다고 나온다.[61] 균(鈞)은 세 근을 나타내는 말이다. 그렇다면 그는 300근짜리를 쓴 것이다. 아마도 이 정도를 천자궁으로 분류하지 않았는가 추정해볼 수 있다.

또 무과로 등단한 사람들이 육량전을 모두 썼다는 기록을 참고하면 어느 정도 활의 세기를 짐작할 수는 있다. 한 냥짜리 살을 마음대로 조준하여 쏘려면 최소한 60파운드 활은 써야 한다. 육량전을 쓰려면 최소한 100파운드는 넘는 활을 써야 한다는 결론이 나온다. 100파운드면 근수로 환산하면 75.6근쯤 된다. 따라서 황자궁은 이런 활을 쏜 장정들이 모두 당긴 강궁이니 이보다 조금 더 강한 것으로 추정된다. 그런데 현자궁은 단 한 명만 당겼을 뿐이니, 이보다 현저히 더 강한 것으로 추정된다. 이런 차이를 내려면 최소한 50근은 차이가 나야 한다. 그렇다면 천 지 현 황은 각각 250근, 200근, 150근 100근 정도로 추정해볼 수 있다. 실제로 세조2년(1457)에는 강궁을 당겨서 130근 이상 되는 사람만을 무과에 응시할 수 있도록 한 경우도 있었다.[62] 또 조선 초기에 갑사(甲士)를 뽑을 때 몇 근짜리 이상을 당기는 사람으로 제한을 두기도 하였다.[63]

그런데 이와는 또 다른 단위가 있었던 것으로도 확인된다. 안석홍의 고증에 따르면 옛날에는 궁방에서 '냥'으로도 따지기도 했다고 한다. 한 냥이면 5파운드 가량 나가는 세기였는데, 잘 쓰지는 않았고 궁방에 직접 와서 당겨보고 활을 가져갔다고

---

61) 『조선의 궁술』, 103쪽.
62) 『조선의 궁술』, 27쪽.
63) 차문섭, 『조선시대 군제사 연구』, 단국대학교출판부, 1995. 21쪽.

한다.[64] 따라서 이 단위는 형식으로만 있던 단위였음을 알 수 있다.

07 _ 각궁 만드는 법

각궁은 만드는 과정이 복잡하고 시간도 오래 걸리는 작업이어서 배우기도 힘들뿐더러 그 과정을 글로 표현하기는 더더욱 힘들다. 활 만드는 사람들의 얘기를 듣다보면 고려청자의 비법이 끊어진 이유를 쉽게 이해할 수 있다. 그만큼 터득하기도 힘들뿐더러 뒷사람에게 전수해주기 어려운 기술이다. 여기서는 그렇게 세밀한 부분까지 파고들

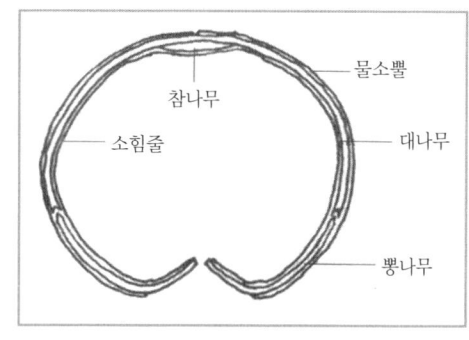

각궁의 구조

수는 없어서 활을 만드는 과정의 큰 윤곽만을 따라가 보는 것으로 그친다.[65]

각궁 만드는 과정은 크게 네 단계로 나눌 수 있다. 활을 만드는데 필요한 각종 재료를 준비하는 과정, 그러한 재료들을 모아서 활로 만드는 과정, 만든 활이 제 모양을 갖추고 그것을 쓸 사람의 몸에 맞도록 해궁하는 과정, 그리고 마무리하는 과정이 그것이다.

각궁을 만드는 데 가장 적당한 때는 10월 중순부터 이듬해 3월까지다.[66] 각궁은

---

[64] 안석홍 대담(1997. 11. 14).
그리고 이 '냥'은 백인궁시연구소의 김홍진 소장도 어려서 쓴 기억이 있다고 말한다.
[65] 이 부분을 쓰기 위해 세 사람의 궁장한테서 도움을 받았다. 먼저 중요무형문화재 47호로 지정된 경기활의 궁장 김박영한테서 〈국궁제작〉이란 비디오를 받았다. 이것은 활 만드는 과정을 녹화한 비디오로 모두 60분짜리 테이프 세 개로 만들었는데, 모두 180분 분량에 담은 대작이다. 그런데 개인용 카메라로 화면만 찍었을 뿐 내레이션이 없어서 기술상 주의할 부분에 관해서는 알 수 없는 단점이 있다. 그래서 같은 경기활 계열인 김홍진한테서 여러 가지를 배웠다. 그리고 예천활의 궁장인 권영구도 많은 도움을 주었다. 따라서 여기에 적는 내용은 김박영, 김홍진, 권영구 세 분의 도움으로 정리한 것임을 밝힌다. 내용 가운데 출처를 특별히 밝혀야 할 부분만 주를 달고 그렇지 않으면 생략한다.
[66] 『한국의 궁도』, 51쪽.

모든 재료를 부레풀로 붙이기 때문이 습도와 아주 밀접한 관계가 있다. 그러니까 활을 만들기 좋은 때라는 것은 부레풀을 쓰는데 좋은 때를 말하는 것이다. 그래서 활을 쓸 때도 점화하여 관리를 잘 해야 한다.

1) 준 비

이 과정은 활을 만드는 데 쓰이는 각종 재료를 마련하는 것이다. 활은 일곱 가지 재료로 만든다. 일곱 가지 재료는 대나무, 산뽕나무, 참나무, 무소뿔, 민어부레풀, 쇠심줄, 화피이다.

▶ 대나무
- 활은 크게 세 도막으로 나뉘는데, 대나무는 그 가운뎃부분에 들어간다. 대나무는 왕대를 쓰며, 지리산 근방, 특히 대나무산지로 이름난 담양의 대나무가 좋다. 요즘은 일본에서 많이 수입해 쓴다. 좋은 대나무란 섬유질이 많은 것을 말한다. 대나무를 분질렀을 때 뾰족한 심이 많이 생기는 것이 섬유질이 많은 것이다.
- 1년생으로 세 마디를 자르되 가운데 마디를 기준으로 쓴다. 대나무 전체 길이의 한 중간에서 뿌리 쪽으로 아홉 마디가 가장 적절하다. 따라서 왕대 한 그루에 세 토막이 나오는 셈이다. 전체 길이는 70cm가량 쓰는데, 자를 때는 이보다 조금 더 크게 잘라야 한다. 넓이는 만들 때마다 조금씩 다르긴 하지만 4cm 내외로 한다. 이 너비는 궁척의 너비와 같다.
- 쪼갠 대나무 안쪽에 칼금을 준다. 비스듬한 방향으로 긋는데, 양쪽으로 칼금을 주기 때문에 금을 그어놓고 나면 금을 그은 무늬는 마름모꼴이 된다. 이렇게 하면 대나무를 구부릴 때 구부러진 모양을 유지하게 되고 펴지는 성질이 줄어들기 때문이다. 또 대나무는 둥글기 때문에 펼 때 자칫 쪼개질 수가 있다. 이렇게 금을 대각선으로 칼금을 그어놓으면 대나무를 구부려도 쪼개지지 않는다. 이렇게 해놓은 대소를 '어인대소'라고 한다.[67] '어인'은 '어이다'의 관형형이다. 'ㅣ'모음의 영향으로

'에이다'로 바뀌고, 이 말은 '살을 에는 추위' 같은 말에서 그 흔적을 볼 수 있다. 따라서 '어인대소'란 칼로 에어놓은 대소라는 뜻이다.

• 미리 준비해둔 궁척(弓尺:대소의 모양이 나오도록 만든 모형)을 대나무에 대고 싸인펜으로 줄을 그어서 모양을 그린다. 금밖의 불필요한 부분은 자귀(까뀌라고도 한다)로 깎아낸다. 가운데 부분이 조금 좁고 양쪽이 조금 넓다.

• 활 만드는 작업은 거의가 활창애에서 이루어진다. 활창애는 궁창이라고도 한다. 활을 만드는 작업은 거의가 이 활창애에서 한다. 활창애는 길이가 네 자 가량 되는 송판으로 만들었다. 보통 우리나라에서 나는 육송을 많이 쓴다. 송판의 3/4쯤 되는 지점에 단단한 참나무로 한 뼘이 조금 더 되는 기둥을 세우고, 그 기둥의 위쪽에 구멍을 뚫어서 각목을 가로로 댄다. 이 가로목은 구멍보다 조금 더 가는 것으로 끼워서 들락날락거리도록 만든다. 그리고 그 밑에 목침을 대고서 활을 고인다.

• 숯불에 대나무를 쬐어서 구부린다. 한쪽을 반원으로 구부려서 철사로 고정시키고 나머지 다른 한쪽도 마찬가지 방법으로 구부린다. 이렇게 양쪽을 구부려놓으면 전체모습은 타원형이 된다. 불은 될수록 숯불을 쓰는 게 좋다. 가스불이나 석유불을 쓰면 그을음이 묻거나 석유 같은 이물질이 묻어서 부레풀이 잘 안 먹을 수도 있다.

• 대나무의 바깥쪽 미끈미끈한 껍질은 칼로 벗겨야 한다. 대나무 껍질에 붙은 이물질을 제거하는 것이다.

• 이렇게 해서 만들어놓은 대나무를 대소라고 한다. '대소'는 '대속'에서 기역 받침이 떨어져나간 것이다. 『조선의 궁술』에 이 대소를 죽심(竹心)이라고 한 것으로 보아 알 수 있다. 대나무가 활의 속에 들어가기 때문에 붙은 말이다. 또 활을 만들 수 있도록 구부려놓은 대소를 '반달구비대소'라고 한다.[68]

---

67) 『조선의 궁술』, 부록 12쪽.
68) 같은 책 같은 곳.

▶ 산뽕나무

- 뽕나무는 양쪽 고자를 만드는데 쓰이는데, 자연산 산뽕나무를 쓴다. 산뽕나무는 옛부터 활을 만드는데 많이 쓰였기 때문에 궁간상(弓幹桑)이라고 해왔다.[69] 이 말의 뜻은 활채를 만드는 뽕이라는 뜻이다. 또 뽕나무를 다른 말로 구지 뽕이라고도 하는데, '구지'는 '고자'와 같은 말이어서 활의 고자를 만드는 뽕이라는 뜻이다. 옛날부터 뽕나무를 활에 만드는데 워낙 많이 썼기 때문에 이름까지 활을 가리키는 말로 굳은 것이다. 요즘은 뽕나무를 구하기가 쉽지 않아서 아카시아나무를 쓰기도 한다.

- 고자목으로 뽕나무를 쓰는 이유는 뽕나무가 강유를 겸했기 때문이다. 부드러우면서도 강하기 때문에 탄력이 좋으면서도 잘 부러지지 않는다. 그리고 뽕나무는 다른 나무보다 가볍고 잘 썩지 않는다.

- 산뽕나무를 밑에서부터 2m 위쪽 부분을 쓴다. 지름은 세 치(9cm)정도이고 한 10년 이상 묵은 것이 좋다. 태백산, 소백산, 지리산 주변에서 좋은 뽕나무가 많이 난다.

- 뽕나무를 3자 쯤 되는 길이로 잘라서 결대로 쪼갠다. 넓이는 궁척의 넓이인 4cm가량, 두께는 1.5cm가량, 길이는 한 자 반(45cm) 가량으로 한다. 지름이 세 치인 뽕나무를 열십자로 쪼개면 한쪽에서 두 개씩 모두 여덟 조각, 활 네 개를 만들 고자목이 나온다.

- 쪼개놓은 뽕나무를 물에 보름가량 담갔다가 삶아서 나무의 진을 뺀다. 삶는 것은 삶아서 익을 정도면 된다. 이렇게 만든 것을 타원형으로 구부리고 양끝이 같은 방향을 향하도록 끈으로 매어서 가을을 기준으로 할 때 일주일가량 말린다. 이렇게 구부려놓은 것을 타원구비(楕圓形)이라고 한다.[70]

- 준비한 목척(木尺:고자목 모양으로 만든 모형)을 대고 사인펜으로 금을 긋는다.

- 금 밖의 불필요한 부분을 자귀로 깎아낸다.

---

69) 『조선의 궁술』, 12쪽.
70) 『조선의 궁술』, 부록 12쪽.

- 환으로 손질한다.

▶ 참나무

- 참나무는 대림에 쓰인다.
- 참나무는 보통 굴참나무를 많이 쓰는데 그 중에서도 떡갈나무가 가장 좋다.
- 서너 해 묵은 참나무를 20cm 가량 잘라서 쪼갠다.
- 이렇게 만든 참나무를 물에다가 삶는다. 상목과 같이 삶는다. 그러면 참나무를 삶은 물은 푸르스름한 색을 띤다.[71]
- 이렇게 한 참나무를 활모양으로 휘어서 끈으로 고정시키고 일주일쯤 둔다. 이렇게 굳은 모양을 반구비(鋤形木)라고 한다.[72]
- 다 마른 참나무를 끈을 풀어서 13cm씩 자른다. 이 크기는 사람마다 조금씩 다르다. 이렇게 하면 반구비보다 조금 더 퍼지는데, 이것을 왼구비(半月形木)라고 한다.[73]
- 자귀로 모양이 나도록 깎는다.
- 환으로 다듬는다.

▶ 무소뿔

- 무소뿔은 열대지방의 물소에서 나는 뿔로 색깔은 보통 검정색이다. 그래서 흑각(黑角)이라고 한다. 중국의 사천성에서 나는 뿔이 질이 가장 좋다. 양자강 부근과 태국에서 많이 나기 때문에 거기서 나는 것을 많이 쓴다.
- 이 무소뿔은 조선시대부터 중국과 일본에서 수입해왔다. 그러나 그 수가 극히 적어서 대부분은 우리나라 황소의 뿔을 썼다. 이것을 향각(鄕角)이라고 한다.[74] 이 향각으로 만든 것을 향각궁이라고 했다. 흑각으로 만든 흑각궁과 대비되는 말이다.

---

71) 권영구에 따르면 이 물로 중들이 입는 옷을 물들인다고 한다.
72) 『조선의 궁술』, 부록 11쪽.
73) 같은 책 같은 곳.
74) 권영구는 생각(生角)이라고 하는데, 이것은 히읗과 시옷이 서로 넘나드는 음운현상으로 향각이 민간으로 전해지면서 바뀐 모습이다.

우리나라의 황소 중에서도 황해도에서 나는 뿔은 유난히 커서 그것을 썼다. 평균 20-25cm쯤 되었고 큰 것은 30cm까지도 컸다고 한다. 뿔을 셋을 이어야 한쪽을 댈 수 있다. 그래서 뿔 셋을 이어서 만든 각궁을 삼각궁(三角弓)이라고 한다.[75] 뿔 셋을 이어도 모자라서 도고자 쪽은 뽕나무를 이어댄다. 이렇게 만든 활이 휘궁이다.

- 뿔은 구부러진 바깥 쪽, 그러니까 양각(陽角)만을 쓴다. 음각은 길이도 짧을뿐더러 잘 부러지고 잘 터지기 때문에 쓰지 않는다. 뿔 하나에서 한 조각만 나오기 때문에 활 한 장을 만들려면 소 한 마리 분의 뿔이 들어가는 셈이다.
- 뿔을 활창애에 대고 두 사람이 켜는데 길이는 60cm가량, 넓이는 궁척 넓이, 두께는 5mm가량으로 한다. 톱은 홍부가 박을 탈 때 쓰는 것과 똑같은 모양으로 생긴 것을 쓴다. 그런 톱을 '돔톱'이라고 한다. 보통 톱이 직선으로만 켤 수 있는데, 이 돔톱은 타원형으로도 켤 수 있어서 구부러져 있는 뿔을 켜는데 좋다.
- 톱으로 켠 것을 군더더기는 자귀로 깎아내고 환으로 밀어서 다듬는다.
- 구부러진 뿔을 불에 쬐어서 곧게 편다. 곧게 펴진 뿔은 물에 담가둔다. 그러면 펴진 채로 굳는다.
- 짝이 맞는 것을 둘씩 골라서 묶어놓는다. 활 한 장에 들어갈 것이므로 위아래 무늬가 비슷하고 세기나 굳기가 서로 비슷한 것을 맞추어놓는다. 될수록 같은 소의 뿔을 한 짝으로 묶는다. 그 이유는 소의 나이에 따라서 뿔의 굳기가 다르기 때문이다. 따라서 활의 세기도 달라질 수 있기 때문에 위아랫장에 같은 짝을 쓰는 것이 좋다. 한쪽 뿔에서 활 한 장을 만들 수 있는 뿔이 나온다.
- 고른 것은 바람이 잘 통하도록 우물정(井)짜 형식으로 쌓아둔다.
- 길이를 맞추어 남은 부분을 잘라버린다.

▶ 민어부레풀
- 풀은 여러 가지 재료를 연결시키는 것이기 때문에 중요하다.

---

75) 권영구

- 활에 쓰이는 풀은 민어의 부레를 쓴다. 이때 기름을 제거한 부레를 쓰는데, 수컷 암컷의 구별 없이 모두 쓴다. 부레는 물고기가 물 밑으로 가라앉지 않고 뜨도록 해주는 몸속의 바람주머니를 말한다. 인천 같은 큰 부두에 가면 봄이나 가을에 구할 수 있다.
- 민어는 우리나라 서해바다 연평도 근처에서 많이 나는 물고기로 보통 1미터 내외까지 자라는 큰 고기이다. 부레의 크기는 보통 말린 상태에서 길이가 20cm 가량 넓이가 10cm가량 된다.
- 민어부레 한 근이면 활을 네 장가량 만들 수 있다.
- 무른 풀을 여러 번 칠한 것을 '졸림풀' 이라고 한다.
- 기름기를 없애고서 솥에 넣고 끓인다. 바닥이 눋지 않도록 막대로 젓는다.
- 체로 받쳐서 건더기를 걸러낸다. 큰 그릇에 천을 펼쳐놓고서 거기다가 끓인 물을 부어서 걸러내는 방법을 많이 쓴다.

▶ 소심줄
- 심줄은 우리나라의 소에서 뜬 것이 가장 좋다.
- 활 한 장에 소 두 마리분이 들어간다.
- 심줄을 떠서 열흘 가량 말린 다음 방망이로 두들겨서 편다. 방망이로 두들기는 것은 심줄에 붙은 살과 기름을 제거하고 심줄을 잘게 갈라야 탄력이 제대로 나오기 때문이다.
- 갈라지지 않은 것은 손으로 일일이 찢어서 길이를 맞춘다. 이 과정에서 기름기를 없앤다.
- 부풀린 심의 길이를 맞추고 심톱으로 기름을 제거한다. 심톱은 심을 훑어내는 데 쓰는 쇠조각을 말한다.
- 잘 추려낸 소심줄을 한 묶음씩 묶어놓는다. 이렇게 한 묶음으로 묶는 것을 심가래라고 한다.

• 이것을 부레풀에 담갔다가 심판에 놓고 쇠빗으로 빗기며 대조각으로 밀어서 기름을 제거하고 아주 작은 기름과 고기조각은 손톱으로 긁어낸다.

• 심줄을 쓸 때는 따뜻한 물에 빨아서 쓴다. 빨래 문지르듯이 문지르면 구정물이 나온다.

▶ 화피(華皮)

• 화피는 벚나무 껍질을 말한다. 벚나무는 10년 이상 된 것을 쓴다. 로 백두산 중턱에서 자라는 것이 가장 좋다. 지금은 구하기가 어렵기 때문에 캐나다나 일본 북부지방에서 수입해다 쓴다.

• 화피는 기름기가 많아서 습기를 잘 먹지 않는다. 습기에 약한 활을 보호하기에 아주 좋다. 그리고 잘 늘어나기 때문에 많이 휘이는 활을 싸는 데는 이보다 더 좋은 것이 없다.

• 맹물에 삶으면 노란 색이 나고 잿물에 삶으면 불그스름한 색(紫色)이 나며 햇볕에 석 달 이상 말리면 흰 색이 난다.

2) 만들기

이렇게 재료준비를 다 마쳤으면 이들 재료를 붙여서 활을 만드는 작업에 들어간다.

▶ 연소[76]

• 타원형으로 구부려놓은 대나무를 다시 불에 쬐어 적당한 굽이로 편다. 줌의 중앙에 표시를 하고 거기서부터 줄자로 양쪽 길이를 재어 표시한다. 양쪽 끝 남는 부분은 톱으로 잘라낸다. 고자목을 대소 끝에 대고 그 모양대로 그려놓고 그 금대로 톱으로 자른다. 고자목이 뾰족하기 때문에 그 반대로 파인 대소 부분은 V자 모양이

---

[76] 이 연소를 권영구는 '바사침'이라고 한다. 그리고 노루발 안에 들어가는 고자목 부분을 '음소'(陰所)라고 한다는데, 이 '음소'가 '연소'의 변형처럼 보이기도 한다.

된다. 이것을 노루발이라고도 하고 제비부리라고도 한다.[77] 끝이 갈라진 모양이 노루의 발과 똑같이 생겼기 때문이다. 이때 노루발 안쪽으로 조금 더 째놓는다.

- 고자목을 노루발에 끼워서 맞춰보고 잘 맞지 않는 부분은 환으로 슬어내어 맞춘다.
- 고자목과 노루발 부분에 풀을 칠한다. 이렇게 풀칠을 해서 붙이는 것을 연소(聯一)라고 한다. '연소'란 속을 연결시켰다는 뜻이다. 칠은 여러 번 한다. 뿔을 붙일 때와 마찬가지로 40~50회를 한다. 이렇게 되면 풀의 두께는 동전 한 닢의 두께만큼 된다. 서로 붙일 때는 물로 적셔야 한다.
- 둘을 맞붙이고 난 뒤 떨어지지 않도록 끈으로 묶어서 두 시간 가량 둔다. 이때 끈은 심줄이나 짚으로 한다. 짚으로 하는 것은 바람이 잘 통하도록 하려는 것이다.
- 연소를 만들었으면 다 말라서 잘 붙은 뒤에 이음매 부분의 두께가 일정하고 매끈하도록 자귀로 깎고 환으로 다듬는다.
- 줌의 마디를 자귀로 깎아낸다. 대림을 대기 위한 것인데, 대림목을 갖다 대고 그 자리를 표시한 다음 자귀로 깎는다.
- 연소 전체를 환으로 잘 밀어서 다듬는다.

▶ 뿔 붙이기
- 뿔을 붙일 연소 바깥쪽에 부레풀을 칠해서 말린다. 칠할 때는 손때가 묻지 않도록 고자 부근을 잡고 칠한다.
- 뿔에도 부레풀을 칠한다. 이 풀칠은 보통 사흘 동안 되풀이해서 40-50회를 칠한다.
- 줌부터 뿔을 대고 가느다란 줄로 얼기설기 묶는다. 이를 '아시묶는다'고 한다. 이때 뿔에는 풀을 칠한 상태이기 때문에 화로에 불을 쬐면 잘 붙는다.

---

[77] 제비부리란 말은 『조선의 궁술』에 나온다. 한자로는 '鷰尾形竹心'이라고 적고 한글로는 '제비부리대소'라고 적었는데 한자를 정확히 번역하면 '제비꼬리대소'여서 좀 이상하다.

- 바깥쪽엔 뿔을 대고 안쪽엔 뒤짐이를 대고 심바를 감는다. 짐이는 굴참나무나 뽕나무로 많이 만든다. 심바는 네 발 길이(약7.2m)인데 활을 만들고 남은 심줄 쪼가리를 모아서 만든다. 심바를 감을 때는 아주 단단히 감아야 하기 때문에 두루자(조막손이)라는 도구를 쓴다. 두루자는 손가락 없는 주먹 모양을 생긴 것이어서 조막손이라고도 하는 것인데, 지렛대의 원리로 끈을 당겨주기 때문에 약한 힘으로도 아주 세게 감을 수 있다. 이 두루자의 자루 끝 부분은 파리의 머리와 똑같이 생겨서 '파리머리' 라고 하는데 이곳을 잡고서 심바에 들어가는 힘의 강약을 조절한다. 이때 옆에서 한 사람이 도와주어야 일이 편하다. 끈을 칭칭 동이는 것이기 때문에 엉키지 않게 하려면 심바 뭉치를 계속 같이 돌려주어야 하기 때문이다. 심바를 감을 때의 세기는 부레풀이 조금 밀려나올 만큼 힘을 준다.
- 한쪽을 먼저 한 다음에 나머지 다른 한 쪽을 같은 방법으로 한다.
- 대림목에도 부레칠을 해서 대고, 조막손이를 이용해서 심바로 묶는다.
- 뿔 붙이기가 끝난 다음에 잘 맞지 않았거나 튀어나온 부분이 있으면 자귀로 깎아내면서 모양이 나도록 다듬는다. 심을 놓아야 하므로 연소를 얇게 깎는다. 이때 대림목을 손에 잡기 좋은 모양으로 다듬는다. 자귀로 다듬고 다시 환으로 밀어서 손질을 한다. 이때 활채의 너비를 정한다. 뿔도 적당한 두께로 손질한다. 이때 활채의 두께는 자로 재는 것이 아니라 손으로 훑어서 육감으로 잰다. 오랜 세월 동안 숙달된 장인의 느낌이 자로 정확히 잴 때보다 더 정확하게 감지한다.
- 고자부분만 빼고 풀을 칠해서 말린다. 이때 양쪽 고자가 맞닿도록 조그만 막대를 대고 철사로 묶어놓는다.

▶ 심놓기

- 심판에 심을 놓고 풀을 먹이면서 심빗(심멕이빗)으로 친다. 심판은 보통 박달나무로 만드는데 길이는 80cm가량 너비는 10cm가량이다. 심가래 끝을 손으로 잡고 풀을 가락 위에 바르면서 빗는다. 심가래 하나가 담배 한 개비 반 굵기이다. 풀은 세

번 이상 놓고 버리를 빗듯이 계속 쳐준다. 여기서 아주 숙달된 훈련이 요구된다. 여기서 심풀을 잘 먹여야 하는데 풀이 고루 먹게 해야 한다.

- 심풀을 잘 먹였으면 대칼로 풀을 잘 빼주어야 한다. 이때 심 한 가닥 한 가닥이 서로 겹치지 않고 고르게 쪽 뻗어있어야 좋다. 심줄이 서로 겹치면 끊어지기 쉽다.
- 심이 길면 반반씩 나누어서 한다.
- 풀을 먹여서 한 시간 가량 두면 적당하게 굳는다.
- 심을 붙일 연소를 불에 쪼인다. 심을 붙일 자리에는 며칠간 풀을 바르는 작업을 한다.
- 활채에다 풀을 바르고 심판에서 뗀 심가래를 눅눅하게 녹여서 활에 붙인다.
- 심놓기는 초벌에서 다섯 벌까지 붙인다. 처음 놓는 심을 초힘(初-), 두 번째 놓는 심을 재힘(再-)이라고 한다.[78] 심놓는 방법은 똑같다. 그런데 예천에서는 이것을 각각 초벌, 두벌이라고 하고 한 번 더 놓는데, 그것은 세벌이라고 한다.[79] 이렇게 해서 세 번을 놓은 다음에는 굴곡이 생긴 부분에 짧은 심을 놓아서 고르게 만든다. 첨력(添力)이라고 하고[80] 골금심이라고 한다.[81] 골금심이란 움푹 패인 골을 메우는 심이라는 뜻이다. 그리고 이렇게 해서 고르게 높이를 고른 다음에 다시 마지막으로 긴 심을 놓는데, 이것을 매힘이라고 하고[82] 매심이라고 한다.[83] 매힘과 매심은 같은 말이고 '매'는 '매무새, 맵시' 같은 말에서 보듯이 마무리를 뜻하는 말이다. 이 매힘을 놓을 때 골격을 세운다. 심을 한 번 놓는데 사흘쯤 걸리기 때문에 이 심놓기 전체 작업은 보름간이나 걸린다.
- 심은 고자 쪽에서 줌 쪽으로 붙여간다.[84] 그러므로 줌에는 양쪽에서 온 심이

---

78) 『조선의 궁술』, 부록 14쪽.
79) 권영구.
80) 앞의 책 같은 곳.
81) 권영구.
82) 같은 책 같은 곳.
83) 권영구.
84) 고자 쪽에서 줌 쪽으로 놓고 반대방향으로 쏠어나간다.

겹친다.

- 매번 심을 놓을 때마다 줌에도 심을 한 번씩 놓는데 이를 '줌가리심' 이라고 한다.
- 골격을 세운다. 골격은 매심을 놓을 때 세운다. 골격을 세워야만 목소가 강하고 뒤집어져도 잘 부러지지 않으며 목소를 세게 밟아도 잘 꺼지지 않는다. 이 골격을 크고 뚜렷하게 세우는 일은 쉽지 않다. 그래서 그런지 요즘은 골격을 잘 세우지 않는다.

▶ 고자깎기

- 심이 마르면 고자를 깎는다. 활의 양쪽 고자가 서로 맞붙어있는 상태이기 때문에 그것이 벌어지도록 뻣지개(장벗침이라고도 함)를 대어서 벌린다.
- 자귀로 고자 모양을 내도록 깎고서 환으로 다듬는다.
- 대체로 이 고자모양에 따라서 활의 계통이 달라진다. 서울 장궁방의 활은 고자 모양이 버들잎처럼 갸름하다. 그래서 유엽(柳葉)이란 이름이 붙은 것이다. 그런데 반해 경기활과 예천활은 고자 모양이 일직선으로 곧게 뻗었다.
- 심고가 놓일 자리를 칼로 손질한다.
- 칼로 양냥고자를 깎고 심고가 얹힐 고자닢 부분을 다시 손본다.
- 가늘고 둥근 줄로 칼로 싊아낸 고자닢 부분을 문지른다.
- 전체 모양을 줄로 문지르고 칼로 깎고 하여 매끈하게 다듬는다.

3) 활풀이〔解弓〕

해궁은 활시위를 걸어서 활을 쏠 수 있도록 활의 모양을 잡아서 미립이 나도록 하는 것을 말한다. 이 해궁을 어떻게 하느냐에 따라서 활의 성능이 크게 달라진다. 활에 따라서 힘이 고르게 받아서 탄력을 최대한 낼 수 있도록 손질을 하는 작업이다. 따라서 상당한 숙련이 요구되는 작업이다.

▶ 해궁

• 심을 놓고 고자깎기까지 마친 활을 점화장에 넣어서 닷새가량 건조시킨 다음 활이 어느 정도 마른 뒤 칼과 환으로 뿔을 깎아서 모양을 처음 잡는 것을 아시해궁이라고 한다. '아시'는 처음을 뜻하는 우리말이다. 이때 장뼛지개로 양쪽 목소를 질러 받쳐서 활을 벌여놓고서 작업을 한다.

• 도지개로 활을 묶어 일으킨다. 한쪽을 먼저 묶고 맞은편 목소를 발로 밀면서 활을 휜 반대쪽으로 펴서 도지개에 대고 묶는다.

• 해궁용 시위를 건다. 옛날에는 쇠시위를 썼다.[85] 쇠시위는 심고가 위아래로 놀 뿐이고 좌우로 돌아가지 않도록 만들었다. 그래서 설사 고자가 돌아간 활이라고 하더라도 쇠시위를 걸면 안전하게 해궁을 할 수 있다.

• 양쪽에 보궁을 채우고 불을 쬐면서 활을 바로잡는다. 불을 쬐어서 바로잡히지 않는 부분은 환으로 슬고 칼로 깎아서 손을 본다. 이렇게 시위를 걸어서 꺼진 곳을 일으키고 불룩 솟은 곳을 깎아서 고르게 하는 것을 '미립'이라고 한다.[86]

• 활을 당겨보면서 미립이 제대로 나도록 잡는다.

• 이때 뿔은 환으로 거칠게 밀어놓은 상태이기 때문에 모양을 내기 위해서 먼저 칼로 뿔의 겉을 긁어낸 다음에 사포로 문지른다.

• 모두 세 차례에 걸쳐서 이 작업을 한다. 이것을 각각 초풀이, 두벌풀이, 세벌풀이라고 한다.

4) 마무리

이 마무리 작업은 활의 본래 기능과는 크게 상관은 없으면서도 활이 제 모양이 나도록 꾸미는 과정을 말한다.

---

[85] 『조선의 궁술』, 부록 14쪽.
[86] 『조선의 궁술』, 부록 15쪽.

▶ 화피
- 화피를 먼저 물에 삶는다. 삶은 화피를 마른 걸레로 문질러 물기를 닦아낸다.
- 나무판에 대고 적당한 너비와 크기로 자른다.
- 부레풀을 활과 화피에 바르고 서로 붙인다. 요즘은 부레풀 대신 공업용 본드를 쓰기도 한다. 고자 끝 칠지단장을 할 부분을 남겨놓고 나머지 부분을 다 입힌다.
- 잘 붙도록 손바닥으로 문지른다. 뿔이 너무 많이 덮이지 않도록 가장자리를 칼로 잘라낸다.
- 뿔에 묻은 풀은 화장지로 닦아낸다.

▶ 도고자
- 도고자를 오려서 붙인다. 도고자는 떡갈나무의 껍질을 깎아서 만든다. 요즘은 구두 밑창에 쓰이는 단단한 가죽을 오려서 쓴다. 풀은 부레풀을 쓰는데 요즘은 강력 본드를 많이 쓴다.
- 가죽을 입힌다. 쇠가죽으로 만든 것이다.

▶ 양냥고자
- 시위가 걸리도록 뾰족한 부분을 세코라고 한다.
- 무력심을 감는다. 먼저 양냥고자에 부레풀을 칠하고 심줄을 몇 가닥만 뽑아서 그것으로 감는다. 심을 감는 것은 고자 끝에 힘이 많이 걸리기 때문에 나무가 결을 따라서 쪼개질 염려가 있어서 쪼개지지 않도록 하는 것이다.
- 심을 감은 곳에 가죽을 덮는다. 이것은 무력피라고 한다. 무력피는 쇠가죽으로 하는데 보통 청색으로 하기 때문에 청서피(靑黍皮)라고 한다.

▶ 칠피단장(漆皮丹粧)
- 칠피단장은 고자 뒤쪽의 무력심 밑에 꾸미는 장식을 말한다. 이것을 칠지단장(漆紙丹粧)이라고도 한다. 그 부분을 가죽으로 만들면 칠피이고 종이로 만들면 칠지

가 된다.
- 종이로 할 때는 색깔을 칠한 것으로 하고 가죽으로 할 때는 쇠가죽에 색을 칠한 것으로 한다.
- 청서피 밑으로 색칠을 한 종이나 가죽을 입힌다. 청서피 밑으로 노랑, 빨강, 파랑 순으로 붙인다. 각각 황전(黃靛), 홍전(紅靛), 녹전(綠靛)이라고 한다.
- 그 다음은 뇌문(雷紋)이다.[87] 뇌문은 번개무늬라는 뜻이다. 이것을 아자(亞字)무늬라고도 하고,[88] 완자(完字)무늬라고도 한다.[89] 모두 창살모양으로 꼬불꼬불한 모양을 가리키는 말이다.
- 그리고 그 밑으로 칠지를 붙인다.

▶ 줌
- 줌은 무언가를 덧씌워서 손에 잡기 좋은 굵기로 만든다.
- 옛날에는 문종이를 떯아서 풀을 먹인 다음 줌에 둘둘 감아서 말린 다음, 칼로 적당히 깎아서 굵기를 조절한다.
- 요즘은 운동화 밑바닥에 대는 고무를 많이 댄다.
- 줌피를 싼다. 이 줌피도 옛날에는 삼베로 만들었지만, 요즘은 수세미나 가죽을 많이 쓴다.

5) 시위
시위는 시위와 심고로 이루어져있다.

▶ 시위
- 시위는 명주실로 만든다. 삼결실(三甲絲)로 하는데 강궁은 240회를 감고, 보통

---

[87] 『조선의 궁술』, 부록 16쪽.
[88] 권영구 대담(1998. 6. 29).
[89] 김박영 대담(1998. 4. 19).

활은 210회를 감고 연궁은 180회를 감는다. 삼결실은 삼합사(三合絲)라고도 하는데 한 올이 세 가닥으로 된 실을 말한다.

• 활을 쓰다 보면 이 시위가 때가 묻어서 시커멓게 변한다. 그럴 때는 물에 세제를 조금 풀어서 끓이면서 시위를 담가서 헹구면 깨끗해진다. 이때 심고는 뜨거운 물에 집어넣으면 안 된다. 쇠심줄이기 때문에 줄어든다.

▶ 심고
• 심고는 소의 심줄로 만든다.

6) 가력
활을 쏘다가 절심이 되어 화피를 뜯어내고 다시 놓는 것을 가력(加力)이라고 한다.

08 _ 각궁 다루는 법

각궁은 부레풀로 모든 재료를 붙였기 때문에 습기에 약하다. 각궁이 세계의 어느 활보다도 뛰어난 기능을 지니고 있지만, 그 특수성으로 인하여 이와 같은 취약점이 있는 것이다. 따라서 관리하는 데도 매우 까다롭다. 점화관리를 어떻게 하느냐에 따라서 활의 기능과 수명이 많이 달라진다.

1) 점화관리
습기를 방지하는 데 가장 좋은 방법은 불을 피우는 일이다. 그래서 옛날에는 예외없이 방을 뜨뜻하게 해서 점화를 했다. 대개는 숯불을 썼다. 점화장을 따로 만들 여건이 안 될 때는 이불 속에 넣어두거나 아랫목 따뜻한 곳에 넣어두었다. 갓난아기 밀치고 점화를 넣는다거나 기생 따로 재우고 활 점화 넣는다는 우스갯소리는 모두 이래서 나온 것이다.

요즘은 대부분 열전구를 쓴다. 나무로 상자를 만들거나 벽장을 만들어서 밑에다가 열전구를 켜놓으면 습기가 차지 않는다. 더욱이 요즘은 온도조절기까지 나왔기 때문에 숯불로 점화하던 시절에 비기면 한없이 편해졌다. 온도조절기를 달아놓으면 그 온도를 기준으로 저절로 오르내리면서 점화장 안의 온도를 조절한다.

그렇다면 점화장 안의 온도를 어떻게 정할 것인가 하는 것이다. 습기를 막으려면 밖의 온도보다는 점화장 안의 온도가 당연히 더 높아야 한다. 보통 밖의 온도보다 2-3도 가량 높아야 습기가 방지된다. 이때 밖의 온도라는 것은 그 철의 평균온도를 말한다. 이렇게 해서 계절별 온도를 정리하면 다음과 같다.[90]

봄가을 : 28도 안팎(27~29)
여　름 : 32도 안팎(31~34)
겨　울 : 25도 안팎(23~25)

또 점화장 안에 전구를 켜놓을 때는 전구와 활의 거리가 최소한 20미터는 떨어져야 한다. 너무 가까우면 부레풀이 끓어서 활을 못 쓰게 된다. 또 잘 쓰지 않는 활은 따로 보관해야 한다.

2) 각궁 얹는 법
▶ 각궁을 점화장에서 꺼내어 완전히 식힌다. 각궁은 여러 가지 재료를 민어부레풀로 붙인 것인데, 식히지 않고 점화된 채로 올리면 풀로 붙인 부분이 들뜨는 수가 생긴다. 활이 식으면 그런 염려가 없다. 활을 오래 쓰려면 식은 다음에 올려야 한다.
▶ 식은 각궁을 무릎에 얹고 한두 차례 편다. 점화통 속에서는 활이 한껏 오그라든 상태이기 때문에 이렇게 한두 번 펴주면 올리기에도 좋다. 사람이 자고 일어나서 기지개켜는 것과 같은 이치이다.

---
[90] 권무석, 『국궁의 교범』, 팜플렛. 7~8쪽.

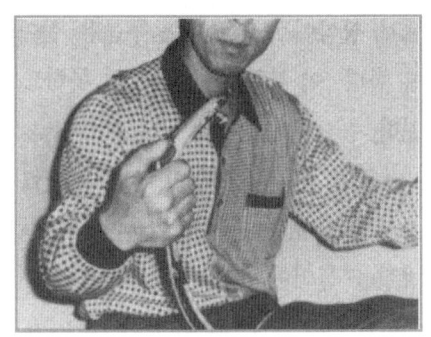

각궁 얹을 때 활을 잡는 방법

▶ 책상다리로 앉은 상태에서 안으로 접힌 발의 무릎을 높이 들어올리고 허벅지와 종아리 사이의 홈에 각궁의 줌통을 댄다. 양손으로는 각궁의 정탈목과 도고지 근처를 잡고 당긴다. 엄지손가락을 동고지(도고자)에 대고 활을 잡는 것이 적당하다. 이때 처음엔 손으로 당기지만 각궁이 1/3가량 펴지면 그때부터는 다리의 힘으로 줌을 눌러서 활을 편다. 이 부분에서 손으로 계속 당겨서 펴면 활이 퉁그러질 염려가 있다. 발의 힘으로 눌러 펴는 것이 안전하고 힘도 덜 드는 좋은 방법이다.

▶ 이렇게 당겨서 왼손으로 잡은 부분을 왼발의 허벅지 위에 걸쳐놓는다. 그러면 왼손이 놀게 되는데, 그 노는 왼손으로 시위의 심고를 잡아서 양냥고자에 건다.(왼발로 활을 눌러 올린 사람은 반대로 하면 된다.)

▶ 활을 올렸으면 도고지를 누른 상태에서 힘 있게 몇 차례 눌러준다. 이것은 활이 제 모양을 잡도록 도와주는 것이다. 점화통 속에서 오그라들었기 때문에 얹은 모양을 갖추도록 해주는 것이다.

▶ 양편 목소와 시위를 걸쳐서 잡고 발을 빼어서 활의 미립이 어떤지를 살핀다. 그리고 불에 쬐어서 잡는다.

▶ 먼저 줌통을 쬐어서 올라온 줌통을 밟아 내린다. 줌통이 너무 올라오면 만작했을 때 활이 딱딱하게 맺힌다. 줌통이 너무 올라오면 활이 딱딱한 대신에 잘 채준다. 줌통을 많이 밟아내리면 말랑한 대신에 덜 채준다. 활의 세기도 2~3파운드 가량 차이가 난다. 줌통을 밟으면 연해진다.

▶ 양편 목소를 살펴보고 곧게 펴지지 않았으면 불에 쬐어서 밟는다. 너무 힘껏 밟으면 푹 꺼져서 다시 일어서지 않으므로 조심스럽게 밟아야 한다. 주저앉아버리면 탄력이 떨어져서 살이 덜 간다. 어느 정도 힘으로 밟아야 하는가 하는 것은 각자 요

령으로 터득해야 한다. 또 목소를 밟을 때는 위에서부터 밟아 내려오는 것이 아니라 먼오금에서부터 위로 자근자근 밟아 올라간다. 그리고 밟을 때도 발바닥으로 밟는 것이 아니라 발가락으로 밟는다. 발바닥으로 밀면 미는 힘이 그대로 활에 전달되지만 발가락으로 밀면 발가락이 움직이기 때문에 탄력을 싣고 밟게 되어 목소를 주저앉히는 일이 줄어든다. 고자를 뽕나무로 만들지 않고 대나무로 만든 활은 이 부분을 잘못 밟아도 주저앉는 일이 거의 없다. 그래서 뽕나무 대신 대나무를 즐겨 쓰는 궁장도 있다. 이 목소가 너무 살아있으면 살이 한통으로 가지 않고 좌우로 빠진다. 그래서 이 부분을 아예 뿔 대신 뽕나무로 대어서 이런 문제점을 해결한 활이 휘궁이다. 휘궁은 덜 나가는 대신 통을 정확히 쳐준다.

▶ 오금(밭은오금, 한오금, 먼오금)은 될수록 불에 쬐지 않는다. 활의 탄력은 대부분 이곳에서 나오기 때문에 가장 많이 휘이는 부분이다. 그러므로 불을 자주 쬐면 수명을 단축하는 결과를 낳는다. 먼오금에서 삼삼이로 연결되는 부분은 살아 오르지 않고 매끈하게 이어지도록 한다. 요 부분을 잘 하느냐 못 하느냐에 따라서 활의 살챔이가 달라진다.

▶ 불을 쬐어서 미립이 좋게 만들었으면 고자가 제대로 자리를 잡았는지 살핀다. 우궁은 현이 줌통의 오른쪽으로 조금 치우치도록 고자의 방향을 틀어야 한다. 왜냐하면 만작을 하면 우궁은 활을 오른쪽으로 밀어서 조이기 때문이다. 좌궁은 그 반대이다. 고자를 이렇게 출전피 쪽으로 틀어놓는 것은 발시했을 때 심고가 고자닢을 때리도록 하려는 것이다. 고자가 본래 모양으로 돌아오는 데 걸리는 시간보다 만작 상태로 당겨진 심고가 고자닢을 때리는 데 걸리는 시간이 몇 십 배 빠르기 때문이다. 고자가 제 모양으로 돌아오기 전에 심고가 고자닢을 때리기 때문에 고자를 미리 틀어놓아야 활이 뒤집어지지 않는다.

▶ 다 되었으면 한 번 당겨서 심고가 고자닢에 제대로 떨어지는가를 확인한다. 이때 너무 많이 잡아당기면 안 된다. 덜 굳은 상태에서 많이 당기면 풀이 떨어지거나 심이 늘어나서 탄력이 떨어진다. 따라서 심고가 고자닢에서 살짝 떨어질 정도만

당겼다 놓는다. 또 너무 많이 당기면 애써 미립을 잡아놓은 모양이 틀어져버린다.

▶ 시위의 길이는 적당해야 한다. 그 적당한 길이는 활마다 다 다르지만, 얹었을 때 한오금과 시위 사이의 간격이 한 뼘 조금 넘는 것이 좋다. 활을 쏠 때 마치 장작 패는 소리가 나는 수가 있다. 그것은 심고의 매듭이 너무 안쪽에 있어서 나는 것이다. 즉 고자닢에 비해 심고의 길이가 긴 경우이다. 이렇게 되면 심고의 매듭만 도고자를 때리는 것이 아니라 심고까지 도고자를 때려서 소리가 두 번 연이어 나는 것이다. 래서 장작을 팰 때처럼 '뻑!' 하는 소리가 나는 것이다. 그러니까 아주 짧은 순간에 간발의 차이로 연이어 두 군데를 치는 소리가 나는 것이다. 심고의 매듭은 도

각궁 얹는 법

① 양쪽 목소 부근을 잡고 무릎에 댄다.

② 무릎으로 활을 눌러 편다.

③ 한쪽 고자를 허벅지로 받치고 손으로 시위를 건다.

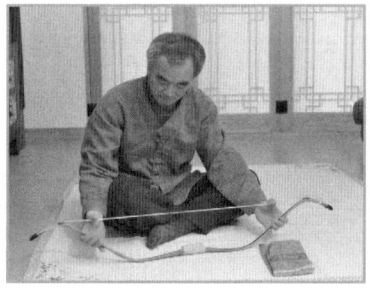

④ 삼동이 올라왔는지 살핀다.

⑤ 줌통이 올라왔으면 화롯불에 쬔다.

⑥ 불에 쬐인 줌통을 밟아 알맞게 내린다.

⑦ 목소가 바르지 않으면 불을 쬔다.

⑧ 목소를 밟아서 곧게 편다.

⑨ 시위를 조금 당겨서 심고가 제대로 떨어지는가 확인한다.

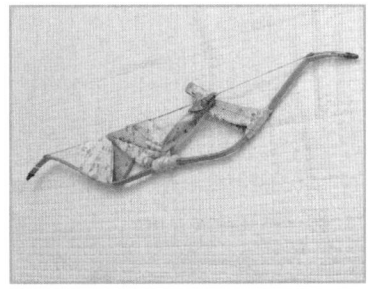

⑩ 활이 한쪽으로 몰리지 않도록 궁대를 감아 놓는다.

(**시연** 이자윤　**사진** 정순원)

제3장 _ 활쏘기 장비 | 119

고자의 한 복판에서 양냥고자 쪽으로 조금 옮겨가있는 것이 좋다.

▶ 활이 식을 때까지 모양이 뒤틀어지지 않도록 궁대로 둘둘 감아둔다. 활채에서 시위로 오가며 감는데, 전체 모양은 궁대가 영어의 더블류(W)자 모양을 이루도록 감는다.

▶ 활이 완전히 식는데 걸리는 시간은 철따라 조금씩 다르지만 대개 30분 안팎이다.

▶ 사대에 서서 쏘기 전에 반드시 한 번 빈 활을 당겨서 심고가 고자에 제대로 떨어지는지를 확인한다.

▶ 활이 잘 길들어서 쉽게 올릴 수 있는 활을 태평궁(太平弓)이라고 한다.[91]

3) 각궁에 관한 모든 것

▶ 무소뿔은 활의 세기를 결정하고, 대나무는 활의 탄력을 결정하며, 심판은 활의 수명을 결정한다. 물론, 이 세 가지가 서로 관련이 있는 것이지만, 나누어 보면 그렇다는 것이다. 예컨대, 활을 얼마나 오래 쏠 수 있느냐 하는 것은 심판에 달렸다는 것이다. 심놓이를 잘하면 그 만큼 오래 쓰고 그렇지 못하면 수명은 짧다. 또 각궁의 세기는 대부분 뿔의 두께에 달렸다. 그래서 세기를 조절하려면 우선 뿔을 깎는다.

▶ 대나무는 바닷가에서 짠 바람을 쐬며 자란 것이 질기고 탄력이 좋다고 한다. 대나무를 꺾었을 때 뾰족한 심줄이 많이 돋는 것이 좋은 대나무라고 한다.

▶ 고자를 만드는 뽕나무는 반드시 산뽕나무이어야 한다. 이 산뽕나무는 오래 묵으면 묵을수록 색이 붉어진다. 그래서 아주 오래 되면 마치 주칠(朱漆)을 한 것처럼 붉게 변한다. 그런데 요즘은 산뽕나무를 구하기가 힘들기 때문에 거의가 아카시아나무를 쓴다. 아카시아나무는 아무리 묵어도 흰 색 그대로다.

▶ 심고가 얹히는 고자닢의 홈 깊이에 따라서 살이 앞나고 뒤난다. 왼쪽의 홈이

---

91) 『한국의 궁도』, 56쪽.

오른쪽보다 깊으면 살은 앞나고, 오른쪽이 더 깊으면 살은 뒤난다. 아주 작은 차이지만, 깊은 쪽으로 살을 더 밀 것이기 때문에 살은 그 반대편으로 밀리는 것이다. 시위는 둥근데도 이런 영향이 있으니 얼마나 섬세한 것인지 알 만하다. 시위가 평평하다고 생각하면 이해하기가 훨씬 쉽다. 왼쪽을 밀면 오른쪽으로 가는 것과 같은 이치로 살이 날아가는 것이다.

▶ 활을 오래 쏘지 않을 때는 점화통에 넣어두면 안 된다. 그렇다고 바깥에 방치해도 안 된다. 그럴 때는 습기 차지 않은 낮은 온도에서 보관해야 하는데, 가장 좋은 것은 옷장에 넣어두는 것이다. 옷장에 습기가 차지 않도록 '물먹는 하마'를 두 개 정도 넣어두고 옷이 각궁에 닿지 않도록 걸어두면 오래 보관하기 좋다.

▶ 예천 권영구 접장이 만든 활의 특징은 목소에서 심을 모은다는 것이다. 그래서 뼈가 도드라진 것처럼 보인다. 이것을 골격라고 한다. 이것은 목소부분에서 쇠젓가락 하나 굵기에 집게뼘 한 뼘 길이로 만든다. 이것은 활이 부러지는 것을 방지하는 효과가 있다. 각궁에서 고장이 잘 나는 부분은 아귀와 목소이다. 그렇게 심을 모으면 그냥 평평하게 펴놓을 때보다 고장이 덜 난다. 그래서 그런 단점을 보완하려고 목소에 심을 더 얹어서 두껍게 만들기도 한다. 이 골격은 매심을 놓을 때 올리는 것이다. 매심은 앞의 초벌심이나 두벌심, 세벌심에 비해 더 두껍게 올린다.

▶ 줌통의 위아래(아귀피)와 정탈목을 요즘은 나일론 끈으로 촘촘히 감는다. 옛날에는 그 부분에 소심줄을 감고 도피로 덮었단다. 이 점은 성낙인 옹도 고증한 것이다. 또 고자단장은 요새는 종이에 인쇄한 것을 풀로 붙이고 마는데, 옛날에는 종이나 가죽으로 가늘게 오려서 붙였다고 한다.

▶ 줌통은 지금은 운동화 바닥에 붙이는 고무를 붙이고 다시 수세미를 싸는데, 옛날에는 달랐다. 권영구에 따르면 문종이(韓紙)를 머리 땋듯이 땋아서 풀을 먹인 다음에 줌통에 감아 붙이고서 말린 뒤 칼로 적당한 크기로 깎아낸다고 한다. 그리고 줌싸기를 수세미로 많이 하는데, 옛날에는 삼베를 좁게 잘라서 한쪽에 가위질을 해서 올을 몇 가닥 푼 다음에 쌌다. 땀을 빨아들이려는 의도이다.

▶ 물소뿔은 태국이나 대만에서 많이 수입한다. 질은 중국의 사천성에서 나는 것이 가장 좋다.

▶ 물소뿔은 그 색이나 무늬에 따라서 탄력에 차이를 보인다. 먼저 아무런 무늬가 없는 검정색 뿔은 탄력이 좀 떨어지는 반면에 뒤집어도 부러지지 않아서 가장 무난하다. 그래서 각궁을 처음 배우는 사람들에게는 이런 활을 준다. V자 모양으로 허옇게 난 무늬를 인짜(人字)라고 하는데, 이것이 탄력이 좋고 소풍이 덜 난다. 흰뿔(白角)은 멋은 있지만, 흑각에 비해 탄력이 떨어진다. 또 인짜가 들어간 뿔 중에서는 때로 금이 간 경우도 있는데, 그런 금을 골쪽이라고 한다. 골쪽이 난 뿔도 탄력이 좋다. 그러나 각이 쪼개질 염려가 있다. 그런데 뿔도 다루기 나름이기 때문에 이 같은 견해를 무시하는 사람들도 있다.

▶ 화피는 북한에서 나는 것이 좋다고 한다. 그런데 북한에서 구할 수 없기 때문에 요즘은 캐나다나 일본의 북해도에서 많이 가져다 쓴다고 한다.

▶ 화피(華皮)는 겉모양을 보기 좋게 꾸미는 효과와 함께 습기를 방지하는 효과가 있다. 습기를 차단하는 것은 물론 뿔 쪽에서 들어오는 습기도 방출하는 기능을 한다. 우리나라의 백두산 중턱에서 나는 화피가 가장 좋다고 한다. 외국에서 들여오는 화피는 눈이나 다른 부분에서 잘 터진다고 한다.

▶ 부레풀은 가을과 겨울에 가장 잘 붙는다고 한다. 각궁을 가을과 겨울에 만들 수밖에 없는 사정이 이것이다. 또 한밤중에서부터 새벽까지가 가장 적당한 온도와 습도를 지닌다. 그래서 심놓는 작업을 밤샘작업으로 한다고 한다.

▶ 활에 쓰이는 풀은 민어부레풀이다. 민어는 바닷고기인데, 크기가 1미터 내외이다. 고기 맛이 좋아서 잡히는 대로 거의 다 일본으로 수출하기 때문에 우리나라에서는 구경하기 힘들다고 한다. 이 민어의 부레를 기름기를 제거하고 쓴다. 부레의 크기는 손가락 크기부터 손바닥 크기까지 다양하다. 땅바닥에 흘리거나 하면 쓰지 못한다. 다른 것이 섞이기 때문이다. 민어부레를 끓여서 짜낸 진국으로 뿔을 붙이고, 짜내지 않고 만든 풀로는 심을 놓을 때 쓴다.

굳이 민어부레풀로 쓰는 이유는 민어부레풀이 강유를 겸하고 있기 때문이다. 특히 심판은 부렸을 때와 얹었을 때 360°로 휘이기 때문에 유연해야 하면서도 제 탄력을 유지하는 강함을 동시에 갖추어야 한다. 그런데 요즘 나오는 화공접착제는 강하거나 약하거나 해서 강유를 겸비하질 못한다는 것이다. 그래서 활에 쓰이지 않는다. 활에는 강유를 겸비한 민어부레풀을 써야 한다.

뿔과 나무 사이에는 부레풀이 있는데, 이 부레풀의 두께는 동전 두께만큼이라고 한다. 그런데 부레풀은 90%가 물기여서 세월이 오래 흐르면 조금씩 말라서 나중에는 종잇장처럼 얇아졌다가 아예 없어져버린다고 한다. 그래서 뿔과 대소 사이에 부레풀을 동전 두께 만큼 칠하는 게 아주 어려운 기술인데, 이것은 부각을 할 때 반드시 뿔과 대소 사이에서 삐져나오는 풀의 양을 보면서 심바로 조여야 한다. 그래서 반드시 조막손이를 이용하여 심바로 붙여야 한다. 그런데 바이스 같은 공구로 물려서 하면 편하기는 하지만 이것이 고르게 되질 않는다는 것이다. 심놓이와 이 부각의 기술이 활의 수명과 기능을 좌우한다.

▶ 고자깎기 : 고자를 어떻게 깎느냐에 따라서 탄력에 차이가 있다. 고자가 너무 두꺼우면 탄력이 떨어지고 얇으면 탄력이 좋다. 그 이유는 시위를 당길 때 고자에도 힘이 걸리는 까닭이다. 따라서 고자가 두꺼우면 얇을 때보다 덜 채주는 것이다. 그렇다고 너무 얇게 깎으면 힘을 견디지 못해 쪼개져버린다.

▶ 홀목(목소의 홀쪽한 부분)은 굽어있어야 하며 고자닢은 뻗은 듯해야 한다. 고자닢이 굽어있으면 철썩 소리가 난다.

▶ 목소와 시위를 잡고 살짝살짝 눌러볼 때 활 전체가 다 움직이는 것이 잘 채주는 활이다.

▶ 각궁은 탄력이 좋을수록 살을 잘 보낸다. 그런데 겉모양만 보아서는 이 활이 살을 잘 채줄지 어떨지 잘 모른다. 그것을 실험해보는 방법은 이렇다. 한 손으로 줌통을 살짝 받쳐들고 다른 손으로 창밑을 받친 다음, 창밑을 받친 손의 가운뎃손가락으로 시위를 눌러서 퉁긴다. 그러면 시위가 퉁겨지면서 그 충격이 창밑을 바치고 있

는 손바닥으로 전해온다. 그 진동이 깊이 스며들수록 잘 채주는 활이다. 그런데 웬만큼 민감하지 않고서는 이 진동을 느끼기 쉽지 않다. 민감한 사람들이 이 느낌을 말하기를, 마치 가야금이나 거문고 줄이 울리는 듯한 진동이 온다고 말한다. 이것은 한방에서 진맥을 하는 것과 같은 차원이다. 보통 사람들은 맥을 짚어야 잘 알지 못하지만 오랜 세월 진맥을 한 사람들은 대번에 그 사람의 건강상태를 짐작한다. 이처럼 시위를 한 번 퉁겨보고서 그 활의 탄력을 짐작할 줄 알면 그 사람은 이미 굉장한 경지에 오른 사람이다. 그런 사람에게는 활의 내부구조가 훤히 들여다보인다.

▶ 활을 해궁할 때는 위아래가 따로 없다. 활은 윗장과 아랫장의 힘이 똑같은 것일수록 좋은 것이다. 그러나 완전히 똑같게 만들기는 어렵다. 그래서 윗장과 아랫장의 세기가 조금 다르면 센 쪽을 아랫장으로 삼는다. 그래서 그런 방향으로 길을 들인다. 이렇게 반대로 뒤집을 경우 줌통을 밟아서 반대로 밀면 고자는 저절로 돌아온다.

▶ 해궁은 활의 모양과 상태를 결정한다. 활의 버릇과 수명은 해궁을 어떻게 하느냐에 달려있다. 그래서 해궁을 한 뒤 한 열흘 동안 길들이는 대로 활은 모양과 기능을 갖게 된다.

▶ 활을 올리다가 뒤집으면 대개는 아귀가 나간다. 그래서 위아래 아귀에는 심을 감고 화피를 입히거나 요즘은 나일론 끈을 감아놓는다. 그래서 이 심을 감아놓은 바로 바깥부분이 또 부러진다. 부러진 부위가 줌통에서부터 집게뼘으로 한 뼘 안쪽이면 고쳐 쓸 수 있다. 다만 밭은오금부터 먼오금, 그러니까 오금 부분이 부러지면 그건 고쳐도 못 쓴다. 목소부분이 나가도 고쳐 쓸 수 있다. 고치는 방법은 이렇다. 우선 부레풀이나 강력본드로 활이 퉁겨지면서 부러진 부분을 바르고서 붙인다. 붙은 다음에 뿔이 부러진 끝부분을 1cm가량 쇠톱으로 잘라낸다. 그리고 본드를 바르고 다른 쇠뿔을 그만큼 잘라서 때운다. 그리고 잘 눌러서 붙이고 다른 뿔의 높이와 같이 갈아낸다. 그리고 평평하게 갈아냈으면 그 위에 본드를 칠하고 뿔가루를 부셔서 말린 다음 빼빠로 문지르고 줄을 감는다. 그러면 웬만한 고장은 고쳐쓸 수 있다.

화살 02

01 _ 화살의 어원

　화살 역시 활의 경우처럼 우리말의 뜻이 무엇인지 분명치 않다. 그러나 유사한 말들을 통해서 그 뜻을 추적해볼 수 없는 것은 아니다. '화살'은 '활살'에서 발음하기 편하도록 리을(ㄹ)받침이 떨어져나간 것이다. 우리말에서 이런 현상은 아주 흔한 것이다. '주살대'도 역시 '줄살대'에서 리을(ㄹ)이 떨어져나간 것이다.
　'살'은 그 뜻을 알기가 어렵다. 그런데 모든 말은 그것이 지칭하는 대상의 특성에 따라서 붙기 마련이다. 이 점으로 보면 '살'의 어원을 따지는 데도 살의 특징과 관련지어서 풀어야 할 것으로 보인다. 살은 먼저 곧다는 특징이 있다. 그리고 가늘다는 특징도 빼놓을 수 없다. 물론 이 두 가지를 충족시키는 말이 있다면 그것이 가장 올바른 말일 것이다. 그리고 무기라는 특징도 무시되어서는 안 될 요소이다. 이런 특징을 보여주기라도 하듯이 '살'이 붙은 말들은 모두 곧고 가늘다. 예컨대, '창살, 살별(彗星)' 같은 말들이 그것이다.
　그런데 화살을 만드는 재료인 대나무를 가리키는 말에서 어원의 뿌리를 볼 수 있다. 죽시는 남부지방의 해안가에서 나는 '시누대'(海藏竹)로 만든다. 이 '시누대'는 '시나대', '시노대'라고도 하고, '식대'라고도 한다. '시누대'와 '시나대, 시노대'를 보면 본 이름은 '시ᄂᆞ대'였을 것이다. 아래아(ㆍ)는 원래 음가가 불안정하여 1933년 조선어맞춤법에서는 아예 없애버렸다. 그래서 'ᄂᆞ'는 '나'와 '누'로 분화한 것이다. 따라서 어근은 '신'이 되며 '대'는 대나무를 뜻하는 말이다.

'식대'는 다시 '식+대'의 구성을 보이는데, '식대'와 '시누대'가 같은 말인 것으로 보면 '식'과 '신'은 원래 같은 말에서 말음이 달라진 것으로 볼 수 있다. 그런데 이렇게 말음이 달라지는 것을 보면 '살'도 이들과 마찬가지로 말음교체로 변화된 것임을 알 수 있다. 따라서 '살, 신, 식'은 〈sVl〉형이 〈sVn〉형을 거쳐 〈sVk〉형으로 바뀐 것임을 알 수 있다. 따라서 '시누대'나 '식대'는 살을 만드는데 쓰이는 대나무를 뜻하는 말이라는 결론을 얻을 수 있다.

그런데 '살'과 '식', '신'을 비교해보면 자음교체현상만 일어난 것이 아니라, 모음교체까지도 일어났음을 볼 수 있다. 이것은 '살'의 옛 표기가 '살'이기 때문에 아래아(ㆍ)의 불안정한 음가가 'ㅏ'와 'ㅣ'로 바뀌면서 분화된 것으로 보인다. 따라서 '살'과 '식', '신'은 같은 뿌리에서 각기 분화해간 같은 말임을 알 수 있다. 이것은 화살을 뜻하는 일본말 'sa', 'sata'에서도 확인할 수 있다.

그렇다면 과연 이 '살'이란 무슨 뜻일까? 앞서 이야기했듯이 살의 특징은 가늘고 길다는 점이다. 이런 조건을 충족시킬 수 있는 우리말은 '실'이다. '실개천, 실골목' 같은 말에서 그 모습을 볼 수 있다. '실'과 '살'은 sVl형으로 같은 구조를 보여준다. 더욱이 옛날로 거슬러 올라가 '살'로 재구하면 같은 말에서 나온 것으로 보인다.

'살'이 가늘다는 뜻으로 쓰인 말은 우리말 여러 군데서 볼 수 있다. '살낭자'는 바늘을 사람에 빗대어 하는 말인데, 이 경우 '살'은 가늘고 곧은 바늘의 모양에서 나온 말이다. 또 '살바람'은 좁은 틈에서 새어드는 바람을 말하는데, 이때의 '살'도 가는 모양을 묘사하는 말이다. 또 '창살'이나 '살별'(彗星)도 마찬가지로 가늘고 긴 것을 나타내는 말들이다.

따라서 이상을 종합하면 '살'은 가늘고 긴 것을 나타내는 말로, 화살의 모양이 그렇게 생겼기 때문에 붙은 말임을 알 수 있다. 따라서 '화살'은 활에 쓰이는 가늘고 기다란 것을 나타내는 말이다.

한자에서는 화살을 나타내는 말이 크게 두 가지로, 시(矢)와 전(箭)이 그것이다.[92] 모두다 화살을 나타내는 말인데, 그 쓰임을 보면 약간의 차이를 발견할 수 있다. 箭의 경우는 '유엽전, 편전, 장군전' 같은 말들에서 보듯이 화살의 쓰임과 모양에 따라서 분류할 경우에 쓰이는 말인데, 矢의 경우는 '죽시, 호시' 같은 말들에서 보듯이 주로 살의 재료를 나타낼 때 쓰이는 말이다. 따라서 화살이 처음 만들어졌을 때는 재료로 구별되다가 점차 다양한 모습으로 발전하면서 矢만으로는 나타낼 수 없는 상황이 되자 箭이라는 말이 나타난 것으로 보인다.[93] 이것은 글자의 성격을 보아도 확인된다. 矢는 상형문자이고, 箭은 형성문자이다. 한자는 본래 사물의 모양을 본떠서 그린 데서 시작된 문자이기 때문에[94] 당연히 처음 글자는 상형문자였다. 한자의 필수구성요소인 부수(部首)가 거의 다 상형문자로 이루어진 것은 그런 까닭이다.[95] 그러다가 상형이라는 방식만으로는 모든 것을 나타낼 수 없기 때문에 다른 여러 가지 방법, 그러니까 지사, 회의, 전주, 가차 같은 방법을 쓴 것이다.[96] 그 여럿 중의 하나인 형성(形聲)은 두 부수를 합치는 방법인데, 한쪽은 뜻을 나타내고 다른 한쪽은 음을 나타내는 것이다. 箭의 경우는 竹은 뜻을 나타내고 前은 음을 나타내는 것이다.

따라서 한자의 성격과 그 쓰임으로 보면 이런 차이점을 알아낼 수 있지만, 굳이 거기에 의미를 달리 부여해서 따로 쓰려고 할 것은 없다. 여태까지 써온 방식으로 자연스럽게 쓰면 될 것으로 보인다.

02 _ 우리 화살의 기원

우리 화살의 기원을 찾는 일은 우리 겨레의 기원을 찾는 일과 다르지 않다. 살

---

92) 『조선의 궁술』에서는 다음과 같이 설명한다. 전(箭)은 중국 고대에 주나라의 동쪽에서, 시(矢)는 강회(江淮)에서, 족(簇)은 함곡관(函谷關) 서쪽에서 쓴 것이라고 한다. 그러나 이런 지역에 따른 구분은 별 의미가 없다.
93) 우리가 잘 쓰지 않는 簇의 경우도 마찬가지이다.
94) 아츠지 데츠지, 『한자의 역사』(김언중 박재양 역), 학민사, 1994. 12쪽.
95) 김종혁, 『부수를 알면 한자가 보인다』, 학민사, 1996
96) 홍인표, 『한문문법』, 신아사, 1993. 14-15쪽.

의 기원을 찾는 일은 그 살을 쓴 사람들의 기원을 찾는 일이 되기 때문이다. 따라서 먼저 옛 기록을 통해서 우리 살의 기원을 추적해야 할 것이다.

앞 절에서 살펴보았듯이 '살'은 가늘고 긴 것을 나타내는 우리말이었다. 따라서 화살은 활에 쓰이는 살이라는 뜻이며, 여기서 그 재료를 나타내지는 않는다. 그렇다면 우리 화살의 전통은 어떤 것인가를 알려면 먼저 그 재료를 알아야 한다.

현재 우리가 쓰는 전통 화살은 대나무로 만든 죽시(竹矢)이다. 그런데 이 대나무의 북한계선은 금북정맥(錦北正脈)이다.[97] 금북정맥은 충청도의 북부지방을 횡으로 질러가는 산줄기이다. 따라서 옛날에는 한강 이북에서는 대나무 살을 쓸 수 없었다는 얘기가 된다. 따라서 백제와 신라는 이 죽시를 썼을 것이다. 그러나 고구려는 사정이 다르다. 고구려 땅에서는 대나무가 나지 않는다. 그들은 죽시를 쓰지 못했다는 결론이다. 이것은 비단 고구려에만 국한되지 않는다. 만주 지역에 활동근거지를 둔 모든 겨레가 마찬가지이다.

그런데 앞서 활에서 살펴보았듯이 중국인들이 동이로 파악한 사람들은 중국과는 일정하게 다른 문화권을 형성하였다. 특히 활로 볼 때는 각궁 문화권이라 이름 붙일 만큼 중국과는 구별되는 사람들이었다. 大와 弓의 합성어인 夷라는 말이 중국인들의 그런 인식을 반영하고 있다. 그렇다면 화살 또한 마찬가지일 것이다.

대나무가 나지 않는 북방에서는 나무를 화살 감으로 쓸 수밖에 없다. 중국인들이 동이로 규정한 겨레들은 모두 나무로 살대를 만들었다. 중국과 구별되는 동이의 또 다른 특징이다. 그들이 살대로 쓴 나무는 '호'(楛)라는 나무였다. 삼국지 숙신조에[98]

석노와 갑옷이 있다. 단궁은 세 자 닷 치이고 광대싸리로 만든 살은 길이가 한 자 여덟 치이다. 그 나라 동북쪽에 산이 있는데, 거기서 돌이 난다. 그 돌은 쇠도 뚫을 만큼

---

97) 신경준, 『산경표』(박용수 해설), 푸른산, 1990. 46쪽.
98) 『25사초』

날카롭다. 그 돌을 캐려면 반드시 먼저 신령님께 기원한다. 무제 때 숙신이 호시와 석노를 바쳤다.[99]

로 나온다. 그리고 그들이 쓰는 호시와 석노는 워낙 이름이 나서 역대 중국 왕조에 진상하는 공물이 되었다. 이 점 숙신에만 해당되는 이야기는 아니어서 대나무가 없는 북방에 사는 겨레들은 모두 이것을 썼다. 따라서 우리 겨레의 전통을 북방에서 찾으려면 우리 화살의 전통 역시 이 호시에서 찾아야 한다. 그것은 우리 겨레의 뿌리가 된 고구려가 활의 전통이 아주 강한 나라였다는 것을 보아도 그러하다.

뿐만 아니라 전무후무한 명궁으로 이름난 조선태조 이성계도 이 화살을 썼다. 그럴 수밖에 없는 것이 그는 함경도 함흥 출신이기 때문에 선택의 여지가 없었던 것이다. 그가 쓴 화살의 모양은 이렇다.

> (태조는) 사법이 신묘하시며 대초명적(大哨鳴鏑)을 쏘기를 좋아하사 대나무를 쓰지 아니하고 호(楛)로써 살대를 하여 학의 깃으로써 넓고 길게 깃을 붙였으며 고라니뿔을 울고도리깍지로 쓰니 그 크기가 배만하며 촉은 무겁고 살대는 길어서 보통 살과 같지 아니하며 활힘(弓力)이 또한 보통사람의 배는 되는지라, 어릴 적에 아버지(桓祖)를 따라서 사냥을 하실새 아버지가 (이태조의) 살을 들어 보시고 갈오대 '사람이 쓸 바가 아니라' 하시고 땅에 던져버리시거늘 태조가 이를 주워서 통에 꽂고 아버지의 앞에 서있더니, 노루 한 마리가 튀어나오는지라 태조가 말을 치달리며 쏘아서 한 발에 죽이고 또 노루 한 마리가 튀어나오매 또한 이와 같이 하시니 이와 같이 한 것이 일곱이라, 아버지 환조가 크게 기뻐하여 웃으시며[100]

이태조가 죽시가 아닌 호시(楛矢)를 썼음을 알 수 있다. 따라서 우리 활의 전통이 왕실에 강하게 남아있고, 그 전통이 황학정으로 이어지는 것을 감안하면 오히려

---

99) 有石砮, 皮骨之甲, 檀弓三尺五寸, 楛矢, 長有咫, 其國東北有山,出石, 其利入鐵, 將取之, 必先祈神, 武帝時, 獻其楛矢石.
100) 『조선의 궁술』, 84~85쪽.

죽시보다도 호시에서 그 근원을 찾는 것이 어쩌면 더 옳은 것인지도 모른다. 그래서 『조선의 궁술』에서는 '호시와 석노'라는 장을 책의 맨 첫 장에 두어서 이 문제를 꼼꼼히 따졌던 것이다.

이 '楛'는 우리말로 광대싸리이다. 따라서 '호시'는 광대싸리살이다. '광대'는 우리말에서 둥근 것을 나타내는 말이다. '광'은 '자리공, 미치광이, 어리광, 콩, 공(球), 공알'에서 보듯이 둥근 것을 나타내는 말이다. '대'도 '대가리' 같은 말에서 보듯이 둥근 것을 말한다. 따라서 광대는 둥근 모양을 나타내는 말이다. 재주넘는 광대도 마찬가지 어원에서 나온 말로 그들이 빙글빙글 돌며 남들이 부리지 못하는 재주를 부리기 때문에 붙은 말이다. 광대싸리는 이런 특징을 잘 보여준다. 나무에서 열리는 열매 모양도 둥글고 꽃모양도 둥글며 잎사귀도 보통 싸리보다 더 크고 둥글넓적한 모양이다. 그래서 이런 이름이 붙은 것이다.

북한에서는 광대싸리를 '구럭싸리, 굽싸리, 공정싸리'로 부른다.[101] '구럭싸리'의 '구럭'은 '굴+억'의 구조로, '굴'은 '고리'에서 보듯이 둥근 모양을 나타내는 말이고, '억'은 명사화접미사이다. 따라서 '구럭싸리'는 둥근 모양을 특징으로 지닌 싸리를 말한다. 광대싸리와 같은 뜻임을 알 수 있다. '공정싸리'는 '광대싸리'와 더 가까운 모습이다. '공'은 둥근 모양에 붙는 말이고, '정'은 '맞장, 곧장, 끝장' 같은 말에서 보듯이 접미사이다. 따라서 '공정'은 둥근 모양을 한 것에 붙는 이름이다.

광대싸리는 이름은 싸리이지만, 보통 말하는 참싸리와는 갈래가 다르다. 참싸리는 콩과 식물이어서 뿌리에 혹을 달고서 스스로 영양을 보충하는 식물이지만, 광대싸리는 대극과여서[102] 어엿한 나무이다.[103] 겉모양이 싸리와 비슷해서 이름이 그렇게 붙었을 뿐이다. 그래서 그 크는 모양도 보통 싸리와는 다르다. 따라서 나무이기 때문에 나이테를 가지고 자라며 오래 크면 엄청나게 자란다. 서수라 지역에는 서

---

101) 『동의학사전』(까치, 1990) 101쪽.
102) 북한에서 펴낸 동의학사전에서는 '싸리버들옻' 과로 분류하고 있다.
103) 『식물대사전』.

까래(橡) 만하게 자란다고 하며 『본초강목』에는 물동이만큼 굵게 자란다고 나온다.[104] 다음 설명을 보자.

광대싸리 Securinega suffruticosa REHDER 〔대극과(大戟科)〕

산야에서 흔히 자라는 낙엽관목이지만, 높이 10m, 지름 21cm에 달하는 것도 간혹 있으며 가지는 끝이 밑으로 처지고 갈색이 돈다. 잎은 호생(互生:마주나기. 잎이나 눈 따위가 줄기나 가지의 각 마디에 하나씩 어긋맞게 남)하며 막질(膜質:막으로 된 바탕)이고 타원형(橢圓形)이며 둔두원저(鈍頭圓低)이고 길이 2~6cm, 나비 12~25mm로서 양면에 털이 없으며 표면은 녹색이고 뒷면은 희빛이 돈다. 엽병(葉柄:잎자루)은 길이 3~7mm이며 탁엽(托葉:턱잎)은 길이 1mm정도로서 곧 떨어진다. 꽃은 이가화(二家花)로서 수꽃은 엽액(葉腋:잎겨드랑이)에서 다수 속생(束生)하고 지름 3mm로서 길이 2~3mm의 화경(花梗:꽃꼭지)이 있으며 꽃받침잎과 수술은 각각 5개이다. 암꽃은 엽액에 2~5개(간혹 8개)씩 달리고 길이 5~10mm의 화경이 있으며 자방(子房:씨방)은 3실이고 3개의 암술머리와 1개의 암술대가 있다. 삭과(蒴果:속이 여러 칸으로 나뉘고 칸마다 씨가 많이 들어 있는 열매)는 편구형(扁球形)이며 지름 4mm로서 3줄의 홈이 있고 3조각으로 갈라져서 6개의 종자가 나온다. 서울 수락산(水落山)에 높이 5.5m, 지름 21cm의 것이 있었고, 황해도 장수산(長壽山)에는 높이 8m, 지름 10cm의 것이 있었다.[105]

광대싸리는 해발 500~1000m 되는 산지에서는 우리나라 어디에서나 자란다. 충북 단양에서[106] 내가 확인한 것은 지름이 3.4cm가 되어서 보통 싸리보다 훨씬 굵었고 나이테가 선명했으며 나무의 색도 희고 고왔다. 처음엔 무슨 싸리인지 몰라서 잎가지를 꺾어들고 그 동네 할머니한테 물었는데, 팔순쯤 되어 보이는 그 할머니는 이렇게 대답했다.

---

104) 『조선의 궁술』, 7쪽.
105) 이창복, 『대한식물도감』, 향문사, 1982.
괄호안의 설명은 내가 사전에서 찾아서 덧붙인 것이다. 우리나라 말로 썼건만, 우리나라 사람인 내가 알아들을 수가 없으니, 아무리 학문이라는 이름으로 합리화한다고 해도 어찌 이럴 수가 있는가 싶다.
106) 충북 단양군 가곡면 용산리에 약수터가 있는데, 그 앞에 한 그루가 자라고 있다.

"구싸리래요."

'구싸리'는 '굴싸리'이다. '굴'의 리을(ㄹ)이 탈락한 것이다. 물론 발음하기 편하게 하려고 한 것이다. 이것은 '구럭'과 같은 말이다. '굴+억'에서 보듯이 둥글다는 뜻이고, 이것은 '구럭싸리'와 똑같은 말이다. 따라서 이런 이름은 같은 어원에서 퍼져나와서 사투리로 전국에 퍼져있을 것으로 짐작된다.

이것은 여름 한 철 무섭게 자란다. 그래서 초봄에 밑둥을 잘라놓으면 여름까지 한 길 이상이나 자란다. 물론 곧다. 그것을 잘라서 살대로 쓰는 것이다.[107] 또 굵은 것은 쪼개어서 물에 담갔다가 들보에 매달아서 돌멩이를 달아놓으면 곧아지는데 이것으로 살대를 만들었다.[108]

또 광대싸리는 서수라목(西水羅木)이라고 하고도 한다. 이것은 광대싸리가 함경도의 서수라 지역에서 많이 나는 까닭에 붙은 말이다. 서수라는 함경북도 경흥군(慶興郡) 노서면(蘆西面) 서수라동(西水羅洞)이다.[109] 이곳은 두만강 하구의 오른쪽 강안에 돌출한 작은 곶(岬)으로 국경의 요지라서 여진족의 침입을 막으려고 세운 진이 있다. 그런 까닭에 이곳에서 나는 광대싸리를 '서수라목'이라고도 한 것이다.

그런데 이 두만강 지역은 고려 때부터 여진족이 활동하던 곳이어서 애써 4군과 6진을 개척했다가도 돌려주곤 했다. 이런 이면에는 여진족들이 자신들의 무기인 살대를 가장 많이 구할 수 있는 곳이 바로 이 지역이었기 때문에 그만큼 반발이 거셌던 것이다. 말타고 활쏘기를 일삼는 그들한테서 살대의 산지를 빼앗는 것은 농사꾼한테서 호미를 뺏는 것과 다름이 없다. 따라서 이들은 이후에도 계속해서 광대싸리 살을 썼다. 그들이 세운 나라가 중국의 마지막 왕조인 청나라인 것이다.

우리가 언제까지 이 광대싸리 살을 썼는가 하는 것은 알 수 없다. 그러나 지금

---

107) 시장인 유세현과 얘기를 해보니 화살을 대나무로 만드는 것보다는 나무로 만드는 것이 더 복잡하고 어렵다고 한다. 그러나 만들 수 없는 것은 아니라고 한다.
108) 『조선의 궁술』, 7쪽.
109) 『조선의 궁술』, 7쪽.

전하는 것은 죽시 뿐이어서 전통화살 하면 아예 죽시로 굳어버렸다. 그런데 이상에서 보았듯이 우리 활의 본줄기는 오히려 죽시보다도 광대싸리살이다. 따라서 이를 복원할 수 있으면 복원하는 것이 우리의 전통을 위해서 옳은 일이다. 광대싸리는 북부지방에만 나는 것이 아니다. 깊은 산중이면 우리나라 어디서든지 난다. 따라서 이것을 가공하여 광대싸리살을 만들면 되는 것이다.

이 광대싸리살과 짝을 이루어서 빼놓을 수 없는 것이 석노(石砮)이다. 이것은 돌화살촉을 말한다. 앞의 숙신 조에서 보듯이 광대싸리살을 쓴 숙신은 쇠가 있는데도 굳이 돌살촉을 썼다. 이것은 그 지역에 살던 그들의 후대인 말갈(靺鞨)이나 여진(女眞)도 마찬가지이다. 삼국지의 물길(勿吉)조를 보자.

> 물길은 고구려 북쪽에 있다. 말갈이라고도 하는데, 옛날 숙신국이다.…… 활쏘기와 사냥을 잘 한다. 활의 길이는 세 자이고, 살의 길이는 한 자 두 치이고 돌로 촉을 만든다. …… 늘 칠팔월에 독약을 만들어서 살촉에 바른다. 짐승을 쏘아서 맞으면 죽는다.[110]

이들이 쇠촉을 두고 굳이 돌을 쓴 것은 이것이 쇠보다도 더 날카롭기 때문이다. 따라서 그 돌에 대한 믿음도 남다른데, 돌을 캘 때는 산신령에게 제사를 지냈다는 것에서 그것을 알 수 있다.

이상에서 보듯이 화살의 역사는 우리 겨레의 역사와 같이한다. 우리가 우리 역사의 시작을 단군조선에서 찾으려 한다면 우리 활과 화살의 전통 또한 그곳에서부터 찾아야 할 것이다. 그런데 단군조선은 각궁과 호시를 썼다. 그리고 이 전통은 역대 왕조를 통해서 일관되게 이어져왔다. 그렇다면 우리 화살의 본줄기는 죽시보다는 호시에서 찾아야 할 것이다. 따라서 조선시대까지 엄연히 쓰이던 호시를 복원하는 것은 오늘날을 사는 우리의 몫일 것이다.

---

110) 勿吉國, 在高句麗北, 一曰靺鞨, 舊肅愼國也……善射獵, 弓長三尺, 箭長尺二寸, 以石爲鏃……常七月造毒藥傳箭鏃, 射禽獸, 中者便死.

03 _ 화살의 종류와 규격

화살도 활과 마찬가지로 옛날에는 여러 가지였지만, 지금 전하는 것은 유엽전 한 가지뿐이다. 여기서는 옛날에 전하던 화살을 기록을 통해서 알아본다.

1) 나무살〔木箭〕

이름과 같이 나무로 만든 것이니, 표적을 세우고 서서 쏘되(步射) 세 발을 쏜다. '목전'이나 '철전'이라고 할 때의 '목'과 '철'이 가리키는 것은 촉이다. 따라서 여기서 말하는 '나무살'은 살대를 가리키는 것이 아니라 촉을 나무로 한 화살을 가리킨다. 이것은 박두(樸頭)라고 하는데, 촉을 나무로 갸름하게 깎아서 댄 것이다. 무과와 교습에 쓰이는데, 240보 거리에서 쏘았다. 이것은 쇠살과 똑같이 네 자나 세 자 여덟 치로 만들었는데, 깃을 더 좁게 만든 것이 쇠살과 다르다.[111]

2) 쇠살(鐵箭)

육량전, 아량전, 장전 세 종류로 나뉜다.

▶ 육량전(六兩箭) : 싸리(枯), 대(竹), 쇠(鐵), 힘줄(筋), 깃(羽), 도피(桃皮), 풀(膠) 일곱 가지 재료로 만드는데, 살의 무게가 여섯 냥(兩)이 나가므로 이 이름이 붙었다. 그냥 육냥이라고도 한다. 또 이것이 쇠살의 정식 냥수(兩數)에 부합하는 것이라 하여 정량(正兩)이라고도 한다. 무과 초시와 복시에 정량궁, 즉 큰 활로 쓰고 세 발을 쓰며 거리는 팔십 보부터 백보이고, 전투용이다.

▶ 아량(亞兩) : 육량과 똑같이 만들고 그 무게가 넉 냥(兩)이니 정식 냥수에 버금가는 것이라 하여 이런 이름이 붙었다.

▶ 장전(長箭) : 육량과 똑같고 무게가 한 냥으로부터 한냥 오, 륙 전(錢)까지이니

---

111) 『국조오례의』, 「서례·군례·병기도설」.
其羽尤狹, 而木鏃, 曰樸頭, 射於二百四十步, 皆用於武科及教習.

전시에 궁수 용이다.

쇠살에 대하여 좀 더 설명하면 이렇다. 쇠살은 살대의 길이가 네 자나 세자 여덟 치이고 깃은 좁게 만들며 촉은 둥글게 해서 날을 세우지 않는다. 거리는 180보나 80보이다. 무과와 교습에 쓰인다. 깃의 넓이를 넓게 하고 쇠촉을 크게 해서 붉은 칠을 하면 동시(彤矢)라고 하고 검은 칠을 하면 노시(盧矢)라고 한다.[112] 이것은 사냥에 쓰인다.

3) 예전(禮箭)

길이가 세 자이고, 깃이 크다. 반궁대사례와 궁중연사와 향음주례에 쓰인다. 네 발(四矢)을 쓰는데, 사(四)라는 수를 승(乘)이라 하므로 예궁과 이 살을 칭하여 대궁승시(大弓乘矢)라고 한다. 원래 승(乘)은 수레를 가리키는 말이다. 그런데 옛날 중국에서 수레는 네 마리 말이 끌었다.[113] 그래서 네 개를 한 짝으로 세는 버릇이 생긴 것이고, 그 단위로 말 네 마리가 끄는 수레를 가리키는 '乘'을 쓴 것이다. 따라서 승시(乘矢)란 네 발이 한 짝을 이루는 것을 말한다.

4) 편전(片箭)

속칭 '애기살'이라고 하며 살이 작아서 붙여진 이름이다. 그렇기 때문에 한자로는 동전(童箭)이라고도 적었다.[114] 그리고 편전과 비슷한 소리를 따서 변전(邊箭)이라고도 적었다. 길이는 촉을 제거하고 천을 마를 때 재는 자(布帛尺)로 여덟 치(八寸)이고[115] 무과 초시와 복시에 세 발을 쓰며 거리는 130보이다. 이것을 대나무 통에 넣고서 발사하니 이는 과거시험(科規)의 표준(準的)이다. 천보 이상을 날아가며, 살의 관통력(着力)이 강하고 촉이 날카로워 갑옷이라도 능히 꿰뚫는다고 했다. 살이 짧기 때문

---

112) 『국조오례의』, 서례 군례 병기도설.
113) 『한한대사전』.
114) 『성호새설 II』, 민족문화추진회, 고전국역총서108, 1984. 292~293쪽.
115) 『국조오례의』, 서례 군례 병기도설.

에 그냥 쏠 수가 없어서 대나무를 반으로 쪼개서 홈을 판 덧살을 대고 쏜다. 이 덧살을 통아라고도 하는데, 통아도 향찰표기이다. '고자'가 '곶+아'인 것처럼 둥근 것을 뜻하는 우리말 '통'에 접미사 'ᄋ'가 붙은 것이다.

5) 동개살

동개활이 다른 활보다 조금 더 작은 것처럼, 이것도 다른 화살보다 조금 더 짧다. 권영구의 증언을 따르면 다른 살보다 여덟 치가 작았다고 한다.[116] 보통 쓰는 죽시가 두자 일곱 치 안팎이니, 동개살은 두 자가 채 안 되는 아주 짧은 활이고, 이것은 옛날 숙신이 쓴 화살의 길이와 거의 같다. 대우전(大羽箭)이며 동개, 즉 건(鞬)에 넣으므로 동개와 함께 이 이름이 붙었으며 전시마상용이다. 다른 화살에 비해 깃을 크게 만든 것은 정확성을 높이려는 것이다. 깃이 크면 덜 나가는 대신에 정확히 조준한 곳으로 날아간다. 깃이 큰 것은 달리는 말 위에서 쏘아야 하기 때문에 멀리 쏘는 것보다는 정확한 것을 택한 것이다. 그래서 이름도 깃이 크다는 뜻을 지닌 '대우전'이 되었다.

6) 장군전(將軍箭)

순전히 쇠로 만드니 그 무게가 세 근(斤)에서 닷 근이요, 포(砲)와 노(弩)로 쏘아서 적선을 파괴하는 데 쓴다.

7) 세전(細箭)

'가는대'라고 하며 적진에 격서를 보낼 때만 쓴다. 습사 시에 이백팔십 보 밖의 푸른 휘장(靑帳)을 넘겨야 제대로(主) 쏜 것으로 친다.

---

116) 권영구 대담(1998. 6. 29).

8) 유엽전(柳葉箭)

무과 초시와 복시와 취재(取才) 등 모든 시험과 습사에 쓴다. 그 무게가 여덟 돈이며 다섯 발을 쓰고 무과 초시와 복시에 쓴 것 외에는 촉을 날카롭게 하는 것을 금하며 거리는 120보로 한다.

유엽전은 각궁에 쓰니 일곱 가지 재료로써 만든다. 그 길이는 두 자 일곱 치에서 두 자 아홉 치이다. 쏘는 이의 팔과 활의 장단에 따르며 법정 무게가 여덟 돈이니 여섯 돈에서부터 가장 무거운 것은 한 냥 이상에 이르며 살대는 대로 하고 오늬는 광대싸리로, 깃은 꿩깃으로 하며 촉은 시우쇠(正鐵)로 한다.

유엽전의 규격은 평작(平作)을 기준으로 하면 다음과 같다. 오늬의 끝(上端)에서 깃의 머리부분(羽頭)까지가 1치 6푼. 오늬는 살대에 들어가는 부분을 빼고 밖으로 드러나는 부분의 길이를 4푼으로 하고 오늬의 깊이는 3푼에서 3푼 반이 되게 하며 밖으로 드러나는 부분의 아랫부분부터 깃의 머리 부분까지 1치 2푼의 사이는 심줄로 감아서 복숭아껍질(桃皮)로 덮는다. 깃은 길이가 4치 5푼 안쪽으로 하는데, 위쪽 가장 넓은 곳의 너비는 2푼으로 한다. 깃 윗쪽은 무딘 뿔 모양으로 자르고(殺) 아래쪽으로는 점점 낮게 잘라서(漸殺) 그 끝이 실처럼 살대에 붙도록 한다. 살대의 아래 끝, 곧 내촉이 들어간 부분은 바깥을 심줄로 감고 그 위에 대로 만든 대롱(竹管)을 입혀서 심줄을 보호하는데 그 길이가 1치 2푼이다. 이것을 상사라고 한다. 이 상사의 아래쪽 그러니까 더데와 만나는 곳에 너비가 2푼인 얇은 쇠고리를 끼우는데 이것은 '토리'라고 한다. 촉은 더데 이상의 외촉은 직각사변형인데, 한 면의 너비가 1푼에서 1푼 반이고 길이는 5푼에서 6,7,8푼이다. 그 끝을 날카롭게 하지 않고 평평한 대가리(平頭)로 만든다. 화살에 쓰이는 재료의 무게를 보면 살의 무게가 6전이면 촉의 무게는 1돈으로 하고 다른 재료의 무게를 5돈으로 한다. 살의 무게가 일곱 돈일 때에는 촉의 무게를 1돈 1푼에서 1돈 2푼으로 하고, 8돈일 때에는 1돈 3, 4푼으로 하고 9돈일 때에는 1돈 5, 6푼으로 한다.[117]

9) 그밖의 것

▶ 우는살(嚆矢) : 우는살은 보통 효시(嚆矢)라고 한다. 이 '효시' 란 말은 어떤 일의 시작을 알리는 것을 나타내는 말로 쓰인다. 이것은 적을 공격하는 신호탄으로 썼기 때문에 그런 뜻으로 의미가 확대된 것이다. 이것을 명적(鳴鏑)이라고도 하는데, 적(鏑)은 살밑을 뜻하는 말이니까 촉의 모양만을 지칭해서 가리키는 말이다. 그러나 보통 효시란 말과 같은 말로 쓰인다. 우리말로는 '울고도리' 라고 한다.[118] 이성계가 쓴 화살을 대초명적(大哨鳴鏑)이라고 하는데, 이것은 소리 내는 뿔을 크게 만들었다고 해서 붙은 말이다. 그리고 유명한 고구려 고분벽화 수렵도에 나오는 사람이 쓰는 활도 이 우는살이다. 아마도 짐승에게 위협을 가하기 위해서 일부러 소리 나는 화살을 즐겨 쓴 것 같다. 이용달에 따르면 그냥 살이 선불을 맞으면 짐승이 그냥 도망치는 반면에 우는살은 뼈가 부러지기 때문에 그 자리에서 잡을 수 있어서 사냥에서 우는살을 즐겨 썼다고 하는데,[119] 아주 그럴 듯한 설명이면서도 딱 부러지게 확인할 길이 없다. 이것은 촉 뒤에다가 작은 구멍이 뚫린 둥근 물건을 대는 것이다. 그러면 화살이 날아갈 때 그 구멍으로 바람이 깎여 들어가면서 그 안의 텅 빈 공간과 공명현상을 일으키며 소리를 내는 것이다. 병 주둥이가 바람의 방향과 맞아떨어지면 소리를 내는

고대의 우는 살촉(鳴鏑) 유물(왼쪽은 청동, 오른쪽은 사슴뿔)

---

117) 『조선의 궁술』, 34~35쪽.
118) 『훈몽자회』, 92쪽.
119) 이용달 대담(1998. 4. 5).

고구려 고분벽화의 우는살

이치와 같은 것이다. 구멍도 화살이 날아갈 때 바람이 부는 방향에 맞추어 뚫는다. 그리고 출토된 유물을 보면 구멍의 개수는 일정하지 않는데, 1개짜리도 있고 4개짜리도 있다.[120]

효시의 우리말은 '우는살'이다. 살이 소리를 내는데 그것을 '울다'로 인식한 결과이다. 이것은 우리겨레의 독특한 사고방식에서 나온 것으로, 새가 지저귀는 것을 역시 운다고 하는 것과 같은 발상이다. 소리 나는 것을 운다고 인식한 것이다. 문풍지가 떨리면서 소리를 내는 것도 역시 운다고 한다. 따라서 가장 오래 된 말이다. 그런데 '소리화살'이라는 말도 쓰이는데, 이것은 옛날부터 써오던 말이 아니라, 후대에 역사학자들이 만들어낸 말이다. 그러므로 '우는살'이나 '울고도리'라고 하는 것이 옳다.

▶『조선의 궁술』에 보면 고려시대에는 두만강가의 광대싸리 산지를 여진족에게 빼앗기자 살대 공급이 어려워서 버들가지로 살(柳條)을 만들어 쓴 것으로 나온다.[121] 대나무가 나지 않는 지방에서는 버드나무 살을 쓴 것 같다. 청나라에서도 버

---

120) 『한국의 활과 화살』, 43쪽 48쪽.

들가지 살을 쓴 것으로 확인된다.[122]

▶ 이밖에도 신전, 화전, 영전, 신기전 같은 여러 가지 살이 있다. 이런 식의 이름은 그 쓰임에 따라서 붙인 이름이기 때문에 사실상 무한정하게 나눌 수 있다.

이상은 옛날에 쓰던 화살이다.

그런데 1970년대 들어서 양궁재질로 만든 살이 나왔다. 그것을 만드는 재료가 주로 카본이기 때문이 '카본살'이라고 한다. 죽시에 비해 가늘고 살걸음이 빠르다. 그리고 덜 부러지고 관리하기도 쉽기 때문에 신사들은 대개 이것을 쓴다. 그러나 살이 차고 나가는 손맛이 죽시만 못하다.

화살은 무게와 길이가 정해져야 한다. 그래서 그것을 가리키는 단위가 있는데, 길이는 치(寸)로 하고, 무게는 돈(錢)으로 한다. 한 치는 자기의 엄지손가락 정도의 굵기를 가리키는데, 고대국가가 성립하면서 통일을 기하기 위하여 왕조마다 기준을 정하였다. '돈'은 무게를 다는 단위로 한자말 전(錢)에 해당하는 우리말이 돈이기 때문에 쓰인 말이다. 보통 화살을 신청할 때는 '육오에 육오(65-65)'라는 식으로 한다. 앞의 육오는 길이를 나타내는 것이고 뒤의 육오는 무게를 나타낸다. 앞의 '육오'는 무게가 여섯 돈 닷 푼이라는 뜻이다. 뒤의 '육오'는 원래 두 자 여섯 치 닷 푼인데, 앞의 두 자를 빼고 나머지만을 가리키는 것이다. 애기살을 빼고는 모두 두 자가 넘기 때문에 나머지 규격만으로 얘기를 해도 듣는 사람이 알아서 두 자를 붙여서 알아듣기 때문이다.

04 _ 화살의 구조와 이름

화살은 마디가 셋 있는 대나무를 잘라서 만든다. 마디는 대나무의 눈이 나는 곳

---

121) 『조선의 궁술』, 21쪽.
122) 『을병연행록』

인데, 마디에 눈이 없거나 작을수록 좋은 것으로 친다. 이 세 마디에 모두 이름이 있는데, 촉 쪽으로 있는 마디를 '아랫마디'라고 한다. 촉을 깃이 위로 가도록 세웠을 때 맨 아래쪽에 있기 때문에 붙은 이름이다.

그리고 가운데에 있는 마디를 '허릿간마디'라고 한다. 이 부분을 가운데마디라고 하지 않고 굳이 의인화시켜서 '허릿간마디'라고 한 것은 사람의 몸에서 허리가 차지하는 일을 강조하려는 것이다. 허리는 탄력과 관계가 있다. 부드럽게 휘이면서도 부러지지 않고, 그러면서도 휘었다가 다시 본래모양으로 돌아오는 것은 모두 탄력과 관계있는 것이다. 우리 활은 만작을 했을 때 화살을 빨래 짜듯이 짜서 쏘기 때문에 화살은 비틀리면서 몸 쪽으로 많이 휜다. 이 휜 것이 펴져야 살은 제대로 날아간다. 그래서 살을 만들 때 이 탄력을 잘 살리는 것이 비결이다. 그래서 '허릿간마디'인 것이다. 이 허릿심은 화살이 공기 속을 헤엄쳐갈 때 중요한 요소로 작용한다.

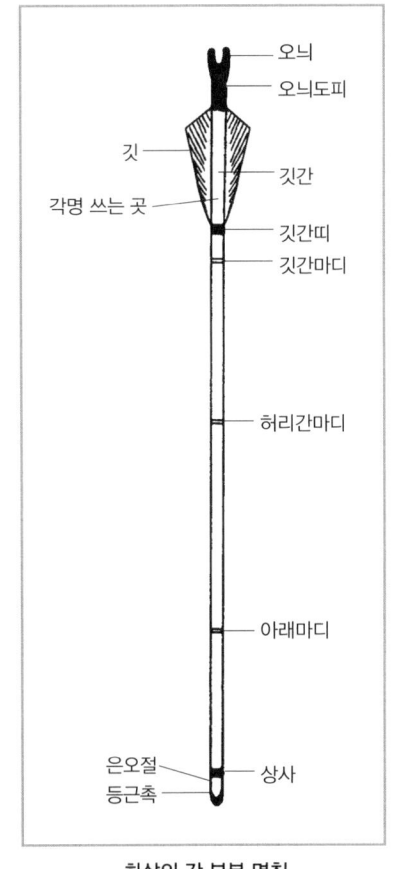

화살의 각 부분 명칭

맨 위쪽에 있는 마디는 '깃간마디'이다. 이것은 깃이 달린 쪽이기 때문에 붙은 말이다.

화살 위쪽에는 깃을 단다. 깃은 꿩깃을 쓴다. 꿩깃은 야생을 쓰는 것이 좋다. 기른 꿩의 깃보다 야생 꿩의 깃이 두껍기 때문에 덜 망가진다. 깃은 모두 셋이다. 깃간마디의 댓눈이 위로 향하도록 놓고 살대의 오른쪽에 기준이 되는 마루깃을 붙인 다음 나머지 둘을 같은 간격으로 붙인다. 이것은 화살이 나갈 때 깃이 활의 몸채를 치지 않도록 방향을 조절한 것이다. 꿩깃은 좌궁과 우궁이 붙이는 방향이 다르다. 우궁은 시위에 화살을 걸고 보았을 때 오른쪽 깃에 무늬가 위로 오도록 단다. 그래야 화살이 날아갈 때 오른쪽으로 돌며 날아간다. 반대로 붙이면 왼쪽으로 회전하는데, 이것은 좋지 않다. 만작을 한 상태에서는 살은 왼쪽으로 조여지는데, 발시 순간에 조여진 이것이 오른쪽으로 풀리기 때문이다. 만약에 깃을 거꾸로 붙이면 이 풀리는 방향으로 살이 돌다가 다시 반대방향으로 돌기 때문이다.

요즘은 꿩깃으로 쓰지만 옛날에는 다른 깃으로도 썼다. 『중종실록』에 보면 독수리 깃으로도 썼다고 나온다.[123] 또 흰죽지참수리깃으로 써서 멋을 내기도 했다.[124] 그러나 대체로 우리 주변에서 흔히 구할 수 있고 다루기 좋기 때문에 꿩깃을 많이 쓴다.

깃과 깃 사이 대나무에다가는 이름을 쓰거나 소속 정을 쓴다. 그것을 '각명'(刻名)이라고 한다. 그리고 깃 사이를 '각명 쓰는 곳'이라고 한다.

살 꽁지는 시위에 걸 수 있도록 홈을 파놓았다. 그것을 '오늬'라고 한다. 『훈몽자회』에는 '오늬'로 나온다. 이것은 '온+의'의 구조를 보인다. '온'은 '온누리, 온통, 온(百)' 같은 말에서 보듯이 가득하다는 뜻이 있다. '의'는 명사화접미사이다. 따라서 '오늬'는 무언가를 채우는 것을 뜻하는 말이다. 파인 홈 속에 시위를 채운다는 뜻이 들어있으며, 실제로 오늬의 기능이 그렇다. 이 오늬는 참싸리로 만든다. 그리고 화살대의 꽁지를 파서 이것을 풀로 붙여서 끼우고 그 위를 심줄로 감는다. 대나무가 짜개지지 않도록 하는 것이다. 그리고 복숭아 껍질로 싼다. 이것을 '오늬도피'라고 한다. '도피'(桃皮)는 복숭아껍질이라는 뜻이다.

이 오늬도피에는 각기 색깔을 그려서 화살의 주인을 구별한다. 활을 처음 구경하는 사람들이 신기하게 여기는 것 가운데 하나가 한 아름이나 되는 살에서 자기의 살을 정확히 골라내는 것이다. 바로 이 오늬도피에 그려 넣은 색깔무늬를 보고서 골

---

123) 『중종실록』, 3년 12월 2일 乙丑.
124) 『우리 활 이야기』(개정판), 57쪽.

라내는 것이다. 페인트로 칠하지만, 여자들 손톱에 칠하는 매니큐어가 편해서 그것을 많이 쓴다.

화살의 아래쪽 끝, 그러니까 과녁에 박히도록 한 곳을 '촉'이라고 한다. 우리말로는 '살밑'이라고 하는데, 이제는 죽은 말이 되어서 거의 쓰지 않으며 주로 '촉'(鏃)이란 한자말을 쓴다. 유엽전의 경우 이 촉은 끝이 네모난 모양이다. 촉은 살대 안으로 들어가는 부분과 밖으로 드러나는 부분으로 구별된다. 살대 안으로 들어가는 부분을 '내촉'(內鏃)이라고 하고 밖으로 드러나는 부분을 '외촉'(外鏃)이라고 한다.

내촉에는 한지를 감아서 박았다. 그냥 박으면 충격으로 촉이 빠지기 때문이다. 그런데 과녁에 박힌 것을 노루발로 빼내는데, 어떤 것은 꽉 박히지 않아서 과녁에 촉만 박히고 살대는 빠져버리는 경우가 있다. 이때 여러 개가 그러면 어느 것이 자기 살밑인지 알 수가 없다. 그래서 내촉에 감는 한지에 물을 들여서 구별한다.[125]

과녁에 박힌 화살을 빼는 것을 노루발이라고 한다. 끝이 노루발처럼 갈라졌기 때문에 붙은 이름이다. 이 갈라진 틈을 더데 밑에 끼우고 망치로 두들겨서 빼는데, 그 충격 때문에 촉이 흔들린다. 그래서 무겁에서 화살을 주워오면 다시 돌에 탁탁 쳐서 박아야 한다. 그럴 요량으로 가져다놓은 판판한 돌판이 '살고름판'이다. 그래도 덜 박힌 것들은 촉돌이로 다시 조인다. 유엽전의 살촉은 네모로 되어있기 때문에 촉돌이도 네모난 구멍으로 만들었다. 촉의 크기가 쪽 고르지 않기 때문에 각기 조금씩 다른 크기로 구멍을 만들어 놓았다. 그래서 촉돌이를 보면 대개는 구멍이 두세 개 뚫려있다. 촉돌이는 나무나 뿔로 만든다.

이 외촉과 내촉을 구별하고, 살이 과녁에 부딪혀도 더 깊이 박히지 않도록 하기 위하여 동글고 우뚝하게, 그러니까 도도록하게 만든다. 그것을 '더데'라고 한다. 더데는 '덛+에'의 구조를 보이는데, '덛'은 '돋다'의 어근 '돋'이고 '에'는 명사화접미사이다. 따라서 더데는 오똑하게 돋은 것을 가리키는 말이다. 또 '닫다'의 어근

---

[125] 성낙인 대담(1998. 2. 24).

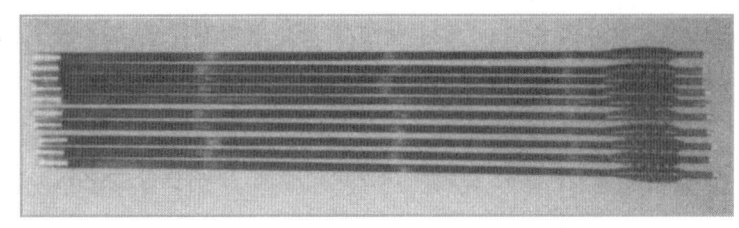

죽 시

'닫'으로 보면 닫는 것을 뜻하는 것이 되어 살대의 구멍을 닫아 막는 것이라는 뜻도 된다. 박힌 살을 뺄 때 노루발에 걸리는 부분이 바로 이곳이다.

대나무는 원래 속이 비었지만, 내촉은 그보다 더 굵기 때문에 그 굵기에 맞게 구멍을 뚫는다. 그렇게 되면 대나무는 얇아질 수밖에 없고 얇아지면 쪼개지기 쉽다. 이 쪼개짐을 막기 위하여 얇은 나무대롱을 살대 끝에 끼운다. 그것도 역시 대나무로 만드는데 '상사'라고 한다. 그리고 그 위에 쇠대롱을 입혀서 마감한다.

살대의 맨 아래쪽 끝을 '은오절'(隱五節)이라고 한다. 한자말의 뜻은 '숨은 다섯째 마디'이다. 화살 전체를 놓고 볼 때, 마디는 셋인데, 양쪽을 잘랐으므로 그 양쪽 끝까지 합하면 모두 다섯인 셈이다. 따라서 위쪽부터 셈하면 아래쪽의 끝마디는 다섯째마디가 된다. 그런데 이 다섯째마디는 상사와 촉 속에 숨어있기 때문에 '숨은 다섯째마디'가 된 것이다. 그리고 촉 속에 마디가 들어가 있어야 살대가 줄지 않는다.

둥근 촉의 경우, 이 은오절은 촉 속에 들어있어야 한다. 만약에 마디에서 자르지 않고 중간에 잘라서 촉을 끼우면 충격이 가해질 때마다 조금씩 말리면서 먹어 들어가서 화살이 점점 짧아진다. 그래서 마디에서 잘라서 촉을 끼워야 한다.

옛날에는 유엽전을 썼지만, 지금은 촉이 박히지 않도록 하기 위하여 둥근촉을 쓴다.

05 _ 화살 만드는 법

좋은 화살은 낮은 온도에서 구운 것이다. 그런데 이 조건은 이율배반을 안고 있다. 즉 낮은 온도에서 구우면 졸이 잘 가고 높은 온도에서 구우면 대가 딱딱해져서 잘 부러진다. 따라서 졸도 잘 안 가고 잘 부러지지도 않는 이 두 조건을 갖추는 것이 화살을 잘 만드는 비결이다. 가장 좋은 화살은 낮은 온도에서 굽되, 졸이 잘 가지 않도록 하는 것이다. 이 화합할 수 없는 두 조건을 충족시키는 것이 살 만드는 사람의 운명이다. 따라서 가장 낮은 온도에서 구우면서도 졸이 덜 가는 살을 만드는 것이 가장 힘든 기술이다. 이 기술에서 살의 질과 살을 만드는 사람의 능력이 판가름 난다.

이 같은 오묘한 기술을 글로 다루기는 어렵다. 따라서 여기서는 살을 만드는 과정만을 살펴보는데 유엽전 만드는 것을 기준으로 하여 알아본다.

만드는 과정은 한정 없이 복잡하게 나눌 수 있지만, 여기서는 크게 여섯 단계로 나누어본다. 화살에 가장 중요한 요소별로 나눈 것이다. 먼저 대나무를 살대로 쓸 수 있게 만드는 '살대만들기'가 먼저이고, 다음으로 '상사 맞추기', '오늬 끼우기', '깃 붙이기', '촉 끼우기', '마무리' 단계가 온다.

1) 살대 만들기

▶ 화살을 만드는데 가장 중요한 것은 물론 살대로 쓰는 대나무이다. 이 살대를 어떤 것으로 쓰느냐가 살의 수명을 좌우한다. 살감으로는 바닷가에서 자란 시누대(海藏竹)를 많이 쓴다. 바닷가는 바닷바람을 적당히 쐬고 또 햇볕이 좋기 때문에 대나무가 잘 자란다. 그 중에서도 2년 묵은 '가년죽'(過年竹:해를 넘겼다는 뜻)이 가장 좋다.[126] 그 이유는 2년짜리가 부드러움과 강함을 고루 갖추었기 때문이다. 해가 오랠수록 단단해서 허리힘은 좋으나 대신에 잘 부러진다.

▶ 구해온 살감을 그늘에서 잘 말린다. 원래는 그늘에서 말려야 하나, 그렇게 하면 워낙 오래 걸리기 때문에 햇볕에 내었다가 다시 그늘에 들이기를 반복해서 말린다.

▶ 대나무를 세 자 크기로 잘라서 약저울로 무게를 잰다. 그리고 무게, 몸피, 마

---

126) 유영기 유세현, 『우리나라의 궁도』, 화성문화사, 1991.
특별한 주를 달지 않는 한 화살 만드는 부분은 이 책의 내용을 인용한다.

디를 맞추어 고른다.

▶ 골라놓은 대를 부잡이통에 넣고 대잡이한다. '부잡이'는 '불잡이'에서 리을(ㄹ)이 떨어져나간 것이다. 부잡이통은 네모난 통에 숯불을 넣고 통의 양쪽에 구멍을 뚫어서 그 숯불 사이로 대나무를 통과시킬 수 있도록 만든 기구이다. 이 부잡이통에 구우면 살은 곧게 펴져서 구부러지지 않는다. 숯은 참나무 숯을 쓴다. 소나무 숯은 오래가지 못한다. 온도는 너무 끌지 않고 일정하지 않게 유지하도록 한다. 졸대, 조막손장갑, 죽침, 물축임그릇을 사용하는데 조막손장갑과 졸대는 오른손으로 쓰고 죽침과 살대는 왼손으로 쓴다.

▶ 대의 마디를 환으로 슬어내서 다듬고 대의 껍질을 칼로 긁는다. 대긁는 칼로 살감을 돌려가며 일정하게 긁어 죽피(竹皮)를 까낸다.

▶ 졸을 본다. 대잡이를 할 때 꼿꼿하게 펴지지 않은 대를 졸대로 숯불에 쪼여가며 바로잡는다.

▶ 뻬빠로 문지른다. 요즘은 뻬빠로 하지만 옛날에 뻬빠가 없을 때에는 물모래질을 했다. 물모래질을 하려면 물사피목을 쓴다. 물사피목은 단단한 참나무로 만드는데 둥근 나무를 반으로 쪼개서 살대가 통과할 만한 크기로 홈을 판다. 그리곤 그 사이에 고운모래를 넣고 살대를 물어서 비비는 것이다. 그러면 살대가 모래에 비벼져 깎인다. 모래는 고운 체로 쳐서 물에 담근 다음 부유물을 걷어내고 쓴다.

▶ 살대를 말려 저울로 무게를 단다. 무게와 몸피, 마디를 맞추어서 골라낸다. 이 부분이 가장 중요한 과정이다. 대의 몸피는 어느 한 부분의 지름이 같은 것이 아니고 전체의 생김이 똑같아야 한다. 또 치마죽은 치마죽끼리 모으고 그렇지 않은 것은 그렇지 않은 것끼리 모은다. 이것은 손으로 대 전체를 훑어서 손끝으로 감지해내는데 눈으로 보아서는 그 차이를 느끼기가 어렵다.

▶ 필요한 크기에 따라 자른다. 대 자르는 칼로 누르면서 돌려 칼금을 내어 자른다. 긴작, 평작, 단작을 5푼 간격으로 자른다.

▶ 작품을 지은 뒤 취죽을 한다. 작품이란 대고름(選別)이 끝난 살대를 말한다.

취죽은 몸피와 무게, 마디를 맞추어 골라놓은 한 묶음의 화살을 더욱 정밀하게 맞추어놓는 과정을 말한다. 대고름은 원칙으로 하지 않으나 대가 자연산이므로 대고름을 아무리 정확하게 해도 차이나 나기 때문에 대긁는 칼로 대의 껍질을 긁어내어 무게와 몸피를 맞춘다. 취죽은 상당히 숙련된 기술을 요하며 대고름과 같은 방법으로 훑어서 손끝으로 감지하고 저울로 달며 한다.

2) 상사 맞추기

▶ 상사끼울 곳을 상사깃간자로 표시한다. 상사깃간자의 끝에 먹물을 묻혀서 돌리면 대에 둥근 테가 생긴다. 상사를 끼우려고 그 테를 따라서 조금 깎아내는 것이다.

▶ 상사자리를 낸다. 이것은 상사깃간자로 표시한 부분을 깎아내는 것이다. 요령은 판판한 밀판위에 살대를 놓고 손바닥으로 눌러서 밀면 살대는 밀리면서 돌아간다. 이때 다른 손으로 창칼을 살대 끝에 대고 있으면 살대가 돌아가면서 저절로 깎여나간다.

▶ 깎인 상사자리에 풀겨름을 세 차례 한다. 풀겨름은 풀을 바르는 것을 가리키는 말이다. 풀은 민어부레풀을 쓴다. 이때는 아주 묽은 풀을 쓴다. 진한 풀을 쓰면 마른 뒤에 괄아서 들고 일어날 수가 있다.

▶ 소심을 상사자리에 감는다. 물에 불려 흐들흐들해진 심을 돌려감고 약간 시간이 지나면 마르는데 이때 엄지손가락 손톱으로 누르면서 밀착시킨다.

▶ 소심 감은 곳을 화롯불에 말린다. 너무 센 불에 말리면 소심이 익는데, 이렇게 되면 못쓴다. 말린 뒤에 상사심의 거친 부위와 끄스러미를 없앤다. 밀판 위에서 살을 돌리며 창칼로 거친 곳을 다듬는다.

▶ 상사를 판다. 상사는 살대보다 조금 더 굵은 것으로 하는데, 금죽으로 해야 파기 좋다. 금죽은 '금년죽'(今年竹)의 준말로, 한 해 자란 대나무를 말한다. 상사는 얇게 팔수록 좋다. 얇을수록 화살이 날아갈 때 공기의 저항을 덜 받기 때문이다. 이

것을 끼웠을 때 창호지를 돌려놓은 것 같은 것이 가장 좋은 것이다. 팔 때는 초벌칼로 엄지 쪽에 손잡이가 오게 하여 보통 칼 쥐는 것과 반대로 파낸 뒤 재벌 칼로 바로 쥐고 파낸다.

▶ 부레풀로 상사자리에 끼워 맞춘다. 그리고 상사를 천천히 말린다. 상사는 천천히 말려야 한다. 서두르면 대개가 터진다. 조금 터진 상사는 대를 쪼개어 메꾸어 쓰기도 하지만, 많이 터진 것은 갈아야 한다.

3) 오늬 끼우기

▶ 오늬자리를 낸다. 오늬가 들어가는 자리는 소심을 감아야 하는데, 그냥 감으면 다른 부분보다 더 굵어진다. 이것을 막기 위하여 오늬가 들어갈 부분은 칼로 조금 깎아낸다.

▶ 오늬자리에 풀겨름을 세 차례 한다. 상사자리의 풀겨름과 요령이 같다. 완전히 마른 뒤에 그 위에 다시 풀겨름을 한다.

▶ 오늬심을 감고 화로불에 말린다.

▶ 창송곳으로 오늬가 들어갈 자리를 파낸다. 요령은 창송곳이 박혀있는 판을 양발로 눌러 고정시킨 뒤 살대의 오늬가 들어갈 곳을 창송곳에 대고 누르면서 비벼 후벼준다.

▶ 깎아놓은 오늬를 부레풀을 칠해서 오늬자리에 맞춘다. 이때 너무 세지 않게 맞춘다. 그리고 화로불에 맞춘다.

▶ 완전히 마른 오늬를 칼로 깎고 환으로 슬어 화살몸과 비슷한 굵기로 맞춘다.

▶ 칼자리를 낸다. 실톱으로 오늬목의 한 가운데를 켜서 오늬칼이 들어갈 자리를 만든다.

▶ 오늬칼로 오늬를 판다. 이때 오늬구멍은 시위가 들어갈 수 없게 좁으며 오늬목만을 물에 적셔 불려 파내기도 한다. 오늬목만 물에 적셔야지 다른 곳까지 젖으면 부레풀이 녹아서 오늬가 빠진다.

▶ 오늬의 겉부분을 환으로 슬어서 다듬는다.

▶ 풀겨름을 오늬부분에 세 차례 한다.

▶ 물헝겊에 싸두었던 도피를 싼다. 오늬도피가 싸일 부분에 적당한 습기를 주고 손가락으로 눌러 붙인다. 그리고 부젓가락을 적당히 달구어 지져 완전히 붙여준다. 이때 부젓가락을 너무 달구면 도피가 타거나 눋기 때문에 조심해야 한다.

▶ 오늬를 싸고 남은 풀딱지를 속새풀로 닦는다.

▶ 오늬칼로 오늬구멍을 완전히 판다. 이때에는 똑바로 파야 하며 삐뚤어지면 화살이 곧게 날아가지 않는다. 오늬는 살몸과 굵기가 같아야 하며 살몸보다 더 굵으면 걸음이 느리고 뜬다. 더 얇으면 쉽게 부서진다.

▶ 졸대로 재졸을 본다.

4) 깃 붙이기

▶ 상사깃간자로 깃간자리에 풀겨름을 세 차례 한다. 말린 뒤 적당히 자르고(2푼) 먹도피를 붙인다. 먹도피는 도피의 안쪽에다 먹을 칠한 것을 말한다. 그리고 부젓가락으로 밀착시킨다.

▶ 말린 뒤 칼로 긁어서 검은 색이 비치도록 한다. 상사목 위의 벗피도 도피와 같은 방법으로 한다.

▶ 깃간띠와 상사띠의 풀 묻은 곳을 속새풀을 따스한 물에 적셔서 살을 밀판에 돌려가며 닦는다. 그리고 마른 수건으로 물기를 닦아낸다.

▶ 깃간을 상어피나 속새풀로 닦아 윤기를 내준다.

▶ 깃간을 화로에 쬔다. 이것은 깃을 붙일 때 풀이 잘 말라서 깃이 잘 붙도록 하려는 것이다. 그리고 좌시와 우시를 구별하여 쬔다.

▶ 깃을 붙인다. 오늬의 중앙을 택하여 보며 붙인다. 이렇게 하여 처음 붙이는 깃을 '마루깃'이라고 한다. '마루'는 '말잠자리, 말벌, 마루(宗), 산마루' 같은 말에서 보듯이 우리말에서 어른이나 높은 것을 나타내는 말이다. 처음 붙인 이 깃은 나

머지 두 깃을 붙이는 기준이 되므로 그 둘에 대해 어른이 셈이다. 그래서 '마루'라는 접두어가 붙은 것이다. 우궁살은 깃간마디의 댓눈이 윗쪽으로 오도록 했을 때 바깥쪽으로 붙여야 한다. 그래야 살이 나갈 때 깃이 활채를 치지 않게 된다. 그리고 나서 나머지 두 깃을 붙인다. 두 개의 깃은 마루깃이 붙은 반대쪽의 오늬 구멍 파인 끝선을 기준으로 붙인다. 각가 날개의 각도는 120도가 된다. 이것은 원의 각인 360을 3으로 나눈 수치이다.

▶ 붙은 깃이 마르면 인두로 지져 깃모양을 만든다. 인두는 세 가락 정도를 마련해야 하며 교대로 달구어 지져준다. 깃똥(깃이 탄 찌꺼기)이 인두에 많이 붙으면 잘 지져지지 않으므로 흙바닥에 문질러 없앤 뒤 지진다. 인두를 너무 달구면 지질 때 깃에 불이 붙는 수가 있으니 조심해야 한다. 깃똥을 마른 수건으로 훑어 닦아낸다.

▶ 상사를 벤긴다. 상사를 맞추어 끼우고도 화살의 끝부분보다 상사가 더 긴 경우가 있는데, 그 남은 상사를 잘라내는 것을 '벤긴다'고 한다.

5) 촉 끼우기

▶ 토고리를 맞춘다. 상사조이개로 상사를 조여 토고리를 맞추기도 하고 토고리를 쇳대로 넓혀 끼우기도 한다.

▶ 내촉이 들어갈 부위를 뚫는다. 요령은 오늬가 들어갈 구멍을 팔 때와 같다. 이때 은오절이 있으면 제거한다.

▶ 살대와 촉을 같이 달아서 무게를 잰다.

▶ 촉을 맞추어 끼운다. 내촉에 창호지를 말아 된장을 약간 발라 끼우는데 이렇게 하면 촉에 녹이 쉽게 슬어 살대에 잘 달라붙는다. 그리고 맞춘 촉을 잘 닦는다.

6) 마무리

▶ 재좔을 본다. 그리고 속새풀(또는 상어피)로 살대에 윤(光)을 낸다.

▶ 작품대로 골라서 창호지로 묶어준다. 그리고 한량의 이름, 숫자, 치수를 창호지에 써놓는다.

▶ 며칠 두었다가 마지막 졸을 본다.

06 _ 화살 관리법

화살은 자주 닦아주어야 한다. 보통 구두약을 칠하고 잘 문지르면 된다. 습기를 방지할 수도 있어서 좋다. 기름을 먹이는 것은 좋지 않다. 무게가 달라지기 때문이다.

화살의 깃이 많이 구겨졌으면 그것을 펴야 한다. 깃을 펼 때는 물을 끓여서 김이 오르게 한 다음 그 김에 쏘이면 신기하게 잘 펴진다.

또 여름철에 화살을 쏘아놓고 무겁에 그대로 오래 두면 안 된다. 메뚜기 같은 것들이 깃을 갉아먹기 때문이다.

그리고 화살에 대해서 알고 있으면 도움이 되는 점을 정리하면 다음과 같다.

▶ 상사 부분보다 깃간이 가늘면 살걸음은 빠르나 영축(零縮:화살이 덜가고 더 가는 것)이 약간 생긴다.

▶ 상사부분보다 깃간이 더 굵으면 살걸음이 느리다.

▶ 위와 아래의 굵기가 고른 것이 잘 맞는다.

▶ 깃이 높으면 살걸음은 느리나 방향은 정확하게 간다.

▶ 허리힘이 약하면 깃먹는 살이 많고, 강하면 대체로 바로 먹는다.

▶ 대(矢竹)의 면이 한 쪽은 얇고 다른 쪽은 두꺼우면 바로 먹지 않는다.

▶ 오늬가 너무 꼭 끼이거나 헐거워도 바로 먹지 않는다.

▶ 깃이 일정하게 붙어있지 않거나 높고 낮아도 살이 꼬리질을 한다.

▶ 대의 색이 너무 짙으면 졸이 잘 가지 않으나 잘 부러지고 너무 엷으면 졸은 많이 가지만 덜 부러진다.

07 _ 죽시에 관한 모든 것

▶ 죽시는 약한 불에서 구울수록 좋다고 한다. 그런데 약한 불에서 구우면 졸이 잘 간다. 따라서 불은 약하게 쪼이면서도 졸이 가지 않게 하는 것이 진짜 기술이라고 한다. 세게 구울수록 살 색깔은 검고 약하게 구울수록 하얗다.

▶ 살은 금이 가면 아주 위험하다. 금간 것을 확인했으면 미련 없이 버려야 한다. 아깝다고 쏘다가 부러지면 활의 힘이 워낙 강하기 때문에 크게 다친다.

▶ 살이 휜 것을 졸간다고 한다. 살은 곧을수록 좋다. 따라서 졸간 것은 바로 잡아야 한다. 바로 잡는 것은 휘인 부분을 불에 쬐어서 바로 잡는다. 불을 쬐지 않으면 금방 원상태로 돌아간다. 불이 없을 때는 라이터 불로 쬐어서 잡아도 된다. 졸간 것을 확인하는 방법은 돌려보면 된다. 그러면 살이 곧은 것은 '차르르' 하는 경쾌한 소리를 내면서 돌아간다. 휜 살은 툴툴거리면서 돌아간다. 또 쪼개지거나 금이 간 살은 경쾌한 소리가 나지 않고 둔탁한 소리를 낸다. 쪼개진 것이라서 소리를 흡수하기 때문이다. 돌리는 방법은, 손가락을 오그려 엄지손톱과 가운데손가락손톱을 마주대고 골을 만든 다음에 거기에다가 살의 무게중심을 놓고서 다른 손으로 살끝을 잡고 시는 핑 하고 돌린다. 그리면 차르르르 하는 경쾌한 소리를 내며 돌아간다.

▶ 바람을 덜 타는 살이 좋은 살이다. 같은 무게라도 바람을 덜 타고 더 타고 한다. 이것은 만드는 사람에 따라서 차이가 난다. 물론 바람을 타지 않도록 만드는 것이 기술이다.

▶ 바람을 덜 타고 살이 잘 날아가려면 살대가 매끄러워야 한다. 살은 공기를 뚫고 날아가기 때문에 살대가 매끄러우면 공기의 저항을 덜 받기 때문이다. 따라서 얼마나 살대를 매끄럽게 다듬느냐 하는 것이 중요하다. 같은 무게인데도 죽시보다 카본살이 더 잘 나가는 이유도 대개는 이것 때문이다.

▶ 죽시와 카본살은 무게가 같은 데도 실제로 쏘아보면 날아가는 거리가 다르다. 이것은 죽시보다 카본살이 매끄러워서 바람의 저항을 덜 받기 때문이다. 살대의

고르기도 그렇고 표면의 매끄러움도 그렇고 죽시는 카본살을 따라가질 못한다. 또 깃도 카본살은 플라스틱으로 하기 때문에 꿩깃으로 하는 죽시보다 훨씬 바람의 저항을 덜 받는다. 대개 한 돈 가량의 차이가 난다. 죽시는 보통 65-65를 쓰는데, 이와 같은 효과를 내려면 카본살은 65-70을 써야 한다. 죽시를 일곱 돈짜리를 쓰면 카본살은 여덟 돈을 써야 한다.

▶ 죽시는 같은 사람이 만들어도 만들 때마다 다르고 같은 때 만든 것들도 조금씩 다 다르다. 마치 사람마다 표정이 다 다른 것과 마찬가지이다. 그런데 한 순은 될 수록 같은 것을 골라서 써야 한다. 그래야 영축도 적고 한통으로 간다. 고르는 방법은 우선 약저울로 무게를 정확하게 재서 같은 무게만을 따로 골라낸다. 여기서 보통 절반 가량을 버린다. 그리고 화살 하나를 평평한 상에 놓고 그 위에다가 골라낸 화살의 한 중간에 오도록 나란히 올려놓는다. 그리고 밑에 깔린 화살을 천천히 돌린다. 그러면 구르는 그 화살 위에 올라탄 화살들이 무게중심의 한 중간을 지나면서 촉을 치켜든다. 일찍 일어나는 것들과 늦게 일어나는 것들을 골라버린다. 그리고 아주 비슷한 때에 촉을 드는 화살들을 골라낸다. 촉이 비슷한 때에 일어선다는 것은 앞뒤의 균형이 비슷하다는 얘기이다. 이렇게 골라내면 50발 중에서 15발 골라내기도 쉽지 않다. 이렇게 골라서 쏘고서 무겁에 가보면 살들은 한 발짝 안에 다 모여있다. 그래야만 좋은 시수를 기대할 수 있다.

▶ 허릿심이 다르면 화살이 날아가는 방향이 조금씩 다르다. 이것은 만작을 했을 때 화살이 휘었다가 발시되면서 반대로 펴지는 뱀춤현상(Arrow paradox) 때문이다. 그래서 허릿심이 같은 것을 써야 한다.

03 전 통

전통은 화살을 담는 통을 말한다. 원래는 전통이었지만, 통 발음이 약화돼서 전동이라고도 한다. 전통은 살을 잘 보관할 수 있는 조건을 갖추어야 한다. 살은 주로 민어부레풀을 써서 서로 다른 재료를 붙인 것이기 때문에 활과 마찬가지로 습기에 민감하다. 그래서 살을 오래 쓰려면 습기가 없는 곳에 보관하여야 하며 따라서 전통은 습기를 막을 수 있는 것이 가장 좋은 것이다.

가장 흔히 쓰이는 것은 대나무로 만든 죽전통이다. 그런데 습기 보관에는 종이가 뛰어나서 옛날에는 죽전통 못지않게 종이전통을 많이 썼다.[127] 이밖에도 만드는 재료에 따라서 전통의 이름이 달라진다. 여기서는 가장 많이 쓴 죽전통과 지전통을 만드는 법에 대해서만 알아본다.[128]

01 _ 죽전통

전통은 살을 넣어가지고 다니는 것이기 때문에 활쏘기에 꼭 필요한 것이다. 그래서 경국대전에는 궁장, 시장과 함께 전통장을 꼭 언급했다. 그런데 활이 전쟁무기에서 제외된 후 실용성을 띤 전통은 사라지고 운동용으로 쓰이는 전통만 전해졌다. 그러다보니 실용성보다는 멋을 내려는 경향이 짙어져 장식과 조각이 사치스러워졌다.

---

127) 성낙인 대담(1997. 2. 24).
128) 『전통장』, 무형문화재조사보고서 제179호, 1988.
　　　특별한 각주를 붙이지 않는 한 전통에 관한 것은 여기서 인용한 것임을 밝혀둔다.

1) 전통감 만들기

▶ 전통에 쓰이는 대나무는 2년 이상된 왕죽(王竹)을 쓴다. 왕죽은 크게 자라는 대나무를 가리키는 말이다. 대의 겉이 녹색으로 맑은 색을 띠는 것이 좋다. 또 땅에서 1m 정도 사이에 하얀 분

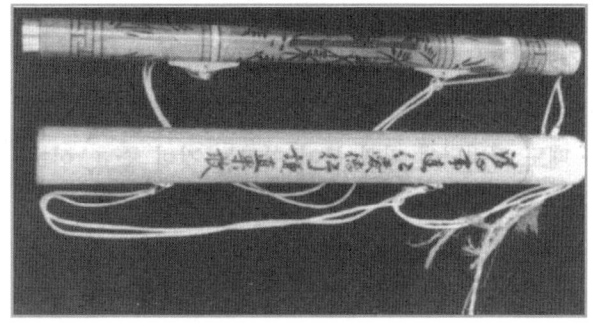

죽전통(위)과 지전통(아래)

이 끼어있는 것과 검정색 반점이 많이 보이는 것을 고르는 것이 좋다.

▶ 자를 때도 땅바닥에 바짝 붙여 자르는 것이 좋고 그 아래 부분에서 90~97cm 가량을 자른다.

▶ 이렇게 구한 대나무는 땅에 묻는다. 50cm가량 땅을 파고 무더기로 넣어서 통풍이 안되도록 가마니나 함석, 스레트 같은 것으로 덮어서 빗물이 스며들지 않게 하고 2년 이상 두어야 한다. 그러면 대나무의 마디가 삭고 진이 빠진다. 그리고 나서도 드럼통을 이용해서 만든 솥에 넣어서 사흘 가량 삶는다. 이렇게 삶으면 대의 진이 빠지는데, 대의 열이 식기 전에 이 끈끈한 기름을 헝겊으로 닦아내고 윤이 나도록 문지른다. 그리고 그늘진 곳에 세워둔다.

▶ 또 다른 방법은 창고 같이 그늘진 곳에 한 해 가량 넣어두어서 말리는 방법이 있다. 이때는 문을 꼭 닫아두어서 바람이 드나들지 않도록 해야 한다.[129]

2) 무늬 새기기

▶ 각도(刻刀)를 하기 전에 도안 설계와 위아래 쇠붙임 장식을 하기 위하여 양쪽으로 15cm 정도 간격으로 선을 그어둔다. 그리고 각종 문양을 넣고 그에 따라서 칼금을 준다. 칼은 예리한 것으로 종류가 수십 가지나 된다.

---

129) 권영구 대담(1998. 7. 12).

▶ 문양이 끝나면 칠을 멕이거나 도색을 한다. 먼저 풀뿌리솔로 전통을 문지른 뒤에 색을 칠한다.

▶ 몸통 조각이 끝나면 몸통 속에 막혀있는 마디를 없앤다. 이때 쓰는 도구는 130cm가 되는 쇠파이프 끝에 칼날을 세워서 대통 속을 잘 후벼낼 수 있도록 만들었다. 그리고 후벼낸 뒤에 다듬는데, 그때 쓰는 공구도 같은 길이의 쇠막대 끝에 구멍을 총총 뚫은 함석을 붙여서 껄끄럽게 만들었는데, 그것으로 대통의 안쪽을 부드럽게 다듬는다.

3) 마개 만들기

▶ 밑마개의 재료는 괴목이나 물푸레나무, 또는 밤나무나 참나무 같은 단단한 나무로 쓴다.

▶ 잘 마른 나무를 골라서 30일 이상 그늘에 세워 건조시킨 다음 2cm 정도의 두께로 둥근 나무를 잘라서 대통의 크기에 따라 밑을 막을 수 있도록 다듬는다.

▶ 민어풀로 붙여서 빠지지 않도록 대나무못을 대여섯 개 돌아가면서 박아둔다.

▶ 밑 바닥의 크기에 따라 놋쇠판을 대고 네 군데 유두처럼 생긴 모양의 발을 박는다. 그리고 대통과 마개를 이은 부분을 없애기 위해 놋쇠 테두리를 두르고 못을 돌아가면서 네 개씩 박아둔다.

4) 덮개 만들기

▶ 덮개는 여러 모양을 만들지만, 현재 전통장(箭筒匠)으로 지정된 김동학(金東鶴)은 용을 그려넣는다. 이것을 '용머리'라고 한다.

▶ 덮개의 두께는 크기에 따라 다르지만, 그 크기의 비율은 전통의 지름이 10~12cm이면 6cm, 7~9cm이면 두께는 5.5cm가 적당하다.

▶ 뚜껑을 꼭 맞게 하기 위하여 뚜껑나무에 전통을 올려놓고 연필로 뼁 돌려 선을 그어 겨냥하고 깎기 시작한다. 용머리를 조각할 때는 밑으로 2cm 가량 남겨두고

한다. 대통 속으로 들어가는 부분은 조각을 할 필요가 없기 때문이다. 용머리를 조각하는 방법은 밑 부분이 약 5mm쯤은 전통 속으로 들어가도록 턱을 만들고 나머지 1.5cm는 놋쇠를 둘러 턱지를 만든다. 마개의 조각 모양은 도사리고 있는 용(蟠龍)의 꼴로 머리부분이 크고 꼬리부분은 약하게 표현하며 눈을 유독 크게 조각한다.

▶ 조각이 다 끝나면 칼자국이 없도록 빼빠로 문질러서 곱게 다듬는다.

5) 끈달기

▶ 먼저 끈을 묶을 곳인 고리목을 만든다. 고리목감은 물푸레나무도 쓰는데 대부분 대추나무를 더 많이 쓴다. 대추나무가 색깔도 고울 뿐 아니라 매우 단단하기 때문이다. 고리 모양은 단비, 뱀, 용머리 같이 여러 가지 모양을 쓴다.

▶ 고리목을 민어풀로 대통에 붙인다. 전통의 위아래 10-15cm 정도의 크기로 대통의 껍질을 적당히 벗기고 붙여서 끈으로 단단히 묶은 뒤 하루 지나서 푼다.

6) 칠하기

▶ 칠을 한다. 칠은 주칠(朱漆)이나 흑칠(黑漆)을 하는데 열 번 이상 한다. 그리고 건조하는데, 그 방법은 가마니를 물에 적셔서 온돌방 안에 깔고 두른 다음 옻칠한 대통을 잘 정돈하여 세우고 문을 닫은 뒤 불을 땐다.

▶ 이렇게 건조한 다음 풀뿌리솔로 윤이 나도록 문지르고 물기 있는 수건으로 문양 부분을 돋보이게 하기 위하여 특별히 잘 닦아둔다. 물기가 많은 수건으로 닦으면 얼룩이 질 염려가 있으니 물이 흘러나지 않도록 주의한다.

▶ 칠은 여러 번 멕일수록 윤이 나고 좋다. 전통에 완전히 칠이 먹여지고 윤택이 나면 습기를 방지하기 위하여 옻칠이나 들기름칠을 한다. 옻칠은 3회 이상 10회 정도 하되 골고루 해야 하며 여러 번 반복할수록 좋다. 들기름은 6회 이상 하는 것이 좋다. 이 때 옻칠에 쓰이는 솔은 돼지털로 만든 것이 좋고 들기름칠에는 헝겊이 좋다.

7) 장석 달기

▶ 장석은 얇은 놋쇠로 만들어 단다.

▶ 먼저 밑부분부터 본다. 대통이 작을 때는 연꽃 모양으로 바닥을 싸서 만든다. 대통이 클 때는 바닥판을 따로 붙이고 마개의 주변을 고리처럼 돌려서 만드는 법이 있다.

▶ 윗쪽은 화살통이 크거나 작거나 같은 모양으로 한다. 열쇠고리는 거북이 모양이며 주변을 두르는 모양은 금판 모양으로 한다.

▶ 장석을 붙이는 방법은 먼저 종이를 7cm너비로 잘라서 전통에다 말아쥐고 전통과 같이 둘레를 자른다. 자른 종이를 장식할 놋쇠판에 놓고 종이 크기와 같이 놋쇠판을 자른다. 펼쳐진 놋쇠를 평면으로 자르면 그 다음은 잘라낸 자국을 줄로 밀어 곱게 다듬는다. 자를 때 윗쪽의 굴곡은 특별히 제작된 두툼한 쇠판의 공구로 자른다. 일단 오려낸 놋쇠판이 잘 다듬어지면 둥글게 말아서 전통에 알맞도록 하기 위하여 둥근 쇠파이프에 대고 각목으로 두들겨 둥글게 만든다. 이렇게 만든 왕관 모양의 장석을 화살통에 말아 씌워서 놋쇠 못을 박는다.

▶ 열쇠를 겸하고 있는 거북머리를 만드는 방법은 두께가 2mm, 폭이 7cm, 깊이 4cm 정도의 놋쇠판을 잘라서 거북 모양을 그린 다음 특별히 패인 나무목판 위에 놓고 두드리면 거북 모양이 나온다. 거북 모양이 되면 거북 등에다가 거북 비늘 모양을 그리고 발 부분으로 다시 가위로 오리면 완전한 거북 모양이 된다. 거북 머리는 뚜껑 부분에 열쇠고리를 겸하여 놋쇠를 잘라서 만드는데 이 부분이 거북의 몸통 속으로 깊숙이 들어가면 잠기고 열 때는 거북이 머리를 누르면서 열면 열리도록 고안했다.

▶ 전통이 크지 않으면 거북이 고리가 필요 없이 놋쇠 마개로 덮어 씌워서 만들고 덮개 중간에는 놋쇠판으로 크기가 다르게 세 개를 국화모양으로 잘라 포개 씌워서 고리를 단다.

9) 골전통

이상은 통을 파서 무늬를 드러내는 방법, 그러니까 양각(陽刻)이다. 이와는 반대로 음각(陰刻)으로 만드는 법도 있다. 그래서 골을 파서 만든다고 '골전통'이라고 한 것이다. 나머지 방법은 같다.

02 _ 지전통

1) 참종이를 꼬아서 만드는 법
▶ 닥나무로 만든 참종이를 3cm가량의 넓이로 잘라낸 것을 노끈으로 꼬아서 지름 7cm 정도 굵기로 길이는 대개 86cm, 90cm의 길이로 한다.
▶ 노끈이 준비되면 처음 벌잠매듭으로 시작하여 밑바닥 기초를 시작하여 차츰 돌아가면서 짜 올린다. 그러나 위로 올라가 10cm정도 길이에 마개를 만드는 부분에서는 지름의 넓이를 밑 부분보다 대개 2cm 정도 더 굵게 만든다.
▶ 맬끈을 다는 자리는 짜 올리면서 고리를 미리 만들고 윗뚜껑 중심부에도 끈을 매는 고리를 만들어 두어야 한다.
▶ 짜올릴 때의 문양은 만드는 사람에 따라 다르다.
▶ 옻칠을 한다.

2) 참종이를 겹겹이 발라서 만드는 방법
▶ 참종이를 지름 5cm, 길이 87cm로 하여 타원형 목재모형 위에 두께가 3mm 정도 되도록 여러 번 발라서 말린 후에 목재를 빼내면 된다.
▶ 덮개 부분은 바르는 도중에 덮개의 길이만큼 턱을 내어서 덮개가 들어갈 만한 두께의 턱을 내어 바른다. 덮개의 길이가 5~8cm인데 이것은 바르는 도중에 얼마든지 만들 수 있다.
▶ 양끝의 마개는 화살통의 형태에 따라 만들어 끼우고 멜빵고리는 나무로 만

든다. 고리 모양은 대개 다람쥐 같은 모양으로 만든다.

▶ 위아래 마개는 단단한 나무로 만들어 민어풀로 발라서 끼운다.

▶ 화살통 바탕에는 문양을 그리는데 소나무, 학, 대나무, 매화 같은 것이 많다. 그리고 문구도 넣는다.

▶ 칠을 한다. 옻칠은 10회 정도, 들기름이나 콩기름은 30회 정도 한다.

▶ 지전통은 가볍고 방수가 잘 되어 많이 썼다.

03 _ 그밖의 것

이밖에도 오동나무로 만든 오동나무각전통, 거북이 껍질로 만든 대모전통(玳瑁箭筒), 벗나무껍질로 만든 화피전통(樺皮箭筒), 투갑상어껍질로 만든 어피전통(魚皮箭筒), 나전(螺鈿)으로 장식한 나전전통 같은 것이 있다. 또 해방 후에는 스테인레스나 양철로도 만들었다.[130] 요즈음은 종이로 만든 통, 예를 들면 사진관에서 필름을 담는 통 같은 것이 많이 나와서 거기에다가 장판지 같은 종이를 입혀서 만들기도 한다.

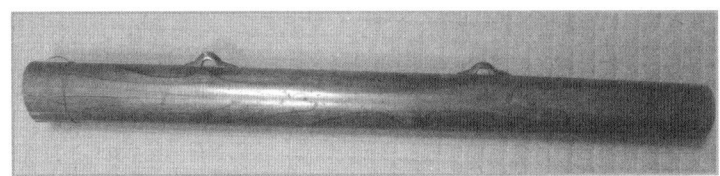

성문영 조선궁술연구회장의 오동나무 전동

---

130) 성낙인 대담(1997. 2. 25).

궁대, 궁의 | 04

궁대(弓袋)는 활을 넣어두는 길다란 자루를 말한다. 궁의라고도 한다. 대개 헝겊으로 만드는데, 끝에는 앞뒤 양쪽으로 주머니 같은 마구리를 만든다. 그리고 활을 쏠 때는 이것을 허리에 허리띠처럼 묶고서 화살 한 순을 허리에 찬다. 그리고 한 발씩 빼서 쏘는 것이다.

그런데 엄밀히 말하면 궁대와 궁의는 다르다. 활을 넣어두는 이 자루의 정확한 본래이름은 궁의(弓衣)이다. 궁대는 활을 넣는 동개를 가리키는 말이다.[131] 궁대는 건(鞬)이라고 하고 있다. 건(鞬)은 동개를 가리키는 말이다. 그런데 이 동개가 후대에 와서 없어지면서 '궁대'란 말이 궁의와 똑같은 뜻으로 쓰이게 된 것이다. 그래서 『조선의 궁술』에는 궁의와 궁대를 같은 것이라고 설명했다.[132] 궁의와 궁대가 처음엔 서로 다른 것을 가리키다가 이때쯤이면 완전히 같은 뜻으로 굳었음을 알 수 있다.

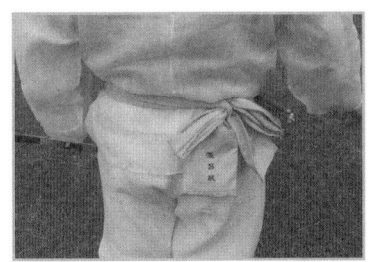
궁대를 맨 모양(뒤)

궁대에 화살을 찬 모양(앞)

---

131) 『국조오례의』, 「서례·군례·병기도설」
　　弓袋則弓鞬也. 今以黑皮爲之, 帶用鹿皮䩭, 韻會通作鞬, 時圖盛矢器, 今以猪皮爲之, 帶用鹿皮.
132) 『조선의 궁술』, 부록 2쪽.

동개는 말을 탈 때나 등에 지고 다닐 때 활을 넣는 것이다. 언제든지 빼서 쏠 수 있도록 활의 아랫장만 들어갈 정도로 활모양의 주머니를 만든다. 검은 가죽으로 만들고 띠는 사슴가죽으로 만든다. 화살도 마찬가지여서 촉 쪽을 꽂아서 메고 다니는 것을 시복(矢箙)이라고 한다. 또 이것을 성시구(盛矢器)라고도 하는데, 돼지가죽으로 만들고 사슴가죽으로 띠를 만들어 맨다.[133]

---

133) 『국조오례의』, 「서례·병기도설」

깍지 | 05

깍지는 시위를 당길 때 손가락이 아프지 말라고 엄지손가락에 끼우는 뿔을 말한다. 보통 한자로 각지(角指)라고 쓰는 까닭에 '깍지'를 한자말 '각지'가 경음화를 일으켜서 된 것으로 생각하기 쉬운데 오히려 그 반대이다. 우리말 '깍지'를 한자로 적은 것이 '角指'이다. '콩깍지' 같은 말이 있어서 그것을 알 수 있다.

깍지는 소뿔로 만드는데, 손가락의 굵기에 따라서 확[134]의 크기를 만든다. 너무 빡빡해도 안 되고 너무 헐거워도 안 된다. 활을 쏘면 불어난 손가락이 시위 당기는 힘 때문에 점점 가늘어져서 자칫하면 빠져버린다. 그래서 확의 크기는 최소한 많이 쏘아도 빠지지 않을 정도는 되어야 한다.

그런데 손가락도 가늘어지기 때문에 활을 많이 쏠 때는 손가락도 불어나고 적게 쏠 때는 줄어서 일정하지 않다. 또 여름에 활이 약해지는 까닭에 손가락도 가늘어진다. 이 때문에 깍지가 헐거워지는데, 확은 한 번 크게 깎아내면 다시는 작게 할 수 없어서 이것을 일정하게 맞추어주기가 쉽지 않다. 그럴 때는 투명 매니큐어를 확 안쪽에 바르면 구멍이 작아진다. 손가락이 커지면 그걸 지우면 된다. 또 가죽을 두꺼운 것과 얇은 것을 써서 조절하는 방법도 있다.

깍지를 만들 때는 암소 뿔을 쓴다. 수소 뿔은 결을 따라서 금이 가고 또 물러서 푸석푸석하다. 그래서 암소 뿔을 써야 한다. 소뿔의 결을 살펴서 결이 확(구멍)을 둥글게 감고 나가도록 뚫어야 한다. 보통 황소 뿔을 쓰는데, 요즘은 무소뿔로도 만든

---

134) '확'은 구멍을 나타내는 말이다. 절구통의 구멍도 확이라고 한다.

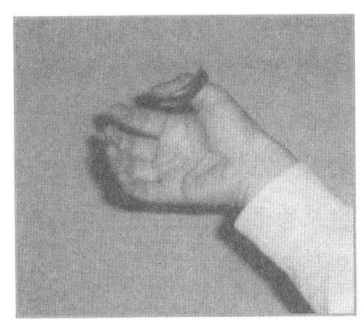
깍지를 낀 모양

다. 황소 뿔로 만들면 불그죽죽하고 무소뿔로 만들면 검정색이다. 깍지를 만들려면 먼저 소뿔을 깎아서 얇게 만든다. 그리고 불에 쪼여서 알맞은 만큼 휜다. 불에 쪼이면 단단하던 뿔이 물렁물렁해진다. 적당히 휘어서 찬물에 담가 급히 식히면 그 모양을 그대로 유지한 채 굳는다. 그리고 확을 적당한 크기로 뚫어서 손에 맞게 깎으면 된다.

보통 많이 쓰는 것은 암깍지이다. 뿔이 엄지손가락 끝바닥을 덮도록 만든 것이다.

이 암깍지 안쪽에 턱을 만들어 시위가 더 깊이 들어가는 것을 막고 걸리는 부분을 만들어 놓은 것을 턱깍지라고 한다.

숫깍지는 엄지손가락을 편 상태에서 끼면 짧은 막대가 뻗쳐서 엄지손가락을 구부린 것과 같은 효과를 낸다. 그래서 그 막대에 시위를 걸어서 당긴다. 이것을 유혈깍지라고도 하는데,[135] '유혈'은 '유설'(有舌)이 변한 말이다. '형님'과 '성님'이 서로 넘나드는 음운현상과 같은 것이다. 혀가 달린 깍지라는 뜻으로, 암깍지와 달리 숫깍지가 막대처럼 튀어나왔기 때문에 붙은 이름이다.

은각깍지라는 것도 있다. 이것은 깍지의 바깥쪽에 빙 돌아가며 하얀 색이 박힌 깍지를 말한다. 하얀 색이 박힌 뿔로 만든 것인데, 보기에 좋아서 멋을 내는 사람들이 쓴다. 보통 깍지보다 곱절은 비싸다.

깍지는 소뿔로 만드는 것이 보통인데, 어떤 경우에는 금으로 만들기도 하고 은으로 만들기도 한다. 그리고 플라스틱 재질로 찍어내기도 하고 요즘은 당구공을 깎아서 만들기도 한다. 옛날 귀한 신분에 있던 사람들은 마노(瑪瑙)로 만들어서 멋을 내

---

[135] 권영구 대담(1998. 6. 18).

기도 했다.[136] 그러나 소뿔을 쓰는 것이 가장 무난하고 좋다.

그런데 어떤 경우에는 깍지를 쓰지 않고 활을 쏘는 경우도 있다.[137] 그런 사람들은 가죽이나 헝겊으로 엄지손가락을 감고는 시위를 당긴다. 어찌 보면 전쟁이나 사냥이 생활의 일부이던 시절에는 깍지 없이 쏘는 것이 정상인지도 모를 일이다.

궁중에서 임금이 쓰는 깍지는 뿔로 만들지 않고 가죽으로 만들었다는 것이 특이하다.[138]

---

136) 『국궁1번지』, 제2호 68쪽.
137) 『충북국궁사』, 351쪽.
138) 『국조오례의』, 「서례·군례·사기도설」. 以皮爲之, 着於右手大指, 所以釣弦開體.

06 팔찌

팔찌는 활을 쏠 때 소매가 시위에 맞지 않도록 묶는 마련을 말한다. 양궁에서는 암가드(Arm-guard)라고 한다. 요즘은 경기복을 유니폼으로 맞춘 까닭에 아주 사라졌지만, 한복이나 두루마기를 입고 쏘던 옛날에는 활 쏠 때 없어서는 안 될 장비였다. 그래서 그 모양이나 생김도 아주 다양해서 보는 사람으로 하여금 감탄을 자아내게 한다. 활쏘기의 옛멋을 살리려면 한복까지는 못하더라도 생활한복(개량한복)을 입는 방향으로 해야 할 텐데, 그러면 이 팔찌는 꼭 필요하다.

가장 흔한 것은 메뚜기 달린 팔찌이다. '메'는 '멎다', '두기'는 접미사로, '메뚜기'는 멎게 하는 것을 뜻하는 말이다. 옆으로 질러서 고정시키는 것을 '메뚜기'라고 한다. 긴 끈을 팔뚝에 둘둘 감아서 둘둘 감긴 끈 밑으로 끈 끝에 달린 메뚜기를 찔러 넣어서 고정시키는 것이다. 이 끈의 너비나 두께, 길이는 필요한 대로 적당히 하는데 길이는 최소한 팔뚝을 세 바퀴 감을 정도는 되어야 한다. 메뚜기의 크기는 끈의 너비의 3배 정도 되도록 한다. 성낙인 옹의 팔찌메뚜기를 보니 검지만한 크기였다. 끈의 너비는 2cm가량이었다. 멋 부리기 좋아하는 사람들은 이 메뚜기를 상아로 깎아서 만들기도 했다고 한다.[139] 그러나 쉽게 만들어 쓰기는 대나무가 제일 좋다. 그리고 요즘은 투명한 아크릴판을 잘라서 만들어도 좋다.

좀 더 복잡한 것은 네모난 천을 예쁘게 만들고 양쪽으로 적당한 거리로 고리를 달아서 끈으로 운동화 끈 묶듯이 팔뚝에 묶는 것이 있다. 이것은 어려가지 모양의 수를 놓아서 화려하게 하는데, '囍'자 같은 문양을 넣은 것도 있고[140] 아무 문양도

---

139) 성낙인 대담(1998. 2. 24).
140) 『한국의 활과 화살』, 81쪽.

팔뚝에 팔찌를 찬 모습

넣지 않은 것도 있다.[141] 이것의 단점은 혼자 매지 못한다는 점이다. 끈을 엮어서 묶어야 하기 때문에 두 손으로 해야 하고 천상 남이 묶어주어야 한다. 이런 점 때문에 흔히 메뚜기가 달린 팔찌를 많이 썼다.[142]

---

141) 『국조오례의』, 「서례·군례·사기도설」
142) 『조선의 궁술』, 부록 22쪽.

07 복장

우리나라의 옷은 원피스 형인 중국의 옷과는 달리 활동하기 좋도록 위아래가 나뉘었다. 윗도리는 저고리이고 아랫도리는 바지이다. 고구려 고분벽화에 보면 남녀 구별 없이 바지저고리를 입었다. 그런데 바지는 활동하기 좋도록 통을 좁게 만들었다. 이것은 유목민이기 때문에 말을 타기 편하도록 한 것이다. 그러다가 후대로 오면서 중국식의 원피스 형 옷을 입고 또 바지도 통이 넓어지는데, 이런 것을 입은 사람들은 말을 탈 필요가 없고 수레를 주로 이용하는 사람들일 것임을 추측하기 그리 어렵지 않다. 고구려 고군벽화에도 상류층의 옷에는 중국처럼 치마 같은 것이 나타난다. 따라서 상류층부터 중국의 영향을 받고 있음을 알 수 있다.

대체로 고대의 우리 민족이 입은 옷의 기본모양은 바지 저고리였고, 소맷부리나 옷의 가장자리에 색깔이 다른 천으로 선(襈)을 붙이고 그 선 안에 무늬를 넣었다. 이런 전통은 요즘에도 그 자취를 볼 수 있는데, 한복 저고리의 '회장'과 '끝동'이 그것이다.[143] 특히 아이들이 입는 색동저고리는 그러한 '멋부림'을 잘 보여준다.

그리고 색은 흰 것을 좋아하였다. 우리겨레가 흰 색을 좋아하는 이유는 김원룡이 아주 적절하게 잘 지적하고 있다. 화려한 수식을 좋아하지 않는 우리 겨레의 심성이 아무 색도 가하지 않은 흰 색을 좋아하는 것으로 나타났다는 것이다.[144] 흰 옷이란 말하자면 자연 그대로 생긴 것을 입은 것이다.

---

143) 한국역사연구회편, 『삼국시대사람들은 어떻게 살았을까』, 청년사, 1998. 34쪽.
144) 김원룡, 『한국미술사』, 서울대학교출판부, 1993. 6쪽.

우리 겨레의 옷입는 풍속 중 또 한 가지 특징은 『논어』가 보여준다. 공자가 관중을 칭찬하며 하는 말 가운데 '피발좌임(被髮左衽)'이란 말이 나온다. 원문은 이렇다.

> 공자가 말하기를,
> "관중이 환왕을 도와서 제후의 패자가 되게 하고, 천하를 한 번 바로잡았으니, 백성이 오늘에 이르기까지 그 은혜를 입고 있다. 관중이 없었다면 우리는 (장례 때) 머리를 풀어헤치고 (옷 입을 때) 옷깃을 왼쪽으로 여미었을 것이다."[145]

'피발'은 머리를 풀어헤치는 것이고, '좌임'은 옷깃을 왼쪽으로 여미는 것이다. 이 피발좌임은 오랑캐의 풍속이라고 주를 달고 있다.[146] 오랑캐도 이적(夷狄)이니, 북방과 동방의 유목민들을 가리키는 것이다. 따라서 동북방의 유목민들은 옷깃을 왼쪽으로 여몄다는 것을 알 수 있다. 이것을 중국과 다르다는 것을 꼬집어서 공자가 오랑캐 풍속을 가리키는 말로 쓴 것이다. 그런데 옷깃을 왼쪽으로 여민 이유에 대해서는 복식사에서 다뤄야 할 것 같은데, 이를 설명한 글은 아직 없는 것 같다.

옷깃을 왼쪽으로 여미느냐 오른쪽으로 여미느냐 하는 것은 생활과 관련이 있다. 생활하는 중에 편한 쪽으로 여미기 마련이다. 그리고 이것은 어느 쪽이 더 옳고 그르다고 말할 수 없다. 옷깃을 왼쪽으로 여민 것은 그들의 생활이 그럴 수밖에 없었기 때문이다. 이것은 그들이 유목민이라는 점과, 따라서 그들이 활을 쏘았다는 사실에서 자연스럽게 왼쪽으로 여미게 된 것이다.[147] 활을 가득 당겼을 때 가슴에 거치적거리는 것이 있으면 위험천만이다. 따라서 옷깃은 왼쪽으로 여미기 마련이고, 허리에 띠를 질끈 동이게 된다. 고구려 고분벽화에 나오는 고구려인들의 복장은 바로 활쏘기에 편하도록 만든 옷인 것이다. 그래서 소매통도 좁다. 소매통이 넓어서 늘어지면 시위가 치기 때문이다. 그래서 고구려인들의 옷은 바지건 저고리건 소매통이

---

145) 『논어집주』, 세창서관, 1985. 憲問.
146) 『논어집주』, 헌문편.
147) 『우리 활 이야기』(개정판), 67~69쪽.

좁고 옷깃을 왼쪽으로 여몄던 것이다.

그런데 무슨 일인지 후대로 올수록 좌임을 버리고 중국식인 우임을 택한다. 그것이 고구려 고분벽화에도 나타나니, 그때부터 중국의 풍속을 뒤쫓는 버릇이 생긴 모양이다. 지금은 한복이 완전히 우임으로 굳었다.

그런데 이 우임으로 바뀌면서 또 다시 새로운 풍속 한 가지를 낳았으니, 화살 차는 방향이다. 옛날에는 두루마기를 입고 활을 쏘았다. 우리나라의 예절에서 외출복은 반드시 두루마기를 갖추었다. 활을 쏠 때도 마찬가지여서 점잖은 신분에 있는 사람들은 반드시 두루마기를 갖춰 입었다. 특히나 편사를 할 때는 질서와 예절을 엄숙히 지켰기 때문에 두루마기를 꼭 갖춰 입었다.[148] 그런데 두루마기 겉에다가 궁대를 두르는 것이 아니라, 바지저고리 차림에 궁대를 찬 다음 그 위에 두루마기를 입었다. 그런데 한복은 우임, 그러니까 오른쪽으로 옷깃을 여몄기 때문에 오른쪽으로 옷이 트인다. 화살은 그리로 나와야 한다. 그래서 살촉을 불거름에 차고 깃쪽을 두루마기 옷깃 트인 곳으로 내놓은 것이다.[149] 『조선의 궁술』에도 그림이 그렇게 나온다.[150] 그런데 무슨 이유에선지 요즘은 촉이 오른쪽 옆구리 뒤로 가고 깃이 앞으로 오도록 찬다.

현재 우리 활의 각종 경기에서 입도록 규정된 옷은[151] 흰 바지에 흰 유니폼이다. 이것은 정구복 차림인데[152] 우리가 백의민족이라는 정신을 살린 것은 좋은데, 우리 전통의 분위기를 살리지 못한 것이 아쉽다. 난닝구 입고 활을 쏜다는 비아냥거림을 한 귀로 흘려버릴 일이 아니다. 따라서 한복이 정 불편하다면 요즘 유행하는 생활한복을 활쏘기에 알맞게 개조하든지 해서 전통의상의 분위기를 조금이라도 살릴 수 있도록 해야 한다. 그렇게 해야 활터의 분위기와 어울릴 뿐더러 구경하는 사람들에게

---

148) 성낙인 대담(1998. 2. 24).
149) 성낙인 옹도 이렇게 설명하고 있다. 아울러 요즘처럼 차는 것을 보고는 '그렇게 하면 앞으로 차는 것보다 멋이 좀 덜 하지.' 라고 평한다.
150) 『조선의 궁술』, 41쪽.
151) 대한 궁도협회 경기규칙.
152) 『국궁1번지』, 제3호 25쪽.

도 구경거리를 줄 수 있게 된다. 최소한 갓 쓰고 자전거 타는 격[153]은 벗어나야 한다.

『조선의 궁술』의 옷차림

---
153) 『국궁1번지』, 제3호 25쪽.

08 그밖의 것

01 _ 깔지 또는 삼지끈

깔지는 각궁이 어느 한쪽으로 몰리거나 넘어가지 못하도록 목소에 채우는 고리끈을 말한다. '팔지, 깍지, 가락지' 같은 말에서 보듯이 '지'는 묶는 것을 말한다. '팔지'가 팔을 잡아매는 것으로 보아 '깔지'는 활을 잡아매는 것을 뜻하므로, '깔'는 '활'의 와전이 분명하다. ㅎ과 ㄱ은 같이 혀 뒤쪽에서 나는 소리이기 때문에 서로 잘 넘나든다. 아니면 '가락지'의 '가락'에서 보듯이 '갈'이 된소리화한 것이다. 이 삼지끈(三指-)은 보궁(保弓)이라고도 한다. 그 하는일을 보면 이것은 삼지끈이라는 말보다는 '보궁'이란 말이 맞다. 이것은 각궁을 올렸을 때 어느 한쪽으로 몰리지 않도록 끼워두는 끈을 말한다.

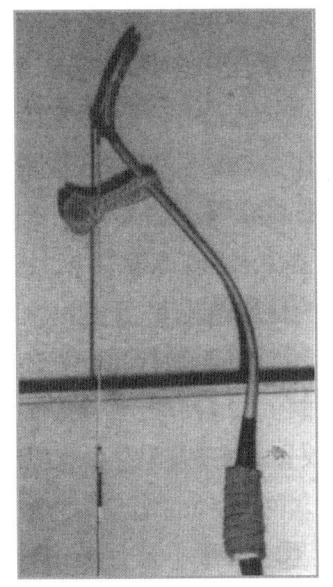

깔지를 채운 모습

각궁은 워낙 여러 가지 재료로 만들었기 때문에 활을 올렸을 때 윗장과 아랫장이 똑같은 힘으로 나뉠 수가 없다. 설사 만들 때 그렇게 만들더라도 얹을 때 불을 쪼이는 과정에서 더하고 덜하고가 있기 때문에 어느 한 쪽으로 기우는 것이 보통이다. 그걸 그냥 두면 활이 뒤집어지면서 부러져버린다. 그래서 그걸 방지하려고 한쪽으로 몰리지 않도록 끈으로 끼워서 고정시키는 것이다. 활을 쏠 때는 그 끈을 풀어서 줌손이나 깍짓손의 하삼지에 끼우고 쏘고, 또 쏘고 나서는 다시 끼워두기 때문에 '삼지끈'이라는 이름이 붙은 것이다. 따라서 활이 한쪽으로 몰리지 않도록 끼운 것이기 때문에 정확한 의미에서는 '보궁'이 더 옳다.

이것은 보통 가죽으로 만든다. 그러나 실을 꼬아서 끝을 열매나 꽃술모양으로 처리해서 예쁘게 만들기도 한다. 모두 멋을 내려는 것이다.

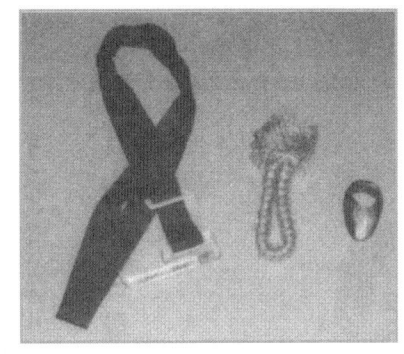

팔찌·깔지·깍지

02 _ 전통조승(箭筒絛繩)

전통조승은 전통에 매달린 꾸러미를 말한다. 활과 화살을 관리하는데 필요한 몇 가지 도구를 한 묶음으로 매달아서 전통에다 묶어놓았다. 그것을 가리키는 말이다. 이 전통조승에 들어가는 것은 아래와 같다.

1) 살수건

살수건은 살을 닦는데 쓰는 것이다. 요새는 정에서 수건 같은 것을 마련해서 닦지만, 옛날에는 개인별로 조그만 주머니를 마련하였다. 그것을 전통조승에 한 묶음으로 묶어놓은 것이다.

2) 두루주머니

이것은 깍지나 삼지끈, 밀피(蜜皮) 같은 부속품이나 잃어버리기 쉬운 작은 물건을 넣어두는 주머니이다. 이것은 복주머니 같은 것으로 예쁘게 만들어 달았다. 삼지끈은 보궁을 말하는 것이다. 밀피는 시위가 부풀지 않도록 문지르기 위해서 삼베조각에 밀(蜜)을 발라두는 것이다. 이것은 삼베를 오려서 사방 한 치 정도로 만드는데, 여기에도 밀을 녹여서 스며들게 한다. 그것으로 시위를 문지르면 아주 좋으면서 오

제3장 _ 활쏘기 장비 | 173

래 쓴다.

또 요즘은 쓰지 않지만 옛날에는 꼭 필요하던 작은 도구들도 있었다. 엮쇠나 놀이쇠 같은 것이 그것이다. 엮쇠는 '밀쇠' 라고도 하는데, '엮쇠' 는 끈을 엮는 쇠라는 뜻이고, '밀쇠' 는 끈을 밀어넣는 쇠라는 뜻이다. 이것은 시위에 절피를 감을 때 쓰는 것이다. 절피는 활에 얹은 채로 감아야 단단하게 감을 수 있다. 그런데 그렇게 되면 처음에 실을 시위를 비집고 끼워서 감아야 하는데, 그렇게 하기가 쉽지 않다. 그래서 가늘고 뾰족한 것 끝에 구멍을 뚫어서 거기다가 실을 넣고 시위에 꿰어서 실을 넣는 것이다. 말하자면 코바늘 같은 일을 하는 것이다. 이것은 뾰족한 것이면 다 되는데 주로 멧돼지 이빨로 만들었다고 한다.[154] 이것이 아니면 촉돌이의 사슴뿔 끝을 뾰족하게 깎아서 시위에 절피실을 끼울 틈서리를 내기도 했다.[155]

또 놀이쇠라는 것도 있다. 이것은 과녁에 박힌 살을 뽑을 때 쓰는 도구이다. 원래 과녁을 두꺼운 송판으로 만들면 거기에 박힌 화살은 노루발과 망치로 빼는데, 이럴 만큼 두껍지 않으면 화살은 꽂히면서 과녁을 관통하여 뒤쪽으로 촉이 삐져나온다. 이 화살을 그냥 뽑으면 살이 상할 염려가 있다. 그럴 때는 촉돌이와 비슷한 이 놀이쇠를 살촉에 끼워서 돌리면 살이 돌아가면서 헐거워진다. 그렇게 헐겁게 해놓고서 과녁 앞으로 가서 화살을 손으로 잡아 당기면 한 결 뽑기가 쉽다. 이렇게 과녁에 박힌 화살을 뒤쪽에 가서 돌려서 헐겁게 하는 것이기 때문에 '놀이쇠' 라고 한다. 과녁에 단단히 꽂힌 '화살을 놀게 하는 쇠' 라는 뜻이다. 노루발과 같이 이것은 사슴뿔로 많이 만들었다. 그러나 사슴뿔만이 아니고 단단한 것이면 무엇이든 된다. 그리고 촉돌이와 달리 두루주머니 안에 들어가야 하기 때문에 별로 크지 않았다. 그 하는 일은 노루발과 비슷한데 과녁의 송판이 얇아서 촉이 뒤까지 뚫고 나오는 경우에 쓰는 것이다.

---

154) 이것은 김홍진이 어려서 본 것이라고 말해주었다.
155) 성낙인 대담(1998. 6. 1).

3) 촉돌이

촉돌이는 옛날에 유엽전을 쏠 적에 쓰던 도구여서 지금은 쓰이지도 않을 뿐더러 구경하기도 어렵다. 유엽전을 쏠 때는 과녁에 박히기 때문에 노루발로 뽑아야 한다. 뽑을 때 촉이 흔들리거나 빠지기 때문에 다시 쏘려면 흔들린 촉을 박아야 한다. 그때 촉을 눌러서 박는 도구가 촉돌이다. '촉돌이' 라는 것으로 보아서 촉을 누르면서 돌려 박는다. 내촉에는 한지를 감아서 박는데 빠져나갈 경우 남의 것과 혼동하지 않기 위하여 자기만의 색깔로 물을 들여 쓴다.

촉돌이는 대개 사슴뿔로 많이 만드는데,[156] 네모난 구멍을 뚫어서 그 구멍을 얇은 쇠판으로 덮는다. 그러나 꼭 뿔로 만드는 것은 아니고 단단한 것이면 무엇이든 다 된다.[157] 유엽전의 외촉이 네모나기 때문에 촉돌이의 구멍도 거기에 맞게 뚫은 것이다. 대개 구멍을 두세 개 정도 뚫는다. 이것은 촉의 크기가 조금씩 차이나기 때문에 큰 것은 큰 구멍으로 끼워 박고 작은 것은 작은 구멍으로 끼워 박으려고 한 것이다.

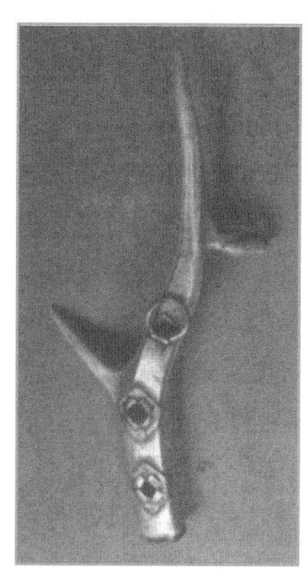

촉돌이

03 _ 노루발〔獐足〕

노루발은 과녁에 박힌 촉을 빼기 위해 두 갈래로 갈라진 모양으로 만든 쇠를 말한다. 못 빼는 장도리 모양으로 갈라져서 그 사이에다가 촉을 끼우고 망치로 탁탁 두드려서 뺀다. 모양이 노루발을 닮았기 때문에 붙은 이름이다. 지금은 살이 과녁에 박히지 않기 때문에 구경할 수 없게 되었다.

---

156) 『한국의 활과 화살』, 77~78쪽.
157) 김박영 대담(1998. 4. 19).

제 04 장

활터의 구성원

- 사두, 부사두
- 선생, 교장, 사범
- 총무, 사무, 재무
- 사원, 사말, 접장, 한량, 활량
- 기타

활터는 다양한 사람들이 모였지만, 활을 쏜다는 점에서는 동등하다. 그러나 사람이 모인 곳에서는 각기 할일이 나누어지기 마련이며, 그에 따라서 질서가 잡히고 알맞은 지위가 부여된다. 활터도 예외는 아니어서 활쏘기를 잘 할 수 있게끔 조직이 짜여있다. 그 맡은 바 일을 보면 크게 네 가지로 나눌 수 있다. 정을 대표하는 사람, 사풍과 궁술을 지도하는 사람, 활터의 운영을 맡는 사람, 그리고 활을 쏘는 사람이 그것이다. 여기서는 이렇게 네 종류로 나누어서 설명한다.

그런데 한 가지 지나쳐서는 안 될 것은, 옛날에는 활터의 분위기나 예절이 지금과는 많이 달랐다는 점이다. 그것은 겸양과 믿음을 바탕으로 한 전통 예절이 잘 지켜졌던 사회 안에서 자연스럽게 형성된 것이다.

서울의 경우 사두가 있고, 행수가 있으며, 선생이 있었다.[1] 요즘으로 바꾸면 각각 사두, 총무, 교장(사범)이 되겠지만, 이들의 성격이 정확히 일치하지 않는다. 그것은 사회가 바뀌면서 그들이 맡는 일의 성격이 조금씩 변했기 때문이다. 총무는 활터의 사무를 맡아서 하지만, 사원들의 사풍이나 인격까지 지도하지는 않는다. 그러나 행수는 사무는 물론 활터의 풍속까지도 지도하고 인격도 지도했다. 이 점이 옛날하고 지금하고 다른 것이다. 따라서 활이 스포츠로 바뀌고 사회의 성격도 바뀐 마당에 옛날 것을 굳이 고집할 필요는 없지만, 좋은 점은 충분히 살려서 쓰는 슬기를 발휘해야 할 것으로 보인다.

여기서는 현재의 활터를 중심으로 하고 옛날 것을 조금 참고하는 방향으로 생각의 범위를 정해본다.

---

1) 『조선의 궁술』, 45쪽.

사두, 부사두 | 01

　　　　사두는 정의 우두머리로, 정을 대표하는 사람이다. 여느 모임에서는 보통 회장이라고 하는데, 활터에서는 사두라고 한다. 이것은 이유가 다 있는데, 우리 사회의 전통이 예절과 인정으로 인간관계를 규정했기 때문에 모임의 일만을 대표하는 것이 아니라, 그 아래 구성원들을 자식이나 식구 또는 신하처럼 생각하고 아끼는 그런 믿음까지 나타내려는 것이다. 사두(射頭)는 머리라는 뜻이다. 우두머리를 머리라고 하면 나머지는 몸뚱이 되고 손발이 된다. 따라서 사두란 말 속에는 활터의 모든 구성원들이 한 몸뚱이처럼 일사불란하게 움직인다는 생각이 들어있다. 이것은 '회장'의 경우처럼 많은 개개인을 모아놓은 단순집합이라는 뜻이 아니라, 제 각기 할일이 나뉘어져 상호의존 없이는 서로 존재할 수 없는 유기체라는 생각이 들어있는 말이다. 그래서 사두는 정의 대표자이긴 하지만, 전통사회에서 아랫사람이 존경하고 따르던 '어른'에 가까운 개념이었다. 그런 까닭에 전주 천양정에서는 아예 사두를 사장(射長)이라고 부른다.[2] 여기서 장(長)은 '어른'을 뜻하는 글자이다.

　　사두란 말은 활터 전체에서 이런 뜻으로 쓰이지만, 사대에 섰을 때는 가장 먼저 쏘기 때문에 활을 쏘는 띠의 머리가 되기도 한다. 따라서 동진동퇴의 의미도 여기서 나오는 것이며, 한 띠는 살아있는 유기체처럼 같이 움직인다는 뜻이다. 활쏘기는 전쟁에 참여하는 것이기 때문에 같이 쏘는 사람은 목숨도 같이한다는 뜻이 담겨있다. 머리부터 발끝까지 한 몸인 것이다. 따라서 사두는 머리에 해당하는 자리에 서는 사람이란 뜻을 지닌다. 그래서 굳이 머리를 가리키는 말(頭)을 쓰는 것이다. 사두를 다

---

2) 『전주 천양정사』, 69쪽.

른 말로 사수(射首)라고도 하는 것도 그런 까닭이다.[3] 사수는 한자표기만 다르지 뜻은 사두와 같은 말이다.

사두가 그런 개념인 만큼 사두에 대한 예우도 극진해서 사두의 자리에는 감히 앉지 못하며 등정하고 내려갈 때에는 영접을 행한다.[4] 즉 활을 쏘다가도 하던 일을 멈추고 사두의 행차를 맞이하는 것이다. 활을 쏘지 않을 때는 대 아래까지 내려가서 맞이하는 것이 보통이지만,[5] 그런 여건이 안 될 경우에는 차고 있던 화살을 한 번 뽑았다가 인사를 마치고 다시 차는 것으로 그 예의를 갖추었다.[6] 이런 예를 보면 전통사회의 어른섬기기가 잘 살아있음을 알 수 있다. 그래서 활쏘기가 아주 성행하는 인천 경기 지역에서는 시장(市長)을 하는 것보다 차라리 사두를 하는 것이 낫다는 우스갯소리까지 나오는 것이다. 전통사회의 아름다운 풍속이 잘 살아있는 경우라고 볼 수 있다. 요즘은 대개 2년제로 돌아가면서 투표를 하여 뽑는다.

사두가 이런 존재인 만큼 그 선출방법 또한 까다롭다. 그래서 그 완고한 옛날에도 가장 이치에 맞고 누구나 공감할 수 있는 과정 즉, 요즘으로 말하면 '민주주의 방식의 올바른 절차'를 거쳐서 뽑았다. 서울의 경우 당상(堂上) 중에서 활을 쏜 지 오래되고 인품을 갖춘 사람 중에서 뽑았다. 뽑는 방법은 삼망단자(三望單子)를 써서 사원 전부가 아래로부터 위로 올라오면서 점을 찍어서(圈點) 점수를 가장 많이 얻은 사람으로 정했다. 당상은 정3품 이상의 벼슬을 말하는 것이다. 삼망단자란 후보자 셋을 적은 단자를 말한다. 단자는 사주단자에서 보듯이 글씨를 적은 종이를 말한다. 그 셋 중에서 마음에 드는 하나를 뽑는 것이다. 이것은 임금이 중요한 벼슬을 내릴 때

---

3) 김복만 대담(1998. 4. 15).
  활터의 대표자를 가리키는 명칭이 '사두' 하나로 획일화되는 것은 결코 바람직한 것이 아니다. 지역마다 각기 다른 관습이 존중되어야 활쏘기 풍속도 풍성해질 수 있다. 이런 점에서 사수란 말은 살려 써야 할 말이다. '사수'란 말을 처음부터 안 썼으면 모르되 이미 쓴 적이 있는 정에서 굳이 '사두'란 말로 바꿀 필요는 없는 것이다.
4) 『조선의 궁술』, 49쪽.
5) 『조선의 궁술』, 49쪽.
6) 성낙인 대담(1998. 2. 24).

쓰는 방법인데, 그 방법을 활터에 적용시킨 것이다. 바로 이 '민주주의 방식의 올바른 절차' 때문에 사두의 권위는 저절로 선 것이며 전통사회에서 존경받는 위치가 된 것이다. 경기 인천 지역에서 시장보다 사두를 더 하려고 한다는 것은 바로 이와 같은 전통 속에서 형성된 '자연스런 존경'과 '저절로 우러나는' 믿음 때문인 것이다.

부사두는 사두의 밑에서 사두를 돕는 사람을 말한다. 당연히 사두 유고시에는 그 직을 대행한다.

02 선생, 교장, 사범

어느 스포츠든지 기술을 가르치는 사람이 있기 마련이다. 일제강점기부터 현대식 스포츠가 도입되어 정착하고 활쏘기도 무기에서 제외된 이후 이 같은 변화를 받아들여서 사범이란 말을 쓴다.

옛날에는 이 사범이란 것이 없었다. 앞에서 이야기했듯이 활터는 전통사회의 풍습이 강하게 남아있는 곳이어서 이른바 가르쳐준다는 것은 기술만이 아니라 예절과 인격을 아울러서 가리키는 말이었다. 따라서 엄밀하게 말하면 요즘 식으로 스포츠의 기술만을 가르쳐주는 사람은 없는 것이다. 활터의 풍속과 기율, 나아가 인격까지 아울러 가르치는 사람을 '선생'이라고 불렀다. 가르치려면 기술만이 아니라 인격까지도 아울러 갖추어야 한다. 그래서 선생이란 호칭은 영광스러운 것이었고, 그래서 그림자도 밟지 않는다는 말이 나온 것이다. 선생은 사두에 버금가는 그런 위치였고, 그래서 그 뽑는 방법도 사두와 똑같았다. 다만 선생은 사두와 달리 부과에 급제한 당하(堂下) 중에서 벼슬이 높고 활을 쏜 연조가 오래 되며 물망이 높은 사람으로 뽑았다.[7] 뽑는 방법은 사두선출과 똑같았다. 당하는 당상관에 속하지 않는 그 이하의 관원을 가리키는 말이다. 이것을 보면 선생은 사범과는 하늘과 땅의 차이이다.

사범은 일본식 용어이다. 이 용어가 활터에 도입된 것은 활터의 특수한 상황 때문이다. 활터에서는 한량들이 활을 직접 만진 것이 아니라 활을 만져주는 사람이 따로 있었다. 이것은 활을 다루기가 쉽지 않은 것과 옛날에 어엿한 활터에서는 양반들이 주로 활을 쏘았기 때문에 활을 다루는 잔일을 하지 않으려고 한 것 때문에 아예

---
7) 『조선의 궁술』 45쪽.

사람을 하나 두고 시키면서 그의 생계까지도 돌봐준 것이다. 대개는 활을 만들 줄 아는 사람들이 그 일을 맡았다. 그래서 활을 만들어 팔고 한량들의 활을 봐주면서 갓 배우는 사람들의 궁체나 궁술까지도 참견해주는 그런 사람이 활터에 상주한 것이다. 지체 높은 사람들에게는 거의 심부름꾼이나 다를 바 없는 그런 사람들이다. 이런 사람을 부를 적당한 말이 없었다. 그런데 일본식 사범이란 말이 쓰이자 바로 이런 사람들에게 사범이라는 말이 붙은 것이다. 그리고 시대가 바뀌면서 선생이나 행수 같은 지위에 있던 사람들이 하나둘 사라지고 이런 사람들의 지위가 점점 높아지면서 요즘의 사범 개념으로 정착한 것이다.

따라서 사범은 처음엔 활터에서 활을 만지고 관리하던 사람들에게 붙는 이름이었는데, 해방 후에 궁술을 가르치는 사람으로 그 뜻이 바뀌어 쓰인 것이다.

또 교장(敎長)도 있다. 이것도 옛날부터 있던 것인데, 요즘으로 치면 부사두급에 해당한다. 성낙인 옹이 사두 밑에 어른이라고 고증하는 것으로 보아서 그렇다.[8] 전남 장흥에서는 교두라고도 한다. 그런데 교장은 이름에서 보듯이 주로 활터의 사풍과 기율을 담당한 것으로 보인다. 물론 궁술을 가르치기도 했겠지만, 그 지위로 보아서 그보다는 더 큰 범위를 지도하고 감독한 것으로 보인다. 따라서 부사두가 활터의 행정 쪽을 주로 맡는 반면, 교장은 활터의 사풍 진작과 풍속교화를 맡은 것으로 보인다.

---

8) 성낙인 대담(1997. 2. 4).

03 총무, 사무, 재무

총무는 활터의 행정업무를 떠맡은 사람이다. 활터 운영에 가장 귀찮은 일을 맡는 사람이다.

이 총무 역시 현대 스포츠로 바뀌면서 다른 운동에서 쓰는 말을 들여다 쓰는 것이다. 그 전에는 행수라고 했다.[9] 행수(行首)는 사두나 선생과 마찬가지로 업무만을 담당하는 것이 아니었다. 사원의 기품과 인격까지도 아울러 지도하는 위치였다. 그래서 사두와 선생을 선출하는 방법으로 뽑았다. 물론 한량 중에서 활을 쏜 연조가 오래 되며 나이가 많고 물망이 중한 사람 중에서 뽑았다. 그래서 그 일도 사정의 일을 처리하는 것에만 그치지 않고 한량을 통괄하는 일까지 맡은 것이다. 또 한량 중에서 잘못을 범한 사람이 있으면 행수가 견책을 한 것이다.[10] 따라서 옛날의 행수는 지금의 총무와는 아주 많이 다르다.

총무는 해방 전부터 쓰인 말이다.[11] 아마도 활쏘기가 스포츠로 전환하면서 도입된 말 같다. 특이한 것은 총무를 좌총무와 우총무로 나누기도 했다는 사실이다.[12] 이것은 국가의 운영 방식이 활터에 적용된 경우이다. 즉 조정에서는 국정을 논의하는 가장 중요한 세 사람을 두는데 영의정과 좌의정, 우의정이 그것이다. 바로 이 좌우의 의정을 두듯이 사두를 보좌하는 총무를 좌우 두 총무로 둔 것이다. 아마도 그 맡는 일이 조금씩 차이가 있던 것으로 보이는데, 한쪽은 사무의 기획 관리를 맡고 다

---

9) 『조선의 궁술』, 45쪽.
10) 『조선의 궁술』, 48쪽.
11) 성낙인 대담(1997. 2. 4). ; 황학정 사계규정(1899).
12) 성낙인 대담(1997. 2. 4).

른 한 쪽은 재정을 맡지 않았을까 한다. 왜냐하면 지금도 총무가 따로 있고 재무를 따로 두는 활터가 많이 있기 때문이다. 재무(財務)는 말 그대로 재정을 맡는 사람이다.

또 사무(司務)란 것도 있었던 것으로 확인된다.[13] 총무나 재무와 같은 것으로 보인다. 이외에도 요즘 사회의 이사에 해당하는 장무를 비롯하여, 공원 유사 같은 명칭도 보인다. 특히 유사(有司)는 아직도 활터에 살아있어서 삭회나 월례회 때 몇 명을 정하여 그날의 행사를 주관하기도 한다. 여럿이 할 때는 유사의 우두머리를 도유사라고 불렀다.

---

13) 성낙인 대담(1997. 2. 4).

04 | 사원, 사말, 접장, 한량, 활량

사원은 보통 활쏘는 사람을 지칭하는 말이다. 그에 비해 '사말'은 활터에서 활쏘는 사람 자신이 자기를 낮추어 부르는 말이다. 옛날에 양반들에게 백성들이 '쇤네'라고 한 것과 같은 발상이다. 쇤네는 '小人네'의 준말이다. 양반을 큰 사람(大人, 君子)으로 전제하고 자기를 낮춰 부른 말이다.

접장(接長)은 활터에서 한량을 좋게 대접해주려고 할 때 쓰는 말이다.[14] 원래 접(接)은 여럿을 하나로 묶어서 부를 때 쓰는 말이다. 같은 또래를 동접(同接)이라고 하고, 마늘도 한 묶음을 접이라고 한다. 그래서 활터에서는 사접(射接)이란 말도 쓴다.[15] 활쏘는 사람들을 한 덩어리로 묶어서 부를 때 쓰는 말이다. 순우리말로 바꾸자면 '활 쏘는 동무들'이 될 것이다. 따라서 접장이란 그 접을 이끄는 우두머리라는 뜻이니까 다른 사람보다 더 높여 부르는 것이다.

한량은 사정이 좀 복잡하다. 보통 '한량'하면 특별히 하는 일 없이 빈둥빈둥 놀면서 지내는 신세 좋은 사람을 뜻한다. 한량이란 말이 이렇게 굳은 데에는 우리사회의 오랜 전통과 관습에서 기인한다. 그 전통이란 과거제도와 관련이 있다. 먼저 '한량'이란 말의 뜻부터 알아본다.

'한량'은 '한가한 사람'이라는 뜻으로 한량인(閑良人)의 준말이다. 이런 조어법은 비슷한 구성을 지닌 한자말을 들여다보면 된다.

---

14) 성낙인 대담(1997. 2. 4).
    접장이란 말은 옛날에 우리 사회 곳곳에서 쓰이던 말이다. 서당은 물론 각종 단체에서 쓰이고, 보부상의 모임에서도 쓰였다.
15) 『중종실록』

善良 : 착한 사람

選良 : 뽑은 사람

賢良 : 어진 사람

같은 말들이 있다. 여기서 양(良)은 양인(良人)의 준말이다. 이 '양인'의 본래 뜻은 '좋은 사람, 착한 사람'이라는 뜻이다. 그런데 이것은 보통 사람을 가리키는 말로 쓰였다. 이백의 유명한 시「자야오가(子夜吳歌)」에도 나온다.

長安一片月인데
萬戶擣衣聲이라.
秋風吹不盡하니
總是玉關情이라.
何日平胡虜하여
良人罷遠征고?

이 시의 마지막 구절에 '양인'이 나오는데 이 경우는 남편을 뜻하는 말로 쓰였다. 따라서 이러한 용례를 보면 양인은 당시 보통 남정네를 가리키는 말로 쓰였음을 알 수 있다. 우리말의 '사내'와 다를 게 없는 말이다. 여기서 사람을 가리키는 말이 줄고 앞에 꾸밈말이 붙으면서 앞에서 살펴본 여러 가지 말이 된 것이다. 그런데 사람을 가리키는 말이 생략되자 그 말을 꾸미던 말이 그 말을 대신하는 효과를 내어 또 다른 꾸밈말을 받게 된다. 따라서 한량, 선량, 현량 할 때의 양(良)은 처음엔 '좋은, 괜찮은'을 뜻하는 말이었지만, 나중에는 사람을 뜻하는 말로 그 뜻이 넓어진 것이다.

그런데 이 단순한 뜻이 관료체제 안으로 편입되면서 전혀 다른 의미를 띠게 된 것은 과거제도 때문이다. 과거제도는 수나라 때 처음 시행되었다.[16] 과거는 두 분야로 나뉘어 시행되었는데, 문과와 무과가 그것이다. 그런데 이때 문과를 다른 말로

---

16) 이성무,『한국의 과거제도』, 집문당, 1994. 17쪽.

'현량과'라고 불렀다. 한나라 무제 때 선비를 천거하면서 쓴 말이다. '문과'란 글을 읽은 사람을 뽑는 과거란 뜻인데, 글을 읽은 사람이란 다름 아닌 당시 어질고 똑똑해서 다스림을 펼 만한 사람들, 곧 지식인이었던 것이다. 그 지식인이란 말이 바로 현량(賢良)이다. 그래서 그런 사람들을 뽑는 시험이었기에 문과를 '현량과'라고 달리 부른 것이다. 따라서 일상생활에서 평범하게 쓰이던 현량이란 말이 과거제도가 등장하면서 과거를 통하여 정계에 진출하여 나라를 다스릴 사람을 뜻하는 새로운 뜻으로 바뀌어 쓰인 것이다.

그런데 무과는 수나라 이후 계속 실시되었기 때문에 이런 시험을 통과하기 위하여 준비를 하는 사람이 생기게 마련이다. 따라서 그런 사람들을 가리키는 말도 생기게 마련인데, 문과의 경우는 유학(幼學)이라고 했다.

그렇다면 무과의 경우는 어떤가? 무과의 경우에도 사정은 다르지 않아서 과거를 준비하는 계층이 생기게 마련이다. 그런데 이들이 다른 사람들의 눈에 어떻게 비쳤는가 하는 것이 문제이다. 문과의 경우에는 책을 앞에 놓고서 그것을 읽고 암송하는 모습으로 나타난다. 그것이 우리가 아는 선비의 전형이다. 그런데 무과는 과목이 다르다. 무과의 과목은 무예였던 것이다. 따라서 그 준비하는 형태도 다를 수밖에 없다. 무과는 무기를 사용하는 방법을 연구하고 수련한다. 그 중에서 활은 실전에 중요한 것인 만큼 그것을 익히는 데는 사냥만한 것이 없다. 따라서 무과후보생들은 자연히 사냥을 다니게 된다. 바로 이 점이 '하릴없이 놀고 먹으며 놀러 다니는' 꼴로 비친 것이다. 그래서 한가한 사람들이라는 뜻의 '한량'이 된 것이다. 더욱이 우리나라의 경우는 활이 주무기여서 한량은 아예 활쏘는 사람을 나타내는 말로 굳었다. 그러다가 마침내는 '활량'이란 말로 국어사전에 버젓이 오르기도 한다.

이 한량이란 말이 처음 쓰인 용례는 고려조 신종(神宗) 3년으로 나타난다.[17] 그

---

17) 『고려사절요』, 영인본, 아세아문화사, 1983. 신종 3년 12월
忠獻欲官淸要特除是職忠獻自知縱恣恐其變生不測大小文武官吏 '閑良'之士至於軍卒强有力者并皆招致分爲六番更日直宿其家號都房及其出入合番擁衛如赴戰鬪焉

러다가 고려 말과 조선 초에 오면 여기저기 기록에 아주 자주 나타는 말이 된다.[18] 그러나 그 전에는 한산(閑散), 한인(閑人)으로 나타난다. 이 한산이나 한인 계층은 고려 때쯤에 이르면 일정한 계층을 형성한다. 그러나 그 계층이 어떤 계층인지는 학자마다 견해가 달라서 딱히 어느 한 가지로 설명하기가 어렵다. 그것은 자료의 부족도 있지만, 그 시대의 성격을 오늘날의 개념으로 정확히 파악하기 어려운 점에도 있다.

한량과 한산은 공민왕 이후에 자주 나타나고, 그 이전에는 한산으로 나타난다. 이런 현상은 고려 때 과거가 실시되면서 그에 따라서 현량과와 대비되는 한량과를 염두에 두고서 쓰이다가 한산이 한량으로 굳은 것으로 보인다.

고려의 가장 중요한 조세정책은 전시과(田柴科)인데, 이들은 이 전시과에서 양반(兩班), 군(軍)과 더불어 혜택을 받는 한 계층임이었다. 따라서 이들은 양반도 아니고 군인도 아닌 그런 계층이다. 그러면서도 가장 중요한 조세정책에서 제외할 수 없는 계층이었다. 그렇다면 이들은 어떤 사람들인가?

일단 이들은 국가의 기구와 연관되는 사람들이다. 그런데 그들이 관리가 아닌 것은 분명하다. 따라서 이들은 정식 관리가 아니면서 언제든지 정식 관리가 될 준비가 되어있는 그런 사람들이다. 이런 점을 고려하면 이들은 농민은 아니면서 직업군인이 될 수 있는 준비가 된 사람들, 즉 예비무인들로 일단 규정할 수 있다. 물론 뚜렷한 직업이 없는 만큼 낮은 계층의 사람들일 것이다. 아마도 고려 때부터 조선 전기에 이르기까지 이런 군인 비슷한 사람들이 많았는데, 이들은 개인의 지휘를 받는 사병이나 그런 무리를 쫓아 다니는 예비군이었던 것으로 보인다. 이들은 조선 정종 때 훗날의 태종이 사병을 혁파하면서 정식 군대로 편제된다. 그들이 갑사이다.[19] 그런데 이들 한산이나 한량은 이들 갑사보다 더 아래 계층에 있는 사람들인 것으로 보인

---

18) 천관우, 『근세조선사연구』, 일조각, 1996.
　　한량에 관한 연구는 여기저기 많이 흩어져있지만, 이 책에서 잘 정리하고 있어서 한량에 관한 내용은 이 책에서만 인용한다. 특별한 주를 달지 않는 한 이 책에서 인용한 것임을 밝힌다.
19) 『조선시대 군제연구』 11쪽.

다. 그 이유는 갑사는 정식 군대로 편제되는데 반해 이들은 그런 혜택을 받지 못하는 계층이었기 때문이다. 따라서 군인이 될 수 있는, 혹은 그런 뜻을 가지고 수련을 하고 있는 예비군(하급무사)이라고 보는 것이 적당할 것으로 보인다. 이들은 물론 전쟁이 일어난다든지 해서 비상시국이 되면 언제든지 정병으로 차출되는 사람들이다. 그래서 전시과의 혜택을 베풀 수밖에 없는 엄연한 계층이었던 것이다.

이들의 성격은 려말 선초에 이르면 좀 더 뚜렷해진다. 『태조실록』에

> 태조원년 7월 을미에…… 크고 작은 신하와 관료들과 한량, 그리고 기로(耆老)들이 국보(國寶)를 받들고 태조의 저택으로 와 뵈었는데, 거리가 시끌시끌했다.…… 이들은 (태조를) 옹위하고 물러나지 않았다. (왕의 자리에) 나가기를 권함이 더욱 절실해졌다.[20]

고 나오는 것을 비롯하여 이때쯤에 이르면 한량은 '大小臣僚閑良耆老軍'으로, 신료 기로 군과 한 짝을 이루어 곳곳의 기록에 나타난다. 이것은 려말의 기록에도 마찬가지이다. 이 기록에서 보듯이 한량은 온 백성의 뜻을 나타내기 위한 한 조건이 된다는 것을 보여주는데, 이것은 이들이 그 만큼 당시 사회에서 일정한 지위를 차지하고 있었다는 것을 보여준다.

이들은 조선을 건국할 낭시 긴급한 수령이 부임하기 전에 임시로 수령노릇을 하도록 한량관 가운데서 임명한 경우도 있다.[21] 따라서 이들은 이때쯤에는 지방을 다스릴 만한 지위에 있는 그 지방 사람임을 알 수 있다. 물론 고려의 전시과 혜택을 받았듯이 재정상으로도 어느 정도 자립할 능력을 갖춘 사람들이었다.

그런데 이들은 조선이 개국되면서 그 성격을 약간 달리한다. 즉 이들은 서울에 와서 숙위를 하는 임무를 맡게 된다. 따라서 조선시대에 이르면 지방에서 일정한 세력을 형성하던 이들은 그 층이 자연히 분화되어 이 같은 임무를 맡은 사람과 그렇지

---

20) 太祖元年(1392)七月乙未…..大小臣僚及閑良耆老等, 奉國寶, 詣太祖邸, 塡咽間巷…..大小臣僚及閑良耆老等, 擁衛不退, 勸進盎切.
21) 『태조실록』, 태조원년 8월 辛亥.

못한 사람으로 나뉘는데, 부경숙위(赴京宿衛)의 임무를 수행하는 자만을 한량이라고 하게 된다. 이와 다른 토호세력들은 유향소 같은 체제를 통하여 관청에 행사를 하게 되면서 자연히 한량과는 다른 길을 간 것으로 보인다. 따라서 이 한량들은 이 같은 임무를 수행하면서 연재나 도시 같은 선발과정을 거쳐 언제든지 관직으로도 진출하였다.

그러다가 조선에서도 고려 때에는 논의만 있던 무과까지 아울러서 과거가 실시되자, 과거제도가 완전히 정착하는 조선 중기 이후에 이르면 또 다시 새로운 성격을 지니게 된다. 문과에서는 과거 준비를 하는 사람을 유학(幼學)이라고 하는데 반해, 무과에서 과거 준비를 하는 사람은 한량(閑良)이라고 한 것이다. 그런데 문과와 달리 무과는 부경숙위라는 의무가 주어져있고 또 시험도 정식 과거 때와는 달리 연재 같은 때에도 있어서 문과와는 사정이 좀 달랐다. 그래서 무과에 합격을 하고서도 관직에 나아가지 못한 사람까지도 아울러서 가리키는 말이 되었다.[22]

한량은 이렇게 오랜 역사를 거쳐 오면서 형성된 말이기 때문에 딱히 어느 하나로 규정하기는 어렵다. 그러나 무과선발과 관련된 말은 분명하며 우리나라에서는 역대로 활쏘기를 가장 중시하였기 때문에 나중에는 한량이란 말이 활쏘는 사람을 가리키는 말로 좁혀서 굳어진 것이다.

---

22) 고전국역총서 68, 『만기요람』, 「군정편」, 민족문화추진회, 1986. 54쪽.

05 기 타

활터를 구성하는 사람 가운데 꼭 드는 것은 아니지만, 그때그때 상황에 따라서 필요한 사람이 있다. 연전꾼이나 고전 같은 경우가 그것이다.

01 _ 연전꾼

'연전'(揀箭)은 무겁에 떨어진 화살을 줍는 것을 말한다. 연전꾼은 화살을 주워주는 사람을 말한다. 요즘은 살날이가 설치되어있기 때문에 고전이 이를 대개 겸한다. 고전을 보고 살을 주워서 살날이에 실어 보내는 것이다. 그러나 옛날에는 살을 주워다 주는 사람이 따로 있었다. 대개는 아이들에게 푼돈을 주고 심부름을 시켰기 때문에 연전동(揀箭童)이라고 불렀다. 일정한 보수가 있는 것은 아니고 그때그때 용돈을 주는 것이 흔한 일이었다.[23]

02 _ 고전

고전(告傳)은 설자리에서 한량들이 쏜 화살이 명중을 했는가 못했는가 하는 것을 알려주는 사람을 뜻한다. 그래서 알려준다는 뜻을 지닌 '고전'이 된 것이다. 이 고전은 대개 일정한 보수를 주고 고용한다. 연전꾼과는 달리 살이 날아오는 것을 알

---

23) 김현원 대담(1997. 7. 18).

아보는 안목을 갖추어야 하기 때문이다. 그래서 활터의 재정이 넉넉한 곳에서는 활터의 사정에 살림집을 꾸려주고 거기에 살도록 한다. 활터를 관리하면서 하루 중 일정한 시간 동안 고전을 보도록 하고 보수를 주는 것이다. 이것은 보통 때의 일이고, 대회나 편사가 벌어지면 물론 고전은 따로 고용한다.

고전을 보는 방법은 이렇다. 고전은 설자리를 향해 선다. 관중을 하면 깃발로 두세 차례 원을 그린다. 살이 짧으면 작은 깃발을 발아래로 내려서 짧게 몇 번 흔든다. 살이 넘으면 머리 위로 깃발을 높이 쳐든다. 뒤나면 오른쪽으로 깃발을 흔들고, 앞나면 왼쪽으로 깃발을 흔든다. 요컨대 자신을 과녁으로 생각하고 화살이 가는 방향으로 깃발을 흔든다.

이 고전의 원래 모습은 장족한량이다. 옛날에는 화살이 과녁에 박혔다. 과녁에 박힌 화살을 뽑는 한량을 말한다. 편사 때는 거기한량과 함께 장족한량이 무겁에 나간다. 자신의 편사원이 쏴서 과녁에 맞으면 달려가서 맞은 곳을 망치로 두드려서 알려준다. 이것이 장족한량의 일이었는데, 화살이 과녁에 박히지 않게 된 후로는 망치 대신 작은 깃발이나 부채를 들고서 맞은 곳을 알려주었다. 이것이 나중에는 작은 깃발을 명중 여부를 봐주는 고전으로 정착한 것이다.

03 _ 거기한량

거기한량(擧旗閑良)은 편사 때만 필요한 사람이다. 편사 때 쓰는 자기편의 긴 깃발을 들고 무겁으로 가서 관중할 때마다 둥근 원을 그리며 알려주는 것이다. 물론 이때는 관중 여부를 확인해야 하기 때문에 자기 정의 한량을 선발하여 보낸다.[24] 현재 인천에서 편사를 할 때는 거기한량을 삯을 주고 산다.[25] 그것은 여러 번 해 보아서 흥을 돋우는 방법을 알기 때문이다.

---

24) 성낙인 대담(1998. 2. 24).
25) 이창희 대담.

04 _ 정 운영

정 운영은 사두의 책임 하에 이루어지지만, 사두가 시시콜콜 다 지시할 수 없는 것이니, 그것을 맡아서 하는 것은 대개 임원들이다. 임원은 사두, 부사두, 교장, 총무, 재무, 이사와 같은 보직에 있는 사람을 말한다. 따라서 결정은 사두가 하지만 그 운영에 관한 것은 이들로 구성된 임원회에서 논의하고 추진한다. 이사는 경기이사, 홍보이사, 연구이사와 같이 다양한 이름으로 두어서 정의 운영을 활성화하는 보직이다.

제 05 장

활터의 예절

- 절차 예절
- 생활 예절
- 기타

활쏘기는 예의를 아주 중요하게 여기는 운동이어서 활터마다 선례후궁(先禮後弓)이라는 말이 있을 정도이다. 활터에서 예의범절이 엄한 것은 까닭이 있다. 이것은 두 가지 방향에서 생각해볼 수 있는데, 그 하나는 활의 본래 성격에서 오는 특징이요, 하나는 활쏘기를 어느 특정 계층이 아닌 온 백성이 즐긴 우리 겨레의 특성이다.

먼저, 활쏘기는 살상무기를 다루는 운동이라는 점이다. 이러한 위험을 방지하려면 사람의 생각과 행동거지가 보통 생활처럼 느슨해서는 안 된다. 해이해진 마음이 곧 사람의 생명을 위협하는 요인으로 드러나기 때문이다. 이런 요인을 처음부터 없애는 것이 예의범절을 엄하게 지키는 일이다.

또 활쏘기는 다른 운동과는 달리 잔꾀를 쓸 필요가 없는 운동이라는 점이다. 즉 다른 운동은 맞상대와 함께 하기 때문에 이기고 지는 것이 큰 문제이다. 그러나 활쏘기는 과녁과 한량의 대결이기 때문에 결국 자신의 내면에 충실해야 하는 운동이다. 자신의 내면에 충실한 것이 바로 예인 것이다. 따라서 활쏘기는 마음가짐이 겉으로 드러나는 예와 떼려야 뗄 수 없다. 사즉예(射卽禮), 또는 사예불이(射禮不二)라 할 만하다.

또 다른 하나는 활쏘기가 우리 겨레의 삶에서 우러난 것이라는 점이다. 이것은 먼저 우리 사회가 염치를 알고 예의를 중시하는 양반사회의 전통을 강하게 띠고 있기 때문이다. 게다가 활쏘기는 우리 겨레가 오랜 세월 즐겨온 운동이어서 우리 겨레의 심성과 예절을 많이 함축하고 있다. 게다가 역대 왕조에서 가장 강조한 것이 활쏘기여서 전통사회의 예절과 질서가 강하게 반영되어있다.

또 한 가지, 활쏘기에서 예절을 논할 때 자칫 잊기 쉬운 것이 활이 전쟁무기였다는 사실이다. 이것은 실용성이 강한 것이다. 그러므로 활쏘기의 예절은 필요 이상으로 복잡해질 수가 없고 그럴 필요도 없다. 눈 깜짝할 사이에 죽고 사는 일이 결정되는 상황에서 예절을 차리는 것이 아무런 의미가 없기 때문이다. 따라서 예절도 정도가 지나친 것은 활쏘기의 본래 성격과는 거리가 먼 것이라고 봐야 한다. 활쏘기의 예절을 논할 때 반드시 기억해야 할 사항이다. 활쏘기의 이러한 속성을 무시하고 예절이라고 해서 무조건 복잡한 방향으로 끌고 가려고 해서는 안 된다는 것을 미리 확인할 필요가 있다. 따라서 여태까지 내려오는 전통과 예절을 기본으로 살려서 새로운 전통을 창조하는 노력이 필요하다. 그러기 위해서는 여태까지 내려오는 전통을 먼저 잘 정리할 필요가 있다.

여기서는 두 가지로 정리한다. 자세히 보면 예절은 강제성을 띠는 것과 스스로 우러나서 하는 것이 있다. 앞의 것은 결정하기가 아주 어려운 경우가 많아서 말썽의 소지를 없애기 위해 절차를 까다롭게 따지기 마련이고 뒤의 것은 매일 반복되기 때문에 스스로 버릇처럼 행하는 것이다. 그래서 각기 '절차예절'과 '생활예절'이라는 이름을 붙였다. 특히 절차예절은 흔한 것이 아니고 어쩌다 행하는 것이기 때문에 예절이기보다는 규율이나 형식에 가깝다. 그러나 강제된 규율도 일종의 예이기 때문에 절차예절이란 이름으로 다루어도 무리는 없을 듯싶다.

01 절차 예절

　　　　　　　　예절은 곧 절차이다. 절차란 일을 해 나가는 과정의 중요한 마디를 말한다. 따라서 예절은 할 곳에서 하고, 하지 않을 곳에서 하지 않는 절도 있는 행동을 가리키는 것이다. 그래서 예절을 논하는 자리에서는 그 절차와 과정을 중요시하는 것이다. 절차란 이 경우 곧 예이다.

　활터가 예를 중시한 만큼 활을 배우는 절차도 중시했다. 물론 활쏘기가 온 백성이 다 즐긴 것이어서 지위나 계급에 따라 그 예절의 엄격함이 다 달랐지만, 일정한 예를 지켰다는 점에서는 같았다. 그리고 어느 사회든 새로운 구성원을 받아들이는 데는 일정한 통과의례가 있기 마련이다. 활터에도 예외는 아니어서 활을 배우기 위해서 신사들이 지켜야 할 절차가 있었다. 옛날에는 이 절차가 활터마다 다 달랐지만, 지금은 활쏘기 조직이 전국단위로 일원화되어서 그 절차 역시 거의 일정한 형식으로 체계가 잡혔다. 물론 이렇게 되기까지 활터에서는 신사를 위한 여러 가지 절차가 진행된다. 이 과정은 크게 처음 입회하는 절차와 활을 배우는 절차로 나뉜다.

01 _ 집궁례 : 신입사

　활을 배우기 위해 활터에 들어오는 것을 '집궁례'라고 이름 붙였다. 이 신입사는 활터에 이미 소속되어있는 회원들의 추천으로 한다. 새로 배울 사람을 회원이 추천하면 사두가 이사회를 소집하여 회원 자격 여부를 판정하고 입회 여부를 결정한다. 물론 활터의 명예를 훼손할 만한 사람은 입회를 허용하지 않는다. 큰 무리가 없으면 입회는 허용된다.

　그런데 옛날에는 이 심사가 굉장히 엄격했다. 그리고 성격도 좀 달랐다. 지금은 이사회라는 회의를 통해서 결정하지만, 옛날에는 사두가 결정했기 때문에 입사하려는 사람은 그 뜻을 행수에게 전하고 행수가 다시 사두에게 말하여 승낙을 얻는다. 그러면 새로 들어온 사람은 사두가 입사를 허락해둔 데 대해 사례하는 뜻을 나타내고 활터의 여러 사원들과 인사를 나누는데 술과 안주를 준비하고 사두와 선생에게 절을 한다. 그러면 사두는 활터에서 지켜야 할 것과 좋은 한량이 되라는 덕담을 해준다.[1] 그런데 입회를 해준 데 대해 사례를 한다. 대개는 입회하면서 얼마씩 돈을 내는 입단금으로 형식화되었다.

　이 신입사는 평생을 같이 생활할 사람을 뽑은 절차이기 때문에 엄격할 수밖에 없었다. 그래서 해방 전 황학정에서는 공창(公娼)을 운영하는 포주는 입사를 허락하지 않았다고 한다.[2] 또 천양정에서도 지금은 사회에 큰 무리를 일으키지 않는 사람을 받는 것으로 간단해졌지만[3] 이 절차가 옛날에는 까다롭기로 정평이 났다.[4]

02 _ 득중례 : 1중례, 3중례, 5중례

　활쏘기는 첫 몰기가 중요하다. 첫 몰기를 할 때쯤이면 활쏘기에 재미를 붙이기 때문이다. 그래서 중도에 그만두는 사람은 이 첫 몰기의 관문을 통과하지 못한 사람이다. 그래서 이 첫 몰기까지 배우는 모든 것이 그 사람 평생의 활쏘기 습관을 좌우한다. 말하자면 몰기에 이르는 과정은 세 살적 버릇 들이기와 같은 것이다. 그래서 그 과정의 절차와 궁술을 중요시하는 것이다. 그래서 특별히 '득중례'를 행한다.

---

1) 『조선의 궁술』, 47쪽.
2) 성낙인 대담(1997.6.25).
3) 박병연 대담(1997.12.17).
4) 『전주 천양정사』, 74쪽.

활터마다 조금씩 차이는 있지만, 대개 궁체를 익히도록 하는 기간은 열흘에서 한 달 가량이다. 그 동안 궁체를 익히는 데 필요한 기본자세부터 시작해서 주살을 쏜다. 주살질이 제대로 되면 사대에 서서 쏘게 한다.

그러다가 처음으로 1중을 하면 '일중례'를 행하는데, 일중례라고 해서 특별한 것은 아니고 술을 조금 마련해서 가르쳐준 사람과 같이 쏘는 사원들에게 고맙다는 인사를 하는 것이다. 옛날에는 이것도 좀 엄격해서 신입사원이 1중을 하면 선생과 사원이 모두 축하해주는데 신입사원은 선생의 가르침으로 일중을 한 것에 대해 사례를 하고자 한다고 행수에게 일중례를 하겠다는 뜻을 표하면 행수는 사두에게 전하여 좋은날(吉日)을 받아준다. 신입사원이 그날 술상을 마련하여 일중례를 행하면 사두는 나중에 2중례는 제례(除禮)하여 주라고한다. 삼중례 오중례 때도 마찬가지 방식으로 했다.

그런데 오중례는 첫 몰기여서 다른 예절보다도 좀 더 특별한 뜻을 띤다. 그리고 이 몰기는 활 쏘는 요령을 나름대로 터득해야 나온다. 앞으로 활을 계속 쏠 수 있는가 없는가 하는 것을 가르는 분기점이 된다. 그래서 특별히 대하는 것이다. 첫 몰기가 나오면 대개는 몰기를 한 사람이 통닭이나 족발을 시킨다든지 해서 간단한 술상을 본다. 그러면 술을 나눠 마시면서 축하를 하는 것이다.

첫 몰기는 사실상 자기 나름의 궁체를 갖춘 것이기 때문에 졸업식 비슷한 것이다. 이제부터는 자기가 궁리하고 배워서 자기에게 알맞은 궁체를 개발하는 과정에 들어선 것이다. 따라서 이 첫 몰기는 아주 중요하다. 그래서 첫 몰기를 특별히 기념하는 것이다. 대개 정에서는 월례회 같은 공식 모임 때 사두 이름으로 몰기기념패를 해준다. 그러면 몰기패를 받은 사람은 간단한 기념품을 정에 해놓는다. 물론 이것은 하는 곳도 있고 하지 않는 곳도 있다. 옛날에는 술상을 보던 것이 이런 식으로 좀 더 그럴듯한 형식을 갖추는 것이다. 첫 몰기를 하면 접장이라는 칭호를 준다. 접장(接長)은 '접'의 우두머리라는 뜻이다. 접은 사람을 묶는 단위를 말한다. 이 '접'은 우리에게는 아주 친숙했던 개념으로 동학이 생겼을 때 그 기본조직이 바로 접이었다. 남접이니 북접이니 해서 쓴 '접'도 이와 같은 개념이다.[5] 마늘도 한 묶음을 접이라고 한다. 몰기를 하면 다른 사람을 이끌 만한 궁체와 궁술을 갖추었다는 점에서 그렇게 부르는 것이다. 말하자면 대접을 해주려고 하는 말이다.[6] 그래서 편사 때 획창을 할 때도 특별한 직책이 없거나 호칭이 애매모호할 때는 접장이라고 한다.

03 _ 징계

징계는 한량이 잘못을 범했을 경우 그에 대한 처벌을 내리는 것이다. 보통 활터의 분위기를 크게 흐리거나 한량의 명예를 손상시킨 경우에 징계를 한다. 이것은 징계위원회를 열어서 결정하는데, 징계위원회는 보통 사두를 비롯하여 활터를 운영하는 임원들로 구성한다. 대개는 임원회의 구성과 거의 일치한다. 징계는 심한 경우는 아예 활을 쏘지 못하도록 제명하는 경우도 있지만, 한량이 잘못을 시인하고 용서를 구하면 대개는 사두가 아량을 베풀어서 일정기간 동안 활을 쏘지 못하도록 하는 '등정(登亭) 금지령'을 내려서 반성하는 기회를 갖도록 한다.

이 징계를 옛날에는 견책(譴責)과 취격(聚格)이라고 했는데, 지금에 비해서 아주 복잡하고 엄숙했다. 지금보다 복잡한 것은 계급사회였기 때문이다. 활터는 여러 계층이 모인 곳이기 때문에 그 계급에 따라서 벌을 내리는 대상과 집행자가 다 달랐던 것이다. 『조선의 궁술』에 나오는 내용을 보면 다음과 같다.

견책의 경우, 상당 중에 잘못한 사람이 있을 때는 사두가 견책하되 사두 이하는 견책하지 못한다. 당상 이하의 직위에 있는 사람이 자기보다 더 높은 지위에 있는 사람을 꾸짖을 수는 없는 노릇이기 때문이다. 출신(出身:무과 합격자) 중에 잘못한 사람이 있으면 선생만이 견책할 수 있다. 한량 중에서 잘못을 범한 사람은 행수가 견책한다.

---

5) 오지영, 『동학사』, 대광문화사, 1987. 71쪽.
6) 성낙인 대담(1997. 2. 4).

취격은 다음과 같다. 한량 중에서 큰 잘못을 한 경우에는 행수가 사두와 선생에게 자기의 책임을 다하지 못한 것을 사례한 뒤에 잘못을 한 한량에게 취격을 명한다. 그 방법은 행수가 사정 위에 서서 다른 한량들에게

"한량들, 대 앞으로 들어오소."

하면 한량은 소리 내어 응답하고 일자로 사정 아래 벌여 선다. 행수가 '한량!' 하고 큰 소리로 부르면 한량들은 일제히 소리를 같이하여 '예!' 하고 대답한다. 그러면 행수는

"한량 아무개를 취격차로 차리고 알리어라!"

하고 명한다. 그러면 한량들은 일제히 대답을 한 뒤에 잘못한 한량을 검속하여 대령시킨 뒤 일제히 소리를 높여

"한량 아무개 취격차로 대령하였소!"

라고 외친다. 검속하는 절차는 잘못한 한량의 갓과 망건을 벗긴 뒤 시위로 두 팔을 뒤로 돌려 묶고 전통에다 살을 가득하게 넣어들고 행수의 명령이 내리기만을 기다린다. 활터의 이 같은 규칙은 활터에서 하는 일체의 행동과 규범이 군대의 행동과 같은 까닭이다. 여기서 활터에 끼친 조정의 영향을 확인할 수 있다. 이렇게 하면 행수는 명하기를

"나입하라!"

한다. 나입(拿入)은 죄인을 잡아들이는 것을 뜻하는 말이다. 그러면 한량들은 잘못한 한량의 상투를 끌어다가 사정 아래 꿇어앉혀놓고 일제히 높은 소리로

"잡아들였소!"

한다. 그러면 행수는 명령하기를,

"좌우 훤화 금하라!"

한다. 훤화(喧譁)는 시끄럽게 떠드는 것을 가리키는 말이다. 그러면 한량들은 앞과 같이 대답한다. 행수는 다시

"분부 듣거라!"

한다. 그러면 한량도 이를 반복하여 외치며 행수는 잘못한 한량에게 죄를 들추어 책망(責罪)한 후 다른 한량들에게 명령하기를,

"의법(依法)해라!"

고 한다. 그러면 한량들은 잘못한 한량을 엎어놓고는

"의법하였소."

한다. 행수가

"매우 쳐라!"

하면 한량들은 좌우로 벌여서고 그 중 한 사람이 살을 가득 채운 전통을 대령하여 거행하는데,

"매우 때리오."

라고 하며 숫자를 헤아리면서 화살 한 개로 열 대까지 때렸다. 이를 시행한 뒤 행수의 명령을 기다리는데, 행수는 잘못의 경중을 헤아려 잘못한 한량에게 앞으로 엄숙히 경계할 것을 통고한 후에

"내보내라!"

고 하면 한량들은

"내보내오!"

하고 일제히 달려들어 끌어낸 후 묶은 것을 풀어놓고 의관을 정제하게 한 후 각기 위로한다.

만일 행수가 용서치 않고

"또 매우 쳐라!"

하면 전과 같이 다시 열대를 더 때린 후에 행수의 명령을 기다린다.

행수가 취격을 거행하려고 할 때 사두가 용서할 뜻을 표시하면 행수는 사두의 말에 봉승하여 잘못한 한량을 불러 세우고 엄중히 효유하면서

"소당(所堂)은 엄하게 다스릴 것이로되, 사두께서 분부가 계셔 용서하니 차후에는 각별히 조심하라."

하고 엄중히 타일렀다.

이렇듯 행수에게 취격명령을 당한 한량은 사두의 댁으로 가서 잘못을 용서하여 달라고 빌면서 복죄한다. 그러면 사두는 일반 한량을 사랑하는 마음으로 용서했다.

04 _ 영 접

영접은 활터의 어른을 맞이하는 예절을 말한다. 활터의 어른은 옛날에는 선생과 행수도 포함되었지만, 지금은 사실상 선생과 행수가 없기 때문에 이 영접례를 받는 사람은 사두 하나뿐이다. 사두는 활터의 우두머리이자 활터의 살아있는 전통을 상징하는 존재이기 때문에 특별한 예로 모시는 것이다. 먼저 활을 쏘지 않을 때 사두가 등정을 하면 모두 내려가 맞이한다.

그런데 활을 쏘고 있을 때가 문제이다. 활을 쏘는 중에 사두가 등정을 하면 쏘지 않던 사람들은 당연히 대 아래 내려가서 맞이한다.[7] 그러나 활을 쏘는 사람들은 사대에 선 채로 맞이한다. 왜냐하면 활쏘기는 전쟁의 상황이기 때문이다. 그래서 일단 설자리에 서면 그 누구도 그 동작을 멈추게 할 수는 없는 것이다. 그러나 사두는 특별한 경우이기 때문에 허리에 찼던 살을 한 번 뽑아들고 인사한 다음에 다시 찬다.[8] 전쟁의 상황이기 때문에 영접을 이렇게 간단히 하는 것이다. 또 모든 경기 도중에는 그 수장이 와도 경기를 멈출 수는 없는 법이다. 축구협회장이 온다고 해서 하던 축구 경기를 멈출 수는 없는 것과 마찬가지이다. 이런 원칙이 활터에 적용된 것이다.[9]

---

7) 『조선의 궁술』, 49~50쪽.
8) 성낙인 대담(1998. 2. 24).
9) 이용달 대담(1998. 4. 5).

05 _ 이적(離籍)

이사를 한다든가 해서 불가피하게 활터를 옮기는 수가 있다. 이때는 옮겨갈 활터의 사두에게 양해를 구하고 협회를 통해서 이적동의서를 갖춰야 한다. 옛날에는 옮기는 일이 없었지만, 요즘은 회원 관리와 조직이 중앙경기단체로 일원화되었기 때문에 생활근거지에 따라서 얼마든지 옮길 수 있다.

02 생활 예절

앞에서 살펴본 것은 활을 배우는 절차이지만 활터에 소속된 뒤에 지켜야 할 예절이 있다. 앞의 것은 구성원이 되기 위한 과정과 구성원이 지켜야 할 예절이지만, 이것은 그런 절차를 거친 뒤에 활터의 구성원으로서 지켜야 할 예절이다. 이것은 일상생활에서 날마다 반복되는 예절이기 때문이 '생활예절'이란 이름을 붙였다. 이 예절 중에서도 꼭 지켜야 할 것이 있고, 그렇지 않은 것이 있다. 현재 활터에서 꼭 지켜야 할 것은 세 가지이다. 등정례, 초시례, 팔찌동이 그것이다. 그 밖에도 지키면 좋은 예절이 많이 있지만, 활터에만 해당되는 예절은 아니기 때문에 크게 다룰 필요가 없다. 우리는 활터 얘기를 하는 중이기 때문이다.

01 _ 등정례

이것은 활터에 오면서 먼저 와있는 사람들에게 인사하는 것이다. "왔습니다."라고 인사하면 먼저 와있던 사람들은 "오시오."라고 대답하는 것을 말한다. 아니면 보통 인사로 주고받으면 된다. 다만 한량들이 설자리에서 활을 내는 중이면 그 순이 끝나기를 기다렸다가 인사하는 것이 예의이다. 인사로 활 쏠 때의 집중을 방해하면 안 되기 때문이다.

02 _ 초시례

'초시례'(初矢禮)는 말뜻이 '첫발을 낼 때 갖추는 예절'이다. 말 그대로 초순 첫

자 대를 낼 때 올리는 예이다. 따라서 활터에 올라와서 맨 처음 첫발을 낼 때 한 번만 한다. 대개는 '활 배웁니다.' 라고 한다. 그러면 먼저 와서 활을 쏘던 한량들은 '많이 맞추세요.' 라고 응수한다. 이것이 가장 흔한 인사말이다. 그런데 사람에 따라서, 혹은 곳에 따라서 말을 조금씩 바꿔서 초시례를 다르게 하기도 한다. 예컨대 신분과 나이에 따라서 "쏘" 하면 "맞추시오" 하기도 하며,[10] 사두나 고문 같은 사람 가운데는 '활 배오.' 라든가,[11] '활 냅니다' 라든가 하기도 한다.[12] 여태까지 조사한 초시례 인사말을 정리하면 다음과 같다.

< 초시례 >
① 활 배웁니다.
② 활 배우겠습니다.
③ 활 냅니다.
④ 활 배오.
⑤ 공부합니다.
⑥ 살 답니다.

< 응답 >
① 많이 맞추세요.
② 연중하세요.
③ 관중하세요.
④ 맞추시오.
⑤ 쏘.

---

10) 『조선의 궁술』, 50쪽.
11) 성낙인 대담(1998. 2. 24).
12) 『우리 활 이야기』(개정판), 89쪽.

①번이 가장 흔한 것이고, 또 처음 배우는 사람은 당연히 ①로 해야 한다. 가장 흔히 쓰는 예절이 가장 잘 맞는 것이기 때문이다. 그리고 이와 같은 인사법은 활터에 따라서 얼마든지 다르게 할 수 있다. 이런 다양성 위에서 활쏘기 풍속도 다양해질 수 있다.

03 _ 팔찌동

사대에 서는 순서를 '팔찌동'이라고 한다. 활터는 예를 중시하는 만큼 그 서는 자리를 정하는 것도 까다롭다. 어찌 보면 쓸 데 없는 일 같아 보이기도 하지만, 활은 재주만이 전부가 아니라 마음을 다스리는 것이니 마음의 질서가 겉으로 드러나는 것을 예라고 한다면 이렇게 서는 순서를 시시콜콜 따지는 일이 그렇게 간단히 치부해버릴 일만도 아니다.

'팔찌동'의 '동'은 순 우리말로, '동일한 속성을 지닌 것들의 어떤 묶음'이라는 뜻을 지니고 있다. 그러니까 팔찌동은 팔찌와 관계된 것들을 한 덩어리로 묶은 것을 말한다. '동'의 쓰임은 '깍지동, 웃동아리, 곁동' 같은 말에서 보듯이 아주 많다. 웃동아리의 '웃동'은 윗몸을 말하는 것이지만, '윗몸'이 아니고, '윗동'인 것은 단순히 상체만을 말한 것이 아니라, 상체와 관련된 모든 것을 말하는 것이다. 예를 들어 한량이 활을 들게 되면 활까지도 한 묶음으로 쳐서 윗동에 포함시키는 것이다. 깍지동도 마찬가지이다. 깍지 낀 손만을 말하는 것이 아니라 깍지라는 장비를 끌어당기는 팔뚝과 어깨까지 통틀어서 한 덩어리로 묶어서 말하는 것이다.

'팔찌'는 활을 쏠 때 시위가 소매를 치지 말라고 소매를 묶는 마련을 말한다. 발싸개처럼, 혹은 붕대처럼 팔에 둘둘 말아서 묶는 것도 있고, 네모반듯한 헝겊에 예쁜 무늬를 넣어서 가장자리에 고리를 여러 개 만들고 그 끝에 긴 끈을 매달아서 그 고리에 지그재그로 꿰어서 마치 요즘 운동화 끈을 묶듯이 묶도록 된 것도 있다. 팔찌의 '찌'는 '지'이겠지만, 이런 말은 '결지' 같은 말에서도 볼 수 있는 접미사이다.

그러니까 이상을 보면 '팔찌동'이란, 팔찌에 놓이는 한 덩어리의 질서를 말하는 것임을 알 수 있다. 따라서 팔찌동 위를 서로 사양한다는 것은 남의 팔찌동 위쪽에 서는 것을 양보하고 사양한다는 뜻이다.

한량이 사대에 서면 위와 아래가 있다. 정 건물 쪽으로 섰을 때 오른쪽이 가장 위쪽이다. 따라서 과녁을 향해 서면 왼쪽이 윗자리가 된다. 따라서 나의 왼손 즉, 팔찌 낀 줌손 쪽이 윗자리이다. 겸양을 나타내기 위하여 윗자리를 양보한다는 뜻이다. 그래서 순서를 정하여 서는 것을 팔찌동이라고 한 것이다. 활터에서만 볼 수 있는 특수한 용어이면서 활터의 정겹고 아름다운 분위기를 아주 잘 보여주는 말이다.

원래 옛날에는 정에서 팔찌동을 정하는 첫째 기준은 계급이었다. 남행으로 상가자나 첩지가자 한 사람은 계급이 없는 고로 무과 출신한 사람의 팔찌동 위에 서지 못한다.[13]는 것은 바로 이 경우를 말한다. 그런 다음에는 나이와 인격이었다. 그런데 요즈음은 계급이 사라진 평등사회이니, 계급이란 별 의미가 없다. 그래서 대개는 나이순이나 활을 배운 순서대로 선다.

여기서 또 한 가지 주의할 것은 사두가 서는 자리이다. 설자리의 맨 끝이 사두의 자리이다. 설자리(射臺)의 첫머리에 서기 때문에 이름도 '사두'(射頭)인 것이다. 그래서 다른 정에 갔을 때 그 자리에 서는 사람을 사두라고 알면 된다. 따라서 그 자리에 서면 '나는 사두요'라고 선언하는 것이 되므로 사두가 아닌 사람은 절대로 그 자리에 서면 안 된다. 사두가 없으면 비워두는 것이 원칙이다. 사두를 역임한 고문이라고 하더라도 사두자리에 설 수 없다. 연배가 비슷하거나 서열을 정하기 애매한 경우에는 서로 양보한다. 그래서 남의 정에 가면 서로 팔찌동 위로 서라며 양보하기를 굽히지 않아서 남들이 보기에는 싸움하는 것처럼 보이기도 하는데, 이는 활터만의 아름다운 풍속이다.

남의 정에 가면 설자리에 서기 전에 그곳 정 한량들에게 '제가 어디에 서면 좋

---

13) 『조선의 궁술』, 51쪽.

겠습니까? 하고 물으면 나이를 고려해서 설 곳을 안내해준다. 그렇게 하는 것이 실례를 범하지 않는 가장 좋은 방법이다.

지금까지 한 설명은 우궁(右弓)의 경우이다. 좌궁의 경우도 대개는 같지만, 거꾸로 생각해야 할 것도 있다. 우궁에게 왼쪽이 상석이었듯이 좌궁에게는 오른쪽이 상석이다. 따라서 좌우궁이 섞여서 설 때에는 우궁이 왼쪽에 서고 좌궁이 오른쪽에 선다. 좌궁이 둘 이상인 경우에는 어른이 오른쪽에 선다. 아랫사람에게는 등을 보이지 않는다는 원칙이 지켜진다.

04 _ 그밖의 것

이상 세 가지는 어딜 가나 꼭 지켜야 할 사항이다. 만약에 남의 정에 가서 이것을 지키지 않으면 큰 망신을 당한다. 백발이 성성한 노인들이 애처럼 화를 벌컥 내며 당장 사대에서 내려가라고 호통을 친다. 앞으로 설명할 예절은 정마다 다 달라서 혹은 지켜지고 혹은 지켜지지 않은 것이다.

1) 연 전

무겁에 떨어진 화살을 주워오는 것을 연전이라고 한다. 연전꾼이 있는 활터에서는 전혀 고민할 것이 없다. 연전꾼이 주워오기 때문이다. 그런데 연전꾼이 없는 경우에는 한량들이 가서 주워오는 수밖에 없다. 그럴 때는 당연히 신사가 해야 한다. 이유는 두 가지이다. 하나는 신사로서 구사를 예우하자는 것이다. 또 다른 이유는 신사는 활을 배우는 처지이기 때문에 자기의 살이 떨어진 것을 확인해야 한다. 짧으면 얼마나 짧은가, 길면 얼마나 긴가를 확인해서 다음에 쏠 때 참고하는 것이다. 따라서 연전은 신사가 해야 한다.

그렇다고 해서 신사가 늘 하라는 법은 없다. 신사가 하는 거라고 해서 구사가 권위의식을 가지고 아랫사람을 부리듯이 하면 즐거운 마음으로 연전할 사람들도 기분이 상한다. 그러므로 구사들이 자진해서 참가하는 것이 좋다. 오고 가며 걷기도 하고 이런저런 얘기도 하면서 사원들 간에 정도 드는 것이다.

사두가 연전을 하는 경우는 거의 없다. 그런데 사두가 굳이 연전을 하려고 하면 따라가서 연전한 화살을 받아드는 것이 바른 예의이다.

다른 정 사람이 와서 쏠 때는 연전을 시키지 않는다. 연전을 하려고 해도 말려야 한다. 그러나 너무 격식에 얽매여 심하게 하는 일은 없어야 한다.

2) 쏘는 순서

한 순씩 내는데, 내는 순서가 다르다. 우궁이 한 순을 먼저 냈으면 다음 순은 좌궁이 먼저 낸다. 이유는 간단하다. 시수 내는 조건을 공평하게 하기 위해서 그런 것이다. 요새는 이 순서가 정해져서 차례를 기다린다. 그런데 성낙인 옹의 말을 빌면 옛날에는 사정이 좀 달랐던 것 같다. 즉 한 순을 냈으면 다음에 먼저 낼 쪽에서는 미리 준비하고 있다가 앞서 냈다는 것이다.[14] 따라서 좌궁과 우궁이 먼저 내려고 경쟁을 한 것이다. 이런 경쟁 속에서 좌궁과 우궁이 한 번씩 먼저 내는 순서가 자연스럽게 결정된 것이다. 그런데 지금은 준비가 다 되었어도 순서를 지켜서 먼저 내라고 양보하니 그때완 또 달라진 모습이다. 그런데 활쏘기의 특징을 보면 먼저 내려고 하는 것이 올바른 것으로 판단된다. 활쏘기는 전쟁무기이다. 활을 쏘는 것은 전쟁터에 임하는 것인데, 싸움터에서는 내가 먼저 적과 싸워야 올바른 예의가 되는 것이다. 젊은 사람들은 젊기 때문에 노인들보다 먼저 나가서 적과 싸워야 하고 나이든 사람들은 젊은 사람들에게 모범을 보여야 하는 것이니 먼저 적과 싸우는 것이 우리 사회의 올바른 예절인 것이다. 따라서 좌우궁이 먼저 쏘려고 한 것은 이와 같은 풍속의 유산인 것이다.

따라서 양보하는 지금의 풍속을 조금 고쳐서 먼젓번에 나중에 쐈으면 이번에는

---

14) 『국궁1번지』, 제2호 66쪽.

먼저 쏘려는 마음가짐으로 좌우 교대의 순서를 지키는 방향으로 해야 할 것으로 보인다. 이런 순서를 좌달이, 우달이라고 한다. 우궁이 먼저 쏘는 것을 우달이, 좌궁이 먼저 쏘는 것을 좌달이라고 한다.

3) 살 먹이는 시기

한 띠로 사대에 서서 활을 쏠 때 화살을 언제 뽑아서 시위에 먹이느냐 하는 것은 대개 두 가지이다. 평상시 습사할 때와 예절을 갖추어 쏠 때가 그것이다. 평상시 습사할 때는 일정한 법칙이 없다. 옆사람에게 방해가 되지 않는 선에서 아무 때나 뽑아들고 기다리면 된다. 그런데 편사처럼 예절을 지켜야 하는 때는 앞사람의 살이 무겁에 떨어져서 관중 여부가 확인된 뒤에 살을 뽑는다.

요즘은 이것이 분명하게 구별되지 않고 서로 섞여서 혼란스러운 양상을 보여주고 있다. 따라서 이것 역시 정마다 다 달라서 한 가지로 묶기 어려운 것이다. 그런데 자기 정에서 시행하는 것을 남의 정 사람들에게 강요해서 갈등이 생기는 수가 종종 있다.

서울 황학정에 가보면 화살을 언제 뽑느냐 하는 것은 안중에도 없다. 어떤 사람은 쏘고 나서 바로 또 뽑고 기다리는가 하면 옆사람이 거궁하는 중에도 허리춤의 살을 뽑는다. 화살 뽑는 시기가 사람마다 다 다르다. 그런데 중요한 것은 이것이 활터의 본모습이라는 점이다. 그리고 활은 무기였기 때문에 굳이 이런 자질구레한 것은 예의에 넣지도 않은 것이다. 싸움터에서 언제 뽑느냐는 전혀 문제될 게 아니기 때문이다. 이 점은 옛날 사진을 보아도 분명히 알 수 있다. 한 사람이 만작을 하고 있으면 그 옆 사람들은 화살을 뽑아서 시위에 걸어놓고 기다린다. 앞 사람이 다 쏜 뒤에 뽑은 것이 아니라는 것을 보여준다. 아무 때나 뽑아들고 자기 차례를 기다린 것이다.

그런데 황학정에서도 예의를 갖춰야 할 때에는 법도가 있었다. 편사 때가 바로 그때다. 편사 때는 각 정의 사원 한 사람씩만 나와서 쏜다. 그리고 쏘고 난 뒤에도 관중 여부를 확인하는 절차가 획창과 창과 함께 진행된다. 따라서 획창이 끝나고 기생들의 지화자 반주가 다 끝날 때까지 기다렸다가 쏘게 되는 것이다. 그래서 앞사람이 다 끝난 뒤에 그제야 화살을 뽑는 것이다. 그리고 전주 천양정에서는 1960년대까지 소리기생을 동원하고 대회를 치렀기 때문에 이처럼 한 것이다.[15] 따라서 앞사람이 다 쏜 다음에 화살을 뽑아 쏘는 것은 예의를 엄격히 갖춘 대회에서나 하는 풍습인 것이다. 따라서 보통 습사를 할 때는 지켜야 할 필요가 없는 예절인 것이다.

보통 습사할 때는 너무 시간을 끌지 않기 위해서 '앞에앞엣사람'이 거궁할 때 미리 화살을 뽑아서 준비하는 것이 옳다. 또 인원이 많이 참가하는 대회에서도 미리미리 준비해서 시간을 줄여주는 것이 올바른 예절이다.

그러나 바로 옆 사람이 거궁을 할 때는 화살을 뽑으면 안 된다. 그것은 옆 사람의 신경을 거슬리게 해서 고도의 정신집중을 해야 하는 활쏘기를 방해하는 꼴이 되기 때문이다. '앞에앞엣사람'이 거궁할 때 준비하되, 시기를 놓쳤으면 앞사람이 다 쏜 뒤에 화살을 뽑는 것이 옳은 일이다.

4) 동진동퇴(同進同退)

동진동퇴란 사대에서는 함께 나아가고 함께 물러선다는 뜻이다. 활쏘기가 혼자서 하는 것이긴 하지만 나아가고 물러갈 때는 행동을 함께 한다. 이것은 사두라는 말도 암시한다. 사두는 머리를 뜻하는데, 같이 쏘는 한 띠를 살아있는 유기체로 할 때 한 몸이니까 같이 나아가고 같이 물러설 수밖에 없는 것이다. 또 활쏘기는 전쟁에서 쓰이는 것이기 때문에 단결을 중요시한 것이고 그것이 일사불란한 질서와 절도를 보이는 활터의 풍속으로 굳은 것이다. 그리고 잘 생각해보면 활은 다른 무기와 달라서 살을 시위에 먹이고 당기는 데 시간이 걸리기 때문에 무리를 나누어서 한 띠가 쏘고 나면 다음 띠가 나가고, 다시 그 다음 띠가 나가는 방식으로 전쟁을

---

15) 박병연 대담(1997. 11. 21).

치렀을 것이기 때문에 동진동퇴라는 것이 자연스럽게 예절로 굳은 것이다. 낱낱이 모여서 일정한 절도를 보이는 것이 예절인 것이다. 또 설자리에서 무질서하면 고전이나 연전동이 행동을 마음대로 하기 어렵다. 그래서 안전사고를 방지하자는 뜻도 있다.

기 타 | 03

이밖에도 집궁회갑, 납궁례 같은 것이 있다. 집궁회갑은 집궁 60주년을 기념하는 것이고, 납궁례는 나이가 들어서 활을 쏘지 못하게 되었을 때 활을 반납하는 은퇴식이다.

01 _ 집궁회갑

집궁회갑은 집궁한 지 60주년이 되는 해를 기념하는 잔치를 말한다. 무술에 입문한 지 60년이란 아주 드문 일이고 특별한 일이다. 그 분야에 오랜 연륜과 전통이 있지 않으면 어려운 풍속이다. 우리나라에서는 활쏘기에서만 특별히 볼 수 있는 풍속이다. 회갑잔치이기 때문에 거기에 준하여 절차를 따른다. 다만 집궁회갑을 맞은 사람의 시사가 있어야 한다는 것이 중요하다. 옛날의 회갑잔치는 보통 삼현육각을 동원하는 큰 잔치였지만, 근래에 이르러서는 많이 축소되어, 인근 활터의 한량들을 불러서 대회 형식으로 치르는 경우가 많다.[16]

02 _ 납궁례(納弓禮)

납궁례는 은퇴식이다. 이 예절도 오랜 내력이 있는 우리나라의 활터에서만 볼

---

16) 집궁회갑의 예는 아주 많아서 『조선의 궁술』에도 정행렬의 집궁회갑 사례가 실렸다. 근래에는 금산 홍관정의 박병일 사두가 집궁회갑 기념대회를 개최했고, 부산 수영정에서 윤준혁 고문의 집궁회갑이 있었으며, 2001년도에는 황학정의 성문영 사두에 이어 그의 아들 성낙인이 집궁회갑을 맞는 특별한 일도 있었다. 성낙인 옹에게는 온각지궁사회에서 집궁회갑 기념패를 해드렸다.

수 있는 특별한 풍속이다. 무술이 발달한 동양3국 중에서도 우리나라밖에 없는 아주 독특한 풍속이다. 다만 무협지 소설 속에서는 '금분세수'라고 하여 무림 고수의 은퇴식이 있다. 그렇지만 현실 속에 은퇴식이 있는 무예라고는 우리나라의 활터뿐이다.

납궁례는 자신이 집궁한 활터에다 자신의 궁시를 반납하는 의식이다. 납궁자가 사두에게 납궁 의사를 표하면 사두는 그날부터 납궁례 준비를 한다. 좋은 날을 잡아서 주변 활터에 통지하고 손님을 초청한다. 형식은 특별한 것이 없다. 다만 납궁자가 활터에 고사를 지내고 시사를 한 다음에 궁시를 사두에게 반납한다. 납궁자가 활을 낼 수 없으면 시사는 생략한다. 시사에서는 허시라는 특례를 준다. 즉 화살이 과녁을 맞히지 못해도 맞은 것으로 간주하고 획창을 하는 것이다. 그러면 그 획창을 따라 풍악이 울린다. 유종의 미를 거둔다는 점에서 몰기로 활터 생활을 마감하는 영광을 활터 측에서 베푸는 것이다.[17]

---

[17] 2001년도에 진주 창림정의 김향촌 여무사가 납궁례를 행하여 모범 사례를 남겼다. 이 납궁례는 창림정과 온깍지궁사회가 공동으로 주관하였다.

제 06 장

활쓰기의 실제

/ 궁술 용어
/ 전통 사법
/ 애기살(片箭) 쏘는 법
/ 말타고 활쏘기
/ 궁체 바로잡기

이 장을 시작하기 전에 생각해야 할 것은 말이라고 하는 전달매체의 한계이다. 활쏘기는 아주 짧은 순간에 이루어지며 또한 연속 동작으로 이어진다. 그러나 말은 그렇지 않다. 말은 끊임없이 이어지는 동작을 고스란히 보여주기에는 너무나 분명한 한계가 있다. 활쏘기의 동작은 순간마다 꼬리를 물고 일어나지만, 말은 그 같은 연속동작을 담아낼 수 있는 체계가 아니기 때문이다. 말은 동작의 연속이 아니라 분화(分化)와 분절(分節)의 체계이다. 따라서 한 순간에 이루어지는 동작을 언어로 담아내려면 그 동작이 맺히고 풀리는 어떤 점을 중심으로 나누고 분석해야만 제대로 묘사할 수 있다. 그런데 이렇게 점과 마디로 나누어 분석했을 경우 자칫하면 전체의 상황을 간과할 수가 있다. 이것이 궁술을 말로 담을 때의 한계이자 단점이다.

그러나 이런 사실이 단점으로만 작용하는 것은 아니다. 그와 반대로 장점으로 작용할 수도 있다. 왜냐하면 말이나 글은 연속동작을 여러 마디로 나누는 대신, 그 동작의 순간순간에 숨어있는 원리를 자세히 설명할 수 있기 때문이다. 이 점은 비디오처럼 연속동작으로 보여줄 수 있는 매체도 따라올 수 없는 말만의 특징이자 장점이다. 비디오로 촬영하여 그것을 본다고 해서 활을 잘 배울 수 있는 것은 아니다. 활쏘기의 기술이 한 순간의 동작으로 나타나지만, 그렇게 나타나기까지는 많은 훈련이 필요하고 그런 훈련은 여러 단계를 거쳐서 이루어지는데, 각 단계마다 궁술을 익히는 어떤 원리와 이치가 있기 때문이다. 이 점을 그림 매체는 보여줄 수가 없다. 원리는 몸이 아니라 생각으로 얻을 수 있는 것이기 때문이다. 그 생각을 담아내는 데는 말과 글을 따라갈 매체가 없다.

따라서 그림과 글은 어느 한쪽이 우수한 것이 아니라 서로 장점과 단점을 지니고 있으며 이 둘이 보완할 때만 궁술은 완전하게 전달될 수 있다. 여기서는 이러한 한계를 전제로 하고 글이라는 매체를 중심으로 활쏘기 기술을 기술한다.

활은 몸으로 하는 운동이다. 따라서 백 마디 교훈도 한 번 쏘아보는 것만 못하다. 그런데 앞으로 여러 가지 오묘한 상황과 동작을 설명할 때 그 설명에 쓰이는 말을 이해하지 못하면 안 된다. 운동에는 그 운동에서만 특수하게 쓰이는 용어가 있기 마련이다. 활쏘기도 예외는 아니다. 특히 활쏘기는 워낙 오랜 세월 동안 우리 겨레의 삶 속에 살아 숨 쉰 운동이기 때문에 그 원리를 설명하는 것도 우리말로 되어있다. 이 점 오랫동안 중국의 문화권 안에 살아왔으면서도 활이 우리 문화와 우리겨레의 얼을 고스란히 간직하고 있다는 증거가 된다. 우리 풍속의 어떤 분야도 이렇게 우리 겨레의 원형질을 고스란히 간직한 분야가 없다. 활쏘기는 우리의 큰 자랑거리이다.

01 궁술 용어

활쏘기의 오묘한 세계를 이해하려면 용어부터 이해해야 한다. 그런 까닭에 먼저 활쏘기에서만 특수하게 쓰이는 용어를 설명한다. 이것을 이해해야 다음 단계의 설명을 알아들을 수 있다. 궁술을 설명하는 데 가장 필요한 것 몇 가지만 우선 설명한다. 활쏘기는 단전의 힘을 이용한다. 따라서 활쏘기란 단전에 모인 힘이 손을 통해서 활로 전달되어 화살을 날려 보내는 과정이다. 이런 과정에 따라서 용어를 설명한다.

▶ 불거름 : 방광의 위(膀胱之上)로 단전(丹田)을 가리키는 말이다. 〈붉거름(丹肥)〉에서 온 말로 추정된다. 활쏘기에서는 이 불거름에 힘을 주어서 하체를 안정시킨다. 그렇다고 똥배에 힘을 주는 것은 아니다. 만작을 한 상태에서 분문(糞門)을 꽉 조이면 불거름은 저절로 팽팽해진다. 여기에 기를 모으는 것이 단전호흡의 꽃이면서 활의 매력이다.

그런데 바로 이것 때문에 활을 쏘면 정력이 강해진다는 이야기가 나온 것이다. 그리고 이것은 원리상 상당히 근거가 있는 얘기다. 정력은 건강의 척도이다. 그런데 이 정력을 주관하는 장기는 신장이다. 정력제 중에서 가장 좋은 것으로 소문난 물개도 그 이름이 해구신(海狗腎)인데 이 '신'의 뜻이 바로 신장(콩팥)이다. 물론 해구신은 물개의 자지를 가리키는 말이다.

이 신장은 오행상 수(水)에 해당한다.[1] 그런데 방광 또한 같은 수에 해당한다.

---
[1] 정진명, 『우리 침뜸 이야기』, 학민사, 2009.

신장은 음이고 방광은 양으로 한 짝을 이루어 오행 중 수를 구성하는 것이다. 따라서 방광을 건강하게 한다는 것은 신장을 건강하게 한다는 것이다. 그러므로 불거름을 팽팽히 해서 호흡을 깊이 하는 것은 바로 이와 같은 작용을 하게 하는 것이다. 정력이 강해진다는 것은 이런 점에 근거를 둔 말이다.

▶ 덜미 : 목 뒤를 말한다. 활 쏠 때는 턱을 죽머리에 묻어서 목을 팽팽히 늘여야 한다. 이것은 목뼈를 바로 세우는 효과가 있다. 단전호흡에서도 턱을 당기라고 하는데 역시 같은 발상이다. 이것은 허파를 통하여 천기(天氣)를 깊숙이 끌어들이려는 것이다.

▶ 붕어죽, 죽머리, 중구미 : '죽'은 '죽지'를 가리킨다. 이것을 보면 우리 겨레는 사람의 팔을 날개로 인식한 것 같다. '죽지'는 대개 새의 날개를 가리키는 말이기 때문이다. 아마 팔과 날개보다 먼저 쓰인 말이 '죽'이 아닌가 짐작해본다. 그러다가 날개와 팔의 용도가 다름에 따라 말도 팔과 날개로 분화한 것 같다. 또 활쏘기에서는 마무리 동작을 '학이 날개를 접듯이 하라'는 격언이 있어서 이 점을 암시한다.

붕어죽은 줌팔, 즉 활을 잡은 손의 접히는 곳이 하늘을 향했다는 뜻이다. 붕어는 성성하게 살아있으면 등줄기가 위로 향한다. 반면에 병들거나 죽으면 허연 배를 뒤집는다. 바로 이 모양처럼 죽이 뒤집어진 모양을 붕어죽이라고 한 것이다. 따라서 성성한 붕어가 시커먼 등줄기를 보이는 것처럼 줌팔도 세워서 검게 그을린 부분이 위로 향하도록 해야 한다.

이것 역시 단전의 기를 줌손까지 전달하려는 배려이다. 붕어죽이 되면 혈은 모두 속으로 숨어버려 기의 흐름이 차단된다. 팔에 힘을 주면서도 기의 흐름을 끊지 않는 방법이 바로 죽을 일으켜 세우는 것이다. 본래 기를 생각하지 않는 양궁에서는 줌손이 붕어죽이 되든 앉은죽이 되든 신경 쓰지 않는다. 대개는 뼈로 받쳐서 민다. 따라서 혈이란 혈은 다 속으로 숨어버려 기의 소통이 막힌다. 양궁이 기의 작용까지 승화하지 못하고 육체운동에 머무는 것도 이 때문이다. 죽은 반드시 업히어야 한다.

'앉은죽'은 업히지도 젖히지도 않은 죽, 즉 똑바로 선 것도 아니고 하늘을 향한 것도 아닌, 애매모호한 상태로 있는 팔의 모양을 말한다.

죽머리는 줌손의 어깨를 말한다.

중구미는 줌손의 팔이 접히는 부분, 즉 팔꿈치를 말한다. '중구미'는 '죽+구미'의 구성을 보이는데 음의 상호작용으로 변형된 것이다. 중구미가 젖혀진 죽을 '붕어죽'이라고 하고, 젖혀지도 업히지도 않은 죽을 '앉은 죽'이라고 하는 것으로 보아, '중'이 '죽'의 변형이라는 것을 어렴풋이 알 수 있는데 '구미'는 전혀 알 수 없다. 이것은 우리말의 특징에서 오는 현상이다. 우리말은 유성음인 'ㄴ,ㄹ,ㅁ,ㅇ' 뒤에 오는 'ㅣ' 발음이 '지'로 변하는 버릇이 있다. 예를 들면, 누룽이-누룽지, 아궁이-아궁지, 겨레-결지 같은 말들이 그런 것들이다.[2] 이것은 팔꿈치나 발꿈치도 마찬가지인데, '팔굽이-팔구미-팔굼치'의 변화를 보면 그 양상을 뚜렷이 볼 수 있다. 여기서 팔 대신 '죽'이라는 활 고유의 명칭을 넣으면 금방 해답을 얻을 수 있다. '죽굽이-죽구미'이다. '죽구미'가 발음하기 불편하니까, 죽의 'ㄱ'이 유성음인 'ㅇ'으로 변해서 '중구미'가 된 것이다. 굽이는 '굽다'라는 동사에서 온 말이니까, 중구미란 '죽이 굽은 것'이라는 뜻이다.

▶ 등힘 : 줌손의 어깨에서 손등까지 팔의 바깥쪽으로 곧게 뻗으면서 연결되는 힘을 말한다. 활은 등힘으로 밀어야 한다. '등'은 팔 안쪽이 아니라 팔 바깥쪽이라는 뜻이다. 이것은 아주 중요한 까닭이 있다. 이것은 불거름(丹田)에 모인 기가 하삼지까지 전달되도록 하기 위한 것이다. 이 점이 양궁하고 다르다. 양궁은 완력으로 쏘는 것이지만, 국궁은 기로 쏜다. 단전에 모인 기가 하삼지까지 전달될 수 있도록 하는 것이 바로 등힘으로 미는 것이다. 등힘으로 밀면 팔 바깥으로는 경락 가운데 소장경락과 삼초경락이 흐르고 안쪽으로는 심포경과 심경이 흐르고 있기 때문에 단전의 기가 그리로 통한다. 등힘으로 밀지 않고 뼈 힘으로 밀면 경락이 끊겨서 기가 차단된다. 붕어죽을 만들지 말라고 하는 것도 이 기의 소통을 막지 않으려고 그러는 것이다. 양궁은 등힘으로 미는 것이 아니라 팔뼈의 힘으로 민다. 따라서 기는 차단된다.

---

[2] 이훈종, 『오사리 잡놈들』, 한길사, 1995. 61쪽.

양궁은 기로 쏘는 것이 아니라 힘으로 쏘는 것이란 것이 이것이다.

▶ 회목 : 손목을 가리킨다. 깍짓손 회목, 줌손 회목이라고 한다. '목'은 우리말로 갑자기 좁아지는 곳을 가리킨다. 그래서 골짜기도 갑자기 좁아지는 곳을 목이라고 한다. 우리나라 지명에서 흔히 볼 수 있는 '노루목' 같은 것이 그것이다. 이외에도 '건널목'이니 '다닐목'이니 해서 얼마든지 찾아볼 수 있다. 물론 인체의 목(項)도 같은 얘기이다. 몸에서 머리로 올라가는데 갑자기 가늘어지는 곳이라는 뜻이다. '회'는 접두사로 이 역시 가늘다는 뜻을 지닌 말이다. '회초리'라는 말에서 그 흔적을 잘 볼 수 있다. '초리'는 꼬리라는 뜻이고, 회는 가늘다는 뜻이다.

▶ 반바닥(半--) : 엄지손가락이 박힌 뿌리 부분을 말한다. 손바닥 가운데 살이 가장 통통한 부분이다. 활의 줌통 한 가운데를 이곳으로 민다. 이것은 아주 중요하다. 보통 줌통을 처음 잡으면 방망이 잡는 것과 다를 바가 없다. 그렇게 잡으면 살은 뒤난다. 그래서 조준점을 오른쪽으로 옮기게 된다. 이것은 여러 모로 불편하다. 따라서 줌손은 반드시 반바닥으로 밀어야 한다. 자루 잡듯이 줌통을 살짝 잡고서 아래쪽을 줌통 바깥으로 조금 틀어서 잡으면 된다. 그러면 손바닥의 한 가운데에 닿지 않고 중심선에서 바깥쪽으로 빗겨난 부분에 줌통이 닿는다. 그래서 '한'(一)이 아니라 '반'(半)바닥이다. 반바닥의 반대말은 '온바닥'이다.

▶ 범아귀, 웃아귀, 북전 : 범아귀는 엄지와 검지의 사이를 말한다. 엄지와 검지를 오그리면 그 모양이 마치 범의 아가리 모양처럼 생겼기 때문에 붙은 이름이다. 손가락의 모양을 이런 식으로 묘사하는 겨레는 범과 아주 친숙한 겨레인데, 바로 백두산 호랑이의 서식처인 한반도와 만주일대에 살았던 우리조상들이 그런 경우이다.

웃아귀는 엄지손가락과 둘째손가락의 뿌리가 서로 만나는 곳을 말한다. 그러니까 범아귀의 가장 깊숙한 부분을 말한다. 이곳을 눌러 쏘는 수가 있기 때문에 그것을 설명하려고 생긴 말이다.[3] 범아귀와 짝을 이루는 말이다.

---

[3] 일본 활은 이곳을 눌러서 쏜다. : 성낙인 대담(1997. 2. 25).

북전은 줌손 검지의 첫째 마디와 둘째 마디 사이를 말한다. 줌통을 잡으면 이 부분이 대림끝 활채에 닿아서 활을 앞쪽으로 밀어준다. 줌손을 흘려쥐면 하삼지로 힘이 가는데, 하삼지의 힘으로 줌통이 조여지는 것과 대응하여 줌손에 힘을 받는 부분이 북전이다.

▶ 하삼지(下三指) : 줌손의 셋째, 넷째, 다섯째 손가락을 말한다. 이 세 손가락으로 줌통을 잡는다. 엄지와 검지에는 힘을 주지 않는다. 이 하삼지에 힘이 붙어야 살이 힘차게 나간다. 활의 탄력에 사람의 탄력을 실어주는 것이 바로 하삼지의 힘이다.

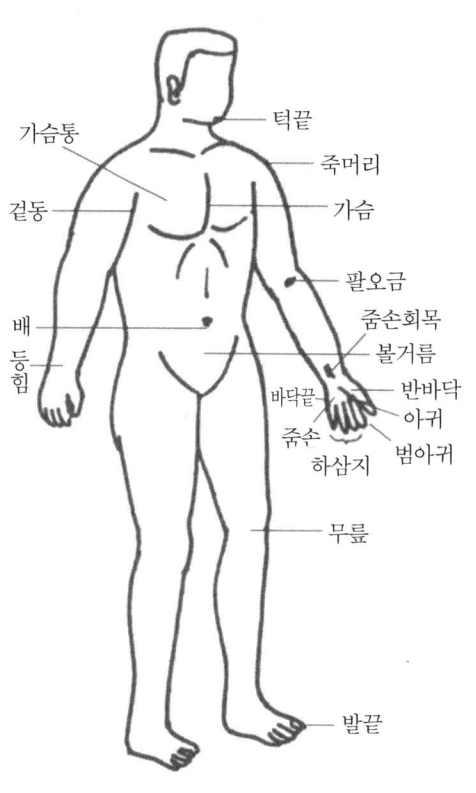
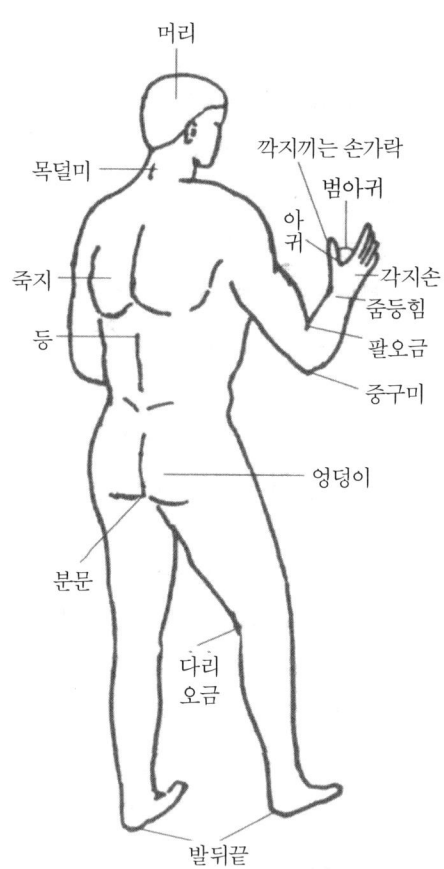

몸

전통 사법 02

활을 배우고 여러 사람들에게 활쏘기 기술을 전하다보면 그것을 알아듣기 쉽게 하기 위해서는 몇 가지로 요약해서 설명하게 된다. 이것은 글이라는 매체가 지닌 한계이면서 장점이기도 하다. 그래서 1996년에 낸 『우리 활 이야기』에서는 여섯 단계로 나누어서 설명을 했다. 즉 ① 발가짐, ② 줌손, ③ 준비 자세, ④ 활 거는 자세, ⑤ 마지막 처리, ⑥ 마무리가 그것이다.

그런데 그 동안 이런 저런 글을 발표하고 또 발표된 글을 읽다보니 우리활의 원리를 모두 10단계로 설명하는 것이 적절하다는 결론에 이르렀다.[4] 그러니까 여섯 단계로 나눈 앞 책의 내용에 살 먹이는 것과 걸치기, 엄지발가락 누르기, 만작을 떼어서 따로 설명했다. 앞의 책을 내고서 그 책을 읽은 사람들의 의견을 들으면서 전에는 크게 다루지 않은 이 몇 가지가 따로 떼어야 할 만큼 중요하다는 판단이 든 것이다.

『조선의 궁술』에서는 몸의 부위별로 나누어 설명했다. 그러다보니 너무 산만해져서 전체를 파악하기가 좀 힘든 면이 없지 않다. 그래서 『우리 활 이야기』(초판, 1996)에서는 여섯 단계로 줄여서 시간차 순으로 설명한 것인데, 이것이 이 책의 초판에서는[5] 다시 여덟 단계로 나누었다가[6] 이번에 개정증보판을 내면서 열 단계로 늘

---

[4] 『한국의 활쏘기』 초판(1999)에서는 여덟 단계로 나누었다. 그 후에 10단계로 나누는 방법으로 확정짓고(「국궁의 전통사법에 대한 고찰」, 청주대학교교육대학원 석사학위논문, 2003), '온깍지 사법'이라는 이름을 붙였다.(온깍지궁사회 홈페이지, http://www.onkagzy.com).
[5] 정진명, 『한국의 활쏘기』, 학민사, 1999.
[6] 그 무렵에 황정정에서 나온 『궁도입문』에서도 8단계로 나누고 사법팔절이라고 이름을 붙였는데, 내 생각과는 우연의 일치였다. 사법팔절이 일본궁도의 이론이라는 것을 나중에 알고 가슴을 쓸어내린 적이 있다.

어난 것이다. 그리고 각 단계의 이름도 『우리 활 이야기』(초판, 1996)와는 다르게 바꾸었다. 각 단계별 동작을 정리하면 다음과 같다.

활쏘기 세부 동작

예비동작	① 발디딤
	② 손가짐
	③ 살메우기
본동작	④ 걸치기
	⑤ 죽올리기
	⑥ 엄지발가락누르기
	⑦ 깍짓손끌기
	⑧ 만작
	⑨ 발시
마무리동작	⑩ 거두기

이 열 단계는 다시 크게 세 단계로 나눌 수 있다. 활을 쏘기 위한 예비동작(① ② ③)과 활을 쏘는 본동작(④ ⑤ ⑥ ⑦ ⑧ ⑨), 그리고 활을 쏘고 난 뒤의 마무리 동작(⑩)이 그것이다. 물론 이것은 전체의 일관된 흐름을 편의상 나눈 것이다. 아울러 동작에 대한 설명은 이렇게 나누어야 하지만 전체의 동작은 물이 흐르듯이 자연스럽게 이어져야 한다.

01 _ 예비동작

예비동작은 활을 쏘기 전에 취해야 할 가장 기본이 되는 자세이다. 기본이 되는 만큼 이것이 제대로 되지 않으면 본 동작이 제대로 되질 않는다.

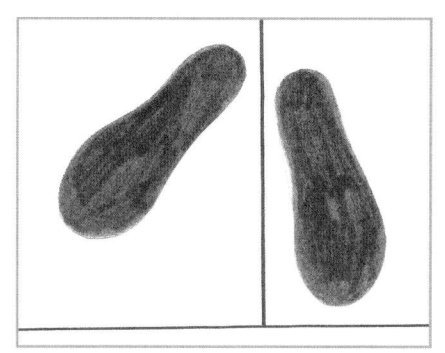
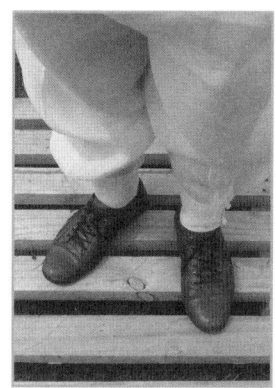

발모양

1) 발디딤 : 비정비팔(非丁非八)

우리활의 발 자세는 비정비팔 한 가지뿐이다. 양궁의 경우는 크게 세 가지이다. 과녁을 향하여 똑바로 마주서는 자세와 과녁을 옆으로 놓고 서는 것,[7] 그리고 우리와 같이 비정비팔로 서는 것이 그것이다.

이 비정비팔은 어쩌다 선택한 방식이 아니다. 우리 조상들이 활을 쏠 때, 그럴 수밖에 없기 때문에 나온 자세이다. 이것은 우리 활이 양궁과는 달리 말을 타고 달리면서 쏘는 활이기 때문이다. 말을 타고 달릴 때의 바람 때문에 몸을 앞으로 똑바로 향하지 않고 약간 비트는 것이 좋다. 말은 매우 빠른 속도로 달리기 때문에 말을 탄 사람은 몸을 앞으로 수그려서 그 바람을 피해야 한다.[8] 그런데 활을 쏠 때는 몸을 똑바로 하고 가슴을 활짝 펼 수밖에 없다. 그러면 바람에 노출되어 저항을 받는다. 그렇잖아도 흔들리는 말 위에서 자세가 당연히 불안정해진다. 따라서 가슴을 활짝 펴되 될 수 있는 대로 바람의 저항을 덜 받게 하는 방법을 생각하지 않을 수 없다. 몸을 조금 돌리면 바람을 가르기가 훨씬 쉽다. 그러다보니 몸통 전체가 조금 돌아간 자세로 활을 쏘게 되는 것이다. 당연히 깍짓손 쪽의 어깨가 뒤로 빠지면서 몸통이

---

7) 지철훈, 『궁도개론』, 출판사 불명, 1987. 18~19쪽.
8) 『사법비전공하』, 마사법. 馳馬, 宜以身, 撲向于前.

돌아간다. 몸과 발의 왼쪽을 앞세운다고 한 것이 바로 그것이다.[9] 이 자세를 말 위에서 땅 위로 옮겨놓으면 바로 비정비팔이 되는 것이다.

비정비팔은 발 모양에서 온 말이다. 먼저 우궁의 경우, 왼발의 끝을 과녁의 왼쪽 귀퉁이를 향해서 놓는다. 그러면 과녁과 발은 고무래정짜(丁) 모양으로 만난다. 그런데 과녁의 정중앙을 향해서 맞춘 것이 아니라, 과녁의 왼쪽 귀에 맞추었기 때문에 정확한 정짜(丁)가 나오질 않는다. 그래서 정짜를 닮기는 닮았는데 정확한 정짜가 아니라는 뜻에서 비정(非丁)이라고 한 것이다. 이 '비정'은 '丁이 아니다' 라는 뜻이다.

비팔(非八)은 '팔자 모양이 아니다' 라는 뜻이다. 이것은 두 발의 모양이 그렇다는 뜻이다. 왼발을 과녁을 향해서 우선 정하고 나면 나머지 발을 정한다. 오른발은 왼발의 장심(掌心:발 안쪽의 움푹 들어간 부분)에 발끝을 댔다가 대각선 방향으로 벌린다. 넓이는 자신의 주먹 둘이 들어갈 만큼이다. 이렇게 되면 과녁 쪽에서 보나 옆에서 보나 발의 모양을 보면 한자의 여덟 팔짜(八)를 닮기는 닮았는데, 정확히 八짜와 일치하지는 않는다. 그렇기 때문에 비팔(非八)이라고 한 것이다.

따라서 비정비팔이란 발의 모양이 정(丁)짜 모양도 아니고 팔(八)짜 모양도 아니면서 그 두 글자와 비슷한 모양으로 벌려선 발모양을 말한다.

이 비정비팔이라는 말은 중국의 활쏘기에서도 똑같이 쓴다. 그러나 똑같은 말이라도 발의 모양새는 완전히 다르다.

2) 손가짐

손은 줌손과 깍짓손, 둘이다. 우궁의 경우는 왼손이 줌손이 되고 오른손이 깍짓손이 되며 좌궁의 경우는 그 반대이다. 그런데 활은 손으로 쏘는 것이기 때문에 손동작은 아주 중요하다. 화살이 날아가는 모양과 힘을 결정짓는 것이 바로 이 양손에서 이루어진다.

---

9) 『사법비전공하』, 「마사법」, 左身左足向前.

▶ 줌손

줌손은 하삼지를 흘려줘어야 한다.[10] 이 흘려줜다는 말은 줌손의 모든 것이라 할 만큼 중요한 것이다. 흘려줜다는 것은 막대기 같은 것을 쥘 때처럼 손가락을 똑바로 말아줜다는 것이 아니다. 이 흘려줜다는 말은 모아 쥔 손가락의 방향이 똑바르지 않고 비스듬히 흘렸다는 뜻이다.

손바닥을 편 상태에서 막대기를 잡으려고 손가락을 모으면 손가락의 네 끝은 손바닥에 한 줄로 나란히 닿는다. 이것은 그냥 잡는 것이다. 그런데 흘려쥐면 손가락의 네 끝이 손바닥에 대각선으로 벌여져서 닿는다. 그래서 힘의 중심은 엄지가락의 뿌리부분과 넷째 손가락의 가운데마디가 된다. 이렇게 해서 줌통을 잡고 밀면 줌통의 한 가운데에 닿는 부분은 엄지가락의 뿌리부분이다.

그냥 잡고 밀면 줌통은 손바닥의 중심에 가까운 곳으로 밀게 된다. 생명선의 한 가운데로 미는 것이다. 그리고 줌통을 네 손가락에 힘을 다 주어서 움켜쥐게 된다. 그러나 흘려쥐고서 밀면 엄지가락의 뿌리부분으로 밀고, 하삼지로 움키게 된다. 이렇게 엄지가락의 뿌리부분으로 밀기 때문에 '반(半)바닥'으로 민다고 말한다. 손바닥의 반쪽으로 미는 것을 뜻한다. 따라서 반바닥이란 '온바닥'과 대조를 이루는 말이다. 흘려쥐면 힘의 중심점이 손바닥 한 가운데에서 바깥쪽(엄지가락의 뿌리부분)으로 약간 옮겨가기 때문에 이것을 나타내기 위해서 '반바닥'이란 말을 만들어낸 것이다. 따라서 반바닥이란 줌통의 한 가운데를 미는 곳에 해당하는 말로, 엄지가락의 뿌리부분을 가리킨다. 보통 그냥 잡으면 주먹을 움킬 때 엄지와 검지가 만난다. 그러나 흘려쥐면 주먹을 움킬 때 엄지와 중지가 만난다. 결국 미는 힘이 가운데 손가락 쪽으로 가는 것이다.[11]

---

10) 『조선의 궁술』, 39쪽.
11) 이런 원리는 중국의 옛 활에서도 마찬가지이다. 그래서 중국의 옛 병법서인 『기효신서』에도 엄지로 중지를 누른다고 설명하고 있다. 엄지로 중지를 누른다(大指壓中指)는 것은 흘려쥐는 것을 설명한 것이다. 흘려쥐면 엄지가 중지에 닿게 된다. 그냥 쥐면 엄지는 검지와 맞닿는다.(『기효신서』, 영인본. 弓矢製)

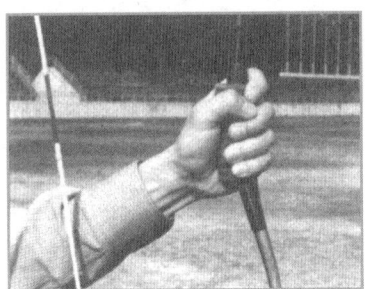
흘려잡은 줌손(줌 앞)

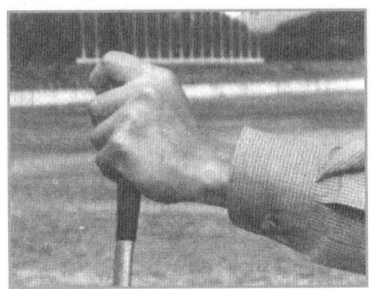
흘려잡은 줌손(줌 뒤)

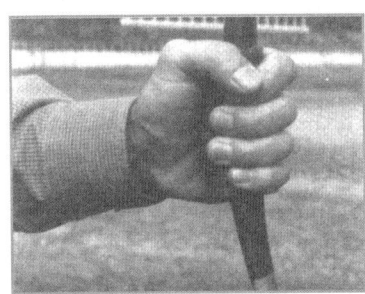
막 줌(×)

흙받기 줌(×)

그렇다면 왜 이렇게 흘려쥐어야 하는가? 이유는 간단하다. 줌손을 흘려쥐는 이유는 살이 한통을 치고 나가도록 하려는 것이다. 그렇다면 흘려쥐면 왜 살은 한통을 치고 나가게 되는가? 이것이 여태까지 설명하지 못한 부분이다. 이 부분은 수학의 정밀한 계산이 뒷받침되지 않으면 안 되는 부분이다. 그래서 옛날부터 그렇게 하는 것을 당연한 것으로 받아들이면서도 마치 비전(秘傳)이나 구결(口訣)처럼 전해온 것이다. 그리고 이것은 경험에서 우러난 것이기 때문에 더욱 값진 것이다. 이제부터 그 이유를 수학의 원리로 설명해본다.[12]

우리 활에서 살이 통을 치고 나가도록 고안한 원리는 두 가지이다. 활을 조금 기울이는 것과 흘려쥐는 것이 그것이다. 그리고 이 둘은 떼려야 뗄 수 없는 관계이

---

12) 이렇게 수치화해서 계산하여 흘려쥐는 원리를 설명한 것은 아직 없다. 그런 만큼 이 방법을 디딤돌로 하여 새로운 연구가 진행되어야 할 것이다.

다. 살을 걸 때 가장 바람직한 것은 살이 활채의 한 가운데에 걸리도록 하는 것이다. 그러려면 활의 줌통 한 가운데에다가 구멍을 뚫어서 살을 거는 것이다. 이런 합리성을 드러내기라도 하듯이 양궁이 바로 그런 방법을 취했다.

그러나 국궁은 말 위에서 쏘는 활이다. 이런 식으로는 문제를 해결할 수 없다. 그래서 다른 방법을 고안했다. 그 방법이 바로 앞뒷손을 짜서 쏘는 것이다. 줌통 한 가운데에 구멍을 뚫지 않는 한 살이 똑바로 나가지 않는다. 활채의 앞이나 뒤에 살을 걸어서 당기면 살은 똑바로 나가지 않고 앞이나 뒤로 나간다. 이 방향을 바꾸려면 활채를 움직이는 것이다. 쏘는 순간 활채를 돌려서 화살이 줌통의 한 가운뎃자리로 나가도록 하는 것이다. 이것을 할 수 있는 것이 줌손과 깍짓손을 빨래 짜듯이 '짜는' 것이다. 그러면 쏘는 순간에 활이 조금 틀어지면서 살은 줌통의 중심이 있던 자리로 나가는 것이다. 이것은 줌통의 한 가운데에 구멍을 뚫어서 쏘는 것과 같은 효과를 낸다. 바로 이 효과를 내는데 가장 훌륭한 방법이 흘려쥐는 것이다. 그렇다면 얼마나 흘려쥐어야 하는가 하는 것이 문제이다. 이것은 계산을 해보면 된다.

우선 과녁을 15도 뒤로 기울였다는 것을 생각해보자. 이것은 화살이 포물선을 그리면서 날기 때문에 화살을 기준으로 볼 때 화살을 정면으로 받도록 하려는 것이다. 쏘는 사람의 처지에서 보면 15도 뒤로 기울어진 것이지만, 화살의 처지에서 보면 똑바로 서 있는 셈이다. 따라서 과녁이 뒤로 조금 기울었다는 사실은 계산에서 고려하지 않아도 된다.

먼저 화살이 만드는 탄착점을 보도록 한다. 다음 도설에서 활을 똑바로 세우고 쏘면 화살이 떨어지는 선은 '다' 이다. 줌손의 힘이 풀리는 방향은 좌우이기 때문이다. 따라서 활을 오른쪽으로 조금씩 기울이면 탄착점도 이동을 하는데, 활을 완전히 수평으로 눕히면 탄착점은 '가' 가 될 것이다. 물론 그 중간쯤에서 탄착점은 '나' 로 형성된다.

'가, 나, 다', 이 셋을 비교하면 명중률이 가장 높은 것은 당연히 '나' 이다. '다' 보다는 '가' 가 명중률이 더 높다. 과녁은 가로보다 세로가 더 길기 때문이다. 그러나

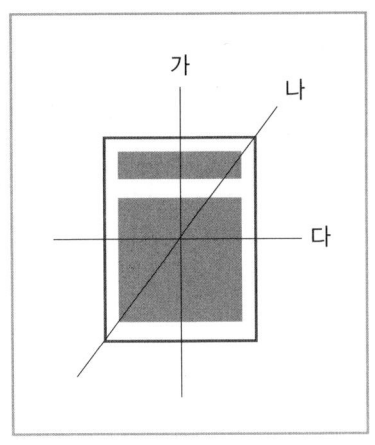

사각형 안에서 가장 긴 직선은 대각선이다. 따라서 탄착점도 이 대각선을 따라서 형성되는 것이 가장 명중률을 높은 것이다. 따라서 탄착점이 이렇게 이루어지도록 하려면 활을 '나' 만큼 기울이면 된다. 이 '나' 선의 기울기를 알아내면 된다.

그런데 이 '나' 의 기울기는 과녁의 가로와 세로를 알아내면 구할 수 있다. 지금 과녁의 모체가 되는 유엽전의 과녁은 가로가 4.6자, 세로가 6.6자이다. 활을 세우면 화살이 날아가는 방향은 수평에서 점점 일어서기 시작해서 나중에는 과녁의 대각선과 일치하는 선까지 올라온다. 이 선이 명중률을 가장 높이는 선이다. 이 선의 기울기는 β값이다. 따라서 이 β값을 알아내려면 가로와 세로의 길이를 알고 있으므로 $\tan\beta$를 계산하여 삼각함수표의 각도(θ)를 찾으면 된다. '$\tan\beta$=세로/가로' 이다. 따라서 $\tan\beta=6.6/4.6=1.4347$……을 얻을 수 있다. 삼각함수표에서 이 값에 가장 가까운 것을 찾으면 다음과 같다.

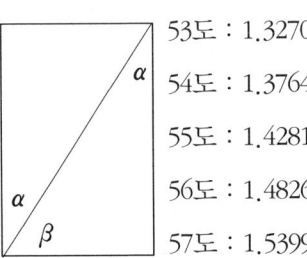

53도 : 1.3270
54도 : 1.3764
55도 : 1.4281
56도 : 1.4826
57도 : 1.5399

'1.4347'에 가장 가까운 값은 55도임을 알 수 있다. 90도에서 55도를 빼면 활이 기울어야 할 α의 수치가 나온다. 35도이다. 따라서 흘려쥐는 것과 활기울이는 것이 합쳐서 만들어야 하는 값은 35도가 되어야 하며 바로 이때 명중률이 가장 높은 것이라는 결론을 얻을 수 있다. 따라서 활을 많이 기울이면 줌손을 덜 흘려쥐어야 하고 활을 많이 세우면 줌손을 더 흘려쥐어야 한다. 줌손흘려쥐기와 활기울이기는 반비례하는 것이다. 활을 15~17도 기울이면 흘려쥐는 정도는 18~20도가 되어야 하고, 반대로 활을 18-20도쯤 기울이면 15~17도쯤 흘려쥐어야 가장 높은 명중률을 보장 받는다.

똑같은 방식으로 지금의 과녁을 놓고서도 계산할 수 있다. 지금의 과녁은 가로가 6.6자이고 세로가 8.8자이다. 따라서 'tan β=8.8/6.6' 인데, 이 값은 '1.3333' 이다. 삼각함수표에서 이 값에 가장 가까운 값을 찾으면 1.3270이다. 이것을 각도로 환산하면 53도이고 활이 기울어야 할 값은 90−53=37도이다. 따라서 37도 값만큼 활을 기울이면 살은 원리상 과녁의 대각선인 '나' 탄착점을 그리며 날아간다. 현재의 과녁에서는 37도가 명중률을 가장 높일 수 있는 기울기 값인 것이다.

여기서 활을 얼마나 기울여야 하며 얼마나 흘려쥐어야 하는가 하는 것을 계산할 수 있다. 전혀 흘려쥐지 않고 잡아서 막줌[13]을 만들면 37도를 기울여야 '나' 탄착점을 얻을 수 있다. 반대로 활을 양궁처럼 수직으로 세우고 37도만큼 흘려잡으면 역시 '나' 탄착점을 그린다. 그러나 이 두 극단의 방법은 좋지 않다. 활을 너무 기울이면 많이 당길 수 없고, 너무 흘려뒤면 줌이 부실해지기 때문이다. 따라서 줌과 기울기에 적당한 배분을 하는 것이 쏘기에는 좋다. 그래서 흘려쥐면서 동시에 활을 기울이는 것이다.

그렇다면 얼마나 기울이고 흘려쥐어야 하는가? 그것은 경험으로 알 수밖에 없는데, 활을 오래 쏜 사람들은 15도 가량 기울이라고 한다. 물론 개인차가 아주 심하다. 그 이유는 조준하는 방법이 각기 다르기 때문이다. 촉으로 과녁을 조준할 경우에는 활을 많이 기울일 수가 없다. 15도를 기울이면 흘려쥐는 것은 22도 가량 흘려쥐어야 한다는 결론이 나온다. 이렇게 쥐면 과녁의 가장 넓은 면으로 살을 보낼 수 있다는 결론이다. 따라서 가장 바람직한 것은 흘려쥐기와 기울기가 37도를 정확히 2

---

[13] 『우리 활 이야기』(개정판), 101쪽.

등분하는 것일 것이다. 18.5도 가량이 된다. 그리고 실제로 줌 밑으로 조준하는 사람들의 활기울기는 이 정도가 된다.

줌손흘려쥐기와 활기울이기는 반비례하기 때문에 많이 기울이면 덜 흘려잡고 덜 기울이면 많이 흘려잡아야 한다. 그래서 활은 기울이고 줌은 흘려잡아야 한다는 것이다. 이유는 분명치 않으면서도 경험으로 얻은 진리이기 때문에 활을 쥘 때는 흘려잡으라고 한 것이며 그 이치를 딱 꼬집어 설명할 수 없었기에 마치 구결이나 비전처럼 전해온 것이다. 우리 조상들이 경험으로 얻어낸 슬기에 놀라지 않을 수 없다. 그래서 활은 말이 아니라 몸으로 체득하는 것이다.

줌손은 흘려잡아야 한다. 이것은 활을 약간 숙이는 것과 함께 어울려서 살이 통을 치도록 보내는 원리로 작용한다. 그런데 이렇게 흘려쥐면 줌통을 반바닥으로 밀게 되고 하삼지로 감싸게 된다. 따라서 발시를 했을 때 활은 과녁 쪽으로 기울게 된다. 즉 약한 고자채기가 되는 것이다. 흘려쥔 모양이 심하면 심할수록 그리고 강궁일수록 고자채기는 심해진다. 그러나 이것이 지나쳐 아랫고자가 줌팔을 치도록 고자채기를 하면 안 된다. 발시했을 때 고자가 과녁 쪽으로 약간 기울어야 한다.

흘려쥐면 당연히 하삼지에 힘이 많이 간다. 그래서 처음엔 흘려쥐는 것이 어색하지만, 익숙해지면 탄력이 생긴다. 막줌으로 잡을 때와는 비교가 안될 만큼 탄력이 생긴다. 하삼지에 힘이 실려서 탄력이 생기기까지는 보통 3년 안팎의 시간이 걸린다. 그러나 막줌으로 잡으면 평생을 쏘아도 이런 탄력이 생기지 않는다. '죽이 돌아가는 사람이 심이 쎄다' 는 것은[14] 바로 이것을 말하는 것이다. 하삼지의 힘을 이용하는 사람과 그냥 쏘는 사람은 천지 차이이다. 우선 살 날아가는 거리부터가 다르다. 흘려쥘 때가 훨씬 더 나간다. 더 오묘한 것은 살이 무겁에 떨어질 때까지 힘을 싣고 간다는 점이다. 연궁을 쓴다고 해서 살이 더 가고 덜 가는 것이 아니다. 제대로 흘려쥐고 쏘면 연궁을 쏘더라도 살이 힘 있게 날아간다. 그러나 흘려쥐지 않고 연궁

---

14) 성낙인 대담(1998. 2. 24).

을 쏘면 화살이 끝에 가서 힘없이 떨어진다. 당연히 바람을 많이 탄다. 이 바람을 덜 타게 하려고 강궁을 쓴다. 강궁은 흘려줄 수가 없다. 흘려쥐는 것은 연궁일 때 가능한 것이다. 그래서 강궁을 쏘면 흘려쥐기가 안 되기 때문에 사람의 탄력으로 쏘는 것이 아니라 활만의 힘으로 쏘는 것이다. 흘려쥐면 활 고유의 힘에 사람의 탄력이 실리는 것이다. 화살이 날아가는 힘은 이 두 가지가 결합해야 힘차다. 따라서 흘려쥐는 원리만 잘 터득하면 굳이 강궁을 쓰려고 할 필요가 없는 것이다.

흘려쥐면 평상시에는 잘 쓰지 않던 새끼손가락에 힘이 많이 가게 된다. 사실 새끼손가락은 생활에서 거의 쓰지 않는다. 거의 퇴화되어가고 있는 것이 이 새끼손가락의 운명이다. 이 퇴화되어가는 새끼손가락을 가장 잘 써먹는 운동이 바로 활이다.[15] 그리고 그것은 다 그럴 만한 이유와 원리가 있기 때문이다.

새끼손가락은 힘을 많이 줄 수 없되, 힘을 줄 수 없는 바로 그 이유 때문에 오히려 유효적절하게 써먹을 수 있는 방법이 있다. 줌통을 잡는 데 가장 큰 힘을 내는 것은 중지와 약지이다. 이 두 손가락이 힘을 가장 많이 주어서 줌통을 잡고 있는데, 새끼손가락이 하는 일은 그저 그것을 보조하는 정도이다. 그런데 힘을 많이 주는 것은 준 힘이 풀리는 순간 그 기능을 멈춘다. 발시 후를 말하는 것이다. 발시와 동시에 풀리는 힘의 균형에서 새끼손가락은 흩어지는 힘을 조절하는 훌륭한 기능을 맡는 것이다. 새끼손가락은 힘을 덜 주는 만큼 힘을 잘못 주었을 때의 영향을 덜 받는다. 반대로 중지와 약지는 힘을 많이 주는 만큼 강한 힘이 빚는 실수를 소화해내지 못한다. 그런데 바로 이 완충작용을 새끼손가락이 하는 것이다. 그래서 활을 쏘고 났을 때 흩어지는 힘을 새끼손가락이 거두고 마무리지어주는 것이다.

이런 특징은 활보다는 칼에서 더 실감나게 드러난다. 한때『무예도보통지』를

---

15) 특히 왼손은 오른손보다 덜 쓰는 팔이기 때문에 왼손의 하삼지는 신체 중에서 가장 덜 쓰는 부분이다. 활은 이 천덕꾸러기를 가장 잘 활용하여 훌륭한 결과를 낸다. 문명이 인체의 일부분만 써서 특정부위를 퇴화시키는 길을 걸어왔다면, 왼쪽 새끼손가락은 그러한 문명이 지닌 모순의 결정체이며, 활은 문명이 버린 바로 그 새끼손가락을 가장 훌륭하게 쓰기 때문에 자연에 가까운 운동임이 증명된다.

보고 검술을 해보려고 한 적이 있는데, 그때 깨달은 것이 새끼손가락의 원리였다. 본국검법을 흉내 낼 때였다.[16] 『무예도보통지』에는 그 자세를 그림으로 그려놓고서 간단한 설명을 붙였다. 처음엔 그림을 보면서 동작 하나하나를 복원하느라고 애를 먹었다. 그리고 동작을 더듬더듬 이어갈 수 있게 되자, 이건 무예가 아니라 무용 같다는 생각이 들었다. 그러나 반복하면서 동작에 숙달되자, 그 다음에는 손목에 힘이 들어가기 시작했다. 속도도 빨라졌다. 그 단계를 지나자 이제는 동작의 마디마다 힘의 강약과 완급을 조절하게 되었다. 힘을 넣어야 할 곳과 이미 들어간 힘을 미끄러지듯 타고 가야하는 곳이 생겼다. 그리고 힘을 속도와 긴밀하게 맞물리며 동작을 빠르게 혹은 느리게, 혹은 힘 있게, 부드럽게 칼을 몰고 다녔다.

그런데 칼이 속도를 타자 내 뜻대로 통제하기 쉽지 않았다. 특히 손목에 힘을 주면 칼은 유연함을 잃고 뻣뻣해지면서 오히려 통제가 쉽지 않았다. 그리고 칼이 흔들리고 멎을 때 생기는 충격이 손에 전해졌다. 손과 칼이 따로따로 논다는 증거였다. 그래서 몇 번 해본 끝에 손목에서 힘을 빼는 것이 가장 좋은 것임을 깨달았다. 그러자 주먹에도 힘이 빠져서 칼을 놓치는 일이 생겼다. 손목에 힘이 들어가지 않으면서도 칼은 손에 붙어있는 법, 그것이 새끼손가락에 힘을 주는 것이었다. 특히 금계독립세(金鷄獨立勢)로 섰다가 돌아서면서 칼을 내려치는 후일격세(後一擊勢)는 칼을 내려치는 그 순간에 굉장한 순발력과 파괴력이 터졌다. 이때 자칫하면 막대기는 주먹에서 쑥 빠져나간다. 내뻗는 힘이 워낙 세기 때문이다. 그때 손목의 힘을 빼고 새끼손가락으로 잡으면 몸에 실린 힘이 팔로 옮겨가면서 칼끝까지 쭉 뻗친다. 구불구불한 채찍이 무섭게 뻗어나가는 기세와 똑같은 느낌이 온다. 그런 동작에 맞으면 어떤

---

16) 심우성 해제, 『무예도보통지』, 동문선, 1987. 41쪽.
　　본국검은 신라의 황창랑(黃倡郎)이라는 사람이 쓰던 검법이다. 일곱 살에 백제에 들어가 저자거리에서 칼춤을 추었는데 구경꾼이 담을 이루었다. 백제의 왕이 이야기를 듣고 불러서 칼춤을 추도록 하였는데 창랑이 이 틈을 타서 왕을 찔렀다. 본국검은 황창랑에서 비롯한 것이다. 이름으로 본다면 광대 출신 같기도 하다. 광대를 창우(倡優)라고 적는 한자의 관습으로 보면 창랑(倡郎)이란 사내광대를 뜻하는 말이기 때문이다. 그는 신라의 화랑이었다고 전한다.

거구라도 쉽게 두 동강날 것은 물어보나마나이다.

칼을 쥘 때도 활과 마찬가지로 작대기 잡듯이 하면 안 된다. 그렇게 되면 활은 몸과 똑같이 바짝 일어선다. 그러나 고수들이 칼 잡은 것을 보면 그렇지가 않다. 꼿꼿이 서있어도 칼은 앞으로 기울어있다. 이것은 칼을 잡은 방법이 작대기를 잡는 방법과 다르기 때문이다. 그 비밀이 바로 새끼손가락이다. 활과 마찬가지로 칼도 역시 너무 꽉 쥐면 안 된다. 꽉 쥐되 힘을 새끼손가락 쪽으로 몰아야 한다. 새끼손가락으로만 잡는다는 느낌이 되어야 한다. 그러면 칼자루 끝이 몸으로 달라붙는다. 그렇게 되면 미는 쪽은 반바닥 부분이 되어 칼은 앞으로 자빠진다. 이 점 활과 똑같다. 그리고 테니스도 마찬가지여서 라켓을 잡을 때는 손에 힘을 주는 것이 아니라, 마치 살아있는 참새를 주먹 안에 오그려 쥐듯이 잡아야 한다. 왜 이럴까? 실생활에서는 거의 쓰지 않는 새끼손가락이 활과 칼에서는 어째서 이렇게 중요할까?

활 쏘는 사람은 우선 활을 이겨야 한다. 그래야 팔힘이나 손목의 힘으로 활을 쏘지 않고 온몸의 힘으로, 나아가 우주의 힘까지 빨아들여서 쏘게 된다. 이 점은 칼도 마찬가지인데 칼이나 활이나 그것이 제 몸의 일부가 되어야 한다. 그러려면 손에 잡은 도구가 가능한 한 몸 속으로 깊숙이 들어와 있어야 한다. 그래야만 장비와 몸이 한 덩어리가 된다. 칼을 몸의 일부분으로 생각해야 온몸의 움직임과 칼의 움직임이 하나가 된다. 몸과 칼이 따로따로 놀아서는 안 된다.[17] 바로 이것, 칼과 몸을 한 덩어리로 만들어주는 접점이 새끼손가락이다. 주먹의 맨 뒤쪽, 그러니까 주먹을 쥐었을 때 몸 쪽으로 가장 깊숙이 들어온 곳에 자리한 것이 새끼손가락이니 그곳에 힘을 모은다는 것은 손에 잡힌 도구를 몸속 깊이 당긴다는 뜻이 된다. 그래야만 칼이 몸의 한 부분이 된다.

---

[17] 그런데 마찬가지 얘기이긴 한데, 일본 검도와 우리나라 전통 검술에서는 조금 다른 인식을 보여준다. 우리나라 검술에서는 칼은 몸의 연장으로 생각하는 반면 일본 검도에서는 칼 속에 몸을 감춘다고 해서 몸을 칼에 예속시키고 있다. 결과는 마찬가지이지만, 칼을 바라보는 시각은 상당히 다른 세계관을 전제로 한다.(임동규, 『무예사 연구』, 학민사, 1994)

이 점 활도 마찬가지여서 하삼지에 힘을 준다는 것은 줌손의 안쪽 깊숙한 곳으로 활을 끌어당겨 활을 제 몸의 일부로 만드는 것이다. 그래야 비로소 활은 나와 떨어진 것이 아니라, 내 몸의 일부가 된다. 거꾸로 얘기하면 활이 내 몸 같지 않으면 살은 맞지 않는다는 뜻이다. 활에서도 새끼손가락을 이용하는 것은 활을 내 몸의 일부로 끌어들여서 내 몸의 힘을 활에 고스란히 싣기 위한 것이다.

이 원리는 풍물에서도 마찬가지이다. 장구채를 너무 세게 잡으면 소리가 안 좋고, 그렇다고 너무 약하게 잡으면 빠져나간다. 그래서 소리가 가장 좋게 나도록 쥐는 방법이 새끼손가락을 힘의 중심으로 하여 잡는 것이다. 새끼손가락은 힘이 없지만, 바로 이처럼 도구를 몸의 일부처럼 당겨주는 일을 아주 잘 하는 것이다. 이것이 바로 줌손 하삼지의 원리이다. 또 한방의 원리로 보면 이 새끼손가락을 이용하는 것은 단전의 기를 손끝까지 전달하는 것과 관련이 있다. 이 새끼손가락 손톱 밑에는 소장경이 처음 시작되는 소택(少澤) 혈이 있다. 이 수태양소장경은 소택에서 일어나서 배꼽 밑 관원에서 끝이 난다. 또 넷째손가락 손톱 밑에서는 관충(關沖) 혈이 일어나는데, 이 수소양삼초경은 역시 배꼽 근처 석문 혈에 와서 끝난다. 따라서 단전의 힘을 이용하는 활에서 이 두 혈이 시작되는 하삼지를 이용하는 것은 다 이유가 있는 것이다. 하삼지를 이용하는 것은 단전의 힘을 이용하는 것이 된다. 따라서 흘려쥐지 않으면 이런 현상은 일어나지 않으며, 활을 제대로 쏘기 위해서는 반드시 흘려쥐는 동작을 정확히 이루어야 한다.

이 흘려쥐는 동작과 관련하여 꼭 말밥에 오르는 것이 범아귀와 웃아귀이다. 엄지와 검지가 만나는 끝부분을 범아귀라고 한다. 범의 아가리를 닮았다는 뜻이다. 그리고 웃아귀는 엄지와 검지가 만나는 부분을 말한다. 범아귀보다 더 안쪽이기 때문에, 즉 팔을 늘어뜨렸을 때 더 위쪽이기 때문에 위를 뜻하는 말이 붙은 것이다. 줌통을 잡을 때는 하삼지로 잡기 때문에 엄지와 검지에는 전혀 힘이 들어가지 않는다. 따라서 엄지와 검지는 그저 쥔 모양만 하고 있을 뿐이다. 그런데 하삼지를 흘려쥐면 검지는 자연히 위로 올라간다. 그리고 웃아귀는 범아귀보다 낮다. 그래서 북전은 높고 엄지가락은 낮아야 하는 것이다.[18] 북전은 줌손 검지의 첫째와 둘째마디 사이를 말한다. 흘려쥐지 않으면 웃아귀와 범아귀의 높이는 같다. 당연히 북전과 웃아귀의 높이도 같다. 북전은 일어서야 하는데 흘려쥐지를 않았기 때문에 북전이 내려앉은 것이다. 이렇게 흘려쥐지를 않아서 북전이 내려앉고 웃아귀가 올라간 것을 '막줌'이라고 한다.[19] 이 막줌은 흘려쥐지를 않았기 때문에 활의 탄력 이상의 힘을 내지 못한다. 또 강궁일 경우에는 저절로 이 막줌이 된다. 그래서 강궁은 백해무익이라고 한 이면에는 이런 뜻도 들어있는 것이다.

이 흘려쥔 줌손에서는 힘의 방향이 넷째손가락이 중심이 된다. 따라서 넷째손가락을 과녁 쪽으로 밀어야 살이 제대로 나간다. 물론 사람마다 미는 정도는 다 다르다. 따라서 평상시 자신의 힘을 기준으로 할 때 하삼지의 어느 손가락에 힘이 더 들어가느냐에 따라서 살이 날아가는 방향도 다르다. 넷째손가락 방향으로 밀면 살은 곧장 과녁 한복판으로 날아간다. 가운데손가락에 힘을 주어서 그 방향으로 밀면 살은 앞난다. 새끼손가락에 힘을 더 주고 그 방향으로 밀면 살은 뒤난다. 실제로 줌손을 밀 때 이렇게까지 세밀하게 나누어서 밀 수는 없다. 그러나 생각을 그렇게 하고 밀면 신기하게도 살은 그 방향으로 날아간다. 생각의 미미한 변화가 그대로 신체에 반영되는 것이다. 몸과 마음을 뗄 수 없는 것임을 이런 현상에서 확인한다.

'흙받기줌'은 줌손회목이 꺾인 모양을 가리키는 말이다. '흙받기'는 미장이들이 벽에 흙을 바를 때 흙을 받아서 드는 나무판을 말한다. 그 나무판을 수평이 되게 들어야 하기 때문에 손목을 바짝 꺾어서 하늘을 향하도록 한다. 흙받기줌이란 줌손이 바로 그 모양으로 꺾인 것을 말한다. 이렇게 되면 죽머리에서부터 곧게 뻗어온 등힘이 활로 제대로 전달되지 못한다. 그리고 활 안쪽으로 손이 너무 들어갔기 때문에 시위에 팔뚝을 얻어맞기 쉽다. 그래서 흙받기줌은 좋지를 않다고 하는 것이다.

---

18) 『조선의 궁술』, 39쪽.
19) 『우리 활 이야기』(개정판), 101쪽.

▶ 깍짓손

이 줌손과 짝을 이루는 것이 깍짓손이다. 이제는 깍짓손 쥐는 법을 살펴본다. 엄지손가락에 깍지를 끼고 엄지손가락을 구부려서 시위에 건 다음, 잡아당긴다. 그런데 엄지손가락만으로는 활의 강한 힘을 감당할 수가 없기 때문에 엄지손가락의 힘을 보조하려고 검지와 중지로 엄지손가락을 덮고 당긴다. 그러니까 시위를 당길 때 쓰는 손가락은 모두 셋이다. 그런데 줌손은 중지부터 그 아래쪽 세 손가락을 쓰기 때문에 '하삼지'(下三指)라고 했다. 깍짓손에서는 이와 반대로 엄지와 검지, 중지를 쓰기 때문에 하삼지와는 반대로 중지의 위쪽에 있는 손가락들을 쓴다. 그래서 상삼지(上三指)라는 말을 씀직하다.

활터에서 이 말을 쓰는 것을 아직 확인하지는 못했는데, 홍명희의 걸작인 역사소설 『임꺽정』(林巨正)에서는 이 상삼지라는 말을 쓰고 있다.[20] 홍명희의 『임꺽정』은 고증이 정확하기로 정평이 났다. 또 그의 고향이 충북 괴산이고, 괴산에는 해방 전에 활터가 있었다는 고증으로[21] 보아 그가 활터의 상황을 잘 알았을 것으로 보인다. 그리고 그의 행적을 보면 서울 황학정을 구경하기도 했다. 따라서 옛날에는 이 말을 썼음직도 한데, 활터에서 요즘 이 말을 쓰는지 어떤지는 아직 확인을 못했다. 그러나 충분히 썼음직한 말이라서 여기서는 일단 이 '상삼지' 라는 말을 쓰기로 한다.

이 상삼지라는 말은 세 가락으로 쥐라는 뜻이 담겨있는 말이다. 세 가락으로 쥐라는 것은 외가락으로 쥐지 말라는 말이다. 외가락으로 쥔다는 것은 엄지손가락을 덮어 줄 때 검지로만 쥐는 것을 말한다. 이렇게 되면 뒷손이 부실해진다. 뒷손은 될 수록 가볍게 떼어야 하는 것이 활을 잘 쏘는 요령이다. 이렇게 되려면 뒤가 든든해야 하고 그러려면 손목과 엄지손가락에 힘이 들어가면 안 된다. 그런데 외가락으로 쥐면 세 가락으로 쥘 때보다 엄지손가락에 더 힘을 주어야 하고 엄지손가락에 힘을 주면 저절로 손목에 힘이 들어가서 마음껏 뗄 수가 없게 된다. 깍짓손을 마음대로

---
20) 홍명희, 『임꺽정』, 사계절, 1985.
21) 『충북국궁사』, 309쪽.

떼지 못하는 경우는 손에 너무 힘이 들어가는 경우이다. 그래서 자기 힘보다 엄청나게 더 센 활을 당기면 깍짓손을 뒤로 떼지 못하고 놓기만 하는 것이다. 따라서 뒷손에는 힘이 들어가면 안 되며 그런 까닭에 깍짓손은 세 가락(상삼지)로 잡아야 가볍게 뗄 수 있는 것이다.

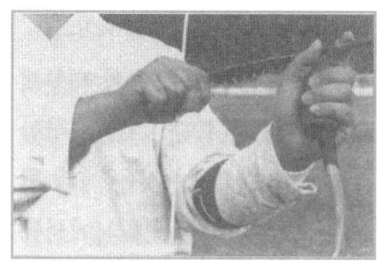 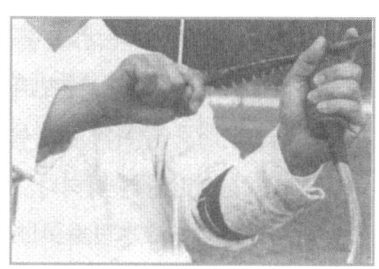

올바르게 쥔 깍짓손(○)　　　　　　외가락으로 쥔 깍짓손(×)

잡는 요령은 이렇다. 엄지의 손톱을 검지와 중지로 덮어서 당긴다. 그런데 엄지를 너무 깊숙이 넣으면 깍짓손을 뗄 때 잘 빠지지를 않는다. 그래서 엄지손톱의 끝이 중지의 한 가운데에 닿도록 댄다. 그러니까 중지는 엄지를 절반가량만 덮는 것이다.

깍짓손은 상삼지만 쓰지만, 여기서도 새끼손가락은 아주 중요하다. 새끼손가락까지 모두 오그려야만 깍짓손이 충실하게 된다. 새끼손가락이 펴지면 엄지와 검지로 힘이 쏠려서 깍짓손을 힘차게 펴기가 힘들다. 뒷손을 힘차게 빼야 하는 전통사법에서는 더욱 이 점을 신경 써야 한다. 외가락으로 쥐지 말라는 것도 바로 엄지와 검지에 힘이 지나치게 많이 들어가기 때문이다.

3) 살메우기
먼저 살을 먹이는 위치부터 살펴본다. 시위에는 절피가 감겨있다. 살을 먹이다 보면 일정한 곳에 오늬가 끼이게 마련이고, 오늬가 끼이는 부분은 많이 닳게 마련이다. 그래서 시위가 상하는 것을 막으려고 끈으로 감아놓았다. 그것을 절피라고 한다.

활을 오래 쏘면 이 절피가 닳아서 갈아주어야 한다. 처음 몇 번만 끼우면 절피가 닳기 때문에 오늬 끼우는 위치가 저절로 정해진다.

이론상 오늬 끼우는 가장 좋은 자리는 시위를 2등분하는 곳이다. 그런데 시위를 2등분하는 곳은 활을 2등분하는 자리이기 때문에 그곳에 끼우면 살은 줌통 한 가운데 걸치게 된다. 따라서 활을 쏠 수 없다는 결론에 이른다. 어쩔 수 없이 화살을 엄지손가락 위에 올려놓기 위해서 오늬 끼우는 자리도 위로 이동시킬 수밖에 없다. 보통 줌통의 길이가 8cm가량 되므로 오늬를 끼우는 자리는 시위의 한 가운데에서 위로 4cm가량 올라온다. 그래서 시위를 반으로 접어서 그곳부터 위로 절피를 감으면 대개는 적당한 길이로 맞는다.

그런데 활이 내는 탄력은 시위의 한 가운데에 맺힌다. 살은 시위의 중심에서 위쪽으로 4cm 옮겨간 곳에 걸린다. 결국 탄력의 중심점과 시위가 걸리는 점이 일치하지 않는다는 결론을 얻을 수 있다. 이 모순점을 해결하는 방법은 여러 가지이다. 대체로 세 가지 방법이 있다.

우선 하장을 짧게 해서 시위의 2등분 지점을 위쪽으로 옮기는 방법①이다. 양궁과 일본 활이 이 방법을 택하고 있다. 또 다른 방법은 하장을 더 강하게 하는 방법(②)이다. 이렇게 하면 힘의 균형이 다르기 때문에 힘의 중심점이 위로 옮겨가게 된다. 또 다른 방법은 줌통의 모양을 조절하는 방법③이다. 줌통의 아래쪽을 위쪽보다 좀더 두껍게 만들면 하장을 더 밀게 된다. 아랫장을 더 밀면 더 밀리는 쪽의 탄력이 더 생기기 때문에 힘의 중심이 자연히 윗장 쪽으로 옮겨간다.

우리 활에서는 ②와 ③을 동시에 쓴다. 활이 길 경우에는 ①의 방법을 써도 무방하다. 일본 활의 경우가 바로 그렇다. 일본 활은 윗장의 길이가 아랫장의 길이보다 곱절은 길다. 그런데 우리 활은 그렇게 할 수가 없다. 말 타고 쏘는 아주 짧은 활이기 때문이다. 그래서 이 조건을 바꾸지 않을 수 있는 방법으로 ②와 ③을 이용하는 슬기를 발휘한 것이다. 짧은 우리 활에서 힘의 중심점을 무려 4cm나 옮긴다는 것은 쉽지 않은 일이다. 그래서 아랫장을 약간 강한 듯이 해서 힘의 중심점을 위로 조금 옮기고, 또 줌통의 아래쪽을 두껍게 해서 나머지를 마저 올린 것이다. 이 두 가지 원리 때문에 짧은 활에서 중심점을 4cm나 옮기고도 전혀 불편을 못 느끼고 쏠 수 있는 것이다. 그 슬기로움에 감탄하지 않을 수 없다.

줌통아래두껍게하기와 아랫장세게하기는 서로 반비례한다. 활기울이기와 줌손 흘려쥐기의 관계와 같다. 따라서 줌통 아래쪽을 두껍게 하면 아랫장의 세기가 약해야 하고, 아랫장이 많이 세면 줌통은 거의 평평하게 만들어야 한다. 물론 활에 따라서 그 정도는 모두 다를 것이다. 이 두 가지 원리가 적용되어서 오늬 끼우는 자리는 시위의 한 가운데(2등분점)에서 약간 위쪽으로 쏠린 것이다.

여기서 줌통의 모양에 대해서 말하지 않을 수 없다. 원래 이것은 앞 절인 줌손 흘려쥐기를 다룬 항목에서 다루어야 마땅하나, 여기서 다시 줌통을 다루기 때문에 어쩔 수 없이 이곳으로 옮겨서 다룬다.

양궁을 보면 줌에 손가락 모양까지 파여 있다. 이것은 가장 완벽한 줌을 만든다고 만들었기 때문이다. 그리고 수치로 이론화하고 기계식 정확성을 추구하는 양궁에서는 어쩔 수 없는 것이기도 하다. 왜냐하면 양궁에서는 줌손을 전혀 움직이지 않기 때문이다. 기둥처럼 고정시켜서 조금도 움직이지 않는 것이 가장 좋은 방법이다. 그리고 그것을 전제로 해서 사법을 개발했다. 그러나 우리 활은 기마족이 쓰는 활이다. 쏘는 사람의 몸이 끊임없이 움직이는 상태에서 쏘는 활이다. 양궁과는 그 발상과 기원부터가 다른 활이다. 그래서 줌통 모양도 다를 수밖에 없다.

우리 활에서는 줌을 달걀 쥐듯이 잡는다. 그래서 줌통 모양도 둥그스름하게 만든다. 달걀 쥐듯이 한다고 해서 줌통을 달걀모양으로 동그랗게 만드는 것은 아니다. 줌통 모양은 네모난 모양에서 귀퉁이를 깎아낸 정도이다. 줌통을 너무 둥글게 해도 힘의 방향을 조절할 수 없다. 이것은 양궁처럼 너무 고정되지도 않고 그렇다고 줌통이 줌손 안에서 너무 놀아서 힘을 조절하기 어렵지 않도록 하는 중용의 도를 취해야 한다. 물론 그 정도는 사람마다 달라서 각기 그 정도를 요령으로 터득해야 한다. 다만 줌손에 너무 꽉 붙어도 안 되고 너무 놀아도 안 된다.

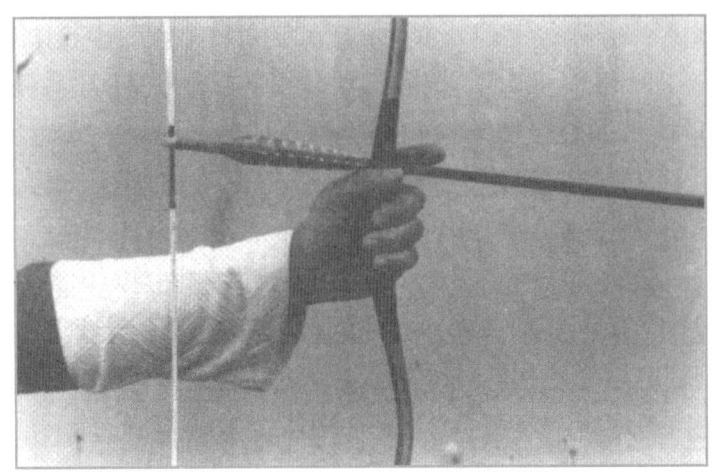
오늬 끼우는 위치

  이 원리를 설명할 수 있는 것이 유격(遊隔)이란 개념이다. 원래 이 유격이란 말은 자동차에서 쓰이는 말이다. 즉 핸들로 차의 방향을 조종할 때 핸들이 돌아가는 것과 여러 이음새를 거쳐서 바퀴가 실제로 돌아가는 것 사이에는 운전자가 잘 느끼지 못할 만큼 아주 작은 틈이 있다. 내가 운전대를 돌려도 기계 부품의 아귀가 지닌 틈이 있기 때문에 내가 돌린 꼭 그 만큼 방향이 돌아가지를 않는다. 이 차이를 '유격'이라고 한다. 그런데 언뜻 생각하면 유격이 없을수록 좋은 것으로 생각하기 쉽다. 그러나 그렇지 않다. 유격은 어느 정도 있어야 운전자가 편하다. 왜냐하면 유격이 너무 없으면 운전대를 조금만 돌려도 바퀴가 정확히 따라 돌기 때문에 너무 민감해서 고속으로 달릴 때는 위험하기까지 한 것이다. 그렇다고 유격이 너무 커서 운전자가 돌리는데도 한참 뒤에 바퀴가 따라 돌면 이것도 위험하다. 그래서 너무 민감하지 않고 편안하게 운전할 만큼 적당한 유격이 있어야 한다.

  이 점 똑같이 활에도 적용된다. 언뜻 생각하기에 활이 줌손에 꽉 달라붙을수록 정확할 것 같지만, 사실은 그렇지 않다. 물론 사람이 활을 기계처럼 매번 정확히 쏠 수 있으면 활이 줌손에 꽉 달라붙을수록 좋을 것이다. 그러나 사람은 기계가 아니다. 매 순(巡)마다 매 시(矢)마다 발시 감각이 달라진다. 바로 이 점이 문제이다. 줌손과 줌통 사이에 유격이 전혀 없으면 쏘는 사람의 이 감각이 활에 그대로 전달되어서 살 날아가는 것도 매번 달라진다. 살은 사람의 실수를 용납하질 않는다.

그러나 활과 사람 사이에 어느 정도 유격이 있으면 사람의 실수가 활에 그대로 전달되지를 않는다. 사람의 사소한 실수가 줌통에 그대로 전달되지 않기 때문에 몸의 일부에서 실수를 해도 살은 몸 전체의 큰 동작이 보내고자 한 곳으로 날아가는 것이다. 그래서 오히려 적당한 유격은 시수를 좋게 한다. 줌통을 달걀 잡듯이 하라는 것은 바로 이 같은 유격을 가장 적절한 수준에서 유지하려고 고안한 방법인 것이다. 따라서 양궁처럼 손가락 모양을 줌통에 새겨 넣으면 사람의 실수가 완벽하게 활에 전달되어 오히려 시수를 떨어뜨린다.[22] 따라서 줌통을 손에 너무 딱 달라붙게 할 필요가 없다. 그저 손 안에 달걀이 하나 들었다는 느낌이 들 정도로 편하게 잡으면 된다. 정밀한 것만이 능사가 아니라는 것을 생활 속에서 깨달은 것이 이와 같은 구결로 나타난 것이다.[23]

또 줌통의 크기는 사람마다 다 달라서 한 가지로 잘라 말할 수는 없다. 그러나 여러 경험으로 미루어보면 줌통을 쥐었을 때 하삼지의 손끝이 엄지가락의 뿌리부분 살에 닿지 않을 정도로 쥘 크기이면 된다. 하삼지의 손끝이 엄지가락의 뿌리부분 살에 닿으면 너무 작은 것이다. 너무 작으면 힘을 제대로 줄 수 없고 힘이 많이 든다. 반대로 너무 커도 마찬가지 결과가 나온다. 따라서 몇 번 써보고서 자기 손에 알맞은 크기를 스스로 정해야 한다.

시위에 오늬를 먹이는 위치는 정확할수록 좋다. 오늬 끼우는 위치가 조금만 움직여도 살이 가는 거리는 굉장한 차이가 난다. 오늬자리가 1mm만 달라져도 살이 떨

---

[22] 실리콘을 줌통에 녹여서 손가락 모양이 드러나도록 해서 쏘는 사람도 있다. 그것이 정확히 쏘는 데는 이치에 맞는 생각이지만, 바로 유격이 만드는 안전성을 고려하지 못한 것이라는 점에서는 생각이 좀 짧은 것이라고 할 수밖에 없다.

[23] 우리 활의 이와 같은 속성 때문에 수천 년 동안 특별한 기술이 개발되지 않은 것이다. 그렇다고 해서 그것을 나쁘게 생각할 것은 없다. 이미 우리 활이 부릴 수 있는 재주는 2천 년 전에 완성되어 전해온 것이다. 오히려 활이 생활과 풍속 속에서 멀어지고 있기 때문에 오랜 세월 전해온 비법을 잃어버리지나 않을까 하는 것을 걱정해야 할 판이다. 실제로 이런 걱정이 기우가 아닌 것은 우리 활이 옛날에는 여러 가지여서 사법 또한 다양했는데, 『조선의 궁술』을 쓸 즈음에는 각 활의 사법이 사라져서 기록으로 남길 수조차 없었다는 사실에서 극명하게 볼 수 있다. 불과 100년도 채 안 된 상황에서 생긴 일이다. 그리고 이런 사정은 지금도 마찬가지이다.

어지는 위치는 1m가 달라진다. 이렇게 민감하기 때문에 '오늬 끼우는 것은 저울을 달 듯이 하라'고 한 것이다.[24] 물론 평상시 끼우는 자리보다 높이 끼우면 덜 나가고 낮게 끼우면 더 나간다.

끼우는 위치는 줌통 위쪽 끝과 수평이 되는 곳이 원리상 가장 좋다. 그러나 실제로는 그보다 조금 더 높이 끼운다. 그래서 옆에서 보면 시위와 직각으로 걸린 것이 아니라 촉 쪽이 처져서 비스듬히 걸린 것으로 보인다. 왜냐하면 줌통 끝부분에는 엄지손가락이 걸리기 마련이고, 따라서 살이 나갈 때 깃이 그 손가락을 훑고 나가기 때문이다. 그래서 이 깃이 차지하는 너비가 있기 때문에 약간 위쪽으로 끼우게 된다. 대개 화살 두께만큼이나 화살 하나 반 정도의 두께만큼 높이 끼우면 된다.

그런데 연궁과 달리 강궁일 경우, 줌손을 정확히 흘려쥐면 발시 직후 활은 윗고자가 과녁 쪽으로 조금 기운다. 약한 고자채기가 되는 것이다. 이 동작은 또 살을 곧바로 내보내는 기능까지 한다. 깃 때문에 살은 제 위치보다 조금 높은 곳에 끼워야 한다. 따라서 거궁을 하면 오늬에 비해 촉이 낮다. 발시할 때 바로 이 점을 없애기 위해서 고자채기가 되는 것이다. 줌통의 모양은 위쪽보다는 아래쪽이 더 두껍기 때문에 만작을 하면 아랫장을 더 밀게 된다. 그러면 시위가 원위치로 돌아올 때 아랫장보다는 윗장이 더 빨리 돌아온다. 결국 활을 고정시켰을 때, 화살의 꽁지부분을 아랫장 쪽으로 민다는 뜻이다. 이대로 발시하면 화살은 꽁지를 위아래로 흔들면서 날아간다.

그런데 약한 고자채기를 하면 사정이 달라진다. 고자채기라는 것은 윗고자를 과녁 쪽으로 수그리는 것을 말한다. 이렇게 하면 줌통을 중심으로 움직이기 때문에 시위는 위쪽으로 들리는 것과 같다. 따라서 아랫장보다 덜 휘인 윗장이 발시 직후 아랫장보다 더 빨리 돌아오면서 화살이 꽁지를 내리누르는 것을 고자채기로 들어올려서 결국은 살이 위아래로 움직이는 일 없이 곧장 앞으로 빠져나가도록 하는 것

---

24) 『사법비전공하』, 搭箭如懸衡.

이다. 실제로 고자가 과녁 쪽으로 기울지 않고, 줌 아랫부분으로 밀어서 활이 밑으로 떨어지도록 쏘는 사람들의 화살은 꽁지를 출렁 하고 위아래로 흔들면서 날아간다. 그래서 강궁일 경우에는 약한 고자채기는 필요한 것이다.

모든 운동은 어떤 경지에 이르면 사소한 동작 하나하나에도 그 경지 특유의 기품과 기량이 드러난다. 선방에서 앉음새(座相)을 보고 그 사람의 수련 정도를 알아보는 것과[25] 같다. 그래서 허리춤에서 화살을 꺼내어 시위에 먹이는 동작 하나로도 그 사람이 활을 얼마나 쏘았는가 하는 것을 알아볼 수 있다.[26] 이것은 검도 마찬가지여서 칼집에서 칼을 뽑는 동작 하나에서 이미 그 사람의 수준이 드러나기 때문에 결국 거기서 승부가 결정 난다고 해도 결코 허풍이 아니다. 활에서 화살을 먹이는 동작은 과녁에 가서 꽂히는 결과를 예고하기 때문에 결국 가장 긴장된 순간이면서 그 때문에 살 먹이는 동작 하나에서도 그 한량의 기품과 궁술의 수련 정도가 드러난다. 무협지 식으로 말하면 내공이 드러나는 것이다.

그런데 그런 경지를 처음 보여주는 이 살 먹이는 동작이 지금은 옛날과 조금 달라졌다. 지금은 허리춤에서 화살 한 발을 뽑아서 아랫마디 근처를 범아귀로 잡은 다음, 오늬도피를 검지와 중지로 마치 담배 꼬나 쥐듯이 잡고 깍짓손 엄지로 오늬 끝을 막고 천천히 밀어 넣는다. 이윽고 오늬가 시위에 가까이 다가가면 오늬꽁지를 막은 엄지를 가볍게 떼어서 오늬를 절피에 댄 다음 엄지와 중지로 도피를 꼭 잡고 엄지로 시위를 꼭 눌러서 끼운다. 그런 다음에 깍지를 시위에 건다. 이렇게 하면 엄지로 시위를 눌러서 끼우는 것이기 때문에 오늬가 작을 경우 자칫하면 오늬가 쪼개지는 수가 생긴다. 그래서 이 방법은 약간의 문제점이 없지 않다.

그런데 성낙인 옹의 증언은 이와 조금 다르다. 허리춤에서 살을 뺄 때는 같은데, 도피를 깍짓손 엄지와 검지로 잡고 주욱 밀어서 오늬를 절피에 댄 다음, 깍짓손의 아귀에 시위를 넣은 채 엄지와 검지로 오늬도피를 잡아서 몸 쪽으로 톡 당기는

---

25) 박희선, 『생활참선』, 정신세계사, 4326. 61쪽.
26) 성낙인 대담(1998. 2. 24).

것이다. 이 모든 과정이 아주 부드럽고 자연스럽게 천천히 이루어져야 한다. 이렇게 하는 것이 멋있고 보기 좋다는 것이다.[27]

두께는 오늬의 크기에 맞추어야 한다. 절피가 너무 두꺼워서 꽉 끼이는 것도 좋지 않고 너무 헐거운 것도 좋지 않다. 너무 꽉 끼면 뒤나고 너무 헐거우면 앞난다. 시위에 화살을 끼워놓고 손을 떼었을 때 살이 대롱대롱 매달려 있다가 시위를 손으로 톡 하고 치면 그 충격으로 살이 떨어지는 그 정도의 굵기로 끼우는 것이 좋다.

02 _ 본 동작

이 본 동작에서 가장 중요한 것은 숨쉬기(呼吸)이다. 숨은 우리 겨레의 사고 체계 안에서 생명 그것으로 인식된다. 그래서 생명을 뜻하는 우리말도 '목숨'이고, 죽은 것을 나타내는 말도 '숨이 넘어간다, 숨이 끊겼다'고 말한다. 그리고 사람의 건강도 마찬가지로 이 숨과 아주 밀접한 관계가 있다. 물론 깊은 숨을 쉴수록 건강한 것이다. 숨이 깊다는 것은 천천히 쉰다는 것이다.[28] 아이들의 숨쉬기와 어른들의 숨쉬기를 살펴보면 이 점 금방 드러난다. 아이들은 배꼽을 들썩이면서 쉰다. 이른바 복식호흡이다. 그렇지만 커가면서 점점 숨 쉬는 지점이 점점 올라오기 시작해서 어른이 되면 가슴으로 숨을 쉬는 이른바 '흉식호흡'이 된다. 그러다가 노인이 되면 숨은 가슴 꼭대기로 올라오고, 마침내 병석에 누우면 숨은 목에 겨우 걸린다. 그래서 목에 겨우 걸린 숨으로 가랑거리다가 그 숨마저 끊기면 말 그대로 '숨이 넘어간 것, 목숨이 끊긴 것'이다.

따라서 어른이 되더라도 호흡법을 고쳐서 아이처럼 복식호흡으로 하면 건강하게 살 수 있다는 결론을 얻을 수 있다. 그래서 숨을 깊이 쉬도록 고안한 것이 '불거

---

27) 성낙인 대담(1998. 2. 24).
28) 민간에서 사람이 일생동안 쉴 숨의 횟수가 정해졌는데 빨리 쉬면 그만큼 일찍 죽는다고 믿는 것도 허황한 측면이 없지 않지만 이와 같은 발상이다.

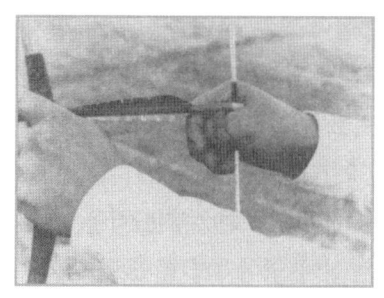 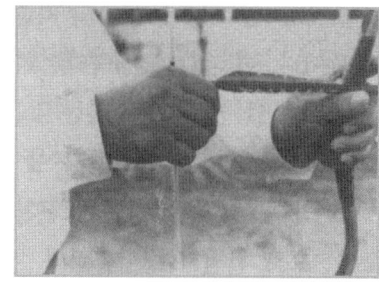

시위를 끌기 직전의 손 모양

름으로 숨쉬기', 곧 단전호흡(丹田呼吸)인 것이다. 이 단전호흡을 적극 이용하는 것은 선도술 계열이지만, 유가나 불가에서도 원리가 조금 다르고 말만 다를 뿐 사정은 다르지 않다.

그런데 활에서도 이 단전의 원리를 이용한다. 활을 쏘면 저절로 숨이 깊어진다. 활을 쏠 때 불거름으로 숨을 쉬기 때문이다. 따라서 활쏘기는 호흡과 떼려야 뗄 수 없다. 그래서 활쏘기의 본 동작에서는 이 호흡이 가장 중요하다. 이 호흡법을 잘못 배우면 오히려 활을 아니 쏨만 못한 결과를 낳는다. 그래서 활쏘기 동작 하나하나가 이 호흡법과 연관되어있다. 그러므로 궁술을 호흡법과 연관 지어서 설명하곤 하는 것이다. 여기서도 호흡법을 가장 중요시하여 각 단계에 따라서 설명하기로 한다.

4) 걸치기

앞서 설명한 것처럼 허리춤에서 살 하나를 뽑아서 시위에 끼우고 자기 차례가 오면 이제 활을 들어올린다. 먼저 화살 아래쪽 시위에 깍지 낀 엄지손가락을 건다. 이때 엄지를 살에 너무 바짝 붙이면 좋지 않다. 시위를 끌 때 엄지가락에 살이 밀려 올라가기 때문이다. 그렇다고 너무 밑으로 걸면 '빨래 짜듯이' 짤 수가 없어서 살이 줌에 붙어있질 않고 떨어지는 수가 있다. 그래서 적당한 틈을 두고 시위에 엄지를 걸어야 한다.

시위에 엄지가락을 걸었으면 활을 들어서 아래고자가 불거름에 오도록 걸친다.

이것이 준비동작이다. 여기서부터 숨고르기가 시작된다. 그리고 과녁을 바라보며 마음을 고요히 하고, 맞추고자 하는 욕심이 생기면 거기에 현혹되지 않도록 마음을 비운다. 이때 아랫고자가 불거름에 오도록 들고 있으면 마치 기수가 경례 구령에 맞춰서 상관에 대해 인사를 할 때 꼿꼿하던 깃대가 앞으로 기우는 것처럼 활은 앞으로 기운 상태다.

이때 반드시 오른손 죽머리와 중구미를 쳐들고 동작을 시작해야 한다는 생각을 해야 한다. 그렇지 않으면 발시 직후에 뒷손의 자세가 잘 안 나온다. 발시 후 깍짓손이 뻗는 방향은 대개 여기에서 결정된다. 여기서 죽을 미리 들어놓지 않으면 만작 시에 죽이 아래로 처져 자세가 제대로 나오지 않는다. 아랫고자를 불거름에 걸치면 줌통의 높이가 저절로 결정되는데, 그 상태에서 손의 힘을 빼면 정확히 흘려 쥔 모양이 된다. 정확한 걸치기가 되면 활이 앞으로 적당히 기울고 흘려 쥔 줌손 모양이 그대로 유지된다.

이 과정은 자신의 궁체를 완성한 후에는 생략하는 수가 많다. 그러나 원칙을 강조하는 차원에서는 꼭 필요한 과정이다.

5) 죽올리기

이제 활과 시위를 잡은 양손을 천천히 들어올린다. 이때 왼손에는 힘을 빼고 오른손으로 천천히 들어올린다. 왼손은 힘이 들어가지 않았으므로 달려 올라가는 듯이 한다. 그러면 화살촉은 아래로 처진 채 딸려 올라간다. 이렇게 해서 줌손이 이마 높이로 올 때까지 올린다. 이렇게 올려서 과녁을 줌손 아랫녘에 놓는다. 이 같은 동작을 옛날부터 몇 가지로 묘사하기를,

'아낙네가 물동이 이듯 하라.'
'큰 나무를 끌어안듯이 하라.'
'가슴과 손 사이에 짚 한 단이 들어있도록 하라.'

고 하였다. 이 중에서 '아낙네가 물동이 이듯 하라' 는 것은 많은 암시를 준다. 지금은 물동이 이는 사람이 없기 때문에 앞으로는 이 말을 이해하는 사람도 거의 없을 것으로 보인다. 물동이에 물을 담아서 머리에 올리려면 동이를 기울이면 안 된다. 물이 쏟아지기 때문이다. 그래서 오른손으로 동이의 위쪽을 잡고 왼손으로는 동이의 밑바닥을 받쳐서 든다. 따라서 오른손은 높고 왼손은 낮다. 그 모양으로 흔들림 없이 머리 위까지 올리는 것이다. 이때 나중에는 동이를 머리 위에 놓아야 하기 때문에 양손의 팔꿈치는 될 수 있는 대로 넓게 벌린다. 활을 쏠 때 손을 들어 올리는 동작이 바로 그와 똑같다. 그래서 아녀자가 물동이를 들어 올리듯이 하라는 것이다. 나머지 묘사도 마찬가지이다.

　이때까지 호흡은 아무렇게나 해도 괜찮다. 사람마다 편한 대로 하면 된다. 그러나 양손을 들어 올리면 가슴까지 벌어지기 때문에 저절로 숨이 들어온다. 그래서 숨을 들이쉬는 것이 이 동작과 잘 어울린다.

　그리고 다 올린 상태에서 과녁을 바라보고 자기의 조준점을 마음으로 그린다. 이때 화살촉은 대개 과녁 위에 와있는 것이 좋다. 손목이나 손에 힘이 들어가면 화살촉은 하늘로 치솟는다. 이것은 손과 어깨에 힘이 들어가 있다는 증거이다. 어깨에 힘이 들어가면 발시가 가볍게 되질 않는다. 이 단계에 이르면 온 몸에 힘을 빼고 과녁만 응시하면서 천천히 무아지경의 상태로 들어가야 한다.

　당기기 직전에는 호흡이 완전히 내쉰 상태여야 한다. 깍짓손을 당기면서 동시에 호흡을 들이쉬어야 하기 때문이다.

6) 엄지발가락 누르기

　활을 이렇게 들어 올린 뒤에는 줌손을 앞으로 밀고 깍짓손을 뒤로 당기는 동작이 이어진다. 그런데 밀고 당기기 직전에 잊어서는 안 될 아주 중요한 것이 있다. 당기기 직전에 엄지발가락으로 지그시 땅을 누르는 것이 그것이다. 이것은 두 가지 이유가 있다.

첫째는 발바닥의 표면적을 최대한 넓혀서 자세의 안정을 꾀하자는 것이다. 사람은 발바닥으로 서있는 만큼 발바닥의 면적이 넓을수록 서있는 자세가 안정될 것은 당연한 일이다. 발바닥은 땅의 덕을 닮아서 평평하다는 동양의 사고도 여기서 나온 것이다. 이른바 천원지방(天圓地方)도 이와 같은 것이다. 평상시에는 발바닥의 세 곳으로 몸을 받친다. 즉 발뒤꿈치와 엄지가락의 뿌리, 그리고 새끼발가락의 뿌리부분이다. 이 세 점이 삼각형을 이루어 몸을 안정된 자세로 떠받쳐 세우는 것이다.

이 상태에서 엄지발가락으로 땅을 지그시 누르면 이 삼각형 힘의 구도가 깨진다. 그리고는 엄지발가락의 뿌리부분과 새끼발가락의 뿌리부분, 그리고 엄지발가락의 끝이 세 점을 이루면서 다시 삼각형을 하나 더 만든다. 그래서 전체를 보면 사각형이 되어서 큰 삼각형과 작은 삼각형 둘을 이어놓은 모양이 된다. 삼각형 하나로 받칠 때보다 둘로 받칠 때가 더욱 안정을 이루는 것은 자명한 일이다. 따라서 엄지발가락으로 땅을 지그시 누르는 것은 몸을 떠받치는 발바닥의 면적을 넓히는 것과 동시에 이 삼각형의 안정된 구도를 더 추가하는 효과가 있는 것이다. 이 효과는 금방 확인할 수 있다. 엄지발가락으로 땅을 지그시 누르는 순간 몸이 앞으로 조금 기운다. 이것은 땅을 딛는 발바닥의 면적이 넓어지면서 몸을 받치는 무게중심이 엄지발가락 쪽으로 조금 이동했기 때문이다. 그래서 몸이 무게중심이 이동한 조금 앞쪽으로 기우는 것이다.

그런데 여기서 주의할 것은 발가락에 너무 힘을 주어서 발바닥이 땅에서 들릴 정도로 하면 안 된다는 것이다. 이렇게 되면 삼각형이 둘이 되기는커녕 엄지발가락과 새끼발가락의 두 점이 부실해져서 발뒤꿈치와 엄지발가락 끝 두 점만으로 몸을 떠받치는 것이 되어 오히려 그냥 설 때보다도 못한 결과를 낳는다.

두 번째 이유는 이렇게 엄지발가락으로 땅을 지그시 누르면 발바닥의 용천혈이 열린다는 것이다. 이 용천혈은 죽은 사람도 살릴 수 있다는 것으로 엄지발가락의 뿌리부분 쪽에 둘째 발가락으로 뼈가 갈라지는 위치에 있는 혈이다. 기절한 사람의 발바닥 이곳을 주먹으로 세게 치거나 바늘로 찌르면 기적처럼 소생한다는 것이다. 혈의 이름도 용천(湧泉)으로 생명의 원천인 기가 샘솟는 곳이라는 뜻이다. 여기서 지기를 받아들여서 허파로 들어온 천기와 단전에서 만나는 것이다. 엄지발가락은 바로 이런 작용을 한다.

7) 깍짓손 끌기

줌손을 이마 높이로 들어 올린 상태에서 보면 두 손은 물동이를 머리에 올렸을 때의 그 동작과 아주 비슷하여 둥근 원을 그린다. 마치 큰 나무를 끌어안고 매달려 있는 모양이다. 그 상태에서 엄지발가락을 내리고 숨을 다 내 쉰 뒤에 이제 활시위를 당기기 시작한다. 당기기만 하는 것이 아니라 밀기도 한다. 깍짓손을 당기는 반동으로 줌손은 앞으로 밀려나간다. 그래서 줌손은 앞으로 밀고 깍짓손은 뒤로 당기게 되는 것이다. 그런데 이때 세 가지 동작이 한꺼번에 이루어진다. 깍짓손끌기, 숨들이쉬기, 허벅지힘주기가 그것이다. 이 세 동작이 한꺼번에 이루어지기 때문에 활을 처음 배우는 사람을 사대에 세우지 않는 것이다. 사대에 세우고 과녁을 마주하면 눈이 흘려 이 세 가지 중 어느 한 가지를 꼭 빼먹고 만다. 그래서 사대에 서기 전에 당기는 연습을 충분히 해서 활을 당길 때 세 가지가 저절로 이루어지도록 익힌 다음에 사대에 서는 것이다.

깍짓손끌기는 양손이 동시에 움직여야 한다. 물론 당기는 동작이 주가 되지만 이 반동으로 줌손도 밀려나간다. 이마 위로 두 손이 올라간 상태이기 때문에 밀고 당기면서 동시에 두 손을 끌어내리는 것이 된다. 이렇게 앞뒤로 공평하게 밀고 당겨야 폼도 나고 멋이 난다.[29] 그렇지 않고 줌손을 앞으로 쭉 편 채 밀어놓고서 깍짓손만 당긴다거나 깍짓손을 당긴 다음에 줌손을 밀어 뻗으면 보기에 흉하다. 오랜 세월 동안 활을 쏜 사람들이 얻은 결론이다.

밀고 당기는 것이니만큼 미는 손과 당기는 손의 모양이 아주 중요하다. 그리고

---

[29] 성낙인 대담(1998. 2. 24).

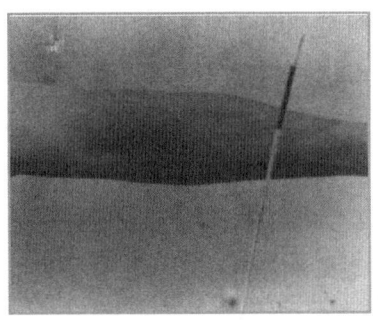
업힌 중구미(○)

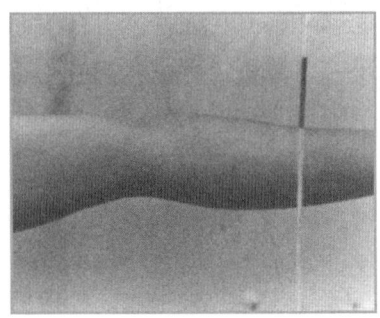
붕어죽(×)

만족하게 당겨진 중구미

이 점이 양궁과 또한 판이하게 다른 점이기도 해서 주의해야 한다. 줌손에서는 죽의 모양이 중요하고, 깍짓손에서는 중구미가 중요하다.

줌팔에서 주의해야 할 것은 죽의 모양이다. 줌손은 붕어죽을 만들면 안 된다. 붕어죽은 줌손의 오금이 하늘을 향하도록 젖혀진 것을 말한다. 붕어죽이란 마치 붕어가 배를 뒤집고 죽은 것처럼 허옇게 뒤집어졌다는 뜻이다. 손의 접히는 부분(오금)은 햇볕에 노출되지 않기 때문에 타지를 않아서 다른 부위에 비해 허옇다. 줌손의 팔꿈치가 밑으로 가고 접히는 그 부분이 위로 향해서 허옇게 드러나는 것을 붕어죽이라고 한 것이다. 줌손은 이렇게 되면 안 된다.

중구미는 반드시 업히어야 한다.[30] 이것은 죽이 모로 서야 한다는 것을 말한다.

붕어죽에서 하늘로 향하던, 그 오금이 옆으로 향하거나 땅으로 향해야 한다. 아무런 생각 없이 그냥 활을 잡고 밀면 줌손은 잦혀진다. 아니면 잦혀지지도 않고 업히지도 않는 어정쩡한 죽이 되는데 그것을 '앉은죽'이라고 한다. 죽이 업히도록 하려면 팔뼈(특히 팔윗마디) 전체를 돌려야 한다.[31] 그렇게 하면 죽이 모로 선다. 이렇게 해야만 화살이 탄력을 싣고 나간다.

죽이 모로 서지 않는 사람도 있다. 죽이 서야만 힘을 더 쓴다고 하는데[32] 신체 조건이 특이해서 죽이 서지 않는 사람은 불리한 편이다. 그러나 활을 쏘는 데는 이상이 없다. 또 어릴 때 팔이 접질리거나 해서 줌팔이 똑바르질 않고 많이 휘인 사람이 있다. 그런 사람의 팔을 '멍에팔'이라고 한다. 멍에처럼 굽었기 때문에 붙은 이름이다.

이렇게 죽을 모로 세우는 것은 우리 활의 아주 큰 특징이면서 동양의 세계관을 잘 보여주는 것이다. 이것은 우리 몸의 경락체계를 잘 살리고자 하는 발상이다. 앞서 얘기했듯이 우리 활은 그 바탕이 단전을 이용하며, 활을 쏘면 저절로 단전호흡이 된다. 따라서 단전은 얼과 몸이 만나는 자리로 동양사상의 처음이자 마지막이다. 우리 활은 단전호흡을 통해 우리 몸의 기를 이용하는 것이다. 그렇기 때문에 활쏘기의 자세도 경락의 체계를 잘 살리는 방향으로 개발된 것이다. 이 점은 특히 팔의 모양에서 크게 결정된다. 앞서 말한 죽의 모양이 바로 이것을 잘 살리는 방법인 것이다.

양궁에서는 기니 단전이니 하는 개념이 없기 때문에 오로지 몸의 힘으로만 쏜다. 그래서 힘을 쓰는 대로 활이 움직이고 살이 나가는 것이다. 기계와 수학의 원리에 따라서 50파운드만큼 당기면 50파운드만큼만 힘이 생긴다. 그러나 국궁은 다르

---

30) 『조선의 궁술』, 40쪽.
31) 그래서 『사법비전공하』에서는 전방요전(前膀要轉)이라고 해놓고 전즉직야(轉卽直也)라고 한 것이다. 돌리는 것이 곧 곧은 것이라는 뜻인데, 뼈를 돌려야 팔이 곧게 뻗는다는 뜻이다. 여기서 膀은 방광과 어깨뼈를 나타내는 말인데, 여기서는 방광이 아니라 어깨뼈를 나타내는 말로 쓰인다. 정확히 말하면 팔의 상반절 윗마디 뼈를 말한다.
32) 성낙인 대담(1998. 2. 24).

다. 국궁에서는 같은 활에 같은 살을 가지고 쏘더라도 살고도 다르고 날아가는 거리도 다르며 바람 타는 것도 다르고 살이 싣고 나가는 힘도 다르다. 활이나 살이라는 도구만 가지고는 설명할 수 없는 결과의 차이가 난다. 연한 활이라고 해서 덜 가는 것이 아니다. 그것은 활이라는 도구에 자신의 '기'를 싣느냐 못 싣느냐의 차이이다. 따라서 자신의 몸속에 살아 움직이는 기를 살릴 수 있는 올바른 자세를 취하느냐 안 취하느냐에 따라서 결과는 실로 엄청난 차이가 나는 것이다.

이것은 단순히 활쏘기라는 운동만을 해서 해결할 수 있는 것도 아니다. 참선을 한다든지 단전호흡을 한다든지 해서 자신의 '내공'을 높이면 활쏘기 또한 그에 비례해서 좋아진다. 붓글씨를 쓰는 것과 마찬가지로 활을 지배하는 것은 몸뚱이의 힘만이 아니라 그 이상의 어떤 정신인 것이다. 이것이 활쏘기를 체력이 허락하는 데까지 하고 마는 단순한 운동이 아니라, 평생을 해도 끝이 나지 않은 구도의 길로 만드는 것이다. 마음이 흐트러지면 활쏘기도 잘 안 된다. 잘 나가다가도 하루아침에 주저앉을 수 있는 것이 활이다. 그렇게 되지 않도록 고르게 유지하는 것이 참으로 힘든 일이다. 그러려면 옛 선비들이 일생을 통해 추구한 군자의 명제인 중용의 도에 이르러야 한다. 그래서 활쏘기는 구도의 길이다.

이와 같은 생각을 활쏘기의 자세에 반영한 것이 죽을 모로 세우라는 것이다. 그리고 이것은 등힘으로 밀라는 것으로 나타난다. 등힘이란 줌팔의 등쪽, 그러니까 바깥쪽으로 밀라는 것이다. 안쪽이 아니라 바깥쪽의 힘이다. 죽머리에서부터 팔의 바깥쪽을 타고 흐른 힘이 하삼지로 이어지면서 활로 전달되는 것이다. 이것이 바로 단전의 힘을 팔로 전달하려는 방법이다.

팔에는 여섯 가지 경락이 흐른다. 안쪽에는 폐경락, 삼초경락, 심경락이 흐르고, 바깥쪽에는 대장경락, 소장경락, 삼초경락이 흐른다.[33] 등힘으로 밀라는 것은 바로 이 바깥쪽을 흐르는 대장, 소장, 삼초 경락과 관련이 있다. 이것들은 모두 단전 부위

---

33) 유태우, 『침구경락』, 음양맥진출판사, 1992. 130쪽.

로 모이는 경락들이다. 이들을 통해서 단전의 기가 활까지 전달되는 것이다. 따라서 우리 활의 자세는 기의 소통이 잘 되도록 한 자세이다. 이런 점에서도 우리 활은 동양의 정신을 가장 잘 구현하고 있는 것임이 드러난다.

그리고 우리 활의 용어를 보면 아주 특이한 점이 한 가지 보인다. 팔을 가리키는 용어인 '죽머리, 붕어죽, 중구미'가 그것인데, 이것을 보면 우리 겨레는 사람의 팔을 아예 새의 날개로 인식한 것이 아닌가 하는 생각마저 든다. 그래서 활쏘기의 마무리 동작을 '학이 날개를 접듯이' 하라는 것은 바로 이와 같은 발상에서 나온 것으로 아주 뿌리가 깊은 경구임을 알 수 있다.

깍짓손을 당길 때는 중구미로 당겨야 한다. 손목으로 당기면 안 된다. 손목에 힘이 들어가면 '채쭉뒤'가 되기 쉽다. 중구미로 당기라는 것은 동작을 크게 하려는 것이다. 우리 활은 워낙 먼 거리를 날아가기 때문에 화살을 떠나보내는 조건이 아주 까다로울 수밖에 없다. 초기조건의 민감성[34]이 다른 그 어느 운동보다도 심한 것이다. 그런 만큼 이 초기조건을 안정되게 구사하려면 동작을 크게 그려야 한다. 그래야 실수가 적다[35]. 그런데 손목으로 당기면 줌손에서 손목까지 힘이 뻗는데 반해, 중구미로 당기면 그 힘의 길이가 팔꿈치까지 연장되어 동작이 훨씬 길어진다. 화살을 보내는 동작이 커지면 무겁에 떨어지는 살의 편차는 그만큼 작아진다. 그래서 중구미로 당기라는 것이다. 깍짓손의 엄지는 다만 갈고리처럼 시위를 걸고만 있어야 한다. 중구미로 당기려면 손목에 힘이 들어가면 안 된다.

그리고 깍짓손은 높이 끌수록 좋다. 그래서 깍짓손은 반드시 귓불을 스쳐야 한다. 만작을 했을 때 살대가 낮게 오더라도 당길 때는 깍짓손이 반드시 귓불을 스쳐야 한다. 그러지 않고 당길 때부터 낮게 당기면 뒷손이 자꾸 밑으로 처질 뿐더러 힘

---

34) 제임스 클리크, 『카오스』(박배식 역), 동문선, 1994.
35) 이 원리는 골프와 마찬가지이다. 골프도 동작을 크게 그려야 먼 거리를 정확하게 보낼 수 있다. 그러나 골프가 활과 가장 다른 점은 단전호흡이 되질 않는다는 것이다. 공을 치는 순간에 분문이 움직이면서 뒷발의 발바닥이 들리기 때문이다. 동양의 다른 운동과 마찬가지로 기를 고려하지 않은 운동임엔 변함이 없다.

도 더 들어서 나중에 나이가 많이 들면 당길 수 없게 된다. 그리고 낮게 당기면 뒷손이 범꼬리처럼 빠지지를 않는다. 또 활을 쏜 뒤에 동작을 거둘 때 큰 원을 그리게 되는데, 낮게 당기면 그것이 되질 않는다. 따라서 깍짓손은 귓불을 스치도록 높게 당겨야 한다.

　살대의 높이는 입꼬리에 걸리는 것이 적당하다. 원래는 광대뼈에서부터 젖꼭지까지 그 사이에 있으면 되지만 뒷손이 낮을수록 영축이 심해서 입꼬리 근처까지 올리는 것이 보통이다. 이렇게 뒷손을 높이 끄는 것은 마사법과 편전사법 때문이다. 마사법에서는 말이 달리는 상태에서는 사람의 몸이 위아래로 출렁이기 때문에 몸이 내려가는 순간에 가슴을 펼치면서 쏴야 한다. 그래서 높이 끌었다가 내려가는 순간에 뒷손을 채는 것이다. 그래서 발시 순간에 뒷손은 위에서 아래로 내려간다. 또 편전을 쏠 때는 덧살을 대는데, 이 덧살은 만작 시에 바깥으로 밀어서 받쳐주지 않으면 애기살에서 벗겨진다. 그런데 턱 밑으로 떨어지면 이 덧살을 밀어줄 수가 없게 된다. 그래서 뒷손이 최소한 턱 위로 올라와야 한다. 이런 여러 가지 조건 때문에 뒷손을 높인 것이다.

　깍짓손을 놓을 때는 중구미에 힘을 걸고서 곧장 뒤로 당겨야 한다. 그러면 깍짓손을 놓을 때 손이 뒤쪽으로 빠진다. 그런데 손목에 힘이 들어가면 그게 잘 안 된다. 중구미로 당기지 않고 손목으로 당기면 줌손과 깍짓손 사이에 이루어진 균형이 깨졌을 때 각기 손이 밀고 당기는 방향으로 뻗질 않고 깍짓손은 힘이 들어있는 손목에서 꺾인다. 그렇게 되면 손목은 밑으로 홱 뿌려진다. 그 모양이 마치 말 위에서 채찍을 휘두르는 모양과 똑같기 때문에 이런 모양을 '채쭉뒤'라고 한다. 이렇게 되면 살이 일정하게 가질 않는다. 따라서 이 버릇을 고치려면 손목의 힘을 빼고 중구미로 당겨야 한다.

　또 깍짓손을 가득 당겨서 발시할 때는 깍짓손이 뒤로 빠져야 한다. 그런데 깍짓손이 뒤로 빠지질 않고 그 자리에 있는 채로 놓기만 하여 발시하는 것을 '봉뒤'라고 한다. 이것은 자기 체격에 비해 너무 많이 당겼을 때 많이 일어난다. 뒤로 더 당길 여유가 있어야 하는데 너무 당겨서 손을 뒤로 더 뺄 수 없는 경우이다. 이럴 때는 좀 덜 당기더라고 여유 있게 해서 뒷손을 뒤로 빼야 한다. 봉뒤가 되면 주로 줌손을 밀어서 쏜다. 그러므로 앞나기가 쉽다. 또 이 봉뒤의 연장으로, 봉뒤로 버리고 난 뒤에 다시 뒤로 내는 것을 '두벌뒤'라고 한다. 한 벌로 끝내지 못하고 동작을 두 벌로 나눠서 낸다는 뜻이다.

깍짓손에서 가장 꺼리는 것이 '퇴촉'이다. 퇴촉은 뒷손이 딸려 들어가는 것이다. 깍짓손은 뒤로 빠져야 하는데, 그와 반대로 앞으로 딸려 들어가는 것이다. 이것을 '게운다'고도 한다.[36] 이렇게 되면 살은 현저하게 덜 나갈 뿐더러 바람도 한결 더 많이 탄다. 활쏘기에서 가장 안 좋은 것이다. 또 퇴촉을 하면 호흡까지 거꾸로 된다. 가슴이 벌어지면서 방사가 되어야 호흡이 들어오는데, 퇴촉이 되면, 다시 말해 손이 딸려 들어오면 가슴은 좁아지기 때문에 숨이 들어오는 것이 아니라 숨이 나간다. 따라서 퇴촉을 하면 호흡마저 거꾸로 되는 것이다. 그래서 퇴촉은 활쏘기에서 극약과도 같은 것이다.

두 손을 동시에 밀고 당기는 것은 활을 쏘고 난 뒤의 동작과 연결 지을 때 올바로 이해할 수 있다. 두 손이 위에서 내려왔기 때문에 발시 후에는 그와 비슷한 방향으로 두 손이 풀리기 마련이다. 그래서 발시를 하고 난 뒤에는 손이 앞뒤로 뻗으면서 아래로 내려가는 것이다. 그것이 학이 날개를 접듯이 하라는 것이다. 그런데 이것은 무심코 나온 말이 아니라, 우리 활의 특징인 기마형 활에서 나온 것이다. 말은 달리기 때문에 그 위에 올라탄 사람의 몸은 계속해서 일정한 박자로 위아래로 흔들린다. 그런 흔들림 위에서 활을 쏘아야 하는 것이다. 움직임 가운데서 고요한 순간을 노리라(動中遇靜)는 것은[37] 바로 이것을 말한다. 이때 줌손은 위로 올라가 있기 때문에 만작을 했을 때 말이 뛰는 반동으로 몸이 내려가는 순간에 발시를 해야 한다.[38]

---

36) 성낙인 대담(1997. 6. 27).
37) 『사법비전공하』, 마사법.
38) 『충북국궁사』, 106~107쪽.

그때 발시 후의 손 처리는 반동과 같은 방향인 아래쪽이다. 그래서 황학정의 구사들은 지금도 그렇게 쏜다. 깍짓손을 범꼬리처럼 내리라는 것도 움직이는 말잔등 위에서 균형을 잡으려고 그러는 것이다. 줄타기하는 광대들이 기다란 막대기나 부채를 들고 있는 것과 마찬가지 효과인 것이다. 그래서 이 때문에 두 손은 위로 모았다가 밀고 당기면서 내리는 것이다.

숨들이쉬기는 깍짓손을 당기는 동작과 함께 천천히 들이쉰다. 따라서 깍짓손을 당기기 시작함과 동시에 숨을 들이쉬기 시작해서 깍짓손이 귓불을 스치고 지나서 완전히 만작을 하면 호흡도 다 들이쉰 상태로 멎어야 한다. 깍짓손 당기는 빠르기와 숨쉬는 빠르기가 일치해야 한다. 여러 사람이 쏘는 대회에 나가보면 줌손을 과녁 높이에 걸어놓고서 깍짓손을 순식간에 쑥 잡아당기는 한량을 흔히 보는데, 바로 이 점을 소홀히 한 것이다. 숨을 멈춘 채로 잡아당긴다는 증거이다. 따라서 호흡을 무시한 궁체이기 때문에 건강을 위해서는 쏘나마나 한 것이 된다. 당길 때는 숨쉬기를 마치 음미하듯이 천천히 침착하게 당긴다.

또 숨 쉬는 것은 마음의 상태를 나타낸다. 그래서 천천히 하라는 것이다. 활을 쏠 때는 극도로 긴장하기 때문에 마음이 흔들리면 호흡도 저절로 거칠어진다. 호흡이 거칠어지면 마음도 따라서 흔들리고 이것은 곧장 시수에 영향을 미친다. 특히 대회 같은 것에서 순서에 갑작스런 변화가 와서 당황한 채로 서둘러 사대에 섰을 때 시수가 뚝 떨어지는 것은 바로 이 같은 것을 나타내는 것이다. 호흡은 곧 정신 상태이다. 그래서 마음을 가다듬으면 호흡은 안정되고 반대로 호흡이 안정되면 마음이 차분히 가라앉는다. 만약에 어떤 이유로 해서 흥분이 되었으면 마음을 차분히 가라앉힌 다음에 사대에 서야 한다.

또 손을 밀고 당길 때 빠뜨릴 수 없는 것이 허벅지힘주기이다. 이것은 깍짓손을 당기기 시작할 때 힘을 주기 시작해서 만작을 했을 때는 바위처럼 단단하게 굳어야 한다. 활이 겉보기완 다르게 하체운동이 되는 것도 바로 이것 때문이다.

그런데 긴장하면 허벅지에 힘주는 것을 잊는 수가 있다. 그러면 살 날아가는 것도 힘이 없이 날아간다. 그래서 천천히 힘을 주는 것이 아니라 아예 깍짓손을 당기기 시작할 때 완전히 힘을 주어서 단단하게 한 다음에 깍짓손을 당기기도 한다. 이렇게 해도 상관이 없다. 신사들은 허벅지 힘주는 것을 자주 잊기 때문에 이렇게 하는 것이 오히려 낫다.

이 절에서 잊지 말아야 할 것은 밀고 당기는 동작이 크게 원을 그린다는 것과 세 가지가 동시에 이루어져야 한다는 것이다. 세 가지란 숨들이쉬기, 깍짓손끌기, 허벅지힘주기이다.

8) 만작

활을 가득 당긴 것을 만작(滿酌)이라고 한다. 순우리말은 '온작'이다. 이 만작은 활을 가득 당긴 상태이기 때문에 언뜻 보면 마치 동작이 멈춰있는 것처럼 보인다. 그러나 그것은 겉에서 본 것일 뿐, 정작 당기는 한량은 끝까지 계속해서 당겨야 한다. 다만 조준점을 찾고 발시할 순간을 찾기 위해서 고요히 있는 것뿐이지, 당김이 멈춘 것은 아니다. 활쏘기에서는 어느 한 순간도 멈추는 것이 없다. 이 상태에서 조준점이 잡히고 발시 순간이 들어오면 발시를 한다. 이렇게 만작을 한 시간은 보통 마음으로 '하나 둘 셋'을 헤아릴 만큼이다. 대개 3초 내외이다.

이 만작하는 동작의 시간에 대해서는 대체로 두 가지이다. 조준점이 들어오자마자 내야 한다는 것과 3초가량 참았다 쏘아야 한다는 것이 그것이다. 앞엣것은 대개 속사(速射)이고 뒤엣것은 지사(遲射)이다. 그런데 대체로 지금은 활쏘기의 경향이 뒤쪽으로 많이 가고 있다. 이유는, 이렇게 참아야만 운동이 된다는 것이다. 특히 활쏘기는 호흡을 생명으로 여기는 운동인데, 속사를 하면 불거름이 긴장하는 순간이 짧아져서 호흡이 깊이 들어오지를 못한다. 따라서 전쟁무기가 아닌 지금은 속사를 할 필요가 없다. 그래서 밀고 당기는 힘을 기르고, 허벅지의 힘을 기르고 호흡을 깊게 하기 위해서 대개는 속사를 하지 않고 진득하게 참았다가 낸다.

그렇지만 속사도 분명한 근거와 계보가 있는 사법이다. 이것은 우리 활이 말을

성낙인 옹의 만작 궁체

타고서 쏘는 활인 까닭이다. 말은 계속해서 움직이기 때문에 그 움직임 위에서 발시할 순간을 포착해내야 한다. 그 시간은 아주 극히 짧다. 따라서 재빨리 당겨서 목표물이 조준점에 들어온 바로 그 순간에 재빨리 내야 한다. 따라서 지금처럼 느긋하게 붙잡고 있을 여유가 없다. 그래서 황학정의 구사들은 굉장한 속사이다. 이것은 나이가 들어서 오래 참지를 못하는 탓도 있지만, 그보다는 속사가 기사법에서 온 분명한 계통이 있는 사법이기 때문이다.

그러나 요즘은 대체로 지그시 참았다가 쏘는 것이 보통이다. 그런데 이렇게 참았다가 쏘는 법에서는 두 번째 맺힘에서 발시를 해야 한다. 활을 만작을 하면 만작을 하는 그 순간에 고요한 순간이 온다. 그것은 뒤로 옮겨가던 깍짓손이 멎으면서 앞뒷손이 서로 균형을 이룬 그 순간이다. 이 균형이 극히 짧은 순간 동안 이루어졌다가 다시 흔들린다. 이 흔들림은 앞손의 미는 힘과 뒷손의 당기는 힘이 서로 다르기 때문에 생기는 것이다. 그래서 줌손이 흔들린다. 줌손이 흔들리면서 조준점도 흔들린다. 그러다가 다시 딱 고정되는 고요한 순간이 온다. 이것은 앞손과 불균형을 이루던 뒷손이 다시 뒤로 더 당겨지려고 하면서 앞손과 같은 힘으로 뒤로 가기 때문이다. 즉 조준하느라고 덜 당긴 깍짓손에 다시 힘이 들어가면서 앞손과 균형이 다시 잡히는 것이다. 바로 이 두 번째 맺힘에서 살을 보내야 한다. 그래야 정확하게 조준되고 발시가 안정되게 이루어진다. 물론 속사일 때는 첫 번째 맺힘에서 쏜다.

그런데 만작을 한 상태에서 줌손이 유달리 흔들리는 때가 있다. 이것은 체력이 달리는 것도 있지만, 대부분은 분문을 조이지 않은 까닭이다. 활은 매일 자기가 쏘던 것이기 때문에 일정한 힘을 유지한다. 따라서 어느 날 갑자기 흔들리는 것은 쏘는 방법이 달라졌다는 뜻인데 그때는 거의가 분문 조이는 것을 잊은 경우이다.

분문의 힘은 건강과 관계가 있고 또 정력과 관계가 있다. 그것은 똥을 눌 때 금방 알 수 있는데, 나이가 들거나 병이 들어서 몸에 힘이 없으면 똥을 눌 때 힘을 줄 수가 없다. 그리고 분문은 성기와 연결되어 있어서 분문을 조이면 성기도 함께 반응한다. 걷기가 좋은 운동인 것은 걸을 때마다 이와 같이 항문이 조여져서 생식기능까지 활발하게 하기 때문이다. 반대로 분문 조이는 것을 반복하면 건강도 좋아지고 정력도 좋아진다는 것이다. 그런데 활쏘기를 할 때 가장 중요한 것이 이 분문조이기이다.

분문을 조이는 것은 불거름을 팽팽히 하려는 것이다. 불거름이 팽팽해진다는 것은 들숨이 그만큼 깊이 들어온다는 뜻이다. 그리고 이것은 단전을 자극하여 기를 원활하게 돌도록 하는 효과를 낸다. 이른바 단전호흡의 효과가 이 때문에 생기는 것이다. 선방에서 참선할 때도 이 방법을 쓴다. 호흡이 깊어지지 않을 때는 항문을 조인다. 그러면 숨이 깊이 들어온다. 보통 내쉰 상태에서 항문을 조이는 방법을 쓰는데, 이것은 역식 단전호흡이라고 한다.[39] 활은 들이쉴 때 분문을 조인다. 분문조이기는 단전호흡으로 천지와 지기를 만나게 해서 몸 내부의 기가 원활하게 돌도록 하는 것이다. 이렇게 하는 것을 한자로는 흉허복실(胸虛腹實)이라고 한다.

'흉허복실'의 뜻은 '가슴은 비우고 배는 충실하게 한다.'는 뜻이다. 그런데 자칫하면 아랫배에 힘을 주라는 뜻으로 오해하기가 아주 쉬운 말이다. 아랫배에 힘을 억지로 주면 안 된다. 배에 힘이 억지로 들어가면 숨이 멎기 때문이다. 앞서 이야기한 대로 허벅지에 힘을 주고 분문을 조이면 불거름은 저절로 팽팽해지는데, 그것이 바로 가슴이 비고 배가 든든해지는 흉허복실이다. 따라서 달리 어떻게 하는 방법이

---

[39] 『생활참선』, 97쪽.

따로 있는 것이 아니다.

그런데 이때 또한 중요한 것이 호흡이다. 깍짓손의 동작과 함께 숨을 들이쉬는데, 깍짓손을 다 당기면 역시 숨도 멎게 된다. 그런데 이때 숨구멍(氣道)을 막으면 안 된다는 것이다. 처음에 활을 배울 때는 힘이 벅차기 때문에 대부분 사력을 다해서 당기게 되는데, 힘을 너무 쓰다보면 기도를 꽉 막은 채 당긴다. 이것이 그대로 버릇으로 굳으면 나중에는 숨구멍을 막고 쏘게 된다. 숨구멍을 막으면 기가 역류하여 얼굴이 벌게진다. 또 오래 참을 수가 없다. 숨구멍을 막으면 숨을 쉬지 못하는데, 숨을 쉬지 못하는 상태로는 강한 활을 당긴 채 오래 견딜 수 없기 때문이다. 이렇게 숨구멍을 막으면 숨은 멎게 되고 숨이 멎으면 기가 역류하여 얼굴이 벌게진다. 그러면 활을 아니 쏨만 못한 것이다. 오히려 건강을 해치는 수가 있다. 또 폐가 좋지 않은 사람은 숨을 막은 채 힘을 꽉 주기 때문에 허파가 압력을 받아서 허파꽈리가 터지는 수도 있다.[40]

따라서 숨구멍은 반드시 열어놓아야 한다. 그런데 숨구멍을 막고 쏘는 데 익숙해진 사람에게는 이것이 굉장히 어렵다. 우선 숨구멍을 열어놓으면 줌손이 더 흔들린다. 그러나 곧 익숙해지므로 여태까지 숨구멍을 막아왔다면 이제부터라도 열어놓아야 한다. 이 숨구멍 여는 것은 발시 순간의 호흡처리와 관련이 있다.

숨은 100% 다 들이쉬면 안 된다. 조금 여유를 남겨놓아야 한다. 왜냐하면 발시할 때는 가슴을 벌리는데, 숨을 다 들이쉬었다는 것은 가슴이 다 펴졌다는 뜻이므로 숨을 다 들이쉬면 더 이상 가슴이 펴지지 않는다. 그러면 방사를 할 때 가슴이 벌어지지 않는다는 뜻이다. 라서 숨은 완전히 다 쉬는 것이 아니라 조금 남겨놓았다가 가슴을 벌리면서 방사할 때 남은 숨을 마저 들이키는 것이다. 그리고 살이 나가고 난 뒤에 숨을 길게 내뿜는다.

---

40) 허파꽈리가 터지는 병을 '기흉'(氣胸)이라고 한다.

9) 발 시

발시는 극히 '짧은 순간'에 아주 '가볍게' 이루어져야 한다. 이 발시는 과녁에 맞는 것을 결정하는 중요한 동작이다. 여태까지 해온 동작이 아무리 잘 되어도 이 발시에서 그르치면 살은 제대로 가지 않는다. 그리고 많은 사람들이 여기서 잘못하는 수가 많다. 이 동작은 하루아침에 이루어지는 것이 아니고 궁체가 잡혀야 나오는 자세이기 때문에 처음 활을 배울 때 소홀히 하면 평생을 고생한다. 그래서 처음 익힐 때 잘 배워야 하고, 잘 못 배웠으면 처음 시작하는 마음으로 다시 배워야 한다.

깍짓손을 놓는 요령은, 만작한 상태에서 힘을 중구미에 걸어놓고서 손가락의 힘을 서서히 빼는 것이다. 그러면 언제 떨어지는 지도 모르게 갑자기 시위가 떨어진다. 이렇게 무의식중에 떨어지는 것이 가장 완벽한 것이다. 몇 번 해보면 그 떨어지는 시기를 가늠할 수 있다. 그 시기를 기억했다가 깍짓손을 뗄 때마다 그 순간에 마음을 맞추는 것이다. 그러면 살은 과녁의 복판으로 날아간다.

그런데 이때 깍짓손 손가락의 힘을 뺄 때 자칫하면 줌손의 힘도 빠지는 수가 있다. 그렇게 되면 줌손이 딸려 들어온다. 이때 하삼지도 풀리기 때문에 활이 제대로 뻗지를 못해서 대개는 시위가 팔뚝을 친다. 그러면 퇴촉을 하는 것과 마찬가지이다. 퇴촉은 활쏘기에서 가장 꺼리는 바다. 그렇기 때문에 줌손은 바로서야 한다고 한 것이다. 줌손이 선다는 것은 발시 순간에 손이 딸려 들어오지 않도록 과녁을 향하여 밀고 버티는 것을 말한다. 힘이 딸리든지 수전증이 있든지 해서 줌손이 떨더라고 이전머리에서는 오똑 서야 한다. 손은 조준을 하고 있는 손이기 때문에 발시 순간에는 절대로 흔들려선 안 된다. 조준점이 흔들리는데 살이 곧바르게 날아갈 수는 없는 것이다. 살이 날아가는 방향은 줌손이 결정한다. 따라서 줌손은 발시 순간에는 흔들려선 안 되며 과녁의 정중앙을 향해 곧게 밀어야 한다.

발시할 때 깍짓손은 힘을 중구미에 걸고 뒤쪽 어깻죽지(견갑골) 전체를 움직여서 당겨야 한다. 그래야만 가슴이 벌어지면서 방사가 되고 깍짓손이 뒤로 곧게 빠진다. 그러지 않고 중구미만 움직여서 당긴다든지 손목만 움직여서 당기면 화살이 한

통을 치지 못한다. 그리고 현저하게 덜 나간다. 이것을 막으려면 가슴을 천천히 벌리면서 깍짓손 어깻죽지 전체로 당겨야 한다.

깍짓손을 손목의 힘으로 당기면 살은 제대로 날아가질 않는다. 그 이유는 손목이 노는 대로 깍짓손의 움직임이 화살 꽁무니에 그대로 실리기 때문이다. 그런데 죽머리나 중구미로 당기면 중구미나 죽머리에서 평상시와 좀 다르게 움직이더라도 그 실수가 시위에 전달되기 전에 화살은 이미 떠난다. 따라서 힘의 작용점이 시위로부터 멀리 떨어질수록 그 작용점에서 벌어지는 실수는 늦게 화살에 도착하는 것이다. 그래서 깍짓손은 손목으로 당기지 말고 중구미나 죽머리로 당기라고 하는 것이다.

그런데 한량의 활힘(弓力)이 딸리면 이렇게 되질 않는다. 활힘이 딸리면 봉뒤가 되든가 채쭉뒤가 된다. 나아가서 활이 감당할 수 없을 만큼 강하면 뒷손이 버티지도 못하고 딸려든다. 이것을 퇴촉이라고 한다. 이것이야말로 활힘(弓力)이 활을 이기지 못할 때 생기는 가장 큰 탈이다. 퇴촉은 촉이 물러난다는 뜻이다. 촉은 깍짓손이 잡아당기는 방향으로 들어가야 하는데, 그 반대방향으로 물러나는 것을 말한다. 퇴촉하는 것을 '게운다'[41]고도 하고 '토한다'[42]고도 하는데, 이것은 같은 얘기이다. 게우는 것을 한문으로는 토(吐)한다고 하기 때문이다. 이 말은 들어갔던 것이 도로 나오는 모양에서 붙은 말이다.

우리활의 가장 큰 특징은 활이 지닌 본래의 탄력을 가장 잘 이용한다는 점이다. 그 방법은 앞서 여러 가지로 설명을 했다. 그런데 활힘이 활을 이기지 못하면 앞에서 설명한 방법이 제대로 적용되지를 않는다. 예를 들어 활이 너무 강하면 줌손을 흘려줄 수가 없고 등힘으로 밀 수도 없다. 또 줌손을 밀질 못하고 깍짓손을 충분히 당기지를 못한다. 줌손을 밀질 못하기 때문에 버티고만 있다가 깍짓손을 겨우 놓게 되는 것이다. 줌손을 앞으로 밀면서 쏠 때보다 살이 힘없이 나갈 것은 당연한 일이다. 이것은 고무줄 새총을 생각하면 쉽게 이해할 수 있다. 손잡이를 잡고서 고무줄

---

41) 성낙인 대담(1997. 6. 27).
42) 『조선의 궁술』, 42쪽.

만 당겼다 놓을 때하고, 또 고무줄을 놓는 순간에 손잡이를 앞으로 채주면서 놓을 때 하고 그 날아가는 힘은 아주 크게 다르다. 당연히 뒤엣것이 훨씬 더 세게 나간다. 우리 활은 바로 그와 같은 원리를 이용하는 것이다. 그러다가 힘이 더 달려서 뒷손이 버티지를 못하면 딸려 들어가면서 퇴촉이 되는 것이다. 퇴촉이 되면 살이 훨씬 덜 가고 바람도 많이 탄다.

퇴촉에서 생기는 탈은 살이 덜 가고 바람을 더 타고 하는 것보다 호흡에서 더욱 심각하다. 호흡의 절정은 방사하는 순간인데, 방사하는 순간에는 숨이 조금 들어와야 한다. 숨을 들이마시면서 방사하라[43]는 말은 바로 이것을 나타내는 말이다. 그런데 방사를 할 때는 가슴이 벌어져야 하는데 퇴촉을 하면 반대로 가슴이 오므라든다. 당연히 숨은 들어오는 게 아니라 나간다. 방사할 때는 숨을 들이쉬라는 원칙을 정면으로 어기는 것이다. 방사하는 마지막 순간에 들숨이 조금 들어와서 그것이 단전의 기운으로 연결되어야 하는데 퇴촉을 하면 오히려 그 반대로 역효과가 나는 것이다. 바로 이 점 때문에 퇴촉을 탈 중에서도 가장 큰 탈이라고 한 것이다.[44]

퇴촉과는 반대현상을 '여우살'이라고 한다.[45] 퇴촉은 축이 딸려나가는 것을 말하는 것인데, 여우살은 쏘는 순간에 뒤로 쏙 들어갔다가 다시 나가는 살을 말한다. 살이 여우짓을 한다는 뜻이다. 여우는 얄미운 짓을 하는 짐승이기 때문에 바로 그런 특징을 살이 살짝 들어갔다 나오는 모양에다 갖다 붙인 아주 재미있는 말이다. 이 여우살이 심하면 그것도 문제가 된다. 영축이 심해지기 때문이다.[46] 발시를 할 때 살이 뒤로 조금 물러났다가 나가는 것은 아주 바람직한 일이다. 그런데 그것이 너무 심하면 줌손이 흔들린다. 줌손이 흔들린다는 것은 조준점이 흔들린다는 것이다. 따라서 너무 심한 여우살은 역시 바람직한 것이 못된다. 따라서 살은 발시될 때 뒤로

---

43) 『조선의 궁술』, 39쪽.
44) 『사법비전공하』, 후수병 吐.
45) 성낙인 대담(1997. 6. 27).
46) 성낙인 대담(1997. 6. 27).

조금 '물러서는 듯' 한 모양만 갖추면 된다.

여우살이 문제가 되는 것은 월촉 때문이다. 촉은 발시 순간 깍짓손을 너무 당겨서 촉이 줌 안으로 쑥 들어오는 것을 말한다. '월'(越)은 넘는다는 뜻이니 월촉은 촉이 줌손을 넘는다는 뜻인데, 또는 '몰촉'이라고도 한다. 월촉을 하면 크게 다친다. 활은 워낙 탄력이 좋은 무기여서 그 힘으로 촉이 주먹을 찌르면 그대로 뚫려버린다. 월촉을 해서 손을 다치는 바람에 활을 영영 못 쏘는 사람도 있다. 그래서 여우살이 심한 사람은 그 버릇을 고쳐야 하고 고치기 힘들면 살을 긴 것을 써서 어떤 경우라도 살이 줌손 안쪽으로 넘어들지 않도록 해야 한다. 이 경우 문제가 되는 것은 살의 길이이다.

살은 길다고 좋은 것도 아니고 짧다고 나쁜 것도 아니다. 자기 체격에 맞는 길이를 써야 한다. 살의 길이는 사람의 팔길이에 비례하고, 팔의 길이는 특별한 기형이 아닌 한, 대개 그 사람의 키와 비례한다. 그래서 여기서는 사람의 키를 기준으로 살의 길이를 따져본다.

보통 우리나라 사람들이 많이 쓰는 살의 길이는 2자 6치5푼, 그러니까 육오(65)화살이다. 사람마다 조금씩은 차이가 있지만, 이 육오(65)화살은 키가 170인 사람까지는 무난히 쓸 수 있다. 그러나 일단 키가 170cm를 넘어서면 팔길이도 그 만큼 길어지기 때문에 육오(65)화살 가지고는 불안하다. 그래서 육오(65)보다 더 긴 칠공(70)짜리 화살을 써야 한다. 그리고 키가 180cm 안팎이면 살도 팔공(80)짜리를 써야 한다. 반대로 키가 작아서 160cm 이하로 내려가면 살도 오오(55)나 오공(50)을 써야 한다.[47]

발시는 가볍게 해야 한다. 발시를 가볍게 하라는 말은 활터에서 가장 많이 듣는 말이다. 그만큼 중요한 말이다. 그런데 막상 이 말을 설명하기는 쉽지 않다. 그것은 자세가 가벼운 느낌을 주는 것이지 동작이 가벼운 것이 아니기 때문이다. 활을 쏠

---

47) 지철훈은 그의 글에서 알맞은 화살의 길이를 자기 키에서 5cm를 뺀 길이의 1/2라고 공식화시켰다. 『궁도개론』, 37쪽.

때 보면 어떤 사람은 남이 보기에 거북할 만큼 힘이 들어 보이는 사람이 있는가 하면 어떤 사람은 당길 때는 손을 바들바들 떨면서 당기면서도 막상 쏠 때 보면 아주 쉽고 가볍게 깍짓손을 떼면서 살을 내보내는 사람이 있다. 가볍게 내라는 것은 바로 이것을 말하는 것이다. 이렇게 하려면 우선 긴장하지 말아야 한다. 긴장하면 어깨에 저절로 힘이 들어간다. 특히 대회 같은 곳에 참석하면 뜻하지 않게 긴장하게 된다. 그러면 쏘는 느낌도 평상시 같지 않아서 마음에 들지를 않는다. 시수가 나지 않는 것은 당연한 일이다. 가볍게 쏘려면 우선 긴장을 하지 않아야 한다. 그리고 자기의 활힘이 활을 이겨야 한다. 활을 이기지 못하면 가볍게 쏠 수 없다.

살은 지그재그로 나간다.[48] 이것을 뱀춤현상(蛇行現象:Archery Paradox)라고 한다.[49] 이것은 무겁에 떨어진 화살의 상태를 보면 이를 확인할 수 있다. 땅에 꽂혀있는 살을 잘 살펴보면 똑바로 꽂혀있질 않고 왼쪽이나 오른쪽으로 비스듬히 꽂혀있다. 바람이 일정하게 한 방향으로 불어도 마찬가지이다. 이것은 화살이 곧게 날아가는 것이 아니라 좌우로 요동치며 날아간다는 뜻이다. 마치 물고기가 물살을 거슬러 올라갈 때 몸뚱이를 좌우로 날렵하게 채는 것과 같은 것이다. 물론 맨눈으로는 보기 어려운 아주 미세한 현상이다.

그런데 우리 활은 원리상 더더욱 그럴 수밖에 없다. 양궁은 화살이 줌통의 한가운데로 통과하지만, 우리 활은 줌앞에 걸려 있다가 나간다. 그리고 만작을 했을 때 뒤에서 보면 화살은 몸 안쪽으로 많이 휘어있다. 화살을 줌손과 깍짓손으로 빨래 짜듯이 짠 상태이기 때문이다. 따라서 화살이 손에서 떠나는 순간 휜 살은 본래 상태로 펴지려고 하며, 그 반동으로 다시 반대편으로 휘이게 되고, 반대편으로 휜 살은 다시 휘는 반동으로 그 반대편으로 휘게 된다. 이런 현상은 횟수가 반복될수록 약해지지만 살이 무겁에 떨어질 때까지 계속 일어난다. 그래서 초고속 카메라로 잡으면 지그재그로 날아가는 것으로 보이는 것이다.

---

48) 『궁도개론』, 36쪽.
49) 『궁도 양궁』, 148쪽.

화살에도 이런 모양의 자취가 남는다. 활채에는 화살이 긁지 말라고 출전피를 대는데, 보통 가죽이다. 화살의 아랫마디께를 보면 화살이 나가면서 이 출전피 가죽을 긁은 자국이 난다. 가죽의 색깔이 살에 그대로 묻어있는 것이다. 그런데 화살의 허릿간마디에는 그 자국이 남지를 않았다가 깃간마디를 지나면서 다시 자국이 난다. 이것은 화살이 나가면서 두 번 출전피에 닿는다는 증거이다. 아랫마디께에 있는 자국은 빨래 짜듯이 짠 화살이 나가면서 긁은 자취이고, 깃간마디께에 있는 자국은 그 반동으로 화살이 반대편으로 휘이면서 출전피에 부딪히면서 낸 자국이다. 이런 식으로 화살은 과녁에 도달할 때까지 춤을 추면서 지그재그로 날아간다.

출전피는 가죽으로 한다. 출전피를 가죽으로 하는 것은 다 이유가 있다. 양궁과 달리 우리 활은 만작을 한 상태에서는 화살을 짠다. 따라서 발시를 하면 살은 휜 반대방향으로 튕기면서 나간다. 이때 출전피에 화살이 차고나가는 충격이 온다. 이 충격을 흡수해주어야 한다. 그렇지 않으면 화살은 줌앞으로 튕겨나간다. 이 튕겨나가는 것이 매번 일정하면 좋은데, 사실은 쏠 때마다 짜는 정도가 다 다르기 때문에 일정할 수가 없는 것이다. 그래서 이 충격을 흡수해주어야만 살은 곧게 빠진다. 가죽은 물렁하기 때문에 충격을 흡수한다. 출전피를 단단한 것으로 하면 충격을 흡수해주지 못하기 때문에 화살이 제멋대로 날아간다. 가죽이 닳는 것을 꺼린 나머지 실제로 단단한 플라스틱을 오려대면 살이 멋대로 날아가는 것을 금방 알 수 있다.

출전피는 살이 긁고 나가는 자리이므로 거기에 댄 가죽은 닳기 마련이다. 그런데 이 출전피는 잘 쏘는 사람일수록 덜 닳는다. 활을 아주 잘 쏘는 사람들은 출전피가 거의 닳지 않는다. 애써 당긴 힘이 출전피로 흡수되지 않도록 충격마저 살에 실어서 보내기 때문이다. 반대로 활쏘는 기량이 미숙하면 출전피가 많이 닳는다. 따라서 출전피가 닳는지 안 닳는지만 보아도 그 사람의 기량을 짐작할 수 있다.

또 발시할 때 해서는 안 되는 것 한 가지는 턱을 쳐드는 것이다. 대개 처음에 사대에 섰을 때 살이 날아가는 것을 보려고 고개를 치켜들다보면 턱도 따라 움직이게 되어 뒷손의 높이까지 달라져버린다. 그래서 턱은 바짝 끌어당겨서 고정시켜야 발시 순간에 치켜들면 안 된다. 살이 날아가는 것은 눈동자를 돌려서 보려고 해야지 고개를 들어서 보면 안 된다.

그 다음에 생각해야 할 것은 발시할 때 뒷손이 빠지는 모양이다. 이것은 형식상 크게 두 가지로 나눌 수 있다. 깍짓손을 발시 순간에 길게 뻗어서 펴는 것과 펴지 않는 것이 그것이다. 그런데 대체로 요즘은 손을 뻗지 않는 사법을 많이 쓰는 추세다. 뒷손을 길게 뒤로 뻗는 것은 이른바 발여호미(發如虎尾)라고 하는 것이다. 줌손이 마치 범의 꼬리처럼 뻗는 모양이다. 옛날에는 거의가 다 이런 동작으로 쏘았다. 뒷손을 범의 꼬리 모양으로 처리하는 것을 편의상 '전통사법', 뒷손을 뻗지 않는 요즘 유행하는 사법을 '변형사법' 이라고 이름 붙여서 논의를 진행시키겠다.[50] 2001년 온각지궁사회가 출범한 이후로는 '온각지' 라는 말이 일반화되어 지금은 온각지와 반각지라는 말을 많이 쓴다.[51]

전통사법은 서울과 인천의 구사들이 구사하는 사법이다. 대체로 만작을 했을 때 살대가 입꼬리 위쪽인 광대뼈 근처에 이를 만큼 높이 걸린다. 그런 까닭에 발시할 때도 두 손을 끌어내리면서 쏘게 되어 걸릴 때는 높이 걸리지만 막상 발시할 순간에는 살대가 조금 내려온다. 이 내려오는 힘의 여파로 뒷손이 아래쪽으로 처지면서 쭉 뻗어서, 마치 범이 천천히 걸을 때 비스듬히 처지는 꼬리 모양과 아주 흡사한 것이다. 이런 묘사법은 백두산 호랑이의 습성을 잘 아는 겨레만이 할 수 있는 것이다. 이 점에서도 우리 활의 전통사법이 발여호미형이라는 것을 확인할 수 있다.

이 같은 사법은 기사법(騎射法)에서 온 사법이다.[52] 우리 활은 달리는 말 위에서 쏘는 활이기 때문에 사법도 그렇게 개발된 것이다. 말은 달릴 때 일정한 법칙으로

---

50) 이런 명칭은 사법의 역사성에 중심을 두어서 붙인 이름인데 사법의 고유한 특징이 드러나지 않는다는 단점이 있다. 전라도 지역에서는 해방 전부터 발여호미형인 전통사법은 '온각지 사법', 변형사법은 손을 뒤로 뻗지 않기 때문에 '반각지 사법' 이라고 불렀다. 이렇게 하면 사법의 특징은 드러나지만 또 그 역사성이 사상되는 단점이 있다. 여기서는 일단 역사성을 알 수 있는 용어로 쓴다. 변형사법을 '게발깍지' 라고 부른다.(류수현) 마치 게발처럼 구부러져 펴지지 않기 때문이다. 또 조막깍지라고도 한다.(박경규)
51) 온각지궁사회(http://www.onkagzy.com).
52) 『충북국궁사』, 106~107쪽.

흔들린다. 딛는 말의 발동작에 규칙성이 있기 때문이다. 말은 달릴 때 위아래로 규칙성을 갖고 움직인다. 따라서 말 잔등에 올라탄 사람의 몸도 위아래로 끊임없이 움직이다. 그런데 이 움직임에는 규칙성이 있기 때문에 그 규칙성이 허용하는 한도 안에서 활을 쏘게 된다.

말이 움직일 때는 같이 움직여야 한다. 말은 움직이는데 말위에 탄 사람은 움직이지 않으면 활을 쏠 수가 없다. 같이 움직이면 움직이지 않는 것과 같다. 차가 같은 속도로 달릴 때는 옆 차의 사람이 그 자리에 멈춰있는 것처럼 보이는 것과 같은 원리이다. 따라서 활쏘는 동작도 움직임을 따르는 가운데 이루어져야 한다. 그런데 우리활의 동작이 원을 그리면서 손을 아래로 내리기 때문에 당연히 말이 위로 솟았다가 내려갈 때의 반동을 이용하는 게 좋다. 조준할 때의 살대 높이와 발시할 때의 높이가 다른 것은 바로 이런 까닭이다.

그리고 이런 사법에서는 진득하게 오래 조준하고 있을 수가 없다. 조준점이 수시로 달라지기 때문인데, 그런 만큼 목표물이 조준점 안으로 들어왔다 하면 그 즉시 발시를 해야 한다. 이것이 전통사법이 속사일 수밖에 없는 이유이다.

또 뒷손을 범의 꼬리처럼 늘어뜨릴 수밖에 없는 것은 빠르게 움직이는 말 위에서 떨어지지 않기 위해서는 균형을 잡아야 하기 때문이다. 팔을 오그리고 있으면 아무래도 흔들림의 영향을 많이 받는다. 따라서 앞팔과 뒷팔을 벌리고 있어야 활을 쏘느라고 잠시 흔들린 몸을 바로잡을 수 있다. 이것은 줄타기하는 광대들이 긴 장대를 잡거나 부채를 잡는 것과 마찬가지 효과이다. 아무것도 잡지 않는 광대들은 예외 없이 팔을 양쪽으로 길게 뻗어서 몸의 균형을 잡는다. 전통사법의 발여호미는 바로 이 광대들처럼 끊임없이 움직이는 말 위에서 몸의 균형을 재빨리 잡으려는 동작이다.

그리고 말 위에서 활을 쏘면 말이 끊임없이 움직이기 때문에 뒷손을 완전히 당겨야 한다. 완전히 당겨서 버티지 않으면 뒷손이 흔들리면서 촉도 계속 들락날락거린다. 따라서 완전히 당겨놓지 않으면 그 흔들림 때문에 자칫 퇴촉을 할 염려가 있다. 활을 당길 수 있을 만큼 완전히 당겨서 버텨야만 말의 움직임에 따른 퇴촉을 막을 수 있다. 따라서 뒷손을 더 당길 여유가 없을 때까지 당긴 상태이기 때문에 뒷손을 세게 뽑으면서 범꼬리처럼 뿌릴 수밖에 없는 것이다. 마치 숯불을 집은 듯이 맹렬하게 뿌리라[53]는 것도 이런 까닭이다.

활 잘 쏘기로 이름난 숙신의 활이 짧은 이유도 이와 같은 사정 때문이다. 숙신은 유목민족이기 때문에 마사(馬射)에 능숙했는데, 그들이 사용한 활은 길이가 3자 5치나[54] 4자[55]이고, 광대싸리살은 1자 8치였는데, 그들이 활동한 시대에 쓴 자는 주척(周尺)이니,[56] 지금 길이로 환산하면 활의 길이는 4자가 79.992cm이고 화살의 길이는 35.9964cm이다.[57] 굉장히 짧은 것임을 알 수 있다. 우리나라의 애기활보다도 더 작은 치수이다. 우리나라에서도 말을 탈 때 쏘는 활은 동개궁이라고 하는데, 보통 활보다 훨씬 짧아서 양쪽 고자가 없는 크기였다.[58]

이와 달리 변형사법은 깍짓손을 범의 꼬리처럼 뻗지 않고 제 자리에서 떼고 마는 사법이다. 이것은 1970년대 중반 이후에 대세로 떠오른 사법인데, 거기에는 뒷손의 동작이 크면 시수를 내는 데 불리하다는 생각이 깔려있다. 화살이 날아가는 방향은 뒷손의 움직임에 매우 민감한데, 범의 꼬리처럼 채면 아무래도 얌전히 뗄 때보다 더 흔들리기 때문이라는 것이다. 이런 이유 때문에 뒷손을 발여호미로 처리할 필요가 없어졌다고 판단하여 뒷손의 동작을 아주 작게 줄인 것이다. 이 변형사법이 등장하면서 그 전의 전통사법은 크게 쇠퇴하여 자칫 사라질 뻔한 위기를 맞았다가 2000년대 들어 새롭게 조명을 받는 상황이다.[59]

---

53) 『조선의 궁술』, 40쪽.
54) 『삼국지』 위서 동이전.
55) 『조선의 궁술』, 5쪽.
56) 『동아 한한대사전』.
57) 이것은 『조선의 궁술』에 나오는 수치로 계산한 것이다. 그런데 『한한대사전』(동아출판사)의 도량형표에는 전한(前漢)의 주척 길이가 23.04cm로 나와서 좀 차이가 난다. 이 경우에는 활의 길이가 92.16cm이고 화살의 길이가 41.472cm로 나온다. 그러나 어떤 경우이든 굉장히 짧은 활임을 알 수 있다.
58) 권영구 대담(1998. 6. 18).
59) 2000년 현재, 전국에서 발여호미 형으로 활을 쏘는 활량은 30명가량이 전부였다. 그 후에 전통을 보존하려는 온깍지궁사회의 활동이 시작되면서 전통사법을 구사하는 활량들이 많이 늘어났다.

또 각궁을 쏠 때는 깍짓손을 힘차게 빼야 하는 이유를 생각해볼 필요가 있다. 요즘은 처음에 활을 배울 때 개량궁으로 배운다. 그런데 개량궁으로 배우다가 각궁을 잡게 되면 유달리 헤매는 사람이 있다. 슬럼프에 빠져서 헤어나지를 못하는 사람이 있다. 이런 사람은 예외 없이 뒷손을 빼는 대신에 줌손을 세게 밀어서 화살을 내보내는 사법으로 쏘는 사람들이다. 반대로 깍짓손을 힘차게 빼어서 살을 내보내는 사람은 각궁을 잡아도 시수는 별로 달라지지 않는다. 이것은 이유가 있기 때문이다.

먼저 활의 모양에서 오는 특징이다. 활은 손으로 잡는 줌통이 가장 두껍고 양쪽 끝으로 가면서 점점 가늘어진다. 그래서 가장 가느다란 양냥고자에서 시위로 연결되어 활의 힘이 살로 전달되는 구조를 지닌다. 이것은 외가닥 채찍과 같은 원리이다. 손잡이는 굵지만 끝으로 가면서 가늘어지는 것은 손에서 생긴 힘이 가느다란 채찍 끝으로 가면서 채찍의 굵은 부분에서 분산된 힘이 채찍 끝의 좁은 면적으로 모이면서 힘의 집중과 파괴력을 최대화하려는 구조인 것이다. 이와 똑같이 줌손 부분의 둔탁한 힘은 활의 가장자리로 뻗어가면서 가느다란 활몸을 타고서 힘이 점점 날카로워지는 효과를 낸다. 그래서 양냥고자가 그렇게 가느다란 것도 줌통의 둔탁한 힘을 한 곳으로 몰아서 최대한의 강한 효과를 내기 위한 구조인 것이다. 따라서 이 양냥고자가 채주는 미세한 차이가 화살에 직접 전달된다.

그런데 활이 내는 힘이 한껏 몰려있는 이 가느다란 양냥고자에 영향을 더 빨리 줄 수 있는 것은 당연히 줌손보다는 깍짓손이다. 시위를 매개로 깍짓손은 양냥고자에 직접 닿아있는 셈이다. 그와 달리 줌통은 힘의 출발점이긴 하지만, 그 힘이 화살에 전달되어야 한다는 점을 생각하면 활의 구조 안에서 화살과는 가장 멀리 떨어진 곳이다. 가장 멀리 떨어진 곳을 밀면 거기서 생긴 힘은 그 만큼 늦게 화살에 도착한다. 따라서 화살에 더 빨리 큰 영향을 주려면 될수록 가장 가까운 쪽을 건드려야 한다. 화살에 가장 가까운 쪽은 활에서는 고자이다. 그리고 이 고자를 직접 건드릴 수 있는 것은 시위이고, 시위에 걸린 깍짓손이다. 이것이 각궁을 쏠 때 뒷손을 채주어야 하는 이유이다. 각궁에서 시수가 잘 나는 사람은 예외 없이 뒷손을 시원시원하게 빼는 사람이다.

　　그렇다면 개량궁은 왜 이 깍짓손의 영향을 덜 받는 것인가? 그것은 재료 때문이다. 개량궁은 나무에 양궁재질인 카본을 댄 것이다. 따라서 동물성 재료를 대는 각궁보다 뻣뻣할 수밖에 없고 힘의 전달이 잘 이루어진다. 그래서 줌손을 밀어도 그것이 곧장 화살까지 전달되는 것이다. 그러나 각궁은 다르다. 각궁은 그 기본 뼈대는 나무이지만, 그 나무도 통나무가 아니라 삼삼이에서 연결한 것이고 또 그 바깥을 동물성 재료인 소 힘줄과 뿔이 싸고 있다. 특히 소심줄은 말 그대로 힘줄이어서 잘 늘어난다. 잘 늘어나는 만큼 힘은 늦게 전달되는 것이다. 그래서 각궁은 줌손을 밀면 개량궁처럼 화살까지 금방 전달되지를 않는 것이다. 물론 이 차이는 눈에 보이지 않을 만큼 아주 짧은 순간에 일어나는 것이다. 그러나 바로 이 차이가 살모이[60]의 질과 양을 결정해버린다. 그리고 이것이 각궁의 사법과 개량궁의 사법이 다를 수밖에 없는 이유이다. 그리고 전통사법이 뒷손을 범꼬리처럼 처리할 수밖에 없는 이유이다.

　　여기서 서울 장씨 활의 비밀 한 가지가 풀린다. 장궁방의 활은 고자 모양이 독특해서 마치 코브라 뱀대가리 모양[61]처럼 생겼다. 즉 도고자에서 넓어지기 시작하다가 양냥고자 쪽으로 가면서 다시 가늘어져서 전체 모양은 마치 버들잎(柳葉)[62] 모양을 닮은 것이다. 따라서 고자의 처음부터 끝까지 일직선으로 뻗은 경기 활이나 예천 활과는 그 효과가 다를 수밖에 없다. 그 효과란 앞서 채찍에서 살펴보았듯이 바로 힘을 모아주는 효과인 것이다. 이와 같은 원리를 '버들잎효과'라고 하자. 일직선으로 뻗은 고자보다는 코브라 뱀대가리 모양으로 생긴 고자가 채찍의 원리에 따라서 힘을 더 효과 있게 몰아주게 되는 것이다. 물론 이것은 실제 효과에서는 거의 차이가 나지 않을 만큼 미세한 것일 것이다. 그러나 그 미세한 차이가 여럿이 모여서 전체의 큰 차이를 만드는 것이다. 작은 강이 모여서 큰 강을 이루는 것과 같은 원리이

---

60) '모이'는 '몰다'의 명사형으로, 화살을 몰아간다는 뜻이다.
61) 성낙인 대담(1997. 2. 24).
62) 김박영 대담(1998. 4. 19).

다. 장궁방의 활이 다른 활보다 더 잘 채준 것은[63] 이런 아주 사소한 조건들이 모여서 만든 기적인 것이다. 따라서 크게 눈여겨보지도 않고[64] 중요하다고 여기지 않은 고자의 버들잎 모양은 바로 이런 원리 때문에 생긴 피할 수 없는 구조의 산물임을 알 수 있다.

그런데 잘 보면 활은 이 버들잎 효과를 잘 이용하는 구조로 이루어져 있다. 줌통 부분이 홀쭉한데 한오금으로 가면서 조금 넓어지다가 먼오금을 지나면서 다시 가늘어지기 시작해서 정탈목에 이르면 활채에서는 가장 가늘어진다. 그러다가 고자로 연결되는데 고자는 또 버들잎 모양으로 되어있다. 따라서 고자도 버들잎 모양이지만, 줌통에서 목소에 이르는 활채의 모양도 크게 보면 버들잎 모양이다. 그 이유는 앞서 말한 '버들잎효과'를 내는데 꼭 필요한 구조이다. 그리고 이 버들잎 효과를 살리는 데 가장 좋은 방법이 바로 깍짓손을 채는 사법인 것이다. 그래서 각궁은 깍짓손을 힘차게 뽑아야 화살을 잘 몬다.

그런데 이 깍짓손의 모양은 마음의 작용을 이어주면서 그 여파로 나타난 동작이기 때문에 아주 중요하다. 특히 활쏘기는 발시하고서 살이 과녁까지 가닿는 시간이 있기 때문에 살은 몸을 떠났지만, 마음은 살을 떠나면 안 된다. 발시 순간에 살이 힌통을 치고 살고도 적당해서 뻔히 맞을 것으로 판단히고 미음을 돌려 딴 짓을 하다 보면 살이 과녁을 때리는 소리가 들리지 않는 것을 종종 겪는다. 살이 떠날 당시에는 분명히 관중인데, 마음이 살을 떠난 순간 살의 상태가 흐트러져버린 것이다. 그래서 불을 쏜 것이다. 이것은 활쏘기에서 마음이 얼마나 중요한가 하는 것을 다시 한 번 보여주는 것이다. 살이 몸을 떠났어도 마음은 계속 화살을 따라가야 한다. 이것을 확인하는 것이 발시 직후의 동작이고, 뒷손의 처리가 끝까지 제대로 되어야 궁체

---

[63] 성낙인 대담(1997. 2. 25).
[64] 경기 활이나 예천 활에서는 고자를 곧게 뻗도록 만든다. 그리고 그런 활을 만드는 분들도 장씨 활의 고자 모양에 별다른 의미를 주지 않는다. 그 모양을 만드는 데 드는 수공에 비해 그 모양이 낼 수 있는 효과가 워낙 미미하기 때문일 것이다. 그러나 장 씨 활이 취한 모양의 의미는 살려야 한다.

는 바로 잡힌다. 뒤집어 말하면 궁체가 바로잡혀서 제대로 자세가 나오지 않으면 깍짓손의 뒤처리 동작이 흐트러진다는 얘기이다.

03 _ 마무리 동작

우리 활의 마무리 동작은 한 마디로 압축된다. '학이 날개를 접듯이 하라' 는 것이 그것이다. 푸른 하늘을 힘차게 날아온 학이 둥지가 있는 낙락장송(落落長松)에 내려앉으면서 큰 날개를 접는 우아한 동작으로 활의 끝 동작을 마감하는 것이다. 따라서 앞손과 뒷손을 크게 펼쳐서 천천히 거두어들이는 것이다. 동작은 활을 들어 올리는 첫 동작에서부터 나온 것이기 때문에 결국 학이 날개 접듯이 하라는 것은 활쏘기의 모든 과정에 해당되는 이야기이다.

10) 거두기

거두기는 발시 후에 흩어진 몸을 거두어들이는 동작을 말한다.

발시가 잘 이루어지면 줌손은 과녁 쪽으로 나가다가 불두덩 앞으로 지고, 뒷손은 큰 원을 그리면서 떨어진다. 그러니까 만작 상태에서 발시와 동시에 양손이 땅을 향해 반원을 그리게 된다.

우리 활은 활을 쏘려고 손을 들어 올린 상태에서 활을 쏘고 난 뒤 거두는 동작까지 큰 원을 그린다. 만작은 그 동그라미의 절반을 자른 모양이다. 따라서 마무리 동작으로 이 커다란 동그라미의 나머지를 그려야 한다. 그것을 '학이 날개 접듯이 하라' 는 말로 나타낸 것이다. 그래서 멀리서 보면 활 쏘는 모습이 꼭 춤추는 모습처럼 보인다. 두 손을 모아서 머리 위로 들어 올렸다가 앞뒤로 뻗으며 당기고는 다시 두 팔을 활짝 펴서 내리기 때문에 이 동작을 여러 명이 줄지어서 하면 춤추는 모습으로 보이는 것이다. 우리 활이 우리겨레의 풍속과 타고난 몸짓을 잘 반영하고 있다는 것이 이런 동작에서 저절로 증명된다.

줌손은 불두덩으로 져야 한다.(성낙인) 발시가 끝난 뒤에 줌이 자신의 몸통 바깥으로 벗어나면 안 된다. 그리고 시위를 당기느라고 돌아간 몸통이 앞으로 돌아오면서 줌손도 역시 불거름으로 천천히 내린다. 그리고 범의 꼬리처럼 드리웠던 깍짓손도 천천히 몸통 옆으로 거두어 붙인다. 이렇게 하여 자연스럽게 비정비팔로 섰을 때의 처음 모습으로 돌아오는 것이다.

발시가 끝나면 다음 순서를 기다릴 때까지 서있어야 한다. 그런데 이때도 절제된 동작이 필요하다. 줌손이 불거름으로 지고 깍짓손이 범의 꼬리처럼 마감되었으면 이제는 두 손을 조용히 끌어서 몸의 옆으로 가져온다. 이때 활은 시위가 허벅지에 닿도록 수평으로 하는데, 정확히 흘려쥔 줌손의 힘을 풀면 저절로 그렇게 닿게 된다. 수평에서 윗고자 쪽이 밑으로 조금 처지는 그런 수평이다. 그것을 가장 단아한 자세로 여겼다.(성낙인)

다음 차례를 기다리는 동안 활 쥔 손을 등 뒤로 돌려서 활을 까닥거리며 흔든다든지, 이리저리 둘러보며 허튼 동작을 하면 보기 좋지 않고, 또 옆에서 신중하게 활을 쏘는 남에게 방해가 된다. 오래 기다리느라 발이 아프면 비정비팔을 풀고서 반 발짝쯤 뒤로 물러나서 조용히 기다리는 것이 가장 좋다.

활은 보통 작대를 이루어 쏜다. 그렇기 때문에 다음 자기 차례가 돌아올 때까지 적지 않은 시간을 사대에 서서 기다리기 마련이다. 이것이 지루한 까닭에 가만히 있지를 않고 딴 짓을 하기 마련이다. 그런 활량들 가운데서 전혀 움직이지 않는 채로 과녁을 묵묵히 바라보는 사람이 있으면 마치 군계일학처럼 아름답다. 멀리서 보면 사대까지 전체가 환해진다. 활량의 진정한 품위와 카리스마는 이런 것이다.

04 _ 정리

이상의 긴 설명 중에서 활 쏠 때 잊어서는 안 될 가장 중요한 것을 몇 가지로 정리하면 이렇다.

① 엄지발가락을 지그시 내리누르고
② 깍짓손이 귀를 스치도록 당기는데, 그와 동시에 숨을 들이쉬면서 허벅지에 천천히 힘을 가한다.
③ 다 당겼으면 분문을 꽉 조인다.
④ 양쪽 죽머리(견갑골)를 뒤로 모으면서 발시한다.

이상은 자칫하면 잊는 사항이어서 매 발을 쏠 때마다 하나씩 확인하는 버릇을 들여야 한다. 특히 활을 처음 배울 때는 이 점을 꼭 지켜야 한다. 그렇지 않으면 탈이 난 궁체로 평생을 고생한다. 그래서 주살질을 오래 해야 한다. 사대에 서면 과녁이 눈에 들어오기 때문에 하나하나 점검하는 것을 잊고 만다. 맞추고자 하는 욕심이 생각을 마비시키고 궁체를 일그러뜨리는 것이다. 활을 처음 잡으면 이상의 요건이 저절로 갖추어지도록 궁체를 갖춘 다음에 사대에 서는 것이 중요하다. 몸으로 한 번 깨닫는 것이 머리로 백 번을 아는 것보다 낫다. 따라서 활쏘기는 머리로 알려고 할 것이 아니라 몸으로 얻으려고 해야 할 그런 것이다. 활쏘기의 길은 머리가 아니라 몸에 있다.

05 _ 궁술 종합

여기서는 위에서 설명한 것 이외에 이미 나온 여러 가지 궁술의 이론에 관해 알아본다. 활쏘기가 워낙 오래 된 풍속이기 때문에 그에 관한 글도 적지 않는데, 그 중에서 중요한 것 몇 가지를 알아본다.

1) 집궁 제원칙

활을 쏘면서 얻은 이치를 설명하다 보니 그것을 매번 기억하기가 어려워서 잊어서는 안될 중요한 원리와 원칙을 몇 가지로 정리했다. 그것을 활 잡을 때의 원칙이라는 뜻으로 '집궁제원칙'(執弓諸原則)이라고 부른다. 또 이것이 여덟 가지로 나뉘었기 때문에 '집궁8원칙'이라고 하기도 한다. 그런데 이 집궁 제원칙은 성낙인 옹이 전혀 모르고 있는 것으로 보아,[65] 1970년대 이후에나 생긴 것으로 보인다.[66] 없던 것을 새로 만드는 일은 재삼 숙고해야 하는 일인데, 어쨌거나 이것은 활을 쏘는 사람들이 기억하면 여러 가지로 좋은 내용이어서 여기 소개한다.

① 선관지형(先觀地形)
② 후찰풍세(後察風勢)
③ 비정비팔(非丁非八)
④ 흉허복실(胸虛腹實)
⑤ 전추태산(前推泰山)
⑥ 후악호미(後握虎尾)
⑦ 발이부중(發而不中)
⑧ 반구저기(反求諸己)

이것들은 둘씩 댓구를 이루고 있어서 외우기 쉽도록 지었다. 활을 쏘는 순서대로 내용이 전개되기 때문에 활쏘는 상황을 연상하며 떠올리면 쉽게 외울 수 있다.

'선관지형(先觀地形), 후찰풍세(後察風勢)'는 사대에 서면 먼저 지형을 살피고 다음에 바람을 살피라는 뜻이다. 이것은 활쏘기가 바람에 큰 영향을 받고 또 바람은 그곳 활터의 지형에 따라서 달라지기 때문에 나온 말이다. 이것이 어떤 곳에는 '선찰지형, 후관풍세'로 되어 있어서 察과 觀이 바뀐 곳도 있다. 그러나 내용으로 보면 그 순서 바뀜은 별 뜻이 없다. 다 같이 살피고 본다는 뜻이다.

---

[65] 성낙인 대담(1997. 2. 4).
[66] 이것은 한 사람의 사고체계 속에서 일관된 관점으로 엮어진 것이 아니라 여기저기 나오는 말들을 짜깁기 한 것이어서 조잡하기도 하다. 또 중국의 책들에서 주워 모은 것이라서 우리의 전통무예를 설명하는데 어색한 부분도 없지 않다. 그러나 그 동안 어떤 과정을 통해서 보급되었는지 모르지만 활터에 많이 알려져 있고 나름대로 활 쏘는 사람들이 생각할 만한 것이 없지 않아서 여기 소개한다.

활쏘기 연속 동작

이 대목에서 조심해야 할 것은 바람이다. 우리 활은 워낙 먼 거리를 날아가기 때문에 바람의 영향을 그 만큼 많이 받는다. 그러나 그렇다고 해서 오로지 바람의 방향에만 매달리면 또한 안 된다. 바람의 영향을 무시할 순 없지만, 우리 활은 그런 외부의 조건보다는 활쏘는 한량의 내부조건을 더욱 중요시하기 때문이다. 즉 바람은 시수에 영향을 주는 버금요인이지 으뜸요인이 아니라는 것이다. 물론 말할 것도 없이 으뜸요인은 한량의 마음가짐이다. 한량이 골똘히 집중하여 나를 잊고 과녁과 한 덩어리가 되면 그까짓 바람은 문제될 것이 없다.

이 마음가짐은 마음가짐으로 끝나는 것이 아니라 시수에 직접 영향을 끼친다. 활을 쏠 때는 바람을 이용하려고 할 것이 아니라 바람을 이기려고 해야 한다. 그리고 실제로 오래 활을 쏘아보면 바람을 이길 수 있다. 똑같은 바람이라도 어떤 사람이 쏜 화살은 날면서 바람에 형편없이 밀리는가 하면 어떤 사람은 꽁지는 바람에 밀리면서도 촉은 과녁의 중심을 향해 똑바로 날아간다. 이 같은 궁술의 차이는 그 격이 하늘과 땅의 차이이다. 꽉 쏘면 더 가고 설 쏘면 덜 간다.[67] 이것은 바로 바람은 외부 조건이되 그 외부조건을 한량이 이겨낼 수 있다는 뜻이다. 그리고 우리 활의 무궁무진한 묘미는 바로 그와 같은 것에서 찾아볼 수 있다. 물리법칙으로는 도저히 일어날 수 없는 일이 하기에 따라서 엄연히 일어나는 것이다.

그런데 활을 쏘다보면 바람 잡는 재미도 있다. 강한 바람이 부는 날 쏘면 화살이 과녁 바깥으로 날아가면서 과녁을 때린다. 그런데 그런 재미에 빠지다 보면 정작 바람을 이겨야 한다는 사실을 잊고 자꾸 바람의 눈치만 살피다가 망치는 수가 있다. 경계해야 할 일이다. 바람은 극복해야 할 대상이지 순응해야 할 대상이 아니다.

바람의 영향은 줌앞바람이나 줌뒷바람보다 덜미바람이나 안바람이 더 크다. 덜미바람이나 안바람은 145미터를 날아가는 동안 내내 영향을 끼치기 때문이다. 그래서 과녁과 사대 쪽으로 바람이 불 때는 좌우로 불 때보다 조준점을 더 많이 옮겨야

---

67) 성낙인 대담(1997. 7. 1).

한다.

'비정비팔(非丁非八), 흉허복실(胸虛腹實)'은 발모양과 호흡법을 말한 것으로, 발모양은 정짜 모양도 아니고 팔짜 모양도 아니라는 뜻이다. 비정비팔은 발모양이 한자의 정짜 모양을 닮았으면서도 그와 똑같지 않고 팔짜 모양을 닮았으면서도 그와 똑같지 않은 모양을 말한다. 흉허복실은 가슴은 비우고 불거름은 팽팽히 하라는 뜻이다. 흉허복실은 일부러 한다고 해서 되는 것이 아니다. 자칫하면 똥배에 힘을 주어서 호흡만 곤란하게 하는 수가 있다. 비정비팔로 서서 호흡을 들이쉬면서 허벅지에 힘을 가하고 만작한 상태에서 분문을 꽉 조이면 불거름은 저절로 팽팽해진다. 그래서 억지로 할 것이 아니라 이 같은 방법으로 해야 몸에 무리가 오질 않는다.

흉허복실은 단전호흡을 하기 위한 방편이다. 단전호흡은 숨을 불거름까지 끌어내리는 것이다. 이 동작을 오랜 세월 반복하면 전신의 경락이 활발하게 살아나서 건강체가 된다. 발바닥의 용천혈을 통해서 올라온 지기와 코와 허파를 통해 들어온 천기가 단전에서 만나는 것이다. 이것이 극대화되면 소주천을 거쳐 대주천으로 나아간다.

'전추태산(前推泰山), 후악호미(後握虎尾)'는 중국의 병법서인 『기효신서(紀效新書)』에 나오는 내용이다. 그 책의 원문은 '범사, 전수여추태산, 후수여악호미'(凡射 前手推 如泰山 後手如握虎尾)이다.[68] 여기서 수여(手如) 두 글자만 빼면 '전추태산(前推泰山), 후악호미(後握虎尾)'가 된다. 이것은 활을 밀고 당기는 두 끝(줌손과 깍짓손)의 상태를 말한 것으로, 줌손은 앞으로 큰산을 밀듯이 밀고 뒷손은 범의 꼬리를 움킨 것처럼 든든하게 잡으라는 뜻이다. 이때 범의 꼬리를 잡듯이 든든히 잡으라는 것은 주먹에 힘을

---

[68] 『무예도보통지』, 심우성 주해, 동문선, 1987. ; 유성룡, 『징비록』, 이민수 역, 을유문화사, 1983.
『기효신서』는 명나라 장수 척계광(戚繼光)이 찬술한 것으로, 이것을 바탕으로 우리나라에서 정조 때 펴낸 책이 『무예도보통지(武藝圖譜通志)』이다. 임진왜란 때 우리나라에 출정한 명나라 군대가 돌아가기 전에 명나라 군대의 각종 무예를 배워서 조선군대에 보급한 것이다. 그 과정이 『징비록』에 나온다. 활쏘기와 관련된 위의 내용은 『기효신서』 권지삼(券之三) 수족편(手足編) 지기해(指機解)에 나온다. 이 기효신서 영인본을 나는 시장(矢匠) 유세현한테서 얻어 보았다.

꽉 주라는 뜻이 아니라 뒷손 전체를 범꼬리처럼 가볍고 힘 있게 잡으라는 뜻이다. 중구미에 힘을 걸면 그런 모양과 상태가 된다. 그래서 어떤 사람들은 후악호미(後握虎尾)라고 하지 않고 발여호미(發如虎尾)라고도 한다. 발여호미는 뒷손을 뽑을 때 손의 모양이 범의 꼬리처럼 뒤로 빠져야 한다는 뜻이다. 후악호미가 뒷손을 잡는 것에 주안점을 두고 붙인 말이라면 발여호미는 발시하면서 손이 뒤로 빠지는 상태에 주안점을 두고 붙인 말이다. 따라서 어느 것을 쓰든 상관없다. 다만 후악호미라고 할 때 움켜쥐기를 주먹에만 힘을 주라는 뜻으로 오해하지만 않으면 된다. 뒷손은 죽머리에서 중구미에 힘을 걸어야지 손목이나 손가락에 힘을 걸면 안 된다. 이런 오해는 '전추태산(前推泰山), 후악호미(後握虎尾)'이 우리 사법이 아니라 중국의 사법에서 생겨난 말이기 때문에 빚어진 것이다. 그래서 남의 이론을 빌려올 때는 살얼음을 딛는 듯이 조심해야 한다. 한 이론을 빌려오기는 쉽지만 빌려온 그 이론이 두고두고 빚는 후유증은 말할 수 없이 크기 때문이다.

'전추태산'과 '후악호미'는 서로 댓구를 이루고 있다. 댓구란 문장의 구조는 같으면서 내용만 다른, 그러면서도 문장의 내용도 서로 짝을 이루는, 말하자면 쌍둥이 같은 문장을 말한다. 그런 점에서 보면 '발여호미'보다는 '후악호미'가 '전추태산'과 잘 어울린다. 다만 어느 방향에 주안점을 두고서 말하느냐에 따라서 서로 다르게 쓰인 것으로 보인다.

'발이부중(發而不中), 반구저기(反求諸己)'는 『예기』 사의(射義)에 나오는 말로 쏘아서 맞지 않으면 그 원인을 자기한테서 찾는다는 뜻이다.[69] 특히 화살이 맞지 않는 것은 궁체가 틀어졌기 때문이라고 보는 것이다. 화살이 맞지 않는 것은 두 가지 요인이다. 장비가 잘못 된 경우와 자신이 잘못 쏜 경우이다. 그런데 이 말은 잘못을 장비 탓으로 돌리기보다는 자신의 탓으로 돌리라는 뜻이다. 장비가 잘못되면 잘못된 그 장비의 조건까지 감안해서 쏘라는 뜻이다. 따라서 외부의 조건을 자신의 조건으로

---

69) 『예기』 사의. 射求正諸己, 己正而后發, 發而不中, 反求諸己而已矣.

극복해야 한다는 뜻이 담겨있다. 실제로 장비를 탓해가지고는 아무것도 되지 않는다. 그런데 수양이 덜 된 사람일수록 시수가 안 날 때 장비만을 탓한다. 물론 장비가 형편없어도 된다는 뜻은 아니다. 궁시 반재주란 말이 있듯이 활쏘기에서 장비보다 더 중요한 것은 기실 없다. 그러나 그런 장비조차도 활쏘기에서 버금원인일 뿐 으뜸원인이 될 수 없다는 뜻이다. 으뜸원인은 언제나 활쏘는 사람 자신이다. 그 만큼 활 쏘는 사람의 마음가짐과 정신이 중요함을 나타낸 말이다. 오래도록 곱씹어야 할 말이다.

2) 『조선의 궁술』의 사법

1922년 황학정을 중심으로 뭉친 "조선궁술연구회"가 어려운 여건 속에서 책을 한 권 펴냈다. 그것이 1929년에 펴낸 『조선의 궁술』로, 우리 활에 관한 한 전무후무한 걸작이다. 오늘날 우리가 배우는 활쏘기가 여기서 나왔으니, 5천년 우리 활의 크나큰 물줄기가 『조선의 궁술』이라는 저수지로 모여들었다가 다시 그 저수지에서 오늘날까지 면면히 흘러나와서 우리의 삶과 활터를 풍요롭게 적셔준 것이다. 우리 궁술의 교범이 될 만한 책이다. 따라서 이 책에 나오는 궁술은 우리 활의 정수라고 해도 과언이 아니다. 그런 까닭에 앞서 설명한 궁술과 많이 겹칠 것이나 다시 싣지 않을 수 없다.

『조선의 궁술』에 전하는 사법은 유엽전 쏘는 법이다. 본디 쇠살은 쇠살에 따른 묘법이 있고, 편전은 편전에 따른 묘법이 있지만, 지금은 활도 화살도 전하지 않아서, 그 사법까지도 사라져버렸다. 『조선의 궁술』 가운데 '궁체의 종별'에 나오는 내용이다. 궁체를 부분별로 나누어서 설명한 것이다.

▶ 몸

몸은 곧은 자세로 과녁과 정면으로 향하여 선다. 속담에 '과녁이 이마 바루 선다' 함은 이를 이르는 말이다.

▶ 발

발은 정(丁)자도 팔(八)자도 아닌 모양으로 벌려서되 과녁의 좌우 아래 끝을 바로 향하여 선다. 발끝이 앞으로 기울지 않도록 해야 하며 몸 전체의 중량이 앞뒷발에 고루 실리도록 서야 한다.

▶ 불거름

불거름은 될 수 있는 대로 팽팽하게 해야 한다. 만일 팽팽하지 못하면 이로 인하여 엉덩이가 뒤로 빠져 균형을 잃기 쉽다. 그러므로 두 다리에 힘을 단단히 주고 서면 불거름은 저절로 팽팽해진다.

▶ 가슴통

가슴통은 다 비어야 하며, 배거나 버스러지면 안 된다. 만일 타고난 체형으로 인하여 가슴이 나와서 쌍현이 지는 때에는 활의 고자를 줄이든지 시위동을 되도록 하면 되지만, 가장 좋은 방법은 발시할 때, 기운과 숨을 들이마시면서 쏘면 가슴이 저절로 비게 마련이니, 쌍현이 지는 데만 유리할 뿐 아니라, 어떤 사람이든지 발시할 때 숨을 들이마시면서 방사하는 것이 좋은 방법이다.

▶ 턱끝

턱끝은 되도록 죽머리 가까이 묻되 혹시 들리거나 돌거나 하면 웃동이 버스러지고 화살이 바로 빠지지 못한다. 이러한 폐단을 고치는 법은 되도록 힘이 미치는 데까지 목덜미를 늘이면서 턱을 묻으면 저절로 죽머리에 가까이 묻힌다.

▶ 목덜미

목덜미는 항상 팽팽하게 늘일 것이요, 오무리거나 구부려서는 안 된다.

▶ 줌손

줌손은 하삼지(下三指)를 흘려서 거드쳐쥐고 반바닥과 등힘으로 같이 밀며 범아귀는 다물리고 북전은 높고 엄지손가락은 낮아야 한다. 만일 삼지가 풀리고 웃아귀를 아래로 내리면 살이 덜 간다.

줌손을 들어 들이켜쥐고 등힘이 꺾인 것을 '흙받기 줌'이라고 하는데, 이러한 줌은 시위가 항상 고지 밖으로 들맞게 되어 활을 넘기는 수가 생긴다. 이러한 경우는 줌을 다시 고쳐 쥐어야 하는데 고치는 법은 첫째 활을 무르게 하여 가지고 앞으로 줌손을 차츰 빼면서 바로 쥐도록 할 것이요, 둘째는 장지손가락 솟은 뼈를 과녁을 향하여 밀고 쏘는 법이 곧 그것이다.

▶ 깍짓손

깍짓손은 다섯 손가락 전체로 쥐거나 세 손가락으로 쥐어 중구미와 등힘으로 당기면서 방전을 맹렬하게 해야 한다. 만일 외가락으로 쥐게 되면 뒤가 부실해진다. 또 팔꿈치를 훔쳐끼고 팔회목으로 당기는 것을 '채찍 뒤'라고 하는데 이런 경우 중구미를 들어서 구미로 끌되 깍짓손의 등힘으로 당겨야 한다.

깍짓손을 뒤로 내지 못하고 버리기만 하는 것을 '봉뒤'라고 하고, 봉뒤를 버리고 살이 빠진 뒤에 다시 내는 것을 '두벌 뒤'라고 한다. 이런 경우에는 만족하게 끌어 깍짓손이 저절로 벗겨지도록 당기는 것이 좋다.

▶ 죽머리

죽머리는 바짝 붙어서 턱과 가까운 것이 좋다. 멀리 붙게 되면 죽이 헛걸리어 헤집거나 죽이 홱 돌아가기 쉽기 때문에 이러한 죽에는 앞을 반반히 밀어두고 뒤를 연하게 내어야 한다. 바짝 붙은 죽에 중구미가 업히기는 하여도 늘어진 경우에는 깍짓손을 되도록 높이 끌어 만족하게 잡아 당겨야 한다.

▶ 중구미

중구미는 반드시 업히어야 한다. 중구미가 젖혀진 죽을 '붕어죽'이라고 하고, 젖혀지지도 않고 업히지도 않은 죽을 '앉은 죽'이라고 한다. 이러한 두 죽은 모두 실하지 못한 죽이다. 또한 이러한 죽은 되도록 무르게 쏘아야 할 것이며 줌통을 편편하게 하여 뒤를 연하게 내어야 한다.

중구미가 업히는 때에는 깍짓손을 실하게 내야 한다. 즉, 앞이 둥글고 죽머리가 턱에 바짝 붙으며 중구미가 업힌 경우에는 깍짓손을 턱 밑으로 바짝 짜서 뒤를 맹렬하게 당겨야 한다. 만약 중구미는 둥글지만 죽이 멀리 붙거나 구미가 업히지 않은 경우에는 뒤를 바짝 거(그어)서 연하게 내어야 한다.

▶ 등힘

등힘은 줌손 바같에서 생기는 힘이니 되도록 팽팽히 일직(一直)하게 밀어야 한다. 만일 줌손이 꺾이면 팽팽하게 일직한 힘을 낼 수 없다.

3) 평양감영의 『사법비전공하』

조선 정조23년(1799)에 평양 감영에서 무과 교재로 책을 하나 펴낸다.[70] 『사법비전공하(射法秘傳攻瑕)』라는 책이 그것이다.[71] 원래 이 책은 한 권으로 된 것이 아니라 여기저기 흩어져있는 각종 궁술에 관한 내용을 무과 공부하는 사람들이 보기 좋도록 모아놓은 책이다.[72] 따라서 각장마다 글쓴이가 다른 까닭에 일관성이 부족하여 겹치는 부분이 많다. 그러나 활쏘기를 글로 남긴 것이 전무한 상태에서 이 책은 참말로 귀중한 자료라 아니할 수 없다. 이 책에는 궁술에 관한 많은 내용이 나오는데 그 중에서도 '심담십사요'는 이 책이 전하는 궁술의 진국이라고 할 수 있는 부분이다. 그래서 이 부분만이라도 인용한다. 심담십사요(心談+四要)란 활쏘는 사람이 마음에 새겨야 할 열네 가지 중요한 원칙이라는 뜻이다.

▶ 궁요연(弓要軟) : 활은 자기 힘에 맞게 연해야 한다.

(활이 연하다는 것은) 무조건 연한 활을 말하는 것이 아니다. 활이 (한량의) 힘보다 강하면 (한량의) 힘이 그 활을 이기지 못하여 하고자 하는 대로 되지 않는다. (한량의) 힘이 활(의 힘)보다 더 강하면 (사람이) 활을 바야흐로 부릴 수 있다. 그러므

---

70) 己未年 箕營開刊.
 기미년은 정조23년이고, 기영은 평양감영을 뜻하는 고유명사이다. 기자의 도시에 세운 감영이라는 뜻일 것이다. 평양은 옛날부터 기자의 옛터라는 말이 전해왔기 때문이다.
71) 이 책의 번역본은 1994년에 나왔다.(이용달, 도서출판 산샘) 그러나 이 책에서는 몇 가지 중대한 오류가 발견되어서 여기서는 단양 대성정의 사법비전연구회가 번역한 것을 실었다.(『평양감영의 활쏘기 비법』, 푸른나라, 1999) 이 책의 서지에 관한 부분은 청주고인쇄박물관의 황정하 박사가 고증을 해주었다. 『사법비전공하』는 목판본인데, 당시 서울에서는 활자로 책을 찍었다고 한다. 그런데 평양은 지방이어서 서울의 활자가 아직 거기까지 미치지 못한 까닭에 목판으로 찍은 것이라고 한다.
72) 이런 특징은 제목에서도 드러난다. '射法秘傳攻瑕'의 攻瑕가 그것이다. 攻은 다듬는다는 뜻이고, 瑕는 구슬이란 뜻으로, 攻瑕는 구슬을 다듬는다는 뜻이다. 따라서 '사법비전공하'는 여기저기 흩어져있는 사법에 관한 비전을 한 데 모아서 잘 다듬은 책이라는 뜻이 된다. 이 책의 내용이 실제로 그렇게 구성되었다.

로 (활은 자기가 이길 수 있는) 연한 활을 써야 한다.[73]

▶ 전요장(箭要長) : 살은 적당히 길어야 한다.

살은 (쏘는) 사람의 팔길이에 따라서 길고 짧음을 정해야 한다. 팔이 짧고 살이 길면 앞쪽 어깨가 볼록해지고, 팔이 길고 살이 짧으면 근육과 뼈가 완전히 펴지지 않아서 꾸부정한 지경에 이르게 된다. 이른바 살이 길어야 한다는 것은 양팔이 만족스럽고 알맞게 펴지는 것을 말하는 것이지 무조건 화살이 길어야 한다는 말은 아니다.[74]

▶ 흉전의흡(胸前宜吸) : 가슴 앞은 안으로 거두어들인다.

흡(吸)이란 거두어들이는 것을 말한다. 가슴이 볼록 튀어나오면 사타구니(양허벅지)를 조일 수 없고 앞어깨는 튀어나온 가슴이 아울러 똑같이 볼록해진다. 뒷손도 볼록해진 가슴 때문에 장애가 되어 제 자리를 못 잡는다. 이것이 앞손과 뒷손이 마디마디 다 풀려서 마치 허공에 시렁을 얹어놓은 것처럼 불안정하게 된다는 것이다. 오로지 (앞가슴과 호흡을) 거두어 들여야 하는데, 그렇게 하면 온몸의 기운이 위로 솟아올라 고동치며 허벅지는 이로 인하여 꽉 조여진다. (그렇게 했을 때) 앞어깨(죽머리)는 묻히고 뒤어깨는 그로 인하여 만족스럽게 당겨지며 양손의 뼈마디가 저절로 긴장하게 되는 것이니, 이 흡(吸)을 공부하는 것이야말로 가장 자세하고 세밀하게 해야 한다.[75]

▶ 각립요방(脚立要方) : 다리는 평온하면서도 굳건하게 선다.

---

73) 非必欲軟也. 弓勝于力, 則力爲弓所欺, 不欲. 力强于弓, 則弓方能爲力所使. 故要軟也.
74) 箭隨人之膀, 爲長短. 勝短箭長, 易致前肩之凸, 勝長箭短, 必致筋骨之拘攣. 所謂要長之說, 不過使兩膀到得恁地位, 而箭稱之非必欲長也.
75) 吸者, 收斂之謂也. 胸凸, 則跨不收. 前肩因胸之凸, 而俱凸, 後手因胸所碍, 而不得歸巢. 此前手與後手, 節節俱鬆, 遂成一虛空架子. 唯一吸, 則週身之氣力, 皆提而鼓于上, 前跨因之而收, 前肩因之而藏, 後肩因之而擠, 兩手骨節, 自然當緊, 此吸之工夫, 最細.

방(方)이란 방정함을 말하는 것이 아니다. 앞쪽 다리가 너무 앞으로 나가면 앞쪽의 허벅지에 힘이 빠지고 뒤쪽의 다리가 너무 뒤로 나가면 허리 뒷부분의 힘이 없어진다. 그러므로 앞 뒤 다리가 각기 정해진 곳에 자리 잡아서 평온하면서도 굳건하게 서는 것을 '방' 이라고 한다.[76)]

　　▶ 지궁여악란(持弓如握卵) : 활을 쥐는 것은 달걀을 잡듯이 한다.
　　활을 달걀을 쥐듯이 잡는다는 것은 앞손에서 가장 중요한 비결이다. 활을 직각으로 잡으면 범아귀에 힘이 들어가고 하삼지가 풀려서 살이 덜 가게 된다. 또 손바닥 아랫부분을 너무 위로 밀어서 잡으면 손과 팔에 힘을 줄 수가 없어서 화살을 보낼 때 힘이 풀려 역시 화살이 빠르고 힘차게 날아가지 않는다. 달걀을 쥐듯이 하면 가볍지도 않고 무겁지도 않아서 손과 줌통이 딱 맞는 옷을 입은 듯이 밀착되며 활은 약간 기울어져 마치 반달과 같이 된다. 이렇게 되면 활이 너무 눕고 너무 서는 병도 저절로 없어진다. 활쏘는 사람이 가장 세밀하게 공부해야 한다.[77)]

　　▶ 탑전여현형(搭箭如懸衡) : 화살 끼우기는 저울질하듯 한다.
　　화살을 시위에 끼울 때는 저울질하듯 한다. 저울이라고 하는 것은 물건의 무게를 다는 것을 말한다. 조금만 차이가 나도 결과가 크게 달라진다. 화살을 끼울 때 높이 걸면 화살은 반드시 덜 가고 낮게 걸면 반드시 더 간다. 저울질할 때 무게의 가볍고 무거움을 따르듯이 일정하게 걸어야 (화살 날아가는 것이) 저절로 크고 작은 것이 없게 된다.[78)]

---

76) 方者, 非方正之謂也. 前脚太前, 則前跨無力, 後脚太後, 則後腰無力. 故前後各有定位, 期于平穩牢靠, 則是方也.
77) 持弓如握卵者, 最爲前手心秘訣. 前手直握弓把, 則虎口緊, 而下三指鬆, 箭去易小, 下掌往上太托, 則手腕無力, 箭去, 而無力, 不速疾至. 握卵, 則不輕不重, 手與弓弝, 帖然相服. 而弓弰有, 偃月之狀, 無合手陽手之病. 射者, 最宜細玩.
78) 搭箭如懸衡. 衡者, 稱物輕重, 差之豪釐, 失之千里. 塔上, 去必小, 扣探下, 去必大. 如懸衡而輕重隨之, 自然無大小矣.

▶ 궁요초측(弓要稍側) : 활은 조금 기울인다.

측(側)이란 것은 조금 기울인다는 뜻이다. 활을 너무 세우면 양수(陽手)가 되고 너무 기울이면 합수(合手)가 되는데, 이 두 가지 잘못을 범하면 과녁을 조준하는 것이 참되지 못하게 된다. 조금 기울인다는 것은 합수도 되지 않고 양수도 되지 않게 하는 것을 말한다. (옛부터 전해오는) 사법에 이르기를, "처음에는 앞 어깨와 활이 조금 눕게 하고 만작해가면서 웅크렸던 가슴을 반대로 쭉 펴는 것이다"라고 하였다. 또 이르기를, "활을 당길 때는 누운 달처럼하라"는 것은 이것을 말하는 것이다.[79]

▶ 수요평형(手要平衡) : 양손은 평형을 이루어야 한다.

양손이 평형을 이루어야 한다. (화살이 과녁에) 맞고 안 맞는 것은 모두 양손(의 균형)에 달려있음을 말하는 것이다. 앞손이 낮고 뒷손이 높으면 살은 제대로 가지 않는다. 앞손이 높고 뒷손이 낮으면 고르게 날아가질 않는다(영축이 생긴다는 뜻). 이른바 '평형' 이라고 하는 것은 (양손의 균형이 딱 맞아서) 조금이라도 한쪽이 높거나 낮지 않고 평평한 것을 말하는 것이다. 다만 (뒷손을 끌 때) 젖꼭지와 턱 사이로[80] 시위를 타듯(彈線) 당겨서 수평으로 끌어 살을 내보낸다. (옛부터 전해오는) 사법에 이르기를, "가슴과 팔과 소매까지 한 기운으로 관통하게 하여 옷깃을 헤치듯이 하면서 죽지를 떼라"고 한 것이 이것이다.[81]

---

79) 側者, 少臥之意. 如太直則爲陽手, 太合則合手. 凡此二病, 認的不眞. 稍側者, 不陽不合. 法謂, 初出勢, 前肩弓臥, 滿來時, 急反胸堂. 又云, 開弓如偃月, 是也.
80) 이것은 『조선의 궁술』에 나오는 사법과는 조금 다르다. 전통 사법에서는 살대가 턱 밑으로 떨어지지는 않는다. 그러나 나이가 들어서 활힘이 딸리면 줌손이 젖꼭지를 지나서 옆구리까지 떨어지는 일도 있다. 그런데 고구려 고분벽화의 활쏘는 그림을 보면 여기서 설명하는 대로 뒷손이 젖꼭지 근처에 와있는 것도 있다. 그래서 옛날에는 뒷손을 낮게 끄는 사법도 있었던 것으로 보인다. 뒷손을 턱 밑으로 낮춰쏘는 사법은, 뒤에서 다시 다루겠지만, 애기살 쏘는 법과 말타고 활쏘는 사법 때문에 후대로 내려오면서 사라진 것 같다.
81) 手要平衡, 中與不中, 皆在兩手. 前手低而後手高, 則不行, 前手高而後手低, 則不平. 所謂平衡者, 兩手無分毫高下, 只在奶上頤下, 如彈線一般, 平平扯去. 法所謂, 穿胸臂袖, 分襟落膀, 是也.

▶ 전방요전(前膀要轉) : 앞팔 상반절은 틀어서 곧게 펴야 한다.

돌리는 것이 곧게 펴는 것이다. 앞팔 상반절(膀)을 돌리지 않으면 줌팔은 곧게 펴지지 않는다. 줌팔이 곧게 펴지지 않으면 근육과 뼈도 펴지지 않는다. 그리하여 줌팔이 구부러지는 지경에 이르고 힘도 빠져서 마침내 마디마디가 모두 어그러지게 된다. 오직 한 번 줌팔 상반절을 틀어 돌리면 활고자가 저절로 누우면서 앞팔의 힘이 등힘으로 곧게 주먹까지 뻗치게 되니 이것이 (활쏘는 사람에게는) 가장 중요한 공부가 된다.[82]

▶ 근골요신(筋骨要伸) : 근육과 뼈는 쭉 펴야 한다.

몸의 근육과 뼈는 서로 짝을 이루고 있어서 어그러짐이 조금도 없는 것이다. 만약 한 가닥의 근육이라도 그 펴지는 것이 모든 근육과 어울리지 아니하고 어그러진 상태에서 살을 내보내면 드디어 활쏘기에 어설프고 생경한 병이 생긴다. 이른바 쭉 편다는 것은 활을 조용히 당겨서 펼치는 것을 말한다. 이때 근육과 뼈마디가 한 가닥 한 가닥 쭉 펴지면서 은연중에 곳곳에서 서로 상대하는 느낌이 있어야 하며 너무 경직되게 하거나 너무 허약하게 해도 안 된다.[83]

▶ 전견요장(前肩要藏) : 앞어깨는 감추어야 한다.

감춘다는 것은 거두어 들여서 바깥으로 드러나지 않게 한다는 뜻이다. 앞어깨가 불룩 튀어나오면 가슴도 튀어나오고 또 손도 그것 때문에 어깨에서 오는 힘을 이어받지 못한다. 이렇게 앞어깨가 불룩 튀어나온 것을 '죽은죽'(死膀)이라고 하고 또 '솟은어깨'(聳肩)라고 한다. 시위가 팔을 때리는 것은 이로 인하여 생기는 것이다. (앞어깨를 안으로) 감추면 허벅지도 거두어지고 가슴도 거두어지면서 숨이 들어오고

---

82) 轉者直也. 膀不轉, 則臂不直, 臂不直, 則筋骨不伸, 遂至曲而無力, 究竟節節盡差. 唯一轉, 則弓弰自臥, 而前膀之力, 可直貫于前拳. 此最要工夫.
83) 人身筋骨, 原對偶而不差毫末稍. 有一膜, 不湊幷其伸者, 而曲之出, 射遂有生硬之病. 所謂伸者, 從容舒展, 緩緩于骨節, 湊理之間, 隱然有處處相對之意. 毋過太硬, 亦無過太弱.

동시에 가슴의 뼈가 열리고 등짝의 근육은 팽팽히 긴장하면서 조금 여유가 있는 것을 느낄 수 있다. 장차 발시하는 순간에야 이 감춘다는 것이 얼마나 오묘한 것인가를 알 수 있을 것이다.[84]

▶ 후견요제(後肩要擠) : 뒷어깨는 (뒤로) 밀치듯이 한다.

뒷손이라고 말하지 않고 뒷어깨라고 한 것은 앞절(전견요장)의 앞어깨와 짝을 이루는 설명이기 때문이며 (뒷손을) 놓는다고 말하지 않고 밀친다고 말한 것은 앞절의 감춘다는 말과 짝을 이루기 때문이다. 뒷어깨를 (밀치지 않고) 일직하게 떨어지는 것을 '볼록하다'(凸)고 한다. 뒷어깨가 이렇게(밀치듯이) 움직이지 않으면 뼈와 근육이 (제대로) 펴지지 않는다. 밀친다는 말은 (뒷손을 끌 때 몸이 가볍게 앞으로 나아가면서) 근육과 뼈가 조여지고, 뒤어깨는 등짝의 근육과 같이 조여지고, 등짝의 근육은 앞어깨와 같이 조여지고, 앞어깨는 앞팔 상반절과 같이 조여지는 것을 말한다. (이렇게 해서) 마디마디가 다 조여지고 마디마디가 다 팽팽히 긴장하는 것은 뒷어깨를 밀치는 것에서 비롯되는 것이다. 그러므로 앞어깨는 감춘다는 말은 뒷어깨를 몸의 바깥(뒤쪽)으로 밀쳐내는 것을 정확히 기다리는 동작이다.[85]

▶ 출전요경(出箭要輕) : 화살을 낼 때는 가볍게 낸다.

화살이 과녁에 맞고 안 맞고는 모두 발시하는 순간에 달려있다. 가볍다는 것은 손과 손가락만을 써서 하는 공부는 아니다. 만작한 상태에서 뒷손을 조금씩 조금씩 당기면서 깍지가 (어느 순간 자신도 모르게) 저절로 벗겨지기를 기다려 살이 날아가게 하는데 (그 전체 모양이 힘이 들지 않으면서도) 아주 가볍게 이루어져야 한다. 이

---

84) 藏者, 斂而不露之意. 前肩一凸, 則胸亦因之而凸, 而手遂不接, 謂之死膀, 又謂聳肩. 打臂之病, 因之而生. 唯藏, 則跨收而胸亦吸, 胸骨開而背肉緊, 可以蓄有餘之意. 於將發之時, 此藏者奧者也.
85) 不言後手, 而言後肩, 與前肩相應也. 不言放, 而言擠, 與藏字相應也. 後肩直墜謂之凸, 後肩不動, 則筋骨不伸. 擠者輕輕往前一湊, 後肩與背肉湊, 背肉與前肩湊, 前肩與前膀湊, 節節皆湊, 節節皆緊, 俱從擠者得來. 故前肩之藏, 正待後肩之擠也.

것은 세밀하면서도 고르게 하지 않으면 안 된다.[86]

▶ 방전요속(放箭要速) : 화살을 보내는 것은 빠르게 한다.

빠르다는 것은 활을 당겨서 조금도 지체하지 말고 곧장 내라는 것이 아니다. 이른바 앞손이 화살을 보내는 것을 뒷손이 알지 못하듯이 그렇게 빨리 하라는 것이다. 과녁을 알아보는 공부는 모두 이 발시하는 순간에 달린 것이다. 살을 낼 때 조금이라도 화살을 보내겠다는 생각을 하면 도리어 (깍짓손이) 늦게 떨어진다. 그러므로 빠르다는 것은 뒷손을 가볍게 하라는 것이니 활 배우는 사람은 이것을 세밀하게 익혀야 한다.[87]

4) 신사(新射)가 배우는 차례

이것도 『조선의 궁술』에 나오는 내용이다. 활을 처음 배울 때 명심해야 할 내용이 아주 잘 정리되어있기에 여기 소개한다.

▶ 좌우궁을 물론하고 두 발을 팔자(八字)로 벌려딛되 과녁 좌우의 아래 끝을 정면으로 향하여 딛는다. 이 때 얼굴과 이마도 과녁과 정면으로 마주한다. 줌을 이마와 일직선으로 거들고 중구미를 추켜들어 깍짓손을 높이 끌면서 만족하게 당기어 맹렬하게 낼 것이며, 눈으로 과녁을 겨냥(準的)하되 활 아래 양냥고자와 수평선이 되게 볼 것이요, 턱을 줌팔 겨드랑이 아래로 끌어들여 묻어야 한다. 위에서 말한 여러 가지를 활힘(弓力)이 실하게 생길 때까지 반드시 위와 같은 방법으로 익히고 배워야 할 것이다.

▶ 죽에 힘이 들어가면 맞추기가 어려운 법이다. 이것은 활을 거들 때 앞죽에

---

86) 中與不中, 皆在出時. 輕者不用手指工夫, 俟其輕輕自脫而去. 無有不細而平者.
87) 速者, 不要織翳不滯毫忽. 所謂前手放箭, 後手不知, 疾速而行也. 認的工夫, 盡在扯時. 放時少有着意, 反爲沾滯. 故速者, 從輕者而發也. 習射者, 宜細玩之.

힘이 들어가면 만작하여 방사할 때 죽의 힘이 다하여 풀리거나 매시근하여 힘을 쓸 수 없게 되기 때문이다. 그러므로 활을 거들 때에 반드시 앞죽을 풀어두고 선뜻이 끌어 당겨 만작될 때 힘을 주어야 앞이 실하게 되니 활을 쏠 때 이것은 변함없는 원칙이 된다.

▶ 화살이 한배를 얻어야 맞기를 많이 한다. 한배를 얻으려면 깍짓손을 높이 끄는 것이 원칙이니, 만일 깍짓손이 낮으면 살고가 낮게 뜬다 하여도 영축(零縮)이 많아서 맞추기가 어렵다.

▶ 활을 거들 때 줌손을 우궁은 오른편 눈과 바로 떠들고, 좌궁은 왼편 눈과 바로 떠들어야 앞죽을 싸서 끄는 것이다. 만약 이와 같이 하지 않으면 앞이 빨거나(빠지거나) 쪽활이 되기 쉽다.

▶ 화살이 나갈 때는 반드시 가슴통이 밀려서 방사가 되어야 한다. 그렇지 않으면 두 끝(줌손과 깍짓손)으로 방사가 되어 좋지 않다.

방사한 후에 줌손과 활장이 반드시 불거름으로 져야 한다. 이것은 줌손을 등힘으로 밀어야 되는데 이렇게 해야 살이 줌뒤로 떠서 들어와서 맞게 된다. 이것이 사법에 가장 좋은 방법이라 할 수 있다.

▶ 화살이 만작이 되어 방사할 즈음에 짤긋짤긋 케어서(잡아당기면서) 방사가 되어야 한다. 그렇게 하지 않고 만작하여 잔뜩 잠기었다가 방사가 되면 방사머리에 혹시 살이 토(吐)하여지면서(퇴축을 말함) 방사되기가 쉬운 고로 법에 맞지 않는다.

▶ 활을 거들 때는 앞과 뒤를 높이 차리는 것이 좋다. 만일 앞죽을 내려밀고 뒤를 낮추어 당기면 살줄(살高)이 낮으나 영축이 많이 나서 도저히 맞추기 어려울 뿐 아니라, 연기(年紀:나이)가 많아지고 늙어갈 때에는 활을 폐하고 쏘지 못할 지경에 이른다.

▶ 방사할 때 살깃이 줌손 엄지손가락을 훑고 나가는 폐단이 있는데 이 폐단의 종류가 세 조건이 있다. 첫째는 방사할 때에 줌손을 훑어쥐거나 둘째 낮게 끌거나 셋째 시위에 절피를 낮게 감았기 때문이다. 이런 경우 첫째 줌손을 주의하여 활은

무르도록 하여 쏘되 하삼지를 거들쳐 쥐고 방사한 후라도 앞을 들어주는 것이 훑어쥐는 병을 고치는 방법이요 둘째 깍짓손을 높이 끄는 것이 묘한 방책이요 셋째는 절피를 살펴 낮게 고치는 것이다.

▶ 방사할 때에 시위가 줌팔을 치는 폐단이 있는데 이도 또한 세 가지 원인에서 생긴다. 첫째는 줌손을 들이켜쥐거나 둘째 뒤를 놓고 앞으로 쥐거나 셋째 시윗동 안이 너무 길어서 철떡철떡 하기 때문이다. 이를 고치는 방법은 첫째 줌손을 빼서 쥘 것이요, 둘째 앞을 뻗어두고 뒤를 맥맥히 당겨서 저절로 벗어지도록 할 것이요, 셋째는 시윗동 안을 늦지 않도록 주의하면 그 폐단이 저절로 고쳐진다.

▶ 방사할 때에 시위가 뺨을 치거나 귀를 치는 수도 있는데 그러한 때에는 턱을 죽머리 가까이 묻으면 된다.

▶ 활은 아무쪼록 힘에 무른 듯한 것으로 쏘아야 한다. 왜냐하면 힘에 부치는 활은 백해무익이기 때문이다.

▶ 활에 알줌이라 하는 것은(활만들 때 대림이라고 함) 대림이 구부러져 올라와 알줌이 딱 받치면 쏘기에 불편하며 아귀가 부실해도 쏘기가 어렵기 때문에 아귀는 되도록 방긋하여서 방사할 때 편하게 받쳐주어야 한다.

▶ 활의 고자를 주의하되 고자가 굽으면 당길 때 헛힘이 들어서 쏘는 법에 이롭지 못하고 고자가 뻗으면 철떡거린다. 그러므로 정탈목은 굽은 듯하고 고자잎은 뻗은 듯해야 쏘는데 편리하다.

▶ 시위는 활의 힘에 따라 적당히 맞추어야 한다. 앞이 둥글고 뒤를 바짝 당기는 데는 시윗동 안을 된듯하게 해야 하고, 앞이 늘어진 죽에 뒤를 많이 당기는 데는 시윗동 안이 늦은(느슨한) 듯해야 적당하다. 팔이 길고 활을 많이 당기는데 시윗동 안이 된 즉 활이 빡빡해져 이롭지 못하고 앞이 둥글거나 뒤를 바짝 끄는 데는 시윗동 안이 긴 즉 철렁거린다.

▶ 활이 휘궁(猴弓)이면 살의 영축이 덜하고 장궁이면 영축이 많은데 이것은 휘궁은 방사할 때에 당기는 정도가 균일하게 되고 장궁은 균일치 못한 폐가 있는 까닭

에서 생기는 것이다.

▶ 살이 보통 때 쏘던 살보다 몸이 굵으면 줌앞을 가고 몸이 가늘면 줌뒤를 나간다. 줌앞 가는 살은 쏘는 법에 이롭지 못한 중매가 되나니, 이것은 줌앞가는 것을 방지하기 위하여 앞을 베젓기도 하며(뒤쪽으로 줌을 빼면서 끌기도 하고) 줌손 엄지손가락을 들이밀기도 하며 깍짓손을 덜 잡아당기는 폐단이 생긴다. 줌뒤가는 살은 쏘는 법에 이로운 중매가 되나니, 이것은 줌뒤가는 것을 방지하기 위하여 앞을 싸서 거들기도 하고 줌손 등힘을 밀기도 하며 뒤를 만족하게 끌어당기기도 하여서 좋은 법으로 들어가게 되는 까닭이다.

▶ 방사하기 전에 낙전하는 경우가 있는데 이것은 앞죽에 힘이 들어가거나 앞이 빠지거나 깍짓손을 껴서 쥐거나 하는 세 가지 폐단에서 생기는 연고이다. 이같은 경우 첫째 앞죽에 힘이 들어가지 않도록 하고, 둘째 줌손과 깍짓손을 등힘으로 밀어 짜서 끌며, 셋째 깍짓손으로 살의 오늬를 껴서 쥐지 않으면 이러한 폐단은 저절로 없어진다.

▶ 정순을 쏠 때는 매번 상기(上氣)도 되고 호흡이 재촉도 되어서 방사할 때에 만족하게 끌어당기지 못하기도 쉽다. 그렇기 때문에 아무쪼록 하기(下氣)가 되도록 할 것이며, 호흡이 재촉되지 않도록 마음을 안정되게 하며 기운을 화평하게 하여 만족하게 끌어당기도록 주의한다.

▶ 화살은 5개 중 가벼운 것으로 1자띠를 정해야 한다. 이는 정순을 쏠 때 장시간 쉬었다 쏘기 때문에 몸이 풀리지 않아 만족하게 당기지 못하는 폐단이 있어 살이 덜 가기 쉬우므로 이를 예방하는 법이다.

5) 궁술의 모든 것

▶ 한 번 잡힌 궁체는 고치기가 매우 어려우므로 연습 때 기본 궁체를 충분히 잡은 후에 습사에 임한다. 절대로 빨리 사대에 서려고 할 필요가 없다. 사대에 처음 섰을 때 생긴 버릇은 무덤까지 따라간다. 그러므로 처음 배울 때 잘 익혀야 한다.

▶ 활을 무르게 쏘아야만 할일을 다 할 수 있으므로 힘에 겨운 강궁은 백해무익하니 힘에 알맞는 활을 선택하여 쏘는 것이 중요하다. 사람은 활을 이기고 활은 화살을 이겨야 한다. 자기 몸이 이길 수 있는 활을 사용하는 것이 좋다는 것이다. 활이 너무 강하면 어깨에 통증이 온다. 이를 견비통이라고 한다. 이럴 때는 쉬어야 한다. 그리고 활을 반대로 쥐고서 당기면 통증이 줄어든다. 즉 우궁은 좌궁처럼 잡고 당기는 연습을 한다.

▶ 구궁신시(舊弓新矢)라는 말이 있다. 활은 묵은 것이 좋고, 화살은 새 것이 좋다는 뜻이다.

▶ 연궁중시(軟弓重矢)라는 말이 있다. 활은 연할수록 좋고 살은 무거울수록 좋다는 뜻이다.

▶ 과녁에 욕심을 내지 말고 평온한 마음으로 기본 궁체대로 쏘아야 한다.

▶ 겨울에 활을 쏘면 다음해에 시수가 는다. 겨울 날씨에 활이 단단해져서 궁력이 늘기 때문이다.

▶ 밤에 활을 쏘면 궁체가 바로잡힌다. 야사(夜射)를 하면 살이 날아가는 모습이 보이지 않아서 화살을 보려고 고개를 빼거나 몸을 뒤트는 일이 없기 때문이다.

▶ 습사 때는 계속 쏘지 말 것이며, 한 대 한 대 정성들여 매일 쏘는 것이 중요하다.

▶ 구사의 사법을 눈여겨보고 장점을 배운다.

▶ 활쏘기는 체력과 관계가 있으니 건강관리를 잘 해야 한다.

03 애기살[片箭] 쏘는 법

01 _ 애기살

애기살이란 살의 크기가 작기 때문에 붙은 이름이다. 그래서 한자로 기록할 때도 '애기살'이라는 말 그대로 동전(童箭)이라고 하였다.[88] 이것은 작아서 마치 큰 살을 동강내서 쓰는 것 같기 때문에 편전(片箭)이라고도 하였다. 편전이란 쪼가리 화살이라는 뜻이다. 그리고 이와 비슷한 소리가 나는 변전(邊箭)이라고 적기도 하였다. 옛날의 한자기록으로는 편전이란 말을 많이 쓰고 속칭 애기살이라고 하였다고 나오는데, '속칭'이란 당시 백성들이 쓰는 말이었으니, 문자를 쓰는 지배층에서는 편전이라는 말을 주로 썼고 일반 백성들은 애기살이라는 말을 썼음을 알 수 있다. 따라서 이 화살의 본이름은 애기살이다. 애기살을 처음 만든 사람은 붓을 놀리는 지배층이 아니라 적과 맞서 싸우는 군졸이었을 것이기 때문이다. 따라서 이름은 그것을 만들고 직접 쓴 사람들의 생각에서 나오기 마련이며, 이런 점에서 이 작은 화살을 가리키는 말이 여러 가지 있을 수 있지만, 그 본이름은 애기살이라는 것을 알 수 있다. 당연히 표준말은 애기살이 되어야 한다.

애기살은 왜의 검, 중국의 창과 견줄 만큼 조선을 대표하는 무기였다.[89] 그런 만큼 조정에서도 애착을 갖고 기술보존에 힘쓴 무기였다. 애기살에 대한 정성은 야인들에게 애기살 쏘는 법이 새나가지 않도록 함경도 지역에서는 교습을 금지시킬 정

---

88) 『성호사설 II』, 292~293쪽.
89) 『한국의 과거제도』, 237쪽.

도였다.⁹⁰⁾ 그런 만큼 무과에서도 당연히 애기살을 중요하게 여겼다.

무과에서 애기살은 130보에서 세 발을 쏘았으며,⁹¹⁾ 1시를 맞출 때마다 15분을 주었고 관을 맞추면 점수를 배로 주었다. 후(侯)는 넓이가 영조척으로 8척 3촌이며 길이가 10척 8촌이다. 관은 넓이가 2척 2촌이고 길이가 2척 4촌이었다.⁹²⁾

애기살의 크기는 포백척으로 8치이다.⁹³⁾『국조오례의』에 따르면 황종척(黃鐘尺)을 기준으로 할 때 영조척 1척의 길이는 황종척으로는 8촌 9푼 9리이며,⁹⁴⁾ 포백척 1척의 길이는 황종척으로 1척 3촌 4푼 8리이다.⁹⁵⁾ 이러므로 포백척 1척을 영조척으로 환산하면 1척 4촌 9푼 9리가 된다.⁹⁶⁾ 더 정밀하게 계산하면 1.4994척이다. 따라서 애기살의 크기인 포백척 8촌은 영조척으로는 1.19952척이고 이것을 미터법으로⁹⁷⁾ 환산하면 36.345456cm가 된다. 이것은『국조오례의』에서 애기살의 살대 길이를 1척 2촌이라고 하는 것과⁹⁸⁾ 거의 비슷하게 일치한다. 물론 영조척으로 나타낸 길이이다. 이것을 미터법으로 환산하면 37.464cm가 되어서 37.4490cm와 다른 0.015cm는 실제 작업에서는 무시해도 되는 오차이다. 따라서 애기살의 길이는 촉을 제외한 길이임을 알 수 있다. 이것은 촉이 사정에 따라서 다른 것을 끼울 수 있기 때문에 길이도 달라질 수 있어 제외시킨 것으로 볼 수 있다.

애기살이 다른 화살과 다른 점은 쏠 때 덧살을 쓴다는 점이다. 다른 화살의 1/3밖에 안 되는 짧은 살이기 때문에 만작을 했을 화살이 줌손 안으로 들어와서 쏠 수가 없다. 그래서 줌 밖으로 살이 나갈 수 있도록 길을 만들어주는 것이다. 그것이

---

90) 『한국의 과거제도』, 237쪽.
91) 『조선의 궁술』, 34쪽.
92) 『역주 경국대전』, 번역편 339~340쪽.
93) 『조선의 궁술』, 34쪽.
94) 『국조오례의』,「吉禮・度圖說」. 以營造尺, 准黃鐘尺, 則長八尺九分九釐.
95) 『국조오례의』,「吉禮・度圖說」. 以布帛尺, 准黃鐘尺, 則長一尺三寸四分八釐.
96) 그런데『경국대전』주석편에서는(751쪽)『임원경제지』의 기록을 들어 포백척의 크기를 소수 셋째 자리에서 반올림한 1.45척으로 적고 있다.
97) 1자 = 31.220cm
98) 『국조오례의』,「서례・군례・병기도설」. 幹長一尺二寸, 曰片箭.

애기살 쏘는 모습

'덧살'이다. '덧'은 '덧붙다, 덧나다' 같은 말에서 보듯이 본체에 딸린 것을 가리키는 접두어이다. 따라서 본래 살을 보내기 위해 덧붙이는 살을 뜻하는 말이다. 이 덧살은 기록에 '통아'(筒兒)로 나온다.[99] '통아'는 한자로 쓰여 있어서 중국말로 오해하기 쉬운데, 이것은 순 우리말이다. 왜냐하면 중국에는 이 덧살이란 것이 없기 때문에 덧살을 가리킬 말도 없을 것이기 때문이다. 따라서 어떤 경우라도 이 덧살을 대체할 만한 도구나 말이 중국어에는 있을 수 없다. 따라서 이 통아란 말은 순우리말을 향찰식으로 적은 것임을 알 수 있다.

이런 것은 '동개'에서도 마찬가지이다. 이 동개를 나타내는 말은 한자말에 건(鞬)이란 말이 엄연히 있다. 그리고 중국에서는 이 동개를 살대(撒袋)라고 해서[100] 우리와는 이름이 다르다. 그런데 기록을 보면 우리는 동개(同介)라고도 적고[101] 통개(筒介)라고도 적었다.[102] 이것은 순우리말을 한자로 적기 위하여 비슷한 음을 지닌 한자를 적은 것에 지나지 않는다. 또 '매달다'를 가야의 지배층이 쓴 드라비다말로는

---

99) 『국조오례의』.
100) 『한한대사전』, 742쪽.
101) 『중종실록』, 20년 3월 14일 癸酉.
102) 『중종실록』, 18년 6월 4일 癸卯.

'동구(toŋku)'라고 하는 것으로 보아[103] 동개란 말에는 어딘가에 매단다는 뜻도 지니고 있음을 알 수 있다.

'통아'의 '통'은 '밥통, 먹통' 같은 말에서 보듯이 '덩이, 동이, 둥이'와 같은 뿌리에서 갈라져나온 말이다. 이것은 둥근 모양을 한 것을 가리키는 말이다. '통나무'의 경우도 보통 한자말 '桶'과 우리말 '나무'의 결합으로 알기 쉬운데, 이 '통'도 기실은 '덩이, 동이, 둥이'와 같은 뿌리에서 갈라져나온 순우리말인 것이다. 순우리말 '통'에 한자말 '桶'의 음이 영향을 준 것이다.

'통아'도 마찬가지이다. '통아'는 '통+ㅇ'인데, 이것은 둥근 것을 나타내는 '통'이란 우리말에 접미사 'ㅇ'가 붙은 것이다.[104] 접미사 'ㅇ'는 우리말에서 홀로 쓰이기를 꺼려하는 심리 때문에 붙은 것이다. 이런 양상은 '고자'에서도 볼 수 있다. '고자'는 끝을 뜻하는 '곶'에 접미사 'ㅇ'가 붙은 것이다. 활의 끝을 나타내는데 '곶'이라는 한 음절로는 좀 불안했던 것이다. 그래서 접미사 'ㅇ'를 붙인 것이다. '통아'도 마찬가지이다.

덧살인 통아는 보통 대나무를 반으로 쪼개어 속을 파내는 방식으로 만들었다. 덧살의 굵기는 속으로 살이 들어갈 만한 굵기이면 된다. 살이 잘 빠져나가도록 안쪽을 매끈하게 다듬는 것이 중요한 요령이다. 『국조오례의』에 나오는 편전에 관한 설명을 보면 다음과 같다.

> 쇠촉을 쓰는데 살대의 길이가 1자 2촌인 것은 애기살이라고 한다. 애기살은 통으로 쏘는 화살로, 통의 반을 쪼개어 쓰는데, (통의) 길이는 보통 활에 쓰는 화살의 길이와 같다. 화살을 통 속에 넣어서 시위에 끼우고 통끝에 구멍을 뚫어서 작은 노끈을 꿰어서 팔목에 맨다. 활을 당겨서 쏘면 넓은 통이 손등을 향하여 화살을 쏘게 된다. 적을 쏘면 맞은 사람을 꿰뚫게 되니 모두 전투에서 쓴다.[105]

---

103) 『고대사의 비교언어학적 연구』, 299쪽.
104) 『우리 활 이야기』(개정판), 48쪽.

02 _ 애기살 쏘는 법

애기살 쏘는 법(片箭射法)은 현재 알 수 없다. 『조선의 궁술』을 편찬할 당시에도 유엽전 쏘는 법 한 가지만 전한다고 탄식한 것으로 보아[106] 그때에도 이미 애기살 쏘는 법은 그 비법이 끊어진 모양이다. 이것은 냉정하게 인정할 수밖에 없는 엄연한 사실이다.

그러나 사물이 남아있는 한, 그것을 운용하는 원리를 그 사물에서 이끌어낼 수 없는 것도 아니라는 사실에서 한 가닥 희망을 놓치지 않을 수 있다. 애기살도 보통 쏘는 활로 쏘는 것이니 실제로 쏘아보면 그 원리를 전혀 알 수 없는 것도 아니라는 생각이 든다. 결국 비법이 끊어진 것은 그 살을 쏠 일이 없기 때문인데, 유물이 남아 있고 그것을 실제로 쏘아본다면 원래 전하던 원리와는 똑같지는 못할지라도 그에 가까운 사법을 이끌어낼 수가 없는 것도 아닐 것이다. 그 동안 몇 차례 애기살을 쏘아보면서 이 점을 확신하게 된 것이다.

따라서 이제부터 전개되는 논의는 이와 같은 생각을 전제로 한 모험이 될 것이며, 모험인 까닭에 이로 인한 모든 책임은 나에게 있음을 미리 말해둔다. 그리고 이에 대한 따가운 비판이 될수록 많이 나와서 애기살에 가장 좋은 사법을 개발하는 것이 자랑스러운 전통을 잇는 우리가 해야 할 일일 것이다. 돌아올 따가운 회초리를 예감하면서도 어리석은 생각을 발표하는 것은 내가 잘 나서가 아니라 누군가는 해야 할 일임을 알리고 짧은 내 생각을 발표하는 것을 계기로 좀더 깊이 연구한 분들의 올바른 가르침을 기다려서 애기살 쏘는 법(片箭射法)을 확립하는 계기를 마련하고자 하는 까닭이다.[107]

---

105) 鐵鏃 而幹長一尺二寸, 曰片箭. 片箭筒射之箭, 剖筒之半, 長與常弓所用箭等, 納箭筒中注箭弦上, 筒端爲窺穿, 小繩繫于腕. 弓旣發, 豁筒向手背激矢, 射敵中者貫, 皆用於戰陣.
106) 『조선의 궁술』, 37쪽.
107) 애기살과 덧살은 1998년 초여름에 장단살방의 유세현한테서 얻었다.

각궁과 유엽전은 습사용이었기 때문에[108] 각종 목적에 맞게 쓰이던 여러 가지 우리 활의 바탕이 되는 활이다. 따라서 다른 활들도 이 각궁과 유엽전 쏘는 법을 그 뿌리로 하고 있다는 것은 재론의 여지가 없다. 다만 활과 살의 성격이 조금씩 다르기 때문에 그 사용법도 각궁과 유엽전의 사용법과는 조금씩 다를 것이라는 점이다. 이 점을 전제로 하여 애기살 쏘는 법을 논한다.

애기살을 쏘아보면 유엽전과 가장 다른 것은 줌손이다. 애기살을 쏠 때는 유엽전 쏠 때보다 더 밖으로 나잡아야 한다. 이것은 덧살 때문이다. 발시를 하면 깍짓손을 따라서 뒤로 물러났던 시위는 원위치로 돌아오기 마련이다. 유엽전에서는 시위가 어느 방향으로 돌아오든 상관이 없다. 살을 따라서 돌아오기 때문이다. 그런데 애기살에는 덧살이 있기 때문에 시위는 그 덧살을 훑으면서 원위치로 돌아온다. 따라서 줌손을 움직임 없이 쥐고만 있으면 활은 휘딱 뒤집어진다. 시위가 덧살을 타고서 줌 앞으로 빠지기 때문이다. 따라서 활이 뒤집어지지 않게 하려면 방법은 딱 한 가지이다. 줌을 밖으로 많이 나잡아서 발시를 했을 때 활이 많이 돌아가도록 하는 것이다. 그러면 시위는 덧살을 덜 훑게 된다. 말하자면 줌손을 틀어서 덧살이 차지할 공간을 만들어주는 것이다.

줌을 밖으로 덜 나잡는 대신 쏘는 순간 활을 줌뒤로 채면 어떨까 하는 생각을 할 수도 있다. 그러나 그것은 옳은 방법이 아니다. 왜냐하면 줌을 채면 활이 돌아가긴 하지만 역시 덧살도 함께 딸려 돌아가기 때문이다. 그래서 시위가 덧살을 많이 훑는 상황은 변함이 없다. 따라서 가장 좋은 방법은 줌을 밖으로 많이 나잡는 것이다.

여기서 또 한 가지 알아낼 수 있는 것은 애기살을 쏠 때는 강궁일수록 불리하다는 점이다. 활이 강할수록 시위가 원위치로 되돌아오는 속도는 빠르다. 그런 만큼 활이 너무 강하면 줌손이 돌아가기 전에 시위는 돌아와 버린다. 그렇게 되면 시위는 덧살을 훑으면서 줌앞으로 나가버린다. 따라서 강궁은 유엽전에 비해 애기살을 쏠

---

108) 『조선의 궁술』, 38쪽.

때 더 불리하다. 또 강궁이 불리한 점은 줌손을 밖으로 나잡기가 쉽지 않다는 것이다. 물론 여기서 활이 강하다는 것은 자기가 감당할 수 있는 것보다 더 강한 경우를 뜻한다. 무조건 연한 활을 쓰라는 뜻이 아님을 다시 일러둔다.

다음은 애기살을 시위에 먹이는 법이다. 한 가지 방법은 애기살을 먼저 끼우고 출전피와 덧살을 띄워서 공간을 만든다. 이렇게 하려면 활을 엎어서 살이 밑으로 가게 해야 한다. 그러면 살은 무게 때문에 저절로 밑으로 처지는데 그것을 줌손의 손가락으로 받치면 된다. 그러면 저절로 출전피와 살 사이에 틈이 적당히 벌어진다. 다음에 그 벌어진 틈으로 덧살을 넣고 애기살의 촉을 덧살의 홈에 먼저 끼우고 보통 살을 끼우듯이 덧살의 끝을 잡고 주욱 밀어 넣는 방법이다.

또 한 가지 방법은, 덧살과 애기살을 먼저 합체한 다음에 오늬를 시위에 끼우는 것이다. 끼울 때 덧살과 애기살이 움직여서 불편한 것은 있지만, 여러 번 연습하면 숙달된다.

뒷손은 턱 밑으로 내려오면 안 된다. 만작을 했을 때 덧살을 받쳐주어야 하기 때문이다. 뺨으로 밀어서 떠받쳐야 하는데 턱 밑으로 살대가 내려가면 그게 안 된다. 이 점 때문에 턱밑으로 뒷손이 처지는 사법은 후세에 와서 사라진 것으로 보인다. 무과에 등단하게 되면 애기살을 쏘지 않을 수 없고, 애기살을 쏘려면 뒷손이 턱 밑으로 내려오면 안 되기 때문에 자연히 뒷손을 높이 끄는 사법이 대세를 이루게 된 것으로 보인다. 그러나 고구려 고분벽화의 활쏘기 장면을 보면 뒷손이 젖꼭지까지 내려오는 사법도 있었던 것을 확인할 수 있다.

그리고 시위에 오늬를 먹일 때, 보통 유엽전은 마루깃이 바깥을 향해야 한다. 반대로 끼우면 깃이 활의 몸채를 치기 때문이다. 그러나 애기살은 유엽전과 반대로, 마루깃이 안쪽으로 향하도록 끼워야 한다. 왜냐하면 덧살의 홈에 두 깃이 들어가는 것보다는 하나가 들어가는 것이 쉽기 때문이다. 또 덧살이 있기 때문에 마루깃이 출전피를 치지 않기 때문이다. 그래서 애기살은 다른 화살과 달리 오늬를 먹이는 방향이 정반대이다.

덧살에는 끈이 달려있다. 깍짓손을 끌 때 같이 끌려고 덧살의 끝에 맨 끈이다. 그 끈을 새끼손가락으로 잡고서 당기다가 만작이 되면 놓고서 발시한다. 이때 덧살은 툭 떨어지기 때문에 계속 이런 동작이 반복되면 충격 때문에 덧살이 쪼개지거나 부러질 염려가 있다. 그래서 끈을 손가락에 걸리도록 만들면 쏘고 난 뒤에도 땅에 떨어지지 않고 손에 매달려있게 된다. 그렇지 않으면 끈을 좀 길게 해서 손목에 묶고 쏜다.[109]

그리고 깍지 낀 엄지가락을 살에 너무 바짝 갖다 대면 시위를 끌 때 밀리면서 애기살이 덧살에서 삐져나간다. 그러므로 너무 엄지가락을 덧살 바로 밑에 바짝 붙이면 좋지 않다. 그리고 덧살의 끝을 움켜쥐면서 당겨야 한다. 그리고 오늬는 좀 꽉 끼는 듯한 것으로 해야 한다.

그런데 만작을 했을 때 덧살과 애기살이 어긋나서 삐끄러지는 수가 있다. 잘못 잡아서 그런 수도 있지만, 계속해서 그렇게 벗겨지면 그것은 살이 너무 굵은 탓이다. 살의 굵기와 덧살의 홈이 적당히 맞아야 삐끄러지지 않는다. 그러므로 그것은 쏘는 사람 자신이 알아서 조절해야 한다.

그리고 어느 활이든지 만작을 할 때는 깍지가 살을 밀어올리게 된다. 이때 덧살이 애기살과 딱 붙어있어야 삐끄러지지 않는다. 그래서 덧살을 만들 때 많은 면적이 애기살에 닿도록 깎아야 한다. 그러려면 덧살의 경사가 비스듬하게 처리되어야 하는데, 이 경사가 너무 완만하면 잘 삐끄러지고 너무 급하면 시위가 나갈 때 급히 칠 염려가 있다. 그러므로 여러 번 해보고서 적당한 경사를 요령으로 터득해야 한다. 어쨌거나 덧살이 자꾸 삐끄러질 때는 애기살을 가는 것으로 써야 한다.

조준하는 방법은 유엽전과 똑같다. 다만 덧살이 유엽전보다 더 굵기 때문에 그 몸피만큼만 고려하면 된다.

이렇게 해서 쏘면 애기살은 번개처럼 빠르게 날아가고 덧살은 바로 앞에 툭 떨

---

109) 『국조오례의』, 「서례 · 군례 · 사기도설」.

어진다. 멀리서 보면 꼭 헛활질이나 낙전하는 것 같다.

　이 애기살은 날아가는 것이 너무 빠르고 또 짧아서 잘 보이지 않는다. 그래서 고전을 보는 사람은 특히나 조심해야 한다. 여느 유엽전처럼 여겼다가는 크게 낭패를 보는 수가 있다.

　애기살도 다른 살과 마찬가지로, 굵으면 앞나고 가늘면 뒤난다.

말타고 활쏘기 | 04

말타고 활쏘기[110]는 사실상 맥이 끊겼다. 갑오경장 때 활쏘기가 무과 과목에서 제외된 뒤 필요성이 사라졌기 때문인데, 기록조차 남지 않은 까닭에 복원하기도 힘들게 되었으니 실로 안타깝고 기막힌 일이 아닐 수 없다. 그리고 말을 타는 일도 아주 드문 일이 되어서 문제를 더더욱 힘들게 하고 있다. 그런데 마침 말타고 활쏘는 법에 관한 짧은 글이 발견되어[111] 여기 소개한다.

01 _ 마사법

말 타고 활 쏘는 것이 보사와는 다른 것은 오직 평상시에 말타기 연습을 잘 하는 것에 있을 뿐이다. (평상시에 말타기 연습을 할 때는) 먼저 말이 천천히 가게 하고 빨리 가게도 하면서 오래 연습하면 순전하게 숙달되면 말을 타든지 안 타든지 가릴 것이 없는 경지에 저절로 이르게 된다.[112]

먼저 말 타고 활쏘기 할 때는 움직임보다는 고요함을, 성급함보다는 느긋함을 귀하게 여긴다. 말이 치달을 때는 사람의 몸도 활발해져서 반드시 움직이게 마련이

---

110) 이것은 『사법비전공하』에서 뽑았다. 말타고 활쏘는 법은 기록으로 남기지 않아서 그 방법이 완전히 단절되었다. 그래서 여기 『사법비전공하』에 남아있는 것은 아주 중요한 것이다. 그런데 말타는 법을 모르고 어디 적당히 자문을 구할 데도 없다 보니 번역하는데 굉장히 애를 먹었다. 번역은 그 상황을 이해해야 할 수 있는 것인데, 그것이 안 되고 보니 억지로 견강부회한 부분이 너무 많다. 따끔한 지적을 기다리는 수밖에 달리 도리가 없다.
111) 『사법비전공하』, 마사법.
112) 馬射與步射不同. 全要在平宮調習馬耳. 平日先慢行次緊行, 久之純熟, 自得意忘形.

다. 그러나 (사람의 몸이) 움직이는 가운데서도 평온하게 중심이 잡히지 않으면(不穩重) 올바른 법을 잃는다. 그러므로 느긋하라고 한 것이다. 말이 빨리 달릴 때 재빨리 연발로 쏘면 반드시 급하게 된다. 그러나 급하더라도 차분(從容)하게 쏘지 않으면 도리어 잘못되고 만다. 그러므로 느긋하게 하라고 한 것이다. 이것은 곧 움직임 가운데서 고요한 순간을 노리라(動中寓靜)는 것이고, 급한 가운데서도 차분해야 한다(急中從緩)는 것이니 (말타고 활쏘기를) 배우는 사람들은 정신에 새겨두어야 한다.[113]

다음, 말을 타는(馳驅) 방법은 거좌로 해야 옳지 접좌로 하면 안 된다. 거좌(踞坐)는 (안장에) 걸터앉는 것이고 접좌(跕坐)는 다리를 뻗디디고 앉는 것을 말한다. 대개 거좌를 하면 (자세가) 평온하고 접좌를 하면 (자세가) 허하다. 무릎은 안장머리(앞)를 꽉 끼어서 단단히 조여야 하고 두 발은 말의 배 밑을 꽉 조여야 한다. 그러면 (자세가) 평온해져서 허물이 없다. 만약 두 발로 등자만을 밟고서 뻗디디어 힘을 주면 한 번 잘못에 (마사를) 실패하게 된다.[114]

다음, 말을 모는 방법은 몸을 앞쪽으로 숙여야 하지 몸을 곧게 세워서 위로 일으키면 안 된다. 대개 (몸을 숙여서) 앞을 향하면 바람의 흐름에 말려들지 않는다. 만약 몸을 곧추세우면 (바람에 휩싸여서) 힘을 마음대로 쓸 수 없게 된다. 또 (말을 몰아갈 때는) 자세를 좌신좌족(左身左足)으로 앞을 향해야지 평신평족(平身平足)으로 하면 안 된다. 좌신좌족은 몸을 오른쪽으로 틀어서 몸의 왼쪽과 왼발이 앞을 향하도록 하는 것이며 평신평족은 몸이 똑바로 앞을 향하도록 하고 발을 나란히 하는 것을 말한다. 대개 좌신좌족을 하면 말을 부리고 몸을 놀리는데 좋다. 만약 평신평족을 하면 (말의 움직임에 따라 몸이) 활발히 움직이지 못한다.[115]

---

113) 一馬射, 宜靜不宜動. 貴緩不貴急. 馬之驟馳, 身之活潑必動也. 然動而不穩重, 則失法, 故謂靜. 馬之迅速, 矢之連發, 必急也. 然急而不從容, 反有悞, 故謂緩. 是動中寓靜, 急中從緩, 在學者留神耳.
114) 一馳驅之法, 宜踞坐, 不宜跕坐. 蓋踞坐則穩, 坐則虛矣. 宜以兩膝將鞍頭夾緊, 或兩足緊夾馬腹下, 則穩而無誤. 若以兩足, 將跕踏緊一誤, 便敗矣.
115) 一馳馬, 宜以身撲向于前, 不宜直挺在上. 蓋向前, 則不爲風勢所凌. 若直挺, 則爲風所凌, 而力不使矣. 又宜左身左足向前, 不宜平身平足. 蓋左身左足向前, 則運用得勢, 若平身平足, 則不活動矣.

다음, 말을 출발시키는(發馬) 방법은 모름지기 말에 찰싹 달라붙어서 말과 같이 움직여야 한다. 말이 아직 출발하지 않았는데 먼저 (몸을 앞으로) 숙여서 말 달리기를 기다리면 장차 (말이 치달리기 시작할 때) 몸이 (위로 불쑥) 솟아올라서 몸의 자세가 안정되지 못하는 지경에 이를까 두렵다. 말이 달리면 비로소 채찍을 가할 수 있다. (하지만) 비록 채찍질을 하더라도 절대 손을 높이 거들면 안 되는데 (채찍질하는 손이) 바람에 휩쓸리는 것을 막으려는 까닭이다. 말이 이미 (과장을 통과해서) 둥글게 원을 그리며 돌기 시작하면 바야흐로 살을 뽑아서 조용히 시위에 먹여야 하며 손놀림을 맹렬하게 하면 안 된다. (그때) 활이나 채찍이 왼쪽으로 쏠려서 말갈기를 건드리거나 무릎을 치면 잘못된다.[116]

다음, 말을 몰다가 활을 쏘기 위해서 손을 놓는 것은 너무 일찍 서두르면 안 되는데, 그것은 말이 혹시 말을 듣지 않고 부리기가 어려워서 나의 뜻대로 따르지 않을까 두렵기 때문이다. 그래서 (말고삐는) 활을 쏘려고 할 때 비로소 놓아야 하는데 손을 놓는 것 또한 말이 내 뜻대로 따라주느냐 마느냐 하는데 달려있다. 손을 놓는 것은 마땅히 (시간이) 짧아야 하지 길게 끌면 안 된다. (손을 놓는 시간이) 길면 (몸이나 고삐가) 한쪽으로 치우치면서 아래로 기울어져 말의 허벅지를 건드리는 잘못이 생긴다. 과장에 이르러서 달릴 때는 안대를 해야 하며, 손을 놓는 것 또한 오래 끌 수 없는데, 그 원인은 (과장의 길을) 달리기 때문이다. (과장이 아닌) 평지에서도 오래 손 놓는 것은 마땅하지 못한데, 그것은 다만 내가 활을 당길 때 손 놓은 고삐가 말의 안대(馬帶)를 건드릴까 두려운 까닭이다.[117]

다음, 말 걸음을 늦출 때는 몸을 조금 앞으로 숙여야 하지 절대로 젖혀지면 안

---

116) 一發馬須隨着馬力顚開, 如馬未開身勢, 先撲以待, 馬馳, 恐致將身聳起, 而身勢不穩矣. 馬馳, 始可鞭, 雖加鞭切, 不可將手擧高, 防有所裹故也. 馬已馳圓, 方可取箭, 從容搭老, 不可令手摔開猛然, 就弓或鞭摔于左, 不裹鬃, 卽撑膝爲所惧耳.

117) 一馬之扯手, 不宜離早, 恐馬或不順, 使用不由于我. 開弓之時, 始可容, 其釋手, 亦在馬之可否酌之. 而扯手宜短, 不宜長. 長則偏手于下, 有裹馬腿之虞. 至科場跑, 則宜帶, 堰手亦不妨長, 因有堰故也. 平地, 則有不宜者, 恐我弓一開, 將馬帶裹矣.

된다. 또 허벅지를 곧게 펴서 앞으로 쭉 뻗으면 안 된다. (그렇게 되면) 힘이 너무 많이 들어가서 혹시 말이 갑자기 놀라서 자세가 불안정해질까 두렵기 때문이다.

다음, 말 걸음을 늦추는 방법은 쌍수(雙手)로 하는 것이 좋지 단수(單手)로 하면 안 된다. 쌍수는 고삐를 당겨서 말을 멈추게 할 때 두 손으로 하는 것이고 단수는 한 손으로 하는 것이다. 장차 말머리가 한쪽으로 쏠려서 (당기는 쪽으로 말의 머리와 눈이 돌아가서 말이) 앞을 보지 못하여 (뜻밖의 사태를 예방하는데) 실수가 있을까 두렵다. 그리고 (말고삐를) 높이 끌어당겨 (말을) 거두는 것은 또 (말이) 아래쪽을 내려다볼 수 없게 되기 때문이다. (그러므로) 반드시 (두 손을 한꺼번에 쓰는) 쌍수로 해서 말갈기 가까이에서 힘을 양쪽으로 고르게 나누어서 (말을) 거두어야 한다. 그러면 말이 간간이 자연스럽지 못한 곳에 있기 되어도 나의 손과 팔도 의지할 곳이 있게 된다. 전해오는 말에, 좌우로 몸을 (치우치게 하여) 말위에 걸터앉으라는 말도 있는데, 말 다루는 법을 잘 모르는 사람들의 말이다. 흔히 말 위에서는 (말의 움직임에 따라서) 활발하게 움직여야 한다. 말을 조종하는 것은 모두 내가 어떻게 쓰느냐에 딸린 것이니, 비록 말위에서 활발하게 움직이지 않더라도 (그것을) 활발하게 하는 것이다. 설령 법을 얻지 못함이 심하여 무거움을 간직하는 도가 아니면, 비록 활발하더라도 어찌 취할 것인가. 심지어 허벅지를 내밀고 다리를 돌려서 몸과 엉덩이를 같이 내리기도 하는데, 이것은 (말타기에서) 가장 꺼리는 바다.[118]

다음, 화살을 끼울(搭箭) 때는 높이는 것을 꺼리고 낮고 비스듬히 하는 것을 귀하게 여긴다. 높으면 사법에 맞지 않고 낮으면 (말타고 활 쏘는) 기세에 이롭다. 눕히는 것은, 활을 세우면 어딘가에 걸리지 않을 수가 없기 때문이다.

활을 한 번 당길 때는 절도가 있는데, 처음에 활을 조금 당겼다가 비스듬히 당

---

118) 一收馬時, 仍須將身稍前向, 切勿將身後仰. 又不宜將腿伸直, 直挺于前. 恐用力太過, 或馬有所閃, 身勢卽不固矣. 至于收馬之法, 貴雙收, 不宜單收. 恐將馬頭挽面目, 不顧前. 防有所失. 而高手又難令顧下. 必以雙手, 近鬃用力, 分而收之可耳. 卽馬間有不然之處, 而我之手臂有所恃也. 有云, 左右以身跨馬, 則非矣. 常云, 馬上要潑, 殊不知取駕得法, 馬之操縱悉爲我用. 雖不潑亦潑也. 設不得其法. 甚非保重之道, 雖潑亦奚取焉. 至於腿揸脚搨, 身臀齊下, 是深所忌也.

겨서 품안에 가득 벌린다. 그리고 점점 목표물인 과장의 공(馳毬)에 다가간다. 이때 동작을 빠르게 하면 안 되는데, 빠르게 하는 것은 올바른 법이 아니며 또한 (그렇게 하면) 꼭 명중시키기도 어렵다. (또한 눈이) 화살이나 오늬를 보면 안 된다. 그러면 말을 달릴 때 (균형을 잃어) 평온하지 못하게 되고, 마침내 오늬가 시위에서 빠질까 두렵다. (이렇게 과장에서) 말이 한 번 달리면 나는 정신을 앞쪽으로 집중해야 한다. 어떻게 딴 곳을 돌아볼 겨를이 있겠는가? 공을 쏘는 법은 달리는 말이 그 기세를 얻는 데 있다. 빨리 달리거나 공에 너무 가까이 가는 것은 좋은 방법이 아니며, 공에서 멀리 지나치지 않도록 조심해야 한다. 몸을 앞으로 조금 숙이면 공에 가까이 갈 수 있고, 이렇게 하면 쏘아서 맞지 않는 것이 없다. 이른바 분종이라고 하는 앞쏘기 사법이 이것이다.[119]

옆으로 돌아서 쏘는 대등이 될 때에 (이렇게) 발시하는 것은 틀린 것이다. 옆쏘기인 대등이란, 말이 치닫지 않으면 결코 발시할 수 없는 것이다. 하물며 내가 활을 당긴 채 말을 달리면서 힘을 이미 다하였다면 무슨 소용이 있겠는가?

과장에서 공이 한 번 멀어지면 말을 탄 몸의 자세는 취하지 못하며 (그에 따라서) 저절로 명중시킬 수도 없게 된다. 말을 탄 몸의 자세가 한 번 올바로 취해지면 반드시 명중시킬 수 있으며 몸을 움직이는 법(身法)도 자연스러워진다. 어쩌다 말을 건드리고나 말이 달리거나 가볍게 쏘면 안 되며 신중하게 해야 한다. 이 신중해야 한다는 말은 말타고 활쏘기에서는 격언으로 삼을 만한 것이니 배우는 사람들이 꼭 유의해야 한다.

공을 마주하고 쏘는 법은 보사와 비교할 수 있는 것이 아니다. 보사에서는 과녁을 겨누는 것이 상세하지만, 말을 타면 눈 깜짝 할 사이에 (목표물이) 지나쳐버리기 때문에 앞주먹은 공의 뒤쪽을 마주하고 화살은 공의 밑을 겨누어야 한다. 느려

---

[119] 사냥감이 말의 앞에 있을 때 쏘는 것을 마사법에서는 분종(分鬃:앞쏘기)이라고 하고, 사냥감과 나란히 달릴 때 옆으로 쏘는 것을 대등(對鐙:옆쏘기), 말이 사냥감을 앞질렀을 때 뒤돌아 쏘는 것을 말추(抹鞦:뒤쏘기)라고 한다.(射經)

서도 안 되지만 서둘러도 안 된다. 마음과 손이 서로 응한다는 것은 말로 가르칠 수 있는 것이 아니다. 그러나 말 타고 활 쏘는 법은 본래 보사와 다른 것이 없다. 보사를 잘 하면 마사도 잘 할 수 있으니 그렇지 못한 것은 (아직 말을 다루는 연습이 덜 되어 마사에) 생소하기 때문이다. 그런 까닭에 말 타고 활쏘기를 잘하는 법을 구하는데, 이것을 한 마디로 줄이면 오직 '숙달함'에 있을 뿐이다. 말 타고 활 쏘는 일에 숙달하면 교묘한 재주는 저절로 생겨난다.

이렇게 누누이 말하는 것은 오직 재주가 있으면서도 (재주를 믿고 연습을 안 하여) 궁시를 보는 눈이 설익고 안이해지는 것을 두려워하는 것이다. 우리는 이미 이로써 명예와 이름을 널리 빛냈다.

대전(에 이르기를), 어찌하여 (자신을) 낮추어 생각을 한 번 바꾸지 않고, 처음 본 것으로 마음에 새기고 안이하게 얻어서 어렵게 이른 것이라고 생각하는가? 대개 보는 것을 안이하게 하면 제대로 된 기술을 얻는 때를 얻지 못한다. 오직 보는 것을 어렵게 익히면 저절로 마음과 손이 서로 호응하는 날이 온다. 그러므로 공자가 말하기를, '어려운 일에 앞장서고 보답은 뒤에 생각하라.'고 했다. 원컨대 내가 남들과 같기를 바라거든 그 뜻을 깊이 새겨들어야 한다.[120]

---

120) 一搭箭, 忌高貴下而臥. 高則不如法, 下則勢矣. 臥者, 恐弓一竪, 不能無所碍也. 弓一開節, 使弓亮起, 斜滿懷中, 漸漸逼毬. 不宜猛就, 猛就則非式, 且難必中. 亦不可目視箭扣. 恐馳馬不穩, 致生脫扣之虞. 馬一馳, 我之聚精會神, 萃于前矣. 何容他顧哉. 射毬之法, 全在馳馬得勢, 或開或逼, 均非善也. 必俟毬不遠而過, 身勢住前稍就, 則緊貼于毬矣. 發無不中者, 所云, 分鬃是也. 至若對鐙發箭, 則非矣. 對鐙射者, 非馬開馳, 斷不能發矢也. 況我之開弓, 馳馬力已, 有所用矣. 毬一遠, 身勢不就, 自不能命中. 身勢一就, 可能令其必中, 而身法自然乎. 或裏或開, 勿容輕發, 持重之道也. 持重之說, 爲騎射格言, 學者留意焉. 至于對毬之法, 非步射可比. 步射對的詳細, 騎則一瞬卽過約, 以前拳對毬之後, 而以箭對毬之根, 雖不容遲, 更不宜早, 恐早則蓋矣. 得心應手, 非言可喩. 然而騎射之法, 如步射, 原無異也. 果能善于步, 無有不善于馬者, 否則得生疎故耳. 然則求善之法, 一言而蔽之, 惟熟而已. 熟則巧妙生焉.
凡此諄諄者, 惟恐長才, 視弓矢之事, 爲粗且易耳. 吾輩旣以之博榮名沐
大典何不下一轉念, 以初視爲精心, 以易得爲難至乎. 蓋視爲易 則終無得手之時, 惟視爲難, 則自有得心應手之日. 故尼父有云, 先難後獲, 願我同人, 深致意焉.

02 _ 말타고 활쏘는 법의 대략〔騎射大略〕

어떤 사람이 묻기를,

"청컨대 말타고 활쏘기의 개략을 말씀해주십시오."

하였다. 대답하기를,

"무릇 사람이 말 위에 올라타면 먼저 안장을 견고하게 해야 하고 재갈을 (적당히) 맞추어야 하며 등자를 안정되게 밟을 수 있도록 조정해야 한다. (이것들은) 너무 길게 해도 안되고 너무 짧게 해도 안 된다. 너무 길면 힘을 줄 수가 없고 너무 짧으면 (말을 탈 때 필요한) 자세를 잡지 못한다. 그런 뒤에 장차 고삐를 가지런히 하는데, 왼손으로는 힘을 주어서 고삐와 말갈기를 이어 잡아서 고정시키고, 오른손으로는 채찍과 안장을 이어 잡고서 사지로 고루 힘을 써서 말에 의지한다. 그리고 양발을 일으켜 등자를 밟고 양 무릎으로 안장을 꼭 조여준다. 이때 몸은 거좌로 하지 말아야 하며 또한 우두커니 뻣뻣하게 서는 자세로 해도 안 된다. 중요한 것은 몸을 내미는 가운데 활발하면서 (자세가) 충실해져서 허전하지 않게 되도록 하는 것이 올바른 요령이다. (말을 몰 때) 혹은 가게 하고 혹은 멈추게 하는데, (말이) 동쪽으로 가고 서쪽으로 가게 하는 것은 다만 고삐를 잡은 손을 조금씩 움직이거나 몸을 좌우로 움직여주기만 하면 된다."

라고 하였다.[121] 또 묻기를,

"옛법에 (말에) 앉는 자세는 앞으로 숙여야지 몸을 곧추세우면 안 된다. (몸을 곧추세우면 말이 달릴 때 생기는) 바람에 (몸이) 휘말려들어서 불편하기 때문이라고 하는데, 이것은 어떤 뜻인가?"

---

121) 或曰, 請言其略. 答曰, 凡人上馬, 先堅固鞍, 轡較定踏鐙, 不可使之過長, 亦不可使之太短, 太長則不得力, 太短則不得勢矣. 然後將轡繩理齊, 左手着力連轡帶鬃搊住, 右手帶鞭按鞍, 四肢用力, 靠馬而起, 兩足立定踏鐙, 雙膝夾住鞍, 身切勿踞坐, 亦不可站立, 要于挺中有活實, 而不虛, 乃爲得法, 至于或行或止, 欲東欲西, 只在轡手靈動, 身勢轉移而已矣.

하였다. (그러니까) 답하기를,

"(말을 달리다가) 만약에 화살을 쏠 때는 말이 길에서 벗어나지 않게 해야 한다. 고삐 끈과 활을 쥐고, 천천히 출발하여 말을 달린다. 몸의 자세를 앞으로 숙이면서 고삐 끈을 잡고 앞쪽을 감싸면 바람에 휘말려들지 않는다. 이제 (말이 한 번 과장을 통과하고 다시 돌아가기 위하여) 원을 그리며 돌게 되는데, 그 때 채찍질을 한다. 화살을 뽑고, 시위에 오늬를 먹이고, 활을 당기고 하는, 모든 동작을 하되, 그 모든 것이 보사에서 하는 법과 똑같다. 이것을 알기 쉽게 요약하면, 보사에서는 차분한 가운데 민첩하게 해야 하고, 마사에서는 민첩한 가운데 차분하게 해야 한다. (이렇게 하려면) 오직 평상시에 말을 타고 화살을 걸어 당기는 일을 아주 익숙하게 버릇을 들여서 일이 닥쳤을 때 (굳이 그렇게 하려고 하지 않아도) 저절로 그렇게 되는 경지에 이르도록 해야 한다. 법에 이르기를, '(말을 몰아가는) 기세는 바람과 같고, 눈은 흐르는 번갯불과 같다' 고 했다. (이것은 목표물을) 밝게 보고 안정을 얻어서 (줌손과 깍짓손을) 한 번 치고 한 번 그칠 때마다 손이 움직이는 대로 세 과녁을 맞추지 않을 수 없다. 그렇게 한 뒤 두 손은 말갈기 높이에 두고 말을 당긴다. 이때 양다리는 등자를 밟고 안정되게 서야 하고, (그래야) 몸은 뒤로 눕혀지지 않는다. 저절로 늦고 빠른 것이 법도를 얻고 말을 조종하는 것이 지극히 정교한 지경에 이른다. (이와 같이 연습이 잘만 된다면 말타고 활 쏘는 일이) 어찌 어렵다고 할 것인가?"

라고 하였다.[122]

---

122) 古法云, 坐身宜撲向前, 不宜直挺, 恐爲風所裏而不便也. 答曰, 若射箭時, 自必將馬留定認定道路帶韁持弓, 先据後騎, 身勢向前, 帶韁以防, 開裏向前, 則不爲風所淩, 待馬跑圓, 却加鞭取箭搭扣開弓, 悉如步射之法. 總之, 步射從容中要便捷, 馬射便捷中要從容. 惟平日, 跨馬利便挽箭熟慣, 臨時自不至忙忽矣. 法云, 勢如追風, 目如流電, 看得清, 較得定, 一撤一絶, 無不應手而得三把. 旣定卽將兩手近鬃用力收住, 兩足立定踏鐙, 身勢不可仰後, 自然緩急得法, 操縱自然, 以臻于至精之域也. 奚難.

03 _ 기 타

1) 민첩하고 차분하게〔敏捷從容〕

어떤 사람이 묻기를,

"말타고 활쏘는 법에 관하여 한 말 중에 '활을 가득 당겨서 급하게 방전을 한다'고 한 것이 있는데, 이것은 보사에서 차분하고 굳세게 하는 것과는 다른 것인가?"
하였다. 대답하기를,

"말은 바람처럼 달리고 비처럼 몰아온다. 만약 민첩하게 행동하지 않으면 (활을) 너무 오래 붙잡고 있는 잘못을 하게 된다. (그러므로 말타고 활을 쏘는) 요령은 민첩하고 신속(神速)한 가운데 저절로 차분하고 굳센 자세가 깃들게 된다."
고 하였다.[123]

2) 사람과 말이 서로 익숙함〔人馬相習〕

어떤 사람이 묻기를,

"말이라고 하는 것은 (과거보는) 사람의 목숨이다. 싸움에 나아가는데 그 말을 얻지 못하면 목숨을 다치게 된다. (이와 마찬가지로) 과장에서 그 말을 얻지 못하면 그 명예를 잃어버리는 것이니 당연히 (말타고 활쏘는 법을) 익히고 배워야 하는가?"
하였다. 대답하기를,

"늘 말하기를, 말을 달리는 일은 험한 곳에서 부릴 수 있는 경지에 이르는 데 있으니 말을 다루는데 삼가지 않을 수 없다. 무릇 말은 평상시에 다루는 것을 익혀야 하며 몸소 말을 먹여 길러야 한다. 말을 기르는 데는 법이 있는데, 말이 다른 물건과 접촉을 해도 놀라지 않도록 해야 하며, 길을 달릴 때에도 함부로 움직이지 않도록 길

---

[123] 或問, 騎射之法有云, 滿開弓急放箭, 是于步射之從容審決異乎. 答曰, 馬如風馳雨驟而來, 若不敏捷未免有過把之患矣. 要之敏捷神速中, 自有從容審決之妙.

들여야 한다. 또 나아가고 멈추는 데도 절도가 있는데 이 모든 것은 (말을 부리는) 사람의 뜻과 같아야 한다. (그렇게 되면) 사람과 말이 서로 익숙해지고 (마치 한 몸인 듯) 서로를 잊게 되니, (그렇게 되어야) 비로소 활쏘는 것을 말할 수 있다. 그런 즉 이 것(말)을 선택하는 것이 정밀해야 하고 훈련하는 것이 익숙해져야 하니, 진실로 말 부리기에 익숙해지는 것은 사람에 달려있는 것이다."
라고 하였다.[124]

3) 말탈 때 취하는 몸의 자세〔馬上身勢〕

어떤 사람이 묻기를,

"말위에서 취하는 자세는 어떻게 하는 것이 가장 좋은 것입니까?"
하였다. 대답하기를,

"바람이 흐르는 것처럼 활발해야 한다는 뜻인 '풍류활발'(風流活潑), 이 네 글자가 모든 것을 나타낸다. 말위에 앉을 때는 말위에 앉는 자세가 있고, 말을 출발시켜 조종할 때는 그에 꼭 알맞는 자세가 있으며, 활을 당길 때는 활을 당기는 자세가 있고, 목표물을 조준할 때는 목표물을 조준하는 자세가 있고, 화살을 뽑을 때는 화살을 뽑는 자세가 있으니, 옛 시에 이르기를,

꽃향기는 한 곳에 머무르는 그림자가 없고

달빛은 자취를 남기지 않는다.

고 한 것과 같이 (그 자세를 얻는) 방법은 (말로 나타내기 어려울 만큼) 오묘한 것이다."
라고 하였다.[125]

---

124) 或問, 馬者人之命也. 戰鬪不得其馬, 則傷其生, 科場不得其馬, 則失其名, 是當調習乎. 答曰, 常言, 走馬事在至險安, 可不愼馬. 凡馬須平日調習有宜飼, 養有法, 使之觸物不驚, 馳道不開進止有節, 悉如人意, 則人與馬相習而相忘, 始可以言射矣. 然則擇之精, 而練之熟, 誠在乎人也.

125) 或問, 馬上身勢, 必以何者爲最平. 答曰, 風流活潑, 四字盡之矣. 坐馬有坐馬之勢, 出縱有出縱之勢, 開弓有開弓之勢, 對把有對把之勢, 發箭有發箭之勢, 眞如花香無滯影, 月色不留痕, 方爲人妙.

궁체 바로잡기 | 05

　　한량들이 하는 말 가운데 '시수 날 때 탈 나고, 탈 났을 때 배운다'는 말이 있다. 시수가 한창 잘 날 때는 발시할 때 빠질 것 같은 느낌인데도 과녁을 때리는 소리가 난다. 이렇게 시수가 잘 나다가도 자기도 모르는 곳에서 탈이 나기 시작해서 어느 날 갑자기 시수가 바닥으로 곤두박질친다. 이것은 자신도 모르는 사이에 궁체가 조금씩 틀어지면서 탈이 난 결과이다. 이 탈은 어느 날 갑자기 나타나는 것이 아니다. 시수가 한창 날 때부터 천천히 좋지 않은 버릇이 생기기 시작해서 어느 날 갑자기 시수가 뚝 떨어지는 것이다. 따라서 탈은 자신의 자만심에서 온 것이기 때문에 탈을 고치는 순서도 자만으로 일그러진 자신의 마음을 바로잡는 것에서부터 시작해야 한다. 그래서 시수가 잘 난다고 자만하지 말고 늘 겸손한 마음으로 기본자세를 잘 유지해야 한다. 그래서 탈난 궁체를 바로잡는 일은 재주만 고치는 일에 그치지 않고 마음을 닦는 수양이 된다. 그래서 우리 활은 궁극에 가서는 도(道)의 문제로 귀일(歸一)한다.

　　활에서 시수가 나지 않는 원인은 크게 세 가지로 나누어 볼 수 있다. 장비와 궁체, 마음이 그것이다. 이러한 순서대로 살펴본다.

01 _ 장비에 따른 오차

　　'궁시 반재주'란 말이 있다.[126] 활쏘기는 실력도 실력이지만 장비가 큰 영향을

---
126) 『국궁1번지』

준다는 뜻이다. 특히나 우리 활은 145미터라는 워낙 먼 거리를 날아가기 때문에 이 장비의 영향이 지대하다. 따라서 장비가 빚는 오차를 꼼꼼히 따지지 않을 수 없다.

▶ 활

활은 자기가 평소 쓰는 것보다 강한 것으로 쓰면 살은 뒤난다. 약한 것을 쓰면 앞난다. 이것은 화살이 날아가는 길 때문이다. 화살은 활의 중앙으로 나가는 것이 아니라 줌앞으로 날아가기 때문에 살이 날아가는 전체 모양을 보면 원리상 오른쪽에서 왼쪽으로 타원을 그리며 날아간다. 따라서 짧으면 앞나고 길면 뒤난다. 따라서 강궁을 쓰면 연궁을 쓸 때보다 빨리 날아가기 때문에 더 멀리 날아간다. 더 멀리 날아가는 것은 뒤난다는 뜻이다.

▶ 화살

살은 목표물에 맞는 것이니 맞고 안 맞고 하는 것을 결정짓는 가장 중요한 요소이다. 그래서 가장 세심하게 선택해야 한다.

먼저 살의 굵기에 따라서 날아가는 방향이 달라진다. 살이 굵으면 앞나고 가늘면 뒤난다. 살이 굵으면 점잖게 날아가는 대신 살걸음이 느리고 덜 간다. 그래서 바람의 영향을 많이 받는다. 살이 가늘면 살걸음이 빠른데 좌우로 잘 빠진다. 대신에 바람의 영향을 덜 받는다. 강궁일수록 몸피가 굵은 살을 쓰는 것이 좋다.

무게에 따라서도 달라진다. 무거우면 점잖게 날아가고 가벼우면 통을 치지 않고 좌우로 잘 빠진다. 무거운 살은 앞나고 가벼운 살은 뒤난다. 이것은 살이 날아가는 길 때문이다. 무거운 것은 덜 가기 때문에 덜 가는 것은 앞난다. 가벼운 것은 더 가는데, 더 가면 과녁 뒤로 간다.

또 무게중심이 어디에 있으냐에 따라서도 날아가는 모양이 달라진다. 촉 쪽이 무거우면 살이 끝에 가서 힘을 잃고 뚝 떨어진다. 대신에 힘이 촉으로 실리기 때문에 한통을 친다. 반면에 오늬 쪽으로 무게중심이 옮겨가면 멀리 날아가는데 대신에 좌우로 잘 빠진다.

깃 크기에 따라서도 날아가는 모양이 달라진다. 깃이 크면 날아가는 거리는 짧지만 정확하다. 날아가는 거리가 짧은 것은 바람의 저항을 많이 받기 때문이다. 바람의 저항을 많이 받는 것은 화살의 꽁지 쪽으로 힘을 당겨주어서 살이 좌우로 흔들리는 것을 막아주는 일을 한다. 그래서 정확하게 날아가는 것이다. 그래서 흔들림이 많은 마사법에서는 정확성을 기하기 위해서 깃이 큰 것을 쓰기 때문에 이름도 대우전(大羽箭)이라고 한다. 깃이 작은 살은 멀리 날아가지만 대신에 정확성이 떨어진다.

▶ 깍지

깍지는 시위가 벗겨지는 상태를 결정하기 때문에 살이 날아가는데 엄청난 영향을 미친다. 깍지가 평소 쓰던 것보다 더 잘 벗겨지면 살은 짧으면서도 앞난다. 반대로 더 늦게 벗겨지면 살은 길면서 뒤난다. 더 늦게 벗겨진다는 것은 시위가 깍지에 머무는 시간이 더 길다는 뜻이며 이것은 곧 더 당긴다는 뜻이기 때문이다.

▶ 절피

절피의 모양과 오늬를 먹이는 위치의 높낮이에 따라서 살이 날아가는 모양이 다르다. 절피가 두꺼워서 오늬에 꽉 끼이면 살은 뒤나고 헐렁하면 앞난다.

또 오늬를 기준치보다 높이 끼우면 살은 덜 가고 뒤난다. 낮게 끼우면 더 가고 앞난다. 이것은 아주 민감해서 살이 날아가는 데 큰 영향을 미친다. 그래서 아주 조심스럽게 해야 한다. 오늬를 먹일 때는 저울을 달 듯이 하라는[127] 것은 한 치 오차도 없이 정확히 끼워야 한다는 것이다.

▶ 출전피

출전피가 두꺼우면 앞나고 얇으면 뒤난다. 그리고 출전피가 딱딱하면 살이 닿는 순간 퉁겨내기 때문에 살이 일정하게 날지를 않고 여기저기 흩어진다. 그래서 적

---

127) 『사법비전공하』, 심담십사요.

당히 물렁물렁한 가죽을 쓰는 것이 좋다.

02 _ 궁체에서 오는 탈

활을 쏠 때 힘의 조화와 변화에 따라 궁체가 움직이는 방향을 보면 크게 두 방향으로 나눌 수 있다. 머리에서 허리, 발로 이어지는 세로축과 줌손에서 웃동을 거쳐 깍짓손으로 이어지는 가로축이다.[128] 앞엣것은 움직여서는 안 되는 축이며 뒤엣것은 움직일 수밖에 없는 축이다. 이론상으로 이 가로축과 세로축이 만나는 지점이 앞뒷손으로 이어지는 힘을 이등분하는 곳이 된다. 따라서 움직이는 가로축은 언제나 움직이지 않는 세로축을 중심으로 앞뒤가 정확히 나누어져야 한다. 이른바 '빠갠다.'거나[129] '옷깃을 찢듯이 한다.'는[130] 것은 바로 이것을 나타낸다.

따라서 궁체에서 생기는 탈도 활의 이와 같은 이치에 따라 두 갈래로 나누어볼 수 있다. 움직여선 안 될 부분이 움직여서 생기는 탈과, 움직여야 할 부분이 제대로 움직이지 않을 때 생기는 탈이 그것이다. 먼저 세로축에서 생기는 탈은 다음과 같다.

1) 세로축에서 생기는 탈

세로축은 정축(靜軸)으로 움직여서는 안 되는 축이다. 그런데 움직여서는 안 되는 이 축이 움직이거나 흔들릴 때 탈이 생긴다.

---

128) 움직임의 방향을 이와 같이 세로축과 가로축으로 처음 나눈 사람은 지철훈이다. 그의 책에서 '正射法에 依한 體系'라면서 다음과 같이 설명하고 있다.
  ① 經..........縱........靜系(靜止系)
    首, 胴, 腰, 脚,
  ② 緯..........橫........動系(活動系)
    右手, 左手, 右腕, 左腕
  이상의 논의가『궁도입문』에는 가로축과 세로축으로 바뀌어서 나타나고 있다.
129)『우리 활 이야기』(개정판), 107쪽.
130)『사법비전공하』, 심담십사요 수요평형.

▶ 몸통

활을 쏠 때는 앞손을 밀고 뒷손을 당기기 때문에 몸통도 저절로 돌아간다. 그런데 몸통이 돌아갈 때 그 중심축은 등뼈가 되어야 한다. 등뼈를 중심으로 해서, 앞쪽 가슴은 벌어지고 뒤쪽 등짝은 오므라들어야 한다. 그래야 호흡이 불거름까지 들어온다.

이때 등뼈를 중심으로 해서 앞 뒤 어깨가 똑같은 크기로 움직여야 한다. 물론 이때 앞 뒤 어깨가 도는 방향은 서로 반대이다. 그런데 앞손을 더 밀든지 뒷손을 더 끌든지 해서 이 균형이 깨진다. 그러면 움직임의 중심점도 등뼈에서 어깨 쪽으로 저절로 옮겨간다. 줌손을 더 밀면 모멘트의 중심점은 앞어깨 쪽으로 옮겨가고 깍짓손을 더 끌면 그 중심점은 뒷어깨 쪽으로 옮겨간다. 그러면 어느 쪽으로 옮겨가든 몸이 등뼈를 중심으로 돌지 않기 때문에 몸이 일그러질 수밖에 없다. 그래서 줌손과 깍짓손은 똑같은 크기로 움직여야 한다. 이것이 가장 어려운 것이다.

▶ 발모양

발모양에 따라서도 살이 날아가는 방향이 달라진다. 뒷발을 앞으로 당기면 살은 뒤나고 뒤로 빼면 살은 앞난다. 몸이 그 방향으로 돌아가기 때문이다. 앞으로 빼든 뒤로 빼든 너무 심하면 허벅지를 조일 수 없게 된다. 허벅지를 조이지 못하면 하체가 부실해져서 살이 제 멋대로 날아간다.

▶ 머리

머리는 똑바로 세워야 한다. 고개를 숙이면 뒷손이 낮아지기 때문에 살이 멀리 가고 너무 치켜들면 뒷손이 들리기 때문에 살이 덜 간다. 특히 고개를 숙이고 안 숙이고는 조준점 변화에 굉장한 영향을 준다. 과녁 한 칸이 오르락내리락 거릴 정도이다. 머리는 발시 전이든 발시 중이든 발시 후든 움직여선 안 된다. 특히 발시하는 순간에 고개를 치켜두는 것은 가장 나쁜 동작이다. 머리가 들리는 것과 동시에 퇴촉이 되기 때문이다.

3) 가로축에서 생기는 탈

가로축은 동축(動軸)으로 힘의 방향에 따라 움직일 곳에서는 움직여야 한다. 그런데 움직이지 않거나 잘못 움직일 때 탈이 생긴다. 가로축 중에서도 가장 중요한 것은 줌손과 깍짓손이다.

줌손은 조준점을 고정하는 작용을 하므로 많이 움직이면 좋지 않다. 딱 고정되어야 살도 일정한 방향으로 날아간다. 줌손에 힘이 전달되는 방향은 죽머리 중구미 줌손 순이기 때문에 탈도 이런 순으로 살피는 것이 올바른 순서일 것이다.

▶ 죽머리

죽머리는 만작을 했을 때 턱 쪽으로 적당히 들어와야 한다. 턱과 너무 떨어져서 뒤로 빠져있으면 뼈가 덜 펴지고 어깨가 빠져서 힘을 제대로 줄 수 없다. 이와 반대로 너무 깊숙히 집어넣어도 안 된다. 너무 깊이 집어넣으면 어깨가 불쑥 일어난다. 이것은 대개 자기가 감당할 수 없을 만큼 센 활을 쓸 때 생긴다. 어깨의 힘이 활힘을 감당하지 못하기 때문에 그것을 뼈로 버티려고 어깨와 팔뚝의 뼈를 일직선으로 놓으려고 할 때 생기는 현상이다. 이것이 안 좋은 이유는 먼저 뼈로만 받치기 때문에 근육의 탄력을 활에 실을 수 없다는 것이고 또 하나는 활에서 오는 충격이 뼈를 통해서 몸까지 전달된다는 것이다. 그러므로 어깨는 너무 깊이 집어넣으면 안 된다.

▶ 중구미

중구미는 업히지 않을 때 갖가지 탈이 생긴다. 중구미에서 생기는 탈은 대개가 붕어죽이다. 붕어죽이 되면 앞서 설명한 것처럼 온몸의 경혈이 숨어버린다는 것이다. 그래서 기의 소통을 막아서 활을 안 쏘는 것과 다를 것이 없는 지경에 이른다. 그래서 죽은 반드시 업히어야 한다. 업히면 줌손을 아무리 밀어도 뼈로만 받쳐지지 않고 근육까지 아울러 받치게 되어 몸의 탄력이 활에 실려서 화살로 전달된다.

줌팔을 뻗을 때 더 뻗어도 안 좋고 덜 뻗어도 안 좋다. 덜 뻗으면 활이 충분히 펴지지 않고, 그로 인해서 살이 들어오는 길이가 일정하지를 못하게 된다. 너무 뻗으면 뼈로 받치게 되어 충격을 받아서 엘보라는 팔꿈치 병이 생긴다. 이 어려운 문제를 간단히 해결하는 방법이 바로 죽을 모로 세우는 것이다. 죽을 모로 세우고 자기가 밀 수 있는 한도까지 밀면 저절로 적당한 길이가 된다. 죽을 세워서 끝까지 밀면 더 밀 것도 없고 덜 밀 것도 없는 적당한 만큼만 팔이 펴지는 것이다.

▶ 줌

줌에서 생기는 탈은 너무 많아서 일일이 열거할 수 없을 정도이다. 그러나 대체로 줌손의 흘려쥐기가 만드는 힘의 방향만 이해하면 그리 어려운 것도 아니다. 줌의 비밀은 흘려쥐는 데 있다. 흘려쥔다는 것은 반바닥으로 밀고 하삼지로 움킨다는 것이다. 따라서 이것이 줌으로 온 힘의 방향을 과녁 쪽으로 미는 유일한 방법이다. 하삼지를 쥘 때도 힘을 어디로 미느냐에 따라서 살이 날아가는 방향이 달라진다. 중지 쪽으로 밀면 살은 앞나고 새끼손가락 쪽으로 밀면 살은 뒤난다.

웃아귀로 밀면 살은 덜 간다. 그리고 줌손이 위로 추켜올라가면서 활의 하장이 들린다. 그래서 활의 윗장이 줌앞 쪽으로 엎어진다.

줌통을 잡을 때 너무 밖으로 나잡으면 발시 직후 활이 줌 뒤쪽으로 팽 하고 풀린다. 또 발시하는 순간에 활을 줌뒤로 잡아채는 수도 있다. 또 발시할 때 줌손을 앞으로 밀어내는 수도 있다.

또 발시할 때 살을 멀리 보내려고 줌손회목을 꺾는 수가 있다. 그렇게 하면 처음엔 잘 나가는 듯하지만 그것이 심해지면 오히려 덜 나간다.

줌손은 아무런 의식이 없이 잡고 있는 것이 가장 좋다. 줌손을 이쪽저쪽으로 밀어서 살이 날아가는 방향을 조절하면 패가망신에 이르는 지름길이다. 자기의 의도대로 될 때는 놀라운 시수를 내지만 그건 잠시뿐이고 처한 상황에 따라서 자신은 똑같이 민다고 생각하지만 쏠 때마다 그 힘의 크기가 달라져 사람은 똑같이 민다고 생각하지만, 쏘는 상황에 따라서 활에 전달되는 힘은 다 다르다. 활에 전달되는 힘이 똑같다면 오히려 그게 이상한 것이다. 줌손을 틀어서 살의 방향을 조절할 생각은 처음부터 버려야 한다. 줌손은 아무런 의식 없이 쥐고서 몸 전체의 힘이 풀리는 방향으로 저절로 따라가도록 하는 것이 가장 좋은 방법이다.

▶ 깍짓손

깍짓손에서 생기는 탈 중에서 가장 큰 것은 손목의 힘으로 당기는 것이다. 손목의 힘으로 당기면 깍짓손을 뗄 때도 손목으로 떼게 되는데 그렇게 되면 움직임을 피할 수 없다. 깍짓손이 움직이면 살이 날아가는 방향이 어지러워진다. 그래서 이것을 방지하기 위해서 깍짓손은 중구미로 끌어야 한다. 힘을 중구미에 걸어놓고 깍짓손으로 끌어야 앞뒷손의 근육이 시원하게 펴지면서 안정된다.

어깨와 가슴을 펴지 않고 뒷손을 끌면 중구미가 낮아진다. 깍짓손을 뗄 때도 손을 뿌리게 된다.

또 깍짓손을 쥘 때 외가락으로 쥐어서 끌면 뒤가 부실해진다. 그래서 상삼지로 끌어야 한다.

03 _ 마음의 탈

마음의 탈은 욕심이다. 맞추고자 하는 욕심 때문에 맞추지를 못한다. 특히 대회에 나가면 더욱 그렇게 된다. 따라서 맞추고자 하는 욕망이 강하게 치솟을수록 역으로 그것으로부터 자유로워서 평상심을 유지할 수 있는 수양이 되어야 한다. 모든 욕심을 버리고 무아지경에 이르러서 활을 쏠 때 가장 좋은 시수가 나니, 참으로 역설이 아닐 수 없다. 이래서 활은 단순한 기술에 그치지 않고 도의 경지로 승화하는 것이다. 이 경지에 이르지 않는 모든 활쏘기는 그저 자질구레한 기술일 뿐이다. 이러한 경지에 이르기 위해서는 활쏘기만 가지고는 안 된다. 세상을 크게 바라볼 줄 아는 안목을 길러야 한다. 바둑, 장기, 서예, 참선, 기공 같은 여러 가지가 이와 같은 수련에 도움을 준다. 그래서 동양의 모든 잡기는 마음으로 통하고, 마음이 통하면 모든 잡기는 저절로 얻어지는 것이다.

제 07 장 옛날의 활쏘기

/ 벌터질, 먼장질
/ 활터의 활쏘기
/ 활 백일장
/ 편사
/ 무과의 활쏘기
/ 향사의
/ 궁중의 활쏘기
/ 「예기禮記」의 활쏘기

지금은 활쏘기 풍속이 협회나 각 정이 주최하여 정식 경기를 치루는 방식으로 단일화되었지만, 옛날에는 활쏘기가 생활에서 차지하는 비중이 컸기 때문에 그 풍속도 아주 다양했다. 활은 처음엔 단순히 사냥을 하는 도구로 쓰였지만, 국가가 발생하면서 전쟁무기로 쓰였고, 한발 더 나아가 지배자가 자신들의 지위에 권위를 세우기 위하여 의식을 집행하는 행위로 확대되었다. 이와 같은 변화에 따라서 활쏘기는 그 과정에서 아주 다양한 풍속을 낳게 되었다.

우리나라에서 활쏘기는 임금에서부터 어린 아이들까지 남녀노소 구별 없이 즐긴 운동이었다. 그런 만큼 각 계층마다 서로 다른 모양새를 갖춘 풍속이 나타났다. 백성들 사이에서는 백일장의 형식으로 나타났고 양반사회에서는 편사의 형식으로 나타났으며 왕실에서는 연사와 대사례의 형식으로 나타났다. 또 인재를 등용하기 위한 무과제도로도 나타났다. 이 장에서는 옛날의 다양한 풍속을 알아본다.

벌터질, 먼장질 01

　　　　농경사회에서는 씨 뿌리고, 거름 주고, 열매를 거두는 것이 가장 중요한 일이기 때문에 사람들의 삶도 그들이 처한 자연환경의 엄정한 질서에 순응하지 않을 수 없다. 그런데 농사짓는 일은 요즘의 사회완 달라서 때에 따라서 여유가 있다. 농사짓는 일은 바쁠 때는 부지깽이까지 뛰어다닌다고 할 만큼 바쁘지만, 한가할 때는 또 말할 수 없이 한가하다. 그래서 바쁘고 한가한 주기가 오랜 세월 반복되면서 그에 대응하는 방법을 고안했는데, 바쁠 때는 두레를 묶어서 일을 빨리 했고, 한가할 때는 갖가지 즐거운 놀이를 생각해내어 지루하게 늘어진 시간을 재미있게 보냈다. 이런 행위가 매년 반복되면 거기엔 일정한 형식이 깃든다. 그러는 과정에서 자연스럽게 생겨나는 것이 바로 세시풍속이다. 이 세시풍속은 그 겨레가 일 년 동안 돌아가는 시간을 얼마나 슬기롭게 이용했는가를 잘 보여준다. 세시풍속은 놀이이면서 농사짓는 일과 관련된 통과의례의 성격을 띤다.

　　우리 겨레는 이 세시풍속이 아주 다양하고 풍성하다. 윷놀이, 돌싸움(石戰), 대보름 달맞이, 단오놀이, 화전 부치기 같은 것들이 다 그런 생활의 여유에서 나온 놀이이다. 그래서 농경사회에서 자란 사람들은 이런 풍속에 아주 익숙하다. 그런 점에서 활쏘기도 우리의 생활이 낳은 세시풍속의 하나여서 어려서 농촌에서 자란 사람들 치고 해보지 않을 만큼 우리에게 익숙한 것이다. 그것이 얼마나 활발하냐 하는 것은 지방마다 다 다르겠지만, 어려서 장난감 활이라도 쏘아보지 않은 사람은 없을 것이다.

　　또 농경이 주를 이루는 사회에서 고기를 공급하는 보조수단으로 사냥만한 것이 없기 때문에 그와 관련하여서도 활쏘기는 우리 겨레의 삶과 떼려야 뗄 수 없다. 그리고 또 활은 전쟁무기여서 자신을 방어하기 위한 수단으로 기능하기 때문에 불가피한 선택이기도 하다. 그래서 활은 우리의 삶에 중요한 풍속으로 자리한 것이다.

어려서 내가 겪은 기억을 떠올려보면 대개 활은 개나리나무 굵은 것으로도 만들었고 노간주나무로도 만들었다. 탄력이 좋은 나무면 무엇이든 다 썼던 것으로 기억난다.[1] 화살은 주로 싸리나무를 썼다. 그런데 대개 한겨울에 활쏘기를 했던 것으로 기억난다. 그것은 우선 농사일이 다 끝나서 바쁘지를 않고 또 가을걷이로 논밭이 텅 비었기 때문에 화살을 멀리 쏘아도 찾기 쉽기 때문이었다. 그래서 아이들마다 장난감 활을 만들어가지고 들판으로 나가서 활을 쏘았다. 대개 사거리는 만든 활마다 다 달랐지만, 50보 가량은 나갔던 것으로 기억난다. 깃은 달지 않는 대신 촉 쪽을 무겁게 해서 살이 날아가는 방향을 조절했다.

이런 풍속은 나뿐이 아니어서 활쏘기 풍속이 굉장했던 경기도 일원에서는 아주 체계가 잘 잡혀서 제법 좋은 활과 화살을 마련하여 논밭으로 쏘다니면 동네끼리 시합을 했던 것으로 확인된다.[2] 이제 이런 것들에서 편사의 원형을 들여다볼 수 있다.

활만 들고 다니면서 쏘는 방식은 두 가지이다. 임시목표물을 놓고 쏘는 것과 멀리 쏘는 것이 그것이다. 이것을 각기 '벌터질'과 '먼장질'이라고 한다.

벌디질은 추수가 끝난 뒤 논밭이나 들판에서 쏘는 것을 말한다.[3] '벌'은 벌판을 뜻하는 말이고, '터'는 활터를 뜻하는 말이다. '질'은 행위를 가리키는 말이다. 따라서 '벌터질'은 특정한 활터가 없이 들판이나 벌판에서 쏘는 활쏘기를 말한다. 이것은 뒤의 먼장질과는 달리 목표물을 놓고 쏘는 것을 가리킨다. 보통 논밭 한 가운데에 짚단 같은 것을 세워놓고 쏘거나[4] 화살이 떨어질 자리에 동그라미로 표시를

---

1) 내가 자란 곳은 충청남도 아산으로, 대나무 북한계선인 금북정맥 바로 위쪽이어서 대나무가 자라지 못한다. 그런 까닭에 대나무를 구하기가 쉽지 않았다. 이 때문에 다른 나무를 쓴 것이다. 대나무가 자라는 지역에서는 예외 없이 탄력이 좋은 대나무를 썼을 것이다.
2) 김병세 대담(1997. 11. 18).
3) 김병세 대담(1997. 11. 18) ; 『국궁1번지』 제3호 56쪽.
4) 『국궁1번지』, 제3호, 56쪽.

해놓고 그 안에 떨어지도록 쏘는 방식이다.⁵⁾ 당연히 정확성을 추구하는 활쏘기이다.

먼장질은 들판에서 과녁 없이 멀리 쏘는 것을 말한다.⁶⁾ '먼'은 '멀다'의 관형형이고, '장'은 '끝장' 같은 말에서 보듯이 접미사이다. 따라서 '먼장질'은 멀리 쏘는 활쏘기를 뜻한다. 이것은 멀리 날아가는 것을 추구하는 활쏘기이다.

---

5) 『충북국궁사』, 336~337쪽.
6) 『임꺽정』, 2권, 172쪽.

02 활터의 활쏘기

활터는 활을 쏘기 위한 용도로 마련한 땅을 말한다. 앞의 벌터질은 활 쏠 공간으로 논밭을 이용하는 것이지만, 이것은 활만을 쏘려고 땅을 마련한 것이 다르다. 여기에 건물을 어떻게 들이고, 그에 따라 어느 차원에서 이용하느냐에 따라서 활터의 이름도 '터, 정, 당, 대, 궁'으로 달라진다.[7]

그런데 활터도 사람이 사는 곳이다 보니 그 구성원들의 삶과 사고방식에 따라서 활쏘기의 풍속도 여러 가지로 다양하게 나타났다. '연전띠내기, 끓내기, 내기활쏘기, 고풍(古風), 사계' 같은 것이 그것이다.

01 _ 연전띠내기

'연전'(揀箭)은 무겁에 떨어진 화살을 주워오는 것을 말한다. 우리 활은 워낙 먼 거리를 날아가기 때문에 그것을 주워오는 일도 보통 일이 아니다. 그래서 고전이나 연전꾼이 없을 경우에는 서로 가지 않으려고 하기 마련이다. 따라서 이 귀찮은 일을 벌칙으로 삼아서 겨루기를 하는데 활을 한두 순 쏘아서 그 화살을 주우러 갈 사람을 결정하는 것이 '연전띠내기'이다. 연전할 띠를 결정하는 내기라는 뜻이다.

우선 쉽게 생각할 수 있는 것은 한 순을 내서 시수가 가장 낮은 사람 한둘을 정하여 화살을 주워오게 하는 것이다. 이것은 화살을 주우러 가는 귀찮은 일을 피하려고 서로 잘 쏘려는 마음을 부추겨서 활 쏘는 분위기를 진작시키는 방법이 된다. 그

---
7) 앞절 '활터의 구조' 참조.

냥 쏠 때와 마음의 부담을 지고 쏠 때는 그 느낌이 또 다르다. 그런 느낌을 주어서 실전에 임하는 태도를 기르자는 것이다. 그런데 이렇게 하면 대개 사람마다 나는 시수가 일정하기 때문에 꼴찌는 매번 꼴찌를 하게 된다. 그래서 연전을 하는 사람도 저절로 정해지기 마련인데, 이렇게 되면 처음엔 기꺼이 벌을 받겠지만, 계속해서 동일한 상황이 반복되면 당사자는 기분이 좋을 리 없다. 그래서 좀 더 색다른 방법을 생각해낸 것이다.

먼저 쏘기 전에 띠를 갈라서 시합을 하는 방법이 있다.[8] 사원들의 살을 하나씩 걷어서 섞는다. 그리고 누구 살인지 보지 않고 뜰에다가 살을 하나씩 던진다. 연전을 하러 가는 사람을 뽑는 것이기 때문에 보통 두세 명을 한 띠로 짠다. 그러려면 나누고자 하는 수만큼씩 살을 먼저 나누어 던져놓는다. 그리고 둘째 살도 먼저 던진 차례대로 던져서 두개씩 되게 한다. 한 띠에 두 명씩 하려면 여기서 그치고 한 띠에 세 명씩 하려면 여기에다가 다시 한 차례씩 더 나누어 던진다. 그리고는 각명을 보아서 한 띠씩을 정한다. 이렇게 하면 임의로 골고루 섞여서 띠가 짜이게 된다. 먼저 던진 띠를 상띠라 하여 먼저 쏘고, 살 던진 차례대로 한 순씩 쏴서 이긴 띠를 다시 상띠라고 하고 시수가 가장 적은 띠를 하띠라 하는데, 하띠가 연전하여온다. 어느 띠가 계속 하띠가 되어 연전을 하게 되면 띠를 마치고 다시 띠를 정하여 쏜다.[9] 계속 하면 연전을 하는 사람이 심한 굴욕감을 느끼게 되어 분위기를 해칠 수 있기 때문이다.

그리고 여기서 방법을 조금 바꾸어서 쏜 뒤에 띠를 갈라서 정하는 수도 있다. 먼저 살을 한 순 낸 다음에 연전하러 갈 띠를 뽑는 것이다. 우선 한 순을 내서 시수를 기록한 다음에 쏜 사람들의 살을 하나씩 걷어서 섞고는 앞과 같은 방식으로 뜰에 살을 하나씩 던져서 둘씩 혹은 셋씩 나눈다. 그리고 한 띠가 된 사람들의 시수를 합하여 가장 낮은 띠로 하띠를 결정하는 것이다. 이렇게 되면 활을 쏠 때는 연전할 사람이 아직 결정되지 않았기 때문에 마음 놓고 활을 내게 된다. 그리고 자신이 잘 낸

---

8) 『조선의 궁술』, 50쪽.
9) 『조선의 궁술』, 50쪽.

다고 해서 연전을 안 하는 것이 아니다. 자기가 아무리 시수가 좋아도 시수가 안 나는 사람과 걸릴 수 있기 때문이다. 앞의 방법보다 변화가 많고 또 이것은 우연에 더 의존하는 방법이다. 그래서 싱거운 장난삼아 많이 한다.

또 이와 같은 방식으로 돈내기도 할 수 있다. 이런 것을 똑딱이라고도 하는데,[10] 먼저 활쏘는 사람들이 돈을 한 천 원씩 걷어서 모아놓고 쏘는데 위와 같은 방식으로 쏘고 난 뒤에 상띠를 정하여 그 돈을 갖는 방식이다. 그러면 잘 쏘는 사람도 못 쏘는 사람과 걸리면 돈을 가질 수 없게 된다. 그 만큼 실력보다는 우연에 의존하는 확률이 높다. 그런 만큼 장난삼아 하는 경기로는 아주 좋은 방식이다.

02 _ 꿇내기

'꿇내기'는 꿇어앉는 것을 내기하는 것이다. 무릎을 꿇는다는 것은 결국 패배를 인정하는 형식이기 때문에 실력으로 굴욕감을 맛보게 하여 경쟁심을 유발하여 활쏘기 실력을 향상시키려는 방법이다. 꿇내기라고 해서 무릎을 꿇고 앉는 것을 말하는 것이 아니다. 서지 못하고 앉게 한다는 것인데, 보통 걸터앉거나 쪼그리고 앉아서 쏘았다.[11] 방법은 다음과 같다.

사원들이 모두 사대에 서서 한 순씩 쏘는데, 첫 번 일자대를 맞춘 사람은 그대로 서있고 맞추지 못한 사람은 꿇어앉는다. 일자대 맞춘 사람이 이자대를 맞추지 못하면 꿇어앉던 사람들이 일제히 일어선다. 일자대 맞춘 사람이 이자대를 또 맞추면 꿇어앉았던 사람들은 꿇어앉은 채로 이자대를 쏘는데, 맞추면 일어서고 못 맞추면 그대로 꿇어앉아서 이자대 맞춘 사람이 삼자대 쏘기를 기다린다. 이런 식으로 오자대까지 하여 못 맞춘 사람이 맞춘 사람에 대하여 대 아래로 내려가 서서

"한량 고두하오."

---

10) 권영구 대담(1998. 6. 18).
11) 성낙인 대담(1997. 6. 25).

라고 하며 고개를 숙였다. 여기서 고두(叩頭)란 웃사람에게 머리를 조아리는 것을 말한다.

그런데 해방 직전에는 이 '고두' 하는 것이 없어졌다.[12] 아마도 굴욕감이 좀 지나치기 때문인 것으로 추정되는데, 서지 못하고 앉는 것만으로도 그 효과를 충분히 기대할 수 있기 때문인 것으로 보인다. 그래서 해방 전후에는 앉으라고 말하여[13] 이긴 자의 우월감을 표시하는 것으로 그쳤다.

03 _ 내기활 쏘기

내기활은 돈을 걸고 쏘는 활이다. 그런 만큼 이것은 노름으로 간주되어서 어떨 때는 금지되기도 하였다.[14] 물론 한량들이 활을 쏘지만 정작 돈을 걸고 노름을 하는 사람은 대부분 구경꾼들이었다.

먼저 물주가 활내기를 걸면 애기패들이 돈을 지른다. 방법은 먼저 물주가 활쏘는 한량의 능력을 판별하여 등급을 매긴다. 특급 궁사한테는 5-4를 주고, A급 궁사에게는 4-3, B급 궁사에게는 5-3, 다음은 4-2, 5-2 하는 식으로 내려간다. 앞의 숫자는 차고 나가는 화살의 수이고 뒤의 숫자는 맞추어야 하는 책임시수를 말한다.

만약에 물주가 한 한량을 5-4로 평가했는데, 그 한량이 다섯 발을 차고 나가서 3중을 했다면 물주가 돈을 물어야 하는 것이다. 물론 그가 2중을 하면 돈은 물주 차지가 된다. 그렇다고 무조건 높게만 매기면 애기패들이 돈을 지르지 않기 때문에 적당한 선을 유지해야 한다. 이렇기 때문에 물주는 활쏘는 사람들의 재주를 정확히 평가해야 한다. 따라서 물주라는 사람은 활은 쏘지 않더라도 활터에 자주 드나들어서 한량들의 사정을 훤히 하는 그런 사람이 나서기 마련이다.

---

12) 성낙인 대담((1998. 6. 1).
13) 성낙인 대담(1998. 6. 1).
14) 『국궁1번지』, 창간호 27쪽.

그리고 이때 쓰는 과녁은 '전사과녁'이라고 해서 보통 과녁보다 더 작았다고 한다.[15]

04 _ 고풍

고풍은 '옛날의 풍속'을 뜻하는 한자말이다. 따라서 활터의 '고풍'은 옛날에 행해지던 활쏘기의 풍속을 재현한다는 뜻이다. 현재 이 고풍을 행한 것은 황학정과 천양정 두 군데를 확인할 수 있다.

1) 서울 지역의 고풍

전임이든 현임이든 장신(將臣:장수)이 사정에 등정할 때는 사원이 모두 의관을 정제하고 대 아래 내려가서 영접하며 사원 일동의 명의로 백지에 고풍(古風)이라 써서 드리면 장신은 금액을 적고 그 아래에 자필로 수결을 써서 사원에게 주며,

"한 번 터놀이나 하라."

고 말한다. 그러면 사원은 그 고풍 돈을 찾아다가 터놀이를 하였다.[16]

2) 전주 천양정의 고풍

젊은 사원이 술과 안주를 장만하여 상좌(上座)한 원로 사원에게 무릎을 꿇고 절을 하면서

"고풍 올립니다."

하면, 원로 사원은 즉석에서 살수건(矢巾)에다가 한시를 붓으로 써서 준다. 그 시건을 받아들고 일어나서 춤을 추면서 여무사의 무릎에 누우면 여러 사원이 달려들어 발을 쳐들고 살통으로 발바닥을 치면서

---

15) 『국궁1번지』, 창간호 27쪽.
16) 『조선의 궁술』, 51쪽.

"술이 몇 말이냐? 고기가 몇 근이냐?"
하고 다져가면서 많은 주효를 받아내어 주연을 베풀고 사원 전체가 다 즐긴다.[17]

그런데 이것이 지금은 사라져서 찾아볼 수 없다. 이유는 여러 가지 이유로 옛날처럼 활터에 늘 나오던 원로 사원들이 거의 없고 또 한시를 쓸 만한 학문을 갖춘 사람들도 점차 사라지고 없기 때문이다.[18]

3) 고풍의 유래

'고풍'이란 옛날 풍속이라는 뜻이다. 그렇다면 언제를 기준으로 해서 옛날인가 하는 것이 문제이다. 그런데 서울과 전주의 고풍례를 잘 들여다보면 윗사람이 아랫사람에게 베푸는 것으로 되어있다. 아랫사람들이 놀도록 돈을 대주고 시를 써주어서 윗사람의 덕을 드러내 보이는 형식인 것이다. 따라서 고풍은 윗사람이 아랫사람에게 무언가를 베풀면서 노는 것임을 알 수 있다.

그런데 옛날 국가에서 아랫사람에게 베풀 수 있는 가장 높은 지위에 있는 사람은 임금이다. 그래서 이 고풍을 이해하는데 단서를 제공해주는 것이 옛날 궁중의 활쏘기이다. 궁중에서 임금이 활쏘기 하는 것도 고풍이라고 하였다.[19] 그리고 임금이 활쏘기를 하거나 활쏘는 것을 구경하고 나면 반드시 잔치를 하고 잘 쏜 사람에게 상을 내렸다.[20] 따라서 고풍이란 임금이 활을 쏘고 나서 아랫사람들에게 잔치를 베풀고 상을 주어 사기를 진작시키는 것을 말한다. 그런데 그것을 왜 옛 풍속이라고 했는가 하는 것이 문제이다.

이것은 옛날에 행해지던 것을 흉내 낸 것이기 때문일 것인데, 조선에서 흉내 낸 모든 것은 공자의 사상과 삶이며, 공자는 주나라를 국가의 모범으로 여겼다. 그런데

---

17) 『전주 천양정사』, 75쪽.
18) 박병연 대담(1997. 11. 21).
19) 『한국의 활과 화살』, 117~118쪽.
20) 상으로는 중종실록을 보면 말과 망아지,그리고 각궁 화살 같은 것을 내렸다.

중국 고대의 풍속을 기록한 『예기』를 보면 천자가 벼슬아치를 뽑을 때 활쏘기로 뽑는 것이 나온다. 벼슬아치가 많이 뽑힌 땅의 제후는 땅을 더 받고 못 뽑힌 제후는 땅을 빼앗는 방식으로 제후의 능력을 평가하였다는 것이다.[21] '제후'(諸侯)라고 할 때의 '후' 짜가 과녁을 뜻하는 말로 쓰는 것도 이런 풍속 때문이라는 것이다.

이런 고대의 풍속이 주대에 이르면 반궁대사례로 정착한다. 반궁은 선비들이 공부하는 성균관을 말하는데, 반궁(泮宮)인 것은 학생들이 공부하는 곳의 조경을 위해서 연못을 끼고서 집을 지었기 때문이다. 학문하는 사람들의 휴식을 고려한 구조일 것이다. 이곳에 왕이 들러서 격려를 하면서 활쏘기를 하고 그 자리에서 관리를 뽑는 것이다. 인재를 뽑는 자리이기 때문에 행사가 끝나면 큰 잔치가 벌어지기 마련이다. 물론 그 잔치는 임금이 '베푸는' 것이다. 조선시대의 임금들이 활쏘기를 하는 것은 바로 이 의식을 흉내 낸 것이다. 그래서 옛날에 행하던 풍속이라 하여 '고풍'이라고 한 것이다. 그러니까 활터의 고풍은 궁중에서 행하던 이와 같은 의식이 활터에 그대로 옮겨와서 고풍의 주체가 임금 대신 장신이나 원로구사가 되어 그 의식을 흉내 내고서 뒤풀이로 잔치를 한 것이다.

따라서 고풍이란 원래 천자가 관리를 뽑고 난 뒤에 행하는 큰 잔치였는데, 그것을 본떠서 조선왕실에서 행하였고, 그런 잔치를 흉내 내어 활터에서도 행하였으며, 그 과정에서 본래 관리를 뽑는 의식은 사라지고 뒤풀이 잔치하는 형식만 남아서 활터에서 '고풍'이란 풍속으로 정착한 것이라고 할 수 있다.

05 _ 사 계

사계는 활쏘는 사람들이 꾸린 계를 말한다. 계장은 도유사(都有司)라고 했는데, 이 도유사는 현임이나 전임 장신이 맡거나 훈척세신 중에서 뽑았다.[22]

---

21) 『예기』(이상옥 역), 명문당, 1988. 사의
22) 광무 3년(1899)에 작성된 '황학정 사계 규정'을 보면 계장이 민영환이다.

사계에는 자기 정사람만이 아니라 타정 사람도 들었다. 대신에 사계에 들면 다른 계에는 들지 못하였다.

계를 들면 그 계에 든 사람은 그 사정의 사원에 준하는 것으로 대우하였다. 여기서 준한다는 것은 소속은 자기

황학정 사계 모임(갑부 백인기의 별장에서)

정이 아니더라도 사계의 사원 자격을 갖는다는 것을 말한다. 특히 이것은 대회 같은 것에 나갈 때 문제가 된다. 대회에 나갈 때는 사계 사원이면 그 사계가 소속한 정을 대표하여 선수로 나갈 수 있는 것이다. 그래서 황학정에서는 근방의 시수꾼들을 계원으로 받아들여서 관리를 하기도 했다.[23]

지금은 전국의 활터를 대한궁도협회 한 조직으로 일관하여 관리하기 때문에 별 문제될 것이 없지만, 이따금 선수 출전 자격을 놓고 시비를 벌일 때가 있다. 예컨대 소속은 딴 정인데, 직장이나 사업관계로 해서 다른 정에 오래 출정하는 수가 있다. 이런 때는 친선대회에 나가기도 그렇고 안 나가기도 그렇다. 이럴 때 이 사계의 원칙을 적용시키는 것도 괜찮을 것으로 보인다.[24] 그리고 뒤에서 다루겠지만, 편사에는 이런 규정을 분명히 정했다.

---

23) 『국궁1번지』, 창간호. 23~24쪽.
24) 아직까지 이에 대한 논의를 보지 못했다.

03 활 백일장

'활 백일장'은 백성들 사이에서 즐기던 '활쏘기 놀이'이다. 활 백일장을 굳이 '놀이'라고 하는 것은 그것이 승부를 가리는 엄격한 행위에만 그치지 않고 윷놀이나 씨름처럼 온 백성이 즐긴 풍속이기 때문이다. 이것은 태껸이 본래 살상과 방어를 위한 격투기였는데, 조선후기에 이르면 씨름 같은 놀이로 바뀐 것과 같다. 그리고 상류사회에서 행해지는 것은 격식이 엄해서 참가자도 일정한 제한을 받기 마련인데, 씨름이나 윷놀이 같은 것은 그러한 제한이나 까다로운 격식이 없다. 그런 점에서 백성의 삶에 가장 가깝고 뜻만 있으면 누구나 참여할 수 있는 열린 구조였다. 그래서 경기방식도 윷놀이나 씨름과 거의 같다.[25] 이와 같은 활 백일장은 활이 우리 백성의 생활 속에 잘 살아있는 모습이어서 아주 반가운 일이며 반드시 계승하고 발전시켜야 할 것으로 보인다.[26] 여기서는 활 백일장의 모습을 살펴본다.

01 _ 활 백일장 개요

활 백일장이 백성들이 즐긴 놀이였기 때문에 이것은 특정 지역에만 나타난 현상이 아니고 전국에 걸쳐서 행해졌다. 우선 활쏘기가 성행한 경기도 지역에서 많이 확인된다. 서울은 물론 개성 주변인 장단에서 한 것으로 확인되고[27] 이어 같은 지역

---

25) 이것은 여러 사람들과 대담하는 과정에서 공통점으로 확인하였다.
26) 『국궁1번지』를 내는 황학정에서 1997년에 활 백일장 복원방안을 실었는데, 활 백일장에 관해 처음으로 체계 있게 정리한 글이라고 할 수 있다.
27) 김병세 대담(1997. 11. 19).

인 개풍, 연백, 평산에서도 성행했으며 함경도 함흥, 신포, 경성, 청진 같은 곳에서도 했고[28] 또 두만강 건너 우리 겨레가 살고 있는 도문(圖門)과 용정(龍井)에서도 했으니,[29] 우리 겨레가 퍼진 곳이면 어느 곳이든지 다 했던 것으로 보아야 할 것 같다. 또 경상도 지역에서도 이와 비슷한 행사를 한 것으로 확인되어[30] 전국에서 시행한 것으로 보인다.

활 백일장은 씨름이나 윷놀이와 마찬가지여서 백일장을 주최하는 주체도 일정하지 않았다. 동네별로 상품을 걸어놓고 주관했기 때문에 이곳저곳으로 몰려다니며 쏘는 것이 보통이었다. 또 단체가 주관할 때는 대회를 주최하면 많은 사람들이 오기 때문에 자기 고장을 널리 알리고 발전시키려는 의도에서 주최하는 것이 많았다.[31] 또 개인들이 주최하기도 했다.[32] 이 경우에는 이문을 남기려고 하는데, 말하자면 이것은 장삿속에서 한 것이었다. 그래도 활 백일장을 열면 손해 보는 일은 거의 없었다고 한다.[33] 백일장이 열린다는 소문이 돌면 전국에서 한량들이 다 몰려왔기 때문이다. 그만큼 활 백일장은 백성들 사이에서 활성화된 경기였음을 알 수 있다.

02 _ 경기방식

경기는 예선과 결승비교를 쏘는 방식으로 치렀다. 먼저 예선은 솔포를 세우고 다섯 발 몰기를 한 사람에게 표를 주었다. 따라서 예선을 하려면 대회장에서 표를 사서 쏘아야 한다. 그런데 솔포의 크기가 평상시 과녁과 다르고 거리도 주최 측에서 마음대로 정했기 때문에 단번에 몰기가 쉽지 않다. 그래서 1등 결선에 나아가려면

---

28) 장석후 고증, 『국궁1번지』.
29) 이와 같은 활력을 배경으로 만주에서는 일본 앞잡이들의 주관으로 궁도대회를 열었다. 활 백일장이 성행하던 시절이니 그런 열기를 일본제국주의의 대륙침략을 합리화하는 수단으로 이용한 것이다.
30) 이용달 대담(1998. 4. 5).
31) 안석홍 대담(1997. 11. 11).
32) 김병세 대담(1997. 11. 19).
33) 『국궁1번지』, 제4호 19쪽.

여러 차례 표를 사서 쏘는 수밖에 없다. 돈이 많이 드는 것은 말할 것도 없다. 그래서 주최 측에서 이걸 노리고 과녁 크기와 거리를 마음대로 정하는 것이다. 주최 측에서도 일정한 수입을 올려야 상을 마련할 수 있기 때문이다. 이때 자기가 표를 사서 쏘는 것이 대부분이지만, 시수꾼들은 친구들이 따라가서 표를 사주는 수도 있다고 한다.[34]

몰면 1등 비교를 할 수 있는 표를 준다. 그것을 동단다고 한다.[35] '동'은 덩어리를 뜻하는 말인데 윷놀이 용어이다. 윷놀이에서 말 하나가 가질 않고 둘 이상 업어서 같이 가는 것을 동이라고 하고 한 바퀴 돌아서 나는 것도 동이라고 한다. 그래서 물건이 떨어진 것을 '바닥이 동났다'고 표현하는데, 이것이 바로 윷놀이에서 온 말로 말이 다 나서 더 이상 날 말이 없음을 뜻하는 것이다. 활 백일장에서도 마찬가지이다. 윷놀이에서 말 하나 나듯이 몰기를 해서 표를 받는 것을 동달았다고 하는 것이다.

4중을 하면 2등 비교를 할 수 있는 표를 주고 3중을 하면 3등 비교를, 2중을 하면 4등 비교를 1중을 하면 5등 비교를 할 수 있는 표를 준다. 이렇게 해서 예선을 치른 다음에 본선을 치른다. 보통 예선을 치르는데 2-3일 가량 걸린다고 한다.[36]

1등비교권을 둘 이상 딴 사람은 하나만 쓸 수 있고 나머지는 그 이하 등수의 비교권과 바꿀 수 있다. 그 이하의 비교권도 마찬가지이다. 그러나 2등비교권이 여러 장 있다고 해도 1등 비교권과는 바꿀 수 없다. 나머지 이하도 마찬가지이다.

1등에서 5등까지 각등 비교전에는 한 사람이 한 번밖에 나갈 수가 없다. 그리고 1등을 한 사람이 2등, 3등, 4등, 5등까지 다 차지할 수 있는데, 그렇게 하려면 각 등수에 해당하는 비교권을 모두 가지고 있어야 한다.[37]

---

34) 김병세 대담(1997. 11. 19).
35) 이용달 대담(1998. 4. 5).
36) 『국궁1번지』, 제4호 18쪽.
37) 국궁1번지 제4호 19쪽.

03 _ 획창과 고전

백일장을 할 때 소리기생을 동원시켜서 흥을 돋우는 것이 보통이었다. 그래야만 활쏘는 재미가 나서 많은 사람들이 몰려오기 때문이다. 원래 지화자는 몰기나 나와야 하는 것인데, 이때에는 주최 측에서 정하기 나름으로 불렀다. 악공은 삼현육각에 소리기생을 갖추는 것이 보통이었다. 삼현육각이란 원래 향피리 둘, 대금, 해금, 장구, 좌고, 박을 말하는 것인데, 궁중무용의 반주에 쓰이는 악기편성이다. 모든 악기가 단잽이(한대씩)로 쓰이지만 향피리만 두 대로 편성된다.[38] '삼현육각'의 3과 6이라는 숫자는 악기의 종류가 여섯이란 뜻 이외에 별다른 의미가 없다. 보통 편사나 백일장에서 동원하는 삼현육각이란 이보다 더 간략한 차림을 말한다. 대개 북, 장구, 꽹과리, 피리, 깽깽이(해금) 정도가 동원되었다.[39] 그리고 고전은 관중하면 북을 쳐서 알렸다고 한다.[40]

04 _ 과녁

활 백일장이 다른 경기와 가장 다른 점은 과녁에서도 나타난다. 『조선의 궁술』에 보면 민간연사에서 쓴 과녁은 중포인데 가로 10자 세로 14자로 나온다.[41] 가로는 3m, 세로는 4.2m 가량 되는 크기이다. 그런데 실제 활 백일장에서 쓰인 솔포[42]는 이보다 훨씬 더 컸다. 김포 고양 같은 지역에서는 6×4미터였다.[43] 백일장에 참가했던

---

38) 『한국의 기악』, 한국전통음악대전집2, 중앙일보사, 1988.
39) 김병세 대담(1997. 11. 19). 피리, 깽깽이, 장구, 북.
    김현원 대담(1997. 7. 21). 피리 둘, 해금, 장구, 북, 젓대.
40) 김병세 대담(1997. 11. 19).
41) 『조선의 궁술』, 36~37쪽.
42) 활백일장을 주최하고 또 참가한 적이 있는 사람들은 중포란 말을 쓰지 않고 솔포란 말을 쓴다. 또 『전주천양정사』에는 대포(大布)로도 나오는데, 아마도 솔포가 크기 때문에 그렇게 표현한 것으로 보인다.
43) 『국궁1번지』, 제4호 17쪽.

사람들의 말을 들으면 지금 과녁의 서너 개 폭은 되었고 높이는 한 배 반쯤 된다고 하고,[44] 광목 한 통의 1/3로 잘라서 만든다고도 한다.[45] 과녁 서너 개 폭이면, 현재 과녁이 가로가 6.6, 세로가 8.8이니까, 가로는 19.8자 세로는 13.4자쯤이 된다. 대체로 『조선의 궁술』에 나오는 중포보다는 더 크다.

과녁이 이렇게 큰 것은 예선을 치루는 사람들을 많이 몰려오도록 한 것이다. 커야 잘 맞출 수 있으니까 달려들게 되는 것이다. 이와 같이 예선 과녁을 크게 한 것은 활 백일장을 주최한 측에서 이윤을 남기려는 데서 오는 것이다. 따라서 과녁도 거리도 주최 측에서 마음대로 했기 때문에 백일장에 쓰인 과녁을 한 가지로 규정하기는 힘들 것 같다. 처음엔 『조선의 궁술』에 나오는 대로 대체로 10자×14자의 규격을 지켰겠지만, 후대로 내려오면서 백일장을 주최한 사람들의 의도와 취향에 따라서 점점 커지다가 나중에는 크기를 마음대로 정한 것으로 보인다. 대신에 본선 과녁에서는 아주 작은 것을 썼다는 것이 거의 모든 사람들의 말이 일치한다.

이상에서 말한 것은 예선에서 쓰는 과녁이고, 본선에서는 지게관이라고 해서[46] 더 작은 것을 썼다. 지게관이라고 하는 것은 혼자서 지게에 지고 다닐 만한 크기의 관이라는 뜻이다. 지금의 문짝만한 크기였다고 하는데,[47] 더 정확하게는 가로 4자 세로 6자였다.[48] 이것은 과거 유엽전의 과녁에 가까운 크기이다. 유엽전은 4.6×6.6이었다.

05 _ 상품

상품은 주최 측에서 마련하기 나름이었다. 중요한 것은 주최하는 측에서 득실

---

44) 김병세 대담(1997. 11. 18).
45) 안석홍 대담(1997. 11. 14).
46) 『국궁1번지』, 제4호 18쪽.
47) 안석홍 대담(1997. 11. 14).
48) 『국궁1번지』, 제4호 18쪽.

을 계산해야 한다는 점이다. 즉 백일장을 열어서 손해를 보면 안 되기 때문에 상품의 격도 그 언저리에서 결정되기 마련이다. 씨름이나 윷놀이와 마찬가지로 황송아지를 상으로 거는 것이 보통이었겠는데,[49] 사정에 따라서는 생활에 필요한 재봉틀이나[50] 쌀 같은 것을 상품으로 걸기도 하였다. 내가 어렸을 때 동네 윷놀이에서 걸었던 상품을 보면 장원이 쌀 한 가마, 차석이 비료 한 푸대, 나머지는 삽, 호미, 고무신 같은 것을 주었던 것으로 기억이 나는데, 활 백일장도 이런 식이었음은 여러 군데서 확인된다. 주최 측의 이해득실을 셈하는 것 때문에 이것이 나중에는 노름의 성격으로 변하기도 하지만,[51] 활 백일장은 백성들의 삶에서 뗄 수 없는 아주 익숙한 것이었다.

06 _ 활 백일장의 자취

활 백일장은 현재 확인되는 바로는 일제강점기를 거쳐 해방 전후, 그리고 한국전쟁을 거치는 어지러운 시대변화 속에서 사라졌다. 그런데 활 백일장이란 이름으로 시행된 것은 없어졌지만, 그와 유사한 경기가 그 후에도 계속 이어져 1970년대 말까지 이어진 것으로 확인된다. 즉 활 백일장과 거의 유사한 형식으로 한 내기활이 있었다는 것이다. 내기활은 솔포를 놓고 하는 것이 있고 멀리쏘기가 있었는데, 솔포를 놓고 하는 경우, 예선에서 동을 달아야 본선에 나갈 수 있었다. 방법은 활 백일장과 똑같다. 그리고 큰 대회가 열리는 옆에서 개인이 상을 걸어놓고서 주최했다. 그래서 상장도 없고 상품만 주고 마는 경우가 많았으며 상품을 돈으로 직접 주는 경우도 있었다고 한다.[52]

---

49) 『연무궁도』, 98~99쪽.
50) 김병세 대담(1997. 11. 19).
51) 이용달 대담(1998. 4. 5).
52) 이용달 대담(1998. 4. 5).

07 _ 활 백일장의 의의

활 백일장은 지배층이 권하거나 그들이 즐긴 것이 아니라 백성들 스스로 활쏘기를 즐긴 풍속이라는 것에 큰 의미가 있다. 풍속은 백성들 사이에서 저절로 우러나는 것이 가장 바람직한 것이기 때문이다. 따라서 이 활 백일장이 지닌 여러 가지 의미를 재조명하는 것은 앞으로 해야 할 일이다. 그런데 이 활 백일장의 방식은 살리는 방법에 따라 요즘에도 얼마든지 활용할 수 있다. 예컨대, 지금은 대회방식이 획일화하였지만, 그로 인해서 잃어버린 우리활의 특징이 많이 있다. 그런 것을 살리는 것이 활 백일장의 방식을 잇는 것일 것이다. 예를 들면 멀리쏘기 경기를 한다든지 하면 될 것이다.

편 사 04

활 백일장이 백성들 사이에서 성행한 활쏘기라면 편사는 양반들이 주관한 활쏘기였다. 그런 만큼 그 격식도 까다롭고 진행절차도 복잡했다. 편사에 대해서 처음 체계 있게 정리한 글은 『조선의 궁술』이다. 그리고 그 후에 『연무궁도』에서 인천 지역의 편사를 정리했다. 그리고 무슨 까닭인지 기록으로 남은 것이 없다. 여기서는 이 두 책을 중심으로 하여 그 동안 내가 보고 들은 것을 덧보태어 정리한다.

01 _ 편사의 개념

편사(便射)는 편을 짜서 활쏘기 하는 것을 뜻한다. 따라서 엄밀히 말하면 편(便)짜가 아니라 편(編)짜를 쓰는 편사(編射)라야 옳다. 그러나 음이나 모양이 비슷하면 서로 바꿔 쓰는 것이[53] 한문의 한 특징이어서 이 경우에도 음이 같은 말로 섞어 쓰다가 이렇게 굳은 것이다.

이런 식의 조어법은 여러 군데서 볼 수 있다. 좋지 않은 일이 생기지 않기를 바라는 것을 벽사(辟邪)라고 하는데, 원래는 사악한 것을 피한다는 뜻의 피가(避邪)가 옳은 말이다. 그런데 피(避)짜의 밑책받침(辶)이 획수가 복잡하다보니 손으로 쓸 수밖에 없던 옛날에는 이것을 생략해버리고 그냥 벽(辟)만을 써서 〈辟邪〉라고 쓰고는 그것을 〈피사〉라고 읽지 않고 〈벽사〉라고 읽어버린 것이다.

이런 일은 활터용어에서도 볼 수 있다. 무겁에 떨어진 화살을 주워오는 일을

---

[53] 이것도 넓게는 6서법 중의 전주(轉注)에 속한다.(『한문문법』 15쪽).

'연전'(練箭)이라고 하는데, 원래는 간전(揀箭)이다. 그런데 揀과 練이 아주 비슷한 모습이다 보니 '간전'이라고 하지 않고 더 친숙한 말인 '연전'이라고 읽어버린 것이다. 그리고는 관습에 따라 '연전'으로 굳어버렸다.

편사는 편싸움의 일종이다. 이 편싸움은 우리 풍속에서는 아주 흔한 것이다. 고려 때부터 전해오는 돌싸움(石戰) 풍속이 그렇고[54] 대보름날 망울돌리기가 끝나고 동네 아이들끼리 패싸움을 벌이는 것이 다 그런 것이다.

그런데 이 편싸움을 놓고서 그 원인을 해석하는 것이 다를 수가 있다. 먼저 심리학에 바탕을 두고 해석하면 인간의 심리 내면에 잠재해있는 전쟁욕구를 바람직한 방향으로 분출시켜서 그 반대기제로 평상시의 평화를 유지하는 방법이라고 보기도 한다.[55] 오늘날의 스포츠가 대부분 그런 기능을 수행하고 있다. 활쏘기에서 행하는 편싸움인 편사도 그런 기능과 관련이 있다.

그런데 그보다도 이 편사는 예비전쟁이라는 성격이 강하다. 즉 언제 일어날지 모르는 전쟁에 대비해서 평상시 모의 전쟁을 통하여 궁술을 익히도록 장려하는 측면이 아주 강하다는 것이다. 특히 편사가 임진병자 양란을 겪은 후에 발생했다는 것을 보면 이 점 더욱 설득력이 있다. 물론 요즘 행해지는 편사는 앞의 해석이 더 정당하겠지만, 활이 실제 무기로 기능하던 조선시대에는 뒤의 해석이 더 합당한 것이라고 할 수 있다. 이 점은 편사의 기원을 살펴보면 더더욱 분명해진다.

02 _ 편사의 유래

편사는 임진왜란 이후에 생긴 것으로 추정한다.[56] 이것은 여러 가지 정황으로 볼 때 상당히 타당성이 있는 것으로 보인다.

먼저 활은 전쟁무기라는 점이다. 전쟁무기는 전쟁을 통하여 발전하고 퍼진다.

---

54) '청산별곡' 『악장가사』, 영인본, 대제각, 1973.
55) 김광억 외, 『문화인류학 개론』, 서울대학교출판부, 1985.

그런 까닭에 선조 조와 인조 조에 걸쳐서 일어난 임진왜란과 병자호란은 우리나라의 군사제도와 무기편제에 크나큰 변화를 초래한다. 더구나 이 전쟁이 그 이전의 전쟁과 다른 것은 스스로 문화생활을 누리고 있다고 생각하고 있던 당시 조선이 그 주변의 하잘것없는 오랑캐들에게 패배한 전쟁이라는 점에서 지배층에 끼친 영향은 여느 전쟁과는 판이하게 다르다. 따라서 그 충격을 벗어나면서 또 다른 굴욕을 당할지 모른다는 위기의식에서 무기체계와 군대체계를 정비하는 결과를 가져온다. 임진왜란 이후 조선의 군대체계가 속오군 체제로 개편하는 것과[57] 영정조 대에 이르러 무예에 관련한 서적을 펴낸다는 것이 그러한 증거이다.

특히 영정조대에 이르러 우리의 전통은 가장 우리다운 풍속을 꽃피우는데, 그것은 바로 임진 병자 두 난을 겪은 뒤에 그 충격을 나름대로 극복하면서 이룩한 것이었다. 즉 사대의 주인이던 명나라가 오랑캐인 청나라에게 망하면서 결국은 올바른 풍속과 사상을 이어받을 나라는 조선뿐이라는 자긍심을 조선의 지배층이 갖게 되고 이런 관념이 실현불가능한 줄 알면서도 북벌이라는 고집스런 정책으로 이어졌으며, 이 같은 주체성과 자부심은 다시 이미 망한 중국의 것을 따를 것이 아니라 우리의 것을 최고로 여기는 사상으로 이어져 영정조 시대의 화려한 문치시대를 열게 된다. 그러한 사상의 바탕과 분위기에서 형성된 것이 조선후기를 강하게 규정짓는 이른바 "진경시대"이다.[58]

활쏘기와 관련하여 우리가 이 시대를 주목하는 것은 무예를 정비한 책을 낸 사실 때문이다. 즉 이때 명나라의 병법을 배워서 정리한 『무예도보통지』가 나오며, 궁

---

56) 『조선의 궁술』, 54쪽.
    현재 편사의 기원에 대해 알아볼 수 있는 자료는 없다. 다만 『조선의 궁술』에서 이와 같은 설명을 하고 있다. 그러므로 유일한 이 자료에 의존할 수밖에 없다. 이와 관련하여 1941년 5월 27일 매일신보 기사에는 흥미로운 내용이 있다. 이 날 궁술대회에서 우승을 차지한 경성 청룡정은 380여 년 전에 생긴 사정이라고 소개했다. 1941년부터 380년을 거슬러 가면 1561년이고, 이 해는 조선의 명종 때로 임진왜란 발발(1592) 직전이다.
57) 최효식, 『조선후기 군제사 연구』, 신서원, 1995. 15쪽.
58) 최완수 외, 『진경시대1』, 돌베개, 1998. 19~20쪽.

술을 정리한 『사법비전공하』가 평양감영에서 나온다. 이것은 우리 무예에 대한 이론화이며 체계화이다.

편사는 바로 이러한 분위기의 산물이다. 임진란과 병자란을 계기로 지배층 내부에서는 국방의 필요성을 새로이 자각하게 되었고 나름대로 새로운 대책을 수립할 필요성으로 나타나게 되었다. 인조 효종 현종조 때 과거를 자주 실시한 것도 그런 증거이다. 이 과거 실시는 전쟁을 대비하여 국방을 강화하기 위해 지배층 내의 제도로 이루어진 것이다.

그런데 전쟁을 예비하는 일은 제도만으로는 해결되지 않는다. 전쟁이 일어났을 때는 제도에 몸담은 사람만이 싸우는 것이 아니기 때문이다. 백성 전체가 싸울 수 있는 분위기가 익어야 하며 그러한 것은 평상시에 생활 속에서 상무정신이 이루어져야 한다. 활쏘기와 관련하여 그것은 평상시에 활쏘기를 즐길 수 있도록 해야 한다. 평상시에 익혀두면 전쟁이 일어났을 때 언제든지 쓸 수 있는 것이다. 그러한 발상이 바로 편사라는 양식으로 나타난 것이다. 특히 편사가 경기도 지역에서 활성화되었다는 점을 보면 이런 경향과 의도가 분명히 드러난다. 그것은 유사시 서울을 지키기 위한 예비인력을 확보하려는 것이다. 따라서 민간사정을 활성화시키면 언제든지 병력으로 출동시킬 수 있는 것이다. 따라서 편사에는 조정의 이와 같은 정책이 많이 반영되기 마련이다. 그리고 이와 같은 조정의 입김은 편사 여러 군데서 확인된다. 이 점은 뒤에서 다시 다룰 것이다.

또 한 가지는 편사가 지배층의 풍속이라는 점이다. 이 점은 활 백일장이 일반 백성들의 풍속이라는 점과 잘 비교된다.[59] 결국 양란을 겪은 후 전쟁을 대비한 정책으로는 무과를 빈번히 실시하여 북벌정책을 추진하는 것으로 나타났고, 민간의 방책으로

---

59) 여기서 활 백일장의 기원에 관해서도 어떤 암시를 끌어낼 수 있다. 나라를 지키는 일은 상하가 없는 만큼 지배층이 편사라는 형식으로 예비인력을 확보하려 했다면 일반백성들에게도 어떤 형식을 제공했을 수 있다. 그것이 활 백일장일 것으로 보인다. 그렇다면 활 백일장의 기원은 편사의 기원과 그리 다르지 않을 것으로 추정된다.

는 양반사회에는 편사를 백성들에게는 활 백일장을 활성화시킨 것으로 볼 수 있다.

편사는 편싸움인 만큼 어느 편으로 소속되어야 하며 그러려면 편을 꾸릴 수 있는 집단이 필요하게 된다. 그 최소단위가 활터인 정이다. 그래서 편사의 기원을 알아보는 것은 활터의 기원을 알아보는 일과 다르지 않다. 특히 민간사정의 기원이 편사의 기원을 알려주는 기준이 된다. 먼저 관설사정을 간단히 알아보고 나서 민간사정에 관하여 알아본다.

1) 관설사정

관설사정은 관청에서 세운 사정이므로 국가의 활쏘기 정책과 긴밀하게 맞물린다. 그런데 고대국가가 발생한 이후 활쏘기는 사실상 가장 중요한 무기체제였기 때문에 국가에서도 장려할 수밖에 없다. 『삼국사기』[60]나 『고려사』[61]의 기록에서 왕들이 활을 쏘았다는 기록을 심심찮게 볼 수 있는데, 이것은 그만큼 활쏘기가 중요한 것이었음을 나타내는 것이다.

그런데 활만을 쏘는 장소를 마련하는 데는 그럴 필요가 있어야 한다. 그럴 필요라는 것은 제도를 말하는 것인데, 활쏘기를 제도화한 것은 과거제도이다. 따라서 과거제도 시행 이전에도 활터가 있었겠지만, 시행 이후에 비로소 활터가 활성화되어 나타난다고 보는 것이 합당한 것이다.

문과는 고려 때부터 시행되었지만, 무과는 고려 후기에 시행하려고 하다가 결국은 시행하지 못하고 조선에 이르러서도 태종 때 와서야 처음 시행되었다. 이렇게 된 것은 다 사정이 있기 때문인데, 고려 때만 해도 족벌이 거느릴 수 있는 사병이 있었다. 그래서 권문세가에서는 의례히 사병을 거느렸다. 아니면 군대의 지휘관들이 군대를 사병처럼 부렸다. 그런데 태종 때 와서 사병이 비로소 혁파되고 해체된 사병들을 중앙군으로 끌어들이면서 제도를 통해서 비로소 무인을 선발한 것이다. 이것이

---

[60] 『삼국사기』, 이병도 역주, 을유문화사, 1984.
[61] 『고려사』, 영인본, 아세아문화사, 1983.

태종대부터 과거를 실시한 이유이다. 이때 훈련원에 사청(射廳)을 설치하고서 무과의 활쏘기 시험을 치렀다. 물론 훈련원은 태조가 한양을 도읍으로 정하면서 도성 동쪽에 세운 것이다. 아울러 이 훈련원에서 무과를 치루면서 무사와 군졸들이 활쏘기 연습을 할 수 있도록 하였다. 이것이 관에서 설치한 사정이다.

또 인조 대에 이르면 모화관(慕華館)도 무과의 시험장소로 쓴다. 원래 모화관은 임금들이 활쏘기를 하고 무예를 닦던 강무장이었는데, 인조 때부터 무과를 치룬 것이다. 그래서 관설사정은 훈련원과 함께 두 군데가 되었고 이 모화관에서는 관한량들이 습사를 하였다.[62]

무과를 치룰 때는 훈련원과 모화관 두 군데서 했기 때문에 훈련원을 일소(一所)라고 하고 모화관을 이소(二所)라고 불렀다.[63]

궁중의 활터는 창경궁 후원의 춘당대(春塘臺)를 둘 수 있다. 이곳은 임금이 친히 군대를 사열을 하고(閱武)와 시사(試射)를 행하고 또한 임금께서 친히 쏘던 곳이다. 또 효종 때에는 창경궁 내사복에 특별히 사정을 마련하였는데, 이곳은 내승(內乘)과 별군직 같은 직위에 있던 사람들이 습사하던 곳이니 당시 처음 별군직은 유명한 8장사였다. 중일각(中日閣)은 금중(禁中)에서 숙위하는 장관과 군교들이 입직하는 삼일 간에 중일(中日:둘째날)이면 정해진 시사(試射)와 달마다 삭시(朔試)를 행하던 곳이다. 경무대는 경복궁이 준공되는 고종 5년에 설치되니 창경궁의 춘당대와 같이 문무과시와 열무를 행하던 곳이었다. 지방은 영(營) 주(州) 부(府) 목(牧)의 소재지에 장대(將臺), 연무대(鍊武臺), 관덕정(觀德亭)처럼 비슷한 칭호를 가진 관설 사정이 있어서 훈련하는 이외에 장교와 군민이 습사하였다.

2) 민간사정

민간사정의 시발은 선조 때 경복궁 동쪽 담장 안에 세운 오운정(五雲亭)이라는

---

62) 『조선의 궁술』, 30쪽.
63) 『무과총요』, 111쪽. 一所乙良, 訓練院, 二所乙良, 慕華館, 各取幾人.

것이 정설이다.[64] 즉 백성들의 상무심을 진흥시키기 위하여 궁궐 안의 사정을 개방하고 백성들도 들어와 쏠 수 있도록 하여 활쏘기를 장려한 것이 민간사정의 시초가 되었다는 것이다.

그렇다고 해서 백성들이 이때부터 활쏘기를 했다는 뜻은 아니다. 다만 이때에 이르면 그 전의 활쏘기 풍속과는 달라졌다는 것을 뜻한다. 이때 민간사정이란 동네별로 모여서 쏘고 마는 것이 아니라 백성들이 모여서 단체를 조직하고, 그 우두머리를 뽑아서 질서 있게 활쏘기를 하는 행위를 말한다. 따라서 그 이전에는 어떤 조직을 갖추지 않고 뿔뿔이 흩어져 쏘던 것을 어떤 조직의 형태로 만들어서 백성들 스스로 그 질서를 유지할 수 있도록 한 계기가 바로 선조 조에 이루어졌음을 뜻하는 것이다. 그리고 이런 일은 관의 묵인이 전제되지 않으면 이루어질 수 없는 일이다. 왜냐하면 민간에서 스스로 조직을 꾸리면 그것은 곧 역모로 오인 받을 수 있는 것이 왕조사회의 구조이기 때문이다. 따라서 임진왜란을 겪은 뒤 백성들의 힘을 자각한 지배층이 예비 병력으로서 백성의 조직화를 염두에 두고 활쏘기를 장려한 것이 바로 민간사정의 설립이라는 형식으로 나타난 것이라고 할 수 있다. 따라서 이런 점에서 그 이전의 활쏘기 풍속과 임진 병자 양난 이후의 활쏘기 풍속은 다른 것이다. 이것이 편사의 기원을 선조 때로 잡는 이유일 것이다.

그런데 지배층의 생각이 백성들한테까지 내려오는 데는 많은 시간이 걸린다. 그리고 어떤 계기가 주어지지 않으면 그 동기가 아무리 좋다고 해도 이루어지지 않는다. 이는 민간사정도 마찬가지여서 시작은 선조때였지만, 그것이 백성들 사이에 완전히 뿌리내리는 데는 인조 대까지 내려와야 했다. 인조 대는 잘 알려져 있다시피 우리가 오랑캐라고 얕보던 여진족에게 삼전도의 굴욕을 겪은 뒤라서 그 이후의 임금들은 설욕의 기회만을 노리는 정책을 폈다. 그것이 효종 대에 구체화되는 북벌정책이며, 이것은 당시의 재정이나 여러 조건으로 보아 실현가능성이 전혀 없는 것인데

---

64) 『조선의 궁술』, 54쪽.

도 나중에는 정권유지를 위한 수단으로 바뀌어 조선 후기를 지배하는 이데올로기로 작용했다. 이 이데올로기를 유지하기 위하여 군비를 확충하였고, 그 과정에서 무과를 자주 치루는 결과를 가져왔다. 따라서 인조, 효종, 현종 때에는 다른 그 어느 때보다도 과거를 더 많이 치렀다. 바로 이 과거 때문에 민간사정이 그야말로 우후죽순처럼 솟은 것이다. 이때부터 생겨난 사정은 무과의 정식과목에서 활쏘기가 폐지되던 갑오개혁 때까지 그 전통을 이어온다. 이런 활터의 상황은 『조선의 궁술』에서 그 편린을 엿볼 수 있다.

　　오운정의 뒤를 이어 일어난 도성 내외의 모든 사정 중에서 그 오래된 정을 보면 윗대(上村)의 백호정(白虎亭)과 아랫대(下村)의 석호정(石虎亭), 새문(西大門) 밖 노지사터(盧知事亭), 강교(江郊:한강가)의 풍벽정(楓碧亭)이라고 한다. 여기서 말하는 윗대니 아랫대니 하는 위아래의 기준은 청계천을 기준으로 말한 것이다. 청계천은 인왕산에서 시작되어 한양을 관통하고 동으로 흘러 한강으로 합류한다. 그래서 청계천 윗쪽은 인왕산 기슭을 말하는 것이고 아랫대는 청계천 아랫동네를 말하는 것이다.

　　이 네 사정 외의 사정을 열거하면 남촌에는 상선대(上仙臺), 삼문교(三門橋), 세송정(細松亭), 왜장대(倭將臺), 청룡정(靑龍亭), 읍배당(揖拜堂)이 있고, 북촌에는 일가정(一可亭), 홍무정(興武亭), 취운정(翠雲亭)이 있었다. 그리고 웃대의 백호정의 뒤를 이은 풍소정(風嘯亭) 등룡정(登龍亭), 등과정(登科亭), 운룡정(雲龍亭), 쌍벽정(雙碧亭), 대송정(大松亭), 동락정(同樂亭)이 있었는데, 쌍벽정과 동락정 이외의 다섯 정을 '윗대 오터'라고 하였으며, 아랫대의 석호정과 좌룡정(左龍亭), 화룡정(華龍亭), 이화정(梨花亭)이 있었는데, 이것을 '아랫대 네 터'라 하였다. 그리고 서촌(서소문 부근)에 이화정과 동촌의 율목정(栗木亭), 사반정(思泮亭)과 경희궁 안에 경운정(慶雲亭)이 있었으니 이는 다 도성 안의 사정이다.

　　도성 밖의 사정은 동대문 밖 영풍정(暎楓亭), 전나무터, 썩은바위터와 새문(新門) 밖 노지사정, 무반정(武盤亭), 서호정(西虎亭), 무암정(武巖亭)과 서소문 밖 태호정(兌虎亭)과 남대문 밖 청학정(靑鶴亭), 청룡정, 화룡정, 봉학정(鳳鶴亭)과 시구문(水口門) 밖 무학

위사 강필주가 성문영 사두에게 그려준 황학정 모습

정(舞鶴亭)과 창의문(彰義門) 밖 연융대(鍊戎臺), 월천정(月川亭)과 강교(江郊)의 풍벽정, 화수정(華水亭), 영무정(永武亭), 육일정(六一亭), 평사정(坪沙亭), 복화정(復華亭), 남덕정(南德亭), 율목정이 있었다.

이는 편사가 번성하던 시대의 사정이다. 그 중에 한 두 사정이 흥하거나 없어지는 것이 없지 않았으나 고종 갑오경장 이후에 옛 풍속이 폐지됨에 따라서 서울의 사풍이 마치 비로 쓸어버린 듯하였다. 그런데 이를 안타까이 여긴 고종이 윤음을 내리고 내탕금까지 내놓아서[65] 고종 광무 3년에 새로 황학정(黃鶴亭)이 설립되니, 이는 풍소정의 중흥이다. 계속하여 청룡정이 동문 밖에 설립되니, 이는 아랫대 각 정의 중흥이며, 석호정이 남촌에, 남덕정이 한강에, 서호정이 서문 밖에, 일가정이 북촌에, 화수정이 마포에, 무학정이 광희문(光熙門)에, 차례로 부흥되었다.

지방은 숭무정(崇武亭)이 고양(高陽)에 설립되며, 개성(開城)에 관덕정, 군자정(君子亭), 호정(虎亭), 명월정(明月亭), 반구정(反求亭), 보선정(步仙亭), 채빈정(採蘋亭), 구군정(九君亭) 여덟 정이 있었는데 이것이 1920년대에는 관덕정, 호정, 반구정 세 정으로 줄었다. 아울러 인천의 무덕정과 양주의 승학정(乘鶴亭)과 수원의 연무대 같은 사정들이

---

65) 『국궁1번지』, 제2호 24쪽.

새로 서거나 부흥하였다.

　　이렇게 해서 생겨난 사정들을 바탕으로 각 정마다 혹은 고을마다 편사가 왕성하게 일어난다. 이것은 무과를 대비한 연습의 성격이 강하며 또한 비상시를 대비한 훈련의 성격도 띤다. 이런 전통은 어지러운 정국의 변화에도 크게 달라지지 않고 현재까지도 이어져 편사의 풍속이 얼마나 뿌리 깊은 전통인가를 보여준다.

　　편사는 조선후기는 말할 것도 없고, 해방 전에는 서울과 경기도 곳곳에서 행해졌으며 해방 후에도 경기도 일원인 고양, 김포, 수원 같은 지역에서 시행된 것으로 확인된다.[66] 그리고 인천 지역에서는 요즈음도 해마다 봄이 되면 정끼리 편사를 한다.[67] 그리고 서울의 황학정에서는 1995년부터 장안편사대중회를 복원하여 매년 시행하고 있다.

03 _ 편사의 종류

　　편사는 무사나 한량들이 즐긴 유희의 일종이다. 그런데 그 규모의 정제함과 그 예절의 장중함과 그 위의(威儀)의 엄숙함은 본받을 만한 고전이 되어서 당시 무사나 한량들의 풍속과 태도(風度)를 짐작할 만하다. 편사는 한 편에서 사원을 15인씩 선정하여 3순의 시수를 계산하여 이기고 지는 것을 다투는 것이다. 그 종류는 크게 나누면 세 종류이고 잘게 나누면 열 종류가 된다.

　　먼저, 크게 나누면 갑, 을, 병 세 종류가 된다. 갑종(甲種)은 정식(正式) 편사를 말하는데, 터편사 골편사 장안편사가 여기에 해당한다. 을종(乙種)은 변칙(變則) 편사를 말하는데, 사량편사, 사계편사, 한출편사, 삼동편사가 여기에 해당한다. 병종(丙種)은 격외(格外) 편사를 말하는데, 아동편사가 여기에 해당한다.

---

66) 김병세 대담(1997. 11. 18).
67) 1998년에는 IMF의 여파로 나라 전체가 노는 일을 자제하는 분위기여서 편사를 하지 않았다. : 김박영 대담(1998. 4. 19).

1) 갑종 정식 편사

이상을 살펴보면 갑종 정식은 제 격식을 갖추어 매년 일정한 시기에 하는 편사를 말한다.

▶ 터편사

'터'는 '활터'의 약칭이다. 따라서 터편사는 활터끼리 하는 편사를 말한다. 사정 사이에서 한 사정이 한 편씩 편성하여 할의 기예를 비교하여 승부를 다투는 것을 말한다. 예를 들면 아래대 네 터에서 갑정(甲亭)이 을정(乙亭)과 비교하는 것이다.

▶ 골편사

'골'은 동네(洞)를 뜻하는 말이다. 이것은 구역과 구역이 각기 그 구역 안에 있는 사정을 연합하여 다투는 것을 말한다. 예를 들면 남촌과 북촌이 대항하는 경우 같은 것을 말한다.

▶ 장안편사

이것은 서울을 크게 세 구역으로 나누어서 겨루는 것을 말한다. 장안이란 본래 당나라의 수도이름이었는데 나중에는 수도를 가리키는 말로 굳었다. 그래서 여기서는 한양을 뜻한다. 세 구역은 이렇게 나눈다. 먼저 도성 안이 한 구역이 되고, 모화관(慕華館)과 홍제원(弘濟院)과 창의문(彰義門) 밖과 북한(北漢)과 남문(南門) 밖과 애오개(阿峴)가 한 구역이 되고, 양화도(楊花島)와 서강(西江)과 삼개(麻浦)와 용산(龍山)과 한강과 뚝섬과 왕십리(往十里)와 동소문(東小門) 밖과 손가장(孫家莊)이 한 구역이 된다.

2) 을종 변칙 편사

을종 변칙은 일정한 시기에 치루는 것이 아니라 상황에 따라서 꾸려서 치루는 편사를 말한다.

▶ 사랑편사

이것은 사랑(斜廊)과 사랑끼리 교유하는 무사들이 사원을 편성하여 경기하는 것이다. 사정의 관할이 없으므로 각기 사랑의 당호(堂號)로 명칭하여 구별한다. 사원편성은 그때그때 적당히 하여 일정하지 않은데, 한량만으로 하기도 하고 한량과 출신을 섞어서 하기도 한다.

▶ 사계편사

이것은 어떤 사정과 어떤 구역을 물론하고 사계가 성립된 사정에 한하여 사원을 편성해서 하는 것인데, 사원을 편성하는 방법은 사랑편사와 같다.

▶ 한량편사

이것은 터편사에 한하여 행하던 관습이다. 한량으로만 편성하여 응사하는 것을 말한다.

▶ 한출편사

이것은 각기 한 사정씩 구역의 분별이 없이 한량과 출신으로 연합 편성하여 응사하는 것이다. 출신은 출신사군(出身事君)의 준말로 무과에 급제하여 벼슬에 나아가서 임금을 섬기게 된 사람을 가리키는 말이다.

▶ 삼동편사

이것은 당상관 한 사람과 출신 한 사람, 그리고 한량까지 합하여 세 계급이 연합하여 편성하는 것이다. 이것은 터편사의 성질에 한하여 행한다.

▶ 남북촌 편사

이것은 고종 병자년에 시행한 편사로, 동대문에서 서대문까지 큰 길을 갈라서 길 남쪽에 거주하는 사원은 남촌편이 되고, 길 북쪽에 거주하는 사원은 북촌편이 되어 행한 편사이다.

3) 병종 격외 편사

병종 격외는 아이들이 하는 것이어서 어른들의 편사와는 성격이 다른 편사를 말한다.

▶ 아동편사

아동편사는 아이들이 하는 편사이다. 이것은 한 동네씩 구별하여 아이들로만 편성하고 아이 때부터 활쏘기를 익히도록 궁술을 장려한 풍속이다.

그런데 이것은 당시 아주 흔히 볼 수 있던 것으로, 최영년이 지은 『해동죽지(海東竹枝)』라는 책에도 나온다.[68] 이 해동죽지라는 책은 조선 말기의 풍속을 정리한 책으로 풍속사를 연구하는 사람들에게는 아주 중요한 책이다. 태견이나[69] 수벽치기[70] 같은 전통무예에 관한 기록도 나오는 아주 귀중한 책이다. 그 책에 실린 아동편사에 관한 시(칠언절구)를 옮기면 다음과 같다. 제목은 「동편사(童便射)」로 달고 있어서 당시에는 '아이편사'나 '아기편사' 쯤으로 불렀음을 짐작할 수 있다.[71] 편전은 애기살이라고 부르는데 이것을 달리 동전(童箭)이라고 적는 것으로 보아[72] 그것을 알 수 있다.

> 푸릇푸릇한 무겁터에 봄바람 불어오니 편사하는 띠가 줄줄이 벌여선다.
> 시윗소리는 관중을 알리는 북소리가 날아오기를 다투어 기다린다.
> 무인다운 기상은 환히 넘치고 아이들은 (편사놀이를) 아주 좋아하니
> 그 누가 백보 밖의 버들잎을 맞출 만한 재주꾼들이 아니라고 할까

북소리가 날아오기를 기다린다는 것은, 옛날에 편사를 할 때는 북을 쳐서 관중 여부를 알렸기 때문이다.[73] 그리고 천양(穿楊)은 양유기의 고사에서 온 말로 양유기가 백보 밖의 버들잎을 맞추었다는 데서 그런 재주를 나타내는 말로 쓰인 상용구이다.[74]

---

68) 최영년, 『해동죽지』 中, 장학사, 대정10년. 속악유희.
69) 이용복, 『한국무예 택견』, 학민사, 1991.
70) 육태안, 『우리 무예 이야기』, 학민사, 1990.
71) 童便射: 綠垜春風隊隊開, 弦聲爭待鼓聲來, 武氣桓桓童卄好, 誰非百步穿楊才.
72) 『성호사설』, 만물문.
73) 김봉학 대담(1997. 7. 9).
74) 전주천양정의 '천양' 도 그와 같은 의미이다. 따라서 천양정은 양유기 같은 명궁을 배출할 만한 활터라는 뜻이다.

04 _ 편사의 진행절차

편사를 진행하는 방법은 시대를 따라서 달라지고 또 지역에 따라서 달라진다. 그것은 그 지역의 풍속과 관습에 따라서 그럴 수밖에 없는 것이다. 그런데 편사는 비상시에 수도를 방어하는 조정의 정책에서 말미암은 산물이기 때문에 그것을 주도한 계층은 지배층일 수밖에 없으며, 그 가닥을 잡아 올라가면 편사의 시작은 결국 서울일 수밖에 없다.

그런데 이 편사에 관한 기록은 거의 없는 상태이고, 더더욱 서울 지역은 편사의 맥이 끊긴 상태여서 편사에 관하여 체계 잡힌 정리를 하기에는 많은 어려움이 있다. 그런 중에 해방 전의 편사에 관한 유일한 기록이 『조선의 궁술』에 나와 있어서 그것을 중요한 자료로 삼지 않을 수 없다. 이밖에 1995년 인천의 연무정에서 펴낸 『연무궁도』에 편사에 관한 내용이 사진과 곁들여 나온다.

이 두 가지 자료를 잘 비교해보면 유사점이 아주 많다. 따라서 앞으로 전개되는 논의는 이 두 가지 책의 내용을 기본 자료로 삼아서 하게 될 것이다. 그리고 이 두 가지 책에 나오지 않는 내용은 『연무궁도』의 편찬자와[75] 인천의 편사에 종띠로 참가한 적이 있는 사람들[76]의 말을 참고할 것이다. 그리고 1997년도에 인천의 구월정과 남수정이 행한 편사를 비디오로 편집한 것이 있는데, 그것을 참고하였다. 그리고 그 동안 많은 원로구사들과 대담을 하는 과정에서 얻어들은 것을 참고로 하였다.[77]

1) 발기(發起)

이것은 편장을 정하고 편사할 대상을 미리 찾는 과정이다. 먼저 편사를 하려면

---

75) 편찬자는 이창희인데, 당시 그는 연무정의 총무를 맡았다. 이 분과 통화를 하여 많은 것을 배웠다.
76) 나에게 조언을 해준 분은 류흥이란 분이다. 류흥(54세)은 본디 인천 구월정 소속인데, 사업체가 충북 단양에 소재하고 있어서 단양 대성정에서 생활을 많이 했다. 그는 종띠로 참가한 적이 있어서 편사에 관해 많은 것을 알고 있었고, 나에게 많은 얘기를 해주었다.
77) 이 편사는 민속사에서 굉장히 중요한 주제인데, 안타깝게도 이에 관한 제대로 된 보고서나 연구 글을 한 편도 보지 못했다.

편장을 정해야 한다. 보통 편장은 사두가 많이 하지만, 사두와 편장이 꼭 일치하는 것은 아니어서 인품이 있고 덕망이 있으면 할 수 있다. 편장은 편사 당일의 경비를 부담해야 하기 때문에 재력도 어느 정도 뒷받침 되어야 한다.[78] 현재 인천지역에서는 편장이 경비를 부담하는 것으로 관례화하였다.[79]

그런데 원래는 그렇지 않았던 것으로, 편사에 참가하는 사람이 골고루 부담했던 것 같다. 그런 까닭에 편사원 안배가 재력과 실력을 고려해야 하는 골치 아픈 문제로 대두되기도 한다.[80] 그러다가 나중에는 재력이 있는 사람이 편장으로 나서면서 점점 경비를 부담하는 관례가 생긴 것으로 보인다.

그런데 이 경비문제는 편사에 긴장을 초래하는 중요한 요인이 된다. 서울에서도 그렇고 지방에서도 그렇고, 지는 쪽이 다음 편사를 맡게 되기로 관습화되었기 때문이다. 서울의 경우 편사에서 맨 꼴찌를 하는 정이 초대를 하도록 되어있었고[81] 장단의 경우는 더욱 심해서 편사 결과 진 쪽이 경비를 모두 부담하도록 되어있었다.[82] 지는 사람에게 덤터기를 씌우려고 소를 잡고 돼지를 잡아서 배불리 먹은 것이다. 그러자니 그 경비를 부담하지 않으려면 활을 잘 쏘아서 이겨야 한다. 그런 까닭에 자연 시합이 긴장이 감돌지 않을 수 없다.

이것은 아마도 이런 경쟁을 통하여 상무심을 고취시키고 싸우고자 하는 의지를 강화하는 방편으로 취한 것이 아닌가 추정된다. 편사가 전쟁을 대비한 예비자원의 확충이라는 점에서 보면 이런 해석을 할 수 있다. 하지만 후대로 내려오면서 이처럼 악착같은 분위기는 사라지고 있는 쪽에서 베푸는 형식으로 바뀌면서 점점 놀이와 친선경기로 그 성격이 바뀌어간 것으로 보인다.

편장의 부담이 이렇게 크기 때문에 함부로 나서기를 꺼리게 되며 한 번 나서면

---

78) 김병세 대담(1997. 11. 18).
79) 류홍 대담.
80) 성낙인 대담(1998. 2. 24).
81) 『국궁1번지』, 창간호 22쪽.
82) 김병세 대담(1997. 11. 19).

그것은 큰 영광이 되었다. 그런 까닭에 편장을 한 번 하면 학생(學生)을 면하고 편장이라는 호칭이 따라붙는다.[83]

다음은 편사대상을 찾는 것이다. 선단을 돌리기 전에 비공식 경로를 통하여 먼저 편사를 할 의사가 있는가 없는가를 확인해야 하는데, 바로 그런 과정을 말하는 것이다. 이것은 사전에 구두로 하거나 전화를 걸어서 상의한다. 그리고 남의 정에 활을 쏘러 가서 의중을 떠보고 결정하는 수도 있다. 그런데 이것은 혼인으로 치면 중매와 비슷한 것인데, 양쪽의 신분이나 지위 같은 것을 저울질하여 한쪽으로 너무 기울지 않도록 하려는 것이다. 논의가 겉으로 완전히 드러나면 체면상 안 할 수 없게 되기 때문에 그런 것을 예방하려는 절차이다.

그런데 상대의 의중을 떠보러 간 사람이 그쪽의 합의를 얻지 못하고 오는 수도 있다. 그러면 그 한량은 중간에서 매개를 잘 못한 벌을 톡톡히 받게 된다.[84] 이런 합의 과정에서 퇴짜를 놓는 것은 상대방에서 편장으로 나서는 사람의 신분이나 인격이 자신보다 못하기 때문에 만약에 응할 경우 자신의 명예가 떨어질 것 같을 때이다. 따라서 이렇게 중간에서 처음 의중을 알아보는 사람은 편장으로 나서는 사람의 인격이라든가 지위를 잘 살펴야 한다. 그런데 요즘은 대부분 친분이 가까운 정끼리 하기 때문에 이런 문제가 심각하게 드러나는 경우는 거의 없다.

이런 타협이 비공식으로 이루어지면 이제 그때부터 정식 절차가 이루어진다.

2) 선단 돌리기

비공식 경로를 통해서 편사를 할 의사가 확인이 되면 먼저 편사를 청한 쪽에서 선단(宣單)을 보낸다. 선단은 편사를 하자고 하는 것으로 일종의 선전포고이다. 이것

---

83) 김병세 대담(1997. 11. 19).
  학생을 면한다는 것은, 나중에 죽어서 후손들이 제삿날 지방을 쓸 때 '학생' 대신에 '편장'을 쓴다는 뜻이다.
84) 김병세 대담(1997. 11. 19).

은 선장(宣章)이라고도 하고, 선통(宣通), 사통(射通)이라고도 한다. '단'은 단자를 뜻하는 말이다. 단자란, '사주단자' 같은 말에서 보듯이 간단하게 글로 적은 것을 뜻한다.

선단의 내용은 크게 네 단계로 나눌 수 있다. 먼저 맨 앞에는 계절과 관계된 말로 시작하는 인사말을 싣는다. 그리고 다음 단락에서는 편사를 하자는 취지를 적는다. 그리고 다음 단락에는 다시 상의하자는 내용을 적는다. 그 다음에는 때와 장소를 적는다.[85] 그리고 끝에 사두, 선생, 행수의 성명을 쓴다.[86] 그런데 인천지역에서는 사두와 편장의 이름을 쓰고 정의 관인을 찍는다.[87]

참고로 1995년에 연무정에서 발기하여 서무정으로 보낸 선단은 다음과 같다.[88]

謹啓時下 初春之際에
貴亭의 繁榮과 貴下에 健勝을
仰祝하나이다.
就白今般 저희 射亭에서 貴亭의
射員 여러분과 友好關係를 더욱 敦篤히
하고 射員들의 士氣昂揚 및 弓道人에
體力向上을 爲하여 貴亭에 射友諸賢
을 모시고 一日同樂陽春을 素養코저
仰告하오니 許諾하여 주심을 伏望하옵고
余不備礼하나이다.
西紀 一九九五년 二月 七日
追而詳細事는 人便에 相議要望합니다.

---

85) 이창희 대담.
86) 『조선의 궁술』, 59쪽.
87) 『연무궁도』, 136쪽.
88) 『연무궁도』, 136쪽.
　이 선단은 원래 세로로 쓰인 것인데 편집 때문에 가로로 고쳐서 실었다.

　　　　　記
一, 日時 一九九五年 四月 二日
一, 場所 仁川 鍊武亭
一, 隊數 四十一 隊
一, 午飯技工鄙亭負坦

　　　仁川 鍊武亭 射頭 李 起 夏
　　　　　　便長 李 相 玉
　　　　　　西武亭 射頭任 貴下

　이 선단은 보통 화선지(창호지)로 쓴다. 그리고 크기는 일정하지 않으며 봉투에 넣기 좋은 크기로 하면 된다. 그리고 정에서 필적이 좋은 사람이 쓰도록 한다.[89]

　선장을 상대 정으로 가져가는 사람은 보통 2명인데,[90] 사정에 따라서 3명이 가는 수도 있다.[91] 이 선단은 대개 종띠와 총무가 가지고 간다. 그리고 여기에 사범이 추가되는 수도 있다. 종띠가는 것은 이 편사를 모의 전쟁이라고 할 때 종띠는 부관에 해당하므로 실력이 나은 종띠가 가서 말하자면 적정을 살피는 것이다.[92] 단자를 가지고 지정한 사정에 가서 사정에 올라가지 않고 먼저

　　"왔습니다."

하면, 그 사정 사원들이 응성(應聲)하여

　　"오시오."

한다. 그러면 두 사람은,

　　"아무 사정에서 단자 가지고 왔습니다."

---

89) 이창희 대담.
90) 『조선의 궁술』, 59쪽.
91) 이창희 대담.
92) 류흥 대담.

한다. 그러면 그 중에 지위 높은 사람이 의관을 정제하고 사정 위로 올라오라고 청한다. 그러면 사정에 올라가서 공손히 절하고 단자를 두 손으로 전한다. 그러면 가져온 선단을 펼쳐보고 고개를 끄덕이거나 옆엣사람에게 속삭이고 수근거리기도 하면서 진지하게 검토하는 시늉을 한다.[93] 또 그 사정의 한량들이 두 사람에게 쉬어가라고 하고 활도 쏘라고 권한다. 그러나 두 사람은 공손히 사양하면서 인사하고 돌아온다.[94] 옛날 서울에서는 이 선단만을 가지고 갔는데, 요즘 인천에서는 활과 화살을 챙겨서 같이 가져간다. 아울러 요즘은 상대정의 대접에 응하되 활은 3순 이상 쏘지 말고 술도 3잔 이상 삼가라고 어른들이 가르친다. 이렇게 하는 것은 옛날보다 덜 엄격하고 또 편사가 평상시 잘 알고 지내는 사이에서 이루어지기 때문에 약간의 변칙이 허용되는 것이다. 그래서 활을 두세 순 내면 주위에서 구경하던 한량들은 선단을 가지고 온 사람들이 잘 쏘든 못 쏘든 상관없이 마치 잘 쏜다는 듯이 감탄하는 시늉을 하면서 상대의 실력이 만만치 않음을 칭찬한다.[95]

3) 응단 보내기

선단을 받았으면 이제 선단을 보낸 정으로 회답을 보낸다. 그 과정이 '응단 보내기'이다.

▶ 방단

그런데 선단을 받은 정에서 편사에 응하기 곤란한 경우가 생길 수도 있다. 그럴 때, 즉 편사를 치룰 수가 없다는 회답을 보낸다. 그것이 방단(防單)이다. 이것을 퇴통(退通)이라고 하기도 하는데, 퇴통은 선단을 받지 않는 것을 말한다. 그러나 그렇게 하면 발기 정에 대해 실례가 되기 때문에 일단은 받고나서 편사를 치루지 못한다는

---

93) 류홍 대담.
94) 『조선의 궁술』, 59쪽.
95) 류홍 대담.

단자를 선단사정에 보내는데 한량 두 사람이 가지고 간다. 그것이 방단이다. 이 방단은 3일 이내로 보내야 한다. 그 양식은 선단과 유사하게 한다. 만약에 편사에 응하고자 하면 3일을 넘겨서 응단을 보낸다.[96]

▶ 편사에 추후 드는 격식

그런데 선단을 받고 사정이 생겨서 편사에 응하지 못하다가 당일 날 갑자기 조건이 바뀌어 응할 수 있게 되는 수가 있다. 이럴 때는 대중회 당일 군막을 설치하고 응사원을 영솔하여 군막에 도착한 다음 사원 두 사람을 선단한 본정에 보내어 전갈한다. 사원이 가서 인사하는 법은 동일하고 본정 수띠에게 절한 뒤

"폐정(敝亭)에서 사원 부족으로 응단하지 못해 섭섭하옵기에 다시 모시고 놀까 하여 왔습니다."

라고 한다. 그러면 본정에서는

"사원 보내어 회답하오리다."

라고 한다. 두 사람이 돌아간 뒤 본정에서는 각 정 수띠에게 동의를 얻은 다음 사원 두 사람을 보내어 회답할 때의 사원 인사는 각 정과 똑같이 하고, 전갈사의는

"귀정에서 못 오시는 줄 알고 대단히 섭섭하였는데 이같이 와 주시니 모시고 잘 놀까 하옵니다. 어서 도청에 드십시오."

한다. 그러면 추가로 편사에 드는 사정에서는 즉시 도청에 들어가서 다른 사정과 같이 참여하였는데, 이것을 '찌르고 들어가는 것' 이라고 하였다. 이때는 시수의 반획(牛劃)을 감하였다.[97] 일종의 벌인 셈이다.

▶ 수띠 선정

선단에 대해 응사하고자 하면 사원들이 사두의 승낙을 얻은 뒤에 지위가 높고

---

96) 『연무궁도』, 138쪽.
97) 『조선의 궁술』, 69쪽.

활쏜 연륜이 오래되고 나이가 많고 물망이 정중한 사람을 수띠로 선정한다. '수띠'(首-)는 그 띠의 우두머리를 뜻하는 말이다. 띠 전체를 생명체로 견줄 때 그것을 대표하는 사람은 머리에 해당하는 것이다. 그래서 '수띠'라고 한 것이다. 수띠로 선정된 사람이 승낙을 하면 편사진행에 대한 모든 지휘명령을 맡겨 시행하게 한다. 그런데 인천에서는 편사를 시작하기 전에 편장을 뽑은 상태이기 때문에 수띠는 벌써 정해진다.[98] 따라서 그 경우에는 수띠를 따로 선정할 필요가 없다.

▶ 초중회

수띠가 사원 일동에게 처음 모이는 날짜를 발령한다. 이 첫 모임을 초중회(初衆會)라고 한다. 사원일동은 초중회 날에 일찍 모여서 시지(試紙:기록지)와 사정기, 장족, 과녁, 획관(獲官), 획창(獲唱) 인원을 편사하는 당일과 같이 빠짐없이 편성하고 3순을 쏘아서 여러 사원의 시수 우열을 가린다.

▶ 재중회 : 응단

또 두 번째 모이는 날짜를 발령하여 초중회 때 같이 한다. 이것을 재중회(再衆會)라고 한다. 이 재중회를 한 뒤에 선단한 사정으로 응단을 보낸다. '응단'은 응사단자(應射單子)의 준말이다. 이 응단은 '답통'(答通)이라고도 한다.[99]

응단의 내용은 크게 여섯 단계로 나눌 수 있다. 맨 앞에는 계절과 관계된 말로 시작하는 인사말을 싣는다. 그 다음 단락에서는 선단을 보내준 것에 대한 감사의 말을 쓴다. 다음 단락에서는 편사를 하자는 상대의 견해에 동의한다는 뜻을 쓴다. 다음 단락에서는 선단에 쓰여 있는 조건과 비교하여 우리 측의 조건을 적는다. 그리고 다음 단락에서는 다시 상의하자는 내용을 쓴다. 그리고 그 뒤에 때와 장소를 적는다. 이렇게 한 다음에 끝에 사두와 선생, 행수의 성명을 쓴다. 인천에서는 사두와 편

---

98) 『연무궁도』, 136쪽.
99) 『연무궁도』, 138쪽.

장의 이름을 적고 직인을 찍는다. 참고로 1995년 서무정에서 연무정으로 보낸 응단을 보면 다음과 같다.[100]

謹頭審春陽之際
貴亭體條萬旺爲福하심을 仰祝且祝耳
就鄙亭射末等은 貴亭諸位에 思念之澤으로 水前水依
하오니 萬幸爲福이외다.
貴亭先說論하심이 武夫之事로 貴亭與射君子와 平時硏
磨한 技量을 發揮할 兼 射論하신 一日共樂함을 滿場一致
로 同意이오나 本射亭에 射員이 不足하여 隊數를 三十七名
으로 하여서 幸暢光榮之地를 敬望이옵고 子人便口何와 相議이
오며 餘不備禮上
　　　　　西紀 一九九五年 二月　日
　　　　　　西武亭 射末 李 元 興
　　　　　　　　便長 鄭 炳 燮
　　　　　　　　　　　鍊武亭 貴中

이렇게 작성하여 사원 두 사람을 정하여 보낸다. 두 사람은 선단한 사정에 가서 읍양, 언행 절차를 전단 왔던 사원과 같게 하고 응단 받은 선단사정은 대우와 영접을 선단 왔던 사정과 같이 지위 높은 사람이 의관을 갖추고 영송절차를 엄숙 정중하게 한다.

▶ 지일단자(指日單子)

응단 받은 선단사정에서는 대중회일자를 택하여 응사단자를 보낸 각 사정으로 통지하는데, 이것을 '지일단자'라고 한다. 날짜를 지정해주는 단자라는 뜻이다. 지

---
100) 『연무궁도』, 137쪽.

일단자는 응사단자를 받은 지 3일 이내에 두 사람을 정하여 보내는데, 두 사원의 내왕격식은 선단과 응단을 보내고 받을 때와 같이 한다. 지일단자를 3일 이내에 보낸다는 것은 여러 사정이 응단을 하는 중에 그 중 가장 나중에 응단을 받은 날부터 계산하여 3일 이내로 각 정에 똑같이 보낸다는 뜻이다. 이 지일단자는 여러 정이 편사에 참여할 때 날짜를 맞추기 위해서 하는 것이다. 따라서 현재 두 정씩 편사를 하는 인천지역의 경우에는 이 지일단자가 따로 필요 없다. 선단과 응단에 그 날짜가 지정되기 때문에 그것으로 지일은 결정된 것이다.

▶ 삼중회 : 응사원 결정

지일단자를 받은 각 사정에서 수띠가 삼중회(三中會) 일자를 발령하면 사원 일동이 삼중회날 일찍 모여 초중회 때와 같이 준비를 편사 당일 날과 같이 한다. 이 삼중회를 대사습(大射習)이라고도 한다.[101] 이때 3순으로 시험한 뒤에 수띠는 응사원을 선정하는데, 수띠 1인을 제외하고 14인을 초, 재, 삼중회의 시지 중에서 시수가 많고 궁체가 좋고 건장한 사원으로 시지의 성명 위에다가 타점(打點)을 한다. 타점이란 붓으로 점을 찍는 것을 말한다. 이렇게 해서 응사원을 완전히 결정한다. 서울 지역의 응사원 수는 15명이다. 그런데 현재 인천에서 행하는 편사에서는 응사원의 수가 딱히 정해져있질 않고 30명에서 40명씩 서로 상의해서 정한다.

이때 종띠와 부종띠도 결정한다.[102] 이 종띠는 수띠와 짝을 이루는 말이다. '종띠'(終-)는 맨 끝에 서는 사람을 뜻한다. 그런데 이 수띠와 종띠는 편사에 임하는 사람들의 순서인데, 이 순서 결정이 결과에 큰 영향을 미치기 때문에 이것을 짜는 것이 작전이다. 2,3,4번 궁사는 좀 약한 듯한 사람을 내보내서 상대방을 방심케 하다가 중간에 슬슬 시수를 올려나가고, 12,13번은 단단한 시수꾼이 등장하였다가 14번은 종띠받침으로 하고 마침내 마지막 종띠가 나가서 승부를 결정짓는다는

---

101) 『연무궁도』, 138쪽.
102) 『연무궁도』, 138쪽.

것이[103] 이것이다.

수띠까지 15인의 응사원이 편성된 후 수띠는 응사원에 뽑힌 14인을 불러 세우고 주의를 시킨다. 편사 당일 날 술을 먹지 않을 것, 활터에 들어오고 나갈 때 몸을 단정히 할 것, 웃음을 웃거나 남과 말을 하거나 좌우를 돌아보거나 하지 말 것, 활 쏠 때 기운을 내리고 마음을 편안하고 한가하게 가질 것, 집궁 방전 궁체법식을 십분 명심할 것, 그밖에 소홀히 하지 말아야 할 여러 가지 사항을 지도 명령한다. 특히 복장을 단정히 하는데, 두루마기까지 갖춰 입는다. 인천에서는 양복정장으로 하는 것이 보통이다.[104]

또 한 가지, 옛날에는 이러한 절차를 지켰지만, 지금 인천에서 행하는 편사는 편사전날 대사습 한 번으로 작대를 결정한다.

4) 대중회
각 정이 모여서 편사하는 것을 대중회라고 한다.

▶ 전날 준비고사

대중회 전날 일반 사원들이 모여서 고사를 지낸다. 청주, 삼식, 과실, 찹쌀시루떡, 쇠머리나 돼지머리 같은 제물을 펼쳐놓고 한낮이라도 밀초 한 쌍을 켜고 노련한 사원 한 사람을 제관으로 뽑아 고사를 지낸다. 이때 백지 16장을 준비했다가 제1장은 부정 소지(燒紙)로, 제2장은 수띠소지로, 나머지 14장은 응사원 14인의 소지로 기도한 후에 사원 1인이 시지를 펼쳐놓고 수띠의 획창을 세 번 하고 거기도 세 번하며 종띠 획창도 세 번 한다. 고사를 다 지낸 후 일반사원이 음복을 하였다. 밀초는 15등분을 하여 수띠 이하 응사원 15인의 밀피 소용으로 쓰게 하였다.

그런데 이와 같은 의식이 이제 말기에 이르면 아주 간소하게 약식화하여 돼지

---
103) 『국궁1번지』, 제1호 23쪽.
104) 류홍 대담.

머리에 막걸리를 놓고 요기를 하는 선으로 변하였다.[105] 일제의 강압 분위기에 전통 풍속이 질식해간 것이다. 그리고 나중에는 고사의 의식보다도 사원들의 단합을 위한 잔치의 성격으로 변하였다. 그래서 이날 편장은 편사에서 잘 싸워달라고 술과 음식을 제공한다.[106]

▶ 당일 상견례 : 도청 회합

대중회 당일 날 청단한 사정은 도청을 설치하고 무겁을 쓸고 수축하고 과녁을 새로 색칠하고 소두교자와 파교자를 준비한다. 도청(都廳)은 편사 진행을 통솔하는 장소로 요즘으로 말하면 로얄빡스가 된다. 날이 저물 것을 예비하여 등불이나 촛불 같은 화구도 마련한다.

응단한 사정은 군막을 설치하고 편사 당일에 필요한 음식과 시지, 붓, 벼루, 먹, 연적 같은 것을 일체 준비한다. 그리고 응사원 15인, 활 쏜 지 오래되고 나이가 든 도청에 참석할 2-3인, 획관, 거기, 장족, 사원을 차례로 영솔하고 사정기를 앞세워 군막으로 가서 기를 군막 앞에 꽂아놓는다. 기를 군막에 꽂는 것은 수띠가 왔다는 것을 표시하는 것이다. 이 군막 설치는 편사가 모의전쟁임을 잘 보여주는 것이다.

본정에서는 사원 두 사람을 정하여 각 정 군막으로 전갈을 보낸다. 두 사람은 각 정 군막 앞에 당도하여

"왔습니다."

하면 군막에 있던 사원은

"오시오."

라고 대답한다. 그러면

"아무 사정에서 전갈 왔습니다."

하고 군막에 들어가서 수띠에게 절하고 난 후

---

105) 성낙인 대담(1997. 7. 1).
106) 『연무궁도』, 138쪽.

"원로에 안녕히 오셨습니까?"

하면 수띠는

"사원을 시켜 아옵시게 하겠습니다."

라고 대답한다. 그러면 두 사람은 절하고 돌아간다.

본정에서 전갈사원이 다녀간 뒤 각 정은 사원 두 사람씩을 정하여 같은 식으로 사원을 시켜 먼저 물으시니 감사하며 폐정에서도 잘 왔다는 회답전갈을 본정으로 보낸다. 본정에서는 다시 두 사람을 정하여 도청에 들라는 전갈을 각 정으로 보내면 각 정에서는 수띠 이외의 2-3인이 도청으로 들어온다.[107]

그런데 지금은 이 까다로운 절차가 많이 간소화되었다. 본정에서 대기하고 있으면 응단한 사정에서 정 앞에 와서 기다린다. 본정에서는 그 전에 솔문을 만들어서 환영의 뜻을 표한다.[108] 솔문은 소나무 가지를 꺾어서 아치형으로 문을 만드는 것이다. 요즘은 이것 대신에 플래카드를 걸어서 환영의 뜻을 표하기도 한다.[109] 이렇게 차비를 마치면 당일날 아침 상대 정에서 기를 앞세우고 도착하며, 이때 이들을 정중히 맞이한다.

이때 이쪽에서도 풍악을 울리며 기를 앞세우고 마중을 나간다. 이때 음악은 전문 국악인을 불러서 굿거리장단 길군악 같은 음악을 연주하며 나간다.[110] 이쪽에서 연주하며 나가면 저쪽에서도 꽹과리를 치며 온다. 그러면 상대정의 기수와 마주 합쳐서 묶은 다음 본정 사대까지 안내한다. 깃발의 크기는 7-8m가량인데, 이 크기는 딱히 정해지지 않아서 무겁에서 돌리기 불편하지 않은 길이로 만든다. 넓이는 보통 옷감의 폭으로 한다. 플래카드의 너비와 비슷하다고 생각하면 된다. 색깔은 각 정의 특색에 맞는 색으로 한다. 그리고 이 기는 고전과 함께 관중여부를 알리기 때문에

---

107) 『조선의 궁술』, 62쪽.
108) 김봉학 대담(1997. 7. 9).
109) 김봉학 대담(1997. 7. 9).
110) 이창희 대담.

해본 사람이 보통 한다. 거기한량이 따로 자정에서 있는 것이 보통인데[111] 그것이 힘들 경우에는 품삯을 주고 사람을 사기도 한다. 관중 여부에서 편사의 분위기가 살아나기 때문에 흥겹게 춤을 출 수 있는 사람을 선정한다.

▶ 정순준비

각 정이 도청에 모인 후에 본정에서 소두교자상을 들여보내면 술을 삼배하고 교자상을 물린다. 인천에서는 이것을 좌부침상이라고 하는데,[112] 이때 소리기생이 권주가를 부른다. 그런 후에 각 정에서 응사원 15인의 초시기(初試記)를 각기 내놓고 서로 살펴 잘못된 점이 없으면 각 정 사원 한 사람이 나서서 큰 소리로

"각 정의 사습(私習) 들어오시오."

한다. 그러면 각정 응사원은 차례로 한 순씩 습사한 뒤 도청으로부터 정순을 시작한다.

정순이 진행되기에 앞서 본정의 사원 한 사람이 사정 앞에 서서 길고 높은 목소리로

"각정(각터) 획관, 획창, 거기, 장족 들어오시오."

한다. 그러면 각정 군막으로부터 거기는 도청 앞에 들어와서 일세지 기를 세우며, 획관은 도청에 정시지를 들여놓되 사원의 성명을 쓴 위에다 직위와 품수(品數)를 기대하고 붓과 먹과 벼루와 연적을 분비하여 도청 당중에서 서로 대면하여 늘어앉아 각 정이 바꾸어 획관을 한다. 그런데 요즘은 둥근 촉을 쓰기 때문에 장족한량은 사실상 없다.

획창(獲唱)이 도청 앞에 자리를 정하고 늘어앉으면 본정 사원 한 사람이 나와서

"거기 나가시오."

한다. 이때 기를 든 사원은 각기 용맹한 기상으로 기를 들고 무겁에 먼저 가기 위해

---

111) 성낙인 대담(1998. 2. 24).
112) 이것이 무슨 말에서 온 것인지 자세히 알 수 없다.

달려가며 무겁에 도착해서는 기를 세 번 흔든다. 그러면 각 정으로부터 수띠가 응사하기 위하여 활터에 올라선다. 이때 직품과 활 쏜 연조를 서로 살펴서 등급대로 벌려 선다. 이때 각정 사원 한 사람이 수띠의 활과 화살을 가지고 따라 들어와서 수띠가 활을 쏠 때 활과 화살을 전해주고 뒤로 물러서며 활을 다 쏜 후에는 다시 활을 받아가지고 수띠를 모시고 군막으로 돌아온다.[113] 이것 역시 궁궐에서 행하는 활쏘기 풍속이 민간으로 내려온 것이다. 임금이 활을 쏠 때는 예하 관원이 따라나가서 깍지와 활과 화살을 하나씩 바쳤다.[114]

그런데 바로 이 부분이 요즘 인천에서 행하는 편사와 아주 많이 다른 점이다. 인천의 경우는 여기서 수띠가 나가서 쏘지를 않고 종띠가 나서서 쏜다. 나가기 전에 먼저 양정 종띠는 편장 앞에 궁시를 준비하고 시지와 함께

"체계(體系) 올립니다."

라고 하며 큰절을 한다. 이때 체계란 출전태세가 갖추어졌다는 뜻이다. 큰절은 활과 화살을 두 손으로 든 채 한다. 그러면 편장은 잘 싸워달라는 뜻에서 종띠에게 사례를 베푸는데, 대개 봉투에 종이돈을 넣는다. 이때 주변에서 구경하는 한량들은 일부러 짓궂은 장난을 하느라고 얼만가 펴보라고 하면서 웃기도 한다.[115] 그리고 종띠가 나가서 시사를 한다. 이때의 승패가 팀 전체의 분위기에 큰 영향을 끼치기 때문에 종띠로 나선 한량들은 긴장하기 마련이다. 종띠를 서봐야 활 제대로 쐈다고 평가하는 것도 이 때문이다.[116] 이 종띠의 시사는 다음에 편장이 활을 쏠 때에 풍향이나 분위기를 파악하여 길잡이가 되기 위한 것이다.[117] 군대로 치면 지휘관에게 정보를 제공하는 부관과도 같은 것이다.[118]

---

113) 『조선의 궁술』, 63쪽.
114) 『세종실록』, 오례의 군례.
115) 구월정 대 남호정 편사 비디오(1994. 5. 1).
116) 김병세 대담(1997. 11. 19).
117) 『연무궁도』, 142쪽.
118) 류흥 대담.

인천에서 이와 같이 하는 것은 옛날 서울에서 하던 것이 약간 변형된 것이다. 서울의 경우는 수띠가 처음 활을 내고 나서 정식 시합이 시작되면 다시 내게 되어 결국은 수띠가 두 번을 내는 것이다. 이 두 번 중 한 번을 종띠에게 넘긴 것이 인천의 풍속인 것이다. 정순을 내기 전에 수띠가 한 번을 내보고서 활터의 여건을 아래 응사원들에게 얘기해주던 것이겠는데, 그 정보를 종띠에게 넘긴 셈이다. 그리고 종띠는 말 그대로 마지막에 내는 사람인데, 맨 앞에서 내는 것도 사리에 맞지 않는 것이니 이것이 원래 모습에서 변형된 것임을 알 수 있다.

이때 인천에서 편장이 내는 것은 모두 관중으로 획창한다. 이것은 허시라는 특혜이다.[119] 정을 대표한 사람인 만큼 그 권위를 높여주려는 생각에서 나온 것이다. 수띠(편장)가 활을 쏘러 나갈 때 종띠나 한량이 뒤따라 나가서 활과 화살을 바치는 것도 이런 발상이다.

그리고 수띠가 활을 쏠 때 한량이 따라 나가서 화살을 하나씩 바치는 것은 궁중의 활쏘기에서 행한 예절을 본뜬 것이다. 즉 왕실에서 '사우사단의'를 행할 때 임금이 사단에 나가서면 한 사람이 따라 나가서 살을 한 발씩 바쳤던 것이다.[120] 이것이 민간으로 흘러나와서 이와 같은 방식으로 정착한 것이다. 편사에 끼친 왕실의 영향을 엿볼 수 있는 부분이다.

▶ 정순내기

이와 같이 형식을 갖춘 절차가 끝나면 이제 정순내기로 들어간다. 본정 사원 하나가 나서서 무겁을 향하여 길고 높은 소리로

"정순간다."

하면 각 정 거기는 일제히 기를 흔들어 응답하고 기를 내린 후에 각 정 수띠가 먼저 쏘기 시작한다. 그런데 초순에는 본정에서 먼저 쏘고 재순에는 다른 사정이 먼저 쏘

---

[119] 『연무궁도』, 143쪽.
[120] 『국조오례의』, 군례 사우사단의.

며 삼순에는 다시 본정에서 먼저 쏜다. 만일 등급의 관계로 본정 수띠가 중간에 서게 되는 경우에는 좌우궁이 갈라선 두 끝 중에 등급이 낮은 사람이 초순을 먼저 쏘고 재순에는 등급이 높은 사람이 먼저 쏘았으며 수띠가 맞추는 때에는 획창할 때 직함을 부르고 그 외의 사원이 맞추는 때에는 성명을 부른다.

그런데 인천에서는 2개정이 하기 때문에 두 명씩 서지를 않고 1개정 4명이 출전하여 한 띠 8명이 대결을 한다. 그리고 정순간다고 한 뒤 사원 뒤에서 기를 흔들어 보이면 무겁의 거기는 자기정의 사원임을 알았다는 신호로 기를 흔들어 보인다.

▶ 편사의 사법 예절

응사원은 시지에 적힌 성명 순으로 활터에 들어선다. 활터에 들어서는 사원은 의관을 정제하고 술을 먹어서 취기가 있는 것을 절대로 금기하고 몸을 단정하게 가다듬고 사를 군막으로부터 허리에 찬다. 그리고 활터로 올라갈 때 좌우를 돌아보지 않고 사른 사람과 말을 하지 않으며 걸음을 빨리 걷지 않고 활을 들되 시위를 넓적다리에 붙여쥐고 활터에 올라선다. 사대에 올라서서는 팔찌동 위를 서로 사양하며 무겁을 정면으로 향하여 자기의 설자리에 정숙하게 서서 기운을 평탄히 하고 좌우를 돌아보지 않고 활을 만지거나 빈환을 당겨보지 않으며 팔찌동 윗사람이 쏘아서 살이 무겁에 떨어진 후에 비로소 서서히 화살을 빼어 쏠 준비를 한다. 만일 팔찌동 윗사람이 맞추면 도청에서 획창이 그치고 거기가 기를 내린 후에야 천천히 살을 빼어 쏘았다. 활쏘는 분위기가 굉장히 엄숙하고 진지했음을 알 수 있다.[121]

▶ 고 전

관중을 하면 무겁에서는 작은 깃발과 큰 깃발이 함께 돌아간다. 물론 거기한량과 고전은 신명나는 춤을 한 바탕 추면서 기를 돌린다. 화살이 과녁에 맞으면 거기

---

121) 『조선의 궁술』, 64쪽.

한량은 각자 자기 사정의 사원이 맞추는 것에 따라 기를 흔들고 장족한량은 소매를 걷고 과녁 앞에 들어가서 맞힌 곳을 두드려서 알린다.[122] 물론 요즈음은 장족한량이 없기 때문에 보통 생략한다. 만약에 관중이라고 보기 애매모호한 경우에는 다른 사정의 깃발이 모두 올라간다.[123] 판정에 문제가 있음을 표시하는 것이다. 이 판정시비 때문에 싸움이 일어나기까지 하는데, 이것은 앞서 말한 것처럼 편사의 경비를 지는 쪽이 부담하는 경우에는 더욱 치열했다.[124]

또 한 가지 주목할 만한 것은 서울과 인천의 경우는 고전을 깃발로만 보았지만, 고양과 장단에서는 북을 쳐서 관중 여부를 알렸다는 것이다. 북을 치면서 춤도 추었는데, 그때는 노장중춤을 추었다.[125] 편사 때 북을 치는 것은 아동편사를 묘사한 『해동죽지』에도 나온다.[126] 그리고 김홍도가 그린 그림 "북일영"(北一營)에도 그 장면이 나오는데, 과녁 옆에 북을 놓고 한 사람이 앉아서 고전을 보는 장면이 있다.[127]

이 북을 주목해야 한다는 것은 다름이 아니라 이 풍속의 근원이 궁중이기 때문이다. 궁궐에서 임금이 활을 쏠 때 바로 북과 깃발을 동시에 치고 돌려서 관중여부를 알렸던 것이다. "대사례도"를 보면 과녁 옆에 북치는 장면이 나온다. 따라서 북을 치는 것은 대사례의 자취가 민간에 흘러나와서 남은 것이다. 이것이 지배계층이 즐긴 편사과 궁중의 관습 간에 긴밀한 관련이 있음을 보여주는 것이다. 그리고 이와 같은 관계는 획창에서도 나타난다.

▶ 획창과 기록

획창(獲唱)이란 과녁에 맞았을 때 맞았음을 알리느라 소리치는 것을 말한다.

---

122) 『조선의 궁술』, 64쪽.
123) 성낙인 대담(1998. 2. 24).
124) 김병세 대담(1997. 11. 19).
125) 김봉학 대담(1997. 7. 9).
126) 『해동죽지』, 俗樂遊戲.
127) 김홍도, 북일영.

'창'(唱)은 관중을 알릴 때 곡을 뽑듯이 하기 때문이다. 그런데 이 '창'을 꾸미는 '획'(獲)은 짐승을 잡는다는 뜻이다. 따라서 '획창'이란 짐승을 잡았다고 노래하듯이 알리는 것을 말한다. 관중을 짐승 잡은 것으로 표현하는 것이 바로 궁중의 활쏘기 풍속이다.

궁중에서 활쏘기를 할 때는 후(侯)를 썼다. 이 후 한 가운데에는 곡(鵠)이 있는데, 거기에 짐승 그림을 그려 넣는다. 물론 신분에 따라서 짐승이 다르다. 임금은 곰의 머리를 그려 넣었고 종친과 사대부는 사슴의 머리를 그려 넣었다.[128] 따라서 과녁을 맞히면 짐승을 쏘아서 잡은 셈이 된다. 그래서 짐승을 쏘았다는 뜻으로 '획'이라고 한 것이다. 짐승을 '획' 하였다고 소리치는 것이 바로 '획창'인 것이다. 이것이 편사에도 그대로 쓰이는 것은 바로 궁중의 활쏘기 풍속이 지배층의 활쏘기인 편사에 그대로 적용되었다는 것을 뜻한다. 편사가 국가의 의도와 묵인 하에 이루어졌음을 확인할 수 있는 부분이다. 이와 같은 흉내는 국가의 묵인이 없으면 안 되는 것이고 국가는 이것을 묵인하면서 그 대가로 무엇인가를 기대한 것인데, 그것이 비상시에 예비 병력을 확보하는 것이다.

이 획창이 지방으로 내려가면서 이름도 달라졌다. 인천에서는 호청이라고 하며[129] 장단에서는 호정이라고 하고[130] 호창이라고도 하는데[131] '획창'이 입에서 입으로 전해지는 과정에서 조금씩 변한 것이다.

획창한량은 각기 자기 정에서 목청 크고 흥이 많은 한량을 세워서 흥을 돋운다. 무겁에서 맞았음을 알리는 깃발이 돌아가면 획창한량은 획창을 한다. 첫째 살이 맞으면

"아무가 변"

하고, 둘째 살부터는

"또 변"

---

128) 『국조오례의』, 「서례·군례」.
129) 이창희 대담.
130) 김병세 대담(1997. 11. 18).
131) 김봉학 대담(1997. 7. 9).

이라고 하였다. '또'를 붙인 것은 처음 맞고 연속하여 맞추었다는 것을 분별하기 위한 것이다. 만일 이삼사대가 안 맞고 오자대가 맞으면 초자대가 맞았더라도 '또'를 붙이지 않는다.

인천에서는 획관이 획창을 할 때 성 뒤에 직위를 붙인다. 편장을 지낸 사원은 의관(儀官)이 되고 호칭도 영감이라고 한다. 만약에 그가 이 씨라면

"이의관 영감, 변"

한다. 편사를 지내지 않은 사원은 모두 '주사 나으리'라고 칭해준다.

획관은 획창소리가 끝나기를 기다려 나직하게 다시 한 번

"변"

이라고 대답한다. 이것은 획창하는 소리를 제대로 알아들어서 시수기록에 틀림이 없다는 것을 확인하는 것이다. 그리고 시지의 사원 성명 아래에 한자로 변(邊)짜를 쓴다. 그리고 획창이 '또변'이라고 하면 획관도 '또변'이라고 하지만, 시지에 쓸 때는 '또' 짜는 쓰지 않고 '변' 짜만 썼다. 옛날에는 붓으로 변짜를 썼지만 요즘은 둥근 도장을 파서 찍기도 한다. 그리고 이 시지는 옛날에는 두루마리를 길게 해서 썼지만, 요즘은 모조지 전지로 쓴다.[132]

일이삼사 대 중에 몇 개를 맞추고 오자대가 맞지 않을 경우 획창이

"아무개, 몇 중에 순점(巡點)"

이라고 하였다. 오자대가 적중하면 획창한 후 아무개라고 부르지 않고

"몇 중에 순점"

이라고 하였다. 오자대가 다 맞지 않았을 때는

"아무개 불"

이라고 한다.

획관은 획창이 순점이라고 함에 따라 순점을 같이 부르면서 '변' 짜 아래를 막

---

132) 이창희 대담.

아 권자(圈子)를 둥그렇게 그려서 순을 구별하며, 불이라고 부르면 또한 따라서 불이라고 부르면서 불(不)짜를 썼다.[133]

　　개인 별 시수를 합하여 맨 밑에 기록할 때는 몇 시(矢)라고 쓰는데, 시 자를 붙여서 어감이 이상할 경우에는 중(中)이나 전(箭)으로 바꿔쓴다. 예컨대 6시는 욕 '육시랄'이 연상되므로, '六中'이나, '六箭'이라고 쓴다.[134]

　　▶ 기생획창[135]

　　풍악과 기생이 있는 편사에는 기생의 복장은 반드시 큰머리에 남치마를 입고 2-4명씩 어깨를 가지런히 하고 서서 목소리를 같이 하여 병창하되 남자 한량의 획창소리가 그치기를 기다려서 '관중'이라는 데를 방울목을 넣어서 획창한다. '방울목'이란 창에서 궁글궁글 굴러서 내는 목소리를 말한다.[136] 그리고 성명을 부르지 않고 관직에 따라서 가령 국장을 지내고 성이 이가라면 "이국장 영감"이라고 하고 만일 당하관이면 "나으리"라 부르고 관직이 없는 사원은 "서방님"이라고 불렀다.

　　남자획창은 변이라고 하는데, 이것은 관과 변을 따지지 않기 때문이다. 그러나 기생획창에는 변이라 함은 없고 일자 살부터 오자 살까지 맞기만 하면 관중이라 하였다. 약에 일자이면

　　"아무 서방님 1시에 관중이요."

---

133) 『조선의 궁술』, 64쪽.
134) 성문영이 장원한 구한말의 시지에 보면 箭이라고 쓴 경우가 나타난다. 성낙인이 참여한 1947년의 시지에는 中이라고 썼다.
135) 요즘 인천에서는 기생을 국악인이라고 호칭하여 그들을 대접한다. 아마도 이것은 창을 하는 사람들이 기생이란 말을 꺼려서 그런 것으로 보인다. 그러나 이것은 기생이란 말을 오해한 데서 온 것이다. 조선시대의 기생(妓生)은 예능방면에 특별한 재주가 있어 그것으로 생계를 삼는 여인을 가리키는 말이었다. 당연히 그 격도 기생마다 달라서 뛰어난 기예로 궁궐에도 드나드는 기생이 있는가 하면 특별한 재주 없이 몸을 파는 기생까지 있기 마련이다. 하급 기생들은 몸을 팔았기 때문에 그것이 연상이 되어서 기생이란 말을 꺼리게 된 것이다. 소리기생이라고 하면 이것은 창을 전문으로 하는 기생을 말한다. 따라서 전혀 문제가 될 것이 없기 때문에 여기서는 소리기생이란 말을 쓴다.
136) 조동일 김흥규 편, 『판소리의 이해』, 창작과비평사, 1984. 143쪽.

하고 이자이면

"이시에 관중이요."

한다. 이렇게 관중이라고 하는 것은, 옛날부터 궁중에서 임금이 쏘거나 정승, 또는 장신이 쏠 때 존중하여 대접하던 습관으로 변이 맞아도 관중이라고 하던 풍속이 전해온 것이다. 여기서도 편사에 끼친 궁궐의 영향을 엿볼 수 있다. 삼중을 하면 기생이 획창한 뒤에 이어서 지화자를 한다.

옛날에는 5중 때만 지화자를 불렀다. 그런데 1920년대에 이르면 삼사오 중에도 부르고 현재 인천에서는 이중에서도 부른다. 이것은 편사에 참여하는 사원의 쾌활한 흥취를 자아내느라고 하는 파격이다. 또 일이삼사를 다 못 맞추고 오자살만 맞춰도 지화자를 부르는데, 이것은 한량이 오자대를 귀중하게 여기는 것을 알기 때문이다.[137]

획창 소리 그치기를 기다려서 풍악을 울리는데 일이중 때에는 장령산 곡조를 치고 삼중에는 염불곡을 치고 사오중에는 타령조를 친다. 지화자를 부를 때는 반드시 타령조를 쳐서 풍악곡조와 지화자 곡조의 노래가 서로 어울려 사원들의 흥미를 돋구었다.[138]

요즘은 이런 곡이 꼭 지켜지지는 않고 풍악을 울리는 방법도 다양해져서 시수가 나지 않을 때 서먹서먹하면 아무 노래나 부르고 곡을 친다. 옛날 노래부터 시작해서 요즘 유행하는 뽕짝까지도 섞어서 신나게 노래한다.[139]

이들 소리기생도 분위기를 돋우는데 큰 부분을 차지하기 때문에 여러 번 해본 사람을 선정한다. 천의 경우는 6명 정도로 하는데, 이 편사를 전문으로 하는 사람이 있다. 악기는 활백일장 때와 마찬가지로 장구, 꽹과리, 호적(피리)를 준비하는데, 요즘은 전자올겐 같은 것을 가지고 와서 흥을 돋운다.[140]

---

137) 그래서 요새도 마지막 대에는 사회자가 "지화자대 모두 맞춰주세요.", "한량대 모두 맞춰주세요"라고 한다.
138) 『조선의 궁술』, 65쪽.
139) 편사 비디오.
140) 이창희 대담.

▶ 승패결정

초순을 맞춘 후에 시수를 계산하여 초순 합시수를 시시의 왼쪽 끝에 초순 몇 시라고 쓰고 그 아래에 초순의 합시수를 기록한 방법으로 재순과 삼순의 합시수를 기록한다.

전체의 합시수는 삼순의 합시수 아래에 쓰고 이것을 비교하여 승패를 결정한다. 선단한 사정과 응단한 사정의 시수가 같다가 결국 가장 끝에 가서 패사면 선단한 사정의 반획(半劃)을 감하는 사풍에 따라 선단한 사정이 패하고 응단한 사정이 이긴 걸로 간주한다. 반획은 한획이 50시를 뜻하므로 25시를 뜻한다. 이것은 선단한 사정은 주인이요 응단한 사정은 손님이어서 주인이 손님에게 양보하여 대접의 뜻을 표시하는 사풍 때문이다. 그리고 응단한 사정에서 같은 시수가 나오면 전 사원 15인이 일순씩 비교를 쏘았다. 너무 늦어서 다 쏘기 어려울 경우에는 종띠가 대표로 나가서 비교를 하였다.[141]

풍악과 기생이 있는 편사에서는 이긴 사정 군막으로 풍악과 기생을 보냈는데 이긴 사정에서는 앞에다가 사정기를 세우고 승전곡의 풍악을 울리면서 돌아갔다. 이때 기생은 간혹 태평곡이나 길군악도 부르면서 승리한 영광과 쾌활한 기상을 나타내었다.[142]

5) 마무리

편사가 끝난 후 선단한 본정에서는 잔치를 끝맺는 술과 음식을 도청으로 내어와 각정 수뇌되는 사람을 청해 잔을 가득 채워 술을 권하면서 종일 수고하였음을 위로한다. 이때 성적이 제일 하위인 사정에서는 각 정에 대하여

"폐정으로 일차왕림하시니 오늘 미진한 정을 창서(暢敍)하시기 바랍니다."

라는 인사말로 자기 사정에서 편사할 것을 계속하여 청한다. 그러면 각정은 사양하

---

141) 성낙인 대담(1997. 7. 1).
142) 『조선의 궁술』, 66쪽.

지 못하고 응락한다. 이것이 바로 '지고 청한다'라고 하는 옛날의 사풍이었다.

파연 술을 마신 뒤에 각기 군막으로 돌아가면 선단한 사정에서는 사원 두 사람씩을 각 군막에 보내어 전송전갈을 하는데 두 사원과 군막 사이의 인사절차는 처음 군막을 올라올 때와 같게 한 후

"진일 피곤하시겠습니다. 그러면 원로에 안녕히 가십시오."

하면서 절을 하고 돌아간다. 그러면 각 정 군막에서도 선단본정에 똑같은 절차로

"진일 모시고 잘 놀고 갑니다."

라는 회답전갈을 한 수 각각 헤어져 돌아갔다.

인천에서는 두 정이 하기 때문에 이보다는 덜 복잡하다. 편사대결이 끝나면 간략한 식으로 서로 인사말을 주고받고 성적발표도 곁들인다. 온종일 주안상이 차려져 있었지만, 끝으로 다시 상을 차려 정성껏 대접하고 풍악과 소리기생이 합석하여 한 바탕 신명나게 흥을 돋운다.

헤어질 때는 초대를 받은 정에서 다시 편사를 치룰 것을 날짜와 함께 선포하며 헤어지는데, 아침에 영접할 때와 똑같이 환송을 한다.[143]

편사를 치룬 다음날에는 편장이 잘 싸웠다고 간단한 술자리를 마련해서 편사 때 성적이 좋은 사원을 가려 도장원, 부장원, 삼장원 순으로 시상을 한다.[144] 두루마리 시지는 정에서 보관한다.[145] 그런데 서울에서는 이 시지를 주로 최고시수자에게 주었다.[146]

6) 지고 청하는 편사

편사는 대개 한 구역 안에서 이루어지기 때문에 편사를 하는 순서도 대개는 결정된다. 인천의 경우는 각 정이 이웃한 정과 평소 교분이 있기 때문에 한 번 초대받

---

143) 『조선의 궁술』, 67쪽.
144) 『연무궁도』, 145쪽.
145) 이창희 대담. 정읍 필야정에서도 해방 전에 쓰인 시지가 여러 장 발견되어 지방 문화재로 등록되었다.
146) 성낙인 대담(1998. 6. 1).

으면 그 다음에는 초청하는 것으로 되어있다.[147] 그렇지 않고 특별한 교류가 없는 경우에는 편장할 사람이 수소문하여 상대를 찾는 수도 있다.[148]

그런데 서울의 경우는 터편사가 관례로 굳어서 많은 정이 참가한 모양이었다. 그러다가 이것이 일제강점기에는 황학정 석호정 서호정, 청룡정이 하는 것으로 관례화하였고, 한때 일가정이나 숭무정도 참여하기도 하였다.[149] 그러나 꾸준히 참여한 것은 위의 네 정이었다. 따라서 순위를 정하는 방법도 저절로 결정되었는데, 편사에서 지는 편이 그 이듬해에 편사를 주최하는 것이었다. 이렇게 지고서 주최하는 편사가 "지고 청하는 편사"이다.[150] 그 방법은 다음과 같다.

지고 청하는 사정에서 편사 당일 필요한 모든 설비와 비용을 부담하며 각정은 궁시만 가지고 오고 전갈절차와 회답절차는 대중회 때와 같다. 본정과 각 군막 사이의 전갈왕래가 끝나면 본정에서 시기 한 장(장지나 대호지), 붓, 먹, 벼루, 연적을 각 군막에 보내고 수띠에게 도청으로 들라는 전갈을 한다. 각 군막에서는 수띠가 장로 2~3인과 그리고 편사가 끝날 때까지 장로를 모시면서 조청과 군막 사이에 연락할 사원 한 사람을 대동하고 도청에 들면 본정에서는 소두상을 올린다.

기악이 있는 편사이면 악공은 거상의 풍악을 치고 기생은 술잔을 들어 권주가를 부르며 이삼 배씩 마신 다음 술상을 물린 후 각 정 시지를 살펴보고 편사를 진행하는데, 이러한 모든 절차는 대중회 때와 같이 한다.

본정에서 각 군막에 점심을 보낸다. 이때 보내는 차례는 먼저 번 편사 때 올린 성적에 따른다. 그리고 활터 음식에는 술을 금하는데 술이 취하면 사람의 언행이 변하기 쉬워 실수할 까 염려되기 때문이다. 점심을 보낼 때의 절차는 사원 두 사람이 점심을 가지고 각 군막에 가서

"왔습니다."

---

147) 류홍 대담.
148) 김봉학 대담(1997. 7. 9).
149) 성낙인 대담(1997. 7. 1).
150) 『조선의 궁술』, 67~68쪽.

하면 군막에서

"오시오."

한다. 두 사람은

"점심 가져왔습니다. 찬수는 없사오나 많이 잡수시기 바랍니다."

라는 전갈을 하고 오면 각 군막에서는 점심을 마친 후에 사원 두 사람을 본정에 보내

"점심을 보내주셔서 잘들 먹고 감사합니다."

라는 전갈을 한다.

날이 저물면 불을 밝히는 화구(火具)를 준비하되 본정이 부담하여 도청에 촛대 한 쌍, 사정 처마에 사롱(紗籠) 한 쌍, 무겁 좌우에는 장작으로 화톳불을 피운다. 그리고 과녁 좌우 머리에는 북등 하나씩을, 각 군막 앞에는 사롱 한 쌍씩 달아놓으며 이외에 각 사정이 돌아갈 때 쓰도록 북등 10개 초 한 자루를 준비하여 보낸다.[151]

7) 두 번 지고 청하는 편사

지는 대로 한 번씩 돌려가며 청하여 쏘다가 두 번 지는 때에는 편사가 끝나는 법이다. 두 번이나 진 사정이 만일 또다시 청하면 응한다. 이때 사정이 응사원을 바꾸거나 하는 경우도 있는데 이것은 각 정의 임의대로 할 수 있다.

8) 응사원 관계

응사할 때에 자기 차례에 쏘지 않으면 자불(自不)로 인정하고 띠를 바꾸거나 순을 바꾸지 못한다. 그리고 편사진행 중에 자기 사정의 중회(衆會)에 참여한 사원은 다른 사정으로 응사하지 못하게 한다.

자기 집과 자기 사정의 거리가 멀어서 날마다 습사하기 어려운 경우에는 가까운 사정으로 입사하는 일도 있지만, 본정은 친가(親家)가 되고 추후입사한 사정은 시

---

151) 『조선의 궁술』, 68~69쪽.

가(媤家)와 같아서 두 사정에 똑같이 응사할 의무가 있으나 만일 두 사정이 편사에 함께 참여하게 되는 경우에는 어느 사정소속으로도 응사하지 못하였다.

본정이 있지만, 사계가 없어 다른 사정사계에 참여한 사원은 본정과 사계에 똑같이 응사할 의무가 있으나 두 사정이 편사에 함께 참여하는 때는 어느 사정이든지 응사하지 못하였다. 응사원의 편의를 위하여 대중회 당일에 도청 결의가 있을 때는 혹시 편사가 진행 중이라도 특별한 사정이 있는 사원이 있으면 교체할 수도 있다.[152]

9) 편사의 의의

편사가 이렇게 복잡한 만큼 그 절차도 엄숙하여 활터의 아름다운 풍속을 잘 보여주는 것이다. 그리고 국방을 위한 예비인력 확보라는 차원에서 국가에서 장려한 운동이며 그런 만큼 편사를 하는 것은 애국의 한 형식일 수 있었다. 국가와 개인의 관계를 이만큼 잘 무리 없이 결합시킨 사례는 찾아보기 쉽지 않다.

그리고 사원간의 단결이 전제되지 않으면 치루기 힘든 것이기 때문에 단체생활에서 요구되는 질서와 단결심이 다른 그 어느 운동보다도 더 필요한 것이다. 이러한 미덕은 오늘날 민주사회를 사는 사람들이 반드시 갖추어야 할 아주 중요한 조건이다. 그와 같은 미덕을 기르는 데는 이보다 더 좋은 운동이 없다. 편사는 개인의 뛰어난 재주와 순발력을 생명으로 여기는 서구의 운동과는 또 다른 측면을 지니고 있는 것이다. 개인의 능력과 한 순간의 순발력을 넘어서 조화와 중용을 중요시한 동양의 정신이 잘 구현된 풍속이면서 운동이라고 할 수 있다.

또 이 편사는 사회 계층 간의 갈등을 어느 정도 완화시킬 수 있다. 이것은 앞서 살펴본 것처럼 재정이 넉넉한 사람이 편장으로 나서서 그 날의 비용을 부담하기 때문에 옛날에는 동네잔치의 성격을 띠었다. 이것은 부유한 사람이 베푸는 형식인 것이다. 그러므로 아무런 대가 없이 잔치를 즐길 수 있는 여유를 그 사회의 한 구석에

---

152) 『조선의 궁술』, 70쪽.

마련하는 것이다. 편사가 진행되는 동안 이런 넉넉함이 편사를 행하는 사회에 차고 넘치는 것이다. 편장을 한 번 하면 학생을 면할 만큼 큰 명예와 존경을 얻는 것도[153] 편사가 신분차별이 엄하게 존재하는 사회 내에서 그러한 모순을 완화시킬 수 있는, 이와 같은 순기능을 하였음을 그 사회의 구성원들이 인정하기 때문인 것이다.

요컨대 이 편사는 오늘날 민주사회에 더할 나위 없이 중요한 것을 깨우쳐주는 것이다. 그런데 이와 같은 아름다운 풍속이 일제강점기 하에서 위축되어 많이 간소화하였다.[154] 일제말의 살벌한 분위기에서는 소리기생을 동원하지도 못할 정도였다.[155] 그리고 해방과 한국전쟁을 거치면서 아예 서울에서는 그 모습이 사라져버렸다.

더 큰 문제는 그 후의 무관심이다. 편사가 지닌 미풍양속의 측면을 보지 못하고 양반들이 즐기던 것이라고 일소에 부쳐 척결해야 할 대상으로 인식함에 따라 우리 사회에서 점점 사라져가다가 서울지역에서는 결국 그 명맥이 끊기게 된 것이다. 그리고 그 후에 유신정권 때까지 지속된 군대식 근대화정책에 밀려 남의 것을 따르는 것이 좋은 것인 양 여기는 풍토 속에서 편사 역시 점점 사라져간 것이다. 그리고 근대화란 미명 하에 남의 것을 좋다고 배우고 우리 것을 천하게 바라보도록 강요한 교육도 이러한 분위기를 부추기는데 일조를 하였다.

그러나 풍속이란 아무리 나쁜 것으로 판단되어도 오랜 세월을 거쳐오면서 형성된 것이기 때문에 그럴 수밖에 없는 분명한 이유가 있는 것이다. 그리고 그 이유는 한 시대를 사는 사람들의 머리로는 완전히 파악하기 어려운 면이 있기 마련이다. 그래서 전통은 이유를 불문하고 일부에서만이라도 꼭 지켜야 하는 것이다. 따라서 국궁의 앞날과 풍성한 풍속을 위해서는 현재 남아있는 인천 경기 지역의 편사만이라도 잘 보존해야 할 것으로 보인다. 그것을 가꾸고 이어가는 것은 우리 후손들의 몫이다.

---

153) 김병세 대담(1997. 11. 19).
154) 성낙인 대담(1997. 7. 1).
155) 성낙인 대담(1997. 7. 1).

05 무과의 활쏘기[156]

01 _ 과거제도의 유래와 성격

과거는 과목(科目)에 따라서 관리를 선발하는 등용시험이다. 이런 과거제도는 수나라의 문제(文帝) 때인 개황(開皇) 7년(587)에 처음 실시되었다. 수문제가 이 과거제도를 실시한 것은 당시에 강성했던 귀족세력을 누르고 천자를 정점으로 하는 중앙집권체제를 강화하고자 하는 의도였다. 수문제 자신이 굉장한 권력을 쥔 외척출신으로 유명무실한 황제를 몰아내고 스스로 자리에 오른 가문의 출신이기 때문에 자기 가문의 황제권력을 유지하기 위해서는 왕권강화를 위한 특별한 방책을 마련할 필요가 있었다. 그러려면 막강한 군대를 소유한 귀족과 호족 세력을 약화시키면서 그들을 군주에게 충성하는 관리로 전환하는 방법이 필요한데, 그것이 바로 과거제도인 것이다. 과거는 개인의 능력을 평가하여 선발하는 제도였기 때문에 가문의 혈통에 따라 대를 이어 관직을 세습하는 당시의 관행을 개혁하는 데 가장 적합한 등용방법이었다. 따라서 이 과거제도를 실시함에 따라 호족세력의 일부가 중앙 군주에 충성을 다하는 중앙의 관리로 바뀌면서 천자를 정점으로 한 세력재편이 이루어진다. 과거제도는 무력으로 천하를 통일한 군주가 황제 중심의 문치(文治)를 이루는 데 가장 적합한 방법이었다. 그렇기 때문에 당연히 무과보다는 문과가 더 중요시되었다.

문과는 한나라 때부터 통치이념으로 자리 잡은 유교의 국가경영방식과 사상에

---

[156] 과거제도에 관한 글은 그리 많지 않다. 그 중에서 우리나라의 역대 과거제도를 잘 설명한 책은 이성무의 『한국의 과거제도』(집문당, 1994)이다. 여기서는 이 책의 내용을 중심으로 정리한다. 특별한 주를 달지 않는 한, 이 책에서 인용했음을 미리 밝힌다.

대한 지식을 묻는 것이다. 그런데 이 유학은 통치자의 지배논리를 일관되게 강조하는 사상이어서 왕의 권위를 강조하기 위한 형식에 까다롭게 매달리는 경향을 보인다. 따라서 난세보다는 통일왕조의 안정된 지배체제 하에서 그 필요성을 인정받을 수 있는 사상이다. 춘추전국시대에 냉대 받던 유학이 한대에 이르러 통치이념으로 채택된 배경에는 이와 같은 특징이 있던 까닭이다. 따라서 유학은 통일왕조의 정당화와 합리화에 아주 적합한 사상인 반면에, 형식에 지나치게 집착하는 경향 때문에 어지러운 시대에는 채택되기 힘든 사상이다. 이런 점은 공자와 같은 시대의 다른 제자백가의 눈을 통해서 아주 잘 드러난다.

> 무릇 유학자는 말재간이 있고 융통성을 잘 부려 법으로 규제할 수 없으며, 거만하고 제멋대로 하니 아랫사람으로 두기 어려우며, 상례를 중시하여 슬픔을 다한다며 파산까지 하면서 큰 장례를 치르니 그들의 예법을 풍속으로 삼기 어렵고, 도처에 유세 다니며 관직이나 후한 녹을 바라니 나라의 정치를 맡길 수도 없습니다. 현자가 사라진 이래로 주의 왕실이 쇠미해졌고 예악이 붕괴된 지 오래되었습니다. 지금 공자는 용모를 성대히 꾸미고 의례절차를 번거롭게 하고 세세한 행동규범을 강조하고 있으나 그것은 몇 세대를 다 배워도 배울 수 없으며 평생을 다해도 그 예를 터득할 수 없습니다. 군주께서 그를 채용하여 제나라의 풍속을 바꾸려 하신다면 이것은 백성을 다스리는 좋은 방법이 아닙니다.[157]

춘추전국시대는 약육강식의 논리가 그대로 통하는 사회였다. 하루아침에 왕실이 망하고 흥하는 숨 막히는 시대에 필요한 것은 눈에 보이는 힘으로 적을 제압해서 승리를 얻는 것이지 개념도 몽롱한 덕과 인의로 상대를 감동케 하여 이미 사라진 옛 왕조를 재건하는 것이 아니다. 그런 점에서 공자의 사상과 예절이 난세에는 그다지 쓸모가 있는 것이 못되며 어찌 보면 불필요한 형식에 집착하여 화를 자초할 수 있는 것임을 알 수 있다. 오히려 법가나 합종연횡가들의 논리가 형식에 얽매이는 공자의

---

[157] 사마천, 『사기』(정범진 외 옮김), 까치, 1994. 423쪽 공자세가.

사상보다는 훨씬 더 현실감을 주었다.

그러나 통일왕국이 이루어지면 사정은 달라진다. 어지러운 시대와는 달리 이때는 군주의 권위를 세울 방도가 필요하며 그것은 곧 형식과 절차가 복잡해지는 과정을 뜻한다. 그런 것에 가장 적합한 것은 위에서 비판 받은 유가의 '예'인 것이다. 그래서 유가는 통일왕조가 천자의 권위를 옹호하기 위한 기본사상이 되며, 이를 뒷받침하는 제도가 과거의 문과인 것이다.

그렇다고 해서 과거제도가 관리가 되는 유일한 방법은 아니었다. 수나라의 과거제도는 그 뒤의 당나라로 이어지지만, 정작 과거제도보다도 음서제도와 같은 방법으로 관리가 되는 사람이 더 많았다. 그리고 과거제가 오래 실시되는 동안 좌주문생제(座主門生制)를 통하여 시관과 합격자의 관계가 친밀해지면서 붕당이 형성되기도 했다. 애초에 황제권을 강화하기 위해 만들어낸 방법이 정작 새로운 귀족을 만드는 데 기여하게 된 것이다. 이런 문제점을 없애고 황제권을 강화하기 위하여 만들어낸 것이 송대(宋代)의 전시(殿試) 제도이다. 따라서 오늘날과 같은 진정한 과거제도는 송대에 발달하게 된 것이다. 그리고 원대(元代)에 이르면 초시(初試) 회시(會試) 전시(殿試)를 거치는 과거삼층법이 확립되었다.

02 _ 우리나라의 과거제도

우리나라에서 과거제와 같은 시험을 통하여 관리를 뽑은 것은 신라 원성왕 때의 독서삼품과라고 할 수 있다.

1) 신라의 독서삼품과(讀書三品科)

신라는 골품제 사회였다. 골품제(骨品制)란 사람의 출생과 혈통에 따라서 할일과 지위가 결정되는 제도를 말한다. 골(骨)이란 '굴'의 향찰표기로 '가르다, 가람, 갈래, 겨레, 곁지'와 같은 뿌리에서 나온 말이다.[158] 이 골은 두 가지이다. 성골과 진골이 그것인데, 성골(聖骨)은 거룩한 겨레라는 뜻이고 진골(眞骨)은 진짜 겨레라는 뜻이다. 이 '골'은 왕족을 말한다. 품(品)은 두품(頭品)의 줄임말이다. 두품은 6두품, 5두품, 4두품 하는 식으로 신분을 결정하는 단위이다. 이 '품'은 '골'의 밑에서 그들을 도와주는 지배층을 말한다. 따라서 골품제란 이와 같이 혈통에 따라서 신분과 지위가 엄격하게 나누어지는 제도를 말하는 것이다.

신라사회가 이렇게 특수한 구조를 띤 것은 신라를 지배한 민족이 그 피지배층과 달랐기 때문이다. 신라의 지배층은 터키족이었고, 그 피지배층은 길약족과 아이누족이 혼합된 한족이었다.[159] 그러다보니 왕족을 구성하는 민족과 그들의 지배를 받는 민족이 분리되어, 이른바 골품제로 정착한 것이다. 그러나 지배층이 워낙 소수이다 보니 피지배층의 일부를 지배층 안으로 수용하지 않을 수 없었고, 그들에게 자신들과는 다르면서도 일정한 통치권을 부여한 것이 이른바 두품을 정해주는 형식으로 나타났다. 왕실을 점유한 세력과 토착세력의 지배층으로 구성된 것이 신라의 골품제 사회인 것이다.

성골은 김씨 왕과 박씨 왕비 사이에서 낳은 순수한 왕족을 뜻하며 진골은 김씨 왕과 박씨 아닌 왕비 사이에서 낳은 왕족을 뜻한다. 그런데 성골은 선덕여왕이 마지막이었기 때문에 태종무열왕부터는 진골이 된다. 따라서 삼국통합 이후의 신라는 진골정권이 된다. 6두품은 바로 이와 같은 구조 하에서 토착 세력들 가운데 가장 높은 지위를 차지하는 계층이었다. 이들은 왕족 밑에 기생한 계층이기 때문에 왕들을 위해 외교문서 작성 같은 행정실무를 주로 맡게 된다. 말하자면 토착인이면서 유학을 기본 소양으로 한 관료인 것이다.

왕들은 통치와 외교상의 필요 때문에 이들을 육성할 수밖에 없었다. 그래서 설치한 것이 신문왕(神文王) 2년(682)의 국학(國學)과 원성왕(元聖王) 4년(788)의 독서삼품

---

158) 骨의 뜻이 뼈이기 때문에 성골을 거룩한 뼈 운운하는 사람도 있으나 그것은 속설일 따름이다. 여기서는 왕족을 뜻하는 말이다.
159) 『고대사의 비교언어학적 연구』

과이다. 국학에서는 9년 동안 공부를 하게 되는데, 이들이 치루는 최종시험이 독서삼품과이다.

삼품(三品)은 능력에 따라 세 품으로 나누었기 때문에 붙은 이름이다. 상품(上品)은 『춘추좌씨전』, 『예기』, 『문선』을 읽을 수 있고 그 뜻에 통달하며 아울러 『논어』, 『효경』에 밝은 자를, 중품(中品)은 『곡례』(曲禮), 『논어』, 『효경』을 읽을 수 있는 자를, 하품(下品)은 『곡례』, 『효경』을 읽을 수 있는 자를 뜻한다. 학문을 익힌 정도에 따라 국가의 관리로 임용했다.

그러나 이와 같이 실력에 따라 관리를 임용하는 제도는 골품제 하에서는 그 한계가 명백할 수밖에 없었다. 출생과 혈통이 그 사람의 신분을 이미 결정해버리는 제도 안에서는 실력으로 올라갈 수 있는 신분의 한계가 분명하기 때문이다. 그 한계는 6두품이다. 이 육두품은 왕족들이 다 차지하고 난 다음의 지위이기 때문에 결국 왕족인 진골을 위한 심부름꾼에 불과한 것이다. 실력이 있는데도 그들이 올라갈 수 있는 계급의 한계는 너무나 분명한 것이다. 이와 같은 한계는 신라 말의 학자인 최치원의 경우에서 아주 잘 드러난다.

최치원은 당나라에 유학하여 과거에 합격하고 문장가로 크게 출세하여 돌아왔지만, 국가 운영에 관한 건의가 왕족들에게 묵살 당한다. 결국 자기 대에 개혁이 불가능함을 알고 가야산으로 들어가 종적을 감추어버린다. 이 같은 좌절감과 욕구불만은 당시 6두품 지식인들에게 공통된 것이어서 이들은 골품제의 벽을 넘지 못하고 다음 정권인 고려왕조를 기다리게 된다. 최치원의 다음 한 문장은 그러한 경향을 한 상징으로 보여준다.[160]

  계림의 숲은 누리끼리한데,   (鷄林黃葉)
  곡령의 언덕은 푸른 솔이 우거졌다. (鵠嶺靑松)

---

160) 이우성, 『한국의 역사상』, 창작과비평사, 1983. 159쪽.

계림은 당연히 신라를 가리키는 말이고 곡령은 왕건이 난 개성의 언덕을 말한다. 신라의 멸망과 고려의 흥기를 상징으로 표현한 것이다.

2) 고려의 과거제도

신라가 골품제의 모순을 극복하지 못하고 붕괴되자 지방의 호족들이 할거하여 후삼국시대가 열리고, 이 후삼국 시대를 궁예의 수하였던 왕건이 수습하면서 고려시대가 열린다. 이렇게 해서 열린 고려왕조는 사실상 왕건의 무력 밑에 잠시 조용해진 것일 뿐으로, 고려는 호족이 연합하여 세운 연합정권에 지나지 않았다. 따라서 지배자의 힘이 조금만 틈을 보이면 각기 무장세력을 지닌 호족들은 다시 독립하여 언제든지 다시 혼란한 상태로 돌변할 수 있는 것이었다.

따라서 왕조가 안정된 기반을 갖추려면 강력한 군사력을 가지고 있는 이른바 개국공신들을 숙청하는 것은 불가피한 일이며 그와 동시에 이들 세력을 대체할 만한 새로운 인물을 뽑는 방법이 필요하다. 이것이 바로 광종(光宗)의 노비안검법(奴婢按檢法)과 광군창설 그리고 과거실시로 나타난다.

광종은 태조 왕건을 따라다니면서 고려의 통일에 기여했고 고려 초기 왕조의 존립을 위협하는 왕규(王規)의 난을 진압하는 데도 공을 세웠다. 이런 과정에서 광종은 호족들의 세력을 견제할 필요를 절감하게 되는데 그것이 개혁정책을 실현하는 것으로 나타난다.

광종은 호족들이 누리는 경제력과 군사력의 기초가 되는 노비를 국가의 공민으로 편입시키고자 노비안검법을 실시하는 한편, 30만 광군을 조직하여 거란을 견제한다.[161] 노비안검법과 공신을 숙청하는 과정에서 세력을 잃은 호족들을 임금에 충성하는 관료로 만들기 위하여 과거제도를 실시한다. 그리고 당시 문란하던 관리들의 복장을 정비하고, 왕실의 권위를 높이기 위하여 스스로 황제라 칭하고 광덕(光德), 준

---

161) 이기백, 『고려병제사 연구』, 일조각, 1996. 163쪽.

풍(峻豊) 같은 연호를 따로 쓰기도 한다.

　　과거제도는 이와 같이 군사력에 기반을 둔 호족세력을 무력화시키고 왕권을 중심으로 한 문신관료를 양성하기 위한 처방이었다. 이 과거제도는 중국의 후주(後周) 사람인 쌍기(雙冀)의 건의로 이루어진다.

　　고려의 과거제도는 대체로 당나라와 송나라의 제도를 본뜬 것이다. 그런데 고려에서는 양대업(兩大業)이라고 해서 제술업과 명경업 두 분야로 나누어 과거를 실시하였는데, 당시 학문이 깊이 있는 논의와 탐구보다는 외교상의 문장을 꾸미는 사장(詞章)에 머물러있었기 때문에 명경보다는 제술 쪽에 치우칠 수밖에 없었다. 이를 진흥시키기 위하여 왕실에서는 국자감을 설치하여 학문을 권장하였다. 이로써 지방의 중소지주와 향리들이 중앙정계로 진출할 문이 열리고 이들은 점차 유교를 소양으로 하여 고려 후기를 이끄는 신진세력으로 성장한다.

　　고려 왕조의 이와 같은 정책으로 우리나라의 과거제도는 점차 자리 잡아서 마침내 조선시대의 과거제도로 이어진다.

3) 조선시대의 과거제도

　　조선시대의 과거제도는 크게 세 가지로 구별된다. 문과와 무과, 그리고 잡과가 그것이다. 문과는 예비시험에서 다시 두 분야로 나뉘는데, 제술과와 명경과가 그것이다. 제술과는 문장을 짓는 능력을 시험하는 시험으로 여기에서 뽑힌 사람들을 진사라고 불렀기 때문에 '진사시'라고 하기도 했다. 명경과는 유교의 경서에 관한 지식을 묻는 시험으로 여기서 뽑힌 사람을 생원이라고 불렀기 때문에 '생원시'라고도 한다.

　　다시 과거는 정기시험인 식년시(式年試)와 특별한 일이 있을 때 치루는 별시(別試)로 나뉜다.

　　식년시는 정규시험으로 3년마다 한 번씩 실시된다. 식년(式年)이란 태세(太歲)에서 12지 중 자(子) 묘(卯) 오(午) 유(酉)가 들어가는 해를 말한다.[162] 따라서 3년마다 돌아온다. 이 식년시는 과거삼층법을 적용시켰다. 즉 지방에서 먼저 초시(初試)를 치른 다음 여기서 합격한 이들을 서울 성균관의 회시(會試)에서 재차 선발하여 임금님 앞에서 치루는 전시(殿試)에 응하게 하는 것이다. 그래서 이 전시에서 마지막으로 합격의 등위가 결정된다. 이 마지막 전시까지 올라온 사람을 선달(先達)이라고 불렀다.

문과 공부를 하는 사람을 유학(幼學)이라고 하는데 이들이 명경과 제술을 거쳐서 진사와 생원으로 갈린다. 그리고 전시까지 나아가서 선달이 되고 여기서 합격하면 급제(及第)가 되며 여기서 받은 성적대로 벼슬길로 나아가는 것이다. 우리에게 낯익은 조선시대의 여러 가지 호칭들은 여기서 보듯이 모두 과거제도와 연관된 말들인 것이다.

문과초시는 세 종류이다. 향시, 한성시, 관시가 그것이다. 향시(鄕試)는 각도에서 실시하였고 한성시는 한성부에서, 그리고 관시는 성균관에서 실시하였다. 향시는 과거삼층법 중에서 초시에 해당하는데 모두 240인을 뽑았다.[163] 그리고 한성시에서 40인을 뽑고, 성균관시에서 50인을 뽑아서 복시를 치루는데 여기서 33인을 뽑는다. 이 33이란 숫자는 불교의 33천에서 나왔다고 한다. 이 전시에 나가는 인원은 적을 때나 많을 때도 있었지만, 대체로 33인을 뽑는 것이 지켜졌다.

이들을 다시 전시에서 시험을 치르게 해서 등급을 결정한다. 등급은 갑과(甲科), 을과(乙科), 병과(丙科) 세 등급으로 나눈다. 갑과 중에서 1등은 장원(壯元)이라고 하고, 2등은 방안(榜眼), 3등은 탐화(探花)라고 한다. 탐화란 어사화를 꽂는다는 뜻이다.

별시는 국가의 경사가 있거나 유생들의 사기를 북돋우기 위해서 치렀기 때문에 종류도 많았고 치루는 시기도 일정하지 않았다.

---

162) 김상연 편저, 『命1 : 역학의 맥』, 갑을당, 1997. 135쪽.
　　이 자묘오유 네 지지는 명리학에서 이른바 지지삼합의 중심이 되는 지지로, 사정(四正) 또는 제왕성(帝旺星)이라고 한다. 과거를 이때 시작하는 것은 이런 의미가 있다.
163) 경기도 20인, 강원도 15인, 황해도 10인, 충청도 25인, 경상도 30인, 전라도 25인, 평안도 15인, 함경도 10인, 계240인이다.

03 _ 무 과

1) 무과의 성격

과거는 국가의 지배이념에 복종하는 지식인을 양산함으로써 중앙집권을 강화하려는 의도에서 나온 것이다. 따라서 그런 이념을 실현하는 데는 무과보다는 문과가 더 적합하며 그런 까닭에 과거는 문과부터 실시되었다.

이와 같은 의도로 과거제도가 시행된 만큼 과거제도의 양대산맥을 이루는 무과도 예외는 아니다. 따라서 무과는 무력을 왕권에 집중시킴으로써 족벌을 무력화시키는 일과 직접 연관된다. 우리나라에서 사병이 혁파되는 조선조 태종에 이르러 처음으로 무과가 실시된다는 것은 바로 이와 같은 뜻을 담고 있다. 무과시행에 관한 논의가 그 이전 왕조인 고려의 공민왕 때부터 나왔는데도 시행되지 못한 것은 바로 이와 같은 성격 때문이다. 말하자면 개인의 사병으로 흡수되던 병력을 왕실로 흡수하여 왕권을 강화하는 것이 무과의 기본성격인 것이다. 조선조의 무과 역시 이와 같은 성격을 벗어나지 않는다.

또 한 가지, 문과는 조선시대 내내 거의 별 변화 없이 고르게 과거가 시행되었다. 그런데 무과는 그 선발인원부터 시작해서 시기도 문과처럼 정확히 지켜지지를 않았다. 이것은 병권의 특수한 성격 때문이다. 군사력은 왕이 기댈 수 있는 최후의 물리력이다. 그런 까닭에 왕은 자신이 믿을 수 있는 심복에게 그 지휘를 맡길 수밖에 없으며, 따라서 실력만을 따지는 과거에 자신의 운명을 맡길 수는 없다. 그래서 자신이 믿을 만한 사람을 기용하게 되며 이것이 무관을 과거의 방식으로만 뽑을 수 없는 이유이다.[164] 병권은 통치자에게 최후의 보루인 셈이다. 태종이 아들인 세종에게 왕위를 넘겨주면서도 병권만은 자기가 쥐고 있던 것은 이러한 사실을 잘 보여준다.[165]

---

164) 『충북국궁사』, 108~109쪽.
165) 『태종실록』

또 무관은 전쟁에 필요한 자원이다. 따라서 전쟁이 일어나면 그만큼 많은 사람을 뽑고, 평화시에는 뽑을 필요가 없는 것이 군인이다. 그런 까닭에 문과의 경우처럼 무과의 선발인원과 시기가 일정치 않았던 것이다.[166]

2) 우리나라 무과의 유래

고려시대에는 예종(睿宗) 4년(1109)부터 인종 11년(1133)까지 한때 무과를 실시한 적이 있지만, 고려시대의 흐름이 숭문언무(崇文偃武)여서 무관은 군사들 가운데서 무예가 있는 사람을 뽑아 쓰는 데 그쳤다.

그런데 양반(兩班)이란 문반과 무반을 짝을 이루는 것이어서 고려말 공민왕 때에 이색이 이런 취지를 말하고 무과를 실시할 것을 건의하였다. 그러다가 공민왕 20년(1371)에 유학인 성균관과 향교와 아울러 무학(武學)을 설치하였고 공양왕 1년에 십학(十學)을 설치할 때 무학을 군후소(軍候所)에 두기로 하였다. 다음해인 공양왕 2년(1930)에 도평의사사의 건의에 따라 인(寅) 신(申) 사(巳) 해(亥)가 들어가는 해에 무과를 실시하기로 하였다. 그러나 고려 왕조가 망하는 바람에 실시되지 못하였다.

조선이 개국되자 태조는 바로 앞의 공양왕 2년에 논의되었던 내용을 훈련관(訓練觀)의 주관하에 33인을 뽑도록 하였다. 이 훈련관은 송나라의 무학을 본뜬 것으로 고려 말의 군후소를 합병하여 무과를 주관하게 한 것이었다. 그러나 정작 무과가 실시된 것은 태종조에 이르러서였다.

3) 무과의 종류

무과도 문과와 마찬가지로 자 묘 오 유가 들어가는 해에 실시되는, 그러니까 3년마다 실시되는 정기시험인 식년시가 있고 그때그때 일이 있을 때마다 실시하는 별시가 있다.

---

166) 『충북국궁사』, 108쪽.

▶ 식년시

식년무과는 문과와 마찬가지로 초시 복시 전시의 3단계를 거친다.

초시에는 원시(院試)와 향시(鄕試)가 있다. 원시는 훈련원에서 주관(錄名)하여 70인을 뽑고, 향시는 각도 병마절도가 차사원(差使員)을 정하여 선발하는데, 경상도는 30인, 충청도와 전라도는 각 25인, 강원도 황해도 함경도 평안도는 각 10인을 뽑았다.[167] 이 원시와 향시는 인 신 사 해가 들어가는 해에 뽑는다. 이 인신사해는 자오묘유의 바로 앞에 해당하는 지지이다. 그러니까 전년에 뽑아야 이듬해에 복시를 치루는 것이다.

복시는 회시라고도 하는데, 초시합격자를 한양에 모아서 먼저 목전 육량전 편전을 쏘게 하고 기사 기창 격구를 시험본 후에 합격한 자는 강서를 하고 시수와 강서의 점수를 합산하여 28인을 최종 선발했다.

회시에서 선발된 자는 어전에서 시재(試才)하여 등급을 결정하는데 이를 전시라고 한다. 전시에서는 처음에는 기격구와 보격구를 하고 뒤에는 11기 중에서 1-2기로 높고낮음을 정하여 갑과 3인, 을과 5인 병과 20인을 뽑았는데, 이를 무선(武選)이라고도 불렀다.

강서(講書)는 세종 때부터 들어간 것인데, 장수감을 선발하기 위해서는 무예만이 아니라 학식도 갖추어야 한다고 생각하는 유교의 사고방식에서 나온 것이다.

▶ 별 시

별시에는 증광시 별시 알성시 정시 관무재(춘당대시) 외방별시 중시 발영시 등 준시 진현시 같은 것이 있었다.

증광시(增廣試)는 왕이 즉위한 것을 축하하기 위해서 실시한 시험이다. 태종 1년에 처음 실시되었고 방법이나 액수[168]는 식년시와 같았다.

---

167) 『역주 경국대전』, 병전 337쪽.
168) 인원수를 액수(額數)라고 한다.

무과중시(武科重試)는 태종 7년에 처음 실시되었는데 이것은 보통 병(丙)년에 실시되니까 10년에 한 번씩 뽑는 것이 된다. 당하관 이하의 문무관료들이 응시하였고, 합격한 사람은 승진시켰다. 전시와 같은 방법으로 뽑았고, 초시는 양소(兩所:훈련원과 모화관을 말함)에서 50명을 뽑았다.

별시(別試) 정시(庭試) 관무재(觀武才) 중시(重試)는 초시와 전시 두 차례의 시험만 치루는데, 액수는 그때그때 정하였다.

알성시(謁聖試)는 초시의 양소에서 50인을 뽑아 전시에서 왕이 친히 나와보는 데서 시취하는 것이 다르다. 이것은 왕이 성균관의 문묘(文廟)에 나아가서 석존제(釋尊祭)를 지낸 다음 실시하는 특별시험으로, 태종 14년 7월에 처음 치렀는데, 이때는 문과만 실시되었다. 그 이유는 무성묘(武聖廟)가 없었기 때문이었다. 그래서 세종은 훈련관 북쪽에 무성묘를 세우려고 하였는데 문신들의 반대로 시행되지 못했다. 그 대신 알성시에 무과도 함께 실시하기로 하여, 세종 16년 2월부터 문과와 함께 보였다. 이것은 초시와 복시 두 단계가 있었다.

관무재(觀武才)는 2품 이상 문관과 무관 각 1인이 시관이 되어 한량 군관 조관(朝官) 중에서 시취하였다. 금군(禁軍)은 따로 병조판서가 시관이 되어 시취하였으며 전시는 춘당대(春塘臺)에서 국왕이 나와 보는 가운데 2품 이상 문관 1인, 무관 2인이 참시관(參試官)이 되어 시취하였다. 외방관무재는 의정 1인이 왕명을 띤 관원(命官)이 되어 시취하였다. 관무재에서 우수한 성적을 거둔 사람은 한량은 전시에 직접 나아가게 하고 출신은 수령이나 변장에 임명하였으며 군관은 가자하거나 상을 주었다.

또 발영시 등준시 진현시가 있었다. 이것은 중시와 비슷한 것으로 세조와 성종이 왕권을 강화하려는 의도로 실시한 특별시험으로, 한 번씩밖에 시행되지 않았다. 발영시(拔英試)는 세조 12년 5월 단오절에, 등준시(登俊試)는 세조 12년 9월에 실시되었다. 여기에는 종친과 재상 이하 모든 관료가 응시하였는데, 초시와 전시 두 차례를 치러서 합격한 사람은 관직을 올려주었다. 진현시(進賢試)는 성종 13년 10월에 실시하여 문신 4인 무신 10인을 뽑았다.

외방별과(外方別科)는 평안도 함경도 강화 제주에서 국왕의 특지로 실시되는 무과별시의 일종으로 중신이나 어사를 보내어 단 한 번으로 급락을 결정한 것이다. 신이 파견될 때에는 공명첩(空名帖)을 보내어 합격자의 이름을 직접 써넣어 발표하게 하였고, 어사를 파견할 때는 합격자를 무과전시에 직접 나아가게 하였다.

▶ 도 시

도시는 무관과 군사들의 훈련 정도에 따라 승진시키는 것으로, 인재를 선발하는 무과와는 조금 다르다. 문관의 문신월과법(文臣月課法)과 같은 것이다.

도시는 국상 같은 큰 일이 없는 한 매년 봄가을에 두 차례 실시된다. 서울은 병조의 주관으로 의정부 육조와 도총부 당상관 훈련원 당상관이 각 1인이 시관이 되었는데 시험일에는 의정부 육조 당상관이 모두 참관했다. 외방도시의 시관은 감사와 병마절도사가 맡았다. 이 도시는 때에 따라 조금씩 다르기는 하지만 신분의 구별 없이 널리 응시할 수 있었고 성적이 좋은 사람에게는 승진이나 입속 같은 특혜가 주어졌다. 뽑는 인원은 때마다 다 달랐다.

▶ 만 과

그런데 식년무과에서는 대체로 28인의 정원을 지켰지만, 별시에서는 항상 식년시보다 더 많이 뽑았다. 이것은 유사시에 군사를 많이 충원해야 하는 점 때문이다.[169] 전쟁이 일어나면 군대를 많이 뽑을 수밖에 없는 것이 바로 이 무과의 특징이다. 그래서 신숙주가 여진정벌을 계획한 것 때문에 세조 6년(1460) 9월의 별시에서는 1,813명을 급제시켰다. 뿐만 아니라 그해 10월에는 황해 평안 양도 응시자들을 모아서 평양에서 별시를 치렀는데, 거기서 100인을 더 뽑았다.

이와 같은 정책을 시점으로 전쟁이 있을 때마다 많은 인원을 뽑았다. 태조 때의

---

169) 『충북국궁사』, 108쪽.

북변개척, 세종 때의 육진개척과 대마도정벌, 삼포왜란과 을미왜변을 겪으면서 부족한 군사를 보충하기 위하여 이른바 만과(萬科)를 자주 실시하였다. 만과란 무과를 말하는 것인데, 많은 인원이 필요하다 보니 천인과 양반을 가리지 않고 많이 뽑는다고 해서 붙여진 이름이다. 실제로 북벌의 기치를 내세운 숙종 2년(1676)에는 팔도정시(八道庭試)에서 18,251명을 뽑을 일이 있어서 만이라는 수식이 헛된 것이 아님을 확인할 수 있다.

이와 같은 일은 조선 후기로 내려오면서 점점 더 심해지는데, 그것은 큰 전쟁 때문이었다. 즉 임진왜란과 병자호란에는 신분의 귀천을 가리

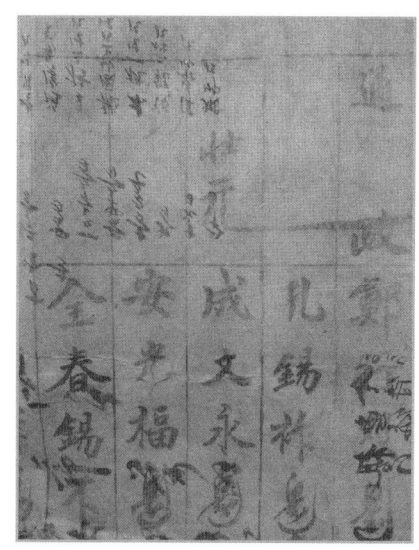

구한말 성문영 장원 시지

지 않고 왜인의 머리를 하나만 베어오면 등과시켰는데, 그 결과 급제자가 수천명에 이르렀고, 이로 인하여 만과가 아주 일반화하였다. 그 결과 임진왜란 이후에는 속오군으로 개편하는데[170] 이것은 무과출신을 기간요원으로 하고 양민과 노비를 혼성한 부대였다. 또 그 후에도 만과는 더욱 심해졌는데, 광해군 때의 만주 출병과 효종 숙종 때의 북벌계획이 이런 현상을 부추겼다. 그런 가운데 무과는 낮은 신분이 차지하는 과거가 되어 양반들이 응시하기를 꺼려는 것이 되었다.

그런데 만과가 처음에는 국가를 지키고 외적을 막는 의도로 시행되었지만, 나중에는 국가의 바닥난 재정을 보완하는 수단으로 변하였다. 무과합격자들에게 변방 근무의 의무 대신 쌀이나 면포 같은 것을 내도록 하여 그것으로 부족한 재정을 보완하자는 것이었다. 이래서 전쟁이 없던 시절에도 만과는 계속하여 성행하였다. 이에 따라 병력이 저질화되고 신분제도 흔들리게 되었다. 하층민들에게는 만과가 신분상

---

170) 『조선시대군제연구』, 179쪽.

승의 기회로 이용되었다. 만과에 합격한 당장에는 역의 부담만 질 뿐 별 쓸모가 없어도 그 다음 대에서는 생원이나 진사과에 응시할 자격이 주어진다. 그리하여 이들 후손들은 문과를 통하여 양반으로 상승하는 기회가 열리는 것이다.

4) 무과의 시험과목

무과의 고시과목에는 강서(講書)와 무예(武藝), 두 가지가 있었다. 강서는 복시에만 있었는데 사서오경 중 하나를 택하고, 『무경칠서(武經七書)』[171] 중 하나를 택하고, 『경국대전』을 임문고강(臨文考講)하여[172] 점수를 매겼다.(『속대전』에는 『무경칠서』와 사서오경 중 하나를 택하게 하였다.)

무예는 모두 여섯 가지가 있었다. 목전, 철전, 편전, 기사, 기창(騎槍), 격구가 그것이다. 그런데 『속대전』에는 조금 달라졌다. 유엽전(120보 거리의 표적에 8돈 중의 화살을 쏘게 하였다.), 관혁(150보 거리의 표적에 쏘는 것으로 점수는 편전과 같았다.), 조총(鳥銃:100보 거리의 표적을 쏘아 맞추면 7.5분, 관을 맞추면 두 배를 주었는데, 한 번에 3방을 쏠 수 있다.), 편추(鞭芻:6개의 허수아비를 각각 28보 거리에 세워놓고 말을 달리면서 철편으로 치게하여 하나를 맞출 때마다 5분씩 주었다.)를 신설하고 기사를 기추로 바꾸는 한편 격구를 폐지하였다. 식년 증광시 이외의 무과는 무예 10기와 강서를 합쳐 11기 중에서 2-3기를 택하도록 하였다. 임진왜란 이후에는 조총시험이 반드시 들어있는 것이 특징이다.

---

171) 무경칠서는 『육도(六韜)』, 『울료자(尉繚子)』, 『손자(孫子)』, 『오자(吳子)』, 『사마병법(司馬法)』, 『이위공문대(李衛公)』를 말하는 것인데, 현재 시중에 번역되어 나온 것은 다음과 같다.
손무, 『손자병법』, 노태준 옮김, 홍신문화사, 1977.
『오자병법』, 강무학 역해, 정음사, 1976.
『육도삼략』, 강무학 역해, 정음사, 1976.
손빈, 『손빈병법』, 이병호 옮김, 홍익출판사, 1996.
이정, 『이위공병법』, 이현수 옮김, 홍익출판사, 1996.
사마양저, 『사마병법』, 이병호 옮김, 홍익출판사, 1996.
172) '임문고강'이란 책을 아무 장이나 펼쳐서 가린 다음, 글의 일부만 드러나도록 해놓고 읽고 해석하도록 하는 것을 말한다.

5) 과목별 세부내용

▶ 목 전

목전은 박두(樸頭)라고 하는데 살의 무게는 8돈이었다. 목전은 무과 시험뿐만 아니라, 무과취재시험 무술훈련에도 널리 쓰였다. 표적은 앞뒤에 각기 두 개가 있었는데, 앞표적 좌우의 거리는 50보, 뒤표적 좌우거리는 70보였으며, 앞뒤표적의 거리는 50보였다.[173] 목전은 3시 중 1시 이상 맞추어야 합격이었다. 240보 거리에서 보사로 표적에 살 셋을 쏘는데, 한 발이 목표에 미칠 때마다 표적을 맞추면 7분, 넘으면 5보마다 1분씩 더했다.

▶ 철 전

철전은 쇠촉을 단 화살을 말한다. 무게에 따라 육량전(6냥), 아량전(4냥), 장전(1냥, 1냥 56돈)의 세 종류가 있었다. 무과시험에 가장 무거운 장전을 시범 보이다가 『경국대전』이 편찬될 당시에는 육량전으로 바뀌었다. 철전도 목전과 마찬가지로 3시 중 1시 이상 맞추어야 합격이었다. 80보 거리에 있는 표적에 6냥 중의 살을 쏘아 표적을 맞추면 7분, 넘으면 5보마다 1분씩 더 주었다.

▶ 편 전

편전은 작아서 일명 애기살이라고도 하였는데, 조선의 중요한 비밀무기였다. 편전은 특히 북방의 야인을 방어하는 데 많은 전과를 거두었다. 편전 만드는 법이 야인들에게 새어나가는 것을 방지하기 위하여 세종 13년(1431) 3월에는 야인들의 왕래가 잦은 함경도 지역에서 편전교습을 중지한 바 있었다. 편전은 처음에 무과시험 과목으로 지정되어 있었으나 편전이 장전보다 쉽다 하여 일시 과목에서 제외되었다. 그러나 편전을 도외시할 수 없어서 세종 12년 6월에 편전과 장전의 분수(分數)를 조

---

[173] 『무과총요』, 121쪽. 木箭乙良, 前標, 左右相距, 五十步. 後標, 左右相距, 七十步. 前後標, 相距, 五十步, 爲白乎矣.

절하여 과목에 다시 넣어서 『경국대전』에 명문화하였다. 편전의 과녁의 넓이는 8자 3치, 길이는 10자 8치, 관은 넓이가 2자 2치, 길이가 2자 3치로 영조척을 썼다. 130보 거리의 표적을 쏘는데, 맞추면 15분, 표적의 중앙 흑점을 맞추면 그 배를 주었다.

▶ 기 사

기사의 과녁(的:흰 가죽으로 만든 둥근 목표물)은 지름이 한 자였고, 무겁의 높이는 1자 5치였다. 기사에는 말이 달리는 속도를 재기 위하여 물통을 달고 달리게 하는 주통법(注筒法)이 사용되었다. 응시자들이 활 쏘는 데만 신경을 쓰고 말을 빨리 달리지 않는 것을 막기 위해서였다. 그리하여 말의 속도가 늦는 자에게는 점수를 주지 않았다.

5개의 표적을 각각 50보 거리로 세워놓고 말을 달리면서 활을 쏘아 맞출 때마다 5분씩 준다. 뒤에는 이것을 폐하고 5개의 허수아비(芻人)를 각각 20보 거리에 세워놓고 말을 달리면서 쏘게 하는 기추(騎芻)로 바뀌었다.

▶ 기 창

기창은 말 위에서 무예를 단련하는 가장 좋은 방법이었다. 태종 7년(1407)에 간행된 "속대전"에는 허수아비를 맞히는 것으로 점수를 매겼으나, 태종 13년에는 막대창(假槍)으로 두 사람이 대결하는 갑을창법(甲乙槍法)을 택하였다. 그러나 갑을창법은 사람이 다치기 쉬운 결점이 있었다. 그리고 응시자들이 점수를 많이 얻기 위하여 찌르는 자세는 무시하고 맞히는 데만 열중하는 흠이 있었다.

창법은 자세가 매우 중요하였다. 이에 세종 5년(1423)에는 다시 허수아비를 세워놓고 자세에 중점을 두었다. 그러나 그 후에도 갑을창법은 여전히 시행되다가 세종 15년에 완전히 철폐되고 허수아비를 사용하게 되었다. 그리고 이것은 경국대전에도 그대로 반영되었다. 또한 기창은 말을 타고 창을 쓰는 것이기 때문에 기사와 마찬가지로 말의 속도가 문제가 되었다. 그리하여 말의 속도가 늦는 자에게는 비록 목표물을 맞히더라도 1분을 감하다가 세종 12년부터는 아예 점수를 주지 않았다.

기창의 방법은 다음과 같다. 말을 출발시킨 다음 두 손으로 창을 높이 들었다가 왼쪽 겨드랑이 에 끼고 가다가 다시 오른쪽 겨드랑이에 끼고 첫 번째 허수아비를 찌른 다음 다시 왼쪽 겨드랑이에 바꾸어 끼고 두 번째 허수아비를 찌른다. 그리고 다시 오른쪽 겨드랑이에 끼고 세 번째 허수아비를 찌르고 나서 몸을 돌려 왼편을 돌아보며 창을 뒤로 향하는 동작을 취하고, 오른편을 돌아보며 창을 뒤로 향하는 동작을 취한 다음 창끝을 끌고 말을 달려 출발한 장소로 되돌아온다.

허수아비 세 개를 각각 25보 거리로 세워놓고 말을 달리면서 15자 5치짜리 창으로 찌르게 하여 맞출 때마다 5분씩 주었다.[174]

▶ 격 구

격구는 세종 7년(1425) 4월에 무과와 도시의 시험과목으로 채택되었다.[175] 문신 중에는 고려 말의 폐단을 들어 반대하는 사람도 있었으나 격구가 무예훈련의 기초가 된다고 하여 그대로 시행하였으며, 세종 12년 11월에는 격구의 자세와 방법을 상세히 정하였다. 그러나 세조 때에도 잦은 별시의 시행 때문에 격구가 시들해졌다가 성종 1년(1470) 9월 병조의 요청으로 다시 시행되어 경국대전에도 반영되었다.

격구의 방법은 다음과 같다.[176] 처음 기 아래로 말을 내몰아 장(杖)을 목에 가로 얹은 채, 깃발(毬旗)아래까지 달려와서 쳐서(排至, 排之, 排毬), 공을 움직이고, 지피(持彼 : 排鈴이라고도함)로 돌리는데, 장으로 비스듬히 공을 당기어 공중으로 높이 솟아오르게 하는 것을 배지(排至)라고 하고, 장의 바깥쪽으로 공을 밀어당기면서 던지는 것을 지피(持彼)라고 한다. 배지할 때나 지피할 때는 반드시 장을 술(匙) 부분을 아래쪽으로

---

174) 『경국대전』, 병전 시취.
175) 격구는 본디 골프와 마찬가지로 서양에서 중국을 거처 우리나라에 들어온 것으로, 봉희(棒戲), 격봉(擊棒)이라고도 불렸고, 민간에서는 이를 장치기라고 했다.
　한국역사연구회, 『조선시대 사람들은 어떻게 살았을까 2』, 청년사, 1996. 167쪽.
176) 박제가 외, 『무예도보통지』, 심우성 해제, 동문선, 1987. 393~397쪽.

하여 말 가슴에 대게 하여 마치 말 가슴을 베는 듯한 모양을 갖추는데 이것을 할흉(割胸)이라고 한다. 이렇게 하기를 세 번 한 다음에 격구한다. 비록 세 번이 끝나더라도 그 형세가 격구할 수 없으면 4~5번 하여도 무방하다.

격구를 시작할 때 세로로 치지 않고 장을 가로로 곧바로 잡아 말의 귀와 나란히 하는 것을 비이(比耳)라고 한다. 비이한 뒤에 손을 들어 세로로 공을 치는데 이 때 손은 높이 올려도 장는 아래로 드리는 것을 수양수(垂揚手)라 한다.(구문으로 공을 쳐 넣는 격구의 가장 어려운 마지막 동작이다. 수양이란 장을 잡은 손이 높이 올라간 상태에서 장이 휘청거리는 모습을 뜻한다.) 수양수의 동작에는 정수가 없으며 공을 구문으로 내보내는 것으로 도수를 헤아린다. 수양수의 동작 때 몸을 옆으로 돌려 앙와(仰臥 : 위쪽을 보고 누움)하고 장으로 말꼬리를 빗기는 것을 방미(防尾)라고한다.

공이 문으로 나간 뒤에는 공을 치지 않더라도 짐짓 수양수의 동작을 하고 또 장을 말목에 비스듬히 걸친 채 출마기 아래로 돌아온다. 혹시 비이할 때 수양수의 동작을 하지 못하고 공이 문을 나간 경우에는 구문 안에서 짐짓 수양수의 동작을 취하고 구문 밖에서도 같은 동작을 취한다. 혹시 공이 구문 앞에 이르러 멈추려 할 때는 다시 쳐서 구문 밖으로 내보내도 무방하다. 출마표는 치구표(置毬標)로부터 50보 떨어져있어야 하고, 치구표는 구문과 200보 떨어져 있어야 하며, 구문의 너비는 5보라야 한다. 장의 숟갈부분은 길이가 9치, 너비가 3치이며, 자루 부분의 길이는 3자 5치, 공의 둘레는 10자 3치이다.

말을 달리면서 숟가락 모양의 장으로 50보 거리에 있는 공을 쳐서 200보 전방에 있는 넓이 5보 되는 문에 넣는 기예인데 공이 구멍에 들어가면 15분, 옆으로 지나가면 10분을 주었다.

이상 여섯 가지 기예가 무과 초시의 과목이었으나, 뒤에는 격구가 없어지는 대신 유엽전, 조총, 편추 3기가 추가되어 8기로 늘어났다.(관혁은 새로 생겼으나 무과의 초, 복시나 도시에서는 시험과목에서 빠졌다.)

유엽전의 과녁은 길이 6자 6치, 관의 길이, 너비는 다른 관의 각 3분의 1, 무게 8

전, 무과 초.복시를 제외한 시험에서는 화살촉이 너무 뾰족하게 가는 것은 금하였다.

조총의 과녁은 길이 7자, 너비 2자였다.

편추는 말이 출발한 후 오른손으로 채찍을 뒤로 후리고 또 양손으로 앞으로 후린 다음 좌우로 후린다. 6개의 허수아비의 거리는 각각 28보, 좌우의 거리는 말의 가는 길부터 3보이다.

이 중에 기본 과목은 목전과 철전으로 이 두 시험에 합격하지 못하면 다음 과목을 칠 수 없었다. 일종의 과락제가 실시된 셈이다. 그런데 향리는 무과 초시를 보기 전에 무경칠서를 강독하되 어느 정도 읽는 수준(粗:대강)[177]이 되어야 초시에 응할 수 있었다.[178]

6) 복 시

무과 복시에는 무예와 아울러 강서를 시험 보였다. 무과 복시에는 초장, 중장, 종장의 3장제가 실시되었다. 처음에는 무과 전시에도 3장제가 있었으나 세종 2년에 폐지되었다. 그리고 무과 복시에는 문과와 마찬가지로 3장의 시험성적을 종합하여 합격 여부를 결정하는 3장통고법(三場通考法)이 실시되었다.

복시의 초장은 목전, 철전, 편전을 시험 보였다. 처음에는 장전과 편전만을 보았는데, 경국대전에 이르러 목전이 추가되고 장전 대신 철전이 채택되었다.

복시 중장에서는 기사와 기창만을 보았으나 세종 7년에 격구가 첨가되었다. 그러나 격구는 문신들의 반대와 복잡한 절차 때문에 제대로 시행되지 못하다가 성종 1년(1470) 9월부터 다시 추가되어 경국대전에 수록되었으나 조선후기에는 없어졌다.

---

[177] 『경국대전』, 「예전 강서」.
구두와 훈석이 모두 틀림이 없으면 강론이 비록 잘 통하지는 못하나 대의를 잃지 않은 자는 조(粗), 구두와 훈석이 모두 틀림이 없으면 비록 대의는 통하기는 하나 아직 완전히 이해하여 통달한 데까지 이르지 못한 자는 약(略), 구두와 훈석이 모두 정통 능숙하고 글의 뜻을 완전히 이해하여 통달했으며 변설에 의문의 여지가 없으면 통(通)이다. 통은 2분, 약은 1분, 조는 반분을 준다.
[178] 『경국대전』, 338쪽.

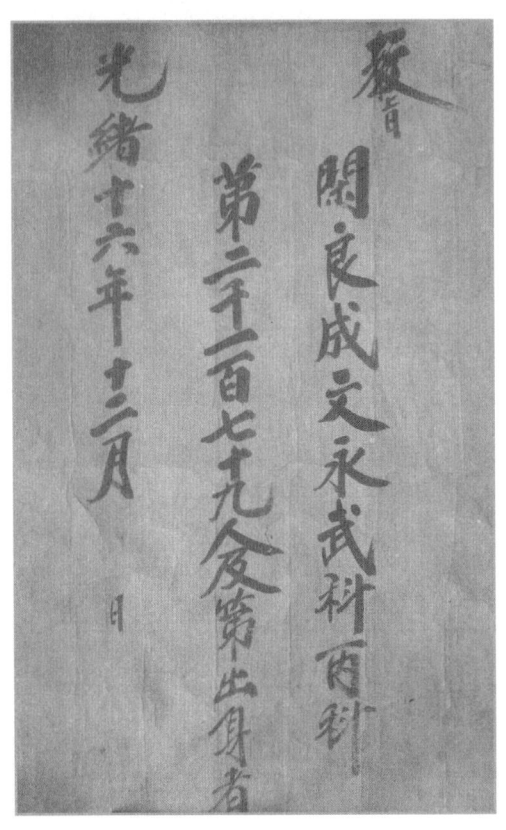

황학정 성문영 사두의 홍패

종장은 강서시험이었다. 강서시험은 복시에만 있었다. 강서시험을 보이는 것은 장수로서 병략을 기르게 하기 위한 것이었다. 처음에는 무경칠서(武經七書:六韜, 尉繚子, 孫子, 吳子, 司馬法, 李衛公問答)만 보았다. 그러나 장수는 병략뿐만 아니라 의리(義理)도 알아야 한다고 하여 세종 4년 윤 12월부터는 무경칠서와 사서삼경 중 1서를 택하여 시험 보게 하였다. 조선시대 문신들은 오히려 무예가 좀 부족하더라도 경서에 통달한 사람을 뽑자고까지 주장하였는데, 이는 문치주의 사회의 무예관의 특징이라고 할 수 있다. 그리하여 강서시험은 더욱 강조되었다. 즉 단종 2년에는 『병요(兵要)』를, 세조14년에는 『경국대전』을, 『속대전』에는 사서오경 이외에 경사(經史) 중 하나를 추가하였고, 소학도 부과하였다. 결국 종장의 강서시험에는 사서오경 중 하나, 무경칠서 중 하나, 통감, 병요, 장감, 박의, 소학 중 하나, 여기다가 『경국대전』을 임문고강하게 되었다. 임문고강(글의 앞뒤를 가리고 책의 일부를 강독하게 하는 시험)을 택한 것은 성종 2년 9월부터였는데 배강(背講:책을 보지 않고 외우거나 해설하게 하는 시험)보다 쉽고 분수가 적었기 때문이다.

　　종장의 강서시험이 강화되자 초.중장의 무예시험 분수는 190분, 종장의 강경시험 분수는 119분이어서 분수는 무예가 높으나 최종시험이 강서시험이기 때문에 여기서 떨어지는 경우가 많았다.

7) 전 시

무과의 전시는 원래 3장제가 있었다. 그리고 시험 과목도 복시와 비슷하게 보사, 기사, 기창, 무경칠서 등이 있었다. 그러나 문과 전시에서는 책문(策問) 하나만 시험 보이는데 무과 전시에는 이렇게 많은 과목을 시험보일 필요가 있느냐 하는 반론이 일어나게 되었다. 이에 세종 2년에는 문과 전시에서 강경과목이 제외되었고, 세종 7년에 격구가 첨가되어 시험과목은 보사, 기사, 기창, 격구로 정하여지게 되었다. 그러나 합격 여부보다는 등급만을 결정하는 전시에 이 정도의 과목도 많다는 여론이 일게 되었다. 그리하여 경국대전에는 무과 전시 과목으로 기격구와 보격구만 부과하고 나머지는 없어졌다.[179] 이것은 조선 후기까지 그대로 실시되었다.

04 _ 과거제도의 의의

조선시대 무과야말로 활을 쏘는 우리가 가장 잘 연구하고 계승해야 할 부분이다. 우리의 활쏘기가 워낙 다양하고 조정이 훌륭한 무기로 만들기 위하여 애쓴 부분이기 때문에 개발하면 아주 다양한 활쏘기를 만들 수 있다. 그래야만 유엽전 일색의 활쏘기에서 좀 더 다양하고 넓은 활쏘기의 세계가 열릴 것이다. 그러기 위해서는 조선시대의 과거부터 연구하고 재현하여야 한다.

---

179) 『경국대전』, 338쪽.

06 향사의(鄕射儀)

향사의란 각 고을에서 행하는 활쏘기의 의식을 가리키는 말이다. 활쏘기는 예와 덕을 기를 수 있는 것이면서 동시에 국가를 방위하는 중요한 수단이었기 때문에 역대왕조에서는 이것을 백성들이 배우고 즐길 수 있도록 적극 권장했다. 그것을 관청에서 나서서 실행한 것이 바로 향사의라는 의식이었다. 이것은 고을별로 이루어졌는데, 현재는 남아있는 기록이 없어서 그 과정과 행한 고을이 어디어디였는가를 알아볼 길이 없다. 그런 중에 『세종실록』의 '오례의'와 『국조오례의』의 '군례'에 각 고을에서 행하는 향사의를 정리한 것이 있어서 여기에 소개한다. 다음과 같다.[180]

해마다 3월 3일에【가을이면 9월 9일이다.】개성부와 여러 도의 주(州)·부(府)·군(郡)·현(縣)에서 그 예를 행한다. 기일(期日) 전 1일에 주인(主人)이【소재 관사(所在官司)이다.】빈(賓)에게 알린다.【효제하고 충신하여 예의를 좋아하고, 행실이 난잡하지 않은 사람을 선택한다.】그날에 주인의 자리를 사단(射壇) 동쪽에 서향하여 설치하고,【학당의 근처에 땅을 깨끗이 소제하고 사단을 만든다.】빈 2품 이상의 자리를 사단 서쪽에 동향하여 설치하되, 북쪽을 상(上)으로 하고, 중빈(衆賓) 3품 이하의 자리를 남쪽 줄에 설치하되, 동쪽을 상으로 하고,【만약 2품 이상이 없으면, 6품 이상은 서쪽에 있고, 참외(參外)[181]는 남쪽 줄에서 동쪽·서쪽으로 나누어 앉고, 중앙은 넓게 틔운

---

180) 이 단원의 주석은 『한국민족문화대백과사전』(정신문화연구원,1992)과 『한국한자어사전』(단국대학교동양학연구소, 단국대출판부,1992)을 주로 참고했다.
181) 상참(常參)할 수 없는 벼슬을 이르는 말. 대개 7품 이하의 벼슬을 말함. 상참은 의정대신을 비롯한 신하들이 편전에서 임금께 정무를 아뢰는 일.

다.】 서인(庶人)은 사단 아래에 동쪽·서쪽에서 서로 마주보게 하되, 북쪽을 상으로 한다. 술상(酒卓)을 사단 남쪽에 동쪽 가까이 설치하고, 오르지 못한 사람의 술상은 그 앞에 설치한다. 이에 후(侯)를 설치하되, 사단에서 떨어지기를 90보로 한다. 【후는 파란 색 베(靑色布)로 바탕을 만들고, 높이와 넓이는 1장(丈) 8척(尺)으로 하며, 그 넓이는 세 등분(等分)하여 정곡(正鵠)이 그 1등분을 차지하는데, 정곡은 사방을 6척으로 한다. 정곡은 흰색을 칠한 가죽으로 네모나게 만들어 후의 복판에 붙이고, 돼지의 머리를 그린다.】

빈(賓) 이하가 그 시각에 집합하여 이르면, 주인이 문밖에 나가서 맞이하여 【빈과 주인이 예를 행(行禮)할 적에는[182] 모두 상자(相者)가 지도(指導)한다.】 읍양을 하면서 먼저 들어오고, 빈이 이어 들어오며, 중빈(衆賓)이 이를 따라 사단에 이른다. 주인은 동쪽에 있고, 빈은 서쪽에 있어, 빈이 두 번 절하면, 주인이 답하여 두 번 절한다. 다음에 중빈이 예를 행하기를 위의 의식과 같이 한다. 【참외는 주인의 자리 앞에 나아가서 행례한다. 만약 서인(庶人)이 뜰에 있어 행례하면, 주인은 답례가 없다.】 주인이 일어나면, 빈 이하의 관원이 모두 자리에 나아간다. 악공이 금슬(琴瑟)을 잡고 술상의 남쪽에 올라와 앉되, 동쪽을 상으로 하고, 음악을 연주하기를 평상시와 같이 한다. 【본디 음악이 없는 곳에는 음악을 사용하지 않는다.】 집사자(執事者)[183]가 탁자를 설치하고, 술을 따르면, 주인이 빈에게 술잔을 드리고, 빈이 주인에게 술잔을 돌리기를 평상시의 예절과 같이 한다. 【중빈도 이와 같이 한다. 다만 뜰에 있는 사람은 집사자가 술을 돌린다.】 술이 세 순배 돌면, 이내 술상을 걷어치운다.

사사(司射)가 빈에게 활쏘기를 청하면, 빈이 쏘기를 허락한다. 사사가 마침내 주인에게 알리고, 이를 마치면, 서쪽 계단으로부터 내려와서 제자(弟子)에게 명하여 활 쏘는 장비(射器)를 바치게 한다. 사사가 활을 쥐고, 네 개가 한 묶음인 화살〔乘矢〕을[184] 등에 꽂고 사단에 도로 올라와서 활을 쏜다. 이를 마치면, 빈과 주인이 【임시에 서로

---

182) 향사의를 말함.
183) 의식의 진행을 맡아보는 사람.

짝을 짓는다.】 화살 3개를 등에 꽂고 1개를 손가락 사이에 끼우고서 차례대로 활을 쏜다.【매양 화살을 쏠 적마다 모두 음악이 시작되고, 화살을 쏘면 반드시 절차에 맞게 한다.】 활쏘기를 마치면, 사사[185]가 제자에게 명하여 술잔(觶)을 술상에 설치하는데, 화살을 맞히지 못한 사람은 술잔을 취하여 술을 채우고는, 조금 뒤로 물러가 서서 술잔을 비우고 도로 술상에 둔다. 중빈 중에서 맞히지 못한 사람은 차례대로 잇달아 술을 마시고, 만약 주인과 2품 이상의 빈이 맞히지 못하면, 제자가 술잔을 씻어 술잔에 술을 채워 올리고, 술잔을 받아 서서 술을 마신다. 마시기를 죽 다하면 이내 술잔을 걷어치우고, 빈과 주인이 모두 일어나서 두 번 절하는 예를 행하기를 처음과 같이 한다. 빈이 내려와서 나가면, 중빈이 따라 나가는데, 주인이 문밖에서 보내기를 평상시의 예절과 같이 한다.

 1. 사사(司射)는 여러 사람이 추앙 복종하는 사람으로서 이를 삼고,

 1. 치적(置籍)·예청(禮請)·구장(具狀)·예책(禮責)·제적(除籍)·상자(相者)·지판(支辦) 등의 일은 모두 향음주(鄕飮酒)의 의식과 같다.

---

184) 예사에 사용하는 화살은 승시(乘矢)라고 하는데, 네 발이 한 순을 이루기 때문이다. 乘은 수레를 가리키는 말이다. 수레는 네 마리 말이 끌기 때문에 넷이 한 짝을 이룬다. 그런 숫자개념이 화살에 적용된 것이다. 따라서 乘은 수레의 뜻이 아니라 넷을 뜻하는 말이다.
185) 화살을 설치하고 점수를 매기는 일을 맡아보던 훈련원의 6품 벼슬. 여기서는 특정 벼슬아치라고 보기는 어렵고, 향사의를 준비하는 실무자를 가리키는 듯함.

궁중의 활쏘기

활쏘기는 우리나라의 역사에서 국가를 방위하는 중요한 무기였기 때문에 역대 왕조에서도 가장 중요한 무기로 여겼다. 조선도 예외는 아니었다. 그래서 이를 온 나라에 권장하기 위하여 조정에서도 왕이 몸소 이 활쏘기 행사에 참가하였다.

궁중에서 행하는 활쏘기잔치는 크게 두 가지이다. 궁중연사(宮中燕射)와 반궁대사례(泮宮大射禮)가 그것이다. 궁중연사는 궁중에서 임금이 신하들과 같이 활을 쏘는 것이다. 연사(燕射)에서 '燕'은 원래는 제비를 뜻하는 한자이지만 여기서는 잔치를 뜻하는 '宴'과 음이 같기 때문에 서로 바꿔 쓴 것이다. 따라서 '연사'란 '활쏘기잔치'를 뜻한다. 임금과 신하의 위계질서를 확립하기 위해서 행하는 잔치이다.[186] 그리고 가끔 행하는 것으로 '사우사단의'와 '관사우사단의'가 있다. 사우사단의는 왕이 몸소 활을 쏘는 것이며, 관사우사단의는 왕이 친히 나와서 신하들의 활쏘기를 구경하고 상을 주는 것이다. 왕이 행하는 것이니만큼 그 절차와 예법이 아주 까다롭다.

또 활쏘기에서 가장 큰 행사는 반궁대사례이다. 줄여서 '대사례'라고도 한다. 이 대사례는 왕이 성균관에 나아가서 학생들을 격려하고 그 자리에서 사궁을 설치하여 활쏘기로 인재를 뽑는 것이다. 반궁(泮宮)은 바로 학생들이 공부하는 성균관을 뜻하는 말인데, 옛날에 중국에서 학생들이 공부하는 집을 지을 때 집 가에 연못을 설치했기 때문에 반궁(泮宮)이라고 한 것이다. 그래서 왕이 그곳에 나아가서 활쏘기로 인재를 뽑는 일을 반궁대사례라고 한다. 이 대사례는 중종 때 한 번 영조 때 두 번을

---

186) 『예기』, 「사의」.

실시하여 모두 세 차례 실시한 것으로 나타난다. 영조 때 행한 대사례도가 현재 전하고 있다.[187]

여기서는 궁중에서 행한 활쏘기 풍속인 '사우사단의'와 '관사우사단의'에 관해서 알아본다. '사우사단의'란 사단에서 활쏘는 의례와 절차를 말하는 것이고, '관사우사단의'란 사단에서 활쏘는 것을 임금이 관람하는 의례와 절차를 뜻하는 말이다. 이것들은 『세종실록』과 『국조오례의』의 '군례' 조에 나온다.

또 활쏘기와는 직접 관련이 없지만, 활쏘기가 무기체계의 일환인 까닭에 궁중에서 행하는 또 다른 중요한 행사인 '대열의'와 '강무의'에 관해서도 알아본다. 대열의는 왕이 군대를 사열하는 행사이며 강무의는 임금이 친히 사냥하는 행사를 말한다.

01 _ 사우사단의(射于射壇儀)

기일(期日) 전 3일에 병조에서 내외관(內外官)에게 선섭(宣攝)[188]하여 각각 그 직책을 다하게 한다. 기일 전 1일에 충호위(忠扈衛)[189]에서 장전(帳殿)[190]을 사단(射壇)에 남향하여 설치하고, 악차(幄次)[191]를 장전의 뒤에 설치한다. 액정서(掖庭署)[192]에서 어좌(御座)를 장전 안에 남향하여 설치하고, 임금이 활쏘는 자리를 장전 앞에 남향하여 설치하고,【좌석을 설치한다.】아악서[193]의 전악[194]이 헌현(軒懸)을 사단의 남쪽에 진열

---

187) 『한국의 활과 화살』
188) 임금의 명령을 선포하여 각각 맡은 바 직무를 관장케 함.
189) 조선초기 궁중에서 쓰는 장막에 관한 일을 맡아보던 관아. 또는 그에 딸린 군대. 태종 14년(1414)에 충순호위사(忠順扈衛司)를 고친 이름인데, 세조 12년(1466)에 전설사(典設司)로 고쳤다.
190) 殿은 임금이 거처하는 집을 말하므로, 장전은 휘장이나 천막으로 설치한 임금의 자리를 말한다.
191) 임금이 거둥할 때 쉬는 장막
192) 조선시대 내시부에 딸린 잡관서. 궁궐 내에서 왕과 왕족의 명령을 전달하고, 알현을 안내하며, 문방구를 관리하고, 각종 행사를 준비하며, 시설물 관리 청소 정돈 같은 잡무를 맡았다.
193) 예조에 소속된 궁중음악을 관장하는 기관. 주로 아악만을 전담했다. 향악이나 당악은 전악서(典樂署)에서 담당했고, 춤과 노래는 봉상시(奉常寺)에서 담당했다. 세조 7년에 전악서와 함께 장악서(掌樂署)로 통합되었다.
194) 장악원에 딸린 정6품의 잡직.

하고,【월률(月律)을 사용한다.】등가(登歌)[195]의 사단 위에 남쪽 가까이에 진열하고 중앙을 넓게 벌여 놓는다.【화살을 피하는 자리이다.】협률랑(協律郎)[196]의 자리 2개를 설치하되, 1개는 등가(登歌)의 서북쪽에 설치하고, 1개는 사단 위에 설치하며, 전악의 자리를 사단 아래에 설치하되, 모두 서쪽 가까이 동향하게 한다. 훈련관에서 웅후(熊候)를 사단에서 90보 거리에 설치하고【후는 붉은 빛깔의 베로써 바탕을 만들고 높이와 너비를 1장 8척으로 하며, 그 너비를 3등분하여 정곡(正鵠)이 그 1등분을 차지한다. 정곡은 사방을 6척으로 하고, 흰색을 칠한 가죽으로 네모나게 만들어 후의 복판에 붙이고, 곰의 머리를 그린다.】살가림〔乏〕을 후의 동쪽·서쪽 각각 10보에 설치하고【살가림은 후의 옆에서 화살을 피하는 물건이니, 가죽으로써 이를 만든다. 높이와 나비는 7척이며, 형상은 병풍과 같다. 북 1개는 동쪽편 살가림에 있고, 금(金) 1개는 서쪽편 살가림에 있다.】북 1개를 사단 아래에 설치하되 조금 동쪽에 있게 하고, 화살그릇〔福〕5개를 사단 아래에 설치하되 조금 서쪽에 있게 한다.【화살그릇은 길이가 3척(尺)이고, 나비가 7촌(寸)이고, 두께가 1촌 반이다. 머리는 용이고, 몸뚱이는 뱀인데, 화살을 쌓아 둔다.】시사자(侍射者)가 장차 활 쏠 자리(將射位)는 서쪽계단앞에 설치하되 동향하게 하고, 북쪽을 위로 하며, 병조 판서의 자리는 동계 앞에 서향하여 설치하고, 시사자인 집현전 부제학 이상의 활쏘는 자리는 사단 위에 설치하고, 3품 이하의 활쏘는 자리는 사단 아래에 설치하되, 모두 서쪽에 가까이 횡으로 포열(布列)하여 남향하게 한다.

　그날에 시사자가 궁시를 가지고 서문 밖에서 기다리고, 상으로 줄 물품(賞物)을 사단 아래에 설치하되 조금 동향하게 하고, 벌로 쓸 술동이(罰尊)를 놓을 탁자를 사단 아래에 설치하되, 조금 서쪽에서 북향하게 하고, 점(坫)을 설치하여 작(爵)을 가(加)하고, 잔대〔觶〕를 탁자 서쪽에 두고【풍(豐)은 벌주잔(罰酒盞)을 바치는 것인데, 형상은 두(豆)와 같으며, 크고 낮다.】획자(獲者)의 자리를【화살을 줍는 관원.】동쪽편·서

---

195) 궁중에서 제사나 예식 때 섬돌 위에서 연주하는 음악. 등가악당상지악(登架樂堂上之樂).
196) 고려 때 제향이나 가례의식에서 음악의 진행을 맡던 관리. 휘(麾)를 들고 내리며 의식절차에 맞추어 음악을 시작하고 그치게끔 지휘하였다. 조선조에는 정7품의 협률랑 2인을 봉상시에 두었다. 조선 후기에 이르면 집사악사(執事樂師)나 집박악사(執拍樂師)에게 전승된다.

쪽편 살가림에 설치하되, 서로 마주보게 한다. 전의[197]가 집사관과 종친·문무 백관의 배위(拜位)를 설치하되, 모두 근정전의 전정(殿庭) 자리와 같이 한다.

전하가 익선관[198]을 쓰고, 곤룡포[199]를 입고 궁에서 나와 사단 장소에 이르러 악차(幄次)에 들어가는데, 장위(仗衛)가 사단의 동쪽·서쪽에 배열하기를 모두 전하의 시학의(視學儀)와 같이 한다. 종친과 문무 백관들은 모두 평상복 차림으로 동문과 서문 밖에 나아간다. 전악이 악공(工人)을 거느리고 들어와 자리에 나아가고, 협률랑이 들어와서 휘를 들어올리는 자리(擧麾位)에 나아가고, 집사관[200]이 먼저 자리에 나아가고, 봉례랑[201]이 3품 이하의 관원을 나누어 인도하여 들어와서 배위에 나아간다. 판통례[202]가 부복하고 외판을 아뢰면, 전하가 나가려 하여 의장이 움직이는데, 협률랑이 부복하였다가 휘를 들고 일어나고, 악공이 축(柷)을 두드리면, 헌가[203]에서 융안지악(隆安之樂)[204]이 시작된다. 전하가 좌석에 오르면, 일산(繖)과 선(扇)으로 시위하기를 평상시의 의식과 같이 한다. 협률랑이 꿇어앉아 휘를 가로놓고는 부복하였다가 일어나고, 악공이 어(敔)를 긁으면, 음악이 그친다. 승지[205]가 서편 계단으로부터 사단에 올라가 서남쪽 모퉁이에 있어 북향하고, 동쪽을 위(上)로 하여 부복하고, 사관은 그 뒤에 있고, 다음에 사금(司禁)[206]이 뜰의 동쪽과 서쪽에 나누어 서기를 평상시와 같이 하고【무릇 군사들은 모두 무기와 제복을 갖춘다.】봉례랑이 2품 이상의 관원을 나

---

197) 성균관 직급의 하나.
198) 임금이 평상복 차림에 쓰던 관. 한자로는 翼蟬冠이라고도 쓰는데, 관 뒤쪽에 매미 날개 같은 깃이 붙어 있어서 붙은 이름이다.
199) 임금의 평상복.
200) 조선시대 왕실의 각종 의식에서 주관자를 도와 의식을 진행시킨 관리를 통털어 가리키는 말이다.
201) 조선시대 통례원(通禮院)의 정4품 벼슬. 통례원은 예관의 산하기관으로 조회 의례를 관장한 관청이다.
202) 판통례문사(判通禮門事)의 준말. 고려 조선 초기 통례문의 정3품 으뜸벼슬. 통례문은 조회(朝會)와 의례를 맡아보던 관아이다. 세조 12년(1466)에 좌통(左通禮)로 고쳤다.
203) 종이나 북 따위 악기를 거는 틀을 말하는데, 여기서는 악공들이 연주하는 자리를 말한다.
204) 세종 때 종묘와 조회에서 임금이 댓돌을 오르내리며 출입할 때 연주된 아악 이름.
205) 조선시대 승정원의 정3품 당상관으로 왕명의 출납을 맡은 관원.
206) 조선시대 무관직의 하나. 태조 3년(1394)에 차사올(車沙兀)을 고친 이름인데, 임금을 시위하고 잡인의 근접을 막는 일을 맡음. 좌사금과 우사금이 있다.

누어 인도하여 들어와서 배위에 나아간다. 전의가

"사배(四拜)하라."

고 말하고, 통찬207)이

"국궁(鞠躬), 사배(四拜), 흥(興), 평신(平身)하라."

고 창하면,【통찬이 찬하고 창하면, 모두 전의의 말을 받아서 한다.】종친과 백관들이 국궁하면 음악이 시작되고, 네 번 절하고 일어나서 몸을 그전대로 펴면, 음악이 그친다. 봉례랑이 종친과 백관들을 나누어 인도하여 자리에 나아가고, 회합을 베풀기를 정지회의(正至會議)208)와 같이 한다.【다만 상수례(上壽禮)209)만 없을 뿐이다.】

술이 세 순배 돌면, 판통례가 서편 계단으로 올라가서 어좌 앞에 나아가서 부복하고 꿇어앉아, 유사210)가 이미 활쏘기를 갖추었음을 아뢰고는, 부복하였다가 일어나 내려와서 그전 자리로 돌아가고, 봉례랑이 종친 이하의 관원을 나누어 인도하여 모두 내려간다.【처음에 사단에 오른 사람이 내려가려고 하면, 사단 아래에 있던 사람이 자리에 먼저 나아간다. 승지(承旨)가 사단 위에 있어 동향하고 북쪽을 상(上)으로 하며 부복한다.】문관은 동쪽 계단 아래에 동쪽 가까이 서서 서향하고, 종친과 무관은 서쪽 계단 아래에 서쪽 가까이 서서 동향하되, 모두 북쪽을 상으로 한다. 상호군211) 2인이 임금의 궁시를 횡으로 받들고【네 개가 한 묶음인 화살〔乘矢〕이다.】동쪽 계단 위에 서서 서향하고【활을 잡은 사람은 북쪽에 있다.】활을 잡은 사람의 앞에 안(案)을 설치하고, 임금의 깍지〔決〕·팔찌〔拾〕가 든 함(函)을 그 위에 둔다. 화살을 줍는 사람 1인이 정(旌)을 가지고 후를 등지고 북향하여 서고, 시사자(侍射者)가 서문 밖에 나가서 활을 잡고 네 개가 한 묶음인 화살을 등에 꽂고 들어와서 장차 활쏠 자리에 나

---

207) 조선 초기 통례문에 딸린 종6품 벼슬. 태종 14년(1414)에 통찬사인(通贊舍人)을 고친 이름이다. 의식을 거행할 때 그 절차를 큰 소리로 외쳐서 알린다.
208) 정월 초하루와 동지 때 하는 회의.
209) 임금에게 경하할 일이 있을 때 신하들이 임금에게 오래 살기를 바라는 뜻으로 행하는 예절.
210) 관청에서 사무를 맡아보는 사람이나 직책.
211) 조선시대 5위에 속하였던 정3품의 무관직. 관계로는 절충장군(折衝將軍), 어모장군(禦侮將軍)이라고 불렀다.

아간다. 【시사(侍射)는 우수(耦數)로 하는데 임시에 계문(啓聞) 재가(裁可)한다.】 병조 판서가 서편 계단으로 올라가서 어좌 앞에 나아가서 부복하고 꿇어앉아, 화살을 줍는 사람이 후에 가기를 명할 것을 아뢰고는, 부복하였다가 일어나 내려가서 그전 자리로 돌아간다. 북을 잡은 사람이 【훈련관 사(訓鍊觀使)이다.】 북을 세 번 치면, 화살을 줍는 사람이 북을 쳐서 이를 응하고, 후를 등진 사람이 돌아와 살가림에 도착한다. 상호군 1인은 깍지·팔찌의 함을 받들고, 1인은 활을 받들고, 1인은 화살을 받들어, 앞으로 나아가서 어좌 동쪽의 조금 남쪽에 서서 서향하고 북쪽을 상으로 한다. 깍지·팔찌의 함을 받든 사람이 북향하여 꿇어앉아 앞으로 나아가서, 깍지와 팔찌를 설치하기를 마쳤음을 계청(啓請)하고는, 함을 안에 도로 두고 물러와서 그전 자리로 돌아간다.

　전하가 자리에서 내려오면 음악이 시작되고, 활 쏘는 자리에 올라가면 음악이 시작된다. 활을 받든 사람이 북향하여 꿇어앉아 활을 올리고, 이를 마치면 물러가서 그전 자리로 돌아간다. 다음에 화살을 받든 사람이 낱낱이 올려 바치는데, 임금이 활을 쏘고자 하면, 헌가에서 먼저 화안지악(和安之樂)[212] 3절을 연주하고, 제1의 화살은 제4절과 서로 응하고, 제2의 화살은 제5절과 서로 응하여, 7절에 이르면 음악이 그친다. 상호군이 앞에서 꿇어앉아 화살의 간 곳을 아뢰는데, 복판에 맞은 것은 '획(獲)'이라 하고, 아래에 맞은 것은 '유(留)'라 하고, 위에 맞은 것은 '양(揚)'이라 하고, 왼쪽에 맞은 것은 '좌방(左方)'이라 하고, 오른쪽에 맞은 것은 '우방(右方)'이라 한다. 임금이 활쏘기를 마치면, 상호군이 앞으로 나아가서 북향하여 꿇어앉아, 활을 받아 물러가서 그전 자리로 돌아가면 음악이 시작되고, 전하가 자리에 오르면 음악이 그친다.

　또 상호군이 어좌 앞에 나아가서 꿇어앉아 깍지와 팔찌를 받아서 안(案)에 두고 물러가서 그전 자리로 돌아가고, 화살을 취하는 관원이 【훈련관 부사(副使)이다.】 임

---

212) 화안지곡(和安之曲)이라고도 한다. 고려시대 궁중의 제례의식에서 연주된 제례악의 한 곡명이다. 양잠을 처음 시작했다는 서릉씨(西陵氏)에게 지내는 선잠의식(先蠶儀式) 가운데 작헌(酌獻) 절차에서 연주된 악곡이다.

금의 화살을 횡으로 받아서 중계(中階) 아래에 달려가 나아가면, 상호군이 받아서 받들기를 처음과 같이 한다. 시사자가 나란히 짝을 지어 올라가 사석(射席)에 나아가서, 북향하여 부복하였다가 일어나서 남향하여 서면, 성안지악(誠安之樂)²¹³⁾ 1절을 연주한 후에 화살을 쏘는데, 제1로 쏘는 것이 제2절과 서로 응하여 5절에 이르면,【맞으면 화살을 주운 사람이 북을 치고, 맞지 않으면 쇠를 친다.】음악이 그친다. 활 쏘는 사람이 북향하여 부복하였다가 일어나 내려와서 장차 활쏠 자리에 돌아오면, 화살을 취하는 사람이【훈련관 참군(參軍)²¹⁴⁾이다.】맞은 화살을 취하여 화살그릇〔福〕에 넣는다. 여러 짝이 차례대로 활을 쏘고, 이를 마치면 자리에 활을 놓고 모두 사단 아래에 나아가 서되, 동쪽·서쪽으로 나누어 겹줄로 북향한다.

　　병조 판서²¹⁵⁾가 맞힌 사람의 성명과 맞힌 숫자를 써서, 서편계단으로 올라 가서 어좌 앞에 나아가서 부복하고 꿇어앉아 맞았음을 아뢰고, 맞힌 사람에게 상을 주고 맞히지 못한 사람에게 벌을 주기를 청하고는, 부복하였다가 일어나 내려와서 그전 자리로 돌아와서, 병조 정랑(正郞)²¹⁶⁾으로 하여금 맞힌 사람의 성명을 창하여 동계 아래에 서향하여 서게 하고, 맞히지 못한 사람은 서계 아래에 동쪽을 향하여 서게 하되, 모두 북쪽을 상으로 한다. 통찬(通贊)이

　　　"국궁, 사배, 흥, 평신하라."

고 창하면, 시사자가 국궁하는데 음악이 시작되고, 네 번 절하고 일어나서 몸을 그전대로 펴면, 음악이 그친다. 군기감²¹⁷⁾의 관원이 동쪽 계단 아래에 나아가서 차례대로 상물(賞物)을 주면, 상을 받을 사람은 북향하여 꿇어앉아 상을 받는다. 이를 마치면, 부복하였다가 일어나서 서향한 자리로 돌아간다. 사준 별감(司尊別監)²¹⁸⁾이 벌로 줄

---

213) 성안지곡(成安之曲)이라고도 한다. 제례 때 등가악(登歌樂)에 의해 작헌 때 연주되던 음악.
214) 조선시대 군직의 하나. 정7품으로 정액은 일정치 않았다.
215) 判書는 조선시대 육조의 장관을 말한다.
216) 정랑은 조선시대 육조에 속한 정5품 문관직으로, 각조의 실무를 맡은 책임자를 말한다. 육조가 국정의 중심 기구가 된 조선시대에는 이 정랑과 정6품 좌랑이 각조의 실무를 장악하였으므로 이를 청요직으로 여겼다.
217) 병조에 속한 아문으로 병기 기치 융장(戎仗) 집물 같은 것을 만드는 일을 맡아보던 관청.

술동이의 서쪽에 나아가 동향하여 술잔에 술을 따라 북향하여 꿇어앉아 잔대〔坫〕에 두고, 물러와서 잔대의 남쪽에 조금 서쪽으로 가서 서면, 맞히지 못한 사람이 잔대의 남쪽에 나아가서 북향하여 꿇어앉아 술잔을 취하여 서서 술을 마시고, 술잔을 비워서 꿇어앉아 잔대 아래에 두고 동향한 자리로 돌아온다. 별감이 북향하여 꿇어앉아 빈 술잔을 취하여 술을 따루어 두면, 맞히지 못한 사람이 차례대로 잇달아 술을 마시기를 모두 처음과 같이 한다. 봉례랑이 종친·백관과 시사자를 나누어 인도하여 모두 북향한 자리에 돌아간다. 통찬이

"국궁, 사배, 흥, 평신하라."

고 창하면, 자리에 있는 사람이 국궁하는데 음악이 시작되고, 네 번 절하고 일어나서 몸을 그전대로 펴면, 음악이 그친다.

판통례가 서편계로부터 올라가서 어좌 앞에 나아가서 부복하고 꿇어앉아 예를 마쳤음을 아뢰고는, 부복하였다가 일어나 내려와서 그전 자리로 돌아간다. 협률랑이 꿇어앉아 부복하였다가 휘를 들고 일어나고, 공인이 축을 두드리면 헌가에서 융안지악이 시작된다. 전하가 자리에서 내려와 악차로 돌아가고, 협률랑이 꿇어앉아 휘를 가로놓고는 부복하였다가 일어나고, 악공이 어를 긁으면, 음악이 그친다. 봉례랑이 종친과 문무백관들을 나누어 인도하여 궁(宮)에 돌아오기를 올 때의 의식과 같이 한다. 만약 시사하는 사람이 없으면, 화살그릇〔楅〕도 설치하지 아니하고, 상물도 진열하지 아니하고, 벌로 쓸 술동이(罰尊)도 설치하지 아니하며, 만약 임금이 간단히 하는 잔치(燕遊)나 간단히 하는 활쏘기(小射)[219]이면 악현(樂懸)을 진열하지 아니하고, 회례(會禮)를 행하지 아니하며, 일을 마치면 북면하여 네 번 절하는 의식도 없다.

---

218) 별감은 여러 가지인데 여기서는 장원서(掌苑署)와 액정서 소속의 관직을 말한다. 이들은 궁중의 각종 행사 차비(差備)에 참여했는데, 국왕의 종묘제사 문묘참배 선대왕릉참배 같은 일로 궁내외 거둥 때에 어가 옆에서 시위 봉도(奉導)하거나 국왕 세자의 세수간(洗手間) 무수리간(水賜間)에서 시중드는 일을 담당한 관리를 말한다. 대체로 왕의 곁에서 자질구레한 심부름을 하는 사람으로 보면 된다.
219) 小射는 大射에 대응하는 말이다. 대사례가 격식을 갖추어 크게 행하는 활쏘기를 말하는 것으로, 소사는 간단히 행하는 것을 말한다.

02 _ 관사우사단의(觀射于射壇儀)

기일 전 3일에 병조에서 내외관에게 선섭하여 각각 그 직책을 다하게 한다. 기일 전 1일에 충호위에서 장전을 사단에 남향하여 설치하고, 악차를 장전의 뒤에 설치하고, 액정서에서 어좌를 장전 안에 남향하여 설치한다. 아악서의 전악이 헌현을 사단의 남쪽에 진열하고【월률을 사용한다.】등가를 사단 위에 남쪽 가까이에 진열하고 중앙을 넓게 벌려 놓는다.【화살을 피하는 자리이다.】협률랑의 자리 2개를 설치하되, 1개는 등가의 서북쪽에 설치하고, 1개는 사단의 위에 설치하며, 전악의 자리를 사단 아래에 설치하되 모두 서쪽 가까이 동향하게 한다.

훈련관에서 미후(麋候)를 사단의 90보 거리에 설치하고,【후는 푸른 베로 바탕을 만들고 높이와 나비는 1장 8척으로 하며, 그 나비를 세 등분하여 정곡이 그 1등분을 차지하며, 정곡은 사방이 6척인데, 흰색을 칠한 가죽으로 네모나게 만들어 후의 복판에 붙이고 순록〔麋〕의 머리를 그린다.】화살가림을 후의 동쪽·서쪽 각각 10보에 설치하고,【화살가림은 후의 옆에서 화살을 피하는 물건인데, 가죽〔韋〕으로써 이를 만든다. 높이와 넓이가 7척이고 형상은 병풍과 같다. 북 1개는 동쪽편 화살가림에 있고, 쇠〔金〕1개는 서쪽편 화살가림에 있다.】북 1개는 사단 아래에 설치하되, 조금 동쪽에 있게 하고, 화살그릇 5개는 사단 아래에 설치하되, 조금 서쪽에 있게 하며,【화살그릇은 길이가 3척이고, 나비가 7촌이고, 두께가 1촌 반이다. 머리는 용이고 몸둥이는 뱀인데, 화살을 쌓아 둔다.】장사위를 동쪽계단·서쪽계단의 앞에 설치하되, 겹줄로 서로 마주보고 북쪽을 상으로 하며, 왼쪽·오른쪽 사사의 자리를 장사위 앞에 설치하되, 동쪽·서쪽에서 서로 마주보게 하고, 병조 판서의 자리를 동쪽 계단 앞에 서향하여 설치하고, 집현전 부제학 이상의 사위(射位)를 사단 위에 설치하고, 3품 이하의 사위를 사단 아래에 진치하되, 모두 서쪽 가까이 횡으로 포열(布列)하여 남향하게 한다.

그날에 사자의 궁시와 후를 서문 밖에 설치하고, 상으로 줄 물품을 사단 아래에 진설하되 조금 동쪽에 있게 하고, 별로 쓸 술동이를 놓은 탁자를 사단 아래에 진설하되, 조금 서쪽에 있어 북향하게 하고, 점(坫)을 설치하고, 술잔을 가(加)하며, 잔대〔豐〕를 탁자의 서쪽에 두고【풍(豐)은 벌주잔을 받드는 것인데, 형상은 두(豆)와 같으며, 크고 낮다.】화살을 줍는 사람의 자리를【화살을 줍는 관원이다.】동쪽편 화살가림·서쪽편 화살가림에 설치하되 서로 마주보게 한다. 전의가 집사자와 종친·문무백관의 배위(拜位)를 설치하되, 모두 사우사단의(射于射壇儀)의 자리와 같이 한다.

전하가 익선관을 쓰고, 곤룡포를 입고, 궁을 나와서 사단 장소에 이르러 악차에 들어가는데, 장위(仗衛)가 사단의 동쪽·서쪽에 배열하기를 모두 사우사단의와 같이 한다. 종친과 문무 백관들이 모두 평상복 차림으로 동문·서문의 밖에 나아간다. 전악이 악공을 거느리고 들어와서 자리에 나아가고, 협률랑이 들어와서 휘를 드는 자리(擧麾位)에 나아가고, 집사관이 자리에 먼저 나아가고, 봉례랑이 3품 이하의 관원을 나누어 인도하여 들어와서 배위(拜位)에 나아간다. 판통례가 부복하고 꿇어앉아 외판(外辦)[220]을 아뢰면, 전하가 나가려고 하여 의장이 움직이는데, 협률랑이 꿇어앉아 부복하였다가 휘를 들고 일어나고, 악공이 축을 두드리면, 헌가에서 융안지악이 시작된다. 전하가 자리에 오르면 일산(繖)과 선(扇)으로 시위하기를 평상시의 의식과 같이 한다.【무릇 군사들은 모두 무기와 제복을 갖춘다.】협률랑이 꿇어앉아 휘를 가로놓고는 부복하였다가 일어나고, 악공이 어를 긁으면, 음악이 그친다. 승지가 서편 계단으로부터 사단에 올라가서 서남쪽의 모퉁이에 있어 북향하고 동쪽을 상으로 하여 부복하고, 사관은 그 뒤에 있고, 다음에 사금이 뜰의 동쪽·서쪽에 나누어 서기를 평상시와 같이 한다.

봉례랑이 3품 이상의 관원을 나누어 인도하여 들어와서 배위에 나아간다. 전의가

"사배하라."

---

220) 의식준비에서 바깥의 일이 빠짐없이 갖추어졌음을 이르는 말.

고 말하고, 통찬이

　　"국궁, 사배, 흥, 평신하라."

고 창하면, 【무릇 통찬이 찬하고 창할 적에는 모두 전의의 말을 받아서 한다.】 종친과 백관들이 국궁하는데, 음악이 시작되고, 네 번 절하고 일어나서 몸을 그전대로 펴면, 음악이 그친다. 봉례랑이 종친과 백관을 나누어 인도하여 자리에 나아가서 회합(會合)을 베풀기를 정지회의(正至會儀)와 같이 한다. 【다만 상수례(上壽禮)만 없을 뿐이다.】 술이 세 순배 돌면, 판통례가 서편 계단으로 올라가서 어좌 앞에 나아가서 부복하고 꿇어앉아, 종친과 백관들에게 활쏘기를 명할 것을 계청하고는 부복하였다가 일어나서 그전 자리로 돌아간다. 봉례랑이 종친 이하의 관원을 나누어 인도하여 모두 사단 아래에 내려가서 【처음에 사단에 오른 사람이 장차 내려가려고 하면, 사단 아래에 있던 사람이 자리에 먼저 나아간다. 승지는 사단 위에 있어 동향하고 북쪽을 상으로 하고 부복한다.】 그전 자리로 돌아간다. 통찬이

　　"국궁, 사배, 흥, 평신하라."

고 창하면, 종친과 백관들이 국궁하는데 음악이 시작되고, 네 번 절하고 일어나서 몸을 그전대로 펴면, 음악이 그친다. 봉례랑이 그들을 인도하여 중문 밖으로 나가면, 화살을 줍는 사람 1인이 정(旌)을 가지고 후를 등지고 북향하여 선다.

　　종친과 백관들이 활을 쥐고, 네 개가 한 묶음인 화살을 등에 꽂고 들어와서, 장차 활쏠 자리에 나아간다. 병조 판서가 서편계로부터 올라가서 어좌 앞에 나아가서 부복하고 꿇어앉아, 화살 줍는 사람에게 후에 가도록 명하기를 아뢰고는, 부복하였다가 일어나 내려가서 그전 자리로 돌아간다. 북을 잡은 사람이 【훈련관 판관(判官)[221]이다.】 북을 세 번 치면, 화살을 줍는 사람이 북을 쳐서 이에 응하고, 후를 짊어진 사람이 돌아와 화살가림에 이른다. 왼쪽·오른쪽의 사사가 동편 계단와 서편 계단으로 나누어 올라가 활 쏘는 좌석에 나아가서, 북향하여 부복하였다가 일어나서

---

221) 판관은 중앙과 지방의 관아에 편제되어 실무를 담당한 종5품의 관직. 행정실무를 지휘 담당했다.

남향하여 서서, 왼쪽의 사사가 화살 한 개를 쏘면, 오른쪽의 사사가 화살 한 개를 쏘아, 번갈아 화살을 쏜다. 이를 마치면, 모두 북향하여 부복하였다가 일어나 내려와서 그전 자리로 돌아간다.

종친 이하의 관원들이 짝을 지어 동편계와 서편계로 나누어 올라가, 활쏘는 좌석에 나아가서 북향하여 부복하였다가 남향하여 서면, 헌가에서 성안지악 1절을 연주한 후에 화살을 쏜다. 제1의 쏘는 것이 제2절과 서로 응하여 5절까지 이르면, 【화살이 맞으면 화살을 줍는 사람이 북을 치고, 화살이 맞지 않으면 쇠〔金〕를 친다.】 음악이 그친다. 활 쏘는 사람이 북향하여 부복하였다가 일어나 내려와서 장차 활쏠 자리로 돌아간다. 화살을 취하는 사람이 【훈련관 참군(參軍)이다.】 맞힌 화살을 취하여 화살그릇에 넣는다. 여러 사람의 짝이 차례대로 활을 쏘고 이를 맞히면, 활을 자리에 놓고 모두 앞으로 나아가서 사단 아래에 서되, 동쪽·서쪽으로 나누어 겹줄로 북향하게 한다.

병조 판서가 맞힌 사람의 성명과 맞힌 숫자를 써서, 서편 계단으로 올라가서 어좌 앞에 나아가서 부복하고 꿇어앉아 끝마친 것을 아뢰고, 맞힌 사람에게 상을 주고 맞히지 못한 사람에게 벌을 주기를 청하고는, 부복하였다가 일어나 내려와서 그전 자리로 돌아와서, 병조 정랑으로 하여금 맞힌 사람의 성명을 창하여 동쪽 계단 아래에 서향하여 서게 하고, 맞히지 못한 사람은, 서쪽 계단 아래에 동향하여 서게 하되, 모두 북쪽을 상으로 한다.

통찬이

"국궁, 사배, 흥, 평신하라."

고 창하면, 활쏘는 사람이 국궁하는데 음악이 시작되고, 네 번 절하고 일어나서 몸을 그전대로 펴면 음악이 그친다. 군기감의 관원이 동쪽 계단 아래에 나아가서 차례대로 상물을 주면, 상을 받는 사람은 북향하여 꿇어앉아 상을 받는다. 이를 마치면 부복하였다가 일어나서 서향한 자리로 돌아간다. 【만약 내리는 물건이 많으면, 자리에 두었다가 모시고 있던 사람이 중문 밖에 가지고 나가서 이를 준다.】 사준 별감(司尊別

監)이 벌로 쓸 술동이의 서쪽에 나아가서 동향하여 술잔에 술을 따라 북향하여 꿇어앉아 잔대에 두고, 물러가 잔대 남쪽에 조금 서쪽으로 가서 선다. 화살을 맞히지 못한 사람이 잔대 남쪽에 나아가서 북향하여 꿇어앉아 술잔을 취하여 서서 마시고, 술잔을 비우고는 꿇어앉아서 잔대 아래에 두고 동향한 자리로 돌아간다. 별감이 북향하여 꿇어앉아 빈 술잔을 취하여 술을 따루어 두면, 화살을 맞히지 못한 사람이 차례대로 잇달아 술을 마시기를 모두 처음과 같이 한다. 이를 마치면, 봉례랑이 종친과 백관들을 나누어 인도하여 모두 북향한 자리로 돌아간다.

통찬이

"국궁, 사배, 흥, 평신하라."

고 창하면, 자리에 있는 사람이 국궁하는데, 음악이 시작되고, 네 번 절하고 일어나서 몸을 그전대로 펴면, 음악이 그친다. 판통례가 서편 계단으로부터 어좌 앞에 나아가서 부복하고 꿇어앉아 예를 마쳤음을 아뢰고는, 부복하였다가 일어나 내려와서 그 전 자리로 돌아간다. 협률랑이 꿇어앉아 부복하였다가 휘(麾)를 들고 일어나고, 악공이 축을 두드리면, 헌가에서 융안지악이 시작된다. 전하가 좌석에서 내려와 악차로 돌아가고, 협률랑이 휘를 가로놓고는 부복하였다가 일어나고, 악공이 어(敔)를 긁으면, 음악이 그친다. 봉례랑이 종친과 백관들을 나누어 인도하여 나가고, 전하가 궁으로 돌아오기를 올 때의 의식과 같이 한다.

03 _ 연사(燕射)[222]

사사의 인도로 자리에 오른다.【장수가 앉으면 종을 6번 친다.】음악을 연주한다.【앉은 뒤】음악이 그친다. 사사가 나아가 대차(大次)전에 부복하고 절하며 연사의 예를 행할 것을 알린다. 집사관이 동반과 서반의 시사자와 시수를 기록하는 사관, 고

---

222) 연사는 『우리나라의 궁도』에서 옮겼다. 이 연사는 세종실록의 오례의나 국조오례의에 나오지 않는다.

시무관(告矢武官) 이하가 국궁 사배 홍 평신한다. 음악이 그친다. 사사가 명령을 내리면 획자가 깃발(旌)을 잡고서 후를 등지고 선다. 사시(司矢) 두 사람이 임금의 활(御弓)과 승시(乘矢)를 횡으로 받들고 또 한 사람이 깍지와 팔찌를 두렁이에 싸서 바친다. 시사관은 깍지와 팔찌를 하고 활을 잡고 승시를 꽂는다.【집사자가 올린다.】집사관의 인도로 시사관 중 짝이 되어 쏠 사람(耦射人)이 동서쪽 계단으로 올라 나아가서 장수가 쏠 위치를 본다. 임금이 쏘는 위치보다 1자 아래서 국궁한 뒤 후를 본다. 사사가 나아가 좌석 앞에 꿇어앉아 획자에게 후를 들 것을 명령한다. 시사가 부복뒤 일어나 위치로 물러난다. 고시무신이 큰 소리로 외치면 획자는 후를 든다.【획자와 단 아래 깃발 든 사람과 북치는 사람이 응하여 답한다.】북치는 무신이 북을 세 번 울린다. 단 아래의 북치는 사람이 이에 응하여 북을 세 번 울린다. 후를 세우기를 마친다. 고시무신이 또한 큰 소리로 쏘기를 명한다.【곰을 맞추면 3번, 범 사슴 꿩 토끼를 맞추면 2번, 기러기 수리 원숭이를 맞추면 1번 북을 울리고 맞추지 못하면 쇠를 친다. 1개의 짐승에 1개의 기를 드는데 곰과 승시가 맞으면 9개의 기를 모두 들어올린다.】획자가 응하여 답한다. 단 아래 깃발을 든 자가 각기 9개의 동물이 그려진 기를 들고 단상의 북치는 무신은 9개의 짐승이 그려진 북을 친다. 단 아래 북치는 사람이 응수해서 북을 친다.

　사사가 인도하여 전하가 활쏠 위치로 나아간다. 음악을 연주한다. 쏠 자리에 오른 후 음악을 그친다. 사시가 나아가 깍지와 팔찌 활과 화살을 바친다. 전하기 제1시를 쏜다. 주왕재지장(奏王在之章)을 연주한다. 쏘기를 마친다. 음악을 그친다. 전하가 제2시를 쏜다. 주왕재지장을 연주한다. 쏘기를 마친다. 음악을 그친다. 전하가 제3시를 쏜다. 주왕재지장을 연주한다. 쏘기를 마친다. 음악을 그친다. 전하가 제4시를 쏜다. 주왕재지장을 연주한다. 쏘기를 마친다. 음악을 그친다. 획은 아홉 동물과 통하는데 반드시 먼저 도전(翿壇)을 세운 뒤 범을 맞추면 범을 그린 기를 들고 북을 두 번 울리고, 기러기를 맞추면 기러기가 그려진 기를 들고 북을 1번 울리는데, 물고기 수리 원숭이도 이와 같다. 곰을 맞추면 9개의 기를 모두 들며 북을 세 번 친다. 고시무신이 기를 보며 북소리를 듣고 모시모중(某矢某中)했다고 큰 소리로 고하거나 유불중자(有不中者)라 한다. 임금이 쏠 때는 쇠를 치지 않고 도전을 뉘어 화살이 간 방향을 알리며 고시무신 역시 큰 소리로 유 양 좌방 우방이라 외친다. 사사가 나아가 꿇어앉아 어좌의 왼편에 각각 활 화살 깍지 팔찌를 받들어 원위치에 돌려놓고 물러난다.

사사가 인도하여 전하가 앉는다. 음악을 연주한다. 자리에 앉은 후 음악이 그친다. 집사관이 인도하여 시시관 중 짝이 되어 쏠 사람이 원위치로 돌아간다. 집사관이 시사관을 이끌고 동서계단으로 가고 짝을 이룬 사람은 장수가 쏘는 위치로 향한다. 어좌 앞에서 부복하고 일어나 후를 향해 선다.【먼저 쏘는 시사관의 절이 끝나면 각 본위에서는 둘러서 나누어 서로 향해 선다.】장수가 쏜다. 음악을 연주한다. 쏘기를 마친다. 음악이 그친다. 장수가 쏜다. 음악을 연주한다. 쏘기를 마친다. 음악이 그친다. 장수가 쏜다. 음악을 연주한다. 쏘기를 마친다. 음악이 그친다. 장수가 쏜다. 음악을 연주한다. 쏘기를 마친다. 음악이 그친다. 매번 시사관이 쏘기를 마친 뒤 어좌를 향하여 부복했다가 일어나 북쪽을 향해 선다. 집사관이 시사관을 이끌고 본래의 자리로 내려온다.【두 번째 짝이 되어 쏘는 이도 같다.】획과 살은 전과 같으며 기를 들고 북을 치고 맞지 않으면 쇠를 친다.【맞지 않으면 도전을 든다.】고시무관이 전하여 창하고 시사관이 모모중 후중(某某中侯中)이라 하며 맞은 화살을 취해 살그릇에 넣는다.【재순 이하의 순수(巡數)는 사사가 임할 때 시행할 뜻을 여쭌다.】

시수를 기록하는 사관은 맞춘 자와 맞추지 못한 자의 성명과 시수의 합을 계산하여 차례를 정한다. 사사가 나아가 어좌 앞에 꿇어앉아 상줄 사람과 벌줄 사람을 고한다. 사사가 부복후 일어나 자리에 들어온다. 시수를 기록하는 사관과 고시무신이 나누어 동쪽과 서쪽 계단 위에서 맞춘 사람과 못 맞춘 사람의 성명을 알리고 맞춘 이는 상을 주고 맞추지 못한 이는 벌로 술을 준다.【맞추어 상받은 이는 동쪽, 벌로 술을 마시는 이는 서쪽이다.】끝났음을 창한다. 시사관이 꿇어앉는다. 상을 전달하고 벌주를 주며 끝낸다. 음악을 연주한다. 꿇어앉았다 일어나 사배 흥 평신한다. 시사관이 부복 후 일어나 사배 평신한다. 음악이 그친다. 집사관이 시사관을 이끌고 본 위치로 돌아온다. 음악을 연주한다. 시사관이 국궁 사배 흥 평신한다. 음악이 그친다. 사사가 나아가 어좌 앞에 부복하고 후를 거둘 것을 고한다.【획자와 단 아래 깃발을 든 자와 북을 치는 자가 응하여 답한다.】북치는 무신이 북을 세 번 울린다. 단 아래 북을 치는 사람이 응해 북을 세 번 울린다. 집사관이 시사관을 이끌고 나아간다. 사사가 인도하여 전하가 대차로 돌아간다. 장수가 좌석에서 내려온다. 음악이 연주된다. 대차(大次)로 돌아간다. 음악이 그친다. 먼저 집사관과 집사자가 대차에 나아가서 단 아래에서 사배한 후 각기 나아가 대차로 돌아가신 후 물러선다.

04 _ 대열의(大閱儀)

기일 전 11일에 병조에서 계문(啓聞)하여 대열(大閱)을 청하고, 교지를 받들어 마침내 장수에게 명하여 군사를 검열하게 한다. 유사가 먼저 풀을 베고 땅을 손질하여 장소를 만드는데, 사방이 1천 2백 보나 되며, 사방으로 나가 화문(和門)을 만든다.【군문을 화문(和門)이라 이른다.】또 그 안에 보군과 기군의 군영을 만들어 처소를 설정하고, 두 진으로 나누어 동쪽·서쪽에서 서로 보게 하되, 중간에서 서로 떨어지기가 3백 보나 되게 하고, 매 50보마다 표(表)를 세워 1행(行)으로 삼는데, 무릇 5행으로써 군사들의 진퇴하는 절차로 삼는다. 또 선지(墠地)를 장소 북쪽에 별도로 설치하여, 거가(車駕)가 머물러 관람하는 장소로 삼는다.

기일 전 1일에 충호위에서 장전을 선소에 남향하여 설치하고, 또 소차(小次)를 장전의 북쪽에 설치하되, 땅의 적당한 데 따르게 하고, 왕세자의 막차(幕次)를 소차의 남쪽에 동쪽 가까이 서향하여 설치한다. 액정서에서 어좌를 장전 안에 남향하여 설치하고, 전의가 왕세자와 종친·문무백관들의 배위(拜位)를 장전의 남쪽에 설치하고, 집사관의 자리를 설치하되 모두 평상시와 같이 한다. 장수와 사졸(士卒)들이 선소에 집합하여서 떠드는 것을 금지시키고, 사방의 빛깔[方色]에 따라 기를 세워 화문을 만들고, 기고(旗鼓)와 갑장(甲仗)으로 위의가 모두 갖추게 된다. 대장 이하의 군관들은 각각 통솔이 있음이 평상시의 규정과 같다. 장수가 먼저 사졸들에게 정기(旌旗)의 지휘하는 자취와 【기를 눕히면 곧 꿇어앉고, 기를 들면 곧 일어난다.】 금고(金鼓)의 행동·정지하는 절차를 【북〔鼓〕을 치면 곧 앞으로 나가고, 쇠〔金〕를 울리면 곧 그친다.】 바라보고 듣게 한다.

그날 미명(未明)의 10각(刻)에 군사들이 모두 엄중히 경비하고, 기병과 보병이 모두 갑주를 갖추고 각각 직진(直陣)을 만들어 대기(待機)한다. 장군과 대장이 각각 위의(威儀)를 갖추어 기고(旗鼓)의 아래에 선다.

미명 7각에 고가 1엄을 알리면, 병조에서 아뢰어 궁전문과 성문을 열고, 여러 위(衛)의 군사를 거느리고 대가(大駕)의 노부(鹵簿)[223]와 군사를 진열하고, 판사복이 여(輿)·연(輦)·어마(御馬)·입장마(立仗馬)를 진열하되, 모두 홍례문 밖에서 나누어 서기를 의식과 같이 한다. 전후(前後)의 기병대와 보병대가 각각 무기와 제복을 갖추고 【무릇 군사들은 모두 같이 하는데, 창대(槍隊)는 창을 쥐고, 검대(劍隊)는 장검(長劍)을 쥐고, 사대(射隊)는 궁시를 가진다.】 차례대로 둔쳐 늘어서서, 부오(部伍)를 정숙(整肅)하게 하여 떠들지 못하게 한다. 종친과 백관들이 모두 조방(朝房)에 집합한다.

미명 5각에 고가 2엄을 알리면, 종친과 백관들이 평상복 차림으로써 시립하는 자리에 나아간다. 왕세자가 평상복 차림으로써 나오면 【그 내엄(內嚴)을 알리고, 외비(外備)를 아뢰고, 시위하기를 모두 평상시와 같이 한다.】 좌중호(左中護)가 인도하여 광화문 밖의 막차에 나아가서 앉게 하는데 【기일 전 1일에 충호위에서 위차를 설치한다.】 시위하기를 평상시와 같이 한다. 여러 위에서 각각 그 소속 군사를 감독하여 근정전의 전정(殿庭)에 들어와서 진열하고, 시신이 섬돌 아래에 나아가서 왼쪽·오른쪽으로 나누어 서고, 여러 호위하는 관원과 【도진무[224] 1인, 내금위[225] 절제사[226] 2인,

---

223) 왕이 행차할 때 필요한 의장 일체.
224) 장수의 막료로, 군기에 참여하고 군령을 전달하며 제반 군사업무를 총괄하여 장수를 보좌하는 직책.
225) 조선시대 금군의 하나. 태종 7년(1407)에 설치하였는데, 궁내의 경비를 맡았다.
226) 조선 초기 의흥친군부에 속했던 조직. 일명 순문사(巡問使). 각 지방의 절도사 밑에 딸린 정3품 무관직으로, 거진(巨鎭)을 맡아 다스린다.

충의위[227]·충순위[228]·별시위[229]의 절제사(節制使) 각각 1인, 운검(雲劍)을 찬 중추(中樞) 4인, 갑(甲)을 받든 상호군·주(冑)를 받든 상호군 각각 1인, 궁시를 받든 상호군·운검을 받든 대호군·책(策)을 가진 대호군 각각 2인, 궁시를 가진 호군[230]·몸을 방비하는 호군 각각 8인, 사복관 6인이다.】 사금이 각각 무기와 제복을 갖추고, 상서관[231]이 어보를 받들고 모두 사정전의 합문 밖에 나아가서 사후(伺候)한다. 판통례가 합문 밖에 나아가서 부복하고 꿇어앉아 중엄(中嚴)을 계청하면, 판사복이 어마(御馬)를 근정문 밖에 올린다.

  미명 2각에 고가 3엄을 알리면, 좌중호가 왕세자를 인도하여 막차를 나와서 시립하는 자리로 나아가는데, 종소리가 그친다. 판통례가 부복하고 꿇어앉아 외판을 아뢰면, 전하가 익선관을 쓰고 곤룡포를 입고 여(輿)를 타고 나오는데, 산(繖)과 선(扇)으로 시위하기를 평상시의 의식과 같이 한다. 상서관이 어보를 받들고 앞에서 인도하여 【어보를 싣고 가기를 평상시와 같이 한다.】 근정문 밖에 이른다. 판통례가 부복하고 꿇어앉아, 여에서 내려 말을 타기를 계청하면 전하가 여에서 내려 말을 타는데, 좌우의 시신(侍臣)이 옆에서 모시기를 평상시와 같이 한다. 어가가 광화문 밖에 이르면, 왕세자가 국궁하였다가 어가가 지나가면 몸을 그전대로 편다. 시신의 상마소(上馬所)에 이르러 어가가 조금 머물면, 시신이 말을 탄다. 이를 마치면, 어가가 움직이는데, 고취(鼓吹)가 시작된다. 종친과 백관들이 국궁하였다가 어가가 지나가면 몸을 그전대로 펴고, 왕세자와 종친·백관들이 차례대로 시위하기를 평상시와 같이 한다.

  어가가 선소(墠所)에 이르면, 병조 판서가 말을 타고 받들어 인도하여 도선소(都墠所) 북쪽의 화문(和門)으로부터 들어와서, 소차(小次) 앞에 이르러 말에서 내려 악차

---

227) 조선시대 5위의 하나인 충좌위(忠佐衛)에 속한 병종. 세종 즉위년(1418)에 개국 정사 좌명공신의 3공신 자손들이 주로 소속된 특수층 우대기관.
228) 조선시대 5위의 하나인 충무위(忠武衛)에 속한 군대. 왕의 친척이나 그 자손으로 구성.
229) 세조 3년(1457)에 설치된 5위중 좌위에 속하는 용호영(龍虎營)의 군대.
230) 5위에 속한 정4품의 무관직.
231) 상서원에 딸린 관리. 상서원은 국왕의 옥새와 부신(符信)을 관리하는 관청.

에 들어간다. 좌중호가 왕세자를 인도하여 악차에 나아가는데, 전의 이하의 관원이 먼저 들어와서 자리에 나아간다. 봉례랑이 종친과 백관들을 나누어 인도하여 들어와서 자리에 나아가고, 부지통례(副知通禮)가 왕세자를 인도하여 들어와서 자리에 나아간다. 【인순부(仁順府)에서 욕석(褥席)을 설치한다.】 전하가 악차에서 나와 자리에 나아가는데, 산(繖)과 선(扇)으로 시위하기를 평상시의 의식과 같이 한다.

승지가 들어와서 장전의 서남 모퉁이에 나아가서 북향하고, 동쪽을 상으로 하여 부복하고, 사관은 그 뒤에 있고, 다음에 사금이 장전의 동쪽·서쪽에 나누어 서기를 평상시의 의식과 같이 한다. 전의가

"사배하라."

고 말하고, 통찬이

"국궁, 사배, 흥, 평신하라."

고 창하면, 왕세자와 종친·백관들이 국궁하고 네 번 절하고 일어나서 몸을 그전대로 펴고, 중군의 장수가 기를 눕히면, 군사들은 각각 그 진에서 북향하여 네 번 절하고 기를 드는데, 기병은 말을 타고 보병은 일어난다. 이를 마치면, 병조 판서가 동상(東廂)에 멈추어 서서 서향하는데, 장위(仗衛)가 조금 뒤로 물러가서 관람하는 길을 틔운다. 부지통례가 왕세자를 인도하여 어좌의 동쪽에 남쪽 가까이 나아가서 서향하여 앉게 하고, 봉례랑이 시신(侍臣)을 나누어 인도하여 좌상(左廂)·우상(右廂)에 기대어 대차(大次) 앞의 동쪽·서쪽에 서게 하고, 북쪽을 상으로 하고, 종친과 백관들을 인도하여, 시신의 밖 10보에 서게 하되, 문관은 동쪽에 있고 무관은 서쪽에 있으며, 겹줄로 북쪽을 상으로 한다.

대각(大角)을 세 번 불면, 중군(中軍)의 장수가 각각 비고(鞞鼓)로써 북치기를 호령하는데, 2군이 모두 북을 친다. 유사가 기를 눕히면, 기병은 말에서 내려와 서고, 보병은 꿇어앉으며, 2군의 여러 장수와 상호군 이상의 군관이 중군 대장의 기고 아래에 집합하고, 좌상의 중군 대장은 기고의 동쪽에 서서 서향하고, 제군의 장수는 기고의 남쪽에 서서 북향하고 동쪽을 상으로 하며, 우상의 중군 대장은 기고의 서쪽에 서

서 동향하고, 제군의 장수는 기고의 남쪽에 서서 북향하고, 서쪽을 상으로 하여 서약(誓約)을 듣는다. 대장이 서약하기를,

"지금 대열을 행하여 사람들에게 전쟁하는 일을 가르치니, 앞으로 나가고 뒤로 물러감과 왼쪽으로 가고 오른쪽으로 가는 것을 한결같이 군법대로 할 것이다. 명령대로 하면, 일정한 상이 있고, 명령대로 하지 않으면 일정한 형벌이 있으니, 이를 힘쓰지 않겠는가."

한다. 서약하기를 마치면, 좌군·우군의 사후 각각 2인이 탁(鐸)을 흔들고 나누어 돌아다니면서 군사들에게 서약하고, 여러 상호군이 각각 서사(誓辭)로써 그 관할 부서에 널리 알린다.

마침내 북을 올려서 유사가 기를 들면, 기병은 말에 오르고 보병은 일어나서 모두 행진하는데, 표(表)에 이르러 징(鉦)을 치면 기병과 보병이 이에 그친다. 또 북을 세 번 치고 유사가 기를 눕히면, 기병은 말에서 내리고 보병은 꿇어앉는다. 또 북을 치고 유사가 기를 들면, 기병은 말에 오르고 보병은 일어나는데, 기병은 말을 달리고 보병은 빨리 가다가 표에 이르면 이에 그친다. 정열(整列)하는 위차가 정해지면, 동군과 서군이 5행의 서로 이기는 법에 의거하여 서로 진을 만들어 이에 응하고, 매양 진을 변경할 적에는 각각 칼과 방패를 가진 군사 50인을 뽑아서 두 군대 앞에 도전하게 하는데, 제1, 제2의 도전은 번갈아 용감하고 비겁한(勇怯) 형상이 되고, 제3의 도전은 균적(均適)한 형세가 되고, 제4와 제5의 도전은 승패의 형상이 된다. 5진을 마치면, 양군이 모두 직진(直陣)이 된다. 또 북을 세 번 치고 유사가 기를 눕히면, 기병은 말에서 내리고 보병은 꿇어앉으며, 또 북을 올리고 기를 들면, 기병은 말에 오르고 보병은 일어나는데, 기병은 따라가고 보병은 달려가서 좌군과 우군이 모두 중표(中表)에 이르러 서로 견주어 공격하고는 돌아온다. 매양 물러올 적에는 한 줄의 표에 이르기를 앞과 같이 하고, 마침내 그 처음대로 돌아간다.【무릇 서로 견주어 공격할 적에는 모두 칼날을 서로 미치지 못하게 한다. 무릇 보병은 물러올 적에 중표에서 20보를 지나면 그치고, 기병은 이 한계에 있지 아니한다.】

판통례가 어좌 앞에 나아가서 부복하고 꿇어앉아 대열의 예를 마쳤음을 아뢰고는, 부복하였다가 일어나 내려와서 그전 자리로 돌아가면, 전하가 자리에서 소차에 들어가고, 왕세자가 막차에 돌아간다. 전하가 장전으로 돌아가서 자리에 나아가면, 다안(茶案)을 올리기를 평상시의 의식과 같이 한다. 이를 마치고 판통례가 부복하고 꿇어앉아 궁(宮)에 돌아오기를 계청하고, 아뢰기를 마치면 부복하였다가 일어나서 물러가고, 어가가 환궁하기를 평상시의 의식과 같이 한다.

05 _ 강무의(講武儀)

기일 전 7일에 병조에서 여러 백성을 불러서 사냥하는 법〔田法〕에 따르게 하고, 병조에서 사냥하는 들판을 표시한다. 그날 미명에 기를 사냥하는 뒤의 근교(近郊)에 세우는데, 땅의 적당한 데 따르게 하고, 여러 장수들이 각각 군사들을 거느리고 기 아래에 집합하여서 떠들지 못하게 한다. 날이 밝아 기를 눕힌 뒤에 이르는 사람은 처벌한다.

병조에서 사냥하는 영〔田令〕을 나누어 알려서, 드디어 에워싸서 사냥하게 한다. 그 양익(兩翼)의 장수가 모두 기를 세우고 에워싸는데 그 앞은 빠뜨린다. 어가가 나와서 머물기를 평상시와 같이 한다. 장차 사냥하는 장소에 이르려 하여 어가가 북을 치면서 가서 에워싼 데 들어간다. 유사가 북을 어가의 앞에 진열한다. 동남쪽에 있는 사람은 서향하고, 서남쪽에 있는 사람은 동향하여 모두 말을 탄다. 여러 장수들이 모두 북을 치면서 가서 에워싼 데 이르고, 이에 몰이하는 기병을 설치한다. 이미 임금께서 말을 타고 남향하면 유사가 뒤따르고, 대군 이하의 관원이 모두 말을 타고 궁시를 가지고 어가의 앞뒤에 진열한다.

유사가 이에 짐승을 몰이하여 임금의 앞으로 나온다. 처음에 한 번 몰이하여 지나가면, 유사가 궁시를 정돈하여 앞으로 나오고, 두 번째 몰이하여 지나가면 병조에서 궁시를 올리고, 세 번째 몰이하여 지나가면 임금이 그제야 짐승을 따라 왼편에서 이를 쏜다. 몰이할 적마다 반드시 짐승 세 마리 이상으로 한다. 임금이 화살을 쏜 뒤에야 여러 군(君)들이 화살을 쏘고, 여러 장수와 군사들이 차례로 이를 쏜다. 이를 마치고 몰이하는 기병이 그친 뒤에야 백성들에게 사냥하도록 허락한다.

　무릇 짐승을 쏠 적에는 왼쪽 표(膘)에서【음은 표(縹)이니, 어깨 뒤와 넓적다리 앞의 살이다.】쏘아서 오른쪽 우(腢)로【우는 우(牛)와 구(口)의 반절(反切)이니, 어깻죽지 앞의 살이다.】관통하는 것을 상(上)으로 삼는데, 건두(乾豆)로 만들어 종묘에 받들며, 오른쪽 귀 부근을 관통하는 것이 이에 다음 가는데, 빈객(賓客)을 접대하며, 왼쪽 비(髀)에서【비는 포(捕)와 이(爾)의 반절(反切)이니, 넓적다리뼈이다.】오른쪽 연(𦙶)으로【이(以)와 연(沿)의 반절이니, 어깨뼈이다.】관통하는 것을 하(下)로 삼는데, 포주(庖廚)에 충당한다. 여러 짐승을 서로 따르는데, 다 죽이지 아니하고, 이미 화살에 맞은 것은 쏘지 아니하며, 또 그 면상(面上)을 쏘지 아니하고, 그 털을 자르지 아니하고, 그것이 표 밖에 나간 것은 쫓지 아니한다.

　장차 그치려고 하면, 병조에서 기를 사냥 구역의 안에 세우고는, 이에 어가의 북과 여러 장수들의 북을 크게 치면, 사졸들이 고함을 치고, 여러 짐승을 잡은 것을 기 아래에 바치면서 그 왼쪽 귀를 올린다. 큰 짐승은 관청에 바치고, 작은 짐승은 자기 소유로 한다. 사자를 보내어 잡은 짐승을 달려가서 종묘에 올리고, 다음에는 악전(幄殿)에서 연회하고 종관(從官)에게 술을 세 순배를 내린다.

　1. 사냥할 때는 여러 장수들이 사졸로 하여금 서로 섞이지 않도록 하고,

　1. 어가 앞에 기를 세워서 눈을 함부로 휘둘러보는 것(瞻視)을 구별하게 하며,

　1. 어가 앞에 가까이 있는 사람은 내금위와 사금 이외에, 모든 잡인들을 일절 모두 금단하게 하며,

　1. 삼군이 차례대로 포열하여 에워싼 속으로 짐승을 모두 몰이하여 들이는데, 빠져 나가는 놈은 군사들이 쫓아가서 화살로 쏘는데, 그 위차를 지나면 그치고 쫓지 말게 하며,

　1. 모든 잡인들은 에워싼 앞으로 먼저 가게 하고, 에워싼 안에서 화살을 쏘고 매

와 개를 내놓지 못하게 하며,

　　1. 무릇 영을 어긴 사람은, 2품 이상의 관원은 계문하여 죄를 과(科)하게 하고, 통정[232] 이하의 관원은 병조에서 바로 처단하게 하며, 도피한 사람은 죄 2등을 더하며, 비록 에워싼 밖이라도, 앞을 다투어 화살을 쏘아서 혹은 사람의 생명을 상해(傷害)하거나, 혹은 개와 말을 상해한 사람은 각각 본률(本律)에 의거하여 시행한다.

---

232) 문관 정3품 당상관 종친 및 의빈의 관계.

08 『예기(禮記)』의 활쏘기

　　　　　　중국 고대의 활쏘기는 우리나라에도 영향을 끼쳤다. 특히 공자가 활쏘기를 예의 행위로 규정한 이후 유교가 통치사상이 된 우리나라의 왕실에서도 이를 그대로 수용하여 실행하였다. 궁중연사와 대사례가 그런 것들이다. 따라서 고대 중국의 활쏘기를 알아야만 우리의 활쏘기를 이해하는데 많은 도움을 받을 수 있다. 여기서는 『예기』에 나오는 활쏘기를 알아본다.[233]

　　옛날에 제후가 활을 쏠 때에는 반드시 먼저 연례(燕禮)를 행하였고, 경대부나 선비들이 활을 쏠 때에는 반드시 먼저 향음주의 예를 행하였다.[234] 그러므로 연례라는 것은 임금과 신하의 의리를 밝히는 것이고, 향음주례라는 것은 어른과 아이의 차례를 밝히는 것이다. 그러므로 활쏘기는 나아가고 물러나는 것과 행동거지(進退周旋)가 모두 예에 맞아서, 마음속의 뜻이 바르게 서고 몸이 곧게 갖추어진 후에야 활과 화살을 잡고 쏘는 모양이 굳게 잡힌다. 그런 뒤에 비로소 맞고 안 맞고를 말할 수 있으니 이는 덕행을 볼 수 있다.[235]

　　활을 쏠 때 갖춰 부르는 노래(節)는 천자는 추우(騶虞)라는 노래를 하고, 제후는 이수(貍首)라는 노래를 하고, 경대부는 채빈(采蘋)이라는 노래를 하고, 선비는 채번(采蘩)이라는 노래를 한다. 추우라는 노래는 여러 벼슬아치들이 두루 갖추어졌음을 즐거워하는 노래이다. 이수는 모임 갖는 때를 즐거워하는 노래이다. 채빈은 법에 따르

---

233) 『예기』, 「사의」(이상옥 역, 명문당, 1988) 262~275쪽.
　　이 책에서 좀 어색하게 번역된 부분은 좀 더 나은 말투로 조금 바꾸었다.
234) 연례나 향음주례도 예기에 따로 나온다.
235) 옛날 과거에서 활쏘기를 관덕(觀德)이라고 했다고 하는데, 여기서 유래한 것이다.

는 것을 즐거워하는 노래이다. 채빈은 구실을 잃지 않음을 즐거워하는 노래이다. 이런 까닭에 천자는 벼슬아치를 두루 갖추는 것을 예절로 여기고, 제후는 때마다 천자와 함께 자리하는 것을 예절로 삼고, 경대부는 법을 따르는 것을 예절로 삼으며, 선비는 구실을 잃지 않는 것을 예절로 삼는다. 그러므로 그 노래의 뜻에 밝아서 할 일을 잃지 않는다면 공이 이루어지고 덕행이 바로 선다. 덕행이 올바로 서면 재앙이 적고 공이 이루어지면 나라가 편안하다. 그러므로 말하기를, '활쏘기란 것은 흥성한 덕을 보는 것이다' 라고 했다. 이런 까닭에 옛날에 천자는 활쏘기로 제후, 경대부, 선비를 뽑았다.

활쏘는 것은 사내들의 일이다. 따라서 이를 예악으로 갖춰 행한다. 그러므로 일이 예악을 다해서 이루어지고 이를 자주 하여 덕행을 베푸는 것은 활쏘기만한 것이 없다. 그러므로 어진 임금은 (활쏘기에) 힘썼다. 이런 까닭에 옛날에는 천자의 제도에 제후가 해마다 선비를 뽑아서 천자에게 올렸다. 천자는 이를 활터(射宮)에서 시험하였는데, 그 몸가짐(容體)을 예에 견주고 그 절차를 음악에 어울리는지 견주어보아 제대로 맞는 자에게는 제사에 참여하게 하였다. 천자의 제사에 선비들이 자주 참여하면 그 선비를 뽑아올린 제후에게는 경사가 있고, 그렇지 못한 제후에게는 경사가 없다. 경사가 자주 있으면 땅을 더 얻게 되고, 그렇지 못하면 땅을 깎이게 된다. 그러므로 말하기를, 활쏘기라는 것은 제후를 위한 것이다, 라고 하였다. 이런 까닭에 제후와 군신은 활쏘기에 뜻을 다하며 예악을 익힌다. 무릇 군신이 예악을 익혀서 망한 자는 아직 없었다.

그러므로 시에, '증손후씨(曾孫候氏), 사정(四正)을 모두 든다. 대부, 군자, 모든 선비 등 크고 작은 벼슬아치가 제 자리에 있지 않고 임금 계신 곳에 모시어 연례(燕禮)를 행하고 사례(射禮)를 행하니 안락하고도 영예롭다' 했음은 군신이 함께 사례에 뜻을 다하여 예악을 익히는 일이 안락하고 영예로운 것임을 말하는 것이다. 이런 까닭에 천자가 이 같은 제도를 만들고 제후가 힘썼다. 이는 천자가 제후를 길러서 군대를 쓰지 않은 것이며 제후가 덕을 바르게 하는 도구이다.

공자가 확상(矍相)의 들판(圃)에서 활쏘기를 행하였다. 사람들이 마치 담장을 두른 것 같았다. 사례가 사마(司馬)에 이르렀는데 자로(子路)를 시켜서 궁시를 손에 들고 나가서 활쏘기를 권유하여 말하기를, '패전한 장수나 나라를 망친 대부, 빌붙어서 남의 후사가 된 자는 들어오지 말고 그 밖의 사람들만 들어오라' 하였다. 떠나간 자가 반이 되고 들어온 자가 반이었다. 또 공망지구(公罔之裘)와 서점(序點)을 시켜서 술잔(觶)을 들고 말하게 하였다. 공망지구가 말하기를, '스무 살 서른 살의 나이로서 효성스럽고, 예순 일흔의 나이로서 헛된 풍속을 따르지 않고 수양하여 죽음을 기다리는 자는 이 자리에 있지 않습니까?' 했다. 떠나간 자고 반이 되고 남아있는 자가 반이었다. 서점이 또 술잔을 들고 말하기를, '배우기를 좋아해서 게을리 하지 않고 예를 좋아해서 변치 않으며 여든 아흔의 나이에 도를 일컬어 어지럽지 않은 자기 이 자리에 있지 않습니까? 하였다. 남아있는 자가 극히 적었다.[236]

활쏘기라는 것은 헝클어진 실타래를 풀어내는 것(繹)을 말하는 것이다. 혹은 사(舍)라고 말한다. 역이라는 것은 각각 자기의 뜻을 찾는 것이다. 그러므로 마음이 화평하고 몸을 바르게 하여 궁시를 잡는 자세가 굳세다. 궁시를 잡는 자세가 굳세면 쏘아서 맞추게 된다. 그러므로 아비 된 자는 이로써 아비의 목표(鵠)로 삼고, 자식 된 자는 이로써 자식의 목표로 삼고, 임금 된 자는 이로써 임금의 목표로 삼고 신하된 자는 이로써 목표로 삼는다. 그러므로 활을 쏜다는 것은 각기 자기의 목표를 쏘는 것이다. 그러므로 천자의 활쏘기(大射)는 사후(射候)라고도 하니, 사후라는 것은 활을 쏘아서 제후가 되는 것을 뜻한다. 활을 쏘아서 맞추면 제후가 되고 맞추지 못하면 제후가 되지 못한다.

천자가 장차 제사지내려 하면 반드시 물가의 먼저 넓은 땅(澤)에서 활쏘기를 익혔다. 택은 선비를 뽑는 곳이다. 이미 거기서 활을 쏜 뒤에는 천자의 활터(射宮)에서 활을 쏘아서 맞춘 자는 제사에 참여하게 하였으며 맞추지 못한 자는 참여하지 못했

---

[236] 활쏘기를 할 만한 자격을 제대로 갖추기가 그 만큼 어렵다는 뜻이다.

다. 제사에 참여하지 못한 자는 문책을 당했고, 땅을 깎였다. 제사에 참여한 자는 경사가 있고, 땅을 더했다. 벼슬을 올리고 땅을 깎는다는 것이 이것이다. 그러므로 사내아이가 태어나면 뽕나무로 만든 활과 쑥대로 만든 화살 여섯을 가지고 천지 사방으로 쏘았으니 천지사방은 남자의 일이 있는 곳이다. 그러므로 반드시 그 일이 있는 곳에 뜻을 두고, 그런 연후에야 감히 곡식을 썼으니, 반사(飯食)를 이른다.

활쏘기라는 것은 인(仁)의 길이다. 활쏘기는 자기에게서 바른 것을 구한다. 몸을 바르게 한 뒤에야 쏘며 쏘아서 맞추지 못하더라도 이긴 사람을 탓하지 않으며 도리어 자기 자세를 돌아보게 된다.[237] 공자가 말하기를, '군자는 다툴 것이 없으니 반드시 활쏘기가 그러한가! 읍하고 사양하면서 사대에 오르고, 내려와서 마시니, 그 다툼이 군자이다.' 하였다. 공자가 말하기를 '활쏘기는 어떻게 하고 어떻게 듣는가? 소리를 따라서 쏘고, 쏘아서 정곡을 잃지 않는 자는 오직 현자인가.' 했다. 시에 이르기를, '저 과녁을 쏘아서 그대의 벼슬을 구한다.' 하였다. 기는 구한다는 뜻이다. 맞추어서 사양하기를 구하는 것이다. 술은 늙음을 다스리고 병을 다스리는 것이다. 맞추어서 사양하기를 구하는 것은 기름을 사양하는 것이다.

---

237) 우리가 알고 있는 집궁 제원칙의 뒷부분은 바로 이곳에서 뽑아낸 구절이다.
射求正諸己, 己正而后發, 發而不中, 反求諸己而已矣.

제 08 장 우리 활의 이론

- 활을 보는 또 다른 눈
- 단전호흡
- 활과 경락
- 불교론
- 건강론
- 우리 풍속과 활

01  활을 보는 또 다른 눈

활쏘기를 통해 이루고자 하는 목적은 무엇일까? 바보 같은 물음이지만, 꼭 해야 할 물음이기도 하다. 왜냐하면 활터에는 과녁이 있어 사람을 끝없이 홀리기 때문이다. 과녁을 맞히는 것이 목적이라면 활쏘기는 한심한 수단이다. 총 때문이다. 이 목적성의 한계 때문에 갑오경장 때 활은 무기에서 제외된 것이기도 하다. 그렇다면 활쏘기가 추구해야 할 진짜 목적은 무엇일까? 당연히 건강이다. 지금까지 활쏘기가 우리 생활 속에 살아남은 이유는 건강에 도움이 된다고 믿었기 때문이다. 이런 믿음이 없는 민족의 활은 모두 명맥이 끊겼다. 그러므로 살상이라는 목적성을 버리고 살아남은 한국의 활쏘기가 건강에 어떤 식으로 관여하는가 하는 것을 밝혀내는 것이 중요한 숙제로 남는다.

이 숙제는, 사람의 생명을 어떻게 보는가 하는 중요한 문제와 관련이 있다. 그렇다면 어떻게 보아야 할까? 활쏘기의 기본 원리가 불거름을 충실히 하는 것임을 기억한다면 논의의 출발점을 잡을 수 있다. 불거름을 동양에서는 생명의 씨앗이자 인간의 활동을 이바지하는 존재로 생각했다. 동양철학과 의학에서 말하는 원기, 중기, 진기, 종기, 경기 같은 말들이 모두 생명을 관장하는 어떤 힘에 대해서 말한 것들이다. 활쏘기는 이 기를 이용하는 운동이기에 이들의 실체에 대해 모른 체하고 넘어갈 수가 없다.

이 문제는 동양사회에서 사람의 몸을 어떻게 보았는가 하는, 뿌리 깊은 고민에 연결된다. 대체로 동양과 서양의 학문이 정확하게 갈라지는 지점이 바로 '기'에 대한 태도이다. 해부학에 바탕을 두고 발달해온 서양의학에서는 기를 미신으로 치부하는 데 반해, 증상학을 바탕으로 발전해온 동양의학에서는 존재의 뿌리이자 현상의 실체라고 생각하고, 그것을 체계화하는 데 오랜 세월을 바쳤다. 특히 사람에게서는 마음과 몸을 연결하는 보이지 않는 매개체가 있을 것이라고 생각했다. 그리고 마침내, 서양의 시각으로 보면 엉뚱하게도, 배꼽 두 치 아래의 한 지점에서 그 답을 찾았다. 이른바 신간동기(腎間動氣)가 그것이다.[1] 신간동기는 두 콩팥 사이의 빈곳에서 생명활동을 주관하는 기운이 꿈틀거린다는 말이다. 이 말이 몸을 바라보는 동서양의 차이를 가장 또렷이 드러내는 표현이 되면서, 동시에 서로 도저히 넘나들 수 없는 장벽이 되었다.

편작의 『난경』에 이 말이 나타나기까지 중국에서는 진한 대에 걸쳐 불꽃 튀는 논쟁이 벌어졌다. 그 자취가 「영추」[2]와 「소문」 두 편으로 이루어진 『황제내경』[3] 곳곳에 남아있다. 그리고 『난경』에서 신간동기의 실체가 이름을 얻은 뒤로 이 전제는 동양의 확고부동한 믿음이 되었다. 문제는 활쏘기에서 이 신간동기가 가장 확실하게 체험된다는 점이다. 이른바 불거름(단전)이 그것이다. 불거름의 기운이 작동하지 않으면 활쏘기는 그야말로 육체노동에 지나지 않는다. 그렇지만 불거름의 기운이 작용하는 것을 느끼고 알면 활쏘기는 단순히 육체 단련의 스포츠를 넘어서 양생의 단계로 비약한다. 이런 현상은 활쏘기만의 상황은 아니어서, 중국의 경우 태극권, 팔괘장, 형의권 같은 내가권 무술이 성립함으로써 상승무공의 논리는 생생한 현실이 되었다.

신간동기는 생명현상을 바라보는 동양의 눈이다. 배꼽 밑 두 치, 두 콩팥의 사이 빈 곳에 생명의 진짜 기운이 모여 있다. 그것이 명문화라는 불씨를 지핌으로써 염통과 더불어 몸을 보일러처럼 덥히고, 목숨을 유지하고 활동하는 기운을 공급한다. 그리고 그 기운이 작동하는 과정과 순서 그리고 통로를 발견하는데 모든 힘을 집중했다. 그 결과 동양인들은 그 기운이 우주와 교감하면서 움직이는 통로를 발견

---

[1] 진월인, 난경입문(최승훈 역), 법인문화사, 2004. 72쪽. 八難.
[2] 『영추』는 고려에서 송나라에 진상한 『고려침경』이다.(『우리 침뜸 이야기』 14쪽 ; 송사 원우 8년 조. 참조).
[3] 『황제내경소문』(이경우 옮김), 여강출판사, 1999.

하기에 이른다. 거기에 경락이라는 이름을 붙였다. 경락 때문에 동양의학은 서양과는 전혀 다른 길을 걸어왔다. 몸을 바라보는 그들만의 독특한 시각이 있었기 때문이다. 주검을 해부해서 몸이라는 기계 작동의 원리를 파악하려는 서양과 달리, 살아있는 몸을 통해 그 몸이 드러내는 질서를 파악하여 생명의 이치를 재구성하고, 그것을 통해 질병과 건강 장생의 원리를 파악하려고 한 것이다.[4] 이런 현상이 동양의학의 밑바탕이 된 까닭의 이면에는 황제내경을 확립한 초기 세력들이 양생 수련을 하는 도가계열의 의원들이었다는 점이 작용했다.[5] 그래서 양생의 수단으로 확립된 여러 가지 이론이 동양의학의 틀을 짜는 데 중요한 이론으로 적용된다.

생명을 관장하는 원기는 바로 이 불거름에서 일어나서 앞과 뒤의 임맥과 독맥, 충맥을 따라서 위로 올라가고, 이 기운을 받아서 심장과 허파가 5장6부에 종기를 뿌리고, 그 힘으로 몸이 작동한다. 원기에서 종기로 갔다가, 경락을 타고 가는 기운이 경기(經氣)이다. 위치와 기능에 따라 이름은 다르지만 그 본질은 매한가지이다. 이런 기운의 흐름을 논리화하고 형식화한 것이 경락이다. 따라서 사람들이 건강 장수할 수 있는 방법은 불거름의 기운을 헛되이 쓰지 않고 오래 유지하는 것이라고 믿었고, 그런 방향으로 수련과 방법이 이루어져 양생술의 발전을 가져왔다.[6] 의학은 그런 원칙을 약이나 침뜸, 안마 같은 외부 수단에 의지하지만,[7] 이보다 더 중요한 양생술의 핵심 비법은 숨쉬기이다. 그래서 숨쉬기에 도움이 되는 도인법이 발달했고, 명상 수련이 아울러 중요한 수단으로 자리 잡았다.

여러 가지로 내면의 원리를 뜯어볼 때 지구상에 나타난 모든 무술 중에서 기를 가장 잘 활용하는 것은 한국의 활쏘기이다. 앞서 말한 내가권 무술의 효과와 비교할

---

4) 경락의 존재를 입증한 것은 1980년대 북한의 김봉한이고, 자신이 발견한 그것에 '봉한관'이라는 이름을 붙였다. 그렇지만 봉한관은 주검에서는 볼 수 없고, 살아있는 생물체에서만 볼 수 있다는 점 때문에 생체실험 의혹을 일으켰고, 학계에 비판의 빌미를 주었다.
5) 정진명, 『우리 침뜸 이야기』, 학민사, 2009. 22~23쪽.
6) 양생법과 도인법에 대해서는 『동의보감』 앞부분에 상당히 많이 소개되었다.
7) 『황제내경 소문』, 「이법방의론편」.

때도 전혀 손색이 없다. 오히려 동작이 지나치게 많은 내가권 무술이 형식에 빠져서 자칫 본질을 잃을 위험에 노출된 반면에 한국의 활쏘기는 가장 단순하게 추려진 단 한 가지 초식으로 불거름이라는 생명의 원기를 가장 빨리 북돋는 방법을 갖춤으로써 어찌 보면 내가권 무술이 추구하는 방법의 완결판이라고도 할 수 있다. 그럴 정도로 '한국의 활쏘기'는 뛰어난 틀을 갖추었다.

02 단전호흡

우리 활에서 '불거름'에 해당하는 단전은 동양의 모든 수련법에서 처음과 끝이다. 따라서 도가 유가 불가를 불문하고 수련의 성패는 이 단전에 달려있다. 서양과 동양의 철학이 가장 다른 것이 이 부분이다. 서양은 대체로 정신작용과 육체의 작용을 따로 논의한다. 플라톤에서부터 헤겔에 이르기까지 그들의 일관된 관심과 논의는 정신의 작용이다.[8] 따라서 정신을 우선시하는 경향을 보이게 되고 육체는 정신이 잠시 깃드는 셋방 정도로 대접을 받는다. 육체와 정신의 관계에 대해서는 심리학이라는 학문으로 최근에 독립시켰다.[9]

동양에서는 육체와 정신이 분리된다는 사실을 생각하지 않았다. 정신의 작용을 논의할 때도 언제나 육체로부터 생겨나는 것을 전제로 해서 논의를 전개했다. 그런 까닭에 정신의 작용을 논의하는 자리에서 숨쉬기에 관한 방법이 아주 중요하게 논의된 것이다. 서양에서는 전혀 생각지도 않은 배꼽 밑의 한 부위가 가장 중요한 것으로 떠올랐다. 그것이 불거름, 이른바 단전이다. 그곳은 정신과 육체가 만나는 자리이다. 거꾸로 말하면 단전을 조절하면 정신과 마음까지도 조절할 수 있다는 얘기이다. 그리고 동양의 모든 이론과 수련법은 그 방향으로 정교하게 발전해왔다. 그 방법의 공통점은 단전호흡이다.

그렇다고 해서 단전호흡이 엄청나게 어렵거나 우리의 삶에서 크게 벗어나있는 것도 아니다. 어찌 보면 우리가 늘상 해온 것이기도 하다. 어린 아이들이 숨쉬는 것을

---

8) 렘브레히트, 『서양철학사』,(김태길 외 역), 을유문화사, 1984.
9) 프로이드에 와서야 심리학이 성립한다.

살펴보면 아랫배 전체를 들썩이면서 숨을 쉰다. 바로 그런 상태가 단전호흡이다. 문제는 어른이 되어가면서 이 호흡법을 점점 잃는다는 것이다. 이 말을 뒤집으면, 즉 보통의 숨쉬기를 단전호흡으로 바꾸면 어른도 아이가 될 수 있다는 얘기가 된다. 이것은 생명현상을 어기는 것인 만큼 시간을 되돌리는 것처럼 불가능한 일이다. 그러나 아이가 될 수는 없을지언정 노력에 따라 아이와 비슷한 상태는 될 수 있다. 그 방법이 단전호흡이다. 그래서 오랜 세월 수행한 사람한테서는 아이와 같다는 인상을 받는 것이다. 그리고 실제로 동안(童顔)을 한 노인들을 심심찮게 볼 수 있다. 이런 것들이 도를 통한 사람들은 새나 짐승과 대화를 나눈다는 식의 설화로 나타나는 것이다.[10] 사실 여부를 떠나서 이것은 깨달음을 얻은 자들의 특징을 상징으로 나타낸 것이라고 보면 된다.

도가의 정교한 심학체계는 불교의 영향을 받아서 이루어졌고, 도가는 다시 송대의 유학에 큰 영향을 끼친다. 그래서 이 세 가지의 학문이 방법 면에서 아주 비슷하다. 이것은 수련법도 마찬가지여서 미세한 점에서는 다르지만 전체의 큰 얼개는 아주 비슷하다. 유불선을 삼가(三家)로 여겨 각기 제 일이 따로 있음을 역설하는 것은 바로 이와 같은 이유이다.[11] 일란성쌍둥이라고까지 말할 수는 없어도 이들을 배다른 형제라고 할 수는 있다.

선가에서는 내단을 쌓는 법과 외단을 이용하는 법이 있다. 내단을 쌓는 법이 바로 단전호흡을 이용하는 것이다. 외단은 수련을 빨리 이루어지게 하기 위해서 약을 처방하는 것인데 대개 그 약이란 것이 납이나 수은 같은 중금속이어서 그 독성을 잘 몰랐던 옛날 중국에서는 많은 사람이 중독으로 죽었다.[12]

단전호흡을 할 때는 결가부좌나 책상다리로 앉아서 눈을 지그시 감고 단전을

---

10) 우리나라의 선가계열에서도 이런 이야기기 종종 나온다. 우리나라의 선가에 관해서는 『청학집』 참조.
11) 서산, 『깨달음의 거울』(법정 역), 불일출판사, 1993.
　　이것은 원래 『삼가귀감』이었는데, 선불교만 따로 독립하면서 선가귀감이 된 것이다. 삼가귀감이란 제목에서 이와 같은 발상을 엿볼 수 있다. 『선가귀감』을 번역하면서 『깨달음의 거울』이란 제목을 붙였는데, 아주 적절한 번역이라 할 수 있다.
12) 특히 황로의 술을 통해서 영원한 생명을 얻는다고 해서 황제들이 이를 시도하다가 많이 죽었다.

바라본다. 그러면 호흡이 점점 안정되는데, 이때 호흡을 점차 조절해서 속도를 낮춰 가는 것이다. 그리고 생각을 집중해서 단전에 기를 모은다. 호흡을 조절하는 방법과 생각을 집중하는 방법을 두고 도가에서는 숱한 유파가 갈라진다.

호흡을 조절하며 잡념을 없애고 단전에 집중을 하면 어느 순간 마치 약한 전기를 쐰 듯이 찌릿찌릿한 느낌이 온다. 병든 사람이 아니면 이런 느낌은 며칠이면 온다. 그리고 다시 더 계속하면 단전부위가 따뜻해진다. 웬만한 사람이면 한 달 정도면 느낄 수 있다. 그리고 더 나아가면 이젠 뜨거워진다. 이 뜨거운 기운을 단전에 계속해서 모아두면 어느 순간 이 기운이 몸의 한 곳으로 뻗쳐나간다. 몸의 혈이 열리면서 경락체계를 따라서 기가 흐르는 것이다. 이것을 기가 흐르는 순리대로 돌려야 한다. 먼저 이것을 회음혈로 끌어내린 다음 독맥으로 돌려서 백회혈까지 올리고 여기서 다시 임맥을 따라서 단전까지 끌어내리는 것이다. 이것이 소주천이다. 물론 인체의 어느 한 구석에라도 이상이 있으면 소주천은 이루어지지 않는다. 소주천이 되면 이제 이 기운을 인체의 12경락과 기경팔맥까지 돌린다. 이것이 대주천이다. 이 경지까지 이르면 몸은 대우주와 하나가 된다. 가히 신선의 경지라고 할 수 있다. 무협지에서 말하는 삼화취정(三和聚精)이니 노화순청(爐火純靑)이니 금강불괴(金剛不塊)니 하는 것들은 바로 이와 같은 경지를 비유로 나타내는 말이다.

서양 철학에서 보면 미친 놈 잠꼬대 하는 것으로 보일 것이다. 그러나 이와 같은 작용은 정신과 육체가 분리되지 않을 때 체험할 수 있는 경계여서 서양철학에서는 이런 현상을 설명할 개념도 없고 이해할 방법도 없다. 그러나 동양에서는 오랜 세월 이와 같은 수련법이 통용되었고, 그런 토대 위에서 모든 이론이 출발하여 갖가지 거대한 패러다임을 만들어냈다. 따라서 동양사상은 머리만으로 이해하면 한계가 있다. 불교에서 언어를 나룻배에 비유한 것은 헛된 말이 아니다. 그래서 말이나 글에 집착하지 말고 몸으로 수련하라는 것이다.

몸은 생각에 반응한다. 생각을 단전에 모을 때 단전이 뜨거워지는 것을 설명하는 일은 동양에서 써온 개념으로 보면 그리 어려운 일이 아니다. 흔히 말하는 정신

(精神)은 마음의 산물인데, 마음은 또 육체의 산물이다. 따라서 이것은 서로 뗄 수 없는 것이다. 그 작용도 마찬가지이다. 단전에 힘을 모아야겠다는 신(神)이 마음속에서 작용하면 그것은 곧 두뇌의 작용으로 이어지는데, 그 과정이 바로 기(氣)이다. 기는 서양의 사고에서 볼 때 가장 애매모호한 개념인데, 동양에서는 없어서는 안 될 중요한 요소이다. 기는 마음의 작용이면서 물질계에 영향을 끼치는 그런 것이다. '원기, 발기, 기운' 할 때의 기가 바로 그런 것들이다. 그런데 이 기는 생명에서 나온다. 물질과 육체에 잠재한 생명을 정(精)이라고 한다.[13] 남녀의 몸에 든 이 기운이 서로 부딪힐 때 얼(神)이 발생하면서 비로소 생명이 싹튼다.[14] 이와 같은 관계 때문에 마음(神)이 움직이면 그것이 작용(氣)으로 이어져 마침내 생명(精)을 움직이게 되는 것이고, 그것은 곧 육체의 변화로 나타나는 것이다. 물론 그 반대의 경우도 마찬가지이다.

그런데 중요한 것은 이상에서 말한 기의 작용과 수련법이 활에서는 저절로 이루어진다는 사실이다. 그럴 수밖에 없는 것이 선가에서 호흡을 조절하는 것과 마찬가지로 활의 생명은 호흡이어서 활을 들어 올릴 때부터 시작해서 만작을 해서 발시를 하고 난 뒤까지 일체가 단전으로 숨 쉬는 과정이다. 허벅지에 힘을 주고 분문을 꽉 조이면 불거름은 저절로 팽팽해진다. 불거름이 팽팽해지면, 숨은 저절로 단전까지 들어온다.[15] 그래서 오랜 세월 활을 쏜 사람들은 자신도 설명하기 어려운 체험을 종종 겪는다. 호흡이 점점 아랫배로 내려가는 것이라든지[16] 불거름에서 어떤 기운이

---

13) 쌀(米)이 푸른 빛(靑)을 띨 때를 가리키는 말이 精이다. 꽃이 피고 열매로 맺히기 시작할 무렵에 막 생기는 기운을 나타낸 말이다. 이삭을 맺을 때 쭉정이가 먼저 나오고 그 안을 서서히 기운이 채워서 쌀로 만들어진다.
14) 『황제내경 영추』, 본신편.
15) 그래서 선방에서 참선을 할 때도 숨이 깊이 들어오지 않으면 항문을 오므린다.
16) 이것은 내가 활을 쏜 지 4년이 좀 넘었을 때 느낀 것인데, 다른 사람의 이해를 돕기 위하여 좀 자세하게 설명한다. 저녁때였는데, 몇 순째인지는 정확하진 않으나 한 순을 차고 들어가서 한발씩 냈다. 그런데 첫 자대를 쏘자 호흡이 명치까지 들어온 느낌이 왔다. 그리고 2시를 내자 그 선이 두 치 가량 내려갔다. 이런 식으로 숨의 수위가 조금씩 내려가서 마지막 대를 냈을 때는 완전히 단전 밑으로 내려가 있었다. 호흡이 점차 내려가는 것은 마치 물병의 물이 흘러나가는 대로 수위가 차차 낮아지는 것과 똑 같았다. 속이 시원하고 후련했다. 그럴 정도로 분명했다.

확 퍼져가는 것이라든지[17] 그 징후는 여러 가지이다. 활이 단순히 육체 운동에 머물지 않고 기의 운동이 된다는 증거이다. 그리고 우리 활은 바로 이 점을 잘 살리는 방향으로 궁술이 발달해왔다. 우리 활은 기가 잘 소통되도록 하는 운동이다.

단전호흡을 수련하는 방법은 대체로 두 가지이다. 내쉬는 숨을 중심으로 하는 방법과 들이쉬는 숨을 중심으로 하는 방법이다. 앞의 것을 역식 복식호흡이라고 한다.[18] 그런데 활은 만작을 하면서 들이쉬는 숨을 이용하기 때문에 보통 하는 복식호흡이 된다.[19]

우리 활은 불거름에 모인 기가 줌손까지 전달되도록 고려한다. 등힘으로 밀라든가 붕어죽을 만들지 말라든가 하는 것이 바로 이런 처방이다.[20] 기가 전달되는 통로는 말할 것도 없이 경락이다. 줌손을 살펴보면 팔 안쪽으로는 폐 심장 심포 경락이 흐른다. 이것은 모두 음에 해당하는 장기이기 때문이 팔 안쪽으로 흐르는 것이다. 안은 음이기 때문이다. 팔 밖으로는 대장 소장 삼초 경락이 흐른다. 이것은 양에 해당하는 장기이기 때문에 팔 바깥으로 흐르는 것이다. 밖은 양이기 때문이다.

그런데 줌손은 하삼지를 쓴다. 이 하삼지에서 일어나는 것이 소장과 삼초경락이다. 여기서 일어나서 경락을 타고 단전까지 연결되는 것이다. 손으로 가는 경락 가운데 음에 속하는 폐 심 심포경은 팔뚝 안쪽으로 흐르는데, 어깨에서 손끝으로 흐른다. 각궁을 쏠 때 하삼지를 꽉 움켜야 하는 것도 이들 경락을 통해서 단전의 힘이 활에 전달되도록 하는 것이다. 줌손이 부실하면 각궁은 특히나 쏘기 어렵다. 또 양

---

17) 이것은 단양 대성정의 한 사우가 느낀 것이다. 8년째 활을 쏘는 한량인데, 모두 세 차례 느꼈다고 한다. 이밖에도 또 한 사람인 최종홍 접장의 경험담은 다음과 같다. 하루는 아무도 없는 활터에서 천천히 활을 쏘았다. 대개 혼자서 내면 속사를 하기 마련인데, 이것을 막으려고 일부러 시간을 재가면서 쏘고 싶은 충동을 참아가면서 천천히 쏘았다. 두 시간 가량 그렇게 천천히 내고 나자, 마치 내장을 모두 꺼내어서 맑은 물에 깨끗이 씻어서 다시 넣은 듯이 개운해졌다고 한다.
18) 『생활참선』, 95쪽.
19) 현재까지 확인된 이런 호흡법을 이용한 무술은 태견이 유일하다.(도기현, 우리 무예 택견, 동재, 2007). 아마도 태견의 명인 송덕기 옹이 서울 황학정 사원이었던 점도 두 무술의 호흡법이 일치하는 것과 관련이 있을 듯하나, 단정할 수는 없다.
20) 『조선의 궁술』, 40~41쪽.

에 속하는 소장 삼초 대장경은 팔의 바깥으로 흐르는데 손끝에서 어깨로 올라가서 단전으로 연결된다. 음 경락을 통해서 단전의 힘이 활로 전달되고 양 경락을 통해서 줌손의 활동이 단전으로 수렴되는 것이다. 그래서 우리 활은 단전의 힘이 아니고는 안 된다.

따라서 단전에 모인 힘도 이 경로를 따라서 손까지 전달되고 활로 전달되어 살은 단전의 힘으로 날아가는 것이다. 따라서 활의 복원력이나 근육의 힘만으로 살을 보내는 것은 우리 활을 제대로 쏘지 못하는 것이다. 우리 활은 단전으로 쏘는 것이다. 더 나아가 분문을 조이므로 똥구멍으로 쏘는 것이기도 하다.[21] 단전의 힘이 실려야 살은 힘차게 나간다. 활을 가볍게 쏘라는 말은 바로 이것을 말한다.

---

[21] '활은 똥구멍으로 쏜다'고 표현한 이석희 행수(부산 사직정)의 말은 정곡을 찌른 말이다. 물론 이 말은 어느 중과 대화하는 과정에서 농담 비슷하게 나온 말이다.

03 활과 경락

경락은 장부와 연결되어 있다. 이것은 전신에 퍼져있는 경락이 5장6부의 상태를 나타낸다는 말이다. 따라서 동양의학에서 몸을 조절하는 방법은 두 가지이다. 장부를 건드려서 경락을 움직이고 그 방법으로 몸 전체를 조절하는 방법이 한 가지이고, 반대로 경락을 자극해서 장부의 불균형을 조절하는 방법이 나머지 방법이다.

이 두 가지 방법은 방향이 다르다. 이 방향에 따라서 치료 방법이 결정된다. 경락을 이용하는 침뜸은 몸에서 5장6부로 들어가는 것이고, 약재를 이용하는 약학은 5장6부를 조절해서 몸 전체를 통제하자는 것이다. 그러므로 침뜸은 밖에서 안으로 향하는 구심성 처방이고, 약은 안에서 밖으로 향하는 원심성 처방이다. 이 둘은 서양의학의 내과와 외과처럼 서로 간섭하지 않았다.

몸을 거미줄처럼 감싼 보이지 않는 길이 있어, 그 길로 보이지 않는 〈기〉가 흐른다는 것이 경락의 전제조건이다. 보이지 않는 길이 경락이고, 그리로 흘러 다니는 것이 기이다. 마치 핏줄과 피의 관계 같다.

동양의학에서는 음양 관계를 나눌 때 움직임의 성격에 따라 기를 양으로 보고 피를 음으로 본다. 결국 피의 움직임도 기가 주관한다고 본다. 그래서 기가 살아있는 사람과 그렇지 못한 사람은 겉모양은 똑같은 것 같지만, 사실은 아주 다르다. 생기가 있다는 느낌이 드는 사람과 그렇지 못하고 푸석푸석하다는 느낌이 드는 사람이 있는데, 바로 이 차이다.

이에 따라 운동도 두 가지로 나눌 수 있다. 기의 흐름을 잘 이용하는 운동과 그렇지 않은 운동이다. 그렇지 않은 운동이란 혈액의 움직임이 극대화되는 것을 말한다. 혈액은 눈으로 확인되는 근육조직이나 뼈의 움직임으로 구체화된다. 땀을 뻘뻘 흘리며 격렬하게 움직이는 스포츠가 다 이에 해당한다. 이런 관점으로 보면 활쏘기는 운동 중에서 효과가 그리 크지 않거나 별로 좋지 않은 운동으로 분류될 것이다. 그러나 기의 관점에서 보면 활쏘기보다 더 좋은 운동은 거의 없다.

경락은 12정경이 있고 기경 8맥이 있다. 현재까지 밝혀낸 기의 통로이다. 이름을 보면 다음과 같다.

12정경	기경8맥
수태음 폐경	
족태음 비경	
수양명 대장경	임 맥
족양명 위경	독 맥
수소음 심경	충 맥
족소음 신경	대 맥
수태양 소장경	양유맥
족태양 방광경	음유맥
수궐음 심포경	양교맥
족궐음 간경	음교맥
수소양 삼초경	
족소양 담경	

이 경락을 따라서 기는 하루에 50바퀴 온몸을 돈다.[22] 순서는 〈폐―대장―위―비―심―소장―방광―신장―심포―삼초―담―간〉이다. 각각의 경락에는 혈이 있는데 정혈은 360여개이다. 혈 이름은 너무 많아서 여기서는 생략한다.

어떤 운동이든 온몸의 모든 근육을 다 이용하는 것은 없다. 거의가 그 목적에 맞는 근육을 주로 이용한다. 그런데 근육의 움직임에는 기운이 흐른다. 이 기운은

---

22) 『황제내경 영추』, 제5 근결.

경락을 따라서 움직이며 전신으로 퍼진다. 그래서 특정 근육을 쓰고 특정한 자세를 오래 취하면 그 움직임에 따라서 경락이 활성화된다. 몸의 병이란 이 활성화가 잘 이루어지지 않아서 기혈이 정체하는 곳에서 발생한다.

따라서 운동의 동작을 보면 어떤 경락을 이용하는가 하는 것을 잘 알 수 있다. 그리고 그런 특징은 그 경락으로 움직이는 기의 움직임을 활발하게 하여 건강에 영향을 끼친다. 활쏘기도 특정한 동작을 반복하는 운동이기 때문에 이러한 경락의 작용에 기대면 많은 비밀을 캐낼 수 있다. 기와 연관된 동작과 격언을 하나씩 검토해보기로 하겠다.

01 _ 줌

우리 활에서 줌쥐는 법은 '흘려쥐라'는 한 마디로 요약된다. 이 격언이야말로 기를 가장 잘 이용하려는 오랜 체험에서 나온 것이다. 활채를 똑바로 잡지 않고 비스듬히 빗겨 잡으면 손가락이 대각선으로 밀리면서 비틀리는 힘이 작용한다. 그래서 반바닥으로 밀고 하삼지를 받치라고 한다.

이런 비틀리는 힘을 우리는 짤심이나 매심이라고 하지만,[23] 중국무술에서는 전사경이라고 해서 내가권 계통의 무술에서는 특별히 중시한다.[24] 그만큼 내공을 키우는 데 좋은 방법이다. 우리 활에서는 이 짤심을 가장 잘 이용한다. 양궁이나 일본 궁도를 보아도 우리처럼 짤심을 최대한 이용하지는 않는다. 거의 이용하지 않거나(양궁), 이용해도 보조수단에 지나지 않는다.(궁도) 유독 우리 활에서만 줌 비결의 전부라고 해도 과언이 아닐 만큼 강하게 이용한다.

하삼지 받침은 말 그대로 중지 약지 소지 세 손가락을 이용하는 것이지만, 결국 마지막에 이르면 새끼손가락이 비밀의 열쇠이다. 그리고 이런 비틀림은 손이라는 평

---

[23] 정진명, 국궁의 전통사법에 대한 고찰, 청주대학교교육대학원, 2003. 34~35쪽.
[24] 吉丸慶雪, 『발경의 과학』(강태정 옮김), 서림문화사, 1994. 192쪽.

면에 놓여있는 경락과 근육을 대각선으로 비틀리게 하는 효과를 지닌다. 그 효과는 해당 경락의 기혈을 자극하는 결과를 낳는다. 새끼손가락에서는 소장경락이 일어나서 몸통으로 들어간다. 소장경락의 반응이 가장 활발하게 일어난다는 뜻이다.

소장경은 나이가 들어가면서 생기는 병증이 많다. 장부변증론에서 보면 심장의 화사가 소장으로 넘어가서 장애를 일으켜 소장의 고유 기능인 음식물을 소화하고 청탁을 비별하여 방광으로 보내는 기능에[25] 이상이 온다. 늙어가면서 생기는 병의 전형이다. 40대 이후 코털이 자라는 것도 이 병증의 소식이다. 따라서 줌의 비밀은 소장의 기능을 회복시키는 가장 중요한 노릇을 한다. 노화를 방지하는 기능을 활쏘기가 하는 것이다.

소장경 외에 새끼손가락에서 일어나는 경락이 또 있다. 소장경은 손등으로 가지만 새끼손가락 안쪽에서 일어난 심경은 손바닥으로 올라간다. 줌통을 사이 두고 반바닥과 마주보는 자리에 심경의 화혈인 소부가 있다. 소부는 심경을 대표하는 혈이다. 그 자리가 지그시 비틀리면서 짜이는 힘을 받는다.

서로 밀고 받치는 이 두 점의 바깥쪽에 노궁혈이 있다. 노궁은 심포경이다. 심포경은 가운데손가락에서 일어나서 팔의 안쪽 가운데를 타고 올라가서 몸통으로 들어간다. 심장경은 심화를 가라앉히지만 심포경은 혈액순환을 주도하는 경락이어서 당연히 부정맥 같은 심각한 병에서 탁월한 효과를 낸다.

이와 같이 줌통을 흘려 쥐어서 하삼지를 받치고 쏘면 심경과 심포경이 줌통 안에서 비틀리는 힘을 받으면서 마지막에는 손등으로 오는 소장경락에 쏠린다. 노화방지에 이보다 더 좋은 방법이 없다. 그래서 활터에는 팔팔한 노인들이 많고 장수하는 사람들이 많은 것이다.

우리 활은 하삼지를 쥐고 반반히 받치므로, 소부 혈을 자극하게 되고 이런 결과로 심장경과 소장경이 자극 받아 심화를 가라앉히는 데 훌륭한 효과를 낸다. 심경은

---

[25] 교재위원회, 침뜸진단학, 정통침뜸연구소, 2004. 268~277쪽.

군주지관이라는 이름에서 보듯이 몸을 지배하는 임금으로 군림하는 장기이다. 사소한 일상을 우습게 여기고 진리 같은 거대 담론에 집착하는 우리나라 사람들의 중앙집권 형 사고방식이 이런 성정과 무관하지 않다고 추론해볼 수도 있다.[26]

02 _ 등 힘

경락은 12경이지만, 크게 셋으로 구분된다. 앞과 뒤, 그리고 옆이다. 이것을 침뜸에서는 경락의 3통로라고 한다. 이 앞 뒤 옆은 바이오리듬의 육체, 감성, 지성과 정확히 맞물린다.[27]

우리 활의 경우, 등힘으로 미는 것은 후면부 경락을 주로 이용하는데 이 후면부 경락은 태양경이어서 육경변증에서는 병이 처음으로 쳐들어오는 관문에 해당한다. 따라서 이곳의 경락을 자극해주는 활쏘기를 오래 하면 병사에 대한 저항력이 강하게 된다. 활터의 늙은이들이 병에 걸리지 않고 건강한 것도 바로 이 경락의 소식이다.

이것이 잘 이루어지기 위해서 활쏘기에서 배려하는 죽의 모양이 있다. 붕어죽을 만들지 말아야 한다는 것과 죽이 너무 벌거나 솟아도 안 된다는 것이다. 모두 후면부로 흐르는 경락의 작용을 연두에 둔 지침이다.

이 가르침은 근육의 조직이나 뼈의 배치와 연관 지어 보면 언뜻 이해가 가지 않는다. 운동역학으로 보면 힘의 일직선상으로 팔이 작용하지 않고 둥그스름하게 휘기 때문이다. 그래서 이것을 제대로 이해하지 못한 사람들은 대부분 줌팔을 과녁 쪽으로 먼저 뻗어놓고서 깍짓손을 끈다. 서양이론의 운동역학으로만 우리 활을 봐왔기 때문에 생긴 오류이다.

줌팔의 모양을 그렇게 하라는 것은 경락의 자극과 연관이 있고 기의 흐름과 관

---

26) 양궁은 아귀를 이용하므로 전면부 경락인 태음 양명경이 관여하고, 일본 궁도는 비트는 힘을 많이 쓰므로 측면부 경락인 궐음 소양경이 관여한다.
27) 김홍경, 『동양의학혁명(총론)』, 신농본초, 1989. 68쪽.

계가 깊다. 그렇게 해야만 기가 잘 흐르고 경락이 자극받는 것이다. 활쏘기를 기의 관점으로 볼 때만 열리는 안목이다. 이 관점과 안목을 잃어버린 자들이 줌팔을 과녁에 박아놓고서 죽어라고 뒷손을 당기는 것이다. 그러니 자신이 겨우 당길 만한 강궁을 써야만 운동이 되는 것 같고 직성이 풀리겠지만, 열심히 그렇게 하는 사이에 몸은 병신이 된다. 관절마다 기를 차단한 경직된 자세는 몸 좋으라고 쏘는 것이 아니라 오히려 몸을 망치려고 쏘는 것과 같다.

한국의 전통 사법은 머리끝부터 발끝까지 기를 고려하지 않은 것이 없다. '활쏘기'는 '양궁'이나 '궁도'와는 다르다.

03 _ 짊어짐

만작 궁체가 좋은 것을 보고 구사들은 '참 잘 짊어졌다!'고 말씀하신다. 요즘은 보기 드문 자세가 되어버린 이 짊어진 자세는, 짊어진 그 순간의 문제가 아니라 그 동작까지 이어지고 풀리는 전체의 동작과 맺어져있다. 짊어지려는 동작과 짊어진 후의 동작을 말하려는 것이다.

짊어지려는 동작은 줌손을 높이 드는 것이다. 깍짓손을 끌기 전에 과녁이 줌손의 아래에 놓이도록 팔을 들어 올려야 한다. 그 상태에서 자연스럽게 당기면 활은 머리 위에서 내려오는 느낌이 된다.

이렇게 활을 높이 들어 올리는 것은 기운을 끌어내리는 작용이다. 이것은 하늘의 기운을 아랫배의 불거름으로 끌어내리는 작용이면서 동시에 불거름의 기운을 손끝까지 끊어지지 않고 이어지게 하는 방법이다. 이 동작은 태극권의 섬통배(또는 섬통비)와 비슷하다. 활쏘기의 동작이 내가권의 동작과 정확히 일치하는 것이다. 다른 나라의 활쏘기는 몰라도 우리나라의 활쏘기는 내가권의 무술 이론과 너무나 잘 맞아 떨어져 감탄이 절로 나온다. 내가권의 무술이란, 격투무술이 양생술인 도인법과 결합하여 성립된 것이다.

짚어진 후의 동작은 깍짓손을 힘차게 뿌리는 전통사법 즉, 온깍지 동작을 말한다. 뒷손을 온깍지로 뿌리는 것은 발경을 위한 몸 풀기라고 보면 된다. 발경은 기를 활용한 힘을 말한다. 농사지을 때 쓰는 힘은 그냥 힘이어서 한자말로는 력(力)이라고 한다. 그러나 이 힘에 가속도가 붙으면 경(勁)이 된다. 가속도를 붙이는 힘의 원리가 바로 내공을 쌓는 일이다. 내공은 곧 기에서 이루어진다. 그러므로 기를 계속 축적시키면 힘에 저절로 탄성이 생긴다. 이 탄성이 붙은 힘을 경이라고 하는 것이다.[28]

전통사법인 온깍지 동작은 불거름에서 풀려나는 경을 유도하는 동작이다. 처음엔 기가 쌓이지 않아서 단순한 손동작이 되지만, 활쏘기 동작을 오래 하다 보면 불거름에 저절로 기운이 차고, 그 기운이 발시와 동시에 깍짓손 끝까지 뻗친다. 채찍을 타고 힘이 뻗어가는 것과 같다. 아주 짜릿한 느낌이 온다.

04 _ 비정비팔

비정비팔은 몸통 전체에 짤심(전사경)을 일으키기 위한 배려이다. 무술에서도 최고의 내공을 갖춘 자만이 할 수 있는 일이고, 오래 반복하면 결국 최고의 내공에 도달한다는 얘기이다.

비정비팔로 서면 몸은 저절로 과녁을 거의 정면으로 마주서면서도 살짝 오른쪽 귀를 향한다. 이 상태에서 깍짓손을 당기면 몸이 저절로 돌아간다. 깍짓손의 움직임과 동시에 짤심이 작용하는 것이다. 이것은 몸통이 수나사처럼 돌아가는 것과 똑같다. 몸이 돌아갈수록 힘은 중심을 향해 쏠린다. 그 중심을 바라보는 것이 활쏘기의 핵심이다.

비정비팔이 과연 그 자세만으로도 효과가 있는 것인가 하는 의문을 한 때 품은 적이 있었다. 그러나 지금은 그렇다고 딱 부러지게 답할 수 있다. 이것은 활쏘기를

---

28) 이찬, 『태극권경』, 하남출판사, 2003. 34쪽.

정통 사법으로 배워서 한 5년 정도 성실하게 쏘면 확인할 수 있는 것임을 확인했기 때문이다. 그러나 정법이 아니면 5년이 아니라 50년을 배워도 안 된다. 아침 조회시간에 운동장에서 서있는 것과 똑같다. 효과는커녕 구립상골이라 하여 뼈만 다칠 뿐이다.

05 _ 몸통

발이 비정비팔로 자세를 취한 것은 몸통 전체를 생각한 때문이다. 한국 활의 비정비팔은 비슷한 발 자세라고 하더라도 중국이나 일본과는 다르다. 그 다른 점은, 과녁을 향해 가장 많이 마주섰다는 점이다. 과녁과 거의 정면으로 선다고 해도 과언이 아닐 만큼 몸을 과녁 쪽으로 세운다. 그 방향이 발에서 결정된다.

방향이 이렇게 결정된 것은, 그냥 서 있을 때는 아무런 작용도 하지 않는다. 활을 당기면서 몸이 움직이기 시작할 때부터 이 방향은 작용한다. 그 작용은, 우리말로 짜임이고 중국무술에서는 전사이다. 이렇게 내는 힘이 짤심(매심)이고 전사경이다. 온몸이 비틀리고 짜이면서 내는 이 힘은 움직임의 변화가 거의 없는 활쏘기의 동작에서 볼 때 내면에서 우려낼 수 있는 최고의 힘이면서 동시에 최대의 힘이다. 이 힘이 발 모양에서 결정되어 움직임과 동시에 몸에서 실현되는 것이다. 그래서 과녁을 향해 최대한 돌아선 것이다.

물론 이 조건은 활의 길이와도 관계가 깊다. 중국 활이나 일본 활은 활짱이 길어서 일찍 쌍현이 진다. 그래서 이렇게 과감하게 돌아설 수 없다. 그러나 우리 활은 과녁과 정면으로 선다고 해도 쌍현이 지지 않을 만큼 발전했다. 길이가 짧아져서 생긴 덕이고 덤이다. 이 덤이 세계 최고의 활을 만든 것이고 절정의 사법을 만든 것이다. 이 공은 순전히 우리 선조들이 이룬 업적이다. 어느 활도 이렇게 할 생각을 못한 것이다.

이 동작은 허릿심을 쓰는 데서 그 절정에 이른다. 자연스럽게 깍짓손을 당기면 활을 쥔 상체로부터 발쪽으로 점점 몸이 돌아간다. 마치 수나사가 조여드는 것과 같다. 발은 거의 돌아가지 않는 것 같지만 상체는 위로 갈수록 돌아가는 정도가 심해지면서 비틀리는 힘을 내기 시작한다. 그리고 그 힘의 중심축은 등뼈이면서 그 등뼈에서도 받침 노릇을 하는 것이 엉덩뼈와 연결된 허리뼈다. 이 허리뼈의 앞쪽이 불거름이다. 한자로는 단전이라고 하는 것이 그것이다. 불거름에서 힘이 맺혀서 양손 끝으로 전달되는 것이 비틀림을 최대로 이용한 비정비팔의 작용이다.

경락 상으로 보면 배꼽 뒤편의 허리뼈 틈에 명문 혈이 있으며, 명문 혈 바깥 1.5촌 지점인 방광1선에 선천지기를 관장하는 신장의 유혈이 있다. 그 밑이 기해유, 대장유이다. 허리를 돌리면서 내는 힘은 바로 이 지점의 경혈들을 자극하게 된다. 이로써 활이 장수운동인 것이 확인된다.

중요한 것은, 움직임의 중심 거점을 몸통으로 삼는 활이 허리의 대맥을 자극하는 효과를 낸다는 것이다. 대맥은 기경8맥 중의 하나로 허리를 감싸고도는 경락이다. 뒤쪽으로는 허리띠가 걸리는 선이고 앞쪽으로는 엉덩뼈에서 아래쪽으로 조금 처지면서 배의 밑 부분으로 돈다. 활쏘기의 매심이 작용하면 이 부분의 경락이 움직이면서 자극 받고 그것이 오래 수련하면 감지된다. 물론 이런 의식이 없는 상태에서는 그런 변화가 있는지 어떤지 이해하기도 어렵고 감지하기도 어렵다.

경락에서는 이 대맥 전체를 다스리는 혈이 족소양 담경에 있다. 임읍이 그것이다. 임읍은 두 곳이다. 머리에도 임읍이 있어서 이 둘을 구별하기 위해서 위치를 나타내는 말을 앞에 붙인다. 그래서 두임읍, 족임읍이라고 구별하여 부른다. 바로 족임읍이 대맥을 다스리는 혈이다.

이 대맥의 기혈유통 효과는 몸을 미리 돌려놓고 쏘는 활에서는 절대로 일어나지 않는다. 따라서 다리를 벌리고 쏘는 양궁이나 궁도에서는 이 효과를 기대하기 어렵다. 과녁을 정면으로 보는 우리 활에서만 확인할 수 있는 일이다. 성낙인 선생이 한 말이 있다. "발을 벌리면 덜 간다." 바로 이런 것을 경계한 말이다. 이런 경락 상의 원리는 정확히 몰라도 오랜 체험을 통해서 우리 조상들은 이 효과를 분명히 깨단고 있었다는 증거이다. 그런 체험이 이런 격언으로 활터에 전해온 것이다. 다리를 벌리고 쏘면 대맥의 작용이 사라진다.

대맥의 효과는 단순히 이것만이 아니다. 그것은 호흡과 관계가 있다. 대맥이 움직여야 아랫배의 긴장이 풀리면서 호흡의 영역이 넓어지고 깊어진다는 점이다. 긴장과 이완을 반복하는 동안 뱃속은 부드러워진다. 뱃속의 내장 또한 근육의 일종이기 때문이다. 그러면 상체에 있는 폐의 작용이 아래로 더 확장된다는 뜻이고, 이것은 그대로 폐활량으로 이어진다. 게다가 근육을 지배하는 근회혈인 양릉천은 담경락에 있다. 담경의 합혈이 양릉천이고, 이것은 근육 전체를 관장하는 근회혈이다. 대맥을 주관하는 임읍과 같은 경락 상에 있다.

비정비팔로 서면 발바닥에서 머리끝까지 뼈들이 순차로 조금씩 움직인다. 위로 갈수록 짜임이 크고 아래로 내려갈수록 적다. 마치 끝이 뾰족한 수나사 같다. 켜켜이 쌓인 뼈들이 위로 갈수록 더 짜이면서 마치 회오리바람처럼 기운을 끌어올린다. 몸통의 중심인 단전에서 손끝으로 뻗어나가는 발경의 원리가 우리 활에는 고스란히 들어있다. 이것을 무시하거나 고려하지 않은 사법은 우리의 전통사법이라고 할 수 없다. 일본 활이나 양궁 같은 다른 민족의 활에도 있는 것이라면 우리 사법이라고 말하기 어려울 것이다. 그러나 발 자세로 보면 이 특징을 우리 활보다 더 잘 살린 것이 없다. 그래서 우리 활의 사법이 여러 면에서 세계 최고라는 결론에 이르는 것이다. 막연히 우리 조상님들이 만들었으니 최고라는 국수주의 식 발상이 아니라 냉정하게 판단하고 내릴 수 있는 결론이다.

06 _ 분문 조이기

올바른 활쏘기를 오래 하면 불거름에 저절로 힘이 쌓인다. 그것을 내공이 쌓인다고 표현하든 몸이 윤택해진다고 표현하든 그것은 상관이 없다. 다만 그런 변화가 생길 때 그 후에 어떤 자세를 취해야 하는 것이 중요하다.

불거름에 쌓인 힘은 분문 밑의 장강혈로 빠져나와 독맥을 타고 올라간다. 일단 길이 들면 머리꼭대기로 올라갔다가 다시 임맥을 타고 배로 내려온다. 이렇게 돌아가는 것을 소주천이라고 하고 통기라고도 한다. 물론 이것이 의식되는 경우도 있고 그렇지 못한 경우도 있다.[29] 당연히 이 경로를 알고 있는 사람은 이 흐름을 더 빨리 눈치 챈다. 그리고 일단 길이 들면 이 움직임을 한 발 앞서 유도할 수도 있다.

그런데 통과하기 가장 어려운 관문이 미려관과 옥침관, 니환궁, 심와관이다. 그 중에서도 온작 시에 불거름에 쌓인 기운을 장강 혈로 돌려서 독맥에 연결시키는 것이 꽤 어렵다. 이것이 잘 되면 꼬리뼈가 연결된 엉치뼈가 열린다.

엉치뼈(천골)는 원래 네 조각으로 이루어졌다. 각기 다른 뼈이지만, 어른이 되면서 화석화되어 하나로 붙어버린 것이다. 여기에 엉덩뼈가 붙어서 허벅다리로 연결된다. 다리는 엉덩뼈에 붙어있고, 엉덩뼈는 엉치뼈에 붙어있으며, 엉치뼈에서 허리로 연결된다. 상반신과 하반신을 매개하는 힘의 연결점이 바로 엉치뼈다. 따라서 엉치뼈가 열리면 어린아이처럼 되는 것이다. 여자들은 아기를 낳을 때 잠시 열렸다가 닫힌다.

그런데 불거름에 쌓인 기운을 장강 혈로 빼서 독맥으로 연결시키는 지점에 꼬리뼈가 있고 이 부분을 통과하면 기가 엉치뼈와 엉덩뼈 전체에 흘러 나중에는 화석화 됐던 뼈까지 각기 분리된다. 그러면 허벅지 뼈나 허리뼈를 통해서 들어온 충격이 이 엉치뼈에서 소화되어 몸의 위아래로 전달하지를 않는다. 충격이 몸 안에서 완벽하게 흡수되는 것이다. 이것이 가장 높은 상승무공에서 이루어질 수 있는 건강 양생의 비결이다.

그런데 우리 활쏘기에서는 분문 조이기를 생명처럼 여긴다. 바로 이 기운을 허벅지로부터 끌어올려 엉치뼈를 여는 작용을 하는 것이다. 게다가 가장 센 힘을 쓰는 상태에서 이루어지기 때문에 단순히 명상만을 하거나 간단한 도인 동작만을 할 때와

---

29) 백남진(대전 대동정) 사범이 표현한 바에 따르면, 활이 잘 될 때는 머리에서 이마로 찬 물이 쭉쭉 내려오는 것 같다고 한다. 기가 세차게 흐르는 것을 몸으로 느낀 사람만이 알 수 있는 표현이다.

는 그 효과 면에서 완전히 차이가 난다. 도인이나 명상을 1시간쯤은 해야 나타나는 효과가 활쏘기는 20분만 하면 나타난다. 장비를 잘 이용하면 그냥 할 때보다 훨씬 더 나은 효과를 낼 수 있음을 보여주는 증거이다.

　엉치뼈가 열린 사람은, 독맥과 방광경에 있는 혈의 자리가 보통사람과 약간 다르다. 엉치뼈의 8혈 간격이 넓어진다. 상료, 차료, 중료, 하료가 그것이다. 어느 방향으로 넓어지는가는 그렇게 된 사람만이 알 수 있다. 그리고 이것은 침을 찔러 보면 금세 확인되는 것이다.

04 불교론

불가에서도 방법은 조금 다르지만 원리는 마찬가지이다. 결가부좌를 하고 앉아서 자신의 호흡을 들여다본다. 그러면 선가에서처럼 일부러 조식(調息)을 하지 않아도 숨은 점점 깊어진다. 선가에서 일부러 기를 모아서 운행을 시키는 반면 불가에서는 그냥 둔다. 이렇게 호흡을 들여다보는 수련법을 조식법이라고 한다. 대신에 무수히 일어나는 잡념을 떨어내기가 어렵다. 그래서 방편으로 화두를 잡기도 한다. 이것을 간화선이라고 한다. 우리나라 불교에서 많이 쓰는 방법이다. 이도 많은 수련법 중의 하나이다. 자신의 호흡을 들여다보고 있으면 호흡이 점점 깊어지면서 뇌의 작용도 점차 줄어든다. 잡념은 뇌의 작용이다. 잡념이 줄어들면서 뇌파도 안정을 찾는다.

인체에서 산소 소모량이 가장 많은 곳이 두뇌이다. 잡념이 하나하나 꺼져가면서 그에 상응하는 만큼 뇌의 산소소모량이 점점 줄어든다. 따라서 산소를 공급하는 폐의 일이 점점 줄어든다. 그래서 호흡이 절로 깊어지는 것이다. 마침내 속세에 길들면서 형성된 모든 생각이 다 꺼지고 호흡을 들여다보는 생각 하나만 켜져 바늘 끝처럼 빛나는 것이다. 산소소모량은 거의 제로(0)에 가까워지고, 그래서 호흡도 한없이 길어진다.

호흡을 들여다보는 일이 어려우면 화두를 준다. 화두는 생각을 푸는 실마리이다. 아니면 호흡하는 숫자를 세기도 한다.[30] 그러나 이것들이 내는 효과는 모두 같

---

30) 뱅크로프트, 『선의 실재』(박규태 옮김), 평단문화사, 1986.
우리나라에서는 간화선이라고 해서 화두를 푸는 것이 주된 방법이다. 간화선에서 사용하는 화두를 정리한 책도 있다. 『무문관』(이희익 편저), 경서원, 1989.; 『벽암록』(성철 역), 선림고경총서 35~36, 장경각, 1993.

다. 호흡을 들여다보는 것이나 화두를 푸는 것이나 생각을 한 곳으로 골똘히 집중시 킨다는 점에서는 공통된다. 골똘한 집중을 통해서 무의식 저 깊은 곳에 잠든 무한한 세계를 깨우는 것이다. 그것이 견성성불일진대, 거기까지 나아가는 과정은 아는 사람만이 안다. 그 올바른 방법을 알지 못할 때 사이비로 흐른다. 그래서 깨달음에 이르는 것은 그 올바른 길을 인도해주는 스승이 필요하고, 그 올바른 법을 전수하는 과정이 도통(道統)이다. 이 경우 도통은 곧 생명이다.

여기서도 보듯이 열쇠는 정신집중이다. 독수리가 먹이를 챌 때의 집념이 아니면 안 된다고 하는 것이다. 그런데 우리 활은 바로 이와 같은 집중을 하게 된다. 그 집중력이 얼마나 강한가 하는 것을 확인하는 것은 그리 어렵지 않다.

활쏘기 자세를 단계에 따라 점검하고 과녁을 겨눌 때를 잠시 생각하면 된다. 시위에 살을 걸고 과녁을 향해 당기면, 우선은 명중시켜야 한다는 생각을 저절로 하게 된다. 그래서 일단은 조준을 하고나면 온 신경이 명중하겠다는 일념을 향해 집중된다. 활을 겨누고 온 신경을 과녁에 집중시키면 눈에 들어오는 것은 과녁뿐이다. 자신이 지금 어떤 자세를 취하고 있는지 전혀 의식하지 못한다. 활터 주변의 경관이나 주변에 흩어진 사람들도 눈에 보이지 않고 사람들이 떠드는 소리도 들리지 않으며 깃발을 들고 과녁 옆에 선 사람도 눈에 들어오지 않는다. 아주 고요하다. 정신을 한 곳에 골똘히 모을 때 생기는 놀라운 현상이다. 이런 현상은 꼭 활에만 있는 것은 아니다. 우리들의 생활에서도 이따금 경험할 수 있는 것이다. 심각한 고민이 생겼을 때 주변을 전혀 의식하지 못하는 것도 그런 경우이다.

짧은 순간이지만 그렇게 과녁에 온 정신을 집중시키고 있으면 주위를 잊고 곧이어 자신이 활을 당기고 있다는 사실도 잊는다. 그러면 문득 세상이 고요해지면서 과녁의 홍점만 크게 보인다. 이가 수레바퀴만하게 보이더라는 기창(紀昌)의 얘기가 헛된 망상만은 아니다.[31] 그러다가 그 상태를 조금만 더 유지하고 있으면 잠시 후 과

---
31) 『열자』(김학주 옮김), 명문당, 1997. 173쪽.

녁마저 잊게 된다. 세상을 잊고 과녁을 잊고 마침내 나까지 잊는다. 모든 것을 잊고 마치 바보인 양, 돌덩이인 양, 거기 그렇게 놓여있는 것이다. 이것이야말로 인간이 자신을 버리고 자연 본래의 상태로 돌아간 모습이다. 도인들이 새나 짐승과 대화를 한다는 것은 바로 이런 상태가 삶에 관철될 때 오는 현상이다.

과녁은 분명 목표이고 대상이다. 자아와 분리된 객체이다. 그런데 정신을 집중시키면 주체와 객체, 즉 자아와 대상이 소멸되고 과녁과 나는 한 덩어리가 된다. 일체의 주객이 소멸한 상황, 굳이 이름 붙이자면 비공비색(非空非色)이라고나 할 수 있는 그런 경지이다. 그 상황이 되면 활은 이미 마음 밖의 사물을 향해 쏘는 것이 아니고 내 안의 것을 향해서 쏘는 것이 된다. 내가 나를 향해 쏜 화살이니 빗나갈 리가 없다. 주관과 객관이 혼연일체가 되는 놀라운 세계가 여기 있다. 이 때 나와 과녁은 한 덩어리가 되고 나아가 나와 우주가 한 덩어리가 되는 황홀경에 들어간다. 이때 나는 이 우주의 한 중심이다. 이것이 바로 무아지경, 혹은 망아지경(忘我之境)이라는 것이다. 모두 다 자신을 잊는다는 뜻이다. 수도에 정진하는 중들은 도구를 사용하지 않고 명상과 참선을 통해서 그 경지로 직접 들어간다는 점에 비하면 궁사는 그 경지로 들어가는데 활이라는 도구를 사용한다. 그런 만큼 도구 없이 얻은 중들의 깨달음은 도구에 의존한 궁사들의 그것보다 더 오래고 지속성이 강한 반면 궁사들은 도구가 허용하는 짧은 동안만 그 경지를 체험한다는 차이가 있다. 그런 만큼 도구에 의존하지 않는 수행자가 더 어려울 것은 당연한 것이다. 그러나 한 경지에 이르면 천당과 지옥은 깃털 하나 차이이다.

활에서 불교를 논하는 것은, 불교의 방식이 활쏘기에 많은 암시를 주기 때문이다. 특히 올바른 스승을 만나야만 원하는 곳에 빨리 이른다는 점에서는 너무나 닮았다. 과녁에 홀려서 과녁 맞추는 일에만 골몰하면 활쏘기는 남에게 배울 것도 없다. 그냥 저 혼자서 사격술을 터득하면 된다. 그런 사격술을 배우는 방법은 세상에 그득 널려있다. 그러나 한국 활의 진면목은 그런 사격술을 넘어선 곳에 있다. 그 방법과 내용을 『조선의 궁술』에 아주 상세하게 설명했다. 이 책의 사법 부분이 너무 간략하다고 불평하는 사람이 간혹 있는데 양생술의 차원에서 보면 결코 간단하지 않다. 사격술로 보려고 하니까 간단해 보이는 것이다. 그리고 전통사법에는 책만으로는 안 되는 세계가 있다. 그래서 활쏘기에서도 스승이 필요하다. 스승 없이는 도저히 이룰 수 없는 한 세계가 활에 있음을 깨닫는 것만도 그 사람의 그릇이고 큰 복이다. 스승까지 만난다면 전생의 인연이고 조상의 은덕이라고 해야 한다. 그만큼 활쏘기는 깊고 넓은 세계라는 뜻이다. 한국의 활쏘기는 사격술에 국한시킬 만큼 좁은 세계가 아니다. 그럴 수준이었다면 한국의 활쏘기는 벌써 자취를 감추었을 것이다.

05 건강론

5행론이 가장 완벽하게 남아서 현재까지 유용하게 전하는 부분은 한의학이다. 질병을 바라보는 관점은 여러 가지이지만 한방에서는 대체로 질병의 근원을 5장6부의 불균형에서 찾는다. 따라서 병은 이 5장6부의 균형을 잡아주면 저절로 낫는다고 본다. 그 과정을 치료라고 보는 것이다. 5장6부(五臟六腑)를 5행에 배당하면 다음과 같다.[32]

	목	화		토	금	수
장(臟)	간	심	심포	비	폐	신
부(腑)	담	소장	삼초	위	대장	방광

먼저 장부의 음양 관계에 대해서 알아본다. 내장의 기능에 따라서 장과 부로 나누는데, 장은 음에 해당하고 부는 양에 해당한다. 내장을 음양으로 나눈 기준을 보면 공통점이 있다. 장(臟)으로 분류된 것들은 모두 태어나는 순간부터 죽을 때까지 단 한 순간도 쉬지 못하는 것이다. 예를 들면 심장은 죽는 순간까지 단 한 순간도 쉴 수 없다. 이하 나머지 장기도 마찬가지이다. 그런데 부(腑)로 분류된 것들은 계속해서 활동하는 것이 아니다. 일을 할 때만 하고 쉰다. 예를 들면 위장의 경우, 음식이 들어오면 그것을 삭히기 위해서 활동하지만, 음식이 내려가고 속이 비면 아무런 활동을 하지 않고 쉰다. 이하 나머지도 마찬가지이다.

장부의 음양 관계와 특징이 이렇기 때문에 질병의 심각성도 다르다. 음에 해당

---

32) 『황제내경 소문』, 금궤진언론편 제4.

하는 5장에 병이 오면 그것은 아주 큰 병이다. 5장은 한시도 쉴 수 없는 장기이기 때문에 마지막까지 기능을 다한다. 그래서 5장은 병을 몸으로 느낄 정도이면 아주 심각한 상황이다. 그리고 한 번 고장 나면 재생할 수 없다. 그런데 양에 해당하는 6부는 활동시간이 정해져 있기 때문에 큰 병이 나도 쉽게 낫는다. 위장의 경우, 암이 걸리면 모두 잘라내는데, 소장이 점점 확장되어서 위장으로 변한다. 또 소장의 경우 1미터쯤 잘라내도 생활하는데 아무런 지장이 없다. 따라서 모든 장기가 다 중요하지만 장부 중에서 더욱 유심히 잘 살펴야 할 것은 음에 해당하는 5장이다.

이런 까닭에 몸의 구조도 장기의 위치를 고려하여 이루어졌다. 음에 해당하는 5장은 대체로 뼈대의 보호를 받고 있다. 5장 중에서도 가장 중요한 심장과 폐는 갈비뼈 안에 있고 간은 절반가량이 갈비뼈의 보호를 받고 있고, 신장은 갈비뼈 밖이지만, 허리 뒤쪽으로 바짝 붙어서 깊은 곳에 숨어있다. 그에 비해 6부는 뼈가 없는 배의 아래쪽으로 몰려있다. 그리고 이런 특징은 육부가 음식물이 들었을 때와 비었을 때의 크기가 많이 다르기 때문이기도 하다. 부풀고 줄어드는 일을 수시로 되풀이하기 때문에 그에 적응할 수 있도록 뼈 밖에 자리잡은 것이다.

이런 특징이 동양에서는 음양 관계로 정리되었고, 이것이 한방의 기본원리로 작용한다. 같은 5행이라도 그 짝은 서로 반대되는 특징을 지닌다. 폐가 실하면 대장은 반대로 허하고, 대장이 허하면 폐는 실해진다.

장부의 5행을 보면 5행가들의 관찰력과 직감이 얼마나 정밀한 것인가 하는 것에 대해 감탄이 저절로 나온다. 임상을 해보면 5행의 상극관계가 정확히 맞아떨어진다. 실한 폐를 사하면 심장의 기능은 활발해지고 심장에 병이 있는 사람은 예외 없이 신장과 폐의 기능이 현저히 떨어진다. 손발에 땀이 차고 가래가 끓는 것이 그런 증상들이다. 이런 것들은 대개 심허에서 오는데, 심허가 되면 신장이나 폐가 실해진다.

수승화강(水昇火降)이란 말이 있다. 인체의 기능에 제대로 잘 되어 건강한 상태를 나타낸 말이다. 5장을 다시 음양으로 나누면 간과 심장은 양이 되고 신장과 폐는 음이 된다. 수(水)는 신장이 대표한다. 신장은 물을 걸러내는 까닭이다. 화(火)는 심장이 대표한다. 심장은 체온을 유지하는 피를 주관하기 때문이다. 이 수기와 화기는 몸속에서 서로 섞여야 한다. 수기는 음이므로 내려가려 하고 화기는 양이므로 올라가려 한다. 심장은 위에 있고 신장은 밑에 있다. 그런데 건강한 사람은 이 두 기운이 잘 교류해서 수기는 위로 올라가고 화기는 아래로 내려온다. 마치 보일러가 작동하는 것과 같다. 그래서 건강한 어린아이들을 보면 머리는 서늘하고 아랫배는 따스하다. 수승화강이 잘 되기 때문이다. 그런데 건강의 균형이 깨지면 화기는 위로 올라간다. 그 결과 머리는 뜨끈뜨끈하면서 아프다. 수기는 밑으로 내려가서 아랫배는 차가워진다. 그 결과 심하면 냉증을 앓게 된다. 이런 것을 이치에 맞게 논리로 세운 체계가 한방인 것이다. 그 원리는 음양론과 5행론이다.

　　이와 같은 관계가 상생과 상극에 따라서 서로 작용하면서 균형과 불균형을 반복한다. 따라서 완벽한 균형은 있을 수 없으며 그런 만큼 사람은 누구나 환자이다. 다만 그것을 통증으로 느끼느냐 못 느끼느냐 하는 것일 따름이다. 따라서 실한 장기를 사하고 허한 장기를 보하는 것이 한방치료의 원리이다. 그 방법은 침, 약, 뜸 같은 것이 있다.

　　5장6부가 조화를 이루어 안정되면 그것이 신경계까지 지배해서 사람을 건강하게 한다. 반대로 5장6부가 불균형을 이루면 건강에 이상이 온다. 사람은 자연에 적응해서 살 수 있도록 스스로 균형을 잡는 능력이 있다. 그 바탕이 5장6부이다. 병이란 이 5장6부의 균형이 깨진 상태를 말한다.

　　그런데 인간이 곧게 서면서 5장6부의 균형은 깨질 수밖에 없는 운명이다. 기어 다닌다고 생각하면 장부는 모두 허리뼈에 대롱대롱 매달리게 되고 그것을 뱃가죽이 살짝 감싸서 받쳐주게 된다. 그런데 사람은 두 발로 일어서서 다닌다. 그러면 장부는 모두 아래쪽으로 차곡차곡 겹친 채로 처져서 서로 누르고 눌리고 한다. 그러니 허리에 메주처럼 주렁주렁 매달린 원상태보다 제 기능을 발휘할 수 없는 것은 당연한 일이다. 그러니까 일어선다는 사실이 자연의 이법을 어그러뜨리는 것이다. 그 벌로 인간은 짐승들이 앓지 않는 갖은 병을 다 앓는 것이다.

대장(大腸)을 예로 들면, 대장은 위장에서 내려온 음식물을 받아서 배를 한 바퀴 돌아서 내보낸다. 인간이 일어서기 전의 상태부터 생각해보면 엎드려 있을 때 음식물이 이동하는 경로는 평면을 따라간다. 그러므로 중력의 영향을 받지 않는다. 중력과는 직각으로, 땅과는 수평으로 대장이 배열되었기 때문이다. 그런데 똑바로 일어서면, 위에서 소장을 타고 내려온 음식물이 오름결장(上行結腸)을 타고 오른쪽 배로 올라갔다가, 가로결장(橫行結腸)을 타고 왼쪽으로 옮겨갔다가, 다시 내림결장(下行結腸)을 타고 내려와서 항문으로 빠져 완전히 중력의 영향 하에 놓인다. 엎드린 상태에서는 평지를 걸어갔는데 일어선 상태에서는 오름결장을 타고 올라간다. 즉 평지를 가던 사람이 언덕을 올라가는 것과 같다. 당연히 힘이 부친다. 따라서 배의 오른쪽에 있는 대장은 중력을 이기기 위해서 늘 힘겨운 운동을 해야 한다. 그러니까 힘이 더 든다. 이것을 한방에서는 "허(虛)하다."고 말한다. 수분을 흡수하는 대장 본래의 기능에 소요되어야 할 힘이 음식물을 옮기는 데로 빠져나가는 것이다.

반대로 왼쪽으로 내려오는 대장을 보면, 이것은 가만히 있어도 음식물이 중력을 따라 내려가는 판국이니 엎드린 상태보다 힘이 남는다. 그래서 남는 힘으로 음식물에서 더욱 물을 섭취하게 된다. 정상치보다 더 작동하는 것이다. 이것을 한방에서는 "실(實)하다."고 한다. 대장이 물을 많이 흡수하면 똥이 단단하게 굳는다. 그것이 변비이다. 대부분의 사람들이 변비에 시달리는 까닭이 바로 이것이다. 이 상태는 곧장 장부의 상생 상극 관계에 따라 5장6부 전체에 영향을 미친다. 대장이 실하면 폐가 허해지고, 이것은 5행의 상극관계에 따라 심실(心實)로 이어져 소장삼초허(小腸三焦虛)를 연쇄반응으로 유발한다. 그래서 자연 상태의 짐승보다 무수히 많은 병을 앓는다. 따라서 병을 될수록 앓지 않으려면 짐승처럼 엎드려 살아야 하는데 이미 서버린 사람이 다시 원숭이로 돌아갈 수는 없고, 따라서 방법은 허리를 될 수 있으면 곧게 펴서 눌린 장부를 최대한 펼치게 해주는 것이다. 그러면 눌린 상태보다 장부가 훨씬 더 자유롭게 활동해서 건강체가 된다. 그런데 그 자세를 가장 잘 유지시켜주는 것이 바로 활이다.

자세와 관련하여 과연 사람에게 가장 편한 자세가 무엇일까 하는 것을 생각해 보는 것도 나름대로 의미가 있다. 여기서 편하다는 것은 5장6부의 균형이 가장 편하게 잘 잡히는 것을 말한다. 언뜻 생각하기로는 누워있는 것이 제일 편하다고 여기기가 쉽다. 그러나 누우면 사람이 네 발로 기어다니던 시절과 정반대로 장부가 뒤집히기 때문에 몸은 편할지언정 장부는 편하지 않다. 오래 누워있으면 오히려 중병이 걸린다. 필요 이상으로 눕는다는 것은 건강치 못함을 드러내는 증상이다. 그래서 환자들은 힘들어도 일어서서 돌아다녀야 한다. 이와는 반대로 엎드려있어도 장부는 편하지 못하다. 배가 눌리기 때문에 장의 활동이 제약을 받는다.

　그렇다면 네 발로 엎드리면 장부는 편해지지만 손이 약하기 때문에 힘이 들고 어깨가 부실하기 때문에 밀려올라가서 폐가 활발하게 움직이지 못한다. 따라서 네 발로 엎드려 있는 것도 장부가 편한 상태는 아니다. 천상 상체를 세우는 것이 오늘날의 사람에게는 가장 편한 것이 될 것이다. 상체를 편하게 한 상태에서 될 수 있는 대로 허리뼈를 곧게 세우는 것이 가장 편한 자세가 될 것이다. 이러기 위해서는 서 있는 것이 가장 좋은 것이 되겠지만 오래 서있을 수는 없다. 그렇다면 앉되, 서있는 것과 똑같은 모양으로 등뼈를 세울 수 있는 자세가 장부에는 가장 편한 자세가 될 것이다. 그것이 어떤 자세일까?

　우선 우리나라 사람들이 가장 흔히 앉는 책상다리 자세일 것이다. 이 책상다리만 해도 허리는 많이 펴진다. 그러나 이보다 더 허리뼈를 펴는 방법이 있으니 그것이 결가부좌(結跏趺坐)이다.

　결가부좌는 다리를 꼬아서 왼발의 허벅지에 오른발의 발등을 얹고 오른발의 허벅지에는 왼발의 발등을 얹는 자세를 말한다. 이렇게 앉으면 양다리의 무릎과 엉덩이가 삼각형을 그린다. 엉덩이에 방석을 접어서 받치면 허리는 완전히 펴진다. 그러면 몸의 무게중심이 삼각형의 한 가운데에 쏠린다.[33] 고개를 조금 숙이면 바로 그 한

---

33) 박희선,『생활참선』, 정신세계사, 4326. 104쪽.

가운데 지점에 코가 위치한다. 따라서 결가부좌는 코를 꼭짓점으로 하고 엉덩이와 양 무릎이 그리는 삼각형을 밑면으로 하는 삼각뿔이 된다. 삼각보다 더 안정된 자세는 없다. 부처가 이 자세로 오랜 시간 동안 명상에 든 것은 우연이 아닌 것이다. 장부가 가장 안정된 자세에서 가장 높은 깨달음이 나오는 것은 정신과 육체의 완벽한 조화가 낳은 기적이다. 사람이 취할 수 있는 자세 가운데 장부를 가장 편하게 하는 자세가 결가부좌인 것이다. 그리고 서있는 자세에서 이 상태에 가장 가까이 갈 수 있는 자세가 활쏘는 자세이다. 활쏘기를 입선(立禪)이라고 표현해도 전혀 모자람이 없다.

　활을 쏘면서 활을 쏘기 전과 달라지는 특징을 들라면 사람들은 대체로 두 가지를 꼽는다. 소화가 잘 된다는 것과 정력이 좋아진다는 것이 그것이다. 이것은 젊은 사람들보다는 나이가 든 사람들한테서 더 분명하게 나타난다. 소화와 정력은 젊은이들에게는 기본이기 때문이다.

　활을 쏘면 소화가 잘 되는 현상은 자세 때문이다. 위장은 음식물이 들어오는 곳이기 때문에 장기 중에서도 가장 변화가 많은 부분이다. 음식물이 들어오면 커질 대로 커지다가 한 시간 이내로 텅 비는 것이 위장이다. 그러다보니 자세가 꾸부정할 경우에 가장 먼저 눌리는 장기이다. 나이가 들면서 뼈는 점점 오그라드는데, 특히 등뼈와 허리뼈가 만나는 자리가 가장 잘 휜다. 바로 그 앞쪽에 위장이 있기 때문이다. 그 위치에 위장을 다스리는 유혈이 있다.[34] 체했을 때 등을 두드리면 조금 효과나 나는 것은 바로 이 혈 때문이다. 그런데 활을 쏘면 가슴을 펼치면서 등뼈도 저절로 곧게 펴진다. 등뼈가 펴질 때 가장 편하게 펴지는 장기는 위장이다. 그래서 위장이 제 기능을 다하게 되고 소화액도 분비가 잘 되어 마치 소화제를 먹은 것처럼 소화가 잘 되는 효과를 내는 것이다. 활을 쏘면 소화기능이 아주 좋아진다.

　정력이 좋아진다는 것은 활이 지닌 장점 가운데 가장 좋은 것이다. 사람의 몸에

---

[34] 강화주, 임상실용 종합침구학, 한성사, 1994. 229쪽.

서 정력만 좋아지는 경우는 없다. 정력이 좋아진다는 것은 다른 장기의 기능도 활발해진다는 것을 의미한다. 활을 쏘면 정력은 좋아질 수밖에 없다. 정력이 좋아지는 것은 만작한 순간에 분문을 꽉 조이는 것과 직접 관련이 있다. 분문을 조이면 불거름(丹田)이 팽팽해진다. 단전을 팽팽히 한다고 해서 배에 힘을 주면 안 된다. 똥배에 힘이 들어가는 것과 단전에 힘이 들어가는 것은 다르다. 단전은 일부러 힘을 준다고 해서 힘이 들어가는 것이 아니다. 단전에 힘을 주는 방법이 바로 항문을 조이는 것이다. 불거름은 방광의 윗부분이다. 방광은 5행상 수(水)에 해당한다. 사람의 정력을 주관하는 것은 5행 중에서 바로 이 수이다. 수에 해당하는 장은 신장이고 부는 방광이다. 때로 신(腎)을 자지와 동의어로 여기는 것도 이 때문이다. 해구신(海狗腎) 같은 경우가 그것이다. 해구신은 말뜻으로는 물개의 콩팥을 가리키는 것이지만, 실제로는 물개의 자지를 뜻한다. 물개가 암컷을 여럿 거느리기 때문에 정력이 좋다는 속설이 생긴 것이다. 이와 같이 신과 정력은 동의어이다. 따라서 방광인 불거름이 긴장하면 신장이 활발해진다. 그래서 정력이 좋아지는 것이다. 따라서 정력을 좋게 하는 것은 약을 먹는 것이 아니라 항문을 끊임없이 조이는 것이다. 그러면 저절로 불거름이 팽팽해지면서 정력이 좋아진다. 방광과 신장은 정력을 주관하는 장기이기 때문이다. 이런 기능을 활쏘기보다 더 잘 강화시켜주는 운동은 없다.

항문을 조이는 운동은 노인들에게 특히 좋다. 항문을 조이면 항문의 근육운동이 활발해져 똥을 잘 누게 된다. 똥을 잘 눈다는 것은 장이 활발해진다는 것을 뜻하고 이것은 또 건강을 뜻한다. 그러므로 활을 쏘지 않더라도 항문을 끊임없이 조여주면 건강에 아주 좋다. 노인들이 똥을 잘 못 누고 나오는 똥도 가늘고 시원찮다는 것은 시사하는 바가 많다. 또 죽는 순간에 똥을 싸는 것은 항문의 괄약근이 풀어지기 때문이다. 결국 항문의 힘이 목숨의 힘과 똑같은 것이다. 항문을 조이고 푸는 운동은 이와 같이 정력과 생명을 주관하는 중요한 운동이고 이것을 활쏘기는 아주 잘 해준다. 그래서 정력은 곧 건강이다. 이것이 활을 쏘면 정력이 강해지는 이유이다.

우리 풍속과 활 06

'천고마비'라는 말이 있다. 가을이 되면 하늘이 높아지고 말이 살이 찐다는 뜻이다. 이것을 우리는 가을철을 나타내주는 좋은 말로 알고 있다. 그런데 자세히 살펴보면 좀 납득하기 어려운 부분이 있다. 말이 살이 찐다는 부분이 바로 그것이다. 말이 살이 찌는 것은 튼튼해진다는 의미이다. 그런데 왜 하필 가을을 대표하는 동물이 말인가? 이 점이 자못 궁금하지 않을 수 없다.

겨울은 사람에게 어려운 철이다. 특히 겨울이 추운 지방에서는 말할 것도 없다. 그런데 겨울이 어려운 것은 사람만이 아니다. 동물도 마찬가지이다. 특히 초식동물한테는 말할 것도 없다. 왜냐하면 겨울에는 풀을 구할 수가 없기 때문이다. 그래서 초식동물들은 가을이 오면 그들 본능의 작용으로 겨울을 대비하여 살을 충분히 찌워놓는다. 그러려면 충분히 먹어두어야 한다. 그래야 그 혹독한 겨울을 이길 수 있는 것이다. 이것은 겨울이 추운 지방일수록 더하다. 말이 살면서 겨울이 추운 지방이면 어디인가? 당연히 떠오르는 곳은 만주지방이다. 한반도와 중국의 북방 초원지대일 것이다. 따라서 이 '천고마비'란 말은 중국의 속담이지만, 분명 북방 유목민과 관련 있는 말이다.

중국은 역대로 북방의 유목민 때문에 골머리를 앓았다. 가을이면 어김없이 쳐들어와서 식량을 약탈해가기 때문이다. 유목민들로서는 겨울나기를 위한 준비인 셈이다. 따라서 하늘이 높아지고 말이 살찌는 계절이란 유목민들이 쳐들어올 계절이라는 뜻이다. 이런 점을 생각해보면 '천고마비'란 지금 우리가 생각하는 것처럼 그렇게 좋은 의미만을 지니고 있는 것은 아니다.

그런데 북방 초원지대의 유목민들이 가을에 만리장성을 넘어 중국의 안쪽으로 쳐들어간 것은 말이 살찌는 것 이외에 다른 이유도 있다. 그것은 각궁 때문이다. 각궁은 여름에는 못 쓰는 활이다. 탄력이 현저히 떨어지기 때문이다. 옹색하긴 하지만 이성계가 위화도 회군의 한 구실로 삼은 것도 바로 장마철에 활이 늘어져서 나가지 않는다는 것이었다. 그런데 북방이 유목민들은 활이 주무기였다. 그래서 늘어진 활로는 싸울 수가 없기 때문에 활이 탄력이 붙을 때까지 기다릴 수밖에 없는 것이다. 활이 제 탄력을 내는 때는 아침저녁으로 선선한 바람이 불 때부터이다. 그 것이 가을이다. 천고마비는 말이 살찌면서 동시에 각궁의 탄력이 무섭게 되살아나는 철인 것이다. 유목민에게 말은 발이고 활은 손이다. 따라서 손발이 딱 맞는 철이 바로 가을인 것이고, 그들은 이때 중원으로 쳐들어가는 것이다. 그것이 천고마비의 숨은 뜻이다.

우리나라는 사계절의 변화가 뚜렷한 나라이다. 사계절이 뚜렷하다는 것은 그러한 환경에 사는 사람들이 그러한 규칙성에 잘 적응하도록 삶이 이루어졌다는 것을 뜻한다. 사람은 환경에 적응할 수밖에 없다. 이것은 풍속도 그렇고 체질도 그렇다. 한 곳에 여러 대에 걸쳐서 오래 살면 체질까지도 그 환경에 적응하여 각기 환경에 알맞은 풍속을 낳는다. 열대지방에 사는 사람들의 피부가 검은 색인 것은 햇빛과 세균에 강한 극산성을 띠기 때문이다.[35] 우리가 푸성귀와 곡식을 많이 먹는 것은 산이 많은 동북아의 지리조건이 결정한 것이다. 따라서 섬유질을 소화하기 위하여 장이 길어지고 장이 길기 때문에 상체가 길게 발달하는 신체구조를 띠는 것이다. 따라서 풍속은 갑자기 고칠 것이 아니라 두고두고 그렇게 된 이유를 따져서 좋은 점을 살려야 한다.

집의 경우 우리 풍토의 특징을 잘 보여주는 것은 구들과 마루이다. 구들은 한 겨울의 추위를 막기 위한 것이고 마루는 한 여름의 더위를 이기기 위한 것이다. 북

---

35) 장두석, 『민족생활의학』, 정신세계사, 4328. 13쪽.

쪽은 당연히 구들이 발달했고, 남쪽은 마루가 발달했다. 이 두 가지 조건이 서로 균형을 이루면서 남쪽에서 북쪽까지 지방마다 각기 다른 특색을 드러내면서 다양한 집을 낳았다.

계절의 변화가 뚜렷하기 때문에 옷도 그에 따라서 다양한 모양을 낳았다. 겨울에는 추위를 막기 위해 두꺼운 옷을 입게 되고 여름에는 통풍이 잘 되는 베로 옷을 해 입었다. 우리 옷의 큰 특징은 겨울이건 여름이건 통풍이 잘 되도록 되었다는 점이다.

사계절이 뚜렷한 것은 농경생활의 주기도 뚜렷한 것으로 나타난다. 씨를 뿌리고 곡식을 거두는 시기가 정확하기 때문에 그에 따라서 세시풍속도 아주 다양하다. 그런 세시풍속에 따라서 사람들의 삶도 다양하게 펼쳐지는 것이다. 이 모든 것이 우리나라가 처한 기후조건에서 나온 것이다.

이 점 활도 예외가 아니다. 활은 우리나라 풍토에서 우리 겨레의 슬기가 마음껏 발휘된 풍속이다. 각궁에 소요되는 모든 재료가 우리나라의 풍토에서 나는 것이다. 탄력에 가장 큰 영향을 미치는 쇠심줄도 우리나라의 황소 심줄이어야 하는 것이라든가, 우리나라의 기후에서 자란 뽕나무가 고자로는 가장 좋은 조건을 갖추고 있다는 그런 것들이 우리 활이 우리나라의 풍토에서 나올 수밖에 없는 것임을 증명한다. 그러한 조건 안에서 가장 훌륭한 기능을 낼 수 있도록 최대한의 슬기를 발휘한 것이다. 우리 활은 어쩌다 나온 하고 많은 무기 중의 하나가 아니라 우리나라 풍토에서 나오고 우리나라에서 가장 발달할 수밖에 없는 무기였다.

제 09 장 활터 용어

- 몸에 관한 말
- 활을 쏠 때 쓰는 말
- 활에 관한 말
- 화살에 관한 말
- 사정에 관한 말
- 부속품에 관한 말
- 사원에 관한 말
- 활 만들 때 쓰는 말
- 편사에 관한 말

활쏘기에 관련된 용어를 처음으로 정리한 책은 『조선의 궁술』이다. 여기서는 문헌에나 쓰인 죽은 말을 찾지 않고 활터에서 실제로 쓰이는 살아있는 말들을 정리했다는 것이 큰 의미가 있다. 그 뒤로 이 책을 1986년에 다시 편집하여 낸 『한국의 궁도』에서는 용어를 몇 가지 더 추가했다. 그런데 황학정에서 해방 전에 활을 쏜 성낙인 옹과 몇 차례 대화를 하다 보니 그 당시 쓰였으면서도 실리지 않은 말들이 발견되었다. 그래서 여기서는 그런 말을 찾아서 덧보탰다. 그리고 그밖에도 해방 전에 활을 쏜 분들과 대담을 몇 차례 했는데, 그 과정에서 찾아낸 말들도 추가시켰다. 그럴 때에는 그 출처를 따로 밝혔다.

여기서는 같은 책이름을 계속해서 인용하기가 불편해서 낱말풀이 바로 앞에 손톱괄호를 쳐서 출전을 밝히는데, 『조선의 궁술』은 (조)로, 『한국의 궁도』는 (한)으로, 성낙인의 고증은 (성)으로 쓴다.

 # 몸에 관한 말

가슴통 〔조〕가슴 전체를 가리키는 말.

깍짓손 〔조〕깍지를 끼는 손.

깍짓손꾸미 〔조〕깍짓손의 팔꿈치. '꾸미'는 '굽다'에서 온 말로 '꿈치'의 변형.

곁동 〔조〕겨드랑이. '곁'은 옆이라는 뜻이고, '동'은 덩어리라는 뜻. 둥이(바람둥이, 재간둥이), 동이(물동이), 덩이(복덩이)와 같은 말. 그러니까 곁동은 겨드랑이를 비롯한 그 근처를 싸잡아서 가리키는 말.

궁체(弓體) 〔조〕활 쏠 때 취하는 자세.

덜미 〔조〕목 뒤. 활 쏠 때는 턱을 죽머리에 묻어서 목을 팽팽히 늘이라고 한다. 이것은 목뼈를 바로 세우는 효과가 있다. 단전호흡에서도 턱을 당기라고 하는데 역시 같은 발상이다.

등힘 〔조〕줌손의 어깨에서 손등까지 팔의 바깥쪽으로 곧게 뻗으면서 연결되는 힘. 활은 등힘으로 밀라고 한다. 팔 안쪽이 아니라 팔 바깥쪽이라는 뜻이다. 이것은 아주 중요한 까닭이 있다. 이것은 불거름(丹田)에 모인 기가 하삼지까지 전달되도록 하기 위한 것이다. 이 점이 양궁하고 다르다. 양궁은 완력으로 쏘는 것이지만, 국궁은 기로 쏜다. 이것이 등힘으로 밀라는 것이다. 단전에 모인 기가 하삼지까지 전달될 수 있도록 하는 것이 바로 등힘으로 미는 것이다. 그러면 팔 바깥으로는 경락 가운데 소장경락과 삼초경락이 흐르고 있기 때문에 단전의 기가 그리로 통한다. 등힘으로 밀지 않으면 경락이 끊겨서 기가 차단된다. 붕어죽을 만들지 말라고 하는 것도 이 기의 소통을 막지 않으려고 그러는 것이다. 양궁은 등힘으로 미는 것이 아니라 팔뼈의 힘으로 민다. 따라서 이때 줌손은 오로지 버티는 일만 하며 뼈로 튼튼히 받칠 때의 붕어죽 때문에 기는 차단된다. 양궁은 기로 쏘는 것이 아니라 힘으로 쏘는 것이란 것이 이것이다.

멍에팔 〔한〕멍에는 소의 목에 걸어서 짐을 끌도록 된 것이다. 팔이 그처럼 휘이는 것을 말한다. 보통 사람들은 그런 일이 없는데 한창 자라는 나이에 팔이 접질리거나 부러지면 그러는 수가 생긴다.

바닥끝 〔조〕손바닥의 가운데 금이 끝난 곳.

반바닥(半--) 〔조〕엄지손가락이 박힌 뿌리 부분. 손바닥 가운데 살이 가장 통통한 부분이다. 활의 줌통을 이곳으로 민다. 이것은 아주 중요한다. 보통 줌통을 처음 잡으면 낫자루 잡는 것과 다를 바가 없다. 그렇게 잡으면 살은 뒤난다. 그래서 조준점을 오른쪽으로 옮기게 된다. 이것은 여러 모로 불편하다. 따라서 줌손은 반드시 반바닥으로 밀어야 한다. 자루 잡듯이 줌통을 살짝 잡고서 아래쪽을 줌통 바깥으로 조금 틀어서 잡으면 된다. 그러면 손바닥의 한 가운데에 닿지 않고 중심선에서 바깥쪽으로 빗겨난 부분에 줌통이 닿는다. 그래서 한(一)이 아니라 반(半)바닥이다.

발끝 〔조〕발부리.

범아귀 〔조〕엄지와 검지의 사이.

북전 〔조〕줌손 검지의 첫째 마디와 둘째 마디 사이. 줌통을 잡으면 이 부분이 대림끝 활채에 닿아서 활을 앞쪽으로 밀어준다.

분문(糞門) 〔조〕똥구멍〔肛門〕. 만작 시에 분문을 조이는데, 이것은 불거름이 저절로 팽팽해지도록 하는 방법이다.

불거름 〔조〕방광의 위(膀胱之上)로 단전(丹田)을 가리키는 말. 〈붉거름〔丹肥〕〉에서 온 말로 추정된다. 활은 우리 민족이 처음 생겼을 때부터 써온 것이기 때문에 그것을 가리키는 말 역시 가장 오래된 우리말의 뿌리를 지니고 있다. 불거름 역시 그러하다. 거름은 밑거름〔堆肥〕라는 뜻이다. 반면에 '불' 은 아주 복잡한 뜻을 담고 있다. 불〔火〕이라는 뜻도 있는데 이것은 성(性)이나 정력과 관련이 있다. 우리말에 '불장난, 불알' 같은 말들이 바로 그것이다. 따라서 이 불은 삶과 생식의 밑거름이면서 삶을 지배하는 어떤 기운이다. 튼튼함과 정력은 반드시 관계가 있다. 불은 바로 이 모든 것을 아우르는 현상을 지칭하는 말이다. 우리말의 불은 생명을 주관하는 힘이니까 단(丹)이 아니라, 오히려 기(氣)라는 말에 더 가깝다. 거름은 만물이 자라도록 하는 자양분이다. 우리 겨레가 삶의 뿌리이자 생명의 활력을 불이라고 한 것은 인류의 진화과정과도 관계가 있다. 불은 뜨겁다. 뜨겁다는 것은 인체 밖의 조건과는 다르다는 것을 뜻한다. 따라서 양서류나 파충류가 그 스스로는 체온을 조절할 수 없어 외부조건에 따라 그 생활양식에 굉장한 제한을 받기 때문에 이보다 더 진화한 좋은 스스로 체온을 유지할 수 있는 방향으로 진화한다. 그 절정이 영장류이다. 그런데 양서류에서 영장류로 진화하는 열쇠가 바로 뜨거움, 즉 열이다. 이것은 불이다. 체내에서 불을 지펴서 외부의 온도를 이길 수 있는 신체구조를 지닌 것이다. 이것은 인류만을 놓고 볼 때도 그러하다. 인간은 불을 발견하고 사용하게 됨으로써 다른 짐승과 전혀 다른 길을 걸어왔다. 사람이 불을 얻는 험난한 과정은 프로메테우스 신화로 정착한다. 인간에게 불을 전해준 프로메테우스는 올림포스 산꼭대기에 쇠사슬로 묶인 채 독수리에게 간을 쪼이는 고통을 받는다. 따라서 우리 겨레가 불을 생명의 근원으로 인식한 것은 여러 모로 올바른 생각이었음을 알 수 있다. 생명의 근원을 불이라고 인식하고 방광을 불거름이라고 생각한 것은 나중에 5행사상으로도 뒷받침된다. 불이 생명의 근원이면 곧 생식의 근원이기도 하다. 생식은 자기를 닮은 종자를 퍼뜨리는 것을 얘기하는 것이니, 이 생식능력을 주관하는 장부가 바로 콩팥〔腎臟〕이다. 그런데 방광은 이 콩팥과 음양의 짝을 이루어서 5행(五行)으로 볼 때 수(水)에 해당한다. 정력은 골수가 주관하는데 골수가 바로 5행상으로는 수(水)에 해당한다. 그러므로 정력은 골수에서 나오며, 신장과 방광의 작용이 활발할 때 생식기능도 왕성해진다. 사람은 선천진기와 후천진기를 태워서 힘을 낸다. 선천진기인 골수의 정력과 후천진기인 위장의 음식물을 '불'로 태워서 인체를 가동시키는 것이다. 단전은 바로 그러한 역할을 하는 중심점이다. 자세한 것은 단전에 관한 연구를 참고하면 된다.

붕어죽 (조) '죽'은 '죽지'를 가리킨다. 이것을 보면 우리 겨레는 사람의 팔을 날개로 인식한 것 같다. 죽지는 대개 새의 날개를 가리키는 말이기 때문이다. 아마 팔과 날개보다 먼저 쓰인 말이 '죽'이 아닌가 짐작해본다. 그러다가 날개와 팔의 용도가 다름에 따라 말도 팔과 날개로 분화한 것 같다. 붕어죽은 줌팔, 즉 활을 잡은 손의 접히는 곳이 하늘을 향했다는 뜻이다. 붕어는 싱싱하게 살아있으면 등줄기가 위로 향한다. 반면에 병들거나 죽으면 허연 배를 뒤집는다. 이 모양처럼 죽이 뒤집어진 모양을 붕어죽이라고 한 것이다. 따라서 싱싱한 붕어가 시커먼 등줄기를 보이는 것처럼 줌팔도 세워서 검게 그을린 부분이 위로 향하도록 해야 한다. 이것 역시 단전의 기를 줌손까지 전달하려는 배려이다. 붕어죽이 되면 혈은 모두 속으로 숨어버려 기의 흐름이 차단된다. 그래서 경락의 소통이 막힌다. 팔에 힘을 주면서도 기의 흐름을 끊지 않는 방법이 바로 죽을 일으켜 세우는 것이다. 본래 기를 생각하지 않는 양궁에서는 줌손이 붕어죽이 되든 앉은 죽이 되든 신경 쓰지 않는다. 대개는 뼈로 받쳐서 민다. 따라서 혈이란 혈은 다 속으로 숨어버려 기의 소통이 막힌다. 양궁이 기의 작용까지 승화하지 못하고 육체운동에 머무는 것도 이 때문이다. 이것은 비단 양궁만이 아니라 서구문화 전체의 한계이기도 하다. 죽은 반드시 업히어야 한다.

앉은 죽 (조) 업히지도 젖히지도 않은 죽, 즉 똑바로 선 것도 아니고 하늘을 향한 것도 아닌, 애매모호한 상태로 있는 팔의 모양.

엄지가락 (조) 줌 잡는 손의 엄지가락

엉덩이 (조) 엉치.

온바닥 바닥의 가운데 부분. 반바닥과 짝을 이루는 말.

웃아귀 (한) 엄지손가락과 둘째손가락의 뿌리가 서로 만나는 곳.

웃동 〔조〕양쪽 어깨 사이. 윗몸 전체를 한 덩어리로 묶어서 말한 것.

줌손 〔조〕활을 잡는 손. 우궁은 왼손, 좌궁은 오른손.

죽머리 〔조〕줌손의 어깨.

중구미 〔조〕줌손의 팔이 접히는 부분, 즉 팔꿈치. '중구미'는 '죽+구미'의 구성을 보이는데 음의 상호작용으로 변형된 것.

턱끝 〔조〕턱의 끝

하삼지(下三指) 〔조〕줌손의 세째, 네째, 다섯째 손가락. 이 세 손가락으로 줌통을 잡는다. 엄지와 검지에는 힘을 주지 않는다.

회목 〔조〕손목을 가리킴. '목'은 우리말로 갑자기 좁아지는 곳을 가리킨다. 그래서 골짜기도 갑자기 좁아지는 곳을 목이라고 한다. 물론 인체의 목(項)도 같은 얘기이다. 몸에서 머리로 올라가는데 갑자기 가늘어지는 곳이라는 뜻이다. '회'는 접두사로 이 역시 가늘다는 뜻을 지닌 말이다. '회초리'라는 말에서 그 흔적을 잘 볼 수 있다. '초리'는 꼬리라는 뜻이고, 회는 가늘다는 뜻이다. 그러므로 회목은 팔목에서 홀쭉한 부분을 말한다.

 ## 활을 쏠 때 쓰는 말

고자채기 활을 쏠 때 발시하면서 웃고자가 과녁 쪽으로 기우는 것. 발시할 때 고자를 챈다는 뜻.

골로 빠지다 발시 직후 깍짓손이 뒤로 빠지지 않고 아래로 떨어지는 모양.

공깍지 만작 시 깍짓손이 너무 높이 떠서 힘이 제대로 들어가지 않는 어정쩡한 손 모양.

공현(空弦) [조]살이 시위에서 벗어나 땅에 떨어진 줄도 모르고 활을 쏘는 것.

꽉쏘다 [성]각궁을 잘 쏘는 것. 꽉쏘면 바람을 타지 않는다. 각궁을 쏠 때는 줌손을 꽉 움키고 깍짓손을 힘차게 뿌려야 바람을 타지 않는다.

관중(貫中) [조]과녁을 맞히는 것. 원래는 과녁의 한 가운데에 있는 관(貫)을 맞추는 것과 주변을 맞추는 것을 구분하여 관만 맞추는 것을 관중이라고 했고, 가장자리를 맞추는 것은 변(邊)이라고 했다. 그러다가 왕이 쏠 때는 변을 맞아도 관중이라고 획창했는데 후대에 그것이 버릇으로 굳어 과녁만 맞으면 관중이라고 했다.

낙전(落箭) [조]활을 쏘다가 화살을 놓치는 것.

대대거리 단체 비교사에서 한 명씩 나와서 쏘는 것.

더 가는 것 [조]살이 과녁을 지나 멀리 가는 것. '크다, 넘었다' 고 한다.

덜 가는 것 [조]살이 과녁에 못 미치는 것. '작다, 짧다' 고 하는데 혹은 '코박았다'는 속어를 쓰기도 한다.

덜미바람 [성]사대에서 과녁으로 부는 바람. 뒷덜미 쪽에서 부는 바람이라는 뜻이다. '덜미풍' 이라고도 한다. '오늬바람과' 같은 말이다.

들깍지 발시 직후 깍짓손이 반깍지도 아니고 온깍지도 아닌 어정쩡한 모양으로 허공에 들떠있는 것. 살대 연장선 뒤편으로 힘차게 빠지지 못한 손 모양을 가리키기 위해 생긴 말.

두 벌 뒤 (조)깍짓손을 '봉뒤'로 버리고 살이 빠진 뒤에 다시 내는 것.

뒤난다 살이 과녁의 왼쪽으로 떨어지는 것. 줌손의 뒤쪽이라는 뜻.

먼장질[1] 과녁이 없이 멀리 쏘는 것.

모이 활을 나타내는 말. '몰다'에서 온 말로, '개성모이, 장환이 모이'와 같이 썼다.[2]

몰촉 (조)활을 너무 많이 당겨서 촉이 줌을 지나서 쑥 들어오는 것. 월촉이라고도 한다.

무릎치기 각궁을 얹을 때 도지개를 쓰지 않고 발로 눌러서 얹는 것을 가리키는 말.

바람 화살은 공기를 헤치고 가는 것인 만큼 바람의 영향을 받는다. 그래서 바람에 대한 정보를 주고받으려면 바람을 구별할 필요가 있다. 바람이 부는 방향에 따라 이름을 붙인다. 과녁을 겨누었을 때, 바람이 사대에서 과녁 쪽으로 불면 덜미바람(또는 오늬바람), 과녁에서 사대 쪽으로 불면 안바람(촉바람), 왼쪽에서 오른쪽으로 불면 줌뒷바람, 오른쪽에서 왼쪽으로 불면 줌앞바람이라고 한다.

반구비 (조)화살의 살고가 알맞아 과녁을 맞히기 좋게 날아가는 것.

반깍지 온깍지의 반대말. 발시 후에 깍짓손을 뒤로 젖히지 않고 그 자리에 두는 것.

방전(放箭) (조)화살을 내보내는 것.

벗깍지 발시할 때 깍짓손이 살대 연장선으로 빠지지 못하고 옆으로 휘둘려져 벗겨지는 것.

봉뒤 (조)깍짓손을 뒤로 내지 못하고 버리기만 하는 것.

불(不)내다, 불쏘다 (조)과녁을 맞히지 못하는 것.

살고(-高) (조)살이 날아가는 높이.

---

1) 홍명희의 소설 『임꺽정』에 나온다.
2) 하상덕 대담.

살찌 〔조〕살이 날아가는 맵시.

설쏘다 〔성〕어설프게 쏘는 것. 바람을 많이 탄다.

소나기활 시수가 날 때는 아주 잘 나고 안 날 때는 아주 형편없이 나는 것.

순점(巡點) 〔조〕한 순에 맞춘 점수.

안바람 〔성〕과녁에서 사대로 부는 바람. '안풍'이라고도 한다. 안고 쏜다는 뜻이다. 촉바람과 같은 말이다.

앞난다 살이 과녁의 오른쪽으로 떨어지는 것. 줌손의 앞쪽으로 떨어진다는 뜻.

여우살 〔성〕이전머리에서 살이 뒤(오늬 쪽)로 물러났다가 나가는 것

오늬바람 사대에서 과녁으로 부는 바람 ⇒ 바람

오색바람(五色--) 〔성〕일정한 방향 없이 이리저리 부는 바람.

온깍지 발시 후에 깍짓손을 뒤로 젖혀서 동작을 크게 하는 것. 발여호미 형의 손동작을 말함. 반깍지의 반대.

왼구비 〔조〕화살이 높이 가는 것.

월촉 몰촉과 같은 말.

점심살 〔조〕땅에 먼저 맞고 튀어서 과녁에 맞는 살. 옛날에는 박히면 관중이고 박히지 않으면 불로 했다. 지금은 과녁에 박히지 않기 때문에 불로 간주한다.

주살질 주살로 쏘는 것.

죽지 떼다 〔조〕활을 쏘고 어깨를 내리다.

줌앞 〔조〕과녁의 오른쪽.

줌앞바람 〔조〕줌의 앞쪽에서 불어오는 바람. 우궁의 경우 오른쪽에서 왼쪽으로 부는 바람을 말한다.

줌뒤 과녁의 왼쪽.

줌뒷바람 〔조〕줌의 뒤쪽에서 불어오는 바람. 우궁의 경우 왼쪽에서 오른쪽으로 부는 바람을 말한다.

채쭉 뒤 〔조〕깍짓손을 당길 때 깍짓손을 훔쳐 끼고 팔회목으로만 당기는 것.

촉바람 과녁에서 사대로 부는 바람. ⇒ 바람

충빠지는 것 〔조〕화살이 떨며 가는 것.

팔찌동 〔조〕활터에서 사대에 서는 순서. 과녁을 바라볼 때 왼쪽이 높은 자리이다. 사두부터 차례로 선다. 팔찌를 낀 손, 즉 왼손의 위쪽에 선다는 의미에서 '팔찌동'이란 말이 된 것이다. 동은 한 덩어리를 뜻하는 우리말. 팔찌동 위를 서로 사양한다는 것은 서로 아래쪽에 서려고 한다는 뜻이다.

평찌 〔조〕화살이 평평하고 나지막하게 날아가는 것.

하띠(下-) 〔조〕연전띠 내기 할 때 화살을 가장 적게 내거나 화살을 나중에 던져 짠 띠.

한 배 〔조〕살이 제 턱에 가는 것. 즉 좌우 편차와는 상관없이 겨냥한 곳까지 날아가는 것.

한 살 〔한〕한 배와 같음.

획(獲) 〔한〕옛날에 궁중에서 임금이 활을 쏠 때, 살이 과녁의 복판을 맞춘 것을 말함. 옛날 궁궐에서 활을 쏠 때는 솔포를 썼는데, 그 솔의 복판에는 짐승의 머리를 그려 넣었다. 그래서 그곳을 맞추면 짐승을 잡는 것이기 때문에 '잡을 획' 짜를 쓴 것이다. 화살이 과녁의 위를 맞히면 양(樣)이라고 하고, 화살이 과녁의 아래를 맞히면 유(留)라고 하고, 왼쪽에 맞으면 좌방, 오른쪽에 맞으면 우방이라고 아뢰었다.[3]

흙받기줌 〔조〕줌손을 들어 제껴쥐고 등힘이 꺾인 것. 집 지을 때 미장이들이 쓰는 흙받기를 쥘 때의 모양 같다는 뜻.

---

3) 『국조오례의』, 「군례·사우사단의」.

 ## 활에 관한 말

각궁(角弓) [조]고구려 때부터 전해오는 우리의 전통 활로, 옛날 고조선의 통치했던 지역에 살던 사람들이 썼다. 뽕나무, 대나무, 참나무, 소힘줄, 민어부레풀, 화피, 소뿔, 이상 일곱 가지 재료를 사용하여 만든다. 소뿔이 들어가기 때문에 각궁이라고 했다고 한다. 그러나 角이 이두표기라고 생각하면 전혀 다른 뜻이 된다. 角의 뜻은 '뿔'인데, 고대에는 경음화가 발달되지 않았을 것으로 미루어보면[4] '블' 정도의 소리를 냈을 것이다. 그렇기 때문에 이것은 우리 겨레를 가리키는 '밝'과 같다. 따라서 '角'은 재료 때문에 붙인 이름이 아니고, 따라서 '각궁'은 동방인들이 쓰는 활이라는 뜻이 된다. 옛부터 중국인들은 동방인들을 동이(東夷)라고 불렀는데,[5] 그 중에 고구려는 맥족(貊族)이라고 불렀다.[6] 이것은 〈이레〉, 〈박달겨레〉, 〈배달겨레〉를 향찰로 적은 것이다. 조선(朝鮮)도 이 말을 번역한 것에 지나지 않는다.[7] 따라서 각궁은 〈붉활〉이며 이것을 이두로 〈角弓〉이라고 적은 것이다.[8] '붉달겨레, 배달겨레가 쓰는 활'이라는 뜻이다. 단궁(檀弓)도 기실 박달나무로 만든 활을 가리키는 것이 아니라, 배달민족이 쓰는 활이라는 뜻으로 쓴 말이다.[9] 그러니까 우리 민족이 쓰는 활이라는 뜻의 '박달궁'을 '角弓, 檀弓'으로 표기한 것이다. 결국 각궁이나 단궁이나 다

---

4) 『국어사 개설』
5) 『설문해자주』
6) 『25사초』
7) 정진명, 「삼국유사 고조선 조의 지명 고찰」, 『신원』 제7호, 문예사, 1993. 44쪽.
8) 『우리 활 이야기』
9) 『성호새설류선』

같이 동이족이 쓰는 활이라는 뜻이다.[10] 그러다가 점차로 의미를 강조하는 방향으로 굳어져 뿔을 쓴 활이라는 뜻으로 축소되어 쓰인 것이다.

강궁(强弓) (조)센 활

겹피 (조)줌 위를 둘러싼 벗나무 껍질.

고자 (조)도고자부터 양냥고자까지. 고자는 끝이라는 뜻이다. 낱말의 생김을 볼 것 같으면 〈곶+ㅏ〉이다. 어근에 명사화 접미사가 붙은 말이다. 도고자를 도고지라고 한 것에서도 이 점을 볼 수 있다. 이것은 곶(串)과 그 뿌리를 같이한다. 곶은 육지에서 바다로 불쑥 솟아나온 땅을 말한다. 장산곶, 황원곶 같은 지명에서 볼 수 있다. 강화도의 옛말 갑비고차(甲比古次)에서도 그 흔적을 볼 수 있는데 古次가 바로 〈곶〉의 이두표기이다. 그러니까 고자는 활의 끝이라는 뜻이다.

고자잎 (조)도고지와 양냥고자 사이를 말한다. 대개 심고를 떠받치는 부분과 일치하는데 그 모양을 보면 마치 가느다란 버들잎새처럼 생겼다.

꼭뒤 (조)도고지 붙은 뒤.

궁간목(弓幹木) (한)나무활의 재료로 쓰이는 애끼찌나무(山麗麻子)를 가리키는 말.

궁간상(弓幹桑) (한)각궁의 재료로 쓰이는 산뽕나무를 가리키는 말. 뽕나무가 활을 만드는데 알맞기 때문에 얻은 이름이다. 산뽕나무는 다른 말로 구지뽕나무라고도 한다. 구지뽕이란 활의 고자를 만드는 뽕나무라는 뜻이다. 뽕나무가 활 고자를 만드는데 쓰였기 때문에 아예 '고지' 란 말이 '구지' 란 말로 바뀌어 접두어로 붙어버린 것이다.

궁대(弓袋) (조)활을 넣는 헝겊 주머니. 활을 쏠 때는 허리에 둘러매어 화살 다섯을 꽂고는 하나씩 빼어 쏜다. 요즈음은 입단이나 승단에 합격하면 궁대 끝의 주머니에 무궁화를 새겨서 준다.

---

[10] 『한국의 궁도』에서는 이것을 목궁의 시초로 박달나무로 만들었다고 설명하고 있지만, 잘못된 것으로 보인다. 박달나무로 활을 만들기는 어렵다는 것이 활만드는 사람들의 얘기이다. 『성호새설』에서도 '박달'을 나무가 아닌 민족의 이름으로 해석하고 있다.

궁의(弓衣) 〔조〕궁대와 같다.

궁현(弓弦) 〔한〕활시위

양냥고자 〔조〕고자의 맨 끝으로, 뾰족하게 튀어나온 부분. '양냥' 은 뜻이 분명치 아니하나, '양냥이뼈' 나 '양냥하다' 같은 말로 미루어 볼 때 뾰족한 부분을 가리키는 말 같다. 양냥이뼈는 턱끝의 뾰족한 뼈를 가리키고, 양냥하다는 말은 호리호리하고 깡마른 것을 가리킨다.

단궁(檀弓) 〔한〕우리겨레의 옛 활. 이것을 음차로 보면 동이족이 쓰던 활을 가리키는 말이 된다. 檀은 박달이니, 檀弓은 박달궁이 된다. 즉 박달민족이 쓰는 활이라는 뜻이다.

대궁(大弓) ⇒ 예궁.

대림끝 〔조〕줌으로 붙인 참나무의 양쪽 끝부분.

대소 활채에 쓰이는 대나무. '소' 는 '속' 의 받침이 떨어져나간 형태로, '대소' 는 활채의 속에 댄 대나무를 뜻한다.

대소풍 부레풀이 잘 붙지 않아서 뿔과 대소가 떨어지는 것. '소풍이 난다' 고 말한다.

도고자 〔조〕고자가 시작되는 부분. 도는 우두머리를 뜻하는 말. '도사공, 도맡다' 같은 말에서 그 흔적을 볼 수 있다. 그러니까 고자의 맨 앞머리라는 뜻이다. 그런데 그 부분에 동그란 가죽을 댄다. 심고의 매듭이 있는 부분을 받치기 위해서 좀 말랑말랑한 받침을 대는 것이다. 그래서 그 동그란 가죽을 가리키는 말로 굳어서 지금은 그렇게 쓰인다. 그러나 본래 뜻은 고자가 시작되는 부분을 가리키는 말이다.

도고지 〔조〕도고자와 같다.

동개활 〔조〕말타고 달리며 쏠 때 쓰는 활로, 동개에 넣고 다니기 때문에 붙은 말.

막막강궁(莫莫强弓) 〔조〕아주 센 활.

먼 오금 〔조〕활의 한 가운데인 줌으로부터 멀리 떨어져있는 오금이라는 뜻. 한오금과 삼삼이 사이. ⇒ 오금.

면벚 (조)도고지 바로 밑 부분을 감은 벚나무 껍질. 도고지 거죽을 보껍질로 가로 싼 것.

목소 (조)본래는 휘궁의 뿔에 댄 뽕나무를 가리키나, 지금은 도고지에서 삼삼이까지를 말함.

무력심 (조)양냥고자의 심고가 걸리는 부분에 감은 소힘줄. 〈물＋역＋심〉의 구조를 보인다. '물'은 '물다'의 어근이고, '역'은 명사화접미사이다. 따라서 '무력'은 단단하게 물고 있는 것을 말한다. '심'은 '힘'의 변형. '혓바닥'을 '셋바닥'이라고 하거나 '유설깍지'를 '유혈깍지'라고 하는 것에서 'ㅅ'과 'ㅎ'의 넘나듦을 볼 수 있다.

무력전 (조)양냥고자 밑에 심을 감고 그것을 단장한 가죽.

무력피(--皮) (조)무력심을 감은 가죽. 서피라고도 함.

반궁(半弓) (한)대궁(大弓)의 반쯤 되는 활. 앉아서 쏠 수 있을 정도였다고 함.

밭은오금 (조)대림끝과 한오금 사이. '밭은'은 '짧다, 다급하다' 같은 뜻이 있다. 밭은 기침이란 말이 있는데 이것은 짧으면서도 다급하게 나는 기침을 말한다. 따라서 밭은오금은 줌통 쪽으로 가까이 있는 오금이라는 뜻이다. ⇒ 오금.

부레풀 (조)민어의 부레를 지방질을 제거하고 끓여서 만든 풀. 활의 재료를 붙이는 데 쓴다.

부린활(弛弓) (조)시위를 풀어놓은 활.

보싸기 (조)활의 줌 허리를 벚나무 껍질로 싼 것.

북전 (조)식지 닿는 끝.

뿔끝 (조)활채에 댄 쇠뿔이 끝나는 곳으로, 특히 휘궁에서 뿔과 뽕나무 끝이 닿는 곳을 말한다.

삼각궁(三角弓) 우리나라 황소의 뿔은 짧기 때문에 셋을 이어서 뿔을 댔다. 이렇게 우리나라의 황소뿔로 이어서 대어 만든 활을 말한다. 삼각이란 뿔 셋이라는 뜻이다. 뿔이 서로 맞닿은 부분에서부터 소풍이 나기 때문에 뿔이 서로 겹치는 부분은 명주실로 감고 대나무 못으로 쐐기를 친다. 그래서 마치 매듭처럼 보인다. 뿔 셋의 이음매 부분을 묶기 때문에 활의 위와 아래에 각기 두 군데가 이런 매듭이 생긴다.[11] 고구려 고분벽화의 사내들이 쓰는 활이 바로 삼각궁이다.

삼동 (한)줌통과 위 아래 목소 두 곳. 이곳을 적당히 잘 밟아야 살이 한통을 친다.

삼삼이 (조)대나무와 뽕나무가 만나는 곳. 먼 오금 아래. 두 나무가 연결되는 곳으로 연결이 잘 되었다는 뜻으로 '삼삼하다'는 말이 붙은 것 같음.

생각 우리나라의 황소 뿔을 생각이라고 한다.[12] 이것은 왕조실록에 나오는 향각(鄕角)이 오랜 세월을 거치면서 변한 말이다. '힘줄'이 '심줄'로 변한 것이나, '형님'을 '성님'이라고 부르는 것이 같은 원리이다.

소풍 ⇒ 대소풍

시위 (조)활에 화살을 끼워 당기는 줄. 명주실로 감아서 만듦. 『훈몽자회』에는 '시울'이라고 나온다. 눈시울 같은 말에 그 자취가 남아있다. 둥글게 휘어진 모양을 나타내는 말이다. '시울'에서 'ㄹ'이 떨어져나가고 'ㅣ'모음이 뒷모음에 영향을 주어서 '시위'로 굳었다.

실궁(實弓) (조)강궁 다음 가는 활.

실중힘 (조)실궁(實弓) 다음 가는 활. 실중력이라고도 함.

심고 (조)시위 양끝에 심으로 둥글게 만들어 양냥고자에 거는 고리. 고자에 힘이 닿는 곳이라는 뜻. '심'은 '힘'이라는 뜻. 본디 〈ㅎ〉과 〈ㅅ〉은 발음상 넘나듦이 많다. 혓바닥을 셋바닥이라고 하는 것과, 힘이 들 때 '쎄빠진다'고 하는데 혀가 빠진다는 뜻이고 이것이 그것이다. '고'는 '곶'의 〈ㅈ〉이 떨어져나간 것으로 '고자,고지'와 같은 말이다. '끝'이라는 뜨이다. 고자에 걸리는 곳이라는 뜻이다. 이 심고의 맨 앞이 닿는 부분이 바로 도고지이다.

---

11) 권영구 대담.
12) 권영구 대담.

아귀 (조)줌피의 양쪽 끝부분.

아귀피 (조)줌 위아래에 벚껍질로 감은 곳.

아래아귀 (조)줌피의 아래 끝 부분.

아래장 (한)활의 한 통 아랫부분.

애기찌활 (한)애기찌나무(山蔍麻子)로 만든 활. 애기찌는 15개월이 안 된 어린 왕대의 마디 껍질 속에 끼는 허연 분가루. 어린나무에만 끼기 때문에 '애기찌'인 것이다.

양냥고자 (조)고자의 맨 끝. 시위를 걸게 만든 뾰족한 부분.

얹은활(張弓) (조)활을 쏠 수 있게 시위를 걸어놓은 활.

연궁(軟弓) (조)무른 활. 실중힘 다음으로 무른 활.

연상(軟上) (조)무른 활 중 가장 센 것.

연소(聯―) (조)활채로 쓰이는 나무를 말한다. '소'는 '속'의 받침이 떨어져나간 형태. '만두소'라는 말에서도 볼 수 있다. 활채는 가운데 대나무에 양쪽 고자에 쓰이는 대나무를 연결시킨 것이기 때문에 연소라고 한 것이다. 활채 속의 나무를 이은 것이라는 뜻이다.

연중(軟中) (조)무른 활 중 중간치.

연하(軟下) (조)무른 활 중에서도 가장 약한 것.

옆심 활이 좌우로 넘어가거나 뒤집어지지 않도록 버티는 힘.[13] 옆심이 좋아야 좋은 활이다.

예궁(禮弓) (조)조선시대까지 쓰던 활로, 본 이름은 대궁(大弓). 궁중에서 실행하던 궁중연사와 반궁대사례, 향음주례 같은 의례행사에 사용되었으므로 예궁이라고 했음.

오금 (조)활이 휘이는 곳. 오금은 '오그리다, 오그라들다'와 같은 뿌리를 지닌 말이

---

13) 권영구 대담.

다. 이것은 휘어지는 부분을 가리키는 우리말로, 발이 굽히는 곳도 오금이라고 한다. 오금이 저리다 같은 말이 있다. 활이 휘이는 부분도 역시 오금이라고 했다. 오금은 세 가지로 '밭은오금, 한오금, 먼오금'이 있다.

용벚 (조)보껍질로 활의 전체를 것. 온몸을 벗나무 껍질로 감은 활.

용피벚 (성)용벚과 같음.

울고도리(鳴鏑) 우는 살. 날아가면서 소리를 내는 살. 촉 뒤에 깍지가 붙어서 날면 바람이 소용돌이를 일으키면서 소리를 낸다.[14] 전무후무한 명궁 이성계가 즐겨썼다는 것이 대초명적(大哨鳴鏑)인데, '명적'이 바로 울고도리를 가리키는 말이다.

웃아귀 (조)줌피의 윗쪽 끝부분.

윗장 (한)활의 줌통을 기준으로 윗부분 전체를 말한다.

인(人)짜무늬 각궁의 뿔에 들어있는 무늬를 말한다. 각궁의 뿔은 보통 검정색인데, 거기에 희끗희끗한 무늬가 들어있는 경우가 있다. 그 모양이 사람인짜를 닮았다고 해서 인짜무늬라고 한다. 더 정확히 말하면 영어의 V자 모양이다. 영어가 없던 시절이기 때문에 한자의 사람인짜를 빌어서 표현한 것이다. 고종이 쓴 각궁의 이름이 호미(虎尾)인데 이 인짜무늬가 죽 들이긴 모양이 범의 꼬리처럼 들어가 있다고 해서 붙인 이름이다.

장궁(長弓) (조)각궁의 한 가지로 도고지 밑까지 뿔로 댄 활. 긴 뿔을 댄 각궁이라는 뜻. 짧은 뿔을 댄 휘궁 때문에 생긴 말임.

절피 (조)시위의 오늬를 먹이는 부분에 감은 실, 또는 실을 감아놓은 부분.

정량궁(正兩弓) (조)큰 활이라고도 하며, 만드는 법은 각궁과 같으나, 활채가 크고 두꺼워서 아주 강하다. 쏠 때에는 시위를 당기고 뛰어나가면서 그 반동의 힘으로 쏜다.

---

14) 『훈몽자회』; 『조선의 궁술』

정탈목 〔조〕도고지 밑의 굽은 부분.

줌 〔조〕활의 한 가운데 손으로 쥐는 곳. '줌' 은 '쥐다' 는 말에서 온 것. 모래 한 '줌' 같은 곳에 그 말이 남아있다. '좀' 이라고도 한다.

줌통 〔조〕줌과 같은 말.

줌피 〔조〕줌을 싼 껍질로, 손에 나는 땀을 흡수하도록 한 것. 요즘은 땀이 나도 밀리지 말라고 꺼끌꺼끌한 수세미를 잘라서 싸기도 한다.

중힘 〔조〕세기가 실중힘 다음가는 활. 중력(中力)이라고도 한다.

창밑 〔조〕도고지 밑.

철궁(鐵弓) 〔조〕쇠로 만든 전쟁용 활.

철태궁(鐵胎弓) 〔조〕그 만드는 법은 각궁과 같으나 활채(弓幹)를 쇠로 만든 것. 전쟁과 수렵에 다 사용한다.

출전피(出箭皮) 〔조〕줌 바로 위에 화살 닿는 곳에 대는 가죽. 살이 나갈 때 활 몸채를 긁고 나가기 때문에 닳는다. 그것을 예방하려고 붙인 가죽.

칠지단장(漆紙丹粧) 〔조〕양냥고자 밑에 여러 가지 색깔을 넣어서 장식한 것. 활의 기능과는 상관이 없고, 순전히 멋을 내려는 것이다. 칠피단장이라고도 한다. 종이를 쓰면 칠지, 가죽을 쓰면 칠피가 된다.

한 오금 〔조〕밭은 오금과 먼오금 사이. 가장 많이 휘이는 곳. '한' 은 크다는 뜻. 대전의 본 이름은 '한밭' 이었다. 이것을 大田이라고 옮겼다.

한 통 〔조〕활의 한 가운데.

홀목 목소 부분의 홀쭉한 부분을 말한다.

화살음 〔성〕활이 살아있는 것을 가리키는 말. 각궁을 부렸을 때 원래 모양대로 잘 오므라드는 성질. '활살음' 의 리을이 떨어져나간 모양이다. 활이 살아있다는 뜻이다. 이것은 곧 탄력이 좋은 상태나 정도를 말한다.

화피(樺皮) 〔조〕활의 겉을 싸는 벚나무 껍질. 본디 樺는 자작나무라는 뜻이다. 여기서는 벚나무를 말한다. 화피는 습기를 잘 막아준다. 맹물에 삶으면 노란 색이

나고, 햇볕에 세 달 이상 쬐면 흰 색이 되며, 잿물에 삶으면 보라색이 난다.

화피단장(樺皮丹粧) 〔한〕화피로 꾸민 것.

활짱 활의 몸채.

휘궁(猴弓) 〔조〕짧은 뿔을 댄 각궁으로, 뿔이 짧기 때문에 삼삼이부터 도고지까지 뽕나무를 댔다. 원래 이름은 후궁인데, 관혁이 우리말로 정착하면서 과녁이 되고, 산행(山行)이 사냥으로 정착한 것처럼 이것도 휘궁으로 굳었다. 옛날 분들은 예외 없이 휘궁이라고 하지 후궁이라고 하지 않는다. 따라서 표준어는 휘궁이다. 『조선의 궁술』에도 휘궁으로 나온다.

 ## 화살에 관한 말

각명(刻名) 〔조〕깃 사이에 이름을 쓰는 것.

경전(輕箭) 〔조〕다른 화살에 비해 가벼운 것.

고도리살[15] 작은 새를 잡는 데 쓰는 살. 촉 대신 철사나 대로 테를 만들어 대 끝에 끼움. 이것은 촉이 없는 살을 말하는 것 같다. 고도리는 〈곧+ㅇ리〉의 구조일 것으로 추측된다. '곧'은 고지처럼 '끝'이라는 뜻도 있고, '곧다'는 말에서 온 것일 수도 있다. 'ㅇ리'는 송아지, 망아지, 강아지 같은 데서 볼 수 있는 '아지'와 같은 축소사이다. 옛 기록에는 박두(樸頭)로 나온다.『훈몽자회』의 박두에는 고도리살이라고 적고 있기 때문이다. 본디 큰 짐승은 날카로운 살촉을 끼워서 잡아야 죽지만, 작은 짐승은 굳이 촉을 끼우지 않아도 잡을 수 있기 때문에 촉을 끼우지 않고 맨살로 쓴 것 같다. 그래서 樸頭라고 적은 것이다. 樸은 가공을 하지 않은 목재를 뜻하는 말이다. 촉으로 꾸미지 않았다는 뜻이다. 이것을 고도리살이라고 훈몽자회는 적고 있는데 '고도리'는 본래 살의 종류를 가리키는 말이 아니라, 살의 끝을 가리키는 말이다. '뼈고도리'가 뼈로 만든 살촉인 것으로 보아서도 이것은 분명하다. 또 울고도리를『훈몽자회』에서는 명적(鳴鏑)이라고 하는데,[16] 鳴은 '울'을 번역한 것이고, 鏑은 '고도리'를 번역한 말이다. 이 때 鏑은 살밑, 즉 살촉을 가리키는 한자이다. 고도리는 그러니까 살촉을 뜻하는 말이다. 살촉이 없는 살끝, 그것이 樸頭요, 고도리이다.

굽통 〔조〕화살의 끝. 상사의 윗부분.

---

15)『훈몽자회』
16)『훈몽자회』

긴 작 (조) 긴 화살. '작'은 한자말 作이나 酌으로 보인다. 화살을 한 묶음으로 만들어놓은 것을 '한 작품'이라고 한다.

깃 (조) 화살의 뒷편에 바람을 가르도록 세 갈래로 붙인 깃. 보통 꿩깃을 쓰나, 옛날에 멋을 즐기던 사람들은 흰죽지참수리깃을 최고로 쳤다고 한다.

깃간도피 (조) 오늬 아래부터 깃 위까지 복숭아나무 껍질로 싼 것.

깃간마디 (조) 깃 바로 아래에 있는 살대의 마디.[17]

늦은 삼절(三節) (조) 상사 위 화살대 세 번째 마디.

내촉(內鏃) (조) 화살촉을 쇠로 만들었을 때, 살대 속으로 들어가 끼여 있는 부분.

달아진 살 (조) 가늘면서 무거운 살.

댓눈 (한) 죽시(竹矢)는 대나무로 만들었기 때문에 마디마다 가지나 잎새가 자랐던 눈의 흔적이 있다. 그것이 댓눈이다. 깃간마디의 눈이 위로 오도록 깃을 붙였다. 그것을 보고서 오늬를 먹여야 한다.

더데 (조) 살촉을 쇠촉으로 했을 때, 살촉 중간을 둥글고 우뚝하게 하여 내촉과 외촉을 구별한 것. 이것은 〈돋이〉의 구성으로, 〈돋〉은 '닫다'의 어근이거나 '돋다'의 어근이다. 〈이〉는 명사화접미사이다. 따라서 〈더데〉는 끝을 닫은 것이나 구별하도록 돋은 것을 뜻한다. 또 가야의 지배층이 쓴 드라비다말로는 꼭지가 '두디'여서 거의 같다.[18] 이것을 따른다면 더데는 살의 맨 끝 꼭지부분을 말한다.

도피(桃皮) (한) 복숭아나무 껍질. 이것으로 오늬를 끼운 부분을 감아둔다. 그러면 튼튼하여 잘 쪼개지지 않고, 또 습기도 막는 효과가 있다.

동개살 (조) 말타고 달리며 쏘는 화살. 동개에 넣고 다니기 때문에 붙은 이름이다. 이것은 달리며 쏘기 때문에 깃을 보통 살보다 크게 붙였다. 깃이 크기 때문에

---

17) 어떤 책에는 윗마디라고 나온다. 그런데 이것은 『조선의 궁술』에 나오는 화살 그림을 보고서 하는 얘기인데, 같은 책 정오표에 보면 그것이 잘못된 것이라고 나온다. 정오표를 참고하지 않고서 그림만 보고 윗마디라고 부른 것인데, 잘못된 것이다. '깃간마디'가 맞다.

18) 『한국어계통론』.

살이 공기의 저항을 많이 받는 대신 정확하게 날아간다. 깃이 크기 때문에 대우전(大羽箭)이라고도 한다.

목전(木箭) 촉은 쇠로 하고 대는 나무로 만든 화살. 보통 무과에서는 박두(樸頭)를 말한다.[19]

몸 빠진 살 〔조〕가느다란 화살.

미립 〔조〕(성)활이 생긴 모양을 나타내는 말. 활을 해궁할 때 쇠시위(鐵弦)를 걸고 고르게 활을 잡는 것을 말한다.

방통이 내기로 쏘거나 새를 잡는 데 쓰는 작은 화살.[20] 벙테기라고도 한다.

부푼 살 〔조〕굵은 살.

뼈고도리[21] 뼈로 만든 살촉. 뼈살촉.

살걸음 〔조〕살이 날아가는 빠르기.

살밑 〔조〕화살촉.

상사 〔조〕살대 끝에 끼운 대나무통.

서분한 살 〔조〕굵으면서도 가벼운 살.

세전(細箭) 〔조〕"가는 대"라고 하며 적진에 격서를 보낼 때만 쓴다. 습사 시에 이백팔십 보를 한하여 푸른 휘장(靑帳)을 넘겨야 제대로 쏜 것으로 여긴다.

쇠살(鐵箭) 〔조〕육량전, 아량전, 장전 세 가지를 가리킨다.

시누대(海藏竹) 화살의 재료로 쓰이는 대나무. 중부 이남 지역에 많이 자란다.

시자표 ⇒ 자표.

아량전(亞兩箭) 〔조〕육량전과 똑같이 만드는데 그 무게가 넉냥(四兩)이니 정식냥수(正式兩數)에 버금가는 것이라 하여 이런 이름이 붙었다.

아랫마디 〔조〕죽시의 세 마디 가운데 촉쪽에 있는 마디.

---

19) 『경국대전』
20) 『한국의 활과 화살』; 김병세 대담.
21) 『훈몽자회』

애기살(片箭) 〔조〕살이 작아서 붙여진 이름이다. 길이는 촉을 제거하고 포백척(布帛尺)으로 여덟 치(八寸)이니 무과 초시와 복시에 세 발을 쓰며 거리는 일백삼십 보이다. 이것을 대나무 통에 넣고서 쏘니 이것을 덧살[22] 또는 통아라고[23] 한다. 이는 과거시험(科規)의 표준(準的)이요, 천보 이상을 날아가며, 살의 관통력(着力)이 강하고 촉이 날카로워 갑옷이라도 능히 꿰뚫는다.

예전(禮箭) 〔조〕길이가 세 자(三尺)요, 깃이 크니 반궁대사례(泮宮大射禮)와 궁중연사(宮中燕射)와 향음주례(向飮酒禮)에 쓰인다. 네 발(四矢)을 쓰는데, 사(四)라는 수를 승(乘)이라 하므로 예궁과 이 살을 칭하여 대궁승시(大弓乘矢)라고 한다.

오늬 〔조〕화살의 꽁지에 박힌 참싸리나무. 홈을 파서 시위에 끼울 수 있도록 만들었다. 〈온＋ㅢ〉의 구조. '온'은 가득 찬다는 뜻의 우리말. '온누리, 온(百), 온통' 같은 말에 그 흔적이 남아있다. 'ㅢ'는 명사화 접미사.

오늬도피(--桃皮) 〔조〕오늬를 싼 복숭아나무 껍질.

외촉(外鏃) 〔조〕쇠촉의 경우 살촉의 더데 아래 부분. 바깥쪽으로 드러난 부분을 말한다.

우궁깃 〔조〕꿩의 왼쪽 날개깃을 사용한 화살. 우궁의 화살에 쓴다.

우는살(嚆矢) 날아가면서 소리를 내는 화살. 촉 뒤에 속이 빈 나무까지를 달아서 날면 깍지 안에서 바람이 회오리를 일으키면서 소리를 낸다. 소리화살이라고도 하는데, 이것은 역사학자들이 만들어낸 말이다.

유엽전(柳葉箭) 〔조〕무과 초시와 복시와 취재 같은 모든 시험과 습사에 쓴다. 그 무게가 여덟 돈이며 다섯 발을 쓰고 무과 초시와 복시에 쓴 것 외에는 촉을 날카롭게 하는 것을 금하며 거리는 이백이십 보로 한다. 유엽전은 각궁에 쓰니 일곱 가지 재료로써 만든다. 그 길이는 두 자 일곱 치에서 두 자 아홉 치이다. 쏘는 이의 팔과 활의 장단이 따르며 법정 무게가 여덟 돈이니 여섯 돈에서부터

---

22) 『민족생활어사전』
23) 『국조오례의』

가장 무거운 것은 한 냥 이상에 이르며 살대는 대로 하고 오늬는 광대싸리로, 깃은 꿩깃으로 하며 촉은 시우쇠(正鐵)로 한다.

육량전(六兩箭) 〔조〕싸리(楛), 대(竹), 쇠(鐵), 힘줄(筋), 깃(羽), 도피(桃皮), 풀(膠) 일곱 가지 재료로 만들어 살의 무게가 여섯 냥(六兩)이 되므로 이 이름이 붙었다. 그냥 육냥이라고도 한다. 또 이것이 쇠살의 정식 냥수(兩數)에 부합하는 것이라 하여 정량(正兩)이라고도 한다. 무과 초시와 복시에 정량궁, 즉 큰 활로 쓰고 세 발을 쓰며 거리는 팔십 보부터 백보이니 전투용이다.

은오절(隱五節) 〔조〕둥근 촉 속에 들어간 살대의 끝부분. '감추어진 다섯째 마디'라는 뜻. 이것은 오늬를 첫마디로 보고 깃간마디, 허릿간마디, 아랫마디까지 네 마디로 쳤을 때, 촉이 박힌 살의 끝은 다섯째 마디가 된다. 그런데 그 끝은 둥근 촉 속에 들어가 있으니, 숨었다(隱)고 한 것이다.

자표(字表) 〔조〕시자표. 한 순 쏠 화살 다섯 발에 쏘는 순서를 1,2,3,4,5로 기록한 것.

짜른 작 〔조〕길이가 짧은 화살.

장군전(將軍箭) 〔조〕순전히 쇠로 만드는데 그 무게가 세 근(三斤)에서 닷 근이다. 포(砲)와 노(弩)로 쏘아서 적선을 파괴하는 데 쓴다.

장전(長箭) 〔조〕육량과 똑같고 무게가 한 냥부터 한냥 오,륙 돈까지 쓴다. 전시에 궁수(弓手)용이다.

좌궁깃 〔조〕꿩의 오른편 날개깃으로 만든 화살의 깃. 좌궁이 쓰는 화살이다.

주살 처음 배우는 사람이 과녁을 의식하지 않고 궁체를 익히라고 만든 살. 촉에 구멍을 뚫어서 끈으로 긴 장대에 매달아 놓는다. 줄이 달렸다고 해서, '줄살'이 었는데 소리내기 편하라고 〈ㄹ〉이 떨어져나가 '주살'이 된 것이다. 활살이 화살로 된 것처럼.

중전(重箭) 〔조〕무거운 살. 육량전, 아량전, 장전이 여기에 속한다.

토리 〔조〕옛날에 쇠촉을 쓸 때 살대 끝에 씌운 쇠고리.

편전(片箭) ⇒ 애기살.

평작 (조)길지도 않고 짧지도 않은, 알맞은 살.

허릿간마디 (조)죽시의 가운데 마디.

허리심 (조)화살의 중간이 단단한 것을 말함.

호시(楛矢) 광대싸리살. 대개 북방지역에서 썼음. 특히 숙신과 여진처럼 북방지역을 근거로 활동하던 겨레들이 썼으며, 조선태조 이성계도 이것을 즐겨썼다. 광대싸리는 보통 참싸리보다 굵고 곧게 자라서 화살 만들기가 아주 좋다. 함경북도 서수라 지역에서 많이 나기 때문에 서수라목이라는 별칭도 있다.

05 사정에 관한 말

개구녁 〔성〕과녁과 땅 사이의 공간. 과녁 밑에 썩지 말라고 발을 대는데, 보통 양옆과 가운데 셋을 댄다. 그러면 과녁이 땅에서 뜨는 부분이 생기는데, 그곳을 말한다.

개자리 〔조〕과녁 앞에 웅덩이를 파고 사람이 들어앉아서 살의 적중 여부를 확인하는 자리.

고전(告傳) 과녁 근처에서 명중 여부와 살 떨어지는 방향을 알려주는 것.

과녁 〔조〕널판으로 만든 솔. 원래는 관혁(貫革)이었는데 이것이 우리말로 굳어졌다. 조선시대는 활이 다양했던 만큼 과녁도 여러 가지였는데 지금은 유엽전 표적에 준하여 만든 과녁 하나만이 전한다.

관소과녁 〔조〕과거 치를 때에 150보를 한하여 쏘던 과녁.

궁방(弓房) 〔한〕활 만드는 곳. 또는 활 없는 곳.

궁장(弓匠) 〔한〕)활 만드는 사람.

대궁승시(大弓乘矢) 〔조〕예궁(禮弓)을 쏠 때 모두 네 발을 쏘는데 넷(四)이라는 숫자를 승(乘)이라고 하므로 예궁과 예전을 대궁승시라고 하였다. 乘은 본디 네 마리 말(駟馬)이 끄는 수레를 가리키는 말이었는데, 이것이 넷을 한 벌로 나타내는 말로 뜻이 바뀌어서 이처럼 쓰인 것이다.

대소풍 〔성〕'소풍'과 같음.

띠 같은 사대에 서서 한 과녁을 향해 쏘는 일개 조. 대(隊作隊)라고도 한다.

막순 마지막으로 쏘는 순(巡). 종순(終巡)이라고도 한다.

만작(滿酌) 활을 가득 당긴 상태.

멍에 초보자들이 쏠 수 있도록 활이 넘어가지 않게 고자에 철사를 대어 시위가 드나들도록 장치한 것. 각궁은 쏘다가 넘기면 부러진다. 그래서 자전거살 같은 강한 쇠줄을 구부려 고자에 묶어서 발시했을 때 살이 고자닢 밖으로 벗어나지 않도록 한 것.

몰기 한 순 다섯 발을 모두 명중시키는 것. 한자로 沒技라고 쓰기도 하지만, 이것은 옳지 않다. 다섯 발을 다 과녁으로 몰았다는 뜻이기 때문이다

무겁 [조]활이 떨어지는 자리.

바탕 [조]살이 날아가는 거리. 사대에서 과녁까지 거리.

반작(半作)[24] 깍짓손을 많이 끌지 못해서 살이 많이 남은 것을 말함. 만작과 짝을 이루는 말.

벌이줄 [조]옛날에 과녁을 베로 만들었을 때 그것을 솔대에 묶으려고 잡아당기는 줄.

사계(射契) [조]사정에서 계원끼리 하는 계. 각궁계(角弓契) 같은 것은 각궁을 한꺼번에 사려면 큰 돈이 들기 때문에 매달 잔돈을 걷어서 돌려가면서 한 명씩 사주는 계.

사대(射臺) [조]활 쏘려고 서는 자리. 설 자리라고도 한다.

사말(射末) [한]사원이 자기를 낮춰 부르는 말.

사법(射法) [한]활 쏘는 법. 사예(射藝)라고도 함.

사장(射場) [조]활터.

사정(射亭) [조]본디 활터에 세운 정자를 가리키는 말이었으나, 활터와 같은 말로 쓰임

사정기(射亭旗) [조]사정을 대표하는 깃발.

사풍(射風) [한]활터의 풍속.

살구름판[25] 옛날의 유엽전을 쏠 때 무겁에서 주워온 살의 촉을 탁탁 쳐서 박는 판. 돌을 다듬잇돌처럼 평평하게 깎아서 만들었다.

---

24) 권영구 대담.
25) 『민족생활어사전』

살날이 〔한〕무겁에서 주운 살을 사대까지 보내는 기구. 사대와 무겁에 각기 바퀴를 세우고 쇠줄로 이어서 살을 싣는 그릇을 달고는 바퀴를 돌린다.

살놓이 살을 주워다가 얹어놓는 받침대.

살받이 〔조〕과녁근처 살이 떨어지는 곳.

설 자리 〔조〕사대와 같은 말.

소포 〔조〕베 같은 헝겊으로 만든 솔.

소풍 〔성〕대소와 뿔을 붙인 것이 떨어지는 것.

솔 〔조〕과녁. '솔'은 높다는 순 우리말로, 수라상, 솔개, 수리 등과 같은 뿌리를 지닌 말이다. 따라서 땅위에 높이 세운 것을 가리키는 말이다. 과녁은 땅위에 높이 세우기 때문에 붙여진 이름이다. 처음에는 흙으로 높이 쌓아서 쏘았을 것이고, 거기에다가 짐승 그림을 그려 넣어서 목표물로 삼아 연습했을 것이다.

솔대 〔조〕소포를 묶어서 버티는 나무.

순전 〔조〕무겁 앞.

숫터 〔성〕과녁보다 사대가 높은 활터. 요즘은 하사(下射)라고 하는데 이것은 최근에 생긴 말 같다.

시장(矢匠) 〔한〕살 만드는 사람.

시지(試紙) 〔한〕시수를 기록하는 종이.

알과녁 〔한〕과녁의 한 복판. 홍심(紅心)을 말함.

앙사(仰射) 〔한〕사대보다 과녁이 높아서 올려다보고 쏘아야 하는 것. 앙사를 해야 하는 터를 앙터라고 한다.

앙터(仰-) 〔성〕사대보다 과녁이 높은 활터. 앙사(仰射)는 한자말이고 원래는 이 말이 본말이다.

연전길(揀箭-) 〔조〕살을 주우러 다니는 길.

연전동(揀箭童) 〔조〕살을 주워다주는 아이.

영축(零縮) 〔조〕살이 더 가고 덜 가는 것.

운시대(運矢臺) ⇒ 살날이

일순(一巡) 〔한〕한 사람에 한 발씩 다섯 발을 쏘는 것.

일획(一獲) 〔한〕10순 50시를 쏘는 것.

장 〔한〕활을 셀 때 쓰는 용어.

전사과녁 〔조〕내기할 때 쓰는 과녁.

점화(點火) 〔한〕각궁을 만들 때 습기를 막으려고 따뜻하게 보관하는 것. 옛날엔 숯불로 했는데, 요즘은 열전구를 켜놓는다.

정순(正巡) 〔조〕활을 정식으로 쏘는 것.

종순(終巡) ⇒ 막순.

중포 〔조〕소포보다 더 큰 솔.

지화자대 한 순 중 마지막 5시를 가리키는 말. 이 5시는 옛부터 한량들이 중요하게 여겨서 '한량대'라고도 불렀는데, 4시까지 불(不)이어도 마지막 대를 맞추면 기생들이 '지화자 좋다'를 불러서 축하했다. 원래 지화자는 5시5중을 해야 부르는 것인데, 5시만 맞추어도 지화자 좋다를 불렀다고 한다. 그것은 한량들이 마지막 대를 귀하게 여기는 풍속 때문이다.[26] 그래서 마지막 5시를 지화자대라고 하는 것이다.

초순(初巡) 맨 첫 번째 내는 순.

터 과녁 〔조〕활터에 붙박이로 고정시켜놓은 과녁. 솔이 헝겊으로 되어서 들고 다니며 설치하고 쏘는데 반해, 이것은 들고 다닐 수 없도록 활터에 고정시켜놓은 것.

토성(土城) 〔조〕무겁 뒤에 쌓은 흙. 화살이 멀리 가는 것을 방지하는 곳.

평사(平射) 〔한〕사대와 과녁의 높이가 같은 활터.

하말(下末) 〔한〕사말과 같은 말.

한량대 지화자대와 같은 말.

---

26) 조선의 궁술.

해갑순(解甲巡) 〔한〕종순과 같은 말. 원래 무사가 갑옷을 벗는다는 뜻에서 온 말.

해궁(解弓) 〔한〕활을 다 만든 뒤, 양편의 균형을 살피며 삐뚤어진 부분을 바로잡는 것. 위를 얹고 불에 쪼여가며 바로잡은 뒤 시위를 부리고 2~3일간 점화한 후에 활이 제대로 되었는가를 확인하는 작업.

홍심(紅心) 〔한〕과녁의 한 가운데 빨갛게 칠한 부분.

활창애 활을 얹거나 바로잡을 때 쓰는 도구. '궁창'이라고도 한다. 궁창은 '활창'을 한자로 옮긴 것이다. '애'는 접미사이기 때문에 옮기는 과정에서 생략한 것이다.

활터 〔조〕활을 쏘는 곳.

획기지(獲記紙) 〔한〕시지(試紙)와 같은 말. 참가선수의 시수를 기록하여 우승한 자에게 준 두루마리 시지.

 **06 부속품에 관한 말**

깍지 (조)쇠뿔로 깎아서 깍짓손 엄지손가락에 끼는 것. 시위를 당길 때 손가락이 아프지 않도록 하는 것.

고전기(告傳旗) (조)과녁 옆에서 화살의 적중 여부를 알려주려고 고전이 흔드는 깃발.

노루발 (조)나무과녁에 고무판을 입히지 전에는 촉이 과녁에 박혔는데 박힌 살을 뽑는 기구. 그 생김이 노루발 같아서 붙은 이름.

두루주머니 (조)깍지나 밀피 같은 궁시의 부속품을 넣어두는 주머니. 보통 전통에 매달았다.

메뚜기팔찌 (조)메뚜기 달린 팔지. 팔찌는 줌팔의 소매를 묶는 것.

밀(蜜) (조)시위는 실을 여러 겹 감은 것이므로 흩어진다. 이것을 흩어지지 않고 뭉쳐있게 하려면 밀을 발라둔다. 밀은 꿀을 얘기하는 것이 아니라, 꿀을 빼낸 벌집 같은 것을 녹여서 뭉쳐두었다가 바른다.

밀피(蜜皮) (조)시위에 밀을 입히기 위해 밀을 발라둔 가죽이나 헝겊. 베에 밀을 흠뻑 녹여서 먹여두고 시위에 보푸라기가 일 때마다 닦는다.

보궁(保弓) ⇒ 삼지끈

사정기(射亭旗) (조)사정을 상징하는 기.

산주(算珠) (조)활 순을 계산하는 구슬.

살방석 (조)살을 훔치는 제구.

살수건 (조)살을 닦는 수건.

살수세미 (조)살촉을 닦는 수세미.

삼지끈(三指-) (조)각궁을 얹었을 때 활채가 틀어지거나 뒤집어지지 않고 윗장과 아랫장이 어느 한 쪽으로 기울지 않고 고르게 균형을 잡도록 끼워두는 실가락지. 보통 윗장보다 아랫장이 더 센 까닭에 윗장의 오금이 많이 휘인다. 이것을 막으려고 시위와 활을 붙잡도록 실가락지를 끼워둔다. 그런데 활을 쏠 때 이것을 줌손 하삼지에 끼우고 줌통을 잡기 때문에 하삼지에 끼우는 끈이라는 뜻의 삼지끈이 되었다. 활이 뒤틀리는 것을 잡는 것이 본래 역할이기 때문에 보궁(保弓)이란 말이 맞다.

쌈지 깍짓손에 끼는 가죽.[27] 깍짓손으로 시위를 끌 때 살을 둘째손가락의 북전이 밀어올리게 되어있다. 그러다보니 그 자리에 굳은살이 배겨서 보기 좋지 않다. 그래서 그 자리를 덮도록 가죽을 대고 손목까지 길게 늘여서 묶는다.

숫깍지 (한)엄지에 끼우도록 되어있지만, 이것을 끼우면 엄지를 곧게 펴야 한다. 도장만한 뿔막대 끝에 구멍이 있어서 거기에 엄지손가락을 끼운다. 그리고 막대에 시위를 걸어서 움켜쥐고 당긴다.

암깍지 (한)보통 깍지.[28]

유혈깍지(有舌--) (한)숫깍지를 말한다. 숫깍지가 기다란 막대가 달렸기 때문에 그것을 혀라고 표현한 것이다. 이것을 '유혈' 이라고 읽는 것은 원래 '유설' 인데 우리말에서 시옷과 히읗이 넘나드는 현상 때문에 그런 것이다. '힘줄' 을 '심줄' 이라고 하는 것이 그런 경우이다. '유설' 이란 혀가 달렸다는 뜻이다. 따라서 무혈깍지도 있을 것인데, 이것은 암깍지를 말한다.[29]

은각깍지(銀角--) (한)암깍지의 테두리에 빙 돌아가면서 흰색 줄이 박힌 깍지를 말한다. 기능보다는 모양을 내려는 것이다. 그런 뿔을 구하기가 쉽지 않은 까닭에 값이 조금 비싸다.

---

27) 권영구 대담.
28) 『한국의 궁도』에서는 '유열깍지' 라고 적고 있는데 잘못된 것이다. '유혈' 이라고 해야 한다. 이것은 굳이 한자대로 '유설' 로 적을 필요는 없을 것으로 보인다. 원래는 한자말이지만, 우리말로 화한 말이기 때문이다. 관혁이 과녁으로, 후궁이 휘궁으로 굳은 것과 같은 이치이다.
29) 권영구 대담.

장족(獐足) ⇒ 노루발. [조]

장족마치 [조]화살을 뽑을 때 노루발을 두드리는 망치.

전통(箭筒) [조]화살을 담는 통. 죽시는 깃이 망가지기 쉬우므로 통에 넣고 다녀야 한다. 보통 대나무(竹箭筒)로 많이 만드나 종이로 만들기도 하고(紙箭筒), 오동나무로 만들기도 한다.

전통조승 [조]전통을 달아서 허리에 차는 쇠나 뿔로 만든 것.

전통주머니 [조]두루주머니와 같다.

점화통 [한]활을 보관하는 통. 안에 전구를 켜서 일정한 온도를 유지시켜야 한다.

촉돌이 [조]촉을 박거나 뽑는 데 쓰는 제구.

턱깍지 암깍지와 비슷한데, 시위가 손가락 안으로 더 깊이 들어오지 못하도록 걸리는 턱을 만든 것이 다르다.

팔지 [조]한복이나 소매가 넓은 옷을 입고 활을 쏠 때, 시위가 줌팔의 옷을 치지 않도록 잡아매는 기구. 발싸개나 붕대처럼 긴 천으로 둘둘 말아서 고정시키도록 만들기도 하고 천 네모나게 잘라서 양쪽에 둥근고리를 달고 끝에 긴 끈을 달아서 운동화 끈 매듯이 지그재그로 고리에 끈을 꿰어 묶도록 하는 것도 있다.

확 깍지의 구멍. 절구의 구멍도 확이라고 한다.

활집 부린 활을 넣어두는 주머니.

획정(獲旌) [한]화살이 과녁에 맞는 것을 알려주는 기. 고전기와 같다.

 ## 사원에 관한 말

거기한량(擧旗閑良) 〔조〕편사에서 살이 맞으면 기를 들어 올리는 한량.

계장(契長) 〔조〕사계(射契)의 우두머리. 옛날의 도유사(都有司)와 같은 말. '도'는 우두머리를 뜻하는 말이고 '유사'는 어떤 단체에서 실무를 맡아 처리하는 사람을 뜻한다.

교장(敎長) 〔성〕사두 밑에 어른으로, 사원의 사풍을 지도하는 사람.

구사(舊射) 〔조〕활을 쏜 지 오래 된 사람.

대살판 ⇒ 살판

명궁(名弓) 〔한〕활을 잘 쏘는 사람. 명무(名武)라고도 함. 요즘은 대한궁도협회 공인 5단 이상을 명궁이라고 부른다.

무겁한량(--閑良) 〔조〕무겁에서 적중여부를 검사하는 임무를 맡은 한량.

사두(射頭) 〔조〕사정의 우두머리. 다른 모임이 회장이라고 하는 것에 비하면 이 말은 좀 특별한 의미를 지닌다. 頭는 머리를 뜻하므로 우두머리를 사두라고 부르면 나머지는 저절로 몸이 되고, 손발이 된다. 즉 활터를 구성하는 모든 요원들이 한 몸뚱이처럼 일사불란하게 움직인다는 뜻이다. 이것은 많은 개개인들 모아 놓은 단순집합이라는 뜻이 아니라, 각기 역할 분담이 이루어져 상호의존 없이는 서로 존재할 수 없는 유기체라는 의식이 반영된 말이다. 전주 천양정에서는 사장(射長)이라는 말을 썼고,[30] 경상도 울산에서는 사수(射首)라고도 했다.[31] 1970년대까지만 해도 사두보다는 사수란 말을 더 많이 썼다고 한다.[32]

---

30) 『전주 천양정사』
31) 김복만 대담.
32) 권영구 대담.

사범(師範) 〔한〕사원에게 궁술과 사풍을 가르치고 지도하는 사람을 말한다. 옛날에는 선생이라고 했지만, 지금은 이 말을 쓴다. 이 말은 일본식 용어인데 운동을 가리키는 도장에서 수련생을 지도하는 사람을 가리키는 말이다. 사범이 주로 기술 교육에 중점을 두어서 붙이는 이름이라면 선생은 기술은 물론 활터의 풍속과 생활규범까지 가르친다는 점에서 사범이란 말보다는 더 넓은 뜻이다. 사백이라고도 했다.[33]

살판 〔한〕일획(一獲) 50시에 15시를 맞추는 사람들 소살판, 20시를 맞추는 사람을 살판, 25시를 맞추는 사람을 대살판이라고 한다. 이 살판이란 말은 상당히 오랜 전통을 지닌 말로 추정된다. 남사당에서 땅재주를 넘는 사람을 살판이라고 부르는데, 이것과 같은 발상이다. 살은 '수리, 수라, 솔' 과 같은 계통으로 크거나 높은 것을 뜻하는 우리말이다. '수라상, 솔개, 솔깃하다' 같은 말에 그 흔적이 남아있다. 또 판은 언뜻 보기엔 그 계통이 불분명한 것 같지만, 조금만 살펴보면 '방, 보' 같은 우리말과 같은 계통이란 것을 알 수 있다. 앉은뱅이, 바보, 얽음뱅이, 선비, 꾀보 같은 말에 남아있듯이 방이나 보는 우리말로 사람을 뜻하는 말이다. 따라서 살판은 큰 사람, 높은 사람이라는 뜻이다. 여기서는 재주가 뛰어난 사람을 뜻하는 말이다. 이 계통의 말은 고구려의 지방장관이었던 '욕살' 과도 연관이 되어있는 것으로 보인다. 욕살의 '살' 이 바로 살판의 살과 똑같다. 따라서 욕살도 지위가 높은 사람을 뜻하는 고구려 말이라는 것을 알 수 있다.

사원(射員) 〔조〕사정에 소속되어 활쏘는 사람.

선생(先生) 〔조〕활터에서 궁술과 사풍을 가르치는 사람. 학교가 생기면서 선생이라는 말이 흔히 쓰이고, 또 일본식 운동경기가 정착하면서 일본용어인 사범이란 말에 자리를 넘겨준 듯함.

소살판 ⇒ 살판

---

33) 권영구 대담.

시수꾼(矢數-) 〔조〕일획 50시에서 30시 이상을 맞추는 사람.

신사(新射) 〔조〕활을 처음 배우는 사람.

여무사(女武士) 〔한〕여자 한량.

장족한량(獐足閑良) 〔조〕장족을 가지고 과녁에 박힌 살을 뽑는 사람.

종띠(終-) 〔한〕편사 때 마지막으로 활을 쏘는 사람. 편사가 시합인 까닭에 작전상 보통 시수꾼으로 종띠를 삼아서 막바지에 승리를 결정지을 수 있도록 한다. 그래서 각 정에서 가장 잘 쏘는 사람을 종띠로 삼기 마련이다. 요즘은 말이 바뀌어서 곳에 따라 마지막 대라는 뜻으로 쓰이기도 한다.

한량(閑良) 〔조〕활 쏘는 사람. 본래는 조선시대의 무반(武班)을 가리키는 말이었지만, 점차 의미가 변하여 활 쏘는 사람을 가리키는 말이 되었다. 한량이란 말은 고려때에도 썼다.

행수(行首) 〔조〕한량을 영솔하는 사람.

화초한량 각궁을 스스로 얹지 못하여 남이 얹어주어야 하는 한량.

활잡이 궁술에 능한 사람.

획창(獲唱) 〔조〕화살이 과녁에 적중하였을 때 획관 옆에서 "맞췄소"하고 외치는 사람. 또 기생이 방울목을 넣어서 '관중'이라고 외치는 것도 획창이라고 한다.

08 활 만들 때 쓰는 말[34]

거두 활 만드는 도구.

궁창 뿔을 바로잡거나 킬 때, 상목을 휠 때나 바로잡을 때, 사련을 칠 때나 다듬을 때, 활의 균형을 잡을 때 두루두루 쓰는 도구. '활창애'라고도 한다. 우리말이 점차 한자화되는 것으로 보아 원래는 활창애가 맞는데 이것이 궁창으로 변한 것 같다.

금환 활끝의 현코자리를 팔 때 밀어서 곱게 다듬는 도구.

나무붓 먹을 찍어서 표시하는 자.

노루발 대나무 끝과 뽕나무 끝을 접착시키기 위하여 노루발 새처럼 파는 형태를 말함. V자 모양으로 파놓은 것.

대나무 활의 재료로, 산청과 담양의 대나무가 질이 좋음.

대림 끝 참나무 끝.

도가니 어교풀을 끓일 때 쓰는 그릇으로, 곱돌로 만든다.

도지개 활을 뒤로 젖히도록 묶는 도구. 지개는 짐을 지는 지게와 같은 말. 동사 '지다'에 명사형 접미사 '개'가 붙은 말. '도'는 돋게 한다는 뜻으로 보임. 주로 땅버들나무 굽은 것을 그대로 쓴다.

두루자 조막손을 말함.

뒤조름풀칠 심놓기 위하여 풀칠하는 것.

뒤지미 활의 틀. 뿔을 붙일 때 쓰는 반달형으로 생긴 도구. 구지 뽕나무로 만든다.

망치 심을 두들길 때 쓰는 도구.

목척 고자목 모양으로 만든 모형.

---

34) 이 내용은 『궁장』(문화재관리국조사보고서, 1991)에서 인용했다.

못탕 뽕, 대, 참나무 등을 짜개질하거나 다듬을 때 받침으로 쓰는 도구.

무른 풀 묽은 풀.

물소뿔 활의 안쪽에 대는 물소의 뿔. 중국의 사천성에서 주로 수입했으며 수입해오기 전에는 황해도와 제주의 황소뿔을 썼음. 음각은 버리고 양각(햇빛을 보고 자란 부분)만 쓴다.

물풀 어교에 물을 묽게 하여 끓인 민어풀.

미리 심을 다 놓고 매끄럽게 때리는 도구.

민어풀 활을 만들 때 쓰는 풀. 민어(암컷)의 부레로 만듬.

뻣지개 활을 초벌 해궁할 때에 사용하는 긴 판자형 박달나무.

뽕나무 산에서 나는 뽕나무로 활을 만드는데 쓰임. 지리산 주변의 뽕나무가 좋으며 특히 담양과 구례에서 많이 남.

부각 독자리 부각, 즉, 활을 붙이기 위해서 풀칠하도록 다듬는 것을 말함.

부각 뒤지미 활의 틀.

부각(付角) 활에다 뿔을 붙이는 것, 혹은 그 과정

사련 뿔을 붙이기 위하여 풀이 잘 묻도록 파놓은 자리.

새끼 도가니 심놓기 할 때 끓여놓은 풀을 다시 녹여 쓰는 도가니.

세코 시위를 거는 곳.

소힘줄 활의 바깥 부분에 대는 소의 힘줄. 일을 많이 하는 소의 심줄이 탄력이 좋다. 활 한 장에 소 두 마리의 힘줄이 사용된다. 『중종실록』에는 때로 말의 힘줄을 썼다는 기록도 나온다.

심 장심, 단심, 초벌심, 두벌심, 세벌심, 골금심(중간에 짧은 심), 매심(제일 곱고 좋은 것)

심가래 소힘줄 50~70가닥을 묶어 놓은 묶음.

심가력 한 묶음의 심줄을 풀먹여 굳혀놓은 단위.

심가리 빗 심을 두들겨서 쨀 때 쓰는 빗

심놓이 활에다 심을 놓기 위하여 풀먹이는 심과력을 말함.

심놓이빗 소심을 풀을 먹여놓을 때 쓰는 빗.

심바 활에다 뿔을 붙이기 위하여 감는 밧줄. 옛날에는 소심줄로 만들었는데, 요즘은 대개 노끈으로 만든다. 길이가 네 발쯤 된다.

심판 심줄을 박달나무판자 위에다 놓고 풀을 먹여 심빗으로 심가락을 만들기 위한 공구.

아시 고자 임시로 시위 거는 곳을 파는 것. 아시는 아주 오래 된 말로 처음, 임시 등의 뜻을 지니고 있음. 옷을 사와서 입기 전에 빠는 것을 아시빨래라고 하는데, 같은 말이다.

아시해궁 준비해궁이란 뜻으로 활의 운동력, 즉 신축성이 생기게 하기 위하여 팔춤 치는 것.

연소 뽕나무 끝과 대나무 끝을 접착시키는 것을 가리키는 우리말.

완자붙임 도고지 가장자리에 가죽장식을 하는 것.

자귀 나무를 깎는 도구.

장뼛지개 해궁을 하기 위해서 뿔을 기초로 깎기 위해 소요되는 공구.

전심 심줄로 뿔의 가장자리를 감아 쌓아서 심줄 놓는 것을 말함.

점화 활을 말리는 것.

제비부리 V자 홈에 들어갈 수 있도록 뽕나무의 끝을 뾰족하게 깎아놓은 부분.

조림풀 어교풀이 된 것을 말하는데, 물풀보다 물기가 없는 것을 말함. 된풀이라고도 함.

조막손 대나 뽕나무 위에 뿔을 붙이기 위해서 심바를 감는 도구.

좀손 참나무 또는 대림목을 말함. 줌손과 같은 말.

좀척 좀(참나무)을 재는 데 쓰는 자.

좀통 활의 손잡이. 줌통이라고도 한다. 쥔다는 말에서 온 것으로 보임.

톱 나무나 뿔을 자르는 도구.

풀자리 풀을 올리기 위하여 다듬어 놓은 것.

해궁 활시위를 걸어서 활을 쏠 수 있도록 되어있는 상태.

현코 시위의 끝.

화피 활의 거죽을 싸는 데 쓰는 벚나무 껍질. 참화피와 개화피가 있음. 화피는 습기를 방지하는 기능이 있다.

09 편사에 관한 말[35]

기공 소리기생과 악공을 아울러 이르는 말.

대중회(大衆會) 〔조〕삼중회라고도 하는데, 편사에 참가할 인원을 뽑은 마지막 모임.

목성시행(木聲施行) 〔성〕옛날 편사에서 관중여부를 판별할 때 소리가 나면 맞는 것으로 간주한다는 원칙.

반종띠 인천편사에서는 양 편장이 두 차례 편사를 치른다. 한 번만 종띠를 서면 반종띠라고 부른다. 두 번 다 종띠를 서는 경우를 일러 온종띠라고 한다.

방단(防單) 〔조〕단자를 받은 사정에서 어쩔 수 없이 편사에 참가할 수 없음을 선단한 정에 알려주는 단자.

살문 상대방이 오는 것을 환영하기 위해서 설치한 문. 맞이하는 쪽의 한량들이 두 줄로 마주서서 화살을 올려 동굴을 만들고 그리로 사람들을 입장하게 하는 경우도 있고, 실제로 소나무의 잎으로 문을 장식하는 경우도 있다. 요즘은 주로 현수막으로 대신한다.

선단(宣單) 〔조〕편사할 뜻을 상대정에 보내는 단자.

수띠(首-) 〔조〕편사에서 편장으로 맨처음 활을 쏘는 사람.

온종띠 인천편사에서는 양 편장이 두 차례 편사를 치른다. 이때 두 번 다 종띠를 서는 경우를 일러 온 종띠라고 한다. 반대로 한 번만 종띠를 서면 반종띠라고 부른다.

응단(應單) 〔조〕선단한 정에 답으로 보내는 단자.

응사원 〔조〕편사에 참가하는 사원.

---

35) 이것은 『조선의 궁술』에 따로 정한 항목은 아닌데, 편사에 관한 이야기가 나오고 또 편사가 활쏘기에서 아주 중요한 것이어서 용어도 많다. 그래서 여기서는 따로 떼어서 묶어놓는다.

재중회(再衆會) 〔조〕편사에 참가할 응사원을 뽑기 위해 두 번째로 갖는 모임.

점심살 〔조〕살이 과녁에 못 미쳐 땅에 떨어졌지만, 다시 튀어올라서 맞는 경우. 편사에서는 살이 과녁이 박히면 관중으로 여겼다.

정순(正巡) 〔조〕편사 때 정식으로 내는 순.

종띠(終-) 〔조〕편사에서 가장 나중에 쏘는 사람. 승부를 결정짓기 때문에 시수꾼을 종띠로 정하는 것이 보통이다.

종띠받침 〔성〕종띠 바로 앞에서 시수를 올려주는 사람을 가리킨다. 보통 13대나 14대에 나서는 사람으로 이 역시 승부에 큰 영향을 주기 때문에 시수꾼으로 등용한다.

초중회(初衆會) 〔조〕편사에 참가할 응사원을 뽑기 위해 첫 번째로 갖는 모임.

편사(便射) 〔조〕서울과 근기 지방에서 사정끼리 편을 짜서 평소 닦은 기량을 비교하며 승부를 다투는 시합. 편사란 "편을 짜서 쏜다."는 뜻. 편을 갈라서 활쏘기 시합을 하는 것을 말한다. 옛날에는 터편사(射亭便射), 골편사(洞便射), 장안편사(長安便射), 사랑편사(斜廊便射), 사계편사(射稧便射), 한량편사(閑良便射), 한출편사(閑出便射), 삼동편사(三同便射), 남북촌편사(南北村便射), 아동편사(兒童便射)가 있었다고 한다.

편장 편사에서 편사에 참가하는 한쪽편의 우두머리. 수띠와 비슷한데, 수띠가 실제로 활을 쏘는데 반해 편장은 활을 쏘지 않을 수도 있다는 점이 다르다.[36] 지금은 거의 같은 말로 쓰인다. 편수라고도 한다.

획관(獲官) 〔조〕편사 때 도청에 앉아 시지에 성적을 기록하는 사람.

획창(獲唱) 〔조〕편사 때 사정 앞에서 응사원을 호명하고 정순 낼 때 관중을 알리는 사람.

---

36) 성낙인 대담.